三澤成博編著

鷹詞より
見たる

『和訓栞』の研究

汲古書院

目次

緒言 …… iii

第Ⅰ部 研究篇 …… 3

第一章 『和訓栞』の依拠した鷹詞文献 …… 5
第一節 はじめに …… 5
第二節 『和訓栞』記載の鷹詞文献 …… 5
第三節 「といへり」の典拠 …… 9
第四節 結び …… 17

第二章 整版本『和訓栞』と翻刻本『和訓栞』 …… 20
第一節 はじめに …… 20
第二節 翻刻本と整版本の異同 …… 20
第三節 整版本の誤り …… 28
第四節 結び …… 33

第三章 明治十五年版『和訓栞』について …… 36
第一節 はじめに …… 36
第二節 明治十五年版『和訓栞』 …… 36
第三節 北岡四良氏の説 …… 36
第四節 亀田次郎氏の改訂 …… 38

第四章 『和訓栞』所引の下学集について …… 41
第一節 はじめに …… 41
第二節 『和訓栞』は『増補下学集』に基づく …… 41
第三節 『和訓栞』は『増補下学集』と相違する …… 43
第四節 「下学集に～といへり」は他書に基づく …… 45

第五章 『和訓栞』所引の和名抄について …… 50
第一節 はじめに …… 50
第二節 和名抄二十巻本の版種 …… 51
第三節 『和訓栞』の依拠本 …… 52
第四節 結び …… 55

第六章 『和訓栞』の版種 …… 61

第Ⅱ部 資料篇 …… 75

第一章 典拠部 …… 79

第二章 校合部 …… 285

付 …… 341
(1) 『和名抄』引用一覧 …… 341
(2) 万葉集・古事記・日本書紀等引用一覧 …… 347
(3) 四種対校『下学集』一覧 …… 355

第三章 翻刻部 …… 381
(1) 『定家卿鷹三百首（注）』 …… 383
(2) 『西園寺鷹百首（注）』 …… 405

付― 諸本一覧 …… 418

(3)『龍山公鷹百首』……421
(4)『大諸礼集』（「三議一統」）影印一部……439
図版……445
あとがき……459
本書と既発表論文との関係……461
鷹歌各句索引……1
典拠部索引……25

緒　言

一　本書は『和訓栞』中、鷹に関する項目について、その典拠を明らかにすべく調査したものである。鷹に関する項目とは、いわゆる鷹詞関連の項目ということであるが、その他、鷹にとって必要と思われる項目についても取り挙げることにした。

　但し、採用に際しては一応、谷川士清が依拠したと目される資料中に存し、しかも鷹に関わる内容内に見出されるという条件を設けた。具体例をもって示せば次のごとくである。

(1)　見出し項目（「小見出し」に相当する意味上のブランチにおいても同様である。以下同様）やその解説に鷹の名が認められなくても採用したもの。

【かざきり】――『武用辨略』に認められる。

【かたうづら】――『定家卿鷹三百首（注）』に認められる。

【とあと】――『龍山公鷹百首』に認められる。

など。

(2)　見出し項目や解説中に鷹の名は認められるが、鷹詞と直接には関係ないと判断し、採用しなかったもの。

【そゑ】（前編巻13・中巻291頁）

源氏にそゑの鷹かひとみゆ　諸衛の義也

【たかや】（中編巻13・中巻314頁）

鷹房を云　禁中にあり　西宮記に鷹屋在二紙屋ノ北一と見えたり

など。

(3)　右、(2)の条件に適合するが、採用したもの。

【たかやうじ】――『武用辨略』に認められる。

【へくそかづら】――「定家卿鷹の歌の注」が認められる。

なお、記載に当たって必要なき文言が存しても、文の連絡上削除しない方がよいと判断した場合は、省略せずに左の傍線部分をそのままに置いた。

【はがひ】（前編・巻24・中巻769頁）

翼をいふ　万葉集に羽我比　又羽易と書り　又白たへのはねさしかへてともよめれハ打交へたる羽の義也　右より左を掩ふ者ハ雄左より右を掩ふ者ハ雌なるよし爾雅に見えたり

【ひばり】（中編・巻21・下巻72頁）

○犬ひばりハ天にあからす　川原ひばりあり　鷹にはひたかつきといへり　田ひはりハ冬田に居て餘時は出すといへり　ねりひはりハ鷹にいふ　毛をかふる也

など。

但し、左のごとく、解釈上支障なき場合は傍線部分を省略した。

【ほぐす】（中編・巻23・下巻194頁）

物をそこなひ破る意にいへり　西国にてハほぐるともほげたなともいふめり　鷹にかけほぐらかすなとゝもいへり

【をぶくろ】（中編・巻3・下巻719頁）

倭名鈔鞍馬ノ具に紛をよめり　俗に尾袋といふと注せり　袋を用ゐさる時ハ結唐尾とて尾を総角にゆふなりといへり　又鷹にもいへり　すゝしを本とす　よてすゝしの袋ともよめり

など。

二　本内容は第Ⅰ部「研究篇」、第Ⅱ部「資料篇」（典拠部・校合部・翻刻部）より成るものである。

第Ⅱ部「資料篇」のうち、「典拠部」は『和訓栞』の典拠をさぐるべく、oを付した左掲の資料をもってその結果が一覧できるよう表化したものである。

また、「校合部」は『和訓栞』の原本（整版本）と翻刻本（『増補語林倭訓栞』）とを比較することにより、両者に存する違いの有無を確かめたもので、「翻刻部」は典拠部採用の『定家卿鷹三百首（注）』・『西園寺鷹百首（注）』・『龍山公鷹百首』（以上三種、宮内庁書陵部蔵）の翻刻と、『大諸礼集』（拙蔵）中、本内容と特に関係の認められる部分を影印したものである。

(1)　『倭訓栞』（谷川士清）

(イ)　整版本（詳しくは第六章「『和訓栞』の版種」を参照していただきたい）

o　国会図書館蔵本（64冊〈前編・中編〉。200－170など）

・　国会図書館蔵本（後編18冊〈巻1～巻18〉。野村秋足校訂並びに序〈明治20年6月〉。岐阜成美堂。明治20年7月刊。813・6－Ta881wなど）

o　『倭訓栞後編』（右影印本。但し、「序」・「奥付」を削除する）すみや書房。昭和44年刊）

・　『倭訓栞後編』（右復刻本。但し、「柱」を更に削除する）名著刊行会。平成2年刊）

o　『版本　和訓栞』（影印本。前編・中編・後編7冊。大空社。平成10年刊）

(ロ)　翻刻本

o　『増補語林倭訓栞』（上・中・下巻3冊。整版本〈伴信友の書入本〉の前編・中編を翻刻し、「お・を」の所属〈ア行「を」、ワ行「お」〉を現行通りに改める。井上頼圀・小杉榲邨の「語林」を上欄に増補しており、整版本とは大きな隔たりがある。巻末に『撮壌集』・『桑家漢語抄』・『林逸節用集』を付す。皇典講究所印刷部〈後「近藤出版部」〉。明治31年7月〈上巻〉・同年10月〈中巻〉・同年12月〈下巻〉刊。名著刊行会からの復刻本〈昭和43年版・同48年版・平成2年版〉がある。但し、平成2年版は磨滅がひどく、判読困難な箇所が散見される。以下、これを「増補版」と仮称する）

o　『和訓栞』（3冊。整版本の前編・中編・後編を翻刻したもの。「お・を」の所属〈ア行「を」、ワ行「お」〉を始めとして、見出しの排列や連読符を付す点は整版本のままである。岐阜成美堂版。明治31年8月〈第一冊〉・同年10月〈第二冊〉・同32年1月〈第三冊〉刊。合本は明治36年9月〈第三版〉刊。

なお本書には、読み易さを考慮して原本にない送り仮名を付すなどの改訂が施されている。詳しくは第二章「整版本『和訓栞』と翻刻本『和訓栞』」を参照していただきたい。以下、これを「岐阜版」と仮称する）

(2)　『定家卿鷹三百首（注）』

o　宮内庁書陵部蔵本（1冊。「寛永拾三年」〈一六三六〉刊の整版本。題簽「定家卿鷹歌三百六十首」〈実際は三百五十二首〉。内題「鷹三百首　定家卿」。152－80）

・国会図書館蔵本（1冊。寛永13年版の写と推定し得る。862－156）

(3)『西園寺鷹百首（注）』

○宮内庁書陵部蔵本（1冊。「寛永拾三年」〈一六三六〉刊の整版本。題簽「鷹百首」。内題「鷹百首　後西園寺入道前太政大臣實兼公／西園寺相国公経公」。154－330。154－347）

・内閣文庫蔵本（1冊。右と同版。154－319）。

・宮内庁書陵部蔵本（写本1冊。題簽「詠鷹百首和歌」。154－332。154－321〈但し、奥書はない〉。同所蔵の「寛永十年」写の152－48に注を更に追加したもの）

(4)『龍山公鷹百首』

○宮内庁書陵部蔵本（写本7種の内の一本。1冊。154－6）

・群書類従本（『続群書類従第19輯中』）

(5)『大諸礼集』（巻13・14「三議一統」、巻15「大雙紙」）

○拙蔵本（17巻17冊。無刊記。改装本）

・国会図書館蔵本（右と同版。857－21）

・『大諸礼集　小笠原流礼法書1・2』（島田勇雄・樋口元巳校訂。東洋文庫561・562）

(6)『和歌實樹』・『歌林樸樕』・『歌林樸樕拾遺』（松永貞徳）

(イ)『和歌實樹』

○岩瀬文庫蔵本（写本2冊〈国文学研究資料館より複写〉。27－80）

(ロ)『歌林樸樕』

○宮内庁書陵部蔵本（写本8冊〈小高敏郎氏の言われる図書寮第一本。第一系統本〉。210－766）

・静嘉堂文庫蔵本（写本8冊〈小高敏郎氏の言われる第四系統本〉。518－11）

・国会図書館蔵本（写本3冊〈小高敏郎氏の言われる第三系統本〉。126－12）

・日本古典全集本（山田孝雄博士蔵本〈小高敏郎氏の言われる第一系統本〉を底本とする）

(ハ)『歌林樸樕拾遺』

○宮内庁書陵部蔵本（写本2冊。266－373）

(7)『言塵集』（今川了俊）

○宮内庁書陵部蔵本（7冊。「寛文四甲辰年弥生吉日　野田弥兵衛板行」〈一六六四〉刊の整版本二本。206－780。鷹－128）

・歌学資料集成（静嘉堂文庫所蔵、「寛文四甲辰年弥生吉日　西村市郎右衛門／藤澤三郎兵衛」版のマイクロフィルム。総記14）

・国会図書館蔵本（上〈第一～四〉・下〈第五～七〉2冊。『日本古典全集』本にある「イ本」。141－75）

・内閣文庫蔵本（上〈第一～四〉・下〈第五～七〉2冊。202－7）

・日本古典全集本（無窮会所蔵、「承應三暦霜月日」〈一六五四〉刊の整版本）

(8)『武用辨略』・『増補校正武用辨略』（木下義俊。「増補校正」箇所は伊勢貞丈）

○拙蔵本（8巻8冊。貞享元年〈一六八四〉版の後印本で、「延享五戊辰年初春吉辰」〈一七四八〉刊の整版本）

○内閣文庫蔵本（8巻8冊〈無刊年ながら増補校正版以前と判ぜられる〉。153－433）

・拙蔵本（8巻5冊。増補校正版。「文化九年歳次壬申六月増訂」

＜一八一二＞刊の整版本。丁付が右二本と異なる）

(9) 『藻塩草』（宗碩）

o 『古活字版藻塩草』・『改編和歌藻しほ草』（京都大学国語学国文学研究室編。臨川書店）

o 『藻塩草』（本文篇＜昭和54年12月＞・索引篇＜昭和58年2月＞。大阪俳文学会研究会編。和泉書院）

(10) 『袖中抄』（顕昭）

o 内閣文庫蔵本（20巻6冊＜20冊本を合本＞。「慶安四年」＜一六五一。「慶安四暦初秋／三條通菱屋町／林甚右衛門板」《木記》刊の整版本。201－773）

o 内閣文庫蔵本（20巻20冊。「慶安四年」＜「慶安四暦初秋／丸屋庄三郎」《木記》＞刊の整版本。右との異同は見られない。後の版か。201－760）

・『日本歌学大系』（別巻二。風間書房）

(11) 『蔵玉和歌集』

o 宮内庁書陵部蔵本（1冊。「元禄十四年」＜一七〇一＞刊の整版本。150－668）

・群書類従本（『群書類従第16輯』）

(12) 『和歌八重垣』（有賀長伯）

o 拙蔵本（7巻7冊のうち「和歌の詞部類并註釈読方」＜4～7＞。「元禄十三年／卯月吉祥日」＜一七〇〇＞刊の整版本。

・拙蔵本（7巻7冊。元禄13年版に対し、濁点の位置などに若干の違いが認められる。「明和五年」＜一七六八＞・「享和元年」＜一八〇一＞刊の整版本二種）

(13) 『和歌呉竹集』

o 内閣文庫蔵本（10巻10冊。内題「呉竹集」。「寛文十三癸丑年三月吉日」＜一六七三＞刊の整版本で版元二種＜水谷小兵衛版と長尾平兵衛版が存するが前者が初印＞のうち、水谷版＜国会図書館蔵本は長尾版で合本5冊。は－18＞。202－175）

・拙蔵本（合本3冊。「正徳六丙申歳三月穀旦」＜一七一六。寛文13年版の後印本＞刊の整版本）

・『和歌呉竹集』（尾崎雅嘉。右と同名で内容も酷似するが別物。「寛政九年」＜一七九七＞が初版。翻刻本は明治25年刊）。

(14) 『新撰六帖』（内題『新撰六帖題和歌』）

o 内閣文庫蔵本（6帖6冊。「萬治三年」＜一六六〇＞刊の整版本。201－768。他に5冊＜3・4帖合綴＞の整版本を蔵す。201－767）

・新編国歌大観本（『新編国歌大観2』。角川書店）

(15) 『春雨抄』（鱸重常）

o 国会図書館蔵本（10巻20冊。「明暦三年」＜一六五七＞刊の整版本。146－183）

・内閣文庫蔵本（右と同版。202－181）

(16) 『和字正濫鈔』（契沖）

o 国会図書館蔵本（5巻5冊。「元禄八乙亥歳九月吉日」＜一六九五＞刊の整版本。811・56－Ke116wn）

o 「和字正濫鈔」（『契沖全集』第十巻。岩波書店）

・拙蔵本（5巻5冊。「元文四己未歳正月吉旦」＜一七三九。元禄8年版の後印本＞刊の整版本）

(17) 『東雅』（新井白石）

ｏ『新井白石　東雅　影印・翻刻』・『同　解題・索引』（内閣文庫蔵自筆本。杉本つとむ編著。早稲田大学出版部。平成6年刊）

・『東雅』（翻刻本。目録1冊、本文4冊。明治36年刊）

・『語源辞典東雅』（翻刻本。名著普及会。昭和58年刊）

(18)『本朝軍器考』（新井白石）

ｏ国会図書館蔵本（12巻14冊＜序目1冊・『集古図説』4冊付＞。「元文貳歳丁巳立春吉辰」＜一七三七＞刊の整版本。134－8）

・内閣文庫蔵本（12巻12冊＜序目1冊・『集古図説』《4冊を2冊に合綴》付＞。「元文五年」＜一七四〇＞刊の後印本。153－445・446。他に「元文五年」版ながら版元を異にする7冊本＜大阪版。本文5冊、『集古図説』2冊＞を蔵す。153－441・443・444）

・『新井白石全集　第六』（内外印刷。明治40年刊）

(19)『本朝食鑑』（人見必大）

ｏ内閣文庫蔵本（12巻12冊。「元禄拾丁丑暦六月上旬」＜一六九七＞刊の整版本。184－111・112など）

・日本古典全集本（2冊＜巻1～5・巻6～12＞）

・『本朝食鑑1～4』（島田勇雄訳注。東洋文庫296・312・340・378）

(20)『大和本草』（貝原益軒）

ｏ国会図書館蔵本（10冊＜本文1巻～16巻《8冊》。付録2巻《1冊》。諸品図3巻《1冊》＞。「寶永六己丑歳／仲秋吉祥日」＜一七〇九＞刊の整版本。但し付録に刊記なく、諸品図は正徳5年＜一七一六＞刊である。特1－2292。特1－2292イ）

・拙蔵本（10冊。本文は右に同。諸品図は宝暦11年＜一七六一＞刊）

・『益軒全集　6』（国書刊行会。昭和48年刊）

(21)『日本釈名』（貝原益軒）

ｏ国会図書館蔵本（上・中・下巻3冊。「元禄庚辰之歳」＜13年。一七〇〇＞刊の整版本。813・6－Ka183n。HA38－1。126－59。他に享保6年＜一七二一＞刊の後印本＜特1－1625＞を蔵す）

・内閣文庫蔵本（右元禄13年版と同版。207－327）

・『益軒全集　1』（国書刊行会。昭和48年刊）

(22)『和漢三才圖會』（寺島良安）

ｏ『和漢三才圖會』（105巻＜他に首巻・目録各1巻を有す＞81冊。正徳2年＜一七一二＞自序の有る複製本。1冊。吉川弘文館。明治39年刊）

ｏ『和漢三才圖會』（複製本。上・下2冊。東京美術。昭和45年刊）

・『和漢三才図会6』（島田勇雄・竹島淳夫・樋口元巳訳注。東洋文庫466）

(23)『武家節用集』（松永思斎）

ｏ『武家節用集』（上・中・下巻3冊。延宝9年＜一六八一＞刊の影印本。島田勇雄解説。前田書店）

(24)『仁義理古武志』

ｏ国会図書館蔵本（1冊。刊行年不明の整版本。特1－770。228－164）

・『近代語研究　第四集』（右の翻刻。島田勇雄）

(25)『醍醐随筆』（中山三柳）

ｏ国会図書館蔵本（4冊。「寛文拾年」＜一六七〇＞刊の整版本。142－126）

・『続日本随筆大成10』（吉川弘文館）

(26)『酉陽雑俎』（段成式）

o『和刻本漢籍随筆集6』（汲古書院）
・『酉陽雑俎4』（段成式撰・今村与志雄訳注。東洋文庫401）

(27)『長秋記』（源師時）
o『増補史料大成　長秋記　16』（臨川書店）

(28)『御湯殿上日記』
o 群書類従本（『続群書類従補遺三』）

(29)『東鏡』
o『振仮名つき　吾妻鏡　寛永版影印』（汲古書院）

(30)『廣雅』・『爾雅』
o『和刻本辭書字典集成　第一巻』（汲古書院）

(31)『西宮記』（源高明）
o『新訂増補故實叢書　西宮記第二』（明治図書出版）
・『尊経閣善本影印集成6　西宮記六　大永本第四～第九』（八木書店）

(32)『古今和歌六帖』
o『続国歌大観』（角川書店）

(33)『庭訓往来』
o『庭訓往来　句双紙』（新日本古典文学大系52）

(34)『和名類聚抄』（源順）
o 内閣文庫蔵本（20巻10冊。「慶安元戊子暦霜月吉辰　新刊」〈一六四八〉刊の整版本〈208－110〉と、20巻5冊、「寛文七丁未歳仲秋日」〈一六六七〉刊の渋川清衛門版。209－1。209－8など）
o 拙蔵本（右「寛文七年」渋川清衛門版と、20巻10冊、「寛文十一孟冬日」〈一六七一〉刊、本文13行の積徳堂版）
・『倭名類聚抄　元和三年古活字版二十巻本　附関係資料集』（勉誠社文庫23）
・『諸本集成倭名類聚抄本文篇』・『同　索引篇』（京都大学文学部国語学国文学研究室編。臨川書店）
・『倭名類聚鈔　索引』（日本古典全集）
・『梭斎書入倭名類聚鈔　一・二』（早稲田大学蔵資料影印叢書）

右の他、日本古典文学大系・新日本古典文学大系の諸本を用いた。また、左の文献を参考・参照した。

① 『谷川士清自筆歌林樸樕和哥寳樹抄録』（写本1冊。岩瀬文庫蔵。954－10）
② 『近世国学者の研究』（北岡四良著。「和訓栞成立私考」・「続・和訓栞成立私考」二点〈『皇学館大学紀要』第六・七輯。昭和43年2月・同44年3月〉）
③ 『谷川士清先生傳』（谷川士清先生事蹟表彰会編。大日本図書）
④ 『国学者谷川士清の研究』（加藤竹男著。湯川弘文社）
⑤ 『新編松永貞徳の研究　続篇』（小高敏郎著。臨川書店）
⑥ 『古今要覧稿』（原書房）
⑦ 『放鷹』（吉川弘文館）
⑧ 『和訓栞　大綱』（尾崎知光編。勉誠社文庫121）
⑨ 「古今集和歌助辞分類と和訓栞 ― 和訓栞所引の資料として ―」（根上剛士。『埼玉大学紀要』〈教育学部〉32巻）
⑩ 「倭訓栞と和字正濫鈔」（青木伶子。『国語史学の為に　第三部』所収。笠間書院）
⑪ 「校訂『鷹三百首（摂政大政大臣）』」（遠藤和夫。上 ―『和洋女子大学紀要』〈文系編〉37集。下 ―『野州国文学』58号）

⑫『和句解』（「和語のしるべ」。松永貞徳。3冊。元禄9年〈一六九六〉刊の整版本。国会図書館蔵。182－356）

⑬『滑稽雑談』（ゆまに書房）

⑭『鷹口傳之書』（題簽「鷹やしない艸」。上・下2巻の合本。文政7年〈一八二四。宝永6年版の補刻版〉刊の整版本。国会図書館蔵。特1－1885）

⑮『木柴之雪』（4巻4冊。文政2年〈一八一九。文化13年《一八一六》版の再版本〉刊の整版本。国会図書館蔵。189－163）

⑯『群書類従第19輯』（鷹部 ― 新修鷹経・嵯峨野物語・白鷹記・養鷹記・禰津松鷗軒記）

⑰『続群書類従第19輯中』（鷹部 ― 鷹経辨疑論・鷹口傳・鷹聞書・鷹秘抄・鷹鷹秘抄・荒井流鷹書ほか）

⑱『続群書類従第24輯上』（三議一統大雙紙ほか）

⑲『鷹詞類寄』（写本4冊。有吉保先生蔵）

⑳『鷹詞哥仙連歌』（写本1冊。「右此連歌　三十六の哥仙に近衛殿あそはされたると云により寫之置也　其時節不知之　慶安元年孜八月廿八日　山本藤右衛門」、並びに文政十年にこれを「謄寫」した由を記した奥書を有す。有吉保先生蔵）

㉑『鷹具うた・鷹薬飼哥』（写本1冊。有吉保先生蔵）

㉒『武家重宝記』（苗村丈伯。5巻1冊。元禄7年〈一六九四〉刊の整版本。国会図書館蔵。103－172）

㉓『和歌分類』（有賀長伯。7巻7冊。元禄11年〈一六九八〉刊の整版本。国会図書館蔵。191－305）

㉔『初学和歌式』（有賀長伯。7巻7冊。元禄14年刊の整版本）

㉕『まさな草』（河瀬菅雄。上下2冊。元禄3年〈一六九〇〉刊の整版本。国会図書館蔵。911・107－ka934m）

㉖『貞丈雑記1～4』（伊勢貞丈著。島田勇雄校注。東洋文庫444・446・450・453）

㉗『俳諧類舩集』・『同　索引』（近世文藝叢刊1。別巻Ⅰ・Ⅱ）

㉘『近世前期歳時記　本文集成並びに総合索引』（尾形仂・小林祥次郎編。勉誠社）

㉙『近世後期歳時記　本文集成並びに総合索引』（尾形仂・小林祥次郎編。勉誠社）

㉚『校注俳諧御傘』・『同　索引篇』（赤羽学編著。福武書店）

㉛『圖説俳句大歳時記　春～冬』（角川書店）

㉜『私家集大成　中古Ⅱ』（明治書院）

㉝『国歌大観索引』・『続国歌大観索引』（松下大三郎編。角川書店）

㉞『新編国歌大観』（角川書店）

㉟『後拾遺和歌集総索引』（糸井通浩・渡辺輝道編。清文堂）

㊱『金葉和歌集総索引』（増田繁夫・居安稔恵・柴崎陽子・寺内純子編。清文堂）

㊲『詞花集総索引』（滝沢貞夫編。明治書院）

㊳『新古今集総索引』（滝沢貞夫編。明治書院）

㊴『八代集総索引』（新日本古典文学大系。岩波書店）

㊵『古事記音訓索引』（瀬間正之編。おうふう）

㊶『定本日本書紀』・『同　辞典・索引』（丸山林平編。講談社）

㊷『日本書紀総索引　漢字語彙篇』（中村啓信編。角川書店）

㊸『新訂増補国史大系　日本書紀』（前・後篇二冊。吉川弘文館）

㊹『万葉集総索引　単語篇』（正宗敦夫編。平凡社）
㊺『伊勢物語総索引』（大野晉・辛島稔子編。明治書院）
㊻『大和物語語彙索引』（塚原鉄雄・曾田文雄編。笠間書院）
㊼『歌物語総合語彙索引』（西端幸雄・木村雅則編。勉誠社）
㊽『平安日記文学総合語彙索引』（西端幸雄・木村雅則・志甫由紀恵編。勉誠社）
㊾『枕草子　本文及び総索引』（榊原邦彦編。和泉書院）
㊿『源氏物語語彙用例総索引　自立語篇』（勉誠社）
51『栄花物語本文と索引』（高知大学人文学部国語史研究会編。武蔵野書院）
52『吾妻鏡総索引』（及川大溪著。日本学術振興会）
53『お湯殿の上の日記主要語彙一覧』（小高恭編。名著出版）
54『職人歌合総合索引』（岩崎佳枝他編著。赤尾照文堂）
55『日本古典文学大系索引』（岩波書店）
56『時代別国語大辞典　上代編・室町時代編』（三省堂）
57『日本国語大辞典』（小学館）
58『国語学研究事典』（佐藤喜代治編。明治書院）
59『国語学大辞典』（国語学会編。東京堂）
60『日本古典文学大辞典』（岩波書店）
61『増訂古辞書の研究』（川瀬一馬。雄松堂）
62『日本辞書辞典』（沖森卓也・倉島節尚他編。おうふう）
63『和歌大辞典』（犬養廉・井上宗雄・大久保正他編。明治書院）
64『俳文学大辞典』（尾形仂・草間時彦・島津忠夫他編。角川書店）
65『補訂版国書総目録』（岩波書店）

◇　　◇

『御鷹場』（本間清利。埼玉新聞社）
『鷹場史料の読み方・調べ方』（村上直・根崎光男著。古文書入門叢書6。雄山閣）
『狩りと王権』（斎宮博物館。平成7年）
『鷹狩りへの招待』（波多野鷹著。プリマーブックス109。筑摩書房）

鷹詞より見たる『和訓栞』の研究

第Ⅰ部　研究篇

第一章
『和訓栞』の依拠した鷹詞文献

第一節　はじめに

『和訓栞』の価値は何と言っても語釈に用いた資料の多さ、裏を返せば編者の「臆断」を排した方針が見られることにあり、それ故に今日、なお参考に供すべきものとして利用され続けてもいる。ただ、惜しむらくは、編者みずから前編首巻凡例に「多くハ書名を著さす　唯といへりと書せり煩ハしきをいとひて也」と記すごとく、典拠となった書名がじゅうぶんに示されていないところにある。

ところが、『定家卿鷹三百首（注）』（和洋女子大学図書館蔵）を読む機会を得た際に、それと『和訓栞』との関係が気になって、『和訓栞』中の鷹詞について調査を試みたことがあった。その結果、以下に示すごとく、『定家卿鷹三百首（注）』はもとよりとして、更に数種の資料を典拠として拾い出すことができたのであるが、面白いことに、これら書物がすべてではないにしても、出典名の記されていない、いわゆる「〜といへり」の箇所においても一致乃至は対応していることが判ったのである。

つまり、この事実をもってすれば、出典名なき箇所も、これら資料を手掛りにその幾つかは明らめられることになるわけで、鷹詞という限られた範囲であるにしても典拠名不記部分の書名が判明することは、斯かる点に遅れをとっている『和訓栞』にとって、その解明の端緒を与えてくれるのではないかと思うのである。

抑も『和訓栞』の編纂に、典拠資料がいかなる方法のもとに使用されてきたかを探ることは、甚だ困難であった。が、以上の点をもってすれば、類別された内容ごとに典拠とすべき書物が決まっていて、それを中心に編纂されていった可能性も立てられなくはないのであり、そうならば典拠として同じ書名を繰り返し記していくことは、編者谷川士清ならずとも、確かに「煩ハし」いことではなかったかと思うのである。以下、現在までに知り得た鷹に関する典拠を明らかにしてみたい。

第二節　『和訓栞』記載の鷹詞文献

谷川士清が鷹詞に対して如何なる資料を用いたかは、『和訓栞』を丹念に見ていくことにより、まずは確かめられる。左は、そうして得られた書名を示したものである（記載項目が一例のみで次節において該当なき『長秋記』〈22〉・『醍醐随筆』〈201〉などは省略した。なお、使用の算用数字は典拠部記載の掲出語に付した番号〈歌番号は翻刻部使用のもの〉であり、『和訓栞』本文は整版本にしたがった〈増補版の巻名・頁数、後編のすみや書房版の頁数をそれぞれ記したところもある〉。以下同様）。

(1)　『定家卿鷹三百首（注）』

鷹詞中、最も多く採用された資料である。

書名は「定家」の名を冠した

定家卿（の）鷹（の）歌　（2・31・90・121・195・199・220・268）
定家卿鷹の歌・の注　（228・243）
定家卿　（78・84・89・129・135・155・174・217）

の他に、

鷹三百首・三百首　（32・33。重出項目）

と記された例も認められるが、いずれも『定家卿鷹三百首（注）』を指すこと、左のごとくである。

すなわち、鷹歌に関する「三百首」には定家以外にも家隆・良経などの作が存するが、所引の「鷹三百首」が『定家卿鷹三百首（注）』からであることは、32・33（「かき」の項の重出）の引歌

紅葉する柿のもとなるしのふ水とりて赤ふの鷹にかふらん

故郷の柿のもとつ葉わか鷹の萩にそへてや田鳥(シギ)をつくらん

が『定家卿鷹三百首（注）』にのみ見出されること（89・352番歌）、

右のうち、後者「故郷の〜」歌は「定家卿」（155「としば」項）としても引用が認められるが、そこに見える

又鷹の鳴をつくるに萩ばかりハ弱き故に柿の枝を添る事あり

が『定家卿鷹三百首（注）』の注文

萩計ハよはき程に柿の枝をそへて付よとのをしへなり（352番歌注）

と酷似していて、これに代わるべき資料が他に特定できないこと、などに基づく。

したがって、挙例するまでもなく、「定家卿（の歌）」は『定家卿鷹三百首（注）』の省略形ということになる（但し、「くさハみながら」・「たふ」・「やまかげ」など、鷹詞以外の項目はこれに該当しない）。また、「定家卿鷹の歌」にしても、

定家卿鷹の哥（引歌略）親鷹か子をかなしミて子のあたりを立さらぬを鷲ハまつ親をとるものなりといへり　（31「おもひご」）

——子をかなしみておや鷹か子のあたりをはなれぬほとに先親を鷲か取もの也　（『定家卿鷹三百首（注）』262番歌注）

薬師草の義　鷹詞には青薬といへり　定家卿の鷹哥に見えたり　（268「やくしさう」）

——青薬とハ薬師草と云草をもミて餌にませてかへハ鷹くたひれすと也　差隼(さしは)に限る事と也（『定家卿鷹三百首（注）』339番歌注）

に依り、右と同様の結論を得ることができる。

なお、『定家卿鷹三百首（注）』には写本と整版本とが存するが、両者の間に注目すべき差は認められない（国会図書館蔵本〈一冊。862−156〉のごとく、整版本の写しと判ぜられるのも存する）。本書では整版本をもって『和訓栞』の資料と考えた。

(2)『西園寺鷹百首（注）』

書名は

後西園寺殿鷹百首　（49・92）

後西園寺入道相国の鷹百首　（129）

西園寺鷹百首　（214・264）

の三種が認められるが、いずれも同じ『西園寺鷹百首（注）』に基づくこと、例えば「後西園寺殿鷹百首」に

○……大鷹小鷹ともに雉にかぎらず鳥を取ぬれば山の神を祭る事あり　鳥のうしろの毛　雨おほひを取　下毛とて尾の上に草の如くなる毛あるを奉る也　（49「かりばのとり」）

——鳥を取ぬれハ鳥のうしろの毛　雨おほひを取　下毛とて尾の上にしたと云草のごとくなる毛をぬきて山の神を祭る事也　雉に限らす大鷹小鷹何れも有　（『西園寺鷹百首（注）』79番歌注）

とあり、また、「後西園寺入道相国の鷹百首」に

○……延喜の御門の御時鳳輦の左の柱をとりすて御こしの内にて鷹をすゑさせ給しより今の代までも鳳輦の左の柱とりつかけつする様に造るといへり　（129「たなさき」）

——延喜の御門の御時鳳輦(れん)の左の柱を取て御輿の内にて鷹をすへさせ給しより今の世まで鳳輦の左の柱なし　鷹の左ハ手先　右ハ身寄と云也　イ本にハ左の柱取ツのけツするやうにと也

（『西園寺鷹百首（注）』64番歌注）

とあることにより、立証できる（「西園寺鷹百首」については引歌のみで注文を有しないが、勿論それは『西園寺鷹百首（注）』中に認められる＜28・41番歌＞）。

なお、『西園寺鷹百首（注）』には注文を異にする写本と整版本とが存するが、資料としては整版本を採用したものと考える。

46「かりつめ」、241「ましろ」において、整版本にのみ認められる傍線部の表現

稲をかりてすこし残したるに……同小鷹の詞也　（71番歌注）

ましろとハ眉の毛至て白きと也　（36番歌注）

のうち、「すこし・小鷹の詞也・至て」が、『和訓栞』

稲を刈て少し刈残したるに……小鷹の詞也といへり

眉毛の至て白きなりといへり

にそのまま引用されていること、写本に依拠しているかに見える

47「かりづゑ」

さきに岐(マタ)のある杖也　（『和訓栞』）

〔写本〕　かり杖とハさきに俣の有杖なり

〔整版本〕かり杖ハ狩の杖也　（35番歌注）

281「わかたか」

胸の毛わかき時ハ黄なれハなり　當歳の時をいふなり　（『和訓栞』）

〔写本〕　胸毛わかき時ハ黄なる故也　當歳の時也

〔整版本〕整版本該当箇所なし　（60番歌注）

にしても、これを写本からとみるよりは、『和歌寳樹』（後掲(7)及び次節(1)

カリ杖トハ鷹詞也　サキニマタノアル杖也

胸ノ毛若キ時ハ黄ナルユヘナリ　當歳ノ時也

に基づく引用と捉える方が無理なく解釈できること、などに依る（これは後掲(7)に記すごとく、谷川士清に自筆の抄本『歌林樸樕和哥寳樹抄録』が存することが前提となっている）。

(3)『龍山公鷹百首』

書名は

龍山公の鷹百首（190）

の他に、

龍山公の説（104）

が認められる。龍山公作の鷹書が他に存しないことからすれば、後者を『龍山公鷹百首』に措定することに、それ程問題があるとは思われない。尤もこの場合、他書からの孫引きということも考えおかなくてはなるまいが、そうした書物は今のところ見出し難く、後述するごとく、『龍山公鷹百首』に基づく用例は『和訓栞』中に多数存する。

○……龍山公のの(ママ)説に山をかるもの共を押出してせこといふはしゝけたものゝ狩する者ともの事也　下狩衣(ママ)といふへき事本義也と見えたり　（104「せこ」）

——惣別山をかるものともをせことをし出していふ事はしゝ　けたものゝ狩する者共の事也　鷹狩の者ともをは　した狩衆といふへ

き事本義也　（16番歌注）

（注）整版本（また増補版）には誤り〈ママ〉が若干認められるが、

このような誤りについては次章を参照していただきたい。

なお、『龍山公鷹百首』（写本のみ）は諸本それぞれに小異し、第Ⅱ部資料編「翻刻部」に掲載した底本にしても、『和訓栞』とまったくは一致しない。が、両者に存する差が少ないことからみて、これが典拠本に近い一本であることは間違いないと思われる。

(4) 『大諸礼集』

書名は

三議一統（23・68・105・137・207・237）

大諸礼　（119・259）

の二種（104の「三儀一統」は「三議一統」の誤刻）が認められる。

「三議一統」が巻十三・十四所収の用例を巻名で示したものであること、また、「大諸礼」が一巻から十二巻までの用例を題名で示したものであること、この二点がそれぞれ確認できる。いずれも『大諸礼集』に同じである（この他、巻十七・十八の巻名である「大雙紙」の例が『和訓栞』中に存する）。一例を挙げておく。

(イ) 「三議一統」の場合。

○鷹詞にいふハ峯の事也と三議一統に見ゆ　（23「えり」）

——えりとハ峯の事　（巻14・26オ）

○鷹詞にたもとゝいふはふもとの事也と三議一統に見えたり　（137「たもと」）

——たもとハふもとの事也。　（巻14・26オ）

(ロ) 「大諸礼」の場合。

大諸礼に鷹の鳥かけ様ハ山緒ハ藤にてかけ　田緒ハいつれも縄なりと見えたり　（119「たかのとり」）

——鷹の鳥かけやうの事。山のまへ田のうしろと心得べし。山緒ハ藤にて懸べし。田緒ハいづれもなわなり。　（巻4・26オ）

(5) 『言塵集』

書名は

言塵集（54・150・182・184）

とあるのみである。

なお、『言塵集』には写本と整版本とが存するが、使用の資料としては整版本を考えた（後述）。

(6) 『藻塩草』

書名は

藻塩草（186）

とあるのみである。

(7) 『袖中抄』

書名は

顕昭説（267）

とあるのみであるが（鷹詞に限る。『和訓栞』中には『袖中抄』の名もある）、これをもって、即『袖中抄』からの引用と見做すことは危険である。（谷川士清自筆の抄本『歌林樸樕　和哥實樹抄録』（奥書は「右樸樕實樹之二書　……　閲之鈔略其要文云　寛保癸亥三月　谷川士清識」。岩瀬文庫蔵）が存することにより、内容如何によっては『歌林樸樕』や、増補本の『和歌實樹』をも考慮に入れる必要があるからである。実際、267「やかたを」における

顕昭説に鷹の相経に屋像尾　町像尾とて二の相あり　万葉集にハ矢
形尾と見えたり

は、左より判断して、『袖中抄』に直接基づくとみることは無理があろうと思われる。

谷川士清自筆本

○ヤカタオノ鷹　顕昭云鷹ノ相経ニ屋像尾　町像尾トテ二ノ相アリ
万葉ニハ矢形尾トアリ

―― 顕昭云鷹之相経ニハ屋像尾　町像尾ト二ノ相アリ ……　万葉
ニハ矢形尾ト書　（『歌林樸樕』）

(8)『袖中抄』（慶安4年整版本）

顕昭云屋かたをとハ鷹の相経にハ屋像尾（ヤカタヲ）　町像尾（マチカタヲ）とて二の様をあけ
たり　万葉集には此哥を矢形尾とかけり（巻9「屋かたをの鷹」）

『蔵玉和歌集』

書名は

蔵玉集（76）

堀川ノ院の異名（170）

が認められる。後者は『蔵玉和歌集』記載の資料名をそのまま使用したものである（草木などの異名に関する項目は、これに基づく場合が多い）。

(9)『新撰六帖題和歌』

書名は

新撰六帖（147）

新六帖（83・219・263）

の二種が認められる。後者は前者の省略形である。

新六帖にも鵜なハのさバきと見えたり　（83「さばく」）

―― いかにしてつかふなハのさはきつゝおこなふ道に心みたれ
し　（第3帖「鵜」）

(10)『和漢三才図会』

書名は

三才図会（175）

のみが認められる。

この他、『古事記』・『日本書紀』を始めとして、『万葉集』・『源氏物語』等々の書目が認められるが、それぞれの挙例は差し控えることにした。第Ⅱ部資料篇「校合部」の「万葉集・古事記・日本書紀等引用一覧」を、また、『和名抄』については「『和名抄』引用一覧」を参照していただきたい。

第三節　「といへり」の典拠

前節では、鷹詞の項目（全体の一・四五パーセントに当たる）に限定して『和訓栞』中の典拠を明らかにしてきたが、実は、当然のことながら、これ以外にも典拠とすべき資料は指摘できる。ここでは、そうした書物も加え、典拠名記載無き部分の資料について解き明かしてみたいと思う。

Ⅰ　まず、前節で明らかにできなかった典拠 ―― 鷹詞項目には存しないが、それ以外の『和訓栞』項目中に見出される、鷹詞の典拠解明にはなくてはならない資料 ―― から始めてみたいが、同事に、これら出典名不記部分が常に文末を「といへり」で結ぶとは限らないことも、用例をとおして明らかにしておきたい。

(1) 『和歌寶樹』（『歌林樸樕』）

『和訓栞』中にその名を確認できないが、典拠資料の一つであることは谷川士清自筆抄本の存在によって明らかであり、既に前節(2)・(7)に記したとおりである。なお、これに関しては北岡四良氏にも御論が見られる（「続・和訓栞成立私考」）が、それに依ると、氏は『歌林樸樕』が諸本により、出入りのあるものであることに気付いてはおられなかったようである（『歌林樸樕』諸本の研究は小高敏郎氏『新訂松永貞徳の研究続篇』に詳しい）。

① 野なとにあるをいふ也　山かへりハ網にてとれともあがけとハいはすとそ　（1「あがけのたか」）

——山ガヘリトハ山ニテトリタル若鷹也　網ニテトレドモアガケトハイハス　アガケノ鷹トハ野ナトニテトリタル鷹ヲイフ也　（「山カヘリ」）

② 鷹の一鳥屋したるをかたかへりといひ　二とやしたるをもろがへりといふといへり　（38「かたがへり」）

——カタカヘリトハ鷹ノ一鳥屋シタルヲイフ　二鳥ヤハ諸鴘　三鳥ヤハ諸方鴘也　（「カタカヘリ」）

③ すそごの差羽ハ尾のさき半らばかり黒き也　青さしバゝ後にあさぎ色になれり　赤さしバゝ後も同し　（80「さしば」）

——青サシバ　赤サシバトテアリ　青サシバハウシロアサキ也　赤鷲ハアカキ也　マタスソ鷲トイフ　尾ノ先半バカリクロキ也　（「サシハ」）

他は、前節(2)で取り挙げた用例を参照していただきたい。

(2) 『武用辨略』

例えば「やしき」（下巻・503頁）にその名が確認できる。八巻八冊のうち、鷹詞の典拠として主に使用されたのは巻八「鷹犬之辨」である。用字はまったくは一致しないが、現在までに知り得た他文献に類例を見ない。

④ 又山足緒あり　其制少異也といへり　管の緒ともいふ　（3「あしを」）

——山足緒ト云有　其制少　異也　苧縄ニテ差ヲ云　管ヲ入タレハ管ノ條共云　（巻8・46オ）

⑤ ○甲州山中鷹の事をいふハ昔宇治の宝蔵の唐鏁を七月七日の捜　物の時鷹の捉て山中の巣に置たり　其鷹ハ甲斐の国より献する所の鳥也　是より甲州鷹の別称とすといへり　（43「からくつわ」）

——唐轡ト云シモ甲州山中鷹ノ事也　昔　宇治ノ宝蔵ノ唐轡ヲ七月七日ノ捜　物ノ時鷹ノ捉テ山中ノ巣ニ置タリ　其鷹甲斐国ヨリ献ズル所ノ鳥ナリ　是ヨリ甲州鷹ノ別称トス　（巻8・26オ～ウ）

⑥ ○鷹に狭衣の毛といふハ尾裏厠門にかゝりたる毛なりといへり　（78「さごろも」）

——○尾連ノ毛……或之ヲ狭衣ノ毛ト云……四方傳等ニモ尾裏厠門ニ掛リタル毛ト云云　（巻8・16ウ～17オ）

⑦ ○鷹にほろといふハよろひ毛にむかへていへり　背のふくらミたるをほろなりといへりとそ　ほろおひの毛とも見えたり　（239「ほろは」）

——○母衣ハ前ニ云甲　毛ノ対名也　背ノ膨ミタルヲ母衣形ト云　故ニ母羅帯共云　（巻8・19ウ）

⑧ ○巣鷹を若草と称せり　（280「わかくさ」）

——〇巣鷹(スタカ)ヲ若草(ワカクサ)ト称(セウ)スル　雛(ヒナ)ノ事也　（巻8・25ウ）

(3)『東雅』

夙に伴信友によって、（注）また、上田万年（『谷川士清先生傳』）・赤堀又次郎（『国語学書目解題』）・新村出等によって明らかにされてきた書である。『和訓栞』中には、例えば「うけ」（上巻・250頁）、「しとり」（中巻・130頁）に「新井氏」の名と、それが『東雅』からのものであることが確認できる。

（注）例えば『和訓栞』「大綱」上欄（前編・巻一・3オ）に、「大綱　此條ヲハジメ新井氏ノ東雅ノ説ヲ多クトレル処多シ」の書入れが認められる（刈谷文庫蔵本＜2103＞）。

⑨〇鷹を韓語にくちといふ事日本紀に見えたり……今の朝鮮語にハまいといへりとそ　（57「くち」）

——俗呼びて倶知(クチ)といふと奏す　これ今の鷹(タカ)也〔今のごときは朝鮮之俗　鷹をバマイといふ也〕　（巻17・鷹）

⑩〇……又鷹にハ古へハたかなぶりといひてぶちとハいはず　古へ藤をもて鞭とせしより語の轉せる也ともいへり　（225「ぶち」）

——〔……鞭をブチといふも古には藤を鞭となせしとみえたり　藤鞭(フヂブチ)といふ　即此也　藤といひ鞭といふ　其ことばを轉じてよびしと見えけり〕　（巻15・藤）

⑪真鳥とかけり　万葉集の抄に鷲也といへり　箭ノ羽に真鳥羽といふ是也とぞ　（245「まとり」）

——万葉集抄にはえびすは鷲の羽を真鳥(マトリ)の羽といふ也とみえたり　さらば東方の方言にはマトリともいひし也　箭ノ羽にマトリバといふあるは其始東方の俗に出し也　（巻17・鷲）

(4)『本朝軍器考』

『東雅』と同じく新井白石の著した書で、例えば「やり」（下巻・544頁）にその名が確認できる。

⑫石打と書り　鷹ノ尾の名所也　〇中黒　本白　切文　護田鳥尾(フ)を今うすべふといふ　おすめをの轉じたる也……俗に鷰の字を用ふ　（11「いしうち」）

——其ノ中石打トイフハ。モト鷹ノ尾ノ名所ニテ。中黒　切符。本白ナドイフ類ハ。羽ノ文(フ)ヲモテ。名ヅケシ也。又宇須倍乎(ウスベヲ)。又宇須倍布(スベフ)ナドイフヲ。世ニハ鷰(エン)ノ字ヲ用フルニヤ。源平盛衰記ニハ。コトノ\くク。護田鳥尾(ゴテンテウビ)トカキタリ。（後略）　（巻4下・41ウ）

⑬鷹羽また粛慎の羽とも称せり　保安元暦の記に左ハ鷲ノ羽　右ハ粛慎ノ羽なと見えたりといへり　（120「たかのは」）

——鷹ノ羽マタ粛慎(シュクシン)ノ羽トモ称ジタリキ。〔……後に保安元暦ノ記ニ執柄供奉。行幸ノ時。府生。番長。平籙。左ハ鷲ノ羽。右ハ粛慎ノ羽。コレヲ新調ス。〕　（巻4下・40オ）

(5)『大和本草』

前記上田万年等によって紹介されている。『和訓栞』中には、例えば「とらふ」（中巻・594頁）、「ほくり」（下巻・194頁）、「そのいけ」（後編・529頁）に『大和本草』の名が、また、「あまとり」（上巻・100頁）、「かさきり」（中巻・460頁）、「せミ」（後編・520頁）に「貝原氏」の名と、それが『大和本草』からのものであることが確認できる。

⑭〇古ハ雉及小鳥のミを取しむ　雁鶴に至るハ近世の事也といへり　（113「たか」）

——日本ニ昔ノ鷹ヲツカフ事小鳥及雉ニ止ル故山鷹野ニハ古法ア

リト云　日本ニ鶴雁等ノ大鳥ヲ取事ハ近世ノ事ナリ（巻15・鷹13オ）

⑮〇犬ひばりハ天にあからす……田ひばりハ冬田に居て餘時ハ出す
といへり　（216「ひばり」）

――犬ヒハリハヒハリニ似テ天ニアカラス　ギウヒハリハ大也
ヒハリニ似タリ　冬ハ田ニアリ　餘時ハ不レ居　又天ニアカラス
又田ヒハリト云　（巻15・告天子18ウ～19オ）

⑯下学集に百部根を訓し　又馬鞭草といへるハ非也　女青也とそ
（228「へくそかつら」）

――世俗百部ヲヘクソカツラト訓ス　大ニアヤマレリ　ヘクソカ
ツラハ女青ト云　（巻7「百部」30オ）

(6)

『本朝食鑑』

例えば「めすりなます」（下巻・435頁）にその名が確認できる。

⑰其尾の羽黒白の文重々列を成て鮮やかに画くか如く斜に逆上し両々
相対するを逆文と號す　（120「たかのは」）

――其ノ尾羽有ニ黒白紋一重重成シレ列ヲ如レ畫ニシテ而鮮明ナル者ヲ斜ニシテ
為レ上ト　其ノ文相似テ而晦クラキ者ヲ為レ下ト　就レ中鮮明如レ畫ノ
而逆上シ両両如キレ対スル者ノ此ヲ號スニ逆膚フト一為レ珍奇而賞スレ之ヲ　尤モ
希ナリ矣　（巻6「鵰・集解」22ウ）

⑱鷹を八九月媒もて取をいふ　鳥屋待の義なり　（163「とやまち」）

――八九月以レ媒テ取ルレ之ヲ　呼テ謂フニ鳥屋待マチト一　（巻6「鵰・集解」19ウ）

⑲夜鷹の義也　夜に宿禽を驚かして捕食ふといふ　木兎に似たりとぞ
（277「よたか」）

――夜ヨ鷹（夜驚シテニ宿禽ヲ一而捕ヘテ食フレ之　山下　林藪有レ之　晝ハ
伏シテ不レ出　其ノ態類スニ木兎ニ一）　（巻6「鷹・附録」23ウ）

(7)

『和字正濫鈔』

これも前記上田万年等によって紹介されている。『和訓栞』中には、
例えば「ゆふべ」（下巻・569頁）、「えひ」（後編・145頁）に「契沖」
の名と、それが『和字正濫鈔』からのものであることが確認できる。

⑳日本紀に鎮坐をすう　雑居をまぜすうとよめり　すゑ　すわると用
る故也　（95「すう」）

――居　すう（すゑ　すわるとかよへり）　（巻4・56ウ）

㉑せは夫の義　うハ鷹の音略なり　（103「せう」）

――兄鷹　せう（和名　雄鷹の名なり。夫を兄といひ　婦を妹と
いふは古語なり。……うハ鷹の字の音の略歟）　（巻4・56オ）

(8)

『和歌八重垣』

『和訓栞』中にその名は確認できないが、現在までに知り得た他文献
に類例を見ない。例えば、類似の内容を有する『和歌分類』は『和訓栞』
所引のすべてを立項しているわけではない。

㉒鷹狩の詞也　鳥の鷹に追れて草に落るをいふ也　（24「おちくさ」）

――鷹狩の詞也　鳥のたかにおハれてくさに落る也　（巻6「おちくさ」12ウ）

㉓鷹の一鳥屋したるをかたかへりといひ　二とやしたるをもろがへり
といふといへり　（38「かたがへり」）

――鷹の一鳥屋したるをかたかへりといひ　二とやしたるをもろ
かへりといふ也　（巻5「かたかへり」12オ）

㉔鷹狩の詞也　鷹の鳥をとりて偏手カタに草をとりて力草とする也
（55「くさとるたか」）

――鷹狩の詞也　鷹の鳥をとりてかたてにてハ草をとりてちからとする　是をちからぐさといふ　（巻6「草とるたか」17オ）

(9)　『和歌呉竹集』

尾崎雅嘉の『和歌呉竹集』（二冊。寛政7年刊）ではなく、寛文13年刊の『和歌呉竹集』（十冊）である。『和訓栞』中には、例えば「いさゝかけぶね」（上巻・160頁）、「もかさかふね」（下巻・448頁）に『呉竹集』の名と、それが同書からのものであることが確認できる。

（注）『和訓栞』所引の『和歌呉竹集』が尾崎のそれでないことは、刊行が谷川士清没後であること、「もかさかふね」所収の歌を『和訓栞』・寛文13年本が「浦ごしの明石の松に～」にするのに対し、尾崎の方は「浦ごしの明石のうらに～」と異なること、などにより明らかである。

なお、『和歌呉竹集』が鷹詞の典拠として示し得る確例は後掲の資料『言塵集』をどう扱うかによって変わってくるが、左の場合は引歌の一致により、本資料に基づくとみて構わないと思われる（このことは後述する『言塵集』との関係において抵触することはない）。

山偏着の義也　そハ也　暮ふかみ山かたつきてたつ鳥の羽音に鷹を合せつるかな　（271「やまかたつきて」）

――○山がたつきて　山形尽　山片就とも。八雲御抄にハ。山のそハ也……　暮ふかミ山かたつきて立鳥の羽音に鷹をあハせつるかな
（巻6・13オ）

――山かたつきてとハ山片就と書り　八雲にハ山のそハ也……夕まくれ山かたつきて立鳥の羽音に鷹を合せつる哉
（『言塵集』第3・5オ）

㉕　……○狩使ハ鷹狩の使をいふ　巡狩の義也といへり　伊勢物語にいへる是也とそ　（48「かりのつかひ」）

㉖　寒夜に鷹諸鳥を捕へて己か腹をあたゝめ　明る朝ハ其鳥を放ちやりて其鳥の行方へハ其日鷹ハゆかずといへり　此事三才図会鶻の條にも見えたり　（175「ぬくめどり」）

なども、

○かりの使とハ鷹狩の事也。異朝にも巡狩とて自身国をめぐりて狩するは。其国の地配を見ん為也。　（巻3・25オ）

○ぬくめ鳥とハ寒き夜は鳥を生ながら足に持　鷹我腹をあたゝめて。朝はなちて其方へゆかずといひ傳へたり　（巻2・19オ）

右に見るごとく、この『呉竹集』が関与していたと捉えることのできる例である――前者の「巡狩」、後者の「鷹我腹」は、現在知り得る他文献に類例を見ない（後者は「鷹」を「鶻」〈＝隼〉、「腹」を「足」とする）――。

但し、今後の調査により、『和歌呉竹集』以外の資料が新たに見出される可能性の残されていることを断っておく。

Ⅱ

次に、前節掲載の資料を用いて同様の操作を試みる（以下(1)～(4)の四書に限り、文末を同じくする他例を併記した）。

(1)　『定家卿鷹三百首（注）』

㉗　鷹のいきり煩ふ事なりといへり　（10「いきげ」）

――いきけとはどうけ有ていきり煩ふ事と也　（258番歌注）

類例（「～といへり」）――16・17・29・31・39・65・67・72・87・98・131・141・167・199・205・210・218・227・231・235・238・243・

265・268・282

㉘ 野心の義　鷹のなつかぬをいへり　（185「のごゝろ」）

—— 野心とはなつかぬをいふ　（12番歌注）

類例（「〜を〈も〉いへり」）—— 226・236・283・286

㉙ 鷹にいふ　とりかはぬをいふとそ　（18「うぶすゑ」）

—— うぶすへとハとりかハぬを云也　（99番歌注）

類例（「〜とそ」）—— 27・127・128・144・178・200・212・213・220・249・254・269

㉚ 鷹に浦嶋といふハ古き鷹の称也　（19「うらしま」）

—— 古き鷹を浦嶋と云と也　（162番歌注）

類例（「〜〈をいふ・事〉也」）—— 40・62・82・99・135・146・148・165・168・174・216・251・278

㉛ 鷹をもちにて捕をも落すといふ　（26「おとす」）

—— 鷹をもちにて取をおとすと云と也　（272番歌注）

類例（「〜〈と・を〉いふ」）—— 34・42・89・143・209・244・258・284

(2)『西園寺鷹百首（注）』

㉜ 愁の毛也　鷹心煩らハしき時ハ額の觜のきハの毛をたつ也といへり　（20「うれへのけ」）

—— 愁の毛とハひたいの毛也　鷹の心煩時立る毛也　鳥なくて鷹佗て額の毛をたつると云儀也 ……　額とハ觜のきはの毛のこまかなる所を云と也　（15番歌注）

類例（「〜といへり」）—— 46（「〜といふ……〜といへり」）・76・198・241・242

㉝ 手放す也　鷹をなつけて初て合をいへり　（132「たばなす」）

—— 又初て大鷹をなつけて合るを手放と申也　（71番歌注）

類例（「〜〈を《も》・に〉いへり」）—— 193・204・260

㉞ ○鷹狩にかけ鶉といふハ馬にて鷹を居て鳥をたてゝ合する也　（17「うづら」）

—— かけ鶉とハ馬にて鷹をすへて鳥をたてゝあはするを申也　（68番歌注）

類例（「〜〈をいふ〉也」）—— 25・49・142・257

㉟ 又雉の鳴を野山に聞すまして鈴の子をさしてならぬやうにして鷹を合すをもいふ　（50「きゝすゑとり」）

—— 雉の鳴を野山によく聞すまして鈴の子（こ）と云物を鈴にさして鈴のならぬ様にして鷹をすへて　よりて狩立て合する也　聞すへ鳥とも申也　（94番歌注）

類例（「〜を〈も〉いふ」）—— 他に該当する例なし

(3)『龍山公鷹百首』

㊱ 風向の毛也　鷹のうしろのかまちに白き毛のまじりたる所（ママ）ある毛也といへり　（37「かざむけのけ」）

—— 風向（カザムケ）の毛は鷹のうしろかまちにしろき毛のましりたる所にある毛なり　（34番歌注）

類例（「〜といへり」）—— 75・85・106・133・149・157・160・183・189・191・232・234・245・247・255・256・272

㊲ 又春のあらたかをさほ姫かへりに山（ママ）かへりといふとそ　（272「やまかへり」）

—— 節分こえて春うちおとしたるたかはさほ姫かへり共小山かへ

りとも　春のあらたかをいふ也　（73番歌注）

類例（「〜とそ」）――他に該当する例なし

㊳ 鷹を手放て餌を見せてをきたつるをいふ　鷹にハ呼といはす　をくといふなり　（288「をきかふ」）

――をきかふは鷹を手はなち餌をミせてをきたつる事也　鷹よふとハいはす　をくと云也　（44番歌注）

類例（「〜也」）――他に該当する例なし

(4)　『大諸礼集』（「三議一統」）

㊴ 鷹の詞につかれの鳥を捨る事といへり　（53「きりやどまり」）

――きりやとまりとハつかれを捨る事也　（巻14）

類例（「〜と〈も〉いへり」）――64・102・123（2例）・139・177・186・203

㊵ 鷹詞に鳥の落たる所の草をいへり　（4「あてくさ」）

――あて草とハをちたる所の草也　（巻14）

類例（「〜をいへり」）――28

㊶ 鷹の空にて鳥をとりて沓を投るに似たるを喩へいへり　見（ママ）鷹の詞也よて沓を結ふといふとそ　（59「くつをむすぶ」）

――沓を結とたとふる事ハ鳥を中にて取てをつるを云也。兄鷹のことはなり　沓をむすむでなぐるに似たる故也。（巻14）

類例（「〜とそ」）――73・179

㊷ ○鷹詞にくひな飛とハ少つゝ鳥のとひあがるをいひ　くひたち（ママ）とハ少つゝ鳥のたつをいふ也　（60「くひな」）

――くゐなとぶといふハ少つゝ鳥のとびあがるをいふ也。くゐな立とハ少つゝ鳥の立をいふ也。（巻14）

類例（「〜也」）――139（2箇所）・262

(5)　『言塵集』

『言塵集』が典拠名記載無き箇所とどのように関わっていたかは、一つ一つの用例に当たっていないので何とも言えないが、鷹に関しては、『言塵集』「第六　鷹」（また「第七　鷹　追加」）を使用し、引用に際しては書名を記す、といったことが行われたのではあるまいか。

『言塵集』の記載は全体で六例（鷹の四例に、「そゝり」〈第3〉・「いつゝのはな」〈第6〉）認められるが、鷹の四例（一―(5)）は、すべて『言塵集』第六「鷹」・第七「鷹　追加」に基づく。

つまり、そう考えるならば、類似の内容を持つ『言塵集』と『和歌呉竹集』の三例

「さかばかく」（77）

㊸ 鳥のもぢれたる羽をかくなりといへり　法性寺入道の哥
はし鷹の身よりのさか羽かきくもりあられふる野に御狩すらしも

――法性寺入道関白　箸鷹の身よりのさかハかきくもり霰ふる野に御狩すらしも　私云鷹のさか羽とハもちれたる羽也
（『言塵集』第5・11オ〜ウ）

――○さか羽かくとハもぢれたる羽なり　箸鷹のミよりのさか羽かきくもり霰ふる野に御狩すらしも　法性寺入道
（『和歌呉竹集』巻8・33オ）

「そらく」（109）

㊹ そらすに同し　らく反る也　仲正
御狩野にけふはし鷹のそらくしておぶさの鈴もとかてかへりぬ

――仲正　御狩野に今日箸鷹のそらくして尾ふさの鈴もとかて帰

ぬ　私云たかのそらくしたるにはゑをもひかへ　鈴をもとかぬ也
こらさんかため也
（『言塵集』第5・10ウ）
――○そらくして　鷹のそらくしたる日ハゑをもひかへ　鈴をもとらぬなり。こらさん為也　ミかり野にけふはし鷹のそらくしておふさの鈴もとかて帰ぬ　仲正　（『和歌呉竹集』巻4・22オ〜ウ）

「ねとりがひ」（182）

㊺　鷹の鳥を捕て後家に帰りて飼をいふと言塵集に見えたり
――○鷹のねとりかひと云ハ野にてハとりかハすして家にかへりてゑをかふをねとりかひといふ也
（『言塵集』第6・15ウ）
――○ねとりかひとハ鷹(たか)を野にてハ飼(かハ)すして。家にかへりて鳥を飼(かふ)をねとりかひと云也　（『和歌呉竹集』巻4・36ウ〜37オ）

において、何故に「ねとりがひ」の項にのみ「言塵集」の名が『和訓栞』に記されているのかも納得がいくのである。

したがって、これと同様の関係にある44「かり」の項（典拠名なし）

㊻　凡其名目　宿(トマリ)狩　夕狩　朝狩　鳥(ト)狩　初鳥狩　小鷹狩　日次狩
贄狩　荒熊狩　川狩　薬狩　桜狩　紅葉狩　茸狩　紫狩なといへり

も、これを敢えて『言塵集』写本の

〔国会図書館蔵本〈『日本古典全集』イ本〉〕
狩　とまり狩　朝狩　夕狩　鳥狩　小鷹かり　初鳥狩　日次かり　櫻かり　若菜かり　茸かり　もみちかり　是ハ四ハたつぬるをかり　と云也　紫かりと云も尋事也

〔内閣文庫蔵本〕
狩　とまり狩　夕狩　朝狩　鳥狩　小鷹かり　初とかり　日次狩　さくらかり　若菜狩　茸狩　紅葉狩　紫狩　是等はみな尋ぬる事を狩とハ云也　贄(にゑ)狩　河狩　あらくま狩　薬狩と云ハ四月五月の間の鹿狩也

『言塵集』整版本は
○狩　とまり狩　朝狩　夕狩　小鷹狩　初鳥狩　日次の狩　桜かり　若菜かり　茸かり　紅葉狩　此四ハ尋るをかりと云也　紫かりと云も尋事也　あらくま狩　薬かりとハ四月五月の間のかりなり……
贄狩　河狩　（第6・9ウ〜10オ。古典全集本224頁）

とあって、『和訓栞』に対し「鳥狩」がなく、「贄狩・河狩」も「荒熊狩・薬狩」から離れている。写本の方が『和訓栞』に近いことになるが、写本の中では、内閣本が『和訓栞』に一致する。国会本は「贄狩・河狩」がない。

に結び付けなくても、『和歌呉竹集』の
○狩之事　とまり狩　夕狩　朝狩　とかり鳥狩也　小鷹狩　たかがり
鷹野とも　初とかり　贄狩(にゑかり)　日次狩(ひなミ)　河がり　荒熊狩　さくら狩桜を
承る也　若菜(な)かり　茸(たけ)かり　紅葉かり　紫(むらさき)かり　是等の五つは尋ぬる事をかりと云也　薬狩とハ五月五日に百草(さう)をとる事也　海士(あま)のふねにていさりするをも夕狩とよめる
（『和歌呉竹集』巻3・30オ）

に依るものと処理することができる。

44「かり」の項をもって、『言塵集』＝写本とする必然性がなくなった以上、184「のきハうつ」の
言塵集に……　金葉集にのきバうつ真白の鷹の餌袋とよめれハ……
に対し、写本に具合の悪い例

〔整版本〕
のきはうつましろの鷹のゑ袋にをきゑもさゝて返しつる哉　金葉集に有也　（第7・1ウ。古典全集本233頁）

〔写本〕（本文は国会本による。傍線部は内閣本も同）

軒ハ打つましろの鷹のえ袋にをきえもさゝて返しつるかな　此哥ハ金葉集に有か

（現存する写本すべてが斯くなっているとは断言できないが、ともあれそれ）が認められることもあり、本書では整版本を『和訓栞』の資料と考えることにした。

(6)『藻塩草』

(7)『和漢三才図会』

右二書に関しては、前者が『西園寺鷹百首（注）』との関係から、後者が『本朝食鑑』との関係から、それぞれここに挙げる用例を特定することが困難なため、ここでの挙例は控えることにした。

第四節　結び

さて以上の結果に基づき、『和訓栞』に採用された鷹詞文献がどのように編纂に関与していたのか、また、出典名不記部分における表記上の差は認められるかなど、おおよその考えをここに記しておくことにする。

一　繰り返しになるが、鷹詞に関する限り、『和訓栞』編纂に大きく関わっていたのは『定家卿鷹三百首（注）』である。例えば典拠資料の判明する項目のうち、典拠とすべき文献が一例のみの用例を取り挙げ、これを『西園寺鷹百首（注）』・『龍山公鷹百首』・『武用辨略』の三種と比較してみても、

(1)『定家卿鷹三百首（注）』――2・10・16・18・19・26・27・31・32・33・34・39・40・42・62・65・67・70・72・82・87・89・99・127・128・131・135・141・143・144・146・159・165・167・168・173・178・185・195・199・200・205・209・210・212・213・215・217・218・220・222・226・227・235・236・238・243・244・249・251・254・258・265・268・269・278・282・283・284・286・289・291・297

(2)『西園寺鷹百首（注）』――15・20・25・46・132・142・204・241・242・257・260・264・追3

(3)『龍山公鷹百首』――6・37・75・106・133・149・157・160・183・189・191・232・234・247・255・256・272・288・293

(4)『武用辨略』――43・117・124・136・180・211・280

のごとく、『定家卿鷹三百首（注）』が他の資料を圧倒していることが判る（「追」は追加分の例である）。

したがって、『定家卿鷹三百首（注）』以外の文献は、これを補うものとして使用されていたと見做すこともできなくはない。

事実、『定家卿鷹三百首（注）』に該当の注文が存しながら、他の資料を採用した例をみると、その中には

(1)43「からくつわ」――『武用辨略』を採用（『和訓栞』本文は省略。以下同様）。

『定家卿鷹三百首（注）』

からくつわ　不知　可尋之　（83番歌注）

『武用辨略』
唐轡ト云シモ甲州山中鷹ノ事也　昔宇治ノ宝蔵ノ唐轡ヲ七月
七日ノ捜物ノ時鷹ノ捉テ山中ノ巣ニ置タリ　其鷹甲斐国ヨリ
献ズル所ノ鳥ナリ　是ヨリ甲州鷹ノ別称トス
（巻8・26オ～ウ）

(2)
46「かりつめ」――『西園寺鷹百首（注）』を採用。

『定家卿鷹三百首（注）』
かり残す田に有鶉の事と也　百首に委
（96番歌注）

『西園寺鷹百首（注）』
かりつめとハ稲をかりてすこし残したるに鶉多くあつまりて喰
をかりつめの鶉と申也　秋也　大鷹にはなき詞也　枯野の鶉也
秋冬かけて申也　同小鷹の詞也
（71番歌注）

(3)
73「このはがへり」――「三議一統」（『大諸礼集』第13・14
の巻名）を採用。

『定家卿鷹三百首（注）』
木葉かへり　可尋知云々
（313番歌注）

「三議一統」
つみ　えつさいの内ちいさきをば木葉かへりといふ
（巻14・29オ）

(4)
133「たぶるひ」――『龍山公鷹百首』を採用。

『定家卿鷹三百首（注）』
外架とはそとにゆひたる架の事也　かならす身せゝりをしてた
ふるひをする物也（「たぶるひ」そのものの説明はない）
（148番歌注）

『龍山公鷹百首』
手ふるひとは身ふるひなり
（84番歌注）

のごとく、内容において明らかに『定家卿鷹三百首（注）』をもってしては済ますことのできない例も認められるのである。勿論、この類ばかりではない。だが、『定家卿鷹三百首（注）』を中心に置きつつも、それでも内容の如何が採用の基準にあったことは間違いなかろう。なおこの場合、典拠対象として二種以上の資料が存する場合、その採択に際し谷川士清に如何なる考えが存したか、興味のもたれるところである。

ところが、「三議一統」に関しては稍々様相を異にしている。前掲と同様の調査を試みると、

4・23・28・53・59・60・64・68・73・102・105・123・137・139・177・
179・203・207・237・252・262・273・275・296

のごとく、『定家卿鷹三百首（注）』ほどではないにしても、それでも他に比べればそれなりの数（24例）が挙がってくるのである。果してこれが何を意味するか決し兼ねるが、とにかく「三議一統」が『定家卿鷹三百首（注）』とともに重要視された資料であったことは言えそうである。

二

ところでこれら鷹詞文献に対し、その多くの箇所において書名を記さなかった代償として、谷川士清は、表記の上から依拠した文献が特定できる、何がしかの工夫をしてくれていたのであろうか。

残念ながら、そのような違いは筆者の見る限り見当たらなかった。がしかし、定家卿・西園寺・龍山公・三議一統などに見られる、冒頭に付され、文中に挿入された「鷹に（の）」・「鷹狩に」・「鷹詞に」

などの使い方には、これら文献どうしの記載の違いにより、あたかも意識的に区別されているような、そんな差も認められる。左は、そうした特徴のいくつかをまとめてみたものである。

(1) 文末が断定の「なり」で終止する形に着目すると、『西園寺鷹百首（注）』の冒頭は必ず「鷹狩に」が認められるが、これは文末の如何を問わず、『定家卿鷹三百首（注）』・「三議一統」には見られないものである。

これに対し、『龍山公鷹百首』には冒頭「鷹狩に」が164・189・245・247・256の五例認められる。而して、その文末は「といへり」で結んでいて、「なり」形終止は存しない。両者の区別はおのずから判断できる。

また、冒頭「鷹狩」、文末「なり」でありながら、『西園寺鷹百首（注）』でないものが二例存する（24・55）。しかしこれは『和歌八重垣』に基づいたもので、冒頭はともに「鷹狩の詞也」となっている。『西園寺鷹百首（注）』との差は歴然である。

(2) 冒頭「鷹（の）詞（辞）に」に着目してみると、「三議一統」には多くの例が確認できるのに対し、『定家卿鷹三百首（注）』では89・222・268の三例と少なく、『西園寺鷹百首（注）』・『龍山公鷹百首』に至ってはまったく認められない。

「三議一統」に関してのみ「鷹詞」が多いのは、実は谷川士清がその中の「鷹詞の事」の記事を用いたことに依るものである。

三

先述のごとく、『和訓栞』における出典名不記部分の文末は必ずしも「といへり」では終わっていない。一見して編者谷川士清自身の言であるかのごとき、断定による「～なり」形や、言い切りの「～いふ・たり」であっても、それらが他文献に基づく借用であることは既に記したとおりである。言ってみれば、『和訓栞』の大半はこうした形で編纂されていると言える。新村出博士が本書を評して

もっともこの辞書＜『和訓栞』を指す。筆者注＞は、著者自身の独創的な語源解釈よりも、他人の説を引用して諸種の異説をあげる習慣があるから、………　（「語源をさぐる2」＜「五月」＞）

と言明されたのも、まさしくそうした『和訓栞』の持つ一面を指摘したものであろう。がしかし、考えてみれば、この態度こそ近代的な辞書を志向する上において何よりもなくてはならぬものだったのではあるまいか。

「固陋を忘れて臆断せるものならし」（前編凡例）と、独断専行を排し、実証的立場に立って、飽くまでも確実にして的確な典拠を引用することに努めた谷川士清の再評価を期待して止まない。

第二章

整版本『和訓栞』と翻刻本『和訓栞』

第一節　はじめに

『和訓栞』を扱う上で整版本と翻刻本との間に違いの存することは、従来、あまり重視されずにきたようである。しかし、野村秋足が岐阜版巻末の跋文に

本書原板ハ誤字仮字違等少カラズ　又漢字漢語ニ多クハ送仮字ヲ附セサルカ故ニ読ミ下シカタキ處極メテ多シ　今之ヲ訂正シテ読ミ易キヤウニナシタリ　又原本中編後編ノ如キハ文辞往々蕪雑ニシテ意義サヘ幾ント通セヌ處アリ　是等ハ訂正シ得ラルヘキ丈ハ之ヲ訂正セシモ亦タ猥リニ原文ヲ改竄スル恐アレハ其儘ニナシオキタルモノモアリ　読者之ヲ諒シタマヘ（後略）

と記して本文を校訂していることをもってすれば、今日、最も一般に使用されている増補版（『増補語林和訓栞』）にしても、「誤字仮字違等云々」があってもおかしくはないのであって（増補版に訂正云々をうたった文言はない）、そういう意味からすれば、整版本と増補版との関係を摑んでおくことは、（注1）『和訓栞』をよりよく理解するためには何よりも必要ではないかと思うのである。

ここでは、そうした見地に立って、両者の違いをできるだけ明らかにするとともに、岐阜版との比較も併せ試みることにより、翻刻本『和訓栞』（増補版・岐阜版）が谷川士清の『和訓栞』として通用し得るものであるか否かを検証してみたいと思う。

以下に述べる内容は、もともと斯かる比較を目的に為そうとしたものではなく、鷹詞に関して出典調査を行った際に、たまたま整版本との比較を試みたもので、調査対象としては極めて僅かなもの（全体の一・四五パーセントに当たる三百二項目）であること、

しかしながら、右調査により間接的ながら稿本（実見していない）との関係が摑めることから、結果として『和訓栞』の実態（整版本・翻刻本）が把握できたこと、この二点を論述に先立って申し述べておく。

第二節　翻刻本と整版本の異同

ところで、整版本と翻刻本との異同を論ずるに先立ち、両者の違いを翻刻本が用いた整版本の差にあるとする見方が想定できるが、それは、左の理由によってなかったものとして処理することにした。

一　第六章「『和訓栞』の版種」において、後編を除く『和訓栞』を初印本と後印本とに分けたが、尾題「倭訓栞」の文字（倭訓栞の「倭」の字は三例〈巻二・七・十八〉に限り「和」とある）や、そこにおける巻数字（「五」とあるべきところを「四」に誤る）に関し、両者の間に違いは認められなかった。

二　「大綱」（巻一）冒頭部の文字等に関し、摺刷の状態を調べてみると、後の版になるほど磨滅が甚だしくなっている（以上二点は前編に関わるものである）。

三　本稿対象項目に限るが、これらについて初印本と後印本との比較を試みるに、両者の間に違いは認められなかった。

では、整版本と翻刻本との間には、いったい如何なる差異が認められる

のであろうか。以下、整版本の本文をもって翻刻本との比較を試みることにする（増補版にない後編所収語は本節第二節では扱わなかった。なお、該当箇所に傍線を付し、増補版の巻名・頁数を併記した。以下同様）。

まず、整版本と翻刻本との間には、字体の相違（「万」対「萬」など、いわゆる新旧による字体の差は除く）を始めとして、仮名遣いの異同や送り仮名・振り仮名の有無の違いがそれぞれ若干認められる。左は、そうした一例を示したものである。

Ⅰ　増補版・岐阜版が一致し、整版本のみが異なる場合。

〔字体の相違〕

①　整版本「嶋」　対　増補版・岐阜版「島」
（中編巻3・24オ ― 上巻306頁）

うらしま　浦嶋の義　浦にある嶋也　鷹に浦嶋といふハ　……

②　整版本「哥」　対　増補版・岐阜版「歌」
（前編巻45・42オ ― 上巻414頁）

おもひご　……定家卿鷹の哥　親をとる鷲のつらさに　……

③　整版本「乕」　対　増補版・岐阜版「虎」
（前編巻14・5オ ― 中巻303頁）

たか　○……古楽府に豹則乕ノ弟　鷹則鶻ノ兄とみえたり

④　整版本「皃」　対　増補版・岐阜版「貌」
（前編巻16・27オ ― 中巻495頁）

つみ　○鷹につみ皃といふハ目あひ觜の根へさしよりて　……

〔仮名遣いの相違〕

該当例無し

〔送り仮名・振り仮名の有無の違い〕

該当例無し

Ⅱ　整版本・岐阜版が一致し、増補版のみが異なる場合。

〔字体の相違〕

①　整版本・岐阜版「峯」　対　増補版「峰」
（前編巻5・7ウ ― 上巻330頁）

えり　○鷹詞にいふハ峯の事也と三議一統に見ゆ

②　整版本・岐阜版「縧」　対　増補版「條」
（中編巻30・14オ ― 上巻405頁）

おほを　和名抄に條をよめり　……鷹の具也　晋書に縧に作り

③　整版本・岐阜版「噬」　対　増補版「嚙」
（前編巻14・8ウ ― 中巻310頁）

たかばかり　○鷹の巣をかくるに一尺二寸上に枝を置て其枝に居て
餌をおとす　さなけれハ母鳥に噬着故也

④　整版本・岐阜版「惣」　対　増補版「總」
（中編巻24・14ウ ― 下巻268頁）

まつはらのけ　鷹にいふ　惣ての腹の毛をいふ

〔仮名遣いの相違〕

①　整版本・岐阜版「トホリ」　対　増補版「トヲリ」
（前編巻16・26ウ ― 中巻495頁）

つみ　○……又木葉（コノハ）つみ　北山つみ　熊つみ　通（トホリ）つみなとの品あり

〔送り仮名・振り仮名の有無の違い〕

①　整版本・岐阜版「ミサコ」（「ミサゴ」）　対　増補版「無し」
（前編巻14・5オ ― 中巻303頁）

たか　……信濃の士人豊平なる者視て無雙の雄姿を歎して曰此鷹ハ

父鵙鳩（ミサゴ）にして母ハ鷹也

② 整版本・岐阜版「ヤマガ」 対 増補版「無し」 （前編巻14・5ウ ― 中巻303頁）

たか ○上古の名鷹……後一條帝ノ藤花 韓纆（カラマク） 藤澤 山家（ヤマガ）等也

③ 整版本・岐阜版「ノ」 対 増補版「無し」 （前編巻11・41オ ― 中巻172頁）

しらぬりのすゞ 延喜式に白塗ノ鈴と見えたり

Ⅲ 整版本・増補版が一致し、岐阜版のみが異なる場合。

〔字体の相違〕

該当例なし

〔仮名遣いの相違〕

① 整版本・増補版「ちいさき」 対 岐阜版「ちひさき」 （中編巻8・30オ ― 上巻791頁）

このはがへり つみ えつさいの内ちいさきを木ノ葉復といふとぞ

② 整版本・増補版「ひすい」 対 岐阜版「ひすゐ」 （中編巻21・14オ ― 下巻32頁）

ひすい ○ひすいの毛と云ハ鷹のくつろく時に……

③ 整版本・増補版「とりかハぬ」 対 岐阜版「とりかわぬ」 （前編巻33・3ウ ― 下巻448頁）

もぎたつ あら鷹をとりかハぬ事をもぎたつるといふ

〔送り仮名の有無の違い〕

① 整版本・増補版「作り」 対 岐阜版「作れり」 （中編巻30・14オ ― 上巻405頁）

おほを 和名抄に絛をよめり……鷹の具也 晋書に緌に作り

② 整版本・増補版「代用」 対 岐阜版「代へ用う」 （前編巻7・10オ ― 上巻600頁）

きづな ……くさりに代用といへり

③ 整版本・増補版「合を」 対 岐阜版「合すを」 （中編巻13・32オ ― 中巻368頁）

たばなす 手放す也 鷹をなつけて初て合をいへり

④ 整版本・増補版「馴さる」 対 岐阜版「馴れさる」 （前編巻27・7オ ― 下巻180頁）

へまき ……新鷹のいまた馴さるを遠く……

この他、岐阜版には左のごとき対立も若干認められる。

① 「比」を岐阜版が「頃」にする （中編巻18・15ウ ― 中巻734頁）

ねりひばり 毛をする雲雀の事なり 六七月の比なり

② 「是」を岐阜版が「之」にする （中編巻26・16ウ ― 下巻439頁）

めとりづき 鷹にいへり 春ハ雉のめとり味よし 又子をうみて羽よわきにより鷹か是につくをいふなり

③ 「跡」を岐阜版が「後」にする （前編巻33・13オ ― 下巻460頁）

もとくさ ○鷹ノ辞に本草へ帰なといふハかけたる跡へ鳥のかへるをいふなり

また、翻刻本と整版本との間には、見出し語の違いを含め、例えば左のごとき対立が認められるが、これらの違いは内容上問題となる箇所が多いという点で、右の相違とは本質的に異なるものである。

Ⅳ 増補版・岐阜版が一致し、整版本のみが異なる場合。

① 整版本「鴾」 対 増補版・岐阜版「鵇」 （前編巻13・2ウ ― 中巻238頁）

せう　……古楽府に鷹ハ則鷂の兄ともいへり

②　整版本「三議一統」　対　増補版・岐阜版「三儀一統」（前編巻13・5オ ― 中巻244頁）

せこ　○鷹詞にせこといふは……と三議一統に見えたり

③　整版本「むし鳥や」　対　増補版・岐阜版「むし鳥也」（中編巻21・37オ ― 下巻80頁）

ひむろやま　むし鳥やとて土にてぬりまハしたるを氷室山といふ

Ⅴ　整版本・岐阜版が一致し、増補版のみが異なる場合。

①　整版本・岐阜版「いふ也」　対　増補版「いへる也」（前編巻2・36オ ― 上巻88頁）

あふり　○鷹に山のうらおもてを一度にかかるを障泥がけといふ也

②　整版本・岐阜版「とりて・わか鷹」　対　増補版「こりて・わる鷹」（前編巻6上・9ウ ― 上巻442頁）

かき　○鷹に柿をよめる哥鷹三百首に　もみちする柿のもとなるし
のふ水とりて赤ふの鷹にかふらん　故郷の柿のもとつ葉わか
鷹の萩にそへてや田鳥（シギ）をつくらん（注2）

③　整版本・岐阜版「紫狩」　対　増補版「柴狩」（前編巻6下・31オ ― 上巻570頁）

かり　○……川狩　薬狩　桜狩　紅葉狩　茸狩　紫狩なといへり

④　整版本・岐阜版「綵」（「緤」の異体字）　対　増補版「絲」（前編巻7・10オ ― 上巻600頁）

きづな　倭名抄に攣又綵をよめり　犬にいふ也

⑤　整版本・岐阜版「日本紀・鳩鴭（クチ）」　対　増補版「仁徳紀・鳩鶴（クチ）」（前編巻8・12ウ ― 上巻652頁）

くち　○鷹を韓語にくちといふ事日本紀に見えたり　倭名抄に倶知
ノ両字急ニ読レ屈といへり　百済に鳩鴭（クチ）といへる是なり

⑥　整版本・岐阜版「こつぼ」　対　増補版「こつぽ」（中編巻8・22ウ ― 上巻776頁）

こつぼ　○鷹にこつぼの水といふ事あり

⑦　整版本・岐阜版「はし鷹の」　対　増補版「鷹の」（中編巻9・10オ ― 中巻19頁）

さかばかく　……はし鷹の身よりのさか羽かきくもりあられふる
野に御狩すらしも

⑧　整版本・岐阜版「なれり」　対　増補版「なれし」（前編巻10・18ウ ― 中巻44頁）

さしば　○……青さしバゝ後にあさぎ色になれり

⑨　整版本・岐阜版「過（き）て」　対　増補版「過く」（中編巻10・13オ ― 中巻120頁）

したるし　俗に馴過て離れぬ意にも味のさハやかならぬにもいへり

⑩　整版本・岐阜版「押出して」　対　増補版「押出し」（前編巻13・5オ ― 中巻244頁）

せこ　○……龍山公のの（ママ）説に山をかるもの共を押出してせことい
ふはしゝ　けたものゝ狩する者ともの事也

⑪　整版本・岐阜版「鷹詞」　対　増補版「鷹飼」

せこ　○鷹詞にせこといふは立あかるをも　ふミあかるをもいふと
三議一統に見えたり

⑫　整版本・岐阜版「反る也」　対　増補版「反れ也」（前編巻13・25オ ― 中巻288頁）

そらす ……手にすゑたる鷹をそらしと見えたり らす反る也

⑬ 整版本・岐阜版「⿱折鳥鳩」 対 増補版「鷙鳩」

（前編巻14・5オ ― 中巻303頁）

たか ○天竺に⿱折鳥鳩といひ 契丹に摩鳩といひ ……

⑭ 整版本・岐阜版「還る」 対 増補版「懸る」

（中編巻16・4オ ― 中巻543頁）

とかへるたか ……又たかへるともいへは手に還る也ともいへり

⑮ 整版本・岐阜版「備ふ」 対 増補版「傳ふ」

（中編巻18・7ウ ― 中巻697頁）

にへたか ○諏訪の贄鷹ハ東鑑に於ニ諏訪大明神御贄鷹ー者被レ免レ之と見ゆ 巣おろしを備ふ

⑯ 整版本・岐阜版「一もとに」 対 増補版「一もとは」

（中編巻18・7ウ ― 中巻697頁）

にへたか ○……定家卿 御狩場の鷹一もとにさしてけり ……

⑰ 整版本・岐阜版「帰りて」 対 増補版「ありて」

（中編巻18・13ウ ― 中巻725頁）

ねとりがひ 鷹の鳥を捕て後家に帰りて飼をいふと ……

⑱ 整版本・岐阜版「鴿」 対 増補版「鶏」

（前編巻23・5オ ― 中巻742頁）

のせ 倭名抄に鶬鶊をよめり …… 広雅に鴿の属也といへり

⑲ 整版本・岐阜版「大さなる」 対 増補版「大きなる」

（中編巻19・19ウ ― 中巻803頁）

はちくま 蜂鵰の義 …… 一種鵰の大さなるものあり

⑳ 整版本・岐阜版「具」 対 増補版「貝」

（前編巻26・10ウ ― 下巻128頁）

ふせご ○鷹の具にいふハ臥籠の義也

㉑ 整版本・岐阜版「具」 対 増補版「貝」

（前編巻27・7オ ― 下巻180頁）

へまき ……新鷹のいまた馴さるを遠く飛せまじきための具也

㉒ 整版本・岐阜版「綜麻（ヘヲ）」 対 増補版「粽麻（ヘヲ）」

（前編巻27・3オ ― 下巻184頁）

へを ……今鷹の具にいふ 綜麻（ヘヲ）の義なり

㉓ 整版本・岐阜版「よずゑ」 対 増補版「よすゆ」

（中編巻28・5オ ― 下巻590頁）

よずゑ 鷹にいへり 夜居の義なり

VI 整版本・増補版が一致し、岐阜版のみが異なる場合。

① 整版本・増補版「鷹詞」 対 岐阜版「鷹飼」

（前編巻5・6ウ ― 上巻326頁）

えぼし ○鷹詞の装束に烏帽子の上に錦の帽子も着る事あり

② 整版本・増補版「よめり」 対 岐阜版「よぬり」

（中編巻30・14オ ― 上巻405頁）

おほを 和名抄に條をよめり 大緒の義 鷹の具也

③ 整版本・増補版「なりと」 対 岐阜版「なると」

（前編巻45・42オ ― 上巻414頁）

おもひご ……親鷹か子をかなしみて子のあたりを立さらぬを鷲ハまつ親をとるものなりといへり

④ 整版本・増補版「をもて」 対 岐阜版「もて」

（前編巻6上・31ウ ― 上巻479頁）

⑤ 整版本・増補版「川狩」　対　岐阜版「川」

かたがへり ………撫鷹　青鷹をもて分てり

（前編巻6下・31オ ― 上巻570頁）

⑥ 整版本・増補版「たかなぶり」　対　岐阜版「だかなぶり」

かり ○………贄狩　荒熊狩　川狩　薬狩　桜狩　紅葉狩　……

（中編巻13・11ウ ― 中巻309頁）

⑦ **たかなぶり**　鷹のぶちといふ物ハ和名抄鷹犬ノ具にも見えず

整版本・増補版「哥（歌）に」　対　岐阜版「歌」

（中編巻13・12ウ ― 中巻312頁）

たがへるたか ………長能か哥に　御狩する末野に立るひとつ松たがへる鷹の木居にやもせん

⑧ 整版本・増補版「はしたかの」　対　岐阜版「はしたるの」

（前編巻14・27オ ― 中巻359頁）

たなさき ………定家卿　はしたかの身よりたゝさきかハるらしもろこし人ハ右にすゑつゝ

⑨ 整版本・増補版「柱をとりすて」　対　岐阜版「柱とりすて」

たなさき ………延喜の御門の御時鳳輦の左の柱をとりすて御こしの内にて鷹をすゑさせ給しより今の代まても……

⑩ 整版本・増補版「しるすがた」　対　岐阜版「しかすがた」

（前編巻16・20オ ― 中巻479頁）

つなぐ○………犬つなぐといふも鳥ありと犬のしるすがたなり

⑪ 整版本・増補版「通（トホリ）つみ」（増補版の振り仮名は「トヲリ」）　対　岐阜版「通（トホリ）つゝ」

（前編巻16・26ウ ― 中巻495頁）

つみ ○……又木葉（コノハ）つみ　北山つみ　熊つみ　通（トホリ）つみなとの品あり

⑫ 整版本・増補版「とつたつる」　対　岐阜版「ととたつる」

（中編巻16・9ウ ― 中巻563頁）

とつたつる　鷹の雉の立行跡につきてゆくをいふといへり

⑬ 整版本・増補版「とやごもり」　対　岐阜版「とやごとり」

（前編巻18・27オ ― 中巻588頁）

とや ○鷹の毛をかふるをもとやといへり　とやごもり　とやがへり　とや出のたかなとよめり

⑭ 整版本・増補版「はし鷹の」　対　岐阜版「はく鷹の」

（前編巻19・34ウ ― 中巻671頁）

ならす ○………後拾遺集にとやかへり我手ならしてはし鷹のくると聞ゆる鈴虫のこゑ

⑮ 整版本・増補版「言塵集」　対　岐阜版「言藝集」

（中編巻18・13ウ ― 中巻725頁）

ねとりがひ　鷹の鳥を捕て後家に帰り（増補版は「あり」〈前記Ⅱ―⑰〉）て飼をいふと言塵集に見えたり

⑯ 整版本・増補版「なつかぬ」　対　岐阜版「友つかぬ」

（中編巻18・17ウ ― 中巻739頁）

のごゝろ　野心の義　鷹のなつかぬをいへり

⑰ 整版本・増補版「攣」　対　岐阜版「孿」

（前編巻27・3オ ― 下巻184頁）

へを ………和名抄に攣をあしをとよめる是也といへり

⑱ 整版本・増補版「まつはらのけ」　対　岐阜版「まつはうのけ」

（中編巻24・14ウ ― 下巻268頁）

まつはらのけ　鷹にいふ　惣ての腹の毛をいふ

⑲　整版本・増補版「いふと」　対　岐阜版「のふと」
（中編巻27・17オ ― 下巻551頁）

ゆきじろのたか　……爪まで白きを雪白といふといへり

⑳　整版本・増補版「鷹に」　対　岐阜版「鷲に」
（前編巻42・9ウ ― 下巻660頁）

わし　○鷹にわしがほといふハふてたる様の皃也といへり

㉑　整版本・増補版「ふたとみ」　対　岐阜版「ふたこみ」
（前編巻44・5オ ― 下巻696頁）

ゑぶくろ　鷹によめり　餌袋也　蜻蛉日記　枕草子なとに見ゆ　赤染衛門集にふたとみの事をいへり（注3）

ところで右のうち、Ⅳ～Ⅵの相違に関しては、本文記載の書名、並びに谷川士清使用の資料に基づき、以下のごとき断が下せる。

A　本文記載の書名により判明される場合。

これには、Ⅴ―②・⑪、Ⅵ―①・⑮・㉑などが挙がる。このうち、Ⅴ―②の『鷹三百首』とは、勿論『定家卿鷹三百首（注）』のことであるが、これに依ると、

紅葉する柿のもとなるしのふ水とりてあかふの鷹にかふらん（89番歌）

故郷の柿のもとつ葉若鷹の萩にそへてや鳴を付らん（352番歌）

とある。増補版の「こりて・わる鷹」では文脈を満足しないことから、資料どおり「とりて・わか鷹」の誤りであることが判る。なお、この項は中編 ― 巻4・5オにも認められる、いわゆる見出し項目重出の一つであるが、そこでは整版本と同じになっている。

また、Ⅴ―⑪の「三議一統」には『和訓栞』と同一の文言

せことハ立あかるをも　ふミあがるをもいふ也（巻14・26オ）

が認められる。『和訓栞』が「三議一統」に基づく場合は、「三議一統」中の「鷹詞の事」の記事を採用することにより、冒頭に「鷹詞」の文字が付されることが多い（「鷹詞に ―― 三議一統」＜23・68など＞）。増補版が「鷹詞」を「鷹飼」に誤ったとすることに問題はなかろう。

なお、これとは逆の関係、すなわち「鷹飼」を「鷹詞」に誤る例がⅥ―①の「えぼし」に認められる。『和訓栞』所引の『長秋記』（『増補史料大成16』）に、

次御鷹飼渡、……烏帽子、ウワヲカケリ、其上著錦帽子……。件御鷹飼帽子淡緋総……（「天永四年正月十六日」の条）

―― 鷹飼ノ装束ハ錦ノ帽子　狩衣也（『武用辨略』巻8・41ウ）――

と、「鷹飼」と「錦帽子」との関係が認められるからであるが、そうなるとこれは、整版本ではなくして翻刻本（岐阜版）の方が正しいことになる。翻刻本必ずしも誤りとならず、である。（注4）

B　典拠名の記載はないが、谷川士清が依拠した資料により判明される場合（資料が特定できないものは除く）。

これには、Ⅳ ― ③、Ⅴ―③・⑦・⑮～⑰・⑲、Ⅵ―⑤・⑩・⑳などが挙がる。今、該当の項目を資料別に並び換えてみると、

(1)　『定家卿鷹三百首（注）』　――Ⅳ ― ③、Ⅴ―⑮・⑯、Ⅵ―⑳
(2)　『西園寺鷹百首（注）』　――Ⅵ―⑩
(3)　『言塵集』・『和歌呉竹集』　――Ⅴ―③・⑦・⑰、Ⅵ―⑤
(4)　『本朝食鑑』　――Ⅴ―⑲

となるが、これら資料に依り、右対立はいずれも翻刻本の誤りであることが判明する。

一例をもって示すならば、Ⅳ—③（「ひむろやま」）、Ⅵ—⑳（「わし」）は、『定家卿鷹三百首（注）』の

むし鳥やとて土にてぬりまハしたるを氷室山と云也　（50番歌注）

冬草に打からせ共春待てつき尾もさそな鷲かほのたか……鷲皃とハふてたるやうの皃の事と也　（8番歌と注）

によって、前者は増補版・岐阜版が「むし鳥や」の「也」の字を仮名でなくして漢字に誤認してしまった（注5）（『武用辨略』にも「蒸鳥屋（ムシトヤ）トテ四方（シハウ）ヲ土（ツチ）ニテ塗（ヌリ）タルアリ　或氷室山（ヒムロヤマ）共云リ」〈巻8・50ウ〉とある）ことが、また後者は「鷹にわしがほ」を鷲との類推から、岐阜版が鷹↓鷲に誤って翻字してしまったことが、それぞれ判ると言ったたぐいである。

つまり、以上の方法によって残る例についても検討をし、その結果をもって結論付けるならば、これら整版本と翻刻本との違い（Ⅳ～Ⅵ）は、Ⅵ—①の「えぼし」における岐阜版の例を除けば、悉く翻刻本の誤りということになる。

Ⅴ—⑤「日本紀　対　仁徳紀」の対立は、増補版が「日本紀」を「仁徳紀」に改編したと考えることもできるが、増補版にこのような相違は認められないことからして、恐らくは信友の書入に依拠したがための攙入乃至は誤りではなかったかと思われる。

増補版・岐阜版が翻刻に際して幾つかの誤りを犯してしまったことが確かめられたことになるが、なおこれら誤例を見ると、「紫」を「柴」にしたり（Ⅴ—③）、「塵」を「藝」（Ⅵ—⑮）に誤るといった、言わば単純なミスが目立つことも指摘できる。辞書という性格を考えるならば、このような過ちはあってはならないものであったと言えよう。

なお岐阜版には、整版本や増補版に対し、

① **こもづちごえ**　（中編巻8・40オ — 上巻815頁）

〔岐阜版〕

鷹にいふ詞　鷹と鳥と峯のこなたかなたへ薦を編むにたがへちかへにもちりやる如く鷹の羽つかひするを喩へいへり

〔整版本・増補版〕

鷹にいふ詞　峯を鷹と鳥とこなたかなたへ薦を編むやうにたがへちかへにちりやる如く鷹の羽つかひするを喩へいへり

② **むこどり**　（中編巻26・3オ — 下巻397頁）

〔岐阜版〕

犬が雌をはさむに驚て雄のたつを鷹のとるを云ふとぞ　聟鳥の義なり

〔整版本・増補版〕

雌を犬かはさむに驚て雄のたつを鷹かとるを云とそ　聟鳥の義なり

と言った極端な違いも認められるが、これは前記跋文により、野村秋足が本文理解を優先するために行った改編の結果——岐阜版に送り仮名が数多く付せられていることもそうした実践の一つ。一例は前掲Ⅲ「送り仮名の有無の違い」に示した——と判断できるものである。

右ほどではないが、これに類する岐阜版改編の例を若干掲げておく。

① 整版本・増補版「落たる」　対　岐阜版「落ちたり」　（中編巻30・18ウ — 上巻378頁）

おぼえぐさ　鷹詞に鳥のあのあたりに落たるとおもふ所をいへり

——覚（おぼえ）草とはあの辺（へん）へをちたると思ふ所を云なり　（『大諸礼集』巻14・27ウ）

② 整版本・増補版「残したる」　対　岐阜版「残りたる」　（前編巻18・21ウ — 中巻578頁）

とほやまずり ……… 若鷹の毛所々に残したるを遠山毛といへり
―― 遠山毛とは毛をかへたる中に若鷹の毛所々にのこしたるを云也　見事なる物也　（『龍山公鷹百首』・41番歌注）

③　整版本・増補版「名づけり」　対　岐阜版「名づけたり」
（中編巻18・4オ ― 中巻687頁）

にしきのぼうし　色よき紅葉をもて鷹の虱を洗ふを名づけり
―― いかにも色よき紅葉を取て置てそれにて鷹の虱を洗を錦のぼうしと云也　（『定家卿鷹三百首（注）』・234番歌注）

④　整版本・増補版「故事より歟」　対　岐阜版「故事よりいふ歟」
（前編巻24・23オ ― 中巻813頁）

はとのかひ ……… 又定家卿鷹の歌に ……… と見え　注に鳩の秤の
故事より歟といへり
―― 鳩の秤の古事より歟　可尋
（『定家卿鷹三百首（注）』176番歌注）

⑤　整版本・増補版「木居なる」　対　岐阜版「木すゑなる」

やりたつる　木居なる鷹の下にいたる鳥をおひたつる事なり
公家の詞なり　武家にはやきたつるといふといへり
―― やり立るとハ公家（クゲ）のことば也　やき立るとハ武家（ブケ）のことば也。
いづれもこゐなるたかの下にいたる鳥をおひたつる事なり
（『大諸礼集』巻14・27ウ）

但し、だからと言って岐阜版のこうしたやり方が歓迎されるとは限らない。翻刻という面を強調するならば、岐阜版の姿勢はまさしく原本である整版本から逸脱してしまっていることに他ならないのであり、それがために、却って誤るといったケース（⑤）も見られるのである。

しかしともあれ、これだけの少ない量において、これだけの多くの違いが整版本と翻刻本との間に認められることは由々しき事態と言うべきであって、翻刻本をもって、そのまま『和訓栞』の本文とすることに大いなる抵抗を覚えるのである。

ところが、それればかりではなかったのである。野村秋足前掲跋文によって予想はしていたものの、整版本の段階において、既に右のような誤りに直面したのである（Ⅵ―①の「えぼし」はそれの一つ）。以下、この点を確かめるべく、次節において明らかにしていきたいと思う。

第三節　整版本の誤り

整版本『和訓栞』の実態を探るべく、本節では谷川士清使用の資料のうち、

(1)『定家卿鷹三百首（注）』
(2)『西園寺鷹百首（注）』
(3)『龍山公鷹百首』
(4)『大諸礼集』巻14「三議一統」（第七「奏対門」中の「鷹詞の事」）
(5)『武用辨略』（直接の典拠としては本稿に該当例はない）
(6)『和名抄』等

の六点を取り挙げ、整版本と翻刻本との比較を試みることにした。結果は左に示すごとく、かなりの違いを見出すに至った。以下、資料別に明らかにしていくことにする（後編所収語の頁数は影印本＜すみや書房・名著刊行会＞の頁数にしたがった。また、以下翻刻本とある場合は特に断らない限り、増補版・岐阜版の両方を指すものとする）。

(1)　『定家卿鷹三百首（注）』に基づく項目

①　**かへりさす**　（後編巻5・5オ ― 243頁）

整版本・翻刻本（後編所収語のため岐阜版のみとなる）には「鷹にいふ詞也　眠りとて顔をうしろへする事なり」とあるが、資料によれば「かへりさすとハ眠るとて㒵をうしろへする事也」（112番歌注）とある。したがってこれに依拠するならば、整版本の「眠り」は「眠る」の誤りとなり、岐阜版はその誤りを踏襲したことになる。

②　**きみしらす**　（中編巻5・13ウ ― 上巻61頁）

整版本・翻刻本には「羽からのかたかへりに二枚づゝあり」とあるが、資料によれば「君しらずとは羽うらの片かへりに二枚つゝ有を云也」（239番歌注）とあり、『武用辨略』にも「君不知　両翼ノ裏ニアリ　尋常ノ鳥ニ同」（巻8・18オ）とある。整版本が「羽うら」を「羽から」に誤ったことが判るが、このことは翻刻本がその誤りを踏襲していることを証することにもなる。

③　**くちゑ**　（中編巻6・9ウ ― 上巻656頁）

整版本・翻刻本には「志餌をよめり　心餌にハひくといひならへり」とあるが、資料によれば「口餌ひくとハ口餌を飼事也」（163番歌注）、「鈴をハさすといひ　口餌をハひくと云の教迄と也」（211番歌注）とある。「心餌」の語は『放鷹』所収の「鷹犬詞語彙」になく、他にも見出し得ない。整版本が「口餌」の「口」を「心」に誤り、その誤りを翻刻本もまた踏襲してしまったと判断して差支えないと思う。

④　**こつぼ**　（中編巻8・22ウ ― 上巻776頁）

整版本・翻刻本には「鷹にこつぼの水といふ事あり　板の木のまたにたまる水也といへり」とあるが、資料によれば「榎の木のまたにたまる水をとうけの薬に用也…それをこつほの水といふとなり」（256番歌注）とあり、『龍山公鷹百首』にも「小壷の水の口傳　ナシノ木ノカフニタマリタル水又竹ノキリカフ　榎ノ木　其外口傳」（42番歌注）とある。整版本・翻刻本の「板の木」ではまったく文意が通らない。整版本が草体の類似から「板」に誤り、その誤りを翻刻本もまた踏襲してしまったと判断できる。

⑤　**しのぶみづ**　（中編巻10・23オ ― 中巻14頁）

整版本・翻刻本には「定家卿　紅葉する柿のもとなるしのふ水とりてあかふの鷹にこふらん」とあるが、資料によれば「紅葉する柿のもとなるしのふ水とりてあかふの鷹にかふらん」（89番歌）とあり、注文にも「人の小便に餌をひたして飼を云也」とある。「しのふ水」を「鷹にこふらん」では文意不通である。整版本が「かふ」を「こふ」に誤り、その誤りを翻刻本もまた踏襲してしまったと判断できる。

⑥　**はつ**　（前編巻24・20オ ― 中巻805頁）

整版本・翻刻本には「定家卿鷹の哥に烏羽（岐阜版「鳥羽」）の黒ふの鷹やはつといふ足の三つある鳥をとるらん」とあるが、資料によれば「烏府の黒府の鷹やはつといふ足の三つある鳥や取らん」（178番歌）とあり、注文にも「烏府とて希有の物也　はつとハ初鷹と云心歟と也 ……　烏府の鷹ハ三足の雉も取らんほとの逸物なる物と也」とある。整版本が「烏府」を「烏羽」に誤り、その誤りを翻刻本のうち、増補版はそのまま踏襲し、岐阜版は更に「鳥羽」にしてしまったことが読み取れる（但し、「鳥羽」を訂正したのか、単なる誤りなのかは決し兼ねる）。

⑦　**ふぢふ**　（中編巻22・17オ ― 下巻139頁）

整版本・翻刻本には「藤文の義　小鷹にいへり　ふぢくろふハ藤黒文也　雀鷂に在もの也といへり」とあるが、資料によれば「藤黒府とハ巻たるやうによこへ切たる符也　雀鷂にある物と也」（289番歌注）とある。「雀鷂」の訓みが「ツクミ」でなくして「ツミ」であることは、『和名抄』や『易林本節用集』などからも確かめられる。整版本が「ツクミ」に誤り、その誤りを翻刻本もまた踏襲してしまったことになる。

⑧　**ほこはやり**　（中編巻23・12オ ― 下巻196頁）

整版本・翻刻本には「鷹にいふ　つなかんとするよりはやくふたしする事也といへり」とあるが、資料によれば「桙ハやりとはつなかんとするより早くふた〳〵とする事也」（188番歌注）とある。整版本・翻刻本の「ふたしする事也」ではまったく文意が通らない。整版本が踊り字を「し」に誤り、その誤りを翻刻本もまた踏襲してしまったと断ぜられる。

(2)　『西園寺鷹百首（注）』に基づく項目

①　**うちがひ**　（中編巻3・9ウ ― 上巻267頁）

整版本・翻刻本には「犬飼の事にいふハ打飼の義　犬の食也」とあるが、資料によれば「犬飼犬をほめてしけく打飼をかう間打飼袋かろく見ゆる也　打飼とハ犬の食物の事也」（47番歌注）とあり、『定家卿鷹三百首（注）』にも「犬の鳥をかミ立れハ飯にこぬかをませて一つゝ飼をうち飼と云也」（156番歌注）とある。整版本・翻刻本の「犬の食也」では文脈を満足しないことから、整版本が「犬の食物」の「物」の字を脱し、その誤りを翻刻本もまた踏襲してしまったと判断できる。

②　**かりづゑ**　（中編巻4・40ウ ― 上巻572頁）

整版本・翻刻本には「鷹師ハ笠の端にくらべてきり　犬かひハ目通りにくらへて切也といへり」とあるが、資料によれば「鷹師ハ笠の端とをりにくらへて切也　犬飼ハ目のとをりにくらへて切る也」（35番歌注）とある。整版本・翻刻本の「笠の端にくらべて」よりは「笠の端とをりに」と、「とをり」を補った方がより文脈を満足する。整版本が「とをり」（正しくは「とほり」）の文言を脱したとみるべきか、それとも「とをり」の繰り返しを避けるために谷川士清が意図的に削除したと考えるべきか、これだけでは何とも言えないが、いずれにしてもこのままでは誤解を招く虞がある。

(3)　『龍山公鷹百首』に基づく項目

①　**かざむけのけ**　（後編巻4・14オ ― 193頁）

整版本・翻刻本（後編所収語のため岐阜版のみとなる）には「風向の毛也　鷹のうしろのかまちに白き毛のまじりたる所ある毛也といへり」とあるが、資料によれば「風向（カザムケ）の毛は鷹のうしろかまちにしろき毛のましりたる所にある毛なり」（34番歌注）とある。整版本・岐阜版のままでは文脈を満足するにじゅうぶんではない。整版本が「所にある毛」の「に」助詞を脱し、その誤りを岐阜版も踏襲してしまったとみるべきであろう。

②　**せこ**　（前編巻13・4ウ ― 中巻244頁）

整版本・翻刻本には「龍山公の説に山をかるもの共を押出してせことといふはしゝ　けたものゝ狩する者ともの事也　下狩衣といふへ

き事本義也と見えたり」とあるが、「龍山公の説」、すなわち『龍山公鷹百首』によれば「惣別山をかるものともをせことをし出していふ事はしゝ　けたものゝ狩する者共の事也　鷹狩の者ともをはした狩衆といふへき事本義也」（16番歌注）とあり、『定家卿鷹三百首（注）』にも「下狩とハせこの事也」（126番歌注）とある。「下狩衣」では文意が通らないことから、整版本が「衆」を「衣」に誤り、その誤りを翻刻本もまた踏襲してしまったと判断できる。

③ **やまかへり**　（中編巻27・12ウ ― 下巻531頁）

整版本・翻刻本には「山にて毛をかへりたる鷹なり　山かへりにかたかへり　もちかへり　もろかたかへり　もろ〳〵かへりなといふといへり」とあるが、資料によれば「山かへり　山にて毛をかへたる鷹也　やまかへりに　かたかへり　もろかへり　もろかたかへり　もろ〳〵かへりなといへり」（72番歌注）とあり、『和訓栞』中にも「もろがへり」を立てている（中編巻26・下巻486頁）。整版本が「毛をかへたる・もろかへり」を「毛をかへりたる・もちかへり」に誤り、その誤りを翻刻本もまた踏襲してしまったと判断できる。

なお、右に続いて「又春のあらたかをさほ姫かへりに山かへりといふとぞ」とあるが、資料によれば「節分こえて春うちおとしたるたかはさほ姫かへり共小山かへりとも　春のあらたかをいふ也」（73番歌注）とある。73番歌は「はし鷹のさほひめかへり小山かへり春は色〳〵の名にやたつらむ」とあることから、整版本が「小山かへり」の「小」を変体仮名の「に」に誤り、その誤りを翻刻本もまた踏襲してしまったと判断してよかろうと思う。

(4)『大諸礼集』巻14の「三議一統」に基づく項目

① **くつをむすぶ**　（中編巻6・13オ ― 上巻659頁）

整版本・翻刻本には「鷹の空にて鳥をとりて沓を投るに似たるを喩へいへり　見鷹の詞也　よて沓を結ふといふとそ」とあるが、資料によれば「沓を結たとふる事ハ鳥を中にて取てをつるを云也。兄鷹のことはなり　沓をむすむでなぐるに似たる故也。」とある。「見鷹」が「兄鷹」の誤りであることは贅言を要すまでもなかろう（→103「せう」）。整版本が誤り、その誤りを翻刻本もまた踏襲してしまったことになる。

② **くひな**　（後編巻6・16オ ― 319頁）

整版本・翻刻本（後編所収語のため岐阜版のみとなる）には「鷹詞にくひな飛とハ少つゝ鳥のとひあがるをいひ　くひたちとハ少つゝ鳥のたつをいふ也」とあるが、資料によれば「くゐなとぶといふハ少つゝ鳥のとびあがるをいふ也。くゐな立とハ少つゝ鳥の立をいふ也。」とあり、『定家卿鷹三百首（注）』にも「水鶏とひの〜」（277番歌）の注に「水鶏だつとも云」が見られる。整版本が「くひ（ゐ）なたち」（『定家卿鷹三百首（注）』にしたがうならば「くひ（ゐ）なたつ」である）を「くひたち」に誤り、その誤りを岐阜版もまた踏襲してしまったと判断できる。

③ **ゆきずり**　（中編巻27・15ウ ― 下巻551頁）

整版本・翻刻本には「ねつしの雪とは白く雪のふりかゝりたる心を云と見えたり」とあるが、資料によれば「ねつゝしの雪とハしろくゆきのふりかゝりたる心を云。」とある。したがってこれに依るならば、整版本が「ねつゝしの雪」（不詳）を「ねつしの雪」に誤り、その誤りを翻刻本もまた採用してしまったことになるが、これに関しては今のところ何とも決し難い。

(5) 『和名抄』（寛文11年13行版）等に基づく項目

① **かへる** （前編巻6・下13ウ ― 上巻533頁）

整版本・翻刻本には「○倭名鈔に卵のかへるハ鵢といふ　鷹のかへるハ鵃也　二歳をふるをいふ」とあるが、資料によれば「野王案ニ孵ハ鶕ニ孚／鵝鶕卵ノ化スル也」（18巻・13オ）とある。整版本の「鵢」は『大漢和辞典』などにも認められないことから、恐らくは整版本が「孵」を鳥との関係から「鵢」に誤認したものと思われる。翻刻本は整版本の誤りをそのまま踏襲してしまったことになる。

② **すゞねさす** （中編巻11・9ウ ― 中巻204頁）

整版本・翻刻本ともに見出し語は「すゞねさす」であるが、解説には「春ハ鈴の音に鳥驚てたつ故にならぬやうに物をさすなり　是を鈴のことゝいふ」とある。「鈴子（すゞね）さす」が『俳諧初学抄』に存するものの、「鈴子」が「鈴こ」であることは『西園寺鷹百首（注）』に「鈴の子（こ）と云物を鈴にさして鈴のならぬ様にして」（94番歌注）とあり、また『無言抄』や『毛吹草』にも前者「鈴こさす」（四季詞）、後者「すゞこさす」（連歌四季之詞）がそれぞれ認められることからも明白である。（注6）整版本が「鈴子さす」の「子」を変体仮名の「ね」に誤り、その誤りを翻刻本もまた踏襲してしまったと判断してよかろうと思う。

③ **へを** （前編巻27・3オ ― 下巻184頁）

整版本・翻刻本には「𩸕ノ字をよめり　説文に堆射収繁具也と見えたり」（岐阜版の「繫」は「數」）とあるが、『説文』によれば「𩸕　隿射収繁具也」とあり、『和名抄』にも「唐韻ニ云𩸕ハ（音癈漢語抄ニ云閉麻岐）弋射シテ収ムル繁ヲ具也」（「隿」と「弋」は同義。「繁」は「繳」の動用字。巻15・3オ）とある。整版本・翻刻本の「堆射収繫具也」では文脈を満足しないことから、整版本の誤りを翻刻本のうち増補版はそのまま踏襲し、岐阜版は更に「繫」を「數」にしてしまったと判断できる。

なお、岐阜版において訂正の見られる項目をもって右の資料と付き合わせてみると、更に次の三例の追加が可能になる。

① **とろいた** （中編巻16・21オ ― 中巻602頁）

整版本・増補版には「鷹のとやの内に置て餌を飼の板也」とあるが、岐阜版は「飼ふ板」に改めている。『定家卿鷹三百首（注）』によれば「とろ板とは鳥屋の内に置て餌を飼板也」（45番歌注）とある。整版本「飼の板」でも解釈上支障はないが、「の」の字を衍とみれば文意は更に通る。但し、これに関しては「とりおどし」（中編巻16・20オ ― 中巻595頁）にも同様の例として整版本・増補版「鳥を怖すの具」対　岐阜版「鳥を怖す具」が認められるため、或は谷川士清による改編、または書き癖とも考えられる。

② **はならし** （中編巻20・4ウ ― 中巻829頁）

整版本・増補版には「羽鳴すなり　雌鷹に雄鷹の勢を知らんとて羽くらべするなりといへり」とあるが、岐阜版は「知らせんとて」に改めている。これに関する資料は現在のところ見出せないが、整版本の「知らんとて」では文脈を満足するにじゅうぶんではない。整版本が「知らせんとて」の「せ」の字を脱したと見る方が穏当のように思われる。

③　**はむし**　（中編巻20・21ウ ― 中巻849頁）

整版本・増補版には「羽虫の義　鷹に羽虫の薬かといへり　又諸鳥にもいふめり」とあるが、岐阜版は「薬なといへり」に改めている。『定家卿鷹三百首（注）』によれば「鳥屋にいるハ八日薬師の日なれハや鷹に羽虫の薬かふらん　卯月八日に入て七月十四日に出す也　鳥屋へ入るとて薬を飼なり　是どうけの薬を羽むしの薬に飼なり」（41番歌注）とある。整版本の「薬かといへり」では文意がじゅうぶんでないことから岐阜版が「薬なといへり」に改めたのであろうが、これは資料にしたがって「薬かふ」の「ふ」の字を整版本が脱したと判断した方がよかろうと思う。

さて、以上の結果を見て言えることは整版本の誤りが、その殆どにおいて前節同様の単純なミスによって占められているということである。「榎」を「板」にしたり（(1)—④）、「下狩衆」の「衆」を「衣」に誤る（(3)—②）などは字形類似（草体）が災いした結果とも言えようが、これがために内容上破綻をきたしてしまったことは疑うべくもないことで、踊り字を「し」に誤る（(1)—⑧）がごときはその最たるものである。

したがって、斯かる点において『和訓栞』が仮にも過去においてマイナスの評価受ける（例えば、資料としての価値に難癖の付けられる）ようなことがあったとしたならば、それはミスの上にミスを重ねることと同じであると言えるのであって、このようなことが起こらないためにも、『和訓栞』に対する更なる検討が刻下の急務ではないかと思うのである。

なお、右に関し付言しておくならば、整版本の誤例の有無と谷川士清との間に何がしかの関係が認められるか否か、ということである。用例が少ないのでここでの即断は差し控えたいが、北岡四良氏が野村秋足の前記跋文を承けて、

> 中編・後編は特に未定稿であったと考えてよく、後人の増補攙入の筆が相当混じたものと見るべきである。（「和訓栞成立私考」）

と述べて居られるごとく、以上見てきた誤りが前編に少なく、中編に集中していることは注意してよかろうと思われる（左表）。『和訓栞』に関する更なる研究が俟たれるところである。

前編		中編	後編	合計
巻13迄	巻14以降			
2	2	15	3	22

第四節　結び

以上、『和訓栞』について述べてきたことを整理してみると左のごとくになる。

一　翻刻本（増補版・岐阜版）が整版本において既に誤りの認められる箇所を踏襲しているということは、できるだけ原本に忠実であろうとする翻刻本のあらわれとみることができる。しかし一方、辞書という性格を考えるならば、こうした態度は必ずしも満足すべきものとは言えない。

二　整版本における誤りの多くは、恐らくはそれが未定稿であったがために生じたものであろうが、その実否についてはなお検証する必要がある。

三　整版本に対する増補版・岐阜版の誤りは、鷹詞に関する限り、極端な差にはならなかった。がしかし、岐阜版には整版本にない送り仮名を付すなど、それとは明らかに異なる例も認められる。

四　したがって、誤読を避けるという面から見れば岐阜版の方が判り易く、原本（整版本）尊重という面から見れば増補版の方が勝ることになる。

なお、見出し語の排列や連読符の有無から言えば岐阜版が原本尊重の立場を取った事になるが、連読符については、岐阜版が本文理解をはかろうとするために原本を踏襲したと解釈することもできる。また、以上の比較はあくまでも相対的なものに過ぎない。

五　整版本に内容上の誤りが認められ、しかもそれが翻刻本にも是正されずに受け継がれ（まったくの皆無ではない。↓注4）、更に翻刻本において新たなる誤りが生じてしまっているということは、現在流布している『和訓栞』（増補版）が全部が全部でないにしても谷川士清の『和訓栞』を正しく反映するものではないことになる。『和訓栞』の出典関係や稿本との比較検討を通して、整版本や翻刻本がどのような状況になっているのかを早急に見極める必要がある。

六　つまり、そうしなければ我々はいつまでたっても谷川士清の『和訓栞』ではない、それとはまったく別物の『和訓栞』（翻刻本としての増補版や岐阜版）を使用せざるを得なくなるからである。

『和訓栞』における翻刻本と整版本との違いは、字体の差を含めても本調査対象三百二項目中七十余例にとどまり、内容上の相違となると更にその数は少なくなっている。しかし、ここで問題なのはそうした数の多少ではない。『和訓栞』という辞書を扱う上で、現実にこのような差が認められることが問題なのであり、また、それをそのまま鵜呑みにしてきた我々にも責任があると思うのである。

『和訓栞』における稿本（未見であるが、典拠資料との関係から判断を試みた）→整版本→翻刻本の過程が順序立てて説明できたかは判らないが、ともかく、斯かる相違が認められる以上、今後『増補語林和訓栞』（増補版）のみによって内容を云々することは避けるべきではなかろうか。

『和訓栞』のように翻刻本を主にした資料はまだまだ幾らも存するであろうが、それら資料がこのような状況になっていないことを願う次第である。

（注1）現行の解説書に整版本と増補版との差を具体的に提示したものはなく、またそのような報告のあることを聞かない。

阪倉篤義氏が『日本古典文学大辞典』（「和訓栞」）で述べて居られる内容も、「現在この書物（増補版を指す。筆者注）が流布しているが、これによって簡単に『和訓栞』の原型を想定してはならない。」といった程度である。

（注2）「かき」の項は中編にも存するが、そこでも左のごとき差が認められる。

整版本・岐阜版「故郷」　対　増補版「故卿」

（中編巻4・5オ ― 上巻443頁）

かき ……○鷹に柿をよめる哥三百首に　もみちする柿のもとなるしのふ水とりて赤ふの鷹にこふらん（ママ）　故郷のかきのもとつ葉わか鷹の萩にそへてや田鳥（シキ）をつくらん

なお、「鷹にこふらん」の「こふ」は整版本も誤るが、重出ということもあり、次節では取り扱わなかった。

（注3）「ふたとみ」にしろ「ふたこみ」にしろ、これだけでは文意がじゃうぶんに伝わらないが、これは本文記載の『赤染衛門集』により解明できる。

おかしきゑふくろを、人のかりやりしを、みちまさの君のみちにあひてとり給てけれは、ふたをたてまつるとて

うせぬともみはなきならしふたついみは君かとりつるなこそおしけれ　（流布本系259番歌。『私家集大成　中古Ⅱ』）

つまりこれに依ると、餌袋とは「身」を入れる「蓋」付きの容器（『赤染衛門集全釈』〈私家集全釈叢書1〉を参考）ということであり、岐阜版が誤ったことが導き出せる。

（注4）整版本の誤りを翻刻本が訂する例としては、更に左の例が挙がる（岐阜版に関しては、①以外は整版本と同じである）。

① 整版本「龍山公のの説」　対　翻刻本「龍山公の説」

（前編巻13・4ウ ― 中巻244頁）

せこ ○……龍山公のの説に山をかるもの共を押出し……

② 整版本「ともいふとも」　対　増補版「ともいふと」

（前編巻14・8ウ ― 中巻310頁）

たかばかり ………よて一尺二寸を鷹秤（ハカリ）ともいふともいへり

③ 整版本「鉗」　対　増補版「餌」

（中編巻29・9オ ― 下巻691頁）

ゑがう（ママ）　鉗殻の義也　鷹にいへり

④ 整版本「鉗」　対　増補版「餌」

（中編巻29・9オ ― 下巻694頁）

ゑづゝみ　鷹の胸に鉗をもて居をいへり

（注5）これに関しては整版本も翻刻本同様に誤っていたと考えることができるが、上記のごとく『定家卿鷹三百首（注）』に「むし鳥や……」とあり、谷川士清もこれを使用している以上、整版本の「也」の字は仮名の「や」として扱う方が妥当である。整版本の段階では誤っていなかったという立場を取った。

（注6）この他、『増山井』の「すゝこさすとハ鈴のならぬやうにこをさす事也」（上・17ウ）、『誹季引席用集』の「鈴子（すゞこ）さす〔鷹に鈴をつくるハ叢へ落たる時音にて知為なるが其鈴のならぬやうにするをいふ〕」（下・45オ）などの例が認められる。

第三章
明治十五年版『和訓栞』について

第一節　はじめに

『和訓栞』の版種が今までどれほど確認され、また整理されてきたかは判らないが、ここにその一本を紹介することにより、是まで抱いてきた一つの疑問を解決しておこうと思う。

第二節　明治十五年版『和訓栞』

その『和訓栞』とは、明治に入って岐阜の成美堂より刊行されたもので、前編・中編の巻末に肉太の書体で

明治十五年三月求版／岐阜書肆／三浦源助

（注）但し、中編は「岐阜書肆」が「岐阜書林」とある。

が刻されているとともに、後編の出版予定を示す記事が、同じ書体で

遺稿　明治十六年中出版　十八冊

のごとく中編巻末「同下編」のあとに認められるものである（図版13）。

この肉太の箇所は天地の匡郭に不一致乃至は欠刻が認められることから、前編においては

東都　須原屋茂兵衛・出雲寺文次郎　京師　風月荘左衛門・本屋儀助
洞津　篠田伊十郎

の書肆五軒を、中編においては

京師　風月庄左衛門・本屋儀助

の書肆二軒を、それぞれ差し替えたものと思われ、摺刷の状態、前編首巻の欠刻状況（「大綱・洞津」）は版中最も劣悪である。以下、これを「十五年版」と仮称する。

すなわち、この版種の存在を知ってか知らずか、これに言及した解説書は見られないようである。『和訓栞』の版種に異同が認められない以上、後刷に位置する十五年版が顧みられないのは当然と言えば当然であるが、しかしだからと言って、これをまったくもって放擲し去ってよいことにはなるまい。

十五年版によって、『和訓栞』研究の一端が跡付けられるからであり、『国語学書目解題』（赤堀又次郎氏。明治35年刊）の記事も、『日本文学大辞典』（第3巻。亀田次郎氏担当。昭和9年刊。増補改訂版＜第7巻。昭和12年刊＞も同。新潮社）の記事も、これとの関わりをもってはじめて了解し得るものと言えるのである。

第三節　北岡四良氏の説

ところが、実情必ずしもそうは解せられていないようである。例えば、北岡四良氏の「和訓栞成立私考」（「皇学館大学紀要」第六号。昭和43年2月。『近世国学者の研究』所収）にしても、『国語学書目解題』

わくんのしをり　和訓栞　九十三巻　八十二冊　谷川士清撰
本居宣長序、首巻並に一巻より十三巻まで十四冊、安永六年九月刊、江戸、須原屋茂兵衛発行、上編十四巻より二十八巻まで十冊、文化二年十二月刊、江戸、須原屋茂兵衛発行、上編廿九巻より四十五巻まで十冊、文政十三年閏三月刊、津、篠田伊十郎発行、中編三十巻、文久二年二月刊、京、風月堂庄左衛門発行、下編十八巻、明治十六年刊、岐阜、三浦源助発行、又近年成りたる活版本あり（以下、省略）

の不備のみを

(1) 「解題」の著者が上・中・下と誌したのは正しくは前・中・後編といふべきであらうし、

(2) 又下編即ち後編の刊期を明治十六年と誌したのは、明治二十年の誤りであることである（原文を便宜(1)・(2)に分けた。また傍点は筆者による。以下同様）。

と指摘するにとどまり、その原因については何ら触れられてはいないのである（勿論、十五年版についての記述はどこにもない）。

北岡氏に原因究明の必要がなかったと言われればそれまでのことであるが、『和訓栞』中、十五年版（図版13）にのみ右二点が存することからすれば、赤堀氏がこの十五年版に基づき解説を施したと見做すことに、それほど無理があるとは思えないのである。『国語学書目解題』に「東京帝国大学御蔵版」の文字が刻されているが、その東京大学に十五年版が蔵せられていることもこの点を裏付けるものである。

但し、赤堀氏が上・中・下編を前・中・後編に訂正することなく記している（右、北岡氏指摘(1)）ことから判断して、氏が十五年版の記事を検証することなくそのまま承け入れてしまったであろうことが想像できるが、こうした態度は、後述の亀田氏とは明らかに異なるものである。

なおこれに続き、後編の刊行年に関しても北岡氏は『日本文学大辞典』の傍点部の記事

【刊行】首巻並に巻一から巻十三まで十四冊は安永六年刊。巻十四から巻二十八まで十冊は文化二年刊。巻二十九から巻四十五まで十冊は文政十三年刊（以上前編）巻四十六から巻七十五まで三十冊は文久二年刊（以上中編）。巻七十六から巻九十三まで十八冊は明治十六年刊（以上後編）。この外に増補訂正して活版に附したものが二種ある（後出）。

【諸本】原本は上記安永六年九月から明治十六年迄に刊行した八十二冊であるが、その刊行は何れも士清の没後である。（以下、省略）

を取り挙げられ、

このミス（右(2)。筆者注）は『日本文学大辞典』にも踏襲され……

と、両者の間にあたかも踏襲関係があったかのごとく記しておられるが、これが理屈に合わないことは、『日本文学大辞典』に先行する亀田氏の論考（「国語学上に於ける谷川淡斎の事蹟」＜『谷川士清先生傳』所収。明治45年刊＞）

この書は翁が在世中に出版しかかつたが、その刊行を見ず、没後に数度に分けて出版せられ、

首巻及び前編一巻より十三巻まで十四冊は、安永六年（二四三七）九月刊

同十四巻より二十八巻まで十冊は、文化二年（二四六五）十二月刊

同二十九巻より四十五巻まで十冊は、文政十三年即ち天保元年（二四九〇）閏三月刊

中編三十巻三十冊は、文久二年（二五二二）二月刊

後編十八巻十八冊は、明治二十年（二五四七）七月刊

となって居る。即ち翁の没した翌年から、其の子孫に依って刊行せられたので、最初の刊行安永六年（二四三七）から、最終の刊行明治二十年（二五四七）まで、百十年もかゝつて居る。

を見ればじゅうぶんではないかと思うのである。

北岡氏が果して亀田氏の御論をご存じであったかは定かでないが、十五年版を抜きに両者の関係を云々するには、このように、実際にはあり得な

い「踏襲」の文字を使用せざせるを得なかった。そうでなければ二つの書物が期せずして後編の刊行年を明治十六年にすることに対し、これを単なる「ミス」として扱ってよいのか、という疑問を解決しなくてはならない――勿論、後編の刊行を明治十六年にする書は『日本文学大辞典』ばかりではない[注1]。が、『日本文学大辞典』の記事が「踏襲」という二文字で処理できないことは前述のごとくである――のであり、筆者の疑問もまたここに存していたと言う次第である。

第四節　亀田次郎氏の改訂

ならば、亀田氏は何故に後編刊行が明治二十年であることを承知の上でわざわざ『日本文学大辞典』に見るがごとき訂正をなされたのであろうか。もとより、それに対する答えは知る由もない。が、後編イコール明治十六年とすることに亀田氏がしたがったわけではなかろう[注2]。想像を逞しうすることをお許しいただくならば、亀田氏論文発表後、幾年かの間に氏もまたこの十五年版を披見されたのではあるまいか[注3]。そしてそこに後編の刊行者であった三浦源助の名を見付けられた。

つまり、その彼によって「明治十六年中出版」が刻されたということは、とりもなおさず後編の刊行が実際には明治十六年まで溯ることができる、或は完成していたという考えを抱かせるにじゅうぶんであったろうことが思考されるのであり、そうならばそれはそれとして止むを得ない、むしろ当然の結果ではなかったかと思えてくるのである。

十五年版と後編とが同じ渦雲艶出文様という、他には見られない装訂であってみれば、十五年版に刻された「明治十六年中出版」が何を意味するのかも判ってこようというものである。

ともかく、『和訓栞』という辞書から見れば一つの版種に過ぎない十五年版ではあったが、これに依り、先学の考えを少なくとも過たずに済ませられたことは、私にとって大きな収穫であったと言える。

（注1）　後編刊行年の記載の違いにより以下のごとく分類整理できるが、それにしても後編刊行を明治十六年とする国語学書の多いことに改めて驚かされる。

(1)　後編刊行年を明治十六年とする。

①　保科孝一『国語学史』（明治40年刊。127頁）
「後編十八巻わ明治十六年に出版になっておるのである。」とある。前掲(1)は前・中・後編とするが、上編の名も記す。

②　長連恒『日本語学史上巻』（帝国百科全書。明治41年刊。126頁）
「下編十八巻は明治十六年に刊行せられしが……」とある。
前掲(1)は前・中・後編とするが、下編の名も記す。

③　鬼澤福次郎『概観要説国語学史の研究』（昭和4年刊。454頁）
「後編十八巻は明治十六年に出版になった。」とある。
前掲(1)は前・中・後編とする（259頁）が、上編の名も記す（454頁）。

④　神谷敏夫『国語学総説』（昭和4年刊。257頁）
「下編十八巻（明治十六年刻）は方言俗語が多い。」とある。
前掲(1)は上・中・下編とする。

⑤　安藤正次『国語学通考』（昭和6年刊。270頁）
「後編十八巻は、明治十六年岐阜で発行されたのである。」とある。
前掲(1)は前・中・後編とする（以下(2)−②まで同じ）。

⑥　保科孝一『新体国語学史』（昭和9年刊。279頁）
「後編十八巻は明治十六年岐阜で発行して居る。」とある。

⑦　吉澤義則『国語学史（併概説）』中の『国語学史概説』（昭和10年刊。68頁）
「明治十六年に、後編の十八巻が、岐阜の三浦源助に刊行されるまで、数回に分けて異る人に刊行された。」とある。

⑧　山田孝雄『国語学史要』（昭和10年刊。184頁）
「後編は十八巻あつて、久しく写本で伝つたが、明治十六年に刻成した。」とある。

⑨　東條操『国語学新講』（昭和12年刊。203〜204頁。改修版＜昭和26年刊＞・新改修版＜昭和35年刊＞も同）
「安永の頃から出版されたが下編は明治十六年になつて初めて刊行された。」とある。

⑩　小島好治『国語学史』（昭和14年刊。299頁）
「後編は、明治十六年に出版された。」とある。

⑪　福井久蔵『国語学史』（昭和17年刊。189頁）
「九十三巻までは明治十六年に刊行された。」とある。

⑫　小林好日『国語学通論』（昭和19年刊。248頁）
「後編は第七十六から第九十三まで十八冊で久しく写本で伝つたが、明治十六年になつて野村秋足の校訂を経て刊行した。」とある。

⑬　東條操『新修国語学史』（昭和23年刊。166頁）
「俗語方言を収めた後編は明治十六年に発行された」とある。

(2)　後編刊行年を明治二十年とする。

①　伊藤慎悟『近世国語学史』（昭和3年刊。459頁）
「後編十八巻は野村秋足が校訂して明治二十年に始めて上梓

したものである。」とある。

② 山田孝雄『国語学史』（昭和18年刊。55頁）

「後編は十八巻ありて、久しく写本にて伝はりしが、明治二十年六月に刻成したり。」とあり、同著『国語学史要』（⑴－⑧）を改める。

⑶ 刊行年の記載なきもの（解説中に編名を有するものに限る）。

① 保科孝一『国語学小史』（明治32年刊。144頁）

② 花岡安見『国語学研究史』（明治35年刊。114頁）

③ 保科孝一『国語学精義』（明治43年刊。137頁）

④ 吉澤義則『国語学史』（受験講座刊行会。昭和5年刊。199頁。なお、本書は『国語学史（併概説）』の復刊＜⑴－⑦。昭和10年＞がある）

（注2）（注1）を参照していただきたい。

（注3）昭和八年刊行の「国語学書目解題」（赤堀氏と同名の書。『国語科学講座Ⅲ』所収）には、後編の刊行を明治十六年にする記事が既に認められる。

十三巻迄は安永六年、二十八巻迄は文化二年、四十五巻迄は文政十三年、七十五巻迄は文久二年、九十三巻迄は明治十六年に夫々刊行された、

第四章

『和訓栞』所引の下学集について

第一節　はじめに

『和訓栞』所引の辞書類の中で、下学集の占める割合はそれほど多くない。増補版上巻一〇〇頁までの使用状況を見ても、和名抄・新撰字鏡が五十例を優に超す（前者は一〇〇例に近い）のに対し、下学集は僅かに三例、全体でも六十九例を確認できるに過ぎないからである。がしかし、量的な問題は暫く置くとして、(注1)その下学集が山脇道円の『増補下学集』（寛文九年〈一六六九〉刊）であることは今まで明らかにされなかったことであり、これに依り、『和訓栞』に引用上の誤りがあることも判明した（『日本国語大辞典』「はしりごくらい」の項は、両者異にする例〈後掲㉞〉を挙げる）。

『和訓栞』が谷川士清一人の手によって成ったものでないことは前編巻末の谷川士行跋文をとおしても知られるところであり、そのためばかりでないにしても、誤りの多くが未定稿部分に集中していることは、既に第二章に述べたとおりである。ただ、斯かる誤りが下学集引用に際しても存することは、対象が鷹詞に限られていたこともあって、そこでの用例は一例を指摘するにとどまった。(注2)そこで、以下にこれら相違を掲示することにより、第二章の続編としても併せ記しておくことにしたいと思う。

第二節　『和訓栞』は『増補下学集』に基づく

まず、話の順序として『和訓栞』と『増補下学集』との関係から始めるが、これについては両者の用例を比較することにより解決がつく。すなわち、『増補下学集』の『増補下学集』たる所以は、文字通りそこに収められた増補語彙にあること、周知のごとくであり、前述のごとく『和訓栞』がこれに基づくことは、これら増補部所収の語が一二に止まらず認められることにある（69例中、半数に近い32例）。

増補語彙は『元和版下学集』に比して凡そ五倍の量が認められるが、例えば『下学絵入り』（平仮名註。貞享五年〈一六八八〉刊）や『和漢新撰下学集』（正徳四年〈一七一四〉刊）などとの比較においても、これら増補語彙と同じくする例は見出せない。後者に見出し語二例の一致が見られるが、訓み・注記内容は大いに異なる。つまり、これだけの語彙を登載する下学集は『増補下学集』をおいて他には見られないのである。

なお、『和訓栞』が『増補下学集』以外の下学集を採用していたか否かについては、増補部・非増補部に関係なく書名が「下学集」に統一されていることから、その可能性はなかったと見做し得る。

左は、そうした『増補下学集』増補部に基づく用例を示したものである。但し、両者に差の認められる場合は次節で扱うため除外した。『和訓栞』を右に、『増補下学集』を左に置き、割注箇所は〔　〕をもって示した（『和訓栞』『増補下学集』などの本文・頁数は後掲の参考文献にしたがった。以下同様）。

① **あさしらげ**　下学集に日出草をよめり　（中編巻1・16オ ― 上巻29頁）

増補下学集　日出艸（アサシラケ）　（下巻3・草木門14 ― 431頁6行）

② **あまのざけ**　下学集に天野酒と書て天野ハ河州の名所也といへり　（中編巻1・44オ ― 上巻102頁）

増補下学集　天野酒(アマノサケ)〔河州名所(カシウノメイシヨ)〕（下巻2・飲食門12 ― 363頁5行）

③ **いはぶき**　兎葵也といへり　下学集にハいへにれと訓ぜり（後編巻2・17ウ ― 86頁）

増補下学集　兎葵(イヘニレ)〔味(ヒ)甘(アマク)寒(ニシテ)無レ毒者也〕（注3）（下巻3・草木門14 ― 420頁5行）

④ **うすたけ**　下学集に臼茸とかけり（後編巻3・6オ ― 117頁）

増補下学集　臼茸(ウスタケ)（下巻3・草木門14 ― 430頁1行）

⑤ **うるか**　……下学集に鰭をよめるハ心得がたし（後編巻3・18オ ― 141頁）

増補下学集　鰭(ウルカ)（下巻2・飲食門12 ― 361頁6行）

⑥ **うんせん**　下学集に雲繊羹見えたり（中編巻3・21オ ― 上巻302頁）

増補下学集　雲繊羹(ウンセンカン)（下巻2・飲食門12 ― 361頁5行）

⑦ **うむびやう**　温餅と書り　下学集に見ゆ（中編巻3・21ウ ― 上巻302頁）

増補下学集　温餅(ウンヒヤウ)（下巻2・飲食門12 ― 361頁5行）

⑧ **こが**　下学集に榼をよみ桶也と注せり（前編巻9・11ウ ― 上巻738頁）

増補下学集　榼(コガ)〔桶(ヲケ)也〕（下巻2・器財門13 ― 397頁5行）

⑨ **こがらめ**　……挨嚢抄(ママ)に鴰　下学集に鶊　ともに心得がたし（後編巻6・28オ ― 343頁）

増補下学集　鶊交(コカラアヘ)（下巻2・飲食門12 ― 363頁1行）

⑩ **こまさめ**　駒蔵と書て具足の上帯と注せり　下学集にミゆ（中編巻8・34ウ ― 上巻806頁）

増補下学集　駒蔵(コマサメ)〔具足(グソクノ)上帯(ウハヲビ)〕（下巻2・器財門13 ― 397頁4行）

⑪ **しきり**　○……下学集に尻切と見ゆ（前編巻11・5ウ ― 中巻102頁）

増補下学集　尻切(シキレ)（下巻2・器財門13 ― 400頁2行）

⑫ **しばたけ**　下学集に芝茸と見えたり（後編巻8・7オ ― 407頁）

増補下学集　芝茸(シハタケ)（下巻3・草木門14 ― 433頁1行）

⑬ **たゝみ**　○……下学集に蓼水汁と書り（中編巻13・20ウ ― 中巻338頁）

増補下学集　蓼水汁(タヽミシル)（下巻2・飲食門12 ― 360頁8行）

⑭ **たで**　利根草の名　下学集に見えたり（後編巻11・10オ ― 553頁）

増補下学集　利根草(リコンサウ)〔蓼也〕（下巻3・草木門14 ― 427頁6行）

⑮ **つや**　○倭名鈔に邸をつやと訓せり　津屋の義也　下学集に商人を停めて賃を取の處也といへり（前編巻16・29オ ― 中巻499頁）

増補下学集　邸家(ツヤ)〔停(トヽメテ)二商人(ヲ)一取(ルノ)レ賃(ヲ)處也〕（上巻2・家屋門7 ― 186頁4行）

⑯ **とんちう**　下学集に炭頭と書て行者と注せり（中編巻16・14ウ ― 中巻581頁）

増補下学集　炭頭(トンヂウ)〔行者〕（上巻1・人倫門4 ― 87頁2行）

⑰ **ぬた**　○下学集に饅膾をぬたなますとよめり　ぬたあへなともいへり（前編巻21・5オ ― 中巻709頁）

増補下学集　饅膾(ヌタナマス)（下巻2・飲食門12 ― 360頁5行）

⑱ **ぬたはだ**　倭名鈔に魦をよめり　角上浪皮也と注せり　下学集にハ蒬をぬたとよめり（前編巻21・5オ ― 中巻710頁）

増補下学集　蒬(ヌタ)〔猪(イノシヽ)〕（下巻1・態藝門10 ― 270頁4行）

⑲ **ねまる**　ねバるをかくもいへり　下学集に踞をよめるハ羽州にて居をいへり（前編巻22・8オ ― 中巻729頁）

⑳ 増補下学集　踞(ネマル)　（下巻1・態藝門10 ― 288頁4行）

のんき　俗語也　暖(ノン)気の義なるへし○畳に暖(ノン)席と云事　下学集に見えたり　（後編巻14・25オ ― 695頁）

増補下学集　暖席(ノンセキ)〔畳(タヽミ)　也〕　（下巻2・器財門13 ― 392頁4行）

㉑ **はづれ**　……下学集に剟をよミて絹布と注せり　（中編巻19・21オ ― 中巻811頁）

増補下学集　剟(ハツレ)〔絹布(キヌヌノ)〕　（下巻1・態藝門10 ― 256頁7行）

㉒ **ひしめく**　閲をよめり　下学集に見ゆ　（中編巻21・13オ ― 下巻31頁）

増補下学集　閲(ヒシメク)　（下巻1・態藝門10 ― 336頁2行）

㉓ **ひたちぐさ**　下学集に常陸草とあり　（中編巻21・16ウ ― 下巻39頁）

増補下学集　常陸艸(ヒタチクサ)　（下巻3・草木門14 ― 433頁3行）

㉔ **びらん**　……下学集には毘蘭樹と見えたり　（中編巻21・42オ ― 下巻94頁）

増補下学集　毘蘭樹(ヒランジュ)　（下巻3・草木門14 ― 433頁5行）

㉕ **へくそかづら**　……下学集に百部根を訓し　又……　（中編巻23・2オ ― 下巻172頁）

増補下学集　百部根(ヘクソカツラ)　（下巻3・草木門14 ― 427頁1行）

㉖ **へこつく**　下学集に学ノ字をよみ庭也と注せり　いふかし　（中編巻23・2ウ ― 下巻173頁）

増補下学集　学(ヘコツク)〔庭(ニハ)也〕　（下巻1・態藝門10 ― 261頁1行）

㉗ **ほたゆ**　○下学集に十三をほた〱とよめり　歳に就て云義訓なり　（中編巻23・15ウ ― 下巻208頁）

増補下学集　十三(ホタ〱)　（下巻1・態藝門10 ― 259頁8行）

㉘ **やさし**　……挨(ママ)嚢抄に艶優　下学集に婀娜をよみ常に風流をもよめり　（前編巻34・7ウ ― 下巻502頁）

増補下学集　婀娜(ヤサシ)……艶優(ヤサシ)〔二字義同〕　（下巻1・態藝門10 ― 296頁6行）

第三節　『和訓栞』は『増補下学集』と相違する

それでは、この『増補下学集』を参照・引用するに当たり、『和訓栞』はいったい如何なる誤りを生じさせてしまったのであろうか。左はこれに該当する、両者相違の認められる例（注4）を掲出したものであるが、ここで注目されることは、相違例九例のうち、その八例までが中編に存するということである（※は増補部所収の語）。

㉙ **いかるが**　○日本紀に斑鳩をよめるも鳴聲にて名つけたるなるべし　……下学集に豆甘し也といへり　（前編巻3・3ウ ― 上巻151頁）

増補下学集　鵤(イカルカ)〔豆甘(マメウマシ)　鳥也　或ハ作レ斑鳩(ハンキウニ)〕　（上巻2・気形門8 ― 192頁1行）

㉚ **くせまひ**　或ハ九世舞と書り　職人哥合にも見えたり　下学集に曲舞と書せり　（中編巻6・8ウ ― 上巻648頁）

増補下学集　久世舞(クセマイ)　（下巻1・態藝門10 ― 229頁8行）

㉛ **だかう**　東鑑に駄餉と書て下学集に駄向と見えたり　旅中中(ママ)の食をいふといへり　（中編巻13・7ウ ― 中巻304頁）

増補下学集　駄向(タカウ)〔旅中食物　向或ハ作レ肴(カウニ)〕　（下巻1・態藝門10 ― 231頁8行）

㉜ **だびゑ**　○下学集に濃絵をよめり　（中編巻13・32ウ ― 中巻372頁）

増補下学集　濃絵（ダミエ）　（下巻2・彩色門15 ― 434頁5行）

㉝　**はしか**　……下学集に稖をよめるハ芒刺の意也　麻疹を糠瘡ともいへり　（中編巻19・10ウ ― 中巻785頁）

※増補下学集　稖（ハシカ）　（下巻3・草木門14 ― 426頁6行）

㉞　**はしりくらべ**　○下学集に梵網経の行域をはしりごくらひとよめり　ごくらひハ小競の義なるへし　（中編巻19・13ウ ― 中巻791頁）

※増補下学集　行域（ハシリコグラ）〔梵網経（ボンモフキヤウニアリ）有〕　（下巻1・態藝門10 ― 256頁5行）

㉟　**まいす**　売僧の轉音　下学集に高僧也といへり　叢林語なり　（中編巻24・1オ ― 下巻233頁）

増補下学集　売子（マイス）〔商（アキナイ）僧也〕　（上巻1・人倫門4 ― 76頁3行）

※増補下学集　売僧（マイス）　（下巻1・態藝門10 ― 298頁3行）

㊱　**まふさぎ**　……下学集に鋐子をよめり　矢室蓋なりといへり　（中編巻24・19オ ― 下巻280頁）

※増補下学集　鋐子（マフタキ）〔矢室（ヤノイヘノ）　蓋（フタ）〕　（下巻2・器財門13 ― 394頁5行）

㊲　**りやうぶ**　物に令法と見え　下学集に柃梧（トウホウ）とかけり　木の名也　（中編巻28・16オ ― 下巻633頁）

※増補下学集　柃（リヤウ）　梧（ホウ）　（下巻3・草木門14 ― 427頁6行）

右については、㉜の「だびえ　対　だみえ」、㊱の「まふさぎ　対　まふたき」が用例としてともに認められることから、これをもって直ちに誤りとみることは危険であるが、その他については『和訓栞』における単純なミスと判断できるものばかりである（注5）（該当箇所に関し、特に断らない限り増補版も同じであることを示す）。

㉙は「鳥」を脱したもの（増補版は更に「也」を「や」に誤る）。

㉚は『職人歌合』が「曲舞」のみであることから、『和訓栞』が『増補下学集』の用字を誤った（久→九）と見るならば、用例の取り違えとみることができる。『和訓栞』には『職人歌合』（『七十一番職人歌合』）が幾つか引かれている（「かげぼうし・とぢめる・ひきれ・まへ」等）が、ここの例は四十八番に「曲舞・曲舞々」がある。

㉛は「食物」の「物」を脱した誤り。

㉝は整版本から増補版（「稖」）に至る間に生じた誤り（岐阜版は「稖」）。『合類節用集』・『書言字考節用集』に「稖ハシカ」とある。㉟と同じく字形類似が齎した誤りである。なお、㉟が「商」を「高」に誤ることは『塵嚢鈔』の「アキナヒスルヲハ売僧（マイス）ト云」（巻4・28オ）により明らか。

㊲は「リ」の振り仮名を「ト」に誤ったもの。

㉞はなおまだ断を避けるが、『和訓栞』の典拠資料である『合類節用集』に同じ訓み「行域（ハシリゴクライ）〔梵網經〕」（巻8上・7ウ∨）が認められる。（注6）

結局、第二章で明らかにしたごとく、野村秋足の言、「本書原板ハ誤字仮字違等少カラズ……又原本中編後編ノ如キハ文辞往々蕪雑ニシテ意義サヘ幾ソト通セヌ處アリ」（岐阜版跋文）をここにおいても裏付けたことになる。

現行の『和訓栞』（整版本及びその翻刻本である増補版）が谷川士清の意図に反してある程度隔りがあるのは、例えば編纂に要した年月（安永六年～明治二十年までの百十年）をもってみても判断されるごとく、確かに止むを得ない事情もそこには認められるが、だからと言ってこれをいつまでも存置しておいてよいことにはなるまい。今回の調査結果にもあらわれたごとく、中編という修正すべき箇所が少なくとも特定できる以上、(注7)このような例が指摘される可能性はまだまだ有り得ると言えるのである。
谷川士清の『和訓栞』に一歩でも近づけるためにも、せめて中編ぐらいは原典に復す努力を払うべきではなかろうか。

第四節　「下学集に〜といへり」は他書に基づく

ところで、何も下学集に限ったことではないが、『和訓栞』におけるこれら引用は、すべてがすべて『増補下学集』によって直接導き出されたというわけではなく、他書に引かれていたものをそのまま取り込むことによって、間接的ながら引用された（所謂これを借用と言い、孫引きと言う）ものもある、ということを認識して置かなければならない。
『和訓栞』凡例に「多くハ書名を著さす　唯といへりと書せり　煩ハしきをいとひて也」(注8)とある、その「といへり」が、冒頭に「下学集に〜」を有する文末にも存するからであり、それらの中には左のごとく、明らかに『増補下学集』ではない、別資料に基づくのもあるのである。

Ⅰ　『諺草』（貝原好古）に基づく例

㊳　**ありさま**　………下学集に分野ハ有様の義也といへり　よみハ摩訶止観に見えて文選に列宿分ニ其野ニと見ゆ
（前編巻2・54オ ― 上巻133頁）

諺　草　分野(アリサマ)　下学集に分野ハ有様の義なり。日本天台宗の読習(シ)也。弘決第一其地(ノ)分野(アリサマ)とよめり。文選魏都(ノ)賦(ニ)列宿分(ツ)ニ其野(ヲ)ニ二十八宿四方に配して九州おの〱司(ツカサト)る星紀(セイキ)あり。是を分野と云。分野をありさまとも読へし

増補下学集　分野(アリサマ)（有様義也　日本天台宗之読習(タイシウノヨミナラハシ)也）
（巻6・9ウ ― 894頁）

㊴　**こっけい**　下学集に滑稽ハ利口の義也といへり　今俗訛てこつへいといへり
（中編巻8・23オ ― 上巻775頁）

諺　草　滑稽(コッケイ)　下学集に。滑稽ハ。利口の義也といへり。………今俗に。誤て滑稽をこつへいと唱ふ。
（巻5・33オ〜ウ ― 884頁）

増補下学集　滑稽(コッケイ)（利口之義也）
（下巻1・態藝門10 ― 237頁）

㊵　**ふんばく**　下学集に文莫ハ无智の義也といへり　是は論語の文莫ハ吾猶(レ)人也を集解に莫ハ無也　文无者凡言(ニ)文皆不(レ)勝(ニ)於人(ニ)といへるに據なるべし
（後編巻15・17ウ ― 732頁）

諺　草　文莫(フンバク)　下学集(ニ)云。文莫(ハ)無智之義也。今按(スルニ)述而(ノ)篇(ニ)子(ノ)曰。文(ハ)莫(ニ)吾猶(シャ)人(ナルコト)也。何晏(ガ)集解(ニ)。莫(ハ)無也。文無(ハ)者。凡言(ト)文皆不(ル)勝(ヲ)於人(ニ)。文莫を無智の義とするは。古註の意なり
（巻5・21ウ ― 878頁）

増補下学集　文莫(ブンバク)（無智之義也(ナリ)　文莫(ハ)猶(ヲシ)文不(ニ)見(ノ)論語(ニ)(タリ)(コトシ)）(注9)
（下巻3・言辞門17 ― 461頁）

Ⅱ　『東雅』（新井白石）に基づく例

㊶　**にらぎ**　和名抄に葅をよめり　楡樹の義なるへし　葅を造る法ハ式に見えたり　後に辣菜と称するも是也　下学集にミゆといへり
（前編巻20・11ウ ― 中巻702頁）

東　雅　葅　ニラキ　倭名鈔に説文を引て　葅はニラキ　酢菜也

楊氏漢語抄に楡末菜をいふと注したり　ニラキとはニレキの轉語也　ニレキとはすなはち楡樹也……即今の俗に香物といふは古に葅といひ後に辣菜といひし即此也〔式に葅を造る法見えたり……辣菜の名は下学集等にも見えたり〕
（巻12・飲食・274頁）

㊷ むぎすくひ

増補下学集　辣菜〔漬物也〕
（下巻2・飲食門12 ― 351頁）

和名抄に笊籬を訓せり　麦麺をすくふ器なり　下学集にハ味噌漉也といへり
（中編巻26・2オ ― 下巻395頁）

東雅　笊籬　ムギスクヒ　倭名鈔に……楊氏漢語抄にムギスクヒといふと注せり　ムギとは索麪をいふなり　スクヒとは我国之俗　抄取する事をスクフといふ也　下学集に笊籬は味噌漉也と注し　旁にサウリ　イカキと注せり
（巻11・器用・259頁）

増補下学集　笊籬〔味噌漉也〕
（下巻2・器財門13 ― 368頁）

Ⅲ　『大和本草』（貝原益軒）に基づく例

㊸ せんをうけ　仙翁花とかけり　嵯峨の仙翁寺より始て出たると下学集に見ゆ　剪秋羅也といへり
（後編巻10・17オ ― 525頁）

大和本草　剪秋羅　花史ニ出タリ……センヲウハ嵯峨ノ仙翁寺ヨリ出タルユヘ名ツクト云　仙翁寺今ハナシ
（巻7・22オ～ウ ― 175頁）

増補下学集　仙翁花〔嵯峨仙翁寺始出此華故云仙翁華也〕
（下巻3・草木門14 ― 409頁）

したがって、これに該当する前掲⑮・㉙・㉟の三例は、或は他書からの借用という可能性も出てくるが[注10]、ともあれ、下学集に関して、谷川士清が直接引用か間接引用かの違いを

(a) 直接引用

ⅰ　下学集に～と（を）よめり……①・⑤・⑰・⑱・⑲・㉗・㉘・㉜・㉝・㉞・㊱

ⅱ　下学集に～（と）見ゆ・見えたり……⑥・⑪・⑫・㉔・㉛
　　下学集に見ゆ・見えたり……⑦・⑩・⑭・⑳・㉒・㊸

ⅲ　下学集に（～をよみ・とかきて）
　　～と注せり……⑧・⑯・㉑・㉖

ⅳ　下学集に～と書・書り・書せり……②・④・⑬・㉚・㊲

ⅴ　下学集に～と訓ず・訓ぜり……③・㉕

ⅵ　下学集に～とあり……㉓

(b) 間接引用………下学集に～と（も）いへり

のごとく書き分けていたことは認めるべきであろう[注11]。

「下学集に鰹をよめるハあたらずといへり」（「うぐひ」― 後編巻3・2ウ ― 110頁）はこれを補うものとして、また、右㊸は両者の違いが判るものとして、それぞれ好例と言える。

なお、㊳の「文選に」以下の内容については、「見ゆ」よりは「といへり」とすべきであるとの解釈も成り立つが、『文選』直接の引用例は他にも存する。例えば、「きもつぶす・せくゝまる」の文末は「～と見ゆ・見えたり」とあることから、この箇所も士清が実際に『文選』を見ていたとみれば問題は残らない。[注12]

松井簡治をして、

爾来、今日まで二十余年、我が国、学術界の進展は著しく、各種の百科辞典の刊行があり、専門に渉る特種の辞典が多数、世に提供された。然しながら一般国語辞書は、僅かに数種の刊行を見たに過ぎない。固より其の中には相当見るべきものもないではないが、多くは本辞典に採録した語彙を基礎として、多少の加除修正を施したに過ぎないと言っても、誣言ではないと思ふ。根本的に多数の典籍から語彙を蒐集し、整理するといふ基礎的作業に努力されたと見るべきものは、殆ど見当らない。

（『修訂大日本国語辞典』「修訂版及び増補巻の刊行に就いて」）（注13）

とまで言わしめた、その「整理」が全きではないにしてもこのような形で『和訓栞』中に見出されることを思うと、『和訓栞』が近代国語辞書としての性格を担い、今日なお利用され続けている理由もむべなるかなと思えてくるのである。（注14）

【参考文献】

① 『版本　和訓栞』（大空社）
② 『倭訓栞後編』（すみや書房）
③ 『増補下学集』（5冊。国会図書館蔵一本＜813・1 Ka155Y＞）
④ 『増補下学集』（上巻・下巻・索引3冊。近世文学史研究の会編）
⑤ 『諺　草』（元禄14年刊。内閣文庫蔵本＜210－15＞・拙蔵本）

（注1）　これについては貝原益軒の影響がいちおう想定できるが、そのための確証はまだ得られていない。益軒の『下学集』に対する扱いが

又神門の上に鶏の栖（スミ）し故鳥居と云説もあり　然るに下学集にとりゐを華表（クハヘウ）とかけるはあやまり也　華表ハかたちちかひ殊神門にハあらず　倭漢ノ制（セイ）ことなり　しゐて同じくすべからす

（『日本釈名』「鳥居」上巻・24ウ～25オ－19頁）

庭訓往来　節用集　下学集　所レ記ノ品物之文字　差謬（シ）甚多矣　無稽之言勿（コト）レ用　然ニ国俗　近古以来用レ之（テ）為ニ依據ト一承テ其訛ヲ一而不レ知　可キレ嘆哉

（『大和本草』凡例・20ウ－12頁）

凡下学集ノ説信シカタシ

（右同書「海藻」巻8・42オ－211頁）

節用集、下学集は誤（アヤマリ）多し。用ゆべからず。

（『和俗童子訓』巻4。岩波文庫－262頁）

のごとく、生涯を通じてかなり批判的であることから、この考えが谷川士清にも及ぼされたとみることができる反面、益軒の著述に『増補下学集』使用の例をいまだ見出し得ないからである。

――『日本釈名』・『大和本草』ともに右の例（前者1例、後者2例）にとどまるが、それらは『増補下学集』増補部所収の語ではない。

但し、益軒以外に下学集を直接批判する人物が居たとは今のところ思われない。「下学集」の引用は新井白石の『東雅』・『本朝軍器考』に9例と5例、貝原好古の『諺草』に12例、木下義俊

の『武用辨略』に3例それぞれ認められる（以上異なり語数）が、いずれも『増補下学集』増補部からのものではない。

また、益軒に反して谷川士清が『増補下学集』を資料として採用したことについても、それが益軒批判の対象であった元和版などとは異なり、「下学集の詳審ならざる」点を「拾(ヒロヒ)摭(ヒロヒ)薀崇(ツミアツメ)」（「叙」。書き下し文に改める）た、まったく別個な「下学集」であったからではなかったかと思われる。

（注2） 鷹詞中に下学集の名が認められることは、第Ⅱ部資料篇・「典拠部」の「へくそかつら」の項（二二八番）を参照されたい。

（注3） この他、注文を有しない「兎葵(イヘニレ)」のみの例も同じ増補部に認められる（下巻3・草木門14 ― 422頁8行）。

（注4） 用字・字体の相違に関わる

① 整版本「畢竟」対 増補下学集「必竟」
（後編巻6・14オ ― 315頁）

② 整版本・増補版「趺」 対 増補下学集「頭」（前掲⑯）
（「くっけう」下巻3・態藝門17 ― 456頁3行）

③ 増補版「閱」 対 整版本・増補下学集「閲」（前掲㉒）

なども、厳密には誤りとすべきであるが、今は含めないことにした。

（注5） 『下学集』引用本文における整版本と増補版の相違については「四種対校『下学集』一覧」を参照していただきたい。

（注6） 『和訓栞』「はりごくらひ」の項に「節用集に梵網経の行域をよめるハはしりごくらひを謬る也」（後編巻15・11ウ ― 720頁）ともある。なお、『増補下学集』に見える「はしりごくら」の訓みは、黒本本節用集・饅頭屋本節用集などに認められるものである。

（注7） このことは第二章においても同様の結果が得られている。

（注8） 例えば『東雅』に基づく「くき」がこれに当たる。

『和訓栞』
……或説に今の醤油といへるもの古へにきこえす 庭訓往来 下学集などにものせす くきハ漏の義 たまりといふごとく今の醤油なるへしといへり （前編巻8・1ウ ― 上巻628頁）

『東雅』
豉 クキ ……（即今の醤油といふものは古の時には聞えず 庭訓往来 下学集などいふものゝごときにもしるさず …… 古語に漏(モ)る事をはクキといふ也 …… 又俗にタマリといふ物のごときも味噌の自然汁の溜(シタゝ)りぬるをいふ也 俗に溜をよびてタマリといふは なを豉汁の漏(モ)り出ぬるを取りてクキと名づけし事のごとし これも又豉汁の類なる也）（巻12・飲食・273頁）

（注9） 但し、『和訓栞』と『諺草』との間には「无」と「無」の表記に関し、左のごとき差も認められる。

『和訓栞』 ―― 「文莫ハ无智の義也 …… 文无者凡 ……」
『諺 草』 ―― 「文莫ハ無智之義也 …… 文無ハ者。凡 ……」

（注10） ㉙「～なるべし」（『南留別志』に基づく）以下の破線箇所

……… なるへし＜和名抄・新撰字鏡を引く＞桑鳸 一名蠟觜雀 といふ是なり 觜大に黄色にてひえ鳥の大さ 淡黒色のものなりといへり 下学集に豆甘しやといへり

は、左のごとく『大和本草』に基づくことが判るが、「下学集」

は引かれていない。

桑鳸（イカルカ）　一名竊脂　又蠟觜雀ト云　本草ニ見ヱタリ　本邦ノ俗鳹（イカルカ）ト云　又豆廻（シ）ト云　ヒヱトリノ大サナリ　淡黒色　觜大ニシテ黄色ナリ　或淡白也　又觜ノ色カハレルモアリ　色黒ク翼黒ク其中少白（キ）處アリ　（『大和本草』巻15・24オ ― 402頁）

また、『東雅』に「下学集」は認められるものの、これだけで『東雅』を借用したと断ずることは無理がある。「下学集に〜といへり」の資料解明が急がれる。

また崔禹錫食経を引て鳹はイカルガ　貌似（テ）鴿（ニ）而白喙（ナル）者也　兼名苑注云斑鳩　觜大（ニ）尾短（キ）者也　日本紀私記に読むこと上に同じと注せり　イカルガの義不レ詳〔日本紀に斑鳩読てイカルガといふ　鳹字　今詳ならず　下学集に鳹は豆甘（マメウマシ）鳥（トリ）なりと注したり　食経　兼名苑注等にみえし所のごときは下学集の説に相合ひしにや　（『東雅』「鳩」・巻17・375頁）

（注11）冒頭「書名」、文末「といへり」がすべて他書に基づくということではない。例えば『和訓栞』の典拠の一つ『蔵玉和歌集』にはそうした形が幾つか見えるし、『大諸礼集』の「三議一統」・「大諸礼」にも僅かながらそれは確認できる。

但し、辞書類に関してはその数は総じて少なく、例えば使用頻度の高い『和名抄』・『新撰字鏡』について増補版上巻「阿〜宇宇の部」三〇〇余頁を調べてみても、『新撰字鏡』に該当例なく、『和名抄』にしても

いを　―― 倭名鈔に魚の俗語也といへり

（前編巻3・1ウ ― 上巻243頁）

うハしき ―― 倭名鈔に鞍褥　俗にかくいふといへり

（中編巻3・17オ ― 上巻289頁）

が挙がるのみである。〔谷川士清が程度の差こそあれ、資料の扱いに如何に注意を払っていたかが窺われる。

「〜をよめり……といへり」は、「よめり」として扱った。

また、「うつし」（275頁）の「和名抄に移鞍也　唐鞍をうつしたる物也といへり」（前編巻4・17ウ）は、『和名抄』の記述

鞍……〔俗有　唐鞍　移鞍　結鞍等名〕

より判断して、これを除外した。

なお、未掲載項目については「せわ」（中巻261頁）に「下学集に〜といへり」が見られる以外は、文末を異にする

下学集に〜とす　……「かます」（上巻536頁）

「ほいろ」（後編735頁）

下学集に〜作る　……「らうか」（下巻618頁）

が新たに加わるものの、以上の分類に抵触しないことを記しておく。

（注12）ちなみに、『文選』には「列宿分其野、荒裔帯其隅……」（巻6・魏都賦）とある。

（注13）（注11）を参照していただきたい。

（注14）以上述べきたったことは、前掲「凡例」をじっくり読めば或は理解されることかもしれないが、誤解を避ける意味から、また、谷川士清の意図を正しく反映させる意味から、一言記すことにした次第である。

第五章
『和訓栞』所引の和名抄について

第一節　はじめに

『和訓栞』所引の和名抄が何れの版種に基づくかは、『和訓栞』に十巻本にない職官部・国郡部所収の語が登載されていることから、系統に関しては二十巻本であることが判明する（注1）（『和訓栞』本文は整版本にしたがったが、増補版との間に異同が存する場合は括弧をもって注記した。以下同様）。

〔職官部・第十一〕

① **いちのつかさ**　倭名鈔に市司をよめり　東西あり　（中編巻2・16オ ― 上巻183頁）

② **うたまひのつかさ**　倭名鈔に雅楽寮をよめり　（中編巻3・8ウ ― 上巻264頁）

③ **おほいまうちぎミ**　倭名抄に大臣をよめり　（前編巻45・39オ ― 上巻377頁）

〔国郡部・第十二〕

④ **あひら**　日本紀（増補版神代紀）に吾平とあるを倭名抄に始羅と書り　大隅の郡名也　（中編巻1・35オ ― 上巻78頁）

⑤ **えくに**　倭名抄伊勢の郷名に兄国あり　弟国に対す　飯野郡也　（前編巻5・2オ ― 上巻318頁）

⑥ **おたぎ**　和名抄に愛宕をよめり　山城の郡名なり　又郷名にもいへり　（中編巻30・7オ ― 上巻355頁）

但し、ここで注意をしておきたいことは、二十巻本だからと言って、何でもこれに当ててよいかと言うと、必ずしもそうはならないことである。阪倉篤義氏が

江戸時代に流布した『和名抄』は二十巻本であった。そのもととなったのは、右に言う元和三年（一六一七）に那波道円が校訂刊行した古活字本であって、それを覆刻した慶安元年刊本や万治二年刊本、それに寛文七年の刊記を加えた再印本、また、寛文十一年刊本、その後印本である貞享五年刊本、「書林渋川清右衛門」の名のみを記す本（これらには、何れも振仮名・訓点が付されている）等々は、皆この系統に属する。

（『諸本集成倭名類聚抄　索引編』「解題」）

と説かれるごとく（傍点は筆者注。以下同様）、二十巻本の版種に異同がないとみるならば（注2）、『和訓栞』に引用された傍線部

⑦ **あや**　……○……和名抄に綾有ニ熟線綾　長連綾　二足　花文綾　平綾等　名ト と見え　……　（前編巻2・46オ ― 上巻115頁）

⑧ **こしばせ**　倭名抄に遊仙窟の細腰支をよめり　（前編巻9・18ウ ― 上巻763頁）

⑨ **ぬたはだ**　倭名鈔に觤をよめり　角上浪皮也と注せり　（前編巻21・5オ ― 中巻710頁）

⑩ **むまごをひ**　倭名鈔に離孫を訓せり　甥の子也　女をむまごめひといへり　（前編巻31・12ウ ― 下巻414頁）

は、元和三年版の

⑦ ―― 就線綾　（巻12・15オ）　⑧ ―― 細細腰支（巻3・9オ）

⑨ ―― 角上浪也（巻18・21ウ）　⑩ ―― 出之子　（巻2・18オ）

とはまったく異なるものということになってしまうからである。

しかるにこれは、狩谷棭斎が

是本（刻版本。慶安元年版以下の付訓本を指す）依二活字本一（無訓本である元和三年版を指す）重刊、而有二一二校改一
（『箋注倭名類聚抄』「参訂諸本目録」）

と記して⑧の「こしばせ」に対し

尾張本　下総本　細細　不レ疊　温古堂本　刻版本　同（巻2・29オ）

と注するごとく、重刊の際に生じた異なり、すなわち無訓本と付訓本との差に求められるものである。

事実、残り三例の相違について見ると、元和三年版を「覆刻した」とされる慶安元年版にしても、それ以降の版種にしても、これら『和訓栞』との相違は認められず、また、斯かる対立は左に示すごとく、「一二」にとどまらず指摘できるのである。和名抄二十巻本の版種が形式・内容の何れの面からも、この無訓本・付訓本とによって大別され得ることが改めて了解されるのではあるまいか。

Ⅰ　見出し語並びに注文の有無に関し、付訓本に増補が認められる場合（一例を示す。なお、Ⅰに限り『箋注』の注文を※下に付した。本文・巻数・丁数は慶安元年版に依ったが、元和三年版の丁数も＜　＞に併記した。以下同様）

⑪は「一名」、⑫は「沫雨雨」の下の「雨」、⑬は「木曰」、⑭は「爾雅」以下、⑮は「文選」以下、⑯〜㉕は全文を増補する。（注3）

⑪　天河（アマノカハ）　兼名苑云……今按又名二河漢一一名銀河也
〔和名　阿萬乃加八〕（巻1・2ウ。＜3オ＞）

⑫　沫雨（ウタカタ）　淮南子註云沫雨　雨二潦上一沫起若二覆盆一〔和名
宇太加太〕（巻1・4オ。＜4ウ＞）

⑬　林（ハヤシ）　説文云平地有二叢木一曰レ林　力尋反〔和名　八也之〕
（巻1・9オ。＜10ウ＞）

⑭　河（カハ）　川也　音何　爾雅曰衆流注レ海曰レ河　昌縁反〔和名
加波〕（巻1・13ウ。＜15ウ＞）

※　広本標目作レ河……蓋誤也　刻版本同　下有二爾雅曰衆流注レ海曰レ河　昌縁反　和名　加波十六字一　後人依二別本一所レ増　非二那波氏之舊一（『箋注』巻1・51オ）

⑮　淀（ヨト）　文選江賦注云澱〔當練反　訓　與止美　俗用二淀字一
云二與止一　所謂淀度也〕與レ淀古字通　如レ淵而浅処也
（巻1・13ウ〜14オ。＜16オ＞）

※　是條舊及山田本　尾張本　昌平本　曲直瀬本皆無　広本亦標二淀字一　無二文選以下数字一　獨下総本有レ之　今録存　刻版本有二文選以下字一　與二下総本一同　蓋後人依二別本一補録也
（『箋注』巻1・54オ）

⑯　地神（クニツヤシロ）　周易云地神曰レ祇〔巨支反　日本紀私記云　久迩豆夜之呂〕（巻2・1ウ。＜1ウ「天神」の後＞）

⑰　人神（ヲニ）　周易云人神曰レ鬼〔居偉反　和名　於迩　或記云　於迩者隠音之訛也　鬼物隠而不レ欲レ顕レ形　故以称也〕　唐韻曰呉人曰レ鬼　越人曰レ鬾〔音蟻　又音祈〕　四聲字苑曰鬼人死神魂也
（巻2・1ウ。＜1ウ「心神」の前＞）

⑱ 香　樓炭経ニ　曰凡ソ雜香有リ二四十二種一
（巻12・1ウ。＜1ウ「沈香」の前＞）

※　広本無ニ是條一

⑲ 窣堵婆　倶舎論ニ　曰破壊　窣堵婆　是無間同類〔窣ハ　音蘓骨ノ　反〕
（『箋注』巻6・36ウ）
（巻13・3オ。＜3オ「幡」の前＞）

※ 下総本無ニ是條一　伊勢広本　那波本亦無　而刻版本有レ之　蓋
依ニ別本一増益也　（『箋注』巻5・6オ）

⑳ 跋析羅　千手経ニ　曰若為レ降ニ伏一切ノ大魔神一者ヲ　當レ於レ跋析
羅手
（巻13・4ウ。＜5オ「白拂」の前＞）

※ 下総本無ニ是條一　伊勢広本　那波本同　刻版本有レ之者　蓋
依ニ別本一増益也　（『箋注』巻5・10オ）

㉑ 裳　内典抄ニ　曰慈ニ悲一切衆生ヲ一如ニ慈母ノ一故ニ　服レ裳ヲ
又名ニ慈悲衣ト一
（巻13・6オ。＜6ウ「座具」の前＞）

※ 下総本無ニ是條一　伊勢廣本　那波本同　而刻版本有レ之　蓋
依ニ別本一増益也　（『箋注』巻5・12ウ）

㉒ 玉籤　日本紀ニ　曰玉籤〔下音ハ　七廉ノ　反　太萬久之〕
（巻13・7オ。＜7ウ「神籬」の前＞）

※ 下総本無ニ是條一　伊勢広本　那波本同　刻版本有レ之者　蓋
依ニ別本一増益也　（『箋注』巻5・17オ）

㉓ 犠牲　礼記ニ　曰祭礼供ニ犠牲ヲ一〔二音義生　論語注ニ　云牲生ヲ　曰レ
餼ト　音氣　訓　伊計迩倍〕
（巻13・8オ。＜8ウ「寶倉」の前＞）

※ 下総本無ニ是條一　伊勢広本　那波本同　刻版本有レ之者　蓋
依ニ別本一増益也　（『箋注』巻5・19ウ）

㉔ 団扇　唐令ニ　曰団扇　方扇〔団扇　宇知波〕
（巻14・3オ。＜3オ「蒲葵扇」の前＞）

㉕ 食單　唐式ニ　曰鐵鍋　食單各一〔漢語抄ニ　云食單ハ　須古毛〕
（巻14・7ウ。＜8ウ「苞苴」の前＞）

Ⅱ 見出し語並びに注文の有無に関し、付訓本に削除または誤脱が認められる場合（傍線部。なお、傍線部は元和三年版に依る）。

㉖ 繼父母　……　但繼父〔萬々知々〕繼母〔萬々波々〕
（巻2・13オ。＜15オ＞）

㉗ 美濃国　……　席田〔無之呂多〕方縣〔加多加多〕厚見〔阿都美〕
（巻5・14オ。＜16ウ＞）

㉘ 錫　唐韻ニ　云錫〔先擊ノ　反〕……
（巻11・14ウ。＜17オ＞）

㉙ 雨衣　唐式ニ　云三品以上若シ　遇レ雨ニ　聽著テ二雨衣　氈帽ヲ一……
（巻14・17オ。＜19ウ＞）

㉚ 糒糇　唐韻ニ　云糒糇ハ〔……〕煮米多水者也
（巻16・10オ。＜12オ＞）

㉛ 索餅　釈名云蝎餅　髓餅　金餅　索餅〔……〕皆隨形而名
（巻16・12オ。＜14ウ＞）

㉜ 海蘿　崔禹錫食経ニ　云海蘿味澁鹹　大冷ニシテ　無レ毒
（巻17・15ウ。＜18オ＞）

㉝ 衣魚　本草ニ　云衣魚一名ハ　白魚一名蟫
（巻19・18ウ。＜21ウ＞）

第三節　『和訓栞』の依拠本

ところで、付訓本については「参訂諸本目録」（『箋注倭名類聚抄』）中の記事

又有下題ニ寛文丁未歳仲秋日　村上某刊行一者　或題ニ大坂心斎橋澁川

某版㆒者㆖　皆書估轉購印版者　當時所㆓改題㆒　非㆓重彫者㆒也　又有㆓小字版本㆒　巻尾題云寛文十一孟冬洛陽書林　積徳堂開版　又有㆑題㆓貞享五戊辰年暮秋吉辰　神雒銅駝坊書肆　村上平楽寺重梓㆒　是亦依㆓慶安版本㆒重刻者　刪㆓去毎巻首子目㆒（以下省略）

を始めとして、

実はこの寛文七年版には……＜寛文七丁未歳仲秋日＞という刊行の時期を同じくして、渋川清右衛門刊本と村上勘兵衛刊本の二種類が存する。この二種類は同じ版木によっているが、巻二十の巻末、第二十五丁から第二十八丁までの四葉は別版木である。この四葉を村上勘兵衛刊本と渋川清右衛門刊本とについて比較すると、村上勘兵衛刊本ではそれ以前の部分と等質であるのに対し、渋川清右衛門刊本では書体あるいは刻法に異質のところがあり、渋川清右衛門刊本の巻末四葉は別に版木を作って補ったものと考えられる。

（『棭斎書入倭名類聚鈔』＜早稲田大学蔵資料影印叢書＞「解題三」）

と言った報告も提出されている。今、無訓本を含め、これら諸先学の研究結果を概略まとめてみると、和名抄二十巻本の版種は

Ⅰ　無訓本

(1)　元和三年古活字版（本文九行）

Ⅱ　付訓本 ―― 無訓本に対し、見出し語や注文の増補・削除並びに若干の異同が認められる。

(2)　慶安元年本類（本文十行）

①　万治二年版・寛文七年村上勘兵衛版は刊記のみを改めた後印本。

②　寛文七年渋川清右衛門版

※　①に対し、巻20・25丁～28丁までの四葉が別版木であるが本文の異同はない。

(3)　寛文十一年本類（本文十三行）

①　貞享五年版・明治二年版・無刊年版は刊記のみを改めた後印本。

※　(2)に対し、「刪㆓去毎巻首目㆒」（「参訂諸本目録」）となっているが、本文の異同はない。但し、字体・振仮名に若干の差が認められ、誤字も存する。

となるが、ならば本題に戻って、『和訓栞』の依拠した和名抄は何であったかである。前節⑦～⑩によって、それが付訓本のうちの一本であることは導き出せるが、ただ、これについては次の二例であるが、

うしのはなぬき……鼻木曰㆑桊とも見えたり　和名抄に桊に作る活板同し　（中編巻3・6ウ ― 上巻255頁）

おふ……○倭名抄に蛤を訓せり　されと古本に蛤と書るを正とす　（前編巻45・24ウ ― 上巻374頁）

（注）付訓本「蛤」に対し、無訓本「蛤」であることから、整版本に限るならば「古本」とは無訓本元和三年版ということになる。

が『和訓栞』に認められることから、谷川士清使用の和名抄が必ずしも付訓本だけではなかったことも承知して置かなくてはなるまいと思う。（注4）

しかしともあれ、和名抄引用に際して付訓本を中心に編纂されていったことは疑いのないところである。付訓本の「倭名抄に蛤を訓せり」（「白貝」。巻19・11ウ）が誤りであるにもかかわらず、それでもこれを採り挙げる右「おふ」の例自体がそれを物語っているからであり、無訓本に存しない㉓・㉔・㉕が、

いけにへ　倭名鈔に犠牲をよめり　（前編巻3・6ウ ― 上巻158頁）

うちは　団扇をいふ　倭名鈔に見ゆ　（前編巻4・12ウ ― 上巻270頁）

すごも　……倭名抄に食單をよめり（前編巻12・7オ — 中巻198頁）

のごとく『和訓栞』に掲載されていて、（注5）この逆の例が見られないことも、或はまた、谷川士清自筆の抄本『歌林樸樕和哥寶樹抄録』（岩瀬文庫蔵）に⑫と同じ

和名抄沫雨　和名　宇太加太　淮南子注云沫雨　雨潦上沫起若覆盆

（「八代集秀哥各十首」中の「後撰」上欄左部）

が認められることも、すべてこれを裏付けるものである。（注6）

では更に一歩進めて、これら付訓本の中から谷川士清使用の版種が特定できるかどうかである。叙上のごとく、付訓本内に内容上の違いが見られない以上、この決定は容易には為し得ないが、しかし一方、慶安元年本類と寛文十一年本類との間には、表記に関し、差も認められる。版木を異にする両者であれば、このような違いが生ずるのは当然のことであり、また、この違いが『和訓栞』にそのまま踏襲されているとみることは可能である。そこで、これを識別の手掛りにしてみると、『和訓栞』所引の和名抄は寛文十一年本類のうちのどれか、ということが判ってくる。以下にそれを証する。

一　『和訓栞』の誤字と付訓本との関係をみると、一例ながら寛文十一年本類の方に誤りの原因があると断ぜられる例が見出せる。

「青葙」の「葙」に対し、「相」の木偏を禾偏に誤る

㊲　**あまさく**　倭名抄に青葙を訓ぜり　又うまさくとも見えたり

（後編巻1・18オ — 37頁）

がそれであるが、

〔慶安元年本類〕

青葙
本草云青葙
私羊反　和名宇末佐久　一云阿萬佐久

（巻20・8オ）

〔寛文十一年本類〕

青葙
本草云青葙
私羊反　和名宇末佐久　一云阿萬佐久

（巻20・19オ）

右に見るごとく、寛文十一年本類では草冠の第三画の下に撥ねがあって禾偏に誤る虞がある。これに対し、慶安元年本類にはそのような形はなく、振り仮名も「ウマサク」を「ウマクサ」に誤っている。『和訓栞』が寛文十一年本類に基づくならば、これに依り『和訓栞』の誤りの経緯が辿れることになる。

二　『和訓栞』の字体が必ずしも依拠本に基づくものでないことは、例えば、

㊳　**おひしばり**　和名抄に𦝫をよめり……腰の左右虚肉之處也と注せり

（中編巻30・12ウ — 上巻372頁）

—— 慶安元年本類・寛文十一年本類「虛」——

㊴　**のいずミ**　倭名鈔に肉刺をよめり……墨也　刺字意也　由ㇾ着ニ靴ノ小ニ相揩而所ㇾ生也といふハ今いふはなをずれ也

（前編巻23・2オ — 中巻737頁）

—— 慶安元年本類・寛文十一年本類「著」——

を見ても判ることである。したがって、これをもって直ちに『和訓栞』の典拠を云々することは避けるべきであろうが、それでも左のごとき違いのあることを指摘しておく。特に、㊶は『和訓栞』と寛文十一年本類との関係が想定できる点で、前項に準じた扱いが可能と思われる。

㊵　慶安元年本類「案」　対　寛文十一年本類・『和訓栞』「按」

うけ　……〇倭名抄に切韻を引て泛子ハ……今按　綱ノ具　又有ニ

此名ニと見ゆ　（前編巻4・4ウ ― 上巻250頁）

〔慶安元年本類〕

泛子（ウケ）　蔣魴カ　切韻ニ　云泛子ハ〔漢語抄ニ　云　宇介　今案ニ　綱ノ　具ニ　又有ニ　此ノ　名一〕　（巻15・7オ〈8ウ〉）

〔寛文十一年本類〕

泛子（ウケ）　蔣魴カ　切韻ニ　云泛子ハ〔漢語抄ニ　云　宇介　今按ニ　綱ノ　具ニ　又有ニ　此リ　名一〕　（巻15・4ウ）

㊶　慶安元年本類「峯」対　寛文十一年本類・『和訓栞』「峯」

みね　倭名抄に嶺　峯　岑をよめり

（前編巻30・30ウ ― 下巻364頁）

〔慶安元年本類〕

峯（ミネ）　祝尚丘カ　曰峯ハ　敷容（フヤウノ）　反〔和名　三禰〕　（巻1・6オ〈7オ〉）

〔寛文十一年本類〕

峯（ミネ）　祝尚丘カ　曰峯ハ　敷容（フヤウノ）　反〔和名　三禰〕　（巻1・3ウ）

この他、末画が突き出ない形は「蜂」においても同様に見られる

みちばち　日本紀　和名抄に蜜蜂を訓せり

（中編巻25・11ウ ― 下巻334頁）

ゆすバち（ママ）　和名抄に土蜂を訓せり　泔器の如きものを土にて造りて住居する蜂也　（後編巻17・16オ ― 819頁）

など。

第四節　結び

『和訓栞』所引の和名抄を探るべく始めた調査が思わぬところから和名抄それ自体の確認へと入り込んでしまったが、それにしても、二十巻本の版種に異同のあることを棭斎以来誰も触れていないことに、些かの義憤を覚えてならない。

川瀬一馬氏が『増訂古辞書の研究』の中で「江戸時代の諸学者は多くこの寛文十一年初印の十三行本の系統の刊本を校正の底本とし、或は索引を作成する等の事を行った」（一〇九頁）と述べておられるごとく、谷川士清もまたこの寛文十一年本類をもって『和訓栞』の編纂に当たっていたことになるが、それだけ付訓本に対する需要が当時存していたとするならば、二十巻本の版種についてのじゅうぶんな配慮もなく、和名抄二十巻本と言えば元和三年版ばかりが行われている今日、結果が如何なるものになるかはおのずから知れようというものである。

ただ、『和訓栞』に限ったことではないが、このことが編者谷川士清に不名誉な烙印を押す更なる要因をつくってしまうとするならば、（注7）これは単なるミステークという一言では済まされないことになる。通例に捕らわれることなく、また、いわゆる孫引きに堕することなく、時に応じて原典に当たり直してみることが必要になってくるのではあるまいか。

（注1）　これについては鷹詞所引の和名抄からも立証できる。第Ⅱ部資料篇所収の「『和名抄』引用一覧」（※の箇所）を参照していただきたい。

（注2）　長澤規矩也編著『図書学辞典』に依れば、覆刻本とは「原本をそのまま版下に使うか、薄い紙を使って、濃い墨でしき写しにしたものを版下に使うかして、原本の字様通りに覆製された本」とある。

（注3）　なお、付訓本における増補・削除（或は誤脱と見る場合もあろう）が何に基づいていたかが気になる。棭斎は「依㆓別本㆒増益也」としてその名を挙げるのを避けているが、それは彼が「参訂諸本目録」で採り挙げた

【十巻本】　京本　又一本　尾張本　伊勢本　昌平本　曲直瀬本
　下総本
【二十巻本】　伊勢広本　温古堂本

の中に該本が見出せなかったからに相違なく、これは松井本や前田本・高山寺本・天正三年本の四本を加えても同様である（左表を参照していただきたい）。だが、それが十巻本系統に依るものであることは主張できる。今後の検討に俟ちたい。

系統	諸本＼項目	⑦	⑧	⑨	⑩	⑪	⑫	⑬	⑭	⑮	⑯	⑰	⑱	⑲	⑳	㉑	㉒	㉓	㉔	㉕
	十巻本の巻数	3	2	7	1	1	1	1	1	1	1	1	6	5	5	5	5	5	5	6
十巻本	松井本	×	×	×	×	○	○	○	○	ナシ	△	×	○	○	△	△	△	×	△	△
	京本	／	／	／	／	／	／	／	／	／	／	／	○	○	△	△	△	△	△	△
	京一本	／	／	ナシ	／	／	／	／	／	／	／	／	／	／	／	／	／	／	／	／
	前田本	×	×	×	×	○	○	○	△	ナシ	△	×	／	／	／	／	／	／	／	／
	伊勢本	×	／	×	×	／	／	／	／	／	／	／	○	○	△	△	△	×	△	△
	尾張本	／	×	／	×	○	○	○	△	ナシ	△	△	／	／	／	／	／	／	／	／
	昌平本	×	×	／	ナシ	○	○	○	△	ナシ	△	×	○	○	△	△	△	×	×	△
	曲直瀬本	×	×	／	×	○	○	○	△	ナシ	×	×	／	／	／	／	／	／	／	／
	下総本	○	○	○	○	○	○	×	×	△	△	×	×	ナシ	ナシ	ナシ	ナシ	ナシ	×	△
二十巻本	伊勢広本	×	／	×	×	×	×	×	×	×	×	×	×	×	×	×	×	×	×	×
	高山寺本	／	／	／	／	／	／	／	／	／	／	／	／	／	／	／	／	／	／	／
	天正三年本	×	○	×	×	×	×	×	×	×	×	×	×	×	×	×	×	×	×	×

右は掲出項目を一覧にしたものである。但し、㉖～㉝は誤脱の可能性があることから除外した。付訓本に一致する場合には○、そうでない場合には×を付し、一致はするが表記のやや異なるものには△を付した。次頁の「校勘」を参照していただきたい。また、「ナシ」は該当項目の記載が認められないもので、斜線

は零本であったり、前田本など、使用の資料に掲載されていないために判定が不明なものを表したものである。

【十巻本】

(1) 松井本　巻1～巻10。江戸初期写。静嘉堂文庫蔵本。「棭斎所用の京本の一本（山田本・福井本）と極めて近似し、相接近した関係にある傳本である事が知られる」（『増訂古辞書の研究』101頁）とある。下総本を朱書する。『古辞書叢刊』（雄松堂書店）に依る。

(2) 京本（鈴鹿本）　巻4・5・6の零本。江戸初期写。東京大学国語研究室蔵本。棭斎の言う京本の原本。『倭名類聚抄京本 世俗字類抄二巻本』（〈東京大学国語研究室資料叢書13〉。汲古書院）に依る。

(3) 京一本　巻7・8・9の零本。江戸初期写。小島氏旧蔵。東京大学国語研究室蔵本。棭斎の言う京本の転写本。『倭名類聚抄京本 世俗字類抄二巻本』（〈東京大学国語研究室資料叢書13〉。汲古書院）に依る。

(4) 前田本　巻1～10。明治時代写。尊経閣文庫蔵本。棭斎所持本（又一本）の転写本である。『和名類聚抄古写本声点本本文および索引』（馬渕和夫。風間書房）に依る。但し、巻4～6は(2)を当てていて影印は存しない。

(5) 伊勢本　巻3～8（巻1・2と巻9以降は二十巻本〈⑽〉）。神宮文庫蔵本。京本と近い関係にある。

(6) 尾張本（真福寺本）　巻1・2の零本。十巻本としては最古の写本。真福寺蔵本。古典保存会の複製（山田孝雄博士解説）に依る。

(7) 昌平本　巻1～6の零本。原本の所在は不明。東京都立中央図書館河田文庫蔵本（2冊。813－kw－7）に依る。

(8) 曲直瀬本　巻1～4の零本。原本の所在は不明。東京都立中央図書館河田文庫蔵本（2冊。813－kw－8）に依る。

(9) 下総本　巻1～10。原本の所在は不明。天文本は転写本の一つ。東京大学国語研究室蔵本。『倭名類聚抄天文本』（〈東京大学国語研究室資料叢書12〉。汲古書院）に依る。なお、東京都立中央図書館河田文庫蔵本（5冊。813－kw－5）も同様。

【二十巻本】

⑽ 伊勢広本　巻1・2・9～20。神宮文庫蔵本。『和名類聚抄古写本声点本本文および索引』（馬渕和夫。風間書房）に依る。

⑾ 高山寺本　巻6～10の零本。天理図書館善本叢書に依る。

⑿ 天正三年本　巻1～20。大東急記念文庫蔵本。『古辞書叢刊』（雄松堂書店）に依る。

【校　勘】（十巻本につき諸本名を頭字で示した）

⑦ 松・前・伊「就線（綾）」。昌・曲「就綿（綾）」

⑧ 松・前・尾・昌・曲「細々腰支」

⑨ 松・前・伊「角上浪也」

⑩ 松・前・伊・尾・曲「出之子」

⑪ 尾「……　又一名漢河銀」（「河」無し）。松・曲「……　又一名漢河　又一名銀河」。昌「……　又一名漢河　名河漢　又一名銀河」。前・下「……　又一名漢河　又一名銀河也」。

なお、付訓本は二十巻本を底本にして十巻本の一部を追加したものと考えられるため、「河漢」と「漢河」の違いは考慮外とした。

⑫ 松・尾・前・昌・曲・下「沫雨〔和名宇太加太〕（松・昌）雨潦上沫起覆盆也」。

なお、付訓本は「盆也」の「也」字が無いが、これは十巻本に違いがあるのではなく、「也」字の追加がこの場合は為されなかったものとみた。

⑬ 下「…… 叢木曰 ……」（誤写か）。尾は「平地」の「平」を脱す。

⑭ 前・尾・昌・曲「爾雅云 …… 昌縁反 ……」。下「爾雅云 …… 昌縁切 ……」

⑮ 松「…… 淀〔…… 所謂淀度也〕。但し、これは付箋に記載する後の追加記事である。下「…… 淀〔…… 所謂淀渡也〕

⑯ 曲「…… 地神曰神 ……」。下「……〔…… 日本紀云 ……〕」とあり、「日本紀私記」の「私記」を脱す。国会図書館本には有る。松・前・尾・昌・下「……〔…… 久迩豆夜之路〕」。

⑰ 松・前「……〔…… 或説云（前は「隠而ー」などの譏入有）於迩者隠奇之訛也 ……〕」。昌「……〔…… 或説曰於迩者隠奇之訛也 ……〕」。曲「……〔…… 或説云於迩者隠音之説也〕」。尾張本は「……〔居偉反　於迩　或記云和名 ……〕とあって、「和名」の位置が異なる。下「或記於尔者隠音（鬼）也　鬼物而不顕」（「或記云」の「云」、「物隠」の「隠」、「不欲顕形」の「欲・形」を脱すか）。

⑱ 下「四十三種」

⑳ 松・京・伊・昌「跋折羅　千手経云若為降伏（伊は「佭伏」）…… 跋折羅手」。付訓本の「跋析羅」は誤り。

㉑ 松・京・伊・昌「内典抄云 ……」

㉒ 松・京・伊・昌「日本紀云 ……」

㉓ 京「礼記云祭礼供 ……」。松・伊・昌「礼記云祭祀供 ……」。

㉔ 松・京・伊「唐令云ーー方扇〔団扇　宇知波〕」。昌・下は「唐令云ーー方扇〔和名　宇知波〕」とあり、「団扇」が「和名」になっているが、付訓本は「和名」なく、「団扇」を刻す。

㉕ 松・京・伊「同式（前項と同じため唐式を略す）云 ……」。昌・下「同云 ……」

（注4）『和訓栞』には「倭名鈔・倭名抄・和名抄」など、異なる表記が認められるが、前掲⑦～⑩や後掲の「いけにへ・すごも」に見るごとく、同じ付訓本に対して同様に使用されている。これらの区別はなかったことが判る。

（注5）見出し語があることで上記から外したが、⑮「淀」も「和名抄に淀をよめり」（前編巻36・10ウ—下巻596頁）と、無訓本にない注文「俗ニ用テ淀字ヲ云フ與止ト」（前掲⑮）に基づく記事が認められる。

（注6）このほか『和訓栞』には

ゆす　……○和名抄に点本に倚子をよめり

（前編巻35・6ウ — 下巻556頁）

の例が認められるが、和名抄に「倚子ユス　本朝式ニ云紫宸殿ニ設ク黒梯ノ倚子ヲ」（巻14・14ウ。〈17オ〉）とあることから、「倚子」の訓みが点本、すなわち付訓本の振り仮名を根拠にしていることが判る。これも付訓本に基づく例の一つとなろう。

（注7） 和名抄に関し、寛文十一年本類に依ったとしても『和訓栞』に誤りがないわけではない。以下はその一例を掲示したものであるが、しかし、異なる底本をもって比較照合すれば差のないところにまで違いが出てくるのは、前述（⑦〜⑩）のとおりである。なお、第二・第四章同様に『和訓栞』の誤りがここにおいても中編に集中していることを一言付け加えておく。

Ⅰ 整版本・翻刻本（増補版・岐阜版）ともに誤る場合。

① **あはせのきぬ** 倭名抄に袷をよめり （中編巻1・34ウ ― 上巻73頁）

和名抄 袷衣（アハセノキヌ） 文選秋興賦云御袷衣（…… 和名阿波世乃岐沼）（巻12・19オ。〈21オ〉）

② **くひぢ** 倭名抄に踪をよめり （前編巻8・17ウ ― 上巻668頁）

和名抄 弶（クヒチ） 四聲字苑云弶（…… 漢語抄云 久比知）（巻15・3ウ。〈6ウ〉）

③ **ことのを** 倭名鈔に弦をよめり （中編巻8・26オ ― 上巻784頁）

和名抄 琴（キン）……一説云文王 武王各加一絃（フトヲ）（音與弦同（シ） 和名 古止乃乎）（巻4・20オ。〈10ウ〉）

④ **たな** ……○倭名抄に蒲公英を訓せり （前編巻14・27オ ― 中巻358頁）

和名抄 蒲公草（フチナ／タナ） 本草云蒲公草（和名 不知奈 一云 太奈）（巻20・18オ。〈7オ〉）

※「ふぢな」（中編巻22・16ウ ― 下巻138頁）の項の

和名抄に蒲公英を訓せり

も同様である。

⑤ **ついし** 和名抄に鎚子をよめり （中編巻15・1オ ― 中巻441頁）

和名抄 鎚子（ツイシ） 唐韻云鎚（…… 此間俗云音 都以之）（巻16・15ウ。〈15ウ〉）

⑥ **つくりみづ** 倭名抄に装（整版本・岐阜版糵）をよめり （中編巻15・8ウ ― 中巻464頁）

和名抄 糵（ツクリミツ／ニヨモヒ） 四時食制経云……（…… 和名 豆久利美豆……）（巻16・13ウ。〈11ウ〉）

⑦ **のんどぶゑ** 和名抄に吭をよめり （中編巻18・20オ ― 中巻753頁）

和名抄 吭（ノムトフエ） 史記云……（…… 俗云 乃無止布江）（巻3・3ウ。〈6オ〉）

⑧ **まめつき** 和名抄に大豆麩をよめり （中編巻24・22オ ― 下巻290頁）

和名抄 大豆麩（マメツキ） 食療経云大豆麩（…… 和名 末女豆木）（巻16・16オ。〈16オ〉）

⑨ **ゆひまき** 和名抄に指環をよめり 環をたまきとよめるに同し （中編巻27・19オ ― 下巻563頁）

和名抄 鐶（ユヒマキ） 唐韻云鐶（…… 由比萬岐）指鐶也

（巻14・10オ。＜2オ＞）
⑩ **ゐざり**　和名抄に未底を訓せり　犂具也
（中編巻29・6ウ ― 下巻680頁）
和名抄　犂（カラスキ）……　耒底ハ〔為佐利 ……〕
（巻15・4ウ。＜8ウ＞）

II　整版本・翻刻本のうち、増補版のみが誤る場合。

⑪ **おもの**　和名抄に佩をよめり
（中編巻30・21ウ ― 上巻408頁）
和名抄　玉珮（ヲムモノ）　唐韻ニ云珮ハ〔…… 於無毛乃〕
（巻14・10オ。＜1ウ＞）

⑫ **かたきけ**　倭名鈔に醇酒をよめり
（前編巻6上・29ウ ― 上巻480頁）
和名抄　醇酒（カタサケ）　唐韻ニ云醇ハ〔…… 醇酒ハ加太佐介〕
（巻16・13オ。＜10ウ＞）

⑬ **けふそく**　…… 倭名抄に脇息と書て凡ノ属　所レ出未レ詳
といへり　（中編巻7・6ウ ― 上巻723頁）
和名抄　几（ヲシマツキ）……〔…… 今按ニ几ノ属ヒ有リ二脇息之名一所
レ出ル未タレ詳ナラ〕　（巻14・17ウ。＜16ウ＞）

⑭ **ねずハしり**　和名抄に榾をとかみとよみ ……
（前編巻22・5ウ ― 中巻722頁）
和名抄　榾（トカミ）（ネツハシリ）　四聲字苑ニ云榾〔…… 漢語抄ニ云　度加美
功程式ニ云　鼠走〕
（巻10・16ウ。＜15ウ＞）

⑮ **ふいがは**　倭名鈔に韛をいふがハとよめり
（前編巻26・1ウ ― 下巻105頁）
和名抄　韛（フキカハ）　唐韻ニ云韛ハ〔…… 漢語抄ニ韛袋ハ布岐加波〕
（巻15・8オ。＜15ウ＞）
※　和名抄は「フキカハ」とあって「フイカハ」とはなっていない。和名抄をここに載せること自体、いかがなものであろうか。

第六章　『和訓栞』の版種

現在までに実見し得た『和訓栞』（九十三巻。前編四十五巻・中編三十巻・後編十八巻）につき、以下のごとき整理を試みた。

Ⅰ　前編（34冊）

外題「和訓栞」、内題・尾題「倭訓栞」のごとく「和」対「倭」の違いが認められるが、尾題「倭訓栞前編二（～四十五）（終）」において

(1)「倭」の字を「和」とする巻が三箇所〈巻二・七・十八〉存する。

(2) 巻数を誤る巻が一箇所〈「五」を「四」とする〉存する。

ことが何れの版にも認められることから、すべて同版であると判断した。

また、

(1) 奥付の有無や表紙（色・文様）の違い

(2) 首巻三丁オの「大綱」（題名）の「綱」の字と、「洞津　谷川士清纂」における「洞・津」の字の欠刻状況

(3) 巻五における尾題「倭訓栞前編四」（四は五の誤り）の「編・四」の字の欠刻状況

の三点により、左のごとく初印本と後印本との差を設けた。

【初印本】

・表　紙　――　藍色（または紺色）

①菊に草花唐草の艶出文様（裏表紙が雷文繋ぎ地桐唐草の型押文様のものも有る）。

②勉誠社文庫本（雷文繋ぎ地桐唐草の型押文様。「首巻」一冊のみのため未調査部分を残す）。

・欠刻状況　――　「綱」・「洞津」・「編」・「四」に欠刻なし。

・奥　付　――　巻13・28・45の各巻末に認められる。

【後印本】

・表　紙　――　色の違いにより、次の五種が認められる。

①藍色（または紺色）・菊に草花唐草の艶出文様。

②藍色・雷文繋ぎ地桐唐草の型押文様。

③青磁色（または空色）・布目文様。

④白藍色・浮線綾散し文様。

⑤水浅葱色・渦雲艶出文様。

・欠刻状況　――　「綱」・「洞津」・「編」・「四」における欠刻の差により、以下の六種が認められる（次頁表参照）。

①「編」の旁のうち、「冊」の構えの右側が欠刻している。

②①の他に「洞津」の「洞」の三水（行体・末画）が欠刻している。

③②の欠刻がひろがって三水の一部が見える程度（幅がある）になるとともに、「洞津」の「津」の三水（中央部）も欠刻する。

④③の他に「四」の構えの右側を欠く。

⑤④の他に「綱」の旁「岡」の構えの右側が上部を残し欠刻している。

⑥⑤の他に「洞」の旁「同」の構えの右側が欠刻している。

・奥　付　――　45巻末は共通に認められるが、巻13・28の巻末に奥付を有するものとそうでないものとがある。

欠刻状況	大綱	洞津	編・四	該当の諸本
ナシ	大綱	洞津	前編四	a本（263―5）
①	大綱	洞津	前編四	c本（200―170）
②	大綱	洞津	前編四	e本（拙蔵本）
③	大綱	洞津	前編四	j本（118―56）
④	大綱	洞津	前編匹	n本（拙蔵本）
④	大綱	洞津	前編匹	p本（ 429 ）
⑤	大綱	洞津	前編匹	q本（263―8）
⑤	大綱	洞津	前編匹	u本（263―9）
⑥	大綱	洞津	前編匹	v本（117―78）

〔構成・奥付〕

一　首巻・巻2～巻13 —— 14冊（巻6〈加之部〉が上・下2冊になっていることによる）。

首巻（序・凡例・大綱）及び「安之部」～「世曽之部」まで。

13巻末に「安永六〈一七七七〉丁酉之歳九月吉日発行」の刊記と東都・京師の書肆四軒（須原屋茂兵衛・山本平左衛門・出雲寺文次郎・風月荘左衛門）を付した奥付（図版1）を有する。

なお、前編巻末の谷川士行（士清の孫）跋文には「此書士清大人あらはしたまふ處にして五十音を阿行より佐行まで刊行しおかれしを」（図版4）とあるが、実際の刊行は士清没後である。谷川士清は刊行前年の安永五年十月十日没。享年六十八歳。

二　巻14～巻28 —— 10冊（巻24・25が各一冊であるのに対し、他は巻15・16、巻17・18、巻20・21、巻22・23、巻26・27のごとく、それぞれが一冊にまとまっていることによる）。

「多之部」～「保之部」まで。

28巻末に「文化二〈一八〇五〉乙丑之歳十二月吉日発行」の刊記と東都・京師の書肆三軒（須原屋茂兵衛・出雲寺文次郎・風月荘左衛門）を付した奥付（図版2）を有する。

なお、前編巻末の谷川士行跋文には「士逸大人父翁の遺稿を本とし翁の学の友かき季鷹縣主諸共にかうかへ正して」（図版4）刊行したとある。

三　巻29～巻45 —— 10冊（巻29・30・33・34・35・36・45が各一冊であるのに対し、他は巻31・32、巻37・38・39・40・41、巻42・43・44のごとく、それぞれが一冊にまとまっていることによるが、これにより題簽の巻数字との間に違いが見られるので注意を要する〈本書の巻数はすべて内題・柱の巻数字に基づく〉）。

「末之部」～「於之部」まで。

45巻末に「文政十一年〈一八二八〉五月　孫谷川士行謹記」の跋文及び「文政十三〈一八三〇〉庚寅閏三月発行」の刊記と東都・京師・洞津の書肆五軒（前編13巻末にあった「山本平左衛門」がなくなり、新たに「本屋儀助」と「洞津　篠田伊十郎」が加わる）を付した奥付（図版4）を有する。

なお、前編巻末の谷川士行跋文には「（士逸・季鷹と）校正しおかれしを刊行し」（図版4）たとある。

(1)【初印本】―藍色または紺色表紙（菊に草花唐草の艶出文様）。

欠刻は認められない。

・a　内閣文庫蔵本（前編34冊。裏表紙が雷文繋ぎ地桐唐草の型押文様のものも有る。巻13・28・45の各巻末に奥付〈図版1・2・4〉が認められる。263－5）

・b　東京大学総合図書館蔵本（前編31冊〈巻29以降が写本のため、例えば「毛之部」・「也之部」を「毛也之部」一つにするがごとく、整版本の冊数と異なる〉。紺色〈首巻～巻13〉と藍色〈巻14以降〉の表紙からなる。巻13・28の各巻末に奥付〈図版1・2〉が認められるが、写本箇所の巻45にはない。D20－213）

(2)【後印本】

①　藍色または紺色表紙（菊に草花唐草の艶出文様）

奥付は巻13・28・45の各巻末に認められる（図版1・2・4）が、欠刻状況の違い（①～③）により次の三種に分けられる。

(イ)　欠刻①が認められる。

・c　国会図書館蔵本（64冊〈前編・中編〉のうち前編34冊。28巻末〈本文部〉を六丁分欠く。200－170）

(ロ)　欠刻②が認められる（e本は「洞」の三水に関し後のi本よりも欠刻部分が多い。或はi本以後の刊行とみるべきか）。

・d　内閣文庫蔵本（64冊〈前編・中編〉のうち前編34冊。巻1～巻28まではa本と同一の菊に草花唐草の艶出文様であるが、巻29～巻45の10冊は雷文繋ぎ地桐唐草の型押文様となっている。263－7）

刈谷市中央図書館村上文庫蔵本（前編34冊。藍色〈首巻～巻27〉と紺色〈巻29以降〉の表紙からなる。2103）

・e　拙蔵本（前編34冊。紺色〈首巻～巻27〉と藍色〈巻28以降〉の表紙。a本と同一の菊に草花唐草の艶出文様であるが、45巻末の跋文名が「曾孫谷川清逸」とあり〈図版3〉、普通一般に見られる「孫谷川士行」とは異なる。刷りはd本より劣る。

(ハ)　欠刻③が認められる。

慶應義塾大学斯道文庫蔵本（前編34冊。紺色〈首巻～巻28〉と藍色〈巻29以降〉の表紙からなる。ハ09－1b／50）

東京大学総合図書館蔵本（前編34冊。紺色〈首巻～巻28〉と藍色〈巻29以降〉の表紙からなる。右斯道文庫本に比べて刷りは稍々落ちる。D20－144）

東京都立中央図書館特別買上文庫蔵本（前編12冊〈巻3～巻13〉の端本である。首巻その他を欠くため欠刻状況は不明である。巻5の尾題「編・四」のうち、前者を欠刻するこ

とから欠刻②乃至は③であることが判明する。取り敢えずここに収めた。特216）

なお、以上の他に奥付が45巻末のみで欠刻④のものが左のごとく認められるが、後編をも併せ収めることから、巻13・28の奥付部分は後に削除されたものと判ぜられる。

・g　静嘉堂文庫蔵本（紺色の表紙29冊からなる。前編・中編・後編を部ごとに纏めて綴じ直したもので、表紙は前編のものと思われる。例えば第二冊目は「安之部」である前編巻二・中編巻一・後編巻一の三編を収める。前編巻一の見返しに「谷川士清著／倭訓栞／岐阜成美堂」〈図版11〉が付されているが、これは後編の見返しを転用したものである。508－5）。なお、中編に関しては不明な点が更に認められるため、そこでの掲載は控えることにした。

② 藍色表紙（雷文繋ぎ地桐唐草の型押文様）

奥付の有無と欠刻状況の違いにより次の四種に分けられる。

(イ) 奥付は巻13・28・45の各巻末に認められるが、欠刻が①～③のいずれであるか不明である。

・h　慶應義塾大学図書館蔵本（62冊〈前編・中編〉のうち前編32冊〈34冊のうち首巻・巻2を欠く〉。首巻を欠き、巻5の尾題も「四」の右辺が虫損〈「編」の旁は欠刻している〉のため、欠刻状況が①・②・③のいずれであるか判断し難い。なお、中編は明治15年版を収める取揃本となっている。8A－262）

(ロ) 奥付は13・28の巻末に認められる（巻45は欠本のため不明）が、巻13・28の表紙は文様が異なっている。欠刻②が認められる。

・i　内閣文庫蔵本（前編24冊〈巻29～巻45までの10冊は欠本〉。首巻～13巻は雷文繋ぎ地桐唐草の型押文様、巻14～巻28は菊に草花唐草の艶出文様である。取揃本か。263－20）

(ハ) 奥付は45巻末のみで、欠刻③が認められる。

・j　国会図書館蔵本（前編11冊。首巻を除く33冊を「行」〈「安之行」《巻2～巻5》から「和之行」《巻42～巻45》〉ごとにまとめて10冊にしたものである。118－56）

なお、これと同様のつくりのもの〈表紙は改装されていて不明であるが、首巻の欠刻状況から判断してℓ本に近いものと推定できる〉が宮内庁書陵部にも蔵せられている。117－123）。

(ニ) 奥付は巻13・28・45の各巻末に認められ、欠刻は④である。

・k　東京都立中央図書館東京誌料蔵本（前編34冊〈最終巻は改装本〉。491－13）

(ホ) 奥付は45巻末のみで、欠刻④が認められる。

・ℓ　国会図書館蔵本（前編34冊。837－48）

宮内庁書陵部蔵本（前編34冊。206－883）

③ 青磁色（または空色）表紙（布目文様）

奥付は45巻末のみで、欠刻状況の違いにより次の二種に分けられる。

(イ) 欠刻④が認められる。

・m　内閣文庫蔵本（82冊〈前編・中編・後編〉のうち前編34冊。263－10）

拙蔵本（前編34冊）

・n　内閣文庫蔵本（82冊〈前編・中編・後編〉のうち前編34冊。前編巻末の跋文と奥付〈図版4〉以外に更に「皇都書肆」三軒〈風月庄左衛門・丁子屋庄兵衛・丁子屋藤吉郎〉が出版広告とともに記されている《図版5》〉。以下、これを「風月・丁子屋」版と仮称する。263−11）

東京国立博物館蔵本（前編34冊。和2325）

慶應義塾大学図書館蔵本（64冊〈前編・中編〉のうち前編34冊。JL−8A−1213）

拙蔵本（64冊〈前編・中編〉のうち前編34冊）

・o　宮内庁書陵部蔵本（64冊〈前編・中編〉のうち前編34冊。前編に関しては右m本と全同であるが、中編に奥付が認められないことからm本との差を設けた。119−360）

・p　太宰府天満宮蔵本（64冊〈前編・中編〉のうち前編34冊。中編巻末に「明治三庚午年九月」の刊記（図版10）を有するが、これと併せての刊行となれば、青磁色表紙の欠刻⑤は明治三年以降ということになる。429）

(ロ)　欠刻⑤が認められる。

・q　内閣文庫蔵本（64冊〈前編・中編〉のうち前編34冊。263−8）

同（82冊〈前編・中編・後編〉のうち前編34冊。208−21・208−23・263−12・263−13）

東京国立博物館蔵本（64冊〈前編・中編〉のうち前編34冊。首巻を除きすべて改装本であるが、その首巻が空色表紙であることからここに収めた。と−8240）

国会図書館蔵本（前編25冊。もと34冊であったものを一部合本に仕立てたために25冊となっている〈24巻「波之部」以降は34冊本と同じである〉。813・6−Ta881w）

東京大学史料編纂所蔵本（64冊〈前編・中編〉のうち前編34冊。1035−44）

学習院大学図書館蔵本（64冊〈前編・中編〉のうち前編34冊。324−8）

静嘉堂文庫蔵本（82冊〈前編・中編・後編〉のうち前編34冊。312−3）

・r　内閣文庫蔵本（82冊〈前編・中編・後編〉のうち前編34冊。中編に奥付が認められないことからq本との差を設けた。263−4）

・s　東京都立中央図書館東京誌料蔵本（64冊〈前編・中編〉のうち前編34冊〈5冊は改装〉。45巻末に「風月・丁子屋」版としての奥付〈図版5〉を有するが、「文政十一年五月孫谷川士行謹記」の跋文と「文政十三庚寅閏三月発行」の箇所〈図版4〉を欠く〈中綴用の紙縒りが見えないところから、後に削除されたものと判ぜられる〉。491−13ア）

④　白藍色表紙（浮線綾散し文様）。「風月・丁子屋」版。

欠刻④が認められる。

・t　宮内庁書陵部蔵本（13冊〈薄葉版であることによる。前編・中編〉のうち前編8冊。第8冊目〈前編巻35「由」〜巻45「於」〉の巻末に右n本と同じ奥付〈図版4＋5〉を有する。117−122）

⑤　水浅葱色表紙（渦雲艶出文様）。明治15年版。
奥付は45巻末のみで、欠刻⑤（但し、「洞」の旁「同」における左側の構えは欠けてはいないが薄くなっていて欠刻⑥に近い）・⑥が認められる。45巻末に「文政十一年五月　孫谷川士行謹記」の跋文と「文政十三庚寅閏三月発行／明治十五年三月求版／岐阜書肆／三浦源助」〈「明治十五年」以降の箇所は肉太の書体で刻されていて、明らかに後のものであることが判るが、その部分は本書の巻13・28の巻末に奥付が見られないことから国会図書館蔵ℓ本等以下の版種に基づき、その45巻末にある五軒の書肆名と入れ換えたものと思われる〉の奥付（図版12）を有する。また、首巻見返し（図版11）は蘇芳色と水色の二種の別が認められる。

なお、本書に関しては本調査によって改めてその存在を確認したものである。第三章「明治十五年版『和訓栞』について」を参照していただきたい。

・u　内閣文庫蔵本（82冊〈前編・中編・後編〉のうち前編34冊。欠刻⑤が認められる。208－22・263－6）
同　（64冊〈前編・中編〉のうち前編34冊。263－9）
東京大学総合図書館蔵本（82冊〈前編・中編・後編〉のうち前編34冊。D20－118）
東京学芸大学附属図書館蔵本（82冊〈前編・中編・後編〉のうち前編34冊。813・1－Ta88）
東京都立図書館特別買上文庫蔵本（30冊〈前編・中編を部ごとに纏めて綴じ直したもの《例えば第2冊目は「安之部」である前編巻2と中編巻1を収める》25冊と、後編18冊を5冊《例えば第1冊目は巻1～巻3》に纏めたものからなる〉。第5冊目〈前編45巻末・中編30巻末〉に明治15年版とした奥付〈図版12・13〉が認められる。特215）

・v　宮内庁書陵部蔵本（64冊〈前編・中編〉のうち前編34冊。欠刻⑥が認められる。117－78）

Ⅱ　中編（30冊）

題簽「倭訓栞中編　安之部一（～知之部　十四）」（但し、十五巻以降三十巻までは「都部」・「於部」のごとく「之」の字を有しない）。内題「倭訓栞中編巻之一（～三十）」（柱は丁付が加わる）。

中編における初印本と後印本との違いは前編ほど明確ではないが、それでも14巻末の奥付の有無の違いや、巻14・30巻末の「同　下編　嗣出」における「同」の字の欠刻の有無の違いにより、左のごとき分類が可能となる（↓注2参照）。

【初印本】
・表　紙　――　青磁色（或は空色）。
・欠刻状況　――　「同」の字の欠刻は14巻末では認められないが、30巻末では構えの左側中央部にそれが認められる。
・奥　付　――　巻14・30の巻末にそれぞれ認められる。

【後印本】
・表　紙　――　①　青磁色（或は空色）。
②　白藍色。
③　水浅葱色。

・欠刻状況 ―― 「同」の字構えの左側中央部に欠刻が認められる。
・奥　付 ―― ①　巻14・30の両巻末に認められる。
②　30巻末にのみ認められる。
③　30巻末にも認められない。

〔構成・奥付〕

一　巻1～巻14 ―― 14冊。

「安之部」～「知之部」まで。

14巻末に「文久二〈一八六二〉壬戌二月発行／和訓栞　上編　全卅四冊／同中編　上帙　拾四冊／同中編　下帙　拾六冊／同下編嗣出／京師　風月庄左衛門／本屋儀助　梓」と十三軒の書肆名を付した奥付（図版6）を有する。(注1)

二　巻15～巻30 ―― 16冊。

「都部」～「於部」（巻14までの題簽に存した「之」の字が巻15以降には見られない）まで。

30巻末に右と同じ奥付を有する（図版7）。但し、右十三軒の書肆名を記した半丁分の有無は別としても、「同　下編　嗣出」（図版6・7各上段）における「同」の字の欠刻に関しては異同が認められ、30巻末ではそれが認められるのに対し、14巻末では(注2)奥付そのものを有しないか、あっても欠刻は認められない（国会図書館蔵c本）と言った違いが指摘できる。

つまり、このことから何が言えるかと言えば、中編の刊行は最初から30冊だったのではなく、はじめは14巻までであった ―― 巻15を境に題簽に「之」の字の有無が認められたり、中編の出版広告に「上帙」・「下帙」の別が見られる（図版6～9各上段左）ことは、すべてこれを立証するものである ――。

しかるにその後、30冊が一括出版されるに及んで、奥付の位置も14巻末から30巻末に移されることになったが、その際に「同」の字に欠刻が生じてしまったと言った経緯が読み取れるのである。この考えが許されるならば、「同」の字欠刻の有無は、中編の版種を分類決定する上で極めて有効な手段になり得る。例えば「風月・丁子屋」版において、14巻末に奥付を有するもの（中編(2)－①nの内閣文庫本）があったとしても、「同」の字に欠刻が認められる以上、それが「上帙」刊行時に企画されたものでないことが判り、後述するごとく、その刊行は文久四年以後と推定できる(注3)などである。

（注1）　『板木株目録』（『京都書林仲間記録』〈第四〉。ゆまに書房）に風月庄左衛門が中編の官許を「天保八年酉五月」に得た記事が載っているが、それに依ると、中編の冊数は30冊ではなく20冊となっている。中編成立の過程を知る上で興味深い資料である。

（注2）　勉誠社文庫121（『和訓栞　大綱』）の資料（20頁）には中編巻末の刊記として「同」の字の欠けていない写真が掲載されているが、この資料が国会図書館本に依るならば、そのようなものは同館には認められない（「まえがき」に国会図書館本を採用したことが記されているが、国会図書館に蔵せられる対象本は14巻末に認められるc本のみであり、汚れの位置などからして掲載写真と

は異なるものである）。編者である尾崎知光氏が何に基づかれたかは不明であるが、30巻末に欠刻なきものが認められるならば、以下の分類は検討し直さなければならないであろう。

（注3）「風月・丁子屋」版の14巻末に奥付の存しないものがあること自体、つまりはそれが上帙刊行時に刊行されたものでないことを物語っているのであるが、そのためにも以上の解釈はしておく必要がある。

(1)【初印本】――青磁色（或は空色）表紙（布目文様）

巻14・30の両巻末に奥付（図版6・7）を有するが、「同」の字の欠刻は30巻末のみである。

・c　国会図書館蔵本（64冊。〈前編・中編〉のうち中編30冊。200―170）

刈谷市中央図書館村上文庫蔵本（中編30冊。2104）

(2)【後印本】――表紙の色の違いにより次の三種に分けられる。

①　青磁色（または空色）表紙（布目文様）

巻14・30の両巻末に奥付を有するものも、30巻末だけのものも、いずれも「同」の字に欠刻が認められる。

(イ)　巻14・30の両巻末に奥付を有する（「風月・丁子屋」版）。

・n　内閣文庫蔵本（82冊〈前編・中編・後編〉のうち中編30冊。14巻末に「風月・丁子屋」版である奥付〈図版8下段左〉を有するが、30巻末ではそれを欠く〈すなわち図版9下段左がない〉。263―11）

慶應義塾大学図書館蔵本（64冊〈前編・中編〉のうち中編30冊。本書中編に「風月・丁子屋」版である奥付を有しない〈両巻末とも図版7である〉が、揃いの前編に「風月・丁子屋」版である図版5を有する〈45巻末〉ことから、ここに収めた。JL―8A―1213）

西尾市立図書館岩瀬文庫蔵本（中編30冊。右慶應本と同じく「風月・丁子屋」版である奥付を有しない〈両巻末とも図版7である〉。本書が前編を存しないため慶應本と同様の処理はできないが、14巻末の奥付に「同」の字の欠刻が認められることから、「風月・丁子屋版」と判断し、ここに収めた。112―9）

・s　東京都立中央図書館東京誌料蔵本（64冊〈前編・中編〉のうち中編30冊。巻14・30の両巻末に「風月・丁子屋」版である奥付〈図版8・9両下段左〉を有するが、本書前編45巻末と同じく刊記の部分〈図版6・7または図版8・9の上段左と下段右〉が削除されている。元は存していたものと見做し、ここに収めた。491―13ア）

(ロ)　30巻末にのみ奥付が認められる。

・n′　東京国立博物館蔵本（中編30冊。右n本のうち、内閣文庫蔵本の14巻末と同じ奥付が30巻末に有する〈図版9〉。「風月・丁子屋」版であることが判る。和―2326）

・d　拙蔵本（64冊〈前編・中編〉のうち中編30冊）

内閣文庫蔵本（64冊〈前編・中編〉のうち中編30冊。263―7）

・m　内閣文庫蔵本（82冊〈前編・中編・後編〉のうち中編30冊。263―10）

・p　太宰府天満宮蔵本（64冊〈前編・中編〉のうち中編30冊。30巻末に「明治三庚午年九月／西京書肆（二行）／富小路四條北江入／丁子屋栄助」（図版10）が図版7〈「文久二壬戌二月発行／和訓栞　上編　全卅四冊……」〉の代わりに認められる。429）

・q　内閣文庫蔵本（64冊〈前編・中編〉のうち中編30冊。263－8）

同（82冊〈前編・中編・後編〉のうち中編30冊。208－21・208－23・263－12・263－13）

東京国立博物館蔵本（64冊〈前編・中編〉のうち中編30冊。すべて改装本であるが、前編に空色の表紙一冊〈首巻〉が存することから、ここに収めた。と－8240）

国会図書館蔵本（30冊。813・6－Ta881w）

東京大学史料編纂所蔵本（64冊〈前編・中編〉のうち中編30冊。1035－44）

学習院大学図書館蔵本（64冊〈前編・中編〉のうち中編30冊。324－8）

静嘉堂文庫蔵本（82冊〈前編・中編・後編〉のうち中編30冊。312－3）

(ハ)　30巻末にも奥付は認められない。

・o　宮内庁書陵部蔵本（64冊〈前編・中編〉のうち中編30冊。119－360）

・r　内閣文庫蔵本（82冊〈前編・中編・後編〉のうち中編30冊。263－4）

②　白藍色（浮線綾散し文様）。「風月・丁子屋」版。

・t　宮内庁書陵部蔵本（薄葉13冊〈前編・中編〉のうち中編5冊。第13冊目〈中編巻25「美」～巻30「於」〉巻末に図版9を有するが、これにより本書成立の時期を以下のごとく推定できる。

すなわち、本書所収の出版広告により、後編刊行に関する「嗣出」の文言が「同　下帙　近刻」と、「近刻」に改められていることが判るが、その時期は「嗣出」が刻されている文久二年以後、明治十五年以前に設定できる。前記欠刻状況から見て、「風月・丁子屋」版〈欠刻④〉が明治十五年版〈欠刻⑤・⑥〉以後の刊行とは考えられないからである。

なお、明治三年版が「風月・丁子屋」版と同じ欠刻④であることから、これが前編と併せての刊行ならば、その下限は更に明治三年まで遡ることができる。

また、本書所収の出版広告のうち、例えば「永代節用無盡蔵　新板　全一冊」における「新板」につき調べてみると、その版種は『国書総目録』から天保二年〈一八三一〉版、嘉永二年〈一八四九〉版、文久四年〈一八六四〉版の三種が確認できるが、このうち文久四年版〈拙蔵〉の刊記に見える

寛延三年庚午　元刻
天保二年辛卯　新刻
嘉永二年己酉　再刻
文久四年甲子　四刻

「元刻」以下「四刻」　対　「新板」の関係を考えると、その刊行は少なくとも文久四年以降となる。

「新刻」とある天保二年版と仮定したとしても、嘉永二年版が再刻されている以上、これを「新板」と見做すことはできない。したがって、「新板」の刊行は文久四年以後となるが、「新板」そのものの刊行がいつであったかは現在のところ不明とせざるを得ない。

以上の結果を合わせると、本書「風月・丁子屋」版の刊行は文久四年以降、明治十五年〈或は明治三年〉以前に絞られることになる。117－122）

③ 水浅葱色（渦雲艶出文様）。明治15年版。

30巻末の奥付は図版9とは異なり、「同下編」以降が肉太の書体で

遺稿　明治十六年中出版（割注）十八冊／明治十五年三月求版／岐阜書林／三浦源助

と刻されていて（図版13）、明らかに後のものであることが判る。この部分は先述した「同」の字に欠刻が見られることから、中編の中でも後の版に基づき追加・入替えが為されたものと思われる。

・h　慶應義塾大学図書館蔵本（64冊〈前編・中編〉のうち中編30冊。前編は明治15年版ではなく〈藍色・雷文繋ぎ地桐唐草の型押文様〉、中編も初巻～巻14までは空色表紙〈改装本と思われる〉となっている。8A－262）

・u　内閣文庫蔵本（64冊〈前編・中編〉のうち中編30冊。263－9。82冊〈前編・中編・後編《明治15年版》〉のうち中編30冊。208－22・263－6）

東京大学総合図書館蔵本（82冊〈前編・中編・後編《明治15年版》〉のうち中編30冊。D20－118）

東京学芸大学附属図書館蔵本（82冊〈前編・中編・後編〉のうち中編30冊。813・1－Ta88）

東京都立中央図書館特別買上文庫蔵本（30冊〈前編・中編・後編を纏めたもの〉。なお、30冊の内容構成については前編(2)－⑤－uを参照していただきたい。特215）

・v　宮内庁書陵部蔵本（64冊〈前編・中編〉のうち中編30冊。117－78）

Ⅲ　後編（18冊）

水浅葱色または青色表紙（渦雲艶出文様）。巻一見返しに内閣文庫蔵u本、宮内庁書陵部蔵v本の首巻見返しと同じ「谷川士清著／倭訓栞／岐阜成美堂」（図版14）が刻されている。上記と同様に蘇芳色と水色の二種の別が有る。野村秋足校訂並びに序（明治二十年六月）と、「明治二十年二月二十一日版権免許／同年七月出版／著者　故人谷川士清　……」を刻した奥付（図版14・15）を有する。

・g　静嘉堂文庫蔵本（29冊〈前編・中編・後編を部ごとに纏めて綴じ直したもの〉のうち一部。→前編(2)－①－gを参照していただきたい。508－5）

・w　国会図書館蔵本（18冊。813・6－Ta881w）

東京国立博物館蔵本（18冊。和－327）

内閣文庫蔵本（82冊＜前編・中編・後編＞のうち後編18冊。26―4・6・10・11・12・13、208―21・22・23）
東京都立中央図書館特別買上文庫蔵本（30冊＜前編・中編・後編を纏めたもの＞のうち後編5冊＜18冊を纏めたもの＞。特215。→前編(2)―⑤―uを参照していただきたい）
東京大学総合図書館蔵本（82冊＜前編・中編・後編＞のうち後編18冊。D20―118）
東京学芸大学附属図書館蔵本（82冊＜前編・中編・後編＞のうち後編18冊。813・1―Ta88）
静嘉堂文庫蔵本（82冊＜前編・中編・後編＞のうち後編18冊。312―3）

・x　『倭訓栞後編』（1冊。影印本。但し、「序」と「奥付」を削除する。すみや書房。昭和44年11月刊）
・y　『倭訓栞後編』（右の復刻本であるが、「柱」が更に削除されている。名著刊行会。平成2年刊）
・z　『版本　和訓栞』（7冊＜前編・中編・後編の影印本＞のうち後編2冊。大空社。平成10年刊）

以上、『倭訓栞』（整版本）に関し整理すると左のごとくなる。

I　前編（45巻。34冊）

(1)　初印本

藍色または紺色表紙。その文様に二種類有るが、1・2の先後関係は未詳である。またこれには欠刻は認められない。

1　＜未見＞（勉誠社文庫本）

2　菊に草花唐草の艶出文様

(イ)・(ロ)・(ハ)の刊記を有するa・b本が認められる（但し、b本③は写本のため不明）。

(イ)　安永六年九月　（14冊。首巻・巻2～巻13）　書肆4軒
(ロ)　文化二年十二月　（10冊。巻14～巻28）　書肆3軒
(ハ)　文政十三年閏三月（10冊。巻29～巻45）　書肆5軒

(2)　後印本

藍色（または紺色）と青磁色（または空色）の二種の表紙を有するが、前者を先とみるべきと思われる。

3　藍色（菊に草花唐草の艶出文様）

(イ)・(ロ)・(ハ)の刊記を有し、欠刻①（c本）、欠刻②（d・e本＜但し、e本は跋文名を異にする＞）、欠刻③（f本）が認められる。

(ニ)　文政十三年閏三月或はそれ以前

4　紺色（菊に草花唐草の艶出文様）

欠刻④が認められる。なお、奥付は当該資料では45巻末のみであるが、これに関しては不明な点を残す（g本）。

(ホ)　文政十三年閏三月以降文久二年二月以前か

5　藍色（雷文繋ぎ地桐唐草の型押文様）

(イ)・(ロ)の刊記を有し（但し、巻29以降巻45までを欠くため刊記(ハ)については不明とせざるを得ない。また、(イ)・(ロ)における表紙の文様も異なる）、欠刻②（i本）が認められる。

(ニ)　文政十三年閏三月或はそれ以前

6　藍色（雷文繋ぎ地桐唐草の型押文様）

(イ)・(ロ)・(ハ)の刊記を有し、欠刻④（k本）が認められる。

(ホ)　文政十三年閏三月以降文久二年二月以前か

7　藍色または紺色（雷文繋ぎ地桐唐草の型押文様）

刊記は(ハ)のみで、欠刻③（j本）乃至は欠刻④（ℓ本）が認められる。

(ホ)　文政十三年閏三月以降文久二年二月以前か

8　青磁色または空色（布目文様）

刊記は(ハ)のみ（以下同様）で、欠刻④乃至は⑤が認められる。中編30冊と一組になっている場合が多いが、中編巻14の巻末に奥付は認められない。(ト)の出版と併せて再版されたものと見做し得る（m・o・q・r本。欠刻④のうちn・n′・s本〈「風月・丁子屋」版〉は(チ)の間に、また欠刻⑤は(リ)が欠刻④であることから、(ヌ)に近い頃にそれぞれ出版された可能性が高い）。

(ト)　文久二年二月以降(チ)に近い頃か

(チ)　文久四年以降明治十五年（或は明治三年）以前

(リ)　明治三年九月

9　白藍色浮線散し文様（後述Ⅲ）

10　水浅葱色渦雲艶出文様（後述Ⅲ）

Ⅱ　中編（30巻30冊。青磁色〈または空色〉布目文様表紙）

(1)　初印本

巻14・30の両巻末に奥付を有し、14巻末の方は「同」の字に欠刻は認められない（c本）。

(2)　後印本

(ヘ)　文久二年二月（14冊。巻1～巻14）

奥付は14巻末になく、大抵は30巻末にあって「同」の字も欠刻が認められる（「風月・丁子屋」版〈(チ)〉には14巻末に奥付を有するものがあるが、「同」の字は欠刻している）

(ト)　文久二年二月（16冊。巻15～巻30）以降(チ)に近い頃か

(チ)　文久四年以降明治十五年（或は明治三年）以前

Ⅲ　前編・中編（64冊〈前編34冊・中編30冊〉）

8　青磁色（または空色）布目文様表紙

前編の欠刻④・⑤が認められるが、欠刻⑤のものは(リ)が欠刻④であることから(ヌ)に近い頃に出版された可能性が高い（該当の諸本は(1)－8と同）

(ト)　文久二年二月以降(チ)に近い頃か

(リ)　明治三年九月

9　白藍色浮線綾散し文様（「風月・丁子屋」版）

前編の欠刻④（t本）が認められる。

(チ)　文久四年以降明治十五年（或は明治三年）以前

10　水浅葱色渦雲艶出文様（明治十五年版）

前編の欠刻⑤（u本）乃至は欠刻⑥（v本）が認められる。

(ヌ)　明治十五年三月以降

Ⅳ　後編（18巻18冊。水浅葱色または青色表紙〈渦雲艶出文様〉。w本）

(ル)　明治二十年七月

なお、ついでに言い添えておくと、前編の巻数に関し、従来の解説書の多くは「安之部」を第一巻として扱っているが、これは第二巻に訂すべきである。そのようになっていないのは、前編巻十三までが十四冊であるこ

とから、「安之部」を第二巻に数えると、首巻を加えても十三冊となって十四冊にはならなくなるからである。しかるにこれは、「加之部」巻六が上・下二冊に分かれていることの確認を怠った錯誤である。

⑴　首巻並に一巻より十三巻まで十四冊、安永六年九月刊、
（『国語学書目解題』）

⑵　首巻並に巻一から巻十三まで十四冊は安永六年刊。
（『日本文学大辞典』）

⑶　首巻・巻一－巻一三（十四冊）は、………安永六年（1777）刊。
（『国語学大辞典』）

⑷　首巻及び一－十三巻「あ」～「そ」　安永六年九月
（『和訓栞　大綱』＜勉誠社文庫121＞の解説）

第Ⅱ部　資料篇

凡例

一　本資料篇（典拠部・校合部・翻刻部）で扱う資料は、「緒言」において既に記したとおりである。また、引用の『和訓栞』は『増補語林倭訓栞』（増補版）にしたがった。

二　語の排列は前編・中編・後編の別なく五十音順に並び換え、それに一番～二百九十八番までの通し番号を記したが、更に四項を追加した。

三　『倭訓栞』の巻数は前編・中編・後編ともに内題・柱の巻数を以て示した。前編・中編に関しては『増補語林倭訓栞　上～下』、後編に関しては影印本（すみや書房・名著刊行会）の頁数を付した。但し、丁数は校合部においてのみ示し、典拠部では省略した。

四　典拠部所収の『定家卿鷹三百首（注）』・『西園寺鷹百首（注）』・『龍山公鷹百首』が翻刻部においても確認できるように、それぞれの歌番号を算用数字で示した。但し、『西園寺鷹百首（注）』については、翻刻部との関係から歌番号は写本、本文・丁数は整版本に依ることにした。

五　参考の意味で典拠部欄外に左の二点を記した。

(1)　整版本や翻刻本（特に断らない限り、増補版・岐阜版の両方を指す）との間に異同が認められる場合は、枠の左側にその違いを示した。但し、岐阜版のみが他と対立する場合は、余白の都合上、そこまでは記さなかった。詳しくは第I部研究篇を参照していただきたい。

(2)　典拠本との関係から整版本や『増補語林倭訓栞』などに関し、一部ながら私見を述べた。

六　後編所収の語は影印本のみであることから、校合部への掲載は不要となるが、これを削除すると各語に付した通し番号が典拠部・校合部との間で食い違ってしまう。検索の便宜を図る意味から、これを削除することはしなかった。

七　典拠部各段において掲載書が二種以上にわたる場合は、その違いが弁別できるように左の方法により区別をした。

(1)　『西園寺鷹百首（注）』と『言塵集』に関しては、前者は歌番号を記し、後者は書名・丁数、並びに古典全集本の頁数を記した。

(2)　『龍山公鷹百首』と『大諸礼集』に関しては、前者は歌番号を記し、後者は巻数（「三議一統」は巻14）と丁数を記した。

(3)　『和歌竇樹』と『武用辨略』・『藻塩草』に関しては、『和歌竇樹』は無記名としたが、『武用辨略』・『藻塩草』は書名・巻数・丁数を記した。

(4)　『歌林樸樕』と『同　拾遺』は最終の段に収めた。但し、『歌林樸樕』は系統の違いにより内容に増減が見られるため、本書では宮内庁書陵部蔵の『歌林樸樕』（第一系統本）と、同じく宮内庁書陵部蔵の『歌林樸樕拾遺』を使用した。

なお、『歌林樸樕』を『和歌竇樹』・『武用辨略』等の列に置くことにより、『袖中抄』ほかとの比較を試みた箇所（※印）、余白の都合上、該当箇所以外の段に掲載したもの、などが存することを断っておく。

(5)　『和歌八重垣』・『東雅』については書名・丁数を記した。

また、「その他」については該当の書名（例えば『和漢三才図会』など）を記し、『東雅』・『和字正濫鈔』には該本の頁数を併記した。

八　資料の翻刻に当たっては原本の姿をできるだけ忠実に伝えるように努めたが、誤読を避ける意味から以下の方針を採用した。

(1) 書名に限り、一部を常用漢字に改めた（萬・廣・禮 → 万・広・礼 など）。また、「国・真・桜・経・対・読」なども、同じく常用漢字に統一した。

(2) 文末・文意の区切れは一字分あける。

(3) 連読符（音読・訓読に関わる音合符・訓合符）は原則として省略する。

(4) 誤字・衍字は右側に（ママ）を付し、欄外に注記する。

(5) 本文中の引歌はできるだけ改行する。

(6) 割注箇所は〔 〕を付す。

九　鷹歌三種に関しては注文の掲載を主にしたため、余白の都合上、対象歌であっても省略したものがある。

十　『和名抄』並びに『万葉集』・『古事記』・『日本書紀』等の典拠については別掲載とした。「『和名抄』引用一覧」、「万葉集・古事記・日本書紀等引用一覧」をそれぞれ参照していただきたい。

十一　指定の書物（「緒言」で示した丸を付した書物）以外は『日本古典文学大系』と『新日本古典文学大系』所収の本文を使用したが、後者使用の場合は「新大系」と記した。

十二　典拠部典拠欄に※を付したものは、当該項目に関し、典拠の特定がいまだできずにあることを示したものである。

十三　見出し項目に適合する内容であれば、たといそれが『和訓栞』本文とほど遠い関係にあったとしても、それにより関係の有無が判ることから、そのようなものもできるだけ掲載することにした。

十四　校合・翻刻に際しては右のほかにも新たに注を加えたものがある。校合部・翻刻部の凡例を併せて参照していただきたい。

十五　用語の解説を巻末の「典拠部索引」に収めた。併せて利用していただきたい。

第Ⅱ部　資料篇（第一章　典拠部）

No.	1
項	あがけのたか
和訓栞	網懸の鷹也　若鷹をいふ　巣鷹に対しいへり　野なとにあるをいふ也　山かへりハ網にてとれともあがけとハいはすとそ、
定家鷹三百首	しゝたかくいられハせねとあかけよりけにハす鷹そもゝにしたるき　（157・21ウ）
西園寺鷹百首・言塵集	昨日といひ今日もさなから狩くれぬあかけの鷹のあくよしもなく あかけ　若鷹也　當年の鷹也　網にかけて取故なり　但もちにてもとれ　若たかをハあかけと申ならハせり　又赤毛のたかと云事あり　只毛赤き也　凡逸物也　（22・4ウ）
龍山公鷹百首・大諸礼集	あつめたりあかけに野され山かへりもろかたかへり巣鷹巣まはり あかけ　若鷹の事也　され共巣鷹の若鷹なとをあかけといふへからす　字にハ網懸とかけり　又黄毛共かく也　（72） 一　夏の言葉（なつのことば）　……　但巣（す）まハり　七月に入て七日以前の事也 一　秋の鷹詞（たかことば）　網懸（あみかけ）とハ。七月より冬（ふゆ）の月にいたるまでも取たる若鷹（わかたか）の事也。但七月半までハすまハりと云也。七月すゑならハいふべからず（巻14・29ウ）
和歌寳樹・藻塩草・武用辨略	「山カヘリ」　山ガヘリトハ山ニテトリタル若鷹也　網ニテトレドモ　アガケトハイハス　アガケノ鷹トハ野ナトニテトリタル鷹ヲイフ也 「アガケノ鷹」　アガケトハ網ニテカケテトリシ若鷹也　カナラズシモ網ニハカケズ　モチニテトルヲモ若鷹ヲハアガケトイフ也　カ文字ヲニゴルベシ 「アガケ」　カ文字ヲニゴルヘシ　アガケトハ網ニテカケタル事ナレトモ大方日本ニ昔ヨリ是ヲ用テ鳥トル　モチナトニテトリタレトモ若鷹ヲハアカケト云
和歌八重垣・東雅・その他	「ヤマカヘリ」　山ニテトリタル若鷹ナリ　網ニテトレトモ　アガケトハイハス　アカケトハ野ナトニテ取タル鷹ヲ云ナリ（『歌林樸樕拾遺』） 離巣自求食時捕来者曰網掛（アカケ）、訶加取巣育人家者曰巣鷹（スタカ）（『和漢三才図会』巻44・鷹） 「鷹・集解」　凡鷹雛離巣飛翔自求食、時常度絶崖断巌之喬樹、其巌窟崖邊結小茅而居、窺鷹之至張羅於樹間、以死鳥為媒而捕之、此謂阿賀計（アカケ）、或作網掛（『本朝食鑑』巻6・19ウ～20オ）
備考	和歌寳樹或は西園寺百首又は龍山公百首も入るか

No.	項	和訓栞	定家鷹三百首	西園寺鷹百首・言塵集	龍山公鷹百首・大諸礼集	和歌寶樹・藻塩草・武用辨略	和歌八重垣・東雅・その他	典拠
1	あがけのたか	中編巻1・上巻6頁				○網懸(アガケ)ト云ハ網(アミ)ニテ捕(トリ)タル鷹(タカ)也 或羅掛ニ作(ツクル) 礼記(ライキ)ニ七月鳩化(ハトケ)シテ鷹(タカ)トナル 然後(シカフシテノチ)網羅(モウラ)ヲ設(マフク)ト云云 尓雅(ジガ)ニ鳥罟(テウコ/トリアミ)之(コレ)ヲ羅(ラ/アミ)ト云 和名度利阿美(ワメウトリアミ) 又黐(モチ)ニテ捕(トリ)シヲ黐鷹(モチタカ)ト云習(イヒナラハ)セリ （『武用辨略』巻8・26ウ）	網ニカケテ捕ヲアガケト云 雛ヲトリテ養フヲ巣鷹ト云 （『大和本草』「鷹」巻15・13オ）	
2	あかふのたか	赤-文の鷹也 定家卿鷹ノ歌に見ゆ 後編巻1・9頁	毛をかへハかはり行へき若鷹やとやきハまてのあかふなるらん 若たかハ赤府と也 鳥やにて白く成物なれハ也 （39・5ウ） あか 若鷹の事と也 （309・44ウ） もみち府とハ赤府の事と也 （330・47オ）	○鷹…… 赤鷹とハ若鷹の時の毛也 （『言塵集』5・29ウ。198頁）	おほえ行犬のかしらに木居つたひつかれの鳥をおしむあか鷹 赤鷹 符のあかき鷹也 大鷹にある也 あかけの時にいふ也 赤符とはいふましき也 惣別大鷹に赤符 黒符の事當流に不用之 他流には申ならはすとみえたり （75）			定家三百首

No.	4	3
項目	あてくさ	あしを
和訓栞	鷹詞に鳥の落たる所の草をいへり、 中編巻1・上巻62頁	日本紀に緡をよみ　和名鈔に攣をよみ　新撰字鏡に聯を鷹のあしをとよめり　足緒の義　足革をいふ　鷹の具也　又山足緒あり　其制少異也といへり　管の緒ともいふ 前編巻2・上巻45頁
定家鷹三百首		足引の山あしをさす程なれやくたを入たる大緒なるらん 山あしをとは苧縄にてさすを云（116・15オ〜ウ） 足をとハ足革の事也（194・27オ）
西園寺鷹百首・言塵集		
龍山公鷹百首・大諸礼集	あて草とハをちたる所の草也（巻14・27ウ）	足革をも足緒ともいへり（11） のり毛よりおろす巣鷹のきハりなはあしをゝさしてかはん丸はし（95）
和歌寶樹・藻塩草・武用辨略		攣　或脚絆ニ作　今ニ云足革小足緒亦等　或長足緒　媒緒ニ作……○山足緒ト云有　其制少　異也　苧縄ニテ差ヲ云　管ヲ入タレハ管ノ條共云　猶引入ノ足絆　続脚緒　綴足緒等ノ義尋常ノ事也 （『武用辨略』巻8・45ウ〜46オ） ○尖條ト云アリ　今ニ云管ノ緒也　右ニ云山足緒ト一物也　竹ノ管ヲ入タル故ニ別名トス （『武用辨略』巻8・46ウ）
和歌八重垣・東雅・その他		
典拠	三議一統	日本書紀・武用辨略と定家三百首又は龍山公百首か

No.	5	6
項目	あはす	あふり
和訓栞	……○万葉集に鷹をあはすといふ も義同し　挨(ママ)嚢抄に擲ノ字を用う といへと勠(アハス)レ力　合(ス)レ戦の義の如 くなるへし　○…… 前編巻2・上巻72頁	倭名鈔に障泥をよめり……○鷹に 山のうらおもてを一度にかるを障 泥がけといへる(ママ)也　○…… 前編巻2・上巻88頁
定家鷹三百首	隼を二基まてそあはせつる古 河のへの秋のかりかね 河をつかうに二ツ鷹とてありと 也　(85・11オ) あひ合せとは二ツ鷹とて二ツ合 る也　(310・44ウ)	
西園寺鷹百首・言塵集		
龍山公鷹百首・大諸礼集	さき鷹　先へあはせやる隼なり 二鷹につかふ事也　(47) 鷹山をこえ行鳥にあひあはせ うちかさなりて追そあやうき 鳥一にあやまりて鷹二もとあは する事也　隼にかはり　大たか は二あはすることならぬ物也　(52)	ひたり山真山にかりて鷹人の あをりかけにも章やうつらん あをりかけとは山のうらおもて を一度に狩をいふ也　馬ノ泥障 ニタトヘタル狩様ナリ　(56)
和歌實樹・藻塩草・武用辨略	○翕(アハス)又合ニ作(ツクル)　今逢ノ字(ジ)ヲ用(モチユル) ハ非(ヒ)也　字彙(ジイ)ニ翕ハ合也ト云云 壒嚢鈔(アイナフセウ)ニ日鷹(タカ)ヲアハスルニハ擲(テキ) ノ字(ジ)ヲ用　百(モヽ)タビ擲(アハセ)テ一トシテ 遺(ノコ)ル事ナシト云云 (『武用辨略』巻8・34ウ)	
和歌八重垣・東雅・その他		
典拠	万葉集と武用辨略か	龍山公百首

【相違箇所】・5「塕嚢抄」の「塕」を増補版・整版本・岐阜版ともにすべて「挨」にする。「挨」は新井白石の『東雅』などにも見られる。通用体か。
・6「といへる也」（増補版）は「といふ也」の誤りである。整版本・岐阜版は「といふ也」となっている。

No.	7	8
項目	あまおほひのけ	あらしハ
和訓栞	徒」然」草に見ゆ　雨」覆の毛也 鳥にいへり 後編巻1・38頁	鷹にいふ　嵐羽の義也、 中編巻1・上巻124頁
定家鷹三百首	小鷹狩秋より須广のあまおほ ひ一羽あるかと見ゆる尾だゝ ミ あまおほひとは上の羽也　十二 枚を一枚のやうにたゝミなした るやうの躰を云り（326・46ウ）	
西園寺鷹百首・言塵集	笠の上に上毛下毛を手向をき てけふの狩は神祭つゝ（なりイ） 鳥を取ぬれハ鳥のうしろの毛 雨おほひを取　下毛とて尾の上 にしたと云草のことくなる毛を ぬきて山の神を祭る也　雉に限 らす大鷹小鷹何れも有 （79・12ウ～13オ）	
龍山公鷹百首・大諸礼集		
和歌寶樹・藻塩草・武用辨略	○五月毛或五月雨ノ毛ハ母衣ノ 所　輪毛ノ上ニ生ス　今云上毛 也　サレハ五月雨ノ毛ニ対シテ 其下弱腰ノ所ヲ雨覆ナド云トソ 鷹歌ノ註ニハ上羽也　十二枚ノ 尾ヲ一枚ニ畳テ覆　体ナリト云 リ　一本ニ上毛ト上羽ハ別也 雨覆ハ尾畳ノ時其根ヲ掩　毛也 共云リ　凡　名所ハ准名ト称名 ト紛然タル事間ニアリ （『武用辨略』巻8・19ウ）	
和歌八重垣・東雅・その他	「雨オホヒノ毛」 鳥ヲ取ヌレハ鳥ノウシロノ毛 雨オホヒヲトリ　シタケトテ尾 ノ上ニシタトイフ草ノコトクナ ル毛ヲヌキテ山神ニ奉リテ祭也 雉ニカキラス大鷹小鷹イツレニ モアリ （『和歌寶樹』） ※『徒然草』66段に見える。全 文は155「としば」の項を参照。	
典拠	徒然草	※

No.	9	10
題	あらたか	いきけ
和訓栞	いまだ手馴ぬ鷹をいふなり 後編巻1・46頁	鷹のいきり煩ふ事なりといへり、 中編巻2・上巻152頁
定家鷹三百首	あらたかハあかき所につなけハとはへて胸をうつ　とうをうつとも　(102・13ウ) あらたかハ力あれハ鳥につきて行歟と也　(104・13ウ) あらたかのなつかぬをハ架へあけす其まゝ夜すへをせよとなり　(134・17ウ)	名にしおハゝ薬かひてや置てまし鷹のいきけの少あれともいきけとはどうけ有ていきり煩ふ事と也　(258・36ウ)
西園寺鷹百首・言塵集	○鷹のねとりかひ……夜すへとハあらたかのいまた人にをそるゝを夜々に手にすへて心をとるを云也　鳥屋たしの時も夜すへをハするなり (『言塵集』6・15ウ～16オ。231頁)	
龍山公鷹百首・大諸礼集		
和歌寶樹・藻塩草・武用辨略		
和歌八重垣・東雅・その他	「鷹・集解」 自古歌人称箸鷹荒鷹目白矢形尾等名箸鷹者鶬之古名其義詳于後荒鷹者新捕之未馴人也 (『本朝食鑑』巻6・19ウ)	
典拠	※	定家三百首

No.	11
項目	いしうち
和訓栞	石打と書り　鷹尾の名所也 ○中黒　本白　切文　護田鳥尾を今うすべふといふ おすめをの轉じたる也　小鳥の尾の護田鳥の文に似たるを云にや　俗に鷹の字を用ふ 後編巻2・63頁 「そや」（見出し語）の項にも有 ……石打征箭あり　大将軍の具足なりといへり　石打ハ鷹尾の名所なり…… 前編巻13・中巻286頁
定家鷹三百首	山川に水をあひてやあらたかの石打よりハつきはしめけん 下の尾を石打と云也　小石打大石打　なら尾　ならし羽　たすけ　上尾と有　（103・13ウ）
西園寺鷹百首・言塵集	
龍山公鷹百首・大諸礼集	おほそらにたちまふ鷹のとひ尾をはあはれ鴟尾になしてみまほし 鴟尾とハ百古のことく上尾　なかく次第〳〵にたすけ　なら尾ならしは　大石うち　小石うちへみしかく尾持のあるをもすおとハ云也　これは鷹まふ事もまれにしてほめたる尾持也（19）
和歌寳樹・藻塩草・武用辨略	羽……今又石打ノ羽ト云ハ鷹ノ尾ノ石打也　此羽強ガ故ニ取分　是ヲ用　何ノ鳥ニモ石打ハ侍共　別而石打ノ征矢ナド云テ鷹ニ限　事也 （『武用辨略』巻3・28オ） ○尾ハ十二枚也……一本ニ大石打アリ　左右ニ分ハ身寄ヲ大石打トスト云云　或人ノ日誤也　一二ト続テ並タリト……殺気ト云ハ大石打也　柴引ト小石打同　尾也 （『武用辨略』巻8・20オ～ウ） 下尾曰石打　翈毈 （『和漢三才図会』巻44・鷹）
和歌八重垣・東雅・その他	石打征箭。古ノ時ハ。大将軍ノ具足タリキ。サレバ斎藤別當實盛ガ北国ニ向ヒシ時。此ノ物ト。錦ノ直垂トヲ。内府宗盛ニ望ミ申セシナド源平盛衰記ニモ見エタリ。……世ニ羽形羽揃ナドイヒテ。昔ヨリ図ニヱカキシ物アリ。僧雪村ガ絵カキシ物ハ。某ガ家ニモ傳ヘタリ。其ノ中石打トイフハ。モト鷹ノ尾ノ名所ニテ。中黒　切符。本白ナドイフ類ハ。羽ノ文ヲモテ。名ヅケシ也。宇須倍乎。又宇須倍布ナドイフヲ。世ニハ鷹ノ字ヲ用フルニヤ。源平盛衰記ニハ。コト〳〵。護田鳥尾トカキタリ。倭名鈔ニ。……即護田鳥也。倭名ハ。於須売止里ト。イフヨシ見エタレバ。モトハ於須売乎。於須売布ナドイヒシヲ。後ニ轉ジ訛シナリ。コレハ小鳥ノ尾ノ。彼ノ護田鳥ノ文ニ似タレバ。カクイヒケルケル也。 （『本朝軍器考』「弓矢類」巻4下・37オ～42オ）
典拠	本朝軍器考

No.	12	13	14
項目	いちもつ	いりくさ	うさぎ
和訓栞	逸物とかけり 鷹にいへり 鷹鶻方にも其為レ物也 猛烈 俊逸と見ゆ 後編巻2・73頁	入草の義 鷹の草の中へつと 追入を云也 後編巻2・100頁	……○兎も大鷹の取ものなれバ ○ 俗間に鳥の内也といふにや …… 後編巻3・115頁
定家鷹三百首		若鷹の鳥もぬかさて入草にや かてかたむる事のうれしさ 入草とは追こミたる草の事也 （135・17ウ～18オ） 入草とは草に入てもとらぬをか ためぬと云也 （276・39ウ）	秋のゝのお花の波をさきたて ゝはしる兎を鷹やをふらん 兎も大鷹の取鳥の内と也 （97・12ウ）
西園寺鷹百首・言塵集		鳥もはやぬす立ぬらん入草に たもろく見ゆる鷹ノふるまひ 草の中へ鳥をつと追入てふる まひ（まふイ）を入草と申なり （38・6ウ）	
龍山公鷹百首・大諸礼集	とつ鷹ハとりをよくとる逸物の 事也 …… 逸物といふ字 一物 とかくと心得いへる歟との高国 朝臣申されしと也 二物と人の つねにいふは しかく〵鳥をと ら すくれぬ鷹をいふときこえ たり （98）		はし鷹のとれるうさきのかひ ところへにつけそしと丸にむ ちうつ うさきの取飼所おほき事也 以 上七所歟 秘事にいへり 鷹の とるうさきのかけ様かはる也 惣別うさきはむつかしきと也 （99）
和歌寶樹・藻塩草・武用辨略		「イリ草」 イリ草トハ草ノ中へ鳥ヲツトオ ヒイル、ヲ云	
和歌八重垣・東雅・その他			
典拠	※	和歌寶樹	定家三百首か

No.	15	16
題	うちがひ	うつ
和訓栞	……○……犬飼の事にいふハ打飼の義　犬の食也(ママ)、 中編巻3・上巻267頁	……○鷹に餌を宵に多くかへハ胸にあすまて持て吐出すをもうつといへり　○…… 前編巻4・上巻273頁
定家鷹三百首	犬の鳥をかミ立れハ飯にこぬかをまぜて一つゝ飼をうち飼と云也　其うちかひのなく成たるは物かすやしつると知と也　ぬき穂を以てあミてあり　是を犬飼のうち飼袋と云也（156・21ウ） 鷹司ハ口餌をひかせ　犬飼ハ打飼を飼ていつれもやすむなり（223・31ウ）	ともすれハ羽杖つく程痩鷹やをし残す餌をけさハうつらん 下句の心ハ痩たるとて餌を宵におほくかへハ餌包とて胸にあすまて持て吐出すをうつと云也（141・19オ） 餌をもうち尾さきはたして荒鷹のいつよりかさてどうけ有らん 五文字ハ餌を吐出す事也（144・19ウ）
西園寺鷹百首・言塵集	はふ鳥もつかれに立る犬飼の打かひ袋かろく見えつゝ よくかくるゝを犬よくて尋れハ犬飼犬をほめてしけく打飼をかう間打飼袋かろく見ゆる也　打飼とハ犬の食物の事也　打飼袋とハ其打飼を入袋也 （47・8オ〜ウ）	
龍山公鷹百首・大諸礼集		
和歌實樹・藻塩草・武用辨略	「ウチカヒ」 ウチカヒトハ犬ノ飼(ママ)ヲ云也　其飼(ママ)ヲ入ヲ打飼袋ト云也　飯ニコヌカヲツキ合テ餅ヤウニスルナリ　打カヒ袋トテワラノ穂ニテツトヲアミテ入ル也 ※『武用辨略』（巻8・59オ）は『定家鷹三百首』の注を引く。	○鬱板(ウチイタ)……餌(エ)ヲ吐(ハク)ヲ打(ウツ)ト云(イヘ)ハ打板(ウチイタ)トモ書(カケ)リ　打反(ウチカヘ)ス也 （『武用辨略』巻8・56オ）
和歌八重垣・東雅・その他	「ウチカヒ」 打飼　犬ノ餌ヲ云　其餌ヲ入ルヽヲ打飼袋トハ云ナリ　飯ニ粉糠ヲツキアハセテ餅ノヤウニスルナリ　打飼袋トテ藁ニテ苞ヲアミテ入ルナリ （『歌林樸樕拾遺』）	
典拠	西園寺百首	定家三百首

【相違箇所】・15「犬の食也」（増補版）は「犬の食物也」の誤りである。整版本・岐阜版も同様に誤る。

No.	17	18
項目	うづら	うぶすゑ
和訓栞	……○鷹ヿ狩にかけ鶉といふハ馬にて鷹を居て鳥をたてゝ合する也……○小鷹にうつらふといふは逸物也といへり ○…… 後編巻3・121頁	鷹にいふ　とりかはぬをいふとぞ、 中編巻3・上巻292頁
定家鷹三百首	犬の長やりとはやり縄とて鶉にある事也　長やりとは聲にて知事也 （84・11オ） 秋ハ片鶉　春ハもろ鶉立物と也 （300・43オ） 秋の野のお花の波のよりかすを百にかきれるうつらふのたか より数百よりまても合る鷹ハ鶉府の鷹　かならす逸物なると也 （312・44ウ） 〔右312番歌は小鷹部の歌也〕	産（ウブ）すへを心得てせよ箸鷹のをのれとよハくこしハ見えつゝ うぶすへとハとりかハぬを云也 （99・13オ）
西園寺鷹百首・言塵集	秋風におはなのなミのかけ鶉袖吹かへすまのゝかり人 かけ鶉とハ馬にて鷹をすへて鳥をたてゝあはするを申也 （68・11オ）	
龍山公鷹百首・大諸礼集	付　カケ鶉トハ馬上ヨリアハセトルヲ云 （86）	
和歌寳樹・藻塩草・武用辨略	「ウツラ府」 ウツラフトハ鷹ノ胸ノ毛　ウツラノコトクナルヲイフ	
和歌八重垣・東雅・その他	かけ（鶉）――〔鷹狩也　是ハ馬にてたかをすへてかりて鳥を立てあはするを云也　かけとハかくるゝなり〕 （『藻塩草』鶉・巻10・12オ）	
典拠	西園寺百首・定家三百首	定家三百首

No.	19	20
題	うらしま	うれへのけ
和訓栞	……鷹に浦島といふハ古き鷹の称也 中編巻3・上巻306頁	愁の毛也　鷹心煩らハしき時ハ額の觜のきハの毛をたつ也といへり、 中編巻3・上巻313頁
定家鷹三百首	浦嶋か七かへりなる古鳥屋にかつをじゝをや餌にハかハまし 古き鷹を浦嶋と云と也 （162・22ウ）	箸鷹のひたひの毛をハたてなからつかれの鳥ハ草かくれつゝ ひたひの毛とは愁の毛と云也 病鷹ハかならす此毛を立ると也 （182・25ウ）
西園寺鷹百首・言塵集		鳥ハなくて鷹のミたつるひたいの毛取物なしに身をやうれふる 愁の毛とハひたいの毛也　鷹の心煩時立る毛也　鳥なくて鷹侘て額の毛をたつると云儀也　鳥を立るといふ事によせて立るといへる也　額とハ觜のきはの毛のこまかなる所を云と也 （15・3オ）
龍山公鷹百首・大諸礼集		愁の毛　気のわろきときたつる毛なり （35）
和歌寶樹・藻塩草・武用辨略		「愁ノ毛」 愁ノ毛トハ鷹ノ煩時ノ額ノ毛ノ立ヤウ也 ○生合(シヤウガフ)ノ毛(ケ)ハ息相(イキアヒ)ニ動毛(ウゴクケ)也……一本ニ生合ノ毛ハ眼先(マサキ)ノ毛ヲ云(イヘ)リ　煩鷹(ワヅラヒタカ)ニバウ〳〵ト立(タツ)ル者(モノ)也　愁毛(ウレヘゲ)ヲ立(タツ)ルト云ヘシ （『武用辨略』巻8・14ウ）
和歌八重垣・東雅・その他		「ウレヘノ毛」 愁毛トハ鷹ノ煩フトキニ額ノ毛ノ立ヤウナリ （『歌林樸樕拾遺』）
典拠	定家三百首	西園寺百首

No.	21
項目	えつさい
和訓栞	雀-鴆をよめり　或ハ悦哉の字を 用ふ　唐-韻に雀-鴆、小-鷹也 と見ゆ 後編巻3・144頁
定家鷹三百首	かたむねを猶かひ残すゑつさ いのいかにしてかハうつら取 らん かた胸をみなかふとも過るほと のよハきゑつさいをは鶉にはな 合せそと也　（314・45オ）
西園寺鷹百首・言塵集	○鷹……　さしはと云こ鷹　ゑ つさいと云も有也 （『言塵集』6・15オ。230頁）
龍山公鷹百首・大諸礼集	ゑつさいとは菩提雀とかく也 其外他流ニ字多　（98）
和歌寶樹・藻塩草・武用辨略	雀鴆　楊氏漢語抄ニ日雀鴆　和 名悦哉　唐韻ニ日雀鴆ハ小鷹也 或紫鷹　幼鷹　菩提鷹等ニ作 張九齢ガ日鴆ハ音嵩　鷹ニ似テ 小也　能雀ヲ捕故ニ江南ニ呼デ 雀鴆トス　雌雄相交テ踏鴆ト 日　秘鷹傳ニ雀鴿　雀鶪ニ作以 悦哉ノ字ニ用　今ノ人鴆ヲ佐志 波ト読ガ故歟如何　郭景純ガ日 今ノ俗鴿之ヲ雀鴆ト云　集韻ニ 鴿　本鴆ニ作　或鵽　ニ作ト云 云…… （『武用辨略』巻8・30ウ～31 オ） 「ハシタカ」 小鷹ニハ雀鷂ヲハ　ツミトモ ス、ミタカトモ云　鴆　エツサ イトヨム　説哉トモ書ナリ （『歌林樸樕』）
和歌八重垣・東雅・その他	雀鴆ハ雀鷂之雄也　其大如 鶲　共能捉雀　小鳥 （『和漢三才図会』巻44・雀鷂） 「鷂・附録」 雀鴆〔訓悦哉〕○源順日 ……必大按　今以雀鷂之 雄為雀鴆　雀鷂能鷙 鳩已下小鳥　又鷙梟・ 鷺亦有　最為希也　雀 鴆不及雀鷂　漸鷙 雀鷚之類而已……」 （『本朝食鑑』巻6・21オ～ウ） ○雀鴆ハ雀鷂ノ雄ナリ　鳥ヲ不 レ取　チカラヨハシ　ツミヨリ 猶小也　形ハ似タリ （『大和本草』「鷹」巻15・13 ウ）
備考	唐韻と和名抄か

No.	22	23
項目	えぼし	えり
和訓栞	……○鷹詞(ママ)の装束に烏帽子の上に錦の帽子も着る事あり　長秋記に見えたり 前編巻5・上巻326頁	……○鷹詞にいふハ峰の事也と三議一統に見ゆ 前編巻5・上巻330頁
定家鷹三百首		
西園寺鷹百首・言塵集		
龍山公鷹百首・大諸礼集		えりとハ峯の事。 （巻14・26オ）
和歌實樹・藻塩草・武用辨略	○鷹飼ノ装束ハ錦ノ帽子狩衣也　又革袴　縁綴ノ水干ニ下濃小袴　左ニ篭手ヲ差テ股貫ヲ著也　餌袋ニ雄　雉一ツ　別足一ツ相添テ差侍　事トソ　別足トハ鳥ノ足也　差トハ入ルト云コト也 （『武用辨略』巻8・41ウ）	
和歌八重垣・東雅・その他	次御鷹飼渡　……飛仲源結流(次第)文狩衣、紫裏白両面袴、紅衣、同色単色、熊行縢、壺ハ、キ、浅香、烏帽子、ウワヲカケリ、其上著錦帽子、又ウワヲカク結緒、カタカキ也……件御鷹飼帽子淡緋総、飼(餌カ)袋鞲鈴犬飼帽子等、累代奉下毛野久行家、而自前年大饗時、召殿下被納(了イ)之物等云々 （『長秋記』「天永四年正月十六日」の条）	
典拠	長秋記	三議一統

【相違箇所】・22「鷹詞の装束」（増補版）の「鷹詞」は「鷹飼」の誤りである。整版本は増補版と同様であるが、岐阜版は「鷹飼」となっている。

No.	24	25
題	おちくさ	おちふし
和訓栞	鷹狩の詞也　鳥の鷹に追れて草に落るをいふ也 前編巻45・上巻356頁	落伏の義　鷹狩に鳥飛のかれて草に落て伏居るをいふ也 前編巻45・上巻357頁
定家鷹三百首	箸鷹のすゝ舟よする須广の浦に蜑のさへつる鳥の落草 義なし　（24・3ウ） 落草のまた霜かれぬ秋の野に鳥とる鷹の又もとらぬか 鳥とる鷹　不知　可尋之　（86・11ウ）	
西園寺鷹百首・言塵集		鷹ハ木居鳥ハしけミの落ふしを鼻付かぬる犬の振舞 落ふしとハ鳥飛のかれて草に落て不レ走其まゝ伏也　はしらされハ犬鳥のしるへをしらすしてかミ付ぬ也　（53・9オ）
龍山公鷹百首・大諸礼集		
和歌實樹・藻塩草・武用辨略		
和歌八重垣・東雅・その他	「おちくさ」 鷹狩の詞也　鳥のたかにおハれてくさに落る也 （『和歌八重垣』巻6・12ウ）	
典拠	和歌八重垣	西園寺百首

No.	26
題	おとす
和訓栞	……○鷹をもちにて捕をも落すと いふ　常の鳥にもいふ也 前編巻45・上巻361頁
定家鷹三百首	さし落すミ山嵐のさむけれハ きせても出る鷹のふせきぬ 鷹をもちにて取をおとすと云と 也 （272・39オ） 只鳥はかり行をハ落と云と也 （199・28オ）
西園寺鷹百首・言塵集	おちハ鶉　雉　諸鳥　同事也 （72・12オ）
龍山公鷹百首・大諸礼集	鳥おとすもりのめくりに洩さ しと木居よりいてゝからむは し鷹 鳥おつるといふへき事なから鳥 落すといふも鷹詞なるにより初 心の人のためにとしるすなり 又おつると云心とおとすといふ 心すこしかハる也　おつるとい ふ心は鷹あひもはるかに引てお つる心なり　又鷹もつかぬ鳥の 遠引ておつるも同前　落すは鷹 きつく鳥を追落す也　分別すへ き歟 （27）
和歌寶樹・藻塩草・武用辨略	○偃衣(フセキヌ)或臥衣ニ作　鷹衣(タカキヌ)ノ事也 臥鷹(フセタカ)ノ時用(トキモチユルグ)　具也　蒼鷹(ヲホタカ)ニ白練(シラネリ) 紫生(ムラサキフ)　赤鷹(アカタカ)ハ生絹(スヽシ)也　常(ツネ)ノ鷹 ニハ緑(ミドリ)ノ色(イロ)ヲ用……　鷹歌ノ注 ニ云黐(モチ)ニテ取(トル)ヲ落(ヲトス)ト云　也　其 鷹ヲ嵐(アラシ)ニ當(アテ)ジトテ衣(キヌ)ヲ著(キセ)テ帰(カヘル)ヲ 偃衣(フセキヌ)ト云トゾ　其(ソレ)ハ厚紙(アツカミ)ニテス ルト有(アレ)ハ鷹衣(タカキヌ)トハ別(ベチ)ナル乎(カ)　同(ヲナシ) 物(モノ)歟(カ) （『武用辨略』巻8・53ウ） あたりおとすとハ大鷹(たか)の詞(ことは)也。 とひおとすとハ小鷹詞也 （巻14・27オ）
和歌八重垣・東雅・その他	
典拠	定家三百首

【相違箇所】・26「もちにて捕を」（整版本・増補版）↔「もちにて捕るを」（岐阜版）↔「もちにて取を」（『定家卿鷹三百首』）

No.	27	28
項目	おひは	おぼえぐさ
和訓栞	追羽の義　鷹の鳥をとらんやうに 行羽のすかたをいへりとぞ、 中編巻30・上巻373頁	鷹詞に鳥のあのあたりに落たると おもふ所をいへり、 中編巻30・上巻378頁
定家鷹三百首	落草をぬす立鳥ものびやらじ をしつけて行鷹のをひ羽に をひ羽とハ鷹の鳥をとらんやう に行羽のすかた也（186・26オ）	
西園寺鷹百首・言塵集		私おほえとハ其あたりを云と也 （42・7ウ） 鳥ハはやむかひの嶺を引こし て遠ミそつくる覚計を 私云おほえとは其あたりの草を 云　（54・9オ〜ウ）
龍山公鷹百首・大諸礼集		落草たしかにみすへぬをおほえ といへり　(28) 覚草（おほえぐさ）とはあの邊（へん）へをちたると思 ふ所を云なり。（巻14・27ウ）
和歌實樹・藻塩草・武用辨略		
和歌八重垣・東雅・その他		
典拠	定家三百首	三議一統

No.	29
項目	おほを
和訓栞	和名抄に條をよめり　大緒の義 鷹の具也　晋書に條に作り　○山緒ハ竹にて管を入るといへり、 中編巻30・上巻405頁
定家鷹三百首	足引の山あしをさす程なれや くたを入たる大緒なるらん 下句ハ山大尾と云には竹にてく だを入る也 （116・15ウ） 暮ぬとて取かふ鷹のうしろよ り鈴を付つゝ大緒さす也 （149・20オ） 足革をかりとく鷹のとほこに ハ大緒計そつなき置たる （158・21ウ）
西園寺鷹百首・言塵集	大緒とき鷹に鈴さし日たけぬ と駒打はやめいそぐ狩人 大緒とハいつもたかをつなぐ緒 の事也　それをとくなり （46・8オ）
龍山公鷹百首・大諸礼集	
和歌寶樹・藻塩草・武用辨略	條　或繫ニ作　今云大緒也　又大條ニ作　広韻ニ曰條ハ絲縄也 順曰和名於保乎　章孝標ガ飢鷹ノ詩ニ縦令紅條ノ結ヲ啄断スト モ未　君ノ呼コトヲ得ズンバ敢飛ジト云リ　五色ノ絲ヲ以組所ノ美粧ナリ （『武用辨略』巻8・46オ〜ウ） ○山足緒ト云有　其制少　異也 苧縄ニテ差ヲ云　管ヲ入タレハ管ノ條共云 （『武用辨略』巻8・45ウ〜46オ） 「大緒ノ寸法」 大鷹ノ大緒ノ長サ一丈一尺　小鷹ハ一丈也　隼トハ同前也　ハイ鷹ハ八尺　此外ハイツレモヨキ程ニスベシ
和歌八重垣・東雅・その他	倭名鈔畋猟ノ具　釈しつべき事あるをはこゝに録せり　また鷹犬ノ具に唐韻を引て韁は所三以綴二鷹狗一也　今按　一字両訓　鷹にありてはアシヲといひ犬にありてはキヅナといふと注したり　アシヲとは鷹の足に綴るをいふ也　即今ヘヲといふものこれ也　また條　読てヲホヲといふハ即今俗に大緒としるすもの也 （『東雅』巻9・釣・227頁） 「大緒寸法」 大鷹大緒長サ一丈一尺　小鷹ハ一丈ナリ　隼同前ナリ　鷂ハ八尺　此外イツレモヨキホトニスヘシ　（『『歌林樸樕拾遺』）
典拠	和名抄・晋書・定家三百首

【相違箇所】・29「條に作り」（「作り」は「つくれり」と読む。増補版）の「條」を整版本・岐阜版は「絛」（異体字）に作る。

No.	30	31
見出	おもしる	おもひご
和訓栞	鷹にいふ　面知るの義也といへり 万葉集にみゆ、 中編巻30・上巻410頁	……定家卿鷹の歌 親をとる鷲のつらさにこゝろあ らハ鷹やしらまし鳥のおもひ子 親鷹か子をかなしみて子のあたり を立さらぬを鷲ハまつ親をとるも のなりといへり 前編巻45・上巻414頁
定家鷹三百首		親をとる鷲のつらさに心あら ハ鷹やしらまし鳥の思ひ子 子をかなしミておや鷹か子のあ たりをはなれぬほとに先親を鷲 か取もの也　そのつらさのこと く鷹に鳥を取とも鳥のおもひ子 の哀をしれと也　（262・37オ）
西園寺鷹百首・言塵集		
龍山公鷹百首・大諸礼集		
和歌寳樹・藻塩草・武用辨略	おもしる（鷹）――〔ぬしる也 おもは面也〕 （『藻塩草』鷹・巻10・16オ）	
和歌八重垣・東雅・その他		
典拠	藻塩草か	定家三百首

【相違箇所】・31　親鷹か子をかなしみて・立さらぬを（整版本・翻刻本）←→　子をかなしみておや鷹か・はなれぬほとに（『定家卿鷹三百首』）

No.	32	33
項目	かき	かき
和訓栞	……○鷹に柿をよめる歌鷹三百首に もみちする柿のもとなるしのふ 水こり（ママ）て赤ふの鷹にかふらん 故郷の柿のもとつ葉わる鷹（ママ）の萩 にそへてや田鳥（シギ）をつくらん 前編巻6上・上巻442頁	……○鷹に柿をよめる歌三百首に もみちする柿のもとなるしのふ 水とりて赤ふの鷹にこ（ママ）ふらん 故卿（ママ）のかきのもとつ葉わか鷹の 萩にそへてや田鳥（シギ）をつくらん、 中編巻4・上巻443頁
定家鷹三百首	紅葉する柿のもとなるしのふ 水とりてあかふの鷹にかふら ん （89・11ウ） 故郷の柿のもとつ葉若鷹の萩 にそへてや鴫を付（けイ）らん （352・49ウ）	右に同じ
西園寺鷹百首・言塵集		
龍山公鷹百首・大諸礼集		
和歌寶樹・藻塩草・武用辨略		
和歌八重垣・東雅・その他		
典拠	定家三百首	定家三百首

【相違箇所】・32・33は重出。・32「水こりて・わる鷹」（増補版）は「水とりて・わか鷹」の誤りである。整版本・岐阜版は「水とりて・わか鷹」となっている。

・33「鷹にこふらん」（増補版）は「鷹にかふらん」の誤りである。整版本・岐阜版も同様に誤る。また、「故卿」（増補版）は「故郷」の誤りである。整版本・岐阜版は「故郷」になっている。

No.	34	35	36
題	かげのけ	かざきり	かさながれ
和訓栞	鳥の下おとがひの毛をいふ　鷹にもいへり 後編巻4・185頁	……○鳥にいふハ倭名抄に翈をよめり　翼にある短羽也といへり ○…… 中編巻4・上巻460頁	鷹狩によめり　風に吹れてわきへ流れそるゝをいふなり 後編巻4・193頁
定家鷹三百首	はしたかの野守のかゝみ底清ミかげの毛よりハ先ハみゆらん 下をとがひの毛の事也　鷹に不限諸鳥にうけかひとてあり　かげの毛の事也　（216・30ウ）		はし（筋イ）たかのおきつな出そ漕よハり風なかれする須广の浦ふね 此哥　可尋知云々（225・32オ）
西園寺鷹百首・言塵集			
龍山公鷹百首・大諸礼集			
和歌實樹・藻塩草・武用辨略	○受飼ハ頤ノ所也　其本ヲ觜揺ト云　一本ニ陰ノ毛ト云アリ　今云受飼ノ毛ノ事也　或山陰ノ毛共云　觜下ヲ山陰ト云ガ故ナリトゾ （『武用辨略』巻8・15ウ）	○翈　或風切ニ作　唐韻ニ曰翈ハ翮上ノ短羽也　尓雅ニ羽本ヲ翮ト云　一ニ曰羽ノ根也ト云云　翈　和名加佐幾里　異名楦　門ノ毛　秘傳アリ　関門ト書ハ誤ト云云 （『武用辨略』巻8・18ウ）	
和歌八重垣・東雅・その他		翈　音匣 和名加佐木理　翼者翅也　翮者羽本即羽根也　翈者翮上ノ短キ羽也 （『和漢三才図会』巻44・翼）	
典拠	定家三百首	和名抄と武用辨略か	※

No.	37	38
項目	かざむけのけ	かたがへり
和訓栞	風￢向の毛也　鷹のうしろのかまちに白き毛のまじりたる所（ママ）ある毛也といへり 後編巻4・193頁	倭名鈔に撫鷹をよめり　二歳の名也　鷹の一鳥屋したるをかたかへりといひ　二とやしたるをもろがへりといふといへり　撫鷹　青鷹をもて分てり 前編巻6上・上巻479頁
定家鷹三百首		去年よりハ鳥やまさりするかたかへりかり行末の秋そ悲しき かたかへりとハ若たかの事也 （66・8ウ〜9オ） 鷹ハはやもろかたかへり過ぬ也いまいく年か鳥屋をかハまし もろかたかへりとは三鳥やの事也 （161・22ウ）
西園寺鷹百首・言塵集		○鷹　追加……鷹の一歳をハ黄鷹と云也　若たか也　二歳をハ撫鷹とも云なり　かた帰　同物也　三歳をハ青鷹と云也　白たか同物也……　是等順か和名抄に有 （『言塵集』7・1オ。233頁）
龍山公鷹百首・大諸礼集	春の野に巣臥て鳥のたゝぬ日はかさむけの毛をたつるはし鷹 風向（カサムケ）の毛は鷹のうしろかまちにしろき毛のましりたる所にある毛なり　はらをたつる時の毛なり （34）	
和歌實樹・藻塩草・武用辨略		「カタカヘリ」 カタカヘリトハ鷹ノ一鳥屋シタルヲイフ　二鳥ヤハ諸鶬　三鳥ヤハ諸方鶬也 最（モットモ）一歳ノ若鷹（ワカタカ）ヲ黄鷹（ワウイヨウ）トシ　之（コレ）ヲ巣鷹（スタカ）と云　二歳ヲ鶬鷹（ベンイヨウ）ト云　或片鶬ニ作　三歳ヲ両鶬（モロカヘリ）　又四歳ヲ両片鶬（モロカタカヘリ）ナド云　四歳已後（イゴ）ヲ両々鶬（モロ〳〵カヘリノタカ）　鷹ト云リ　且幾鳥屋（カツイクトヤ）ト云ハ巣鷹（スタカ）ノ辞（コトハ）　也ト云云 （『武用辨略』巻8・24オ）
和歌八重垣・東雅・その他		「片鶬」 カタカヘリトハ鷹ノ一鳥屋シタルヲ云　二鳥屋ヲ諸鶬　三鳥屋ハ諸方鶬ナリ （『歌林樸樕拾遺』） 「かたかへり」 鷹の一鳥屋したるをかたかへりといひ　二とやしたるをもろかへりといふ也 （『和歌八重垣』巻5・12オ） 二歳ヲ　曰二撫鷹一ト　又曰二片鶬（カタカヘリ）一ト 〔訓ス二加太加閉利一ト〕 （『和漢三才図会』巻44・鷹）
典拠	龍山公百首	和名抄・和歌八重垣・※

【相違箇所】・37「所ある毛」（整版本〈後編〉）は「所にある毛」の「に」助詞を脱した誤りである。岐阜版も同様に誤る。

No.	項目	和訓栞	定家鷹三百首	西園寺鷹百首・言塵集	龍山公鷹百首・大諸礼集	和歌實樹・藻塩草・武用辨略	和歌八重垣・東雅・その他	典拠
39	かねつけのけ	鷹にいへり　觜のわきにある毛也 といへり 後編巻4・219頁	母鷹のかね付の毛ハふし柴の 羽や取分てくろふなるらん かね付のけとて觜のわきに有毛 也 （201・28オ）		かねつけ毛　くれはとり　何れ もたかの毛の名なり　（51）	○漿付ノ毛ハ今ニ云浮世毛也　青 觜ノ根ヲ帯生タル細毛也　一本 ニ鷹快　トキ散々ト動シ立ル故 ニ印ノ毛共ニ云リ　又験毛ニ作 母鷹ノ漿付ノ毛ノ浮世毛ニ心 若グ印毛ソ見ル （『武用辨略』巻8・15オ）	觜ノ脇毛ヲ曰ニ歯黒付ト一訓 （『和漢三才図会』巻44・鷹）	定家三百首
40	かへりさす	鷹にいふ詞也　眠（ママ）りとて顔をうし ろへする事なり 後編巻5・243頁	あらたかの夜すへいく夜に成 ぬらん手袋引てかへりさすな り かへりさすとハ眠るとて皃をう しろへする事也　（112・15オ）					定家三百首
41	かへる	……○倭名鈔に卵のかへるハ鵙（ママ）と いふ　鷹のかへるハ鴘也　二歳を ふるをいふ　……	同母のあたゝめなからかへる 子のすをとりになと生れ来ぬ らん 可尋　（32・4ウ）			顕昭抄ニ曰鴘トハ毛ノ替　侍 ヲ云　……　鴘トハ鳥屋ニテ毛ノ 替　也　故ニ鳥屋鴘ト云ヲ中畧 ニ屋ヲステ、鳥鴘ト云トゾ （『武用辨略』巻8・24ウ～25 オ）	顕昭云たかにかへるといふこと をよむハけのかはるなり　とや かへりといふは鳥屋にて毛のか はるなり　やまかへりといふは やまにてけのかはるなり　され は黄鷹と書てハわかたかとよむ 一歳のたかなり　撫鷹とかきて はかたかへりとよむ　二歳なり	

【相違箇所】・40「眠り」（整版本〈後編〉）の「眠り」は「眠る」の誤りで、岐阜版も同様に誤る。・41〈谷川士清自筆の『歌林樸樕　和哥實樹抄録』（岩瀬文庫蔵）に引用が認められる。

No.	41
題	かへる
和訓栞	前編巻6下・上巻533頁
定家鷹三百首	
西園寺鷹百首・言塵集	
龍山公鷹百首・大諸礼集	
和歌寶樹・藻塩草・武用辨略	※『歌林樸樕』を『藻塩草』と比較するため前者を左に、後者を下に載せる。 「トカヘル鷹」 我レカ身ハトカヘル鷹ト成ニケリ年ハフレトモ恋ヲ忘レス 鷹ニカヘルトヨムハ毛ノカハル事也　トカヘルハ鳥ヤニテ毛ノカハルナリ　ヤマカヘリハ山ニテ毛ノカハル也　サレハ黄鷹ト書テハワカタカトヨム　一歳ノ鷹也　撫鷹ト書テハ鷹カヘリトヨム　二歳ナリ　鵮ト書テハトカヘルトヨム　経二歳也 ※注　「鵮ト書テハカヘル」とあるが、他本（宮内庁書陵部蔵第二本・静嘉堂文庫蔵本等）は「カヘル」とある。頭注に「鵮タカトヨマセ候　経二歳鷹ヲ云トアルニテキコエタリ」とあることから「ト」は補筆と断じ、本文「カヘル」と解釈する。
和歌八重垣・東雅・その他	鵮とかきてかへるとよむ　経二二歳一なり（『袖中抄』第9） とかへる――〔〇われか身ハとかへる鷹となりにけりとしをふれともこひをわすれす 顕昭云鷹にかへると云事をよむは　けのかはる也　とやかへりと云は鳥屋にて毛のかはる也　山かへりと云は山にて毛のかはる也　されは黄鷹とかきてハわかたかとよむ　一歳の鷹也　撫鷹とかきては　かたかへりとよむ　二歳也　鵮とかきて　たかへるとよむ　経二歳也〕 （『藻塩草』鷹・巻10・16オ）
典拠	和名抄と歌林樸樕又は藻塩草か

【相違箇所】・41「卵のかへるハ鵰」（増補版）とあるが、これは「孵」の誤りである。整版本・岐阜版も同様に誤る。

No.	42	43
項目	かもゐ	からくつわ
和訓栞	鷹のまろくに居をいふ 鴨_居の義 ○…… 後編巻5・266頁	唐鑣の義也○甲州山中鷹の事をいふハ昔宇治の宝蔵の唐鑣を七月七日の捜物の時鷹の捉て山中の巣に置たり 其鷹ハ甲斐の国より献ずる所の鳥也 是より甲州鷹の別称とすといへり 前編巻6下・上巻564頁
定家鷹三百首	水餌かふかもゐの鷹の青鵇のねふたかりつるけさのあさすへ かもゐとハ尾をそらしてまつろくに居るを云 (109・14ウ) かもゐとてまつろくに居ハ水にたかの心残れりとしれと也 (205・29オ)	駒つなく小田のほたてのからくつわ鷹に鳥をや草にはむらん からくつわ 不知 可尋之 (83・11オ)
西園寺鷹百首・言塵集		
龍山公鷹百首・大諸礼集	水鳥をかけおとしたるみなと川鴨居の鷹のつかふみさこ羽 かもゐのたかとは鴨のゐすまゐの様ニたちのひす よこさまにみゆる鷹を云也 (90)	
和歌寳樹・藻塩草・武用辨略	○躰様亦品アリ 鴨居様 鷗様 鷺居様 鏑様 冨士様 此外品々ナル居様アリ (『武用辨略』巻8・33オ)	唐轡ト云シモ甲州山中鷹ノ事也 昔宇治ノ宝蔵ノ唐轡ヲ七月七日ノ捜物ノ時鷹ノ捉テ山中ノ巣ニ置タリ 其鷹甲斐国ヨリ献ズル所ノ鳥ナリ 是ヨリ甲州鷹ノ別称トス 今モ蒼鷹ヲ日向巣ト云 鶻ヲ丹後巣ト云 又鷂ヲ伊豫鷹ナド云テ古例ヲ呼トゾ 猶異傳アリ (『武用辨略』巻8・26オ〜ウ)
和歌八重垣・東雅・その他		
典拠	定家三百首	武用辨略

【相違箇所】・42「鷹のまろくに居」(整版本・岐阜版) ←→ 「まつろくに居」(『定家卿鷹三百首』)

No.	44
題	かり
和訓栞	……○……凡其名目　宿狩　夕狩　朝狩　鳥狩　初鳥狩　小鷹狩　日次狩　贄狩　荒熊狩　川狩　薬狩　桜狩　紅葉狩　茸狩　柴(ママ)狩　などいへり　○…… 前編巻6下・上巻570頁
定家鷹三百首	
西園寺鷹百首・言塵集	○狩　とまり狩　朝狩　夕狩　小鷹狩　初鳥狩　日次の狩　桜かり　若菜かり　茸かり　紅葉狩　此四ハ尋るをかりと云也　柴かりと云も尋事也　あらくま狩　薬かりとハ四月五月の間のかりなり　四月と書てまつり月と読也　一説にハ五月五日の狩を薬かりと云々　顕昭云桜かりとハ桜かりにハ非　小くらかりて雨ハふりきぬとよめる也　さくらあさも桜麻にハあらす　小黒麻と云心也と云々　定家卿ハ桜をもとめたると云々　狩杖　狩倉　狩つとい　是等皆かり言也　贄狩　河狩 （『言塵集』6・9ウ～10オ。224～225頁）
龍山公鷹百首・大諸礼集	
和歌實樹・藻塩草・武用辨略	猟ハ禽獣ヲ逐　以害ヲ除　尓雅ニ春ノ猟ヲ蒐トス　蒐ハ左傳ノ註ニ孕ザル者ヲ擇　取也　春ヲ畋ト云　畋ハ音　田　又春猟ヲ云　田ノ為ニ害ヲ除　夏猟ヲ苗トス　左傳ノ注ニ苗ノ為ニ害ヲ除　秋猟ヲ獮トス　左傳ノ註ニ獮ハ殺也　殺ヲ以名トス　秋気ニ順　テ也　冬猟ヲ狩トス　左傳ノ註ニ狩ハ圍　守　也　孔氏ガ日狩ハ猟ノ惣名ト云云 （『武用辨略』巻8・4オ～ウ）
和歌八重垣・東雅・その他	○狩之事　とまり狩　夕狩　朝狩　とかり（鳥狩也）　小鷹狩　たかがり（鷹野とも）　初とかり　贄狩　日次狩　河がり　荒熊狩　さくら狩（桜をとる也）　若菜かり　茸かり　紅葉かり　紫かり　是等の五ツは尋る事をかりと云也　薬　狩とハ五月五日に百草をとる事也　海士のふねにていさりするをも夕狩とよめり （『和歌呉竹集』巻3・30オ）
典拠	和歌呉竹集

【相違箇所】・44「柴狩」（増補版）は「紫狩」の誤りである。整版本・岐阜版は「紫狩」となっている。なお『言塵集』（整版本）には「鳥狩」が認められない。

No.	項目	和訓栞	定家鷹三百首	西園寺鷹百首・言塵集	龍山公鷹百首・大諸礼集	和歌寶樹・藻塩草・武用辨略	和歌八重垣・東雅・その他	典拠
45	かりくら	東鑑に狩倉と見えたり　狩場をいへり、 中編巻4・上巻572頁			しける木の山のあはひハとさけひをしるへはかりに鷹やあはせん 鹿猪を狩山をは　かり場又ハかりくらと云なり　鷹山のよきをは鷹場と云へき歟　(16)		為レ(タメニ)覧ニ(ミ玉ハン)下野ノ国。那須野(ナスノ)。信濃ノ国ノ三原等(ミハラトウノ)狩倉(カリクラヲ)一。今日進発(シンハツシ)給(フ)。 (『東鏡』建久四年三月二一日)	東鑑・龍山公百首
46	かりつめ	稲を刈て少し刈残したるに鶉多く集りて喰をかりつめの鶉といふ 小鷹の詞也といへり 後編巻5・280頁	秋近く成にけらしな小山田の稲葉もそよとかりつめのたか かり残す田に有鶉の事と也　百首に委　(96・12ウ)	一よりに手はなしぬれハ追さまに鶉むれたつ小田のかりつめ かりつめとハ稲をかりてすこし残したるに鶉多くあつまりて喰をかりつめの鶉と申也　秋也 大鷹にはなき詞也　枯野の鶉也 秋冬かけて申也　同小鷹の詞也 (71・11ウ〜12オ)		「カリツメ」 カリツメトハ稲ヲカリノコシタルニ鶉オホクアツマリテ喰ヲカリツメノ鶉ト云　秋也　大鷹ニハナキ詞也	「カミスサム」 稲ヲ刈残シタルニ鶉多ク集リテ食ヲカルツメ(ママ)鶉ト云　秋也　大鷹ニハナキ詞也 (『歌林樸樕拾遺』)	西園寺百首

No.	47
題	かりづゑ
和訓栞	狩杖の義　さきに岐(マタ)のある杖也 是にて柴を打なり　鷹師ハ笠の端 にくらべてきり　犬かひハ目通り にくらへて切也といへり　桜木を 用うとそ、 中編巻4・上巻572頁
定家鷹三百首	はし鷹の日かけの羽をハ杖な から帰るさくらき山のした陰 かり杖には桜の木をする物なれ ハ帰るさくらきに桜木を立入た り （172・24オ） はし鷹のしらふにきれる狩杖 の長さや人のたけによるらん 杖の尺ハ其人々のたけに切もの と也 （192・27オ）
西園寺鷹百首・言塵集	のかれえぬ雉のかくれも哀な りかり杖ならす山の下柴 かり杖ハ狩の杖也　鷹師ハ笠の 端とをりにくらへて切也　犬飼 ハ目のとをりにくらへて切る也 （35・6オ～ウ） ○鷹……たか杖ハかり杖同前 也 （『言塵集』5・30オ～ウ。199頁）
龍山公鷹百首・大諸礼集	
和歌賓樹・藻塩草・武用辨略	「カリ杖」 カリ杖トハ鷹詞也　サキニマタ ノアル杖也　犬カヒ鷹匠ノ笠ノ ハニクラヘテキル也　狩杖ノサ キノマタヲハ草ヲシト云 ○狩杖(カリツエ)ハ大拂(ヲホハラヒ)　杖(ツエ)共云リ　長(タケ)ハ 我身(ワガミ)ノ乳通(チトヲリ)ニ切(キル)也　末(スエ)ニ股(マタ)アリ 之ヲ草押(クサヲシ)ト云　木(キ)ハ桜(サクラ)　或胡頽(グミ) 傳(デン)ニ依(ヨル)ベシ （『武用辨略』巻8・41ウ） ……狩杖(カリツエ)ヲツク也　杖(ツエ)ノ長(タケ)ハ 我蒙(ワガカブリ)タル笠(カサ)ノ端通(ハシトヲリ)ニ切事(キルコト)也　末(スエ) ニ股(マタ)アリ　是モ桜木(サクラギ)也 （『武用辨略』巻8・57ウ）
和歌八重垣・東雅・その他	「カリエ(ママ)」 狩枝(ママ)　鷹ノ詞也　サキニ股アル 枝(ママ)ナリ　犬飼鷹匠ノ笠ノ端ニク ラヘテキルナリ　其狩枝(ママ)ノサキ ノ股ヲハ草押ト云 （『歌林樸樕拾遺』）
典拠	和歌賓樹・西園寺百首と定家三百首を踏まえるか

【相違箇所】・47「笠の端に」（整版本・翻刻本）←→「笠の端とをりに」（『西園寺鷹百首』）。なお『歌林樸樕拾遺』の「カリエ・狩枝」は「カリツエ・狩杖」の誤りである。

No.	48
題	かりのつかひ
和訓栞	……○狩使ハ鷹狩の使をいふ　巡狩の義也といへり　伊勢物語にいへる是也とそ…… 前編巻6下・上巻574頁
定家鷹三百首	
西園寺鷹百首・言塵集	
龍山公鷹百首・大諸礼集	
和歌實樹・藻塩草・武用辨略	かりの（使）──〔鷹狩の使也　又云鹿狩の使共いへり　鹿皮鹿角等諸国被召物也と云々　たゝ鷹かりの儀を可用と云々　或云仮の使と云々　是もいはれさるかと云々〕 （『藻塩草』使・巻15・7オ） ○かりの使とハ鷹狩の事也。異朝にも巡狩とて自身国をめくりて狩するは。其国の地配を見ん為也。此国も一任三年にて吏務をしつべき器にたへたる者に。国をもたしむるに。當任の者が何と国を治るそ。又民のうれへなく　したがふかなとを見せしめん為也。国の守しかるべき様に相はからへば。延任させらるゝ事もあり。かくのごとくのことゞもを。見はからひ申せとの子細にて狩の使としてつかハさるゝ事なるべし （『和歌呉竹集』巻3・25オ）
和歌八重垣・東雅・その他	顕昭云かりのつかひとハ鷹狩の使也　伊勢物語に云むかし男ありけり　そのおとこ　いせの国にかりのつかひにいきけるにかの伊勢の斎宮なりける人のおや三條町〔惟高のみこの母なり〕つねのつかひよりハ此人よくいたハれといひおこせたりけれは……又同物語云むかしおとこかりのつかひよりかへりきけるに　おほよとのわたりにやとりていつきの宮のわらハへにいひかけゝる云々　清輔朝臣云狩のつかひは鷹狩の使也　狩の使とよむへし……此伊勢物語の詞ハひとへにたかかりの使也　余義あるへからす　又斎宮へおほやけのまいらせさせ給御使ともみえす　（『袖中抄』第6）
典拠	袖中抄・和歌呉竹集

※・48の『伊勢物語』は69段・70段（大系本）に認められる。

No.	49	50
題	かりばのとり	きゝすゑとり
和訓栞	狩‐場の鳥也 雉‐子をいふといへり ○大鷹小鷹ともに雉にかぎらず鳥を取ぬれば山の神を祭る事あり 鳥のうしろの毛雨おほひを取 下毛とて尾の上に草の如くなる毛 あるを奉る也 後西園寺殿鷹百首に 笠の上に上毛下毛を手向置て けふの狩場の神祭るなり 後編巻5・281頁	鳥の聲を夜聞‐置て其所を狩也といへり 又雉の鳴を野‐山に聞すまして鈴の子をさしてならぬやうにして鷹を合すをもいふ 後編巻6・291頁
定家鷹三百首		ない鳥の事也 聞すへ鳥のたくひ歟 （5・1ウ） 日影さす春野の雪の朝なきに 聞すへてをく鳥やたゝまし 義なし 聞すへ鳥の事なり （6・1ウ）
西園寺鷹百首・言塵集	笠の上に上毛下毛を手向をきてけふの狩はの神祭つゝ（なり イ） 鳥を取ぬれハ鳥のうしろの毛雨おほひを取 下毛とて尾の上にしたと云草のことくなる毛をぬきて山の神を祭る事也 雉に限らす大鷹小鷹何れも有 （79・12ウ～13オ）	心なく真柴をならす山風にまたなく鳥ハ聞も定めす なき鳥 ない鳥とて有 同事也 雉の鳴を野山によく聞すまして鈴の子（ご）と云物を鈴にさして鈴のならぬ様にして鷹をすへて よりて狩立て合する也 聞すへ鳥とも申也 ね鳥かりとハ早朝に伏たる鳥を狩也 ない鳥狩ハ時をいはさる也 （94・15オ）
龍山公鷹百首・大諸礼集	又鷹狩にも狩場の鳥なとゝ歌にもよむなり （16）	
和歌寶樹・藻塩草・武用辨略	御たかかり〔……〇笠の上に 上毛した毛を手向をきて今日 のかり場の神まつりつゝ 鳥をとりぬれハとりのうしろの毛 雨おほひをとり したけとて尾のうへにしたと云草のことくなるけをぬきて山神をまつる事也 大鷹小鷹何も云り 雉にかきらすと云也〕 （『藻塩草』鷹・巻10・15オ）	「キヽスヘ」 キヽスヘ鳥トハ春也 夕ニネクサ鳴トテ雉ノ鳴ヲ聞テ早朝ニ狩立テ鷹ヲアハスル也
和歌八重垣・東雅・その他		○聞すへ鳥とハ雉子（きゞす）の事なり 鳥聞ふするとも （『和歌呉竹集』巻9・6オ）
典拠	西園寺百首・※	西園寺百首・※

No.	51
項目	きづな
和訓栞	倭名抄に攣また絲（ママ）をよめり　犬にいふ也　牽綱の義也　紲も同し　今ノ世鷹家に木綱あり　山椒の木をもて作るをよしとす　くさりに代用といへり　涅槃経に犬を枷する是也　○…… 前編巻7・上巻600頁
定家鷹三百首	
西園寺鷹百首・言塵集	
龍山公鷹百首・大諸礼集	
和歌寶樹・藻塩草・武用辨略	攣……鷹ニ在テハ阿之乎ト云犬ニ在テハ岐豆奈ト云云 （『武用辨略』巻8・45ウ） 紲　或攣ニ作　然共、攣ハ足緒ノ字ニ用ルガ故ニ紲ヲ以ス……或書ニ今世鷹人ノ木綱トスルモノアリ　山椒ノ木ヲ以作ヲ好トス　長二尺五寸　太ハ見合ニスベシ　鏁ニ代テ之ヲ用ユト也……○鏁ハ和名鈔ニ日野王案ズルニ鏁ハ音梅　犬ノ鏁ト云云　又犬枷ノ二字ヲ首綱ト訓ズ……涅槃経ニ譬バ犬ヲ枷シテ之ヲ柱ニ繫テ終日　柱ヲ遶テ離ルコトヲ得コト能ザルガ如ト云云 （『武用辨略』巻8・57ウ～58オ）
和歌八重垣・東雅・その他	倭名鈔畋猟ノ具　釈しつべき事あるをはこゝに録せり　また鷹犬ノ具に唐韻を引て攣は所三以綴ニ鷹狗一也　今按スルニ一字両訓　鷹にありてはアシヲといひ犬にありてはキヅナといふと注したり　アシヲとは鷹の足に綴るをいふ也　即今ヘヲといふものこれ也　また條　読てヲホヲといふハ即今俗に大緒としるすもの也　キヅナとは牽綱也　狗を牽く縄也　文選注を引て綵は牽也　またキヅナと読む　犬枷はクビヅナといふ也と注せりクビヅナとは犬の頸に繫るをいふ也 （『東雅』巻9・釣・227頁）
典拠	和名抄・武用辨略・東雅

【相違箇所】・51「攣また絲」（増補版）の「絲」は「綵」の誤りである。整版本・岐阜版は「綵」となっている。

No.	52	53
題	きみしらす	きりやどまり
和訓栞	楊弓にいふ　鵠の両翼の裏にある所の羽也　鷹及鶴にいふも翼にあり　羽から(ママ)のかたかへりに二枚づゝあり　今いふおもひは也　○…… 中編巻5・上巻611頁	鷹の詞につかれの鳥を捨る事といへり、 中編巻5・上巻625頁
定家鷹三百首	継尾ハ君しらすと云所に有を云と也　（8・1ウ） 年〳〵の御狩にあへるはし鷹の君しらすとや羽をハいはまし 君しらずとは羽うらの片かへりに二枚つゝ有を云也　（239・34オ）	よめ鳥を犬をふ鷹を取かひて本のつかれに帰るかり人 たかにをハれて行をハつかれの鳥と云　（199・28オ） 捨てけり鷹とりかはぬみかりハの山おちしつる犬の打かひ鳥をゝはぬを捨ると云　（226・32オ）
西園寺鷹百首・言塵集		
龍山公鷹百首・大諸礼集		きりやとまりとハつかれを捨(すつ)る事也　（巻14・28オ）
和歌實樹・藻塩草・武用辨略	○君不知(キミシラズ)　両翼(リヤウヨク)ノ裏(ウラ)ニアリ　尋(ヨノ)常(ツネ)ノ鳥(トリ)ニ同　片鵃(カタカヘリ)ニ二枚宛(マイツヽ)アリト云リ　然(シカレ)共必(カナラズ)トハシ難シ　（『武用辨略』巻8・18オ）	
和歌八重垣・東雅・その他	「鵠・集解」 翅ノ之裏ウラノ　羽附ツイテレ脇ニ　有羽之細長潔白ニシテ而羽茎クキ中正ナル者ノ　俗ニ呼テ號スニ君不レ知ラ　此レ造ルニ楊弓ノ之箭羽ヲ者也ナリ　翫フノレ楊弓ヲ之人　捜リ索テ四方ニ以テ甚タ愛ニ惜ス之ヲ　（『本朝食鑑』巻5・5オ）	
典拠	定家三百首と本朝食鑑又は武用辨略か	三議一統

【相違箇所】・52「羽からの」（増補版）は「羽うらの」の誤りである。整版本・岐阜版も同様に誤る。

No.	54	55
項目	くゝる	くさとるたか
和訓栞	……○言塵集に鷹の足緒をくゝりと訓せり、　中編巻6・上巻631頁	鷹狩の詞也　鷹の鳥をとりて偏手(カタ)に草をとりて力草とする也、
定家鷹三百首	夏かひの鳥やくらけなる若鷹にひき鳥見せてくゝりもそする　（51・7オ）	雪をうすミ若菜つむ野に懸落し草取鷹の七嶺の鈴　（2・1オ） 秋の野のまた霜かれぬかやくきをしハし草どるつミのわかたか しはし草とるとは鳥をはとらて二物のするわさと也　（328・46ウ）
西園寺鷹百首・言塵集	ゆたねまきあらきの小田をもとめんとくゝりハぬれぬ此河のせに あらきの小田　名所なり　ゆたねハゆたかなる種なり　くゝりハ足緒と書り （『言塵集』7・3ウ。236頁）	草とるとは鳥を追おとして草のかしらをとりはまるを草とると申也　又草の上にてたやすく取をも草取と申也　是ハおほえのすかた計をとるを草とると申也　（42・7オ～ウ） 此草とるは草のかしらにて取事也　（45・7ウ） 草とりとハ草とるに同前　草をとる也　（69・11ウ）
龍山公鷹百首・大諸礼集		草とるとハ草をもむとかたる事也　ほめたる鷹のふるまひなり……此草とるは鳥を草へをひおとし　うちいれ〳〵するにより　鳥足鳥になり　立あからすはしりつかれて鷹にとらるゝ事也　足鳥とハはしるはかりにてとひあからさるを云也　（13） 草とる　草にてとる事なり　（31）
和歌寶樹・藻塩草・武用辨略		「クサトル鷹」 ……草取トハ草中ニテ雉ヲ取ヲ云也　ソラトルトハ空ニテトルヲ云也　丸カ云トルノトノ字濁ヘシ
和歌八重垣・東雅・その他		「草とるたか」 鷹狩の詞也　鷹の鳥をとりてかたてにて草をとりてちからとする　是をちからぐさといふ （『和歌八重垣』巻6・17オ） 「クサトルタカ」 ……草取トハ草中ニテ雉ヲ云(ママ)ナリ　空ニトルトハ空取ト云丸云取ノト文字濁ルヘシ （『歌林樸樕拾遺』）
典拠	言塵集	和歌八重垣

No.	55	56
題	くさとるたか	くさり
和訓栞	中編巻6・上巻635頁	日本紀に鎖をよみ　倭名鈔鷹犬の具に鏁をよみ　鞍馬ノ具に緇をよめり…… 中編巻6・上巻638頁
定家鷹三百首		
西園寺鷹百首・言塵集	岩瀬野に……草取と云事もつかれと云事も大鷹に云詞也 （『言塵集』5・17オ。180頁） ○鷹のねとりかひ……鷹の木居とると云ハつかれの鳥の落草を守て犬かひの来る程木に居たるをこゐと云也　草とると云も如此の時とりのはたらく時草のゆるくを落かゝりて鳥をからミてとゝむるを草とるとも云　ゆるく草とるとも云也 （『言塵集』6・16オ〜ウ。231〜232頁）	
龍山公鷹百首・大諸礼集	草とりハ前ニしるすごとく草をもむ事也　（54） 草(くき)を取とハ取てハはなちくする事なり　されば一草　二草とると云也　（巻14・26ウ）	
和歌資樹・藻塩草・武用辨略	草とる〔鳥を草においをとして鳥を取えすして鳥の落草を取を云也〕 （『藻塩草』鷹・巻10・14ウ）	○鏁(クサリ)ハ和(ワ)名鈔(メウセウ)ニ日野(ヤ)王案(ワウアン)ズルニ鏁ハ音(コエ)梅(バイ)　犬(イヌ)ノ鏁(クサリ)ト云云 （『武用辨略』巻8・58オ）
和歌八重垣・東雅・その他		
典拠	和歌八重垣	和名抄・日本書紀

No.	57
項目	くち
和訓栞	……○鷹を韓語にくちといふ事仁（ママ）徳紀に見えたり　倭名抄に倶知ノ両字急（ママ）ニ読レ屈といへり　百済に鳩鶴といへる是なり　本草鷹の一名にも鵃鳩と見えたり　俊頼の歌にもよめり　今の朝鮮語にハまいといへりとそ 前編巻8・上巻652頁
定家鷹三百首	
西園寺鷹百首・言塵集	
龍山公鷹百首・大諸礼集	
和歌寶樹・藻塩草・武用辨略	「クチ」 屛風ノ絵ニ春山里ニ人〳〵ナガメテヰタルニ野ニタカヾリスル所ヲ俊頼ノヨメル キヽス鳴スタノニキミカクチスヱテアサフマスランイサユキテミン 顕昭ノ云スダ野　所名也　君ハウダノカタノヲ書タガヘルニヤ クチハ鷹名也　倶知ヲカケリ 日本紀ニミエタリ 順ノ和名鈔ニ鷙音四　和名太加今案ズルニ古語ニ日倶知　両字急読ノ屈　百済ノ俗鷹ト号ス日本紀私ノ記ニ見タリト云云 （『武用辨略』巻8・2ウ）
和歌八重垣・東雅・その他	「クチ」 倶知　日本紀鷹ヲ云ナリ　屛風ノ絵ニ山里ニ人々ナカメテ居タルニ野ニ鷹狩スル処ヲ　俊頼 キヽスナクカリ（ママ）野ニ君カ鷹スヘテアサフマスランイサ行テミン 顕昭云スク（ママ）野　所ノ名ナリ　君ハ菟田　交野ヲ書違ヘタル歟 倶知ハ鷹ノ名　日本紀ニ有 （『歌林樸樕拾遺』） 俗呼びて倶知といふと奏す　これ今の鷹也〔今のごときは朝鮮之俗　鷹をバマイといふ也　彼ノ国にしても古今の方言同じからぬ事ある事またかくのごとし〕 （『東雅』巻17・鷹・393頁） 「くちのはがひ」 くちとハ鷹の名也　はかひハ羽也 （『和歌八重垣』巻6・15オ）
典拠	和名抄・東雅・※

【相違箇所】・57「仁徳紀・鳩鶴」（増補版）は「日本紀・鳩鵃」の誤りである。整版本・岐阜版は「日本紀・鳩鵃」となっている。

No.	題	和訓栞	定家鷹三百首	西園寺鷹百首・言塵集	龍山公鷹百首・大諸礼集	和歌賞樹・藻塩草・武用辨略	和歌八重垣・東雅・その他	典拠
58	くちゑ	鷹にいふ　志餌をよめり　心餌(ママ)にハひくといひならへり、 中編巻6・上巻656頁	しゝもひきとはやせたるなり（106・14オ） 口餌ひくとハ口餌を飼事也（163・22ウ） 鈴をハさすといひ　口餌をハひくと云の教迄と也（211・30オ）			○餌(エ)合子(ガフシ)　志(シ)餌(エ)ヲ入ル器(ウツハ)　也 餌(エ)五(ゴ)器(キ)共云　形(ナリ)　塵(チリ)取(トリ)ノ如(コトク)ナル 物(モノ)也 （『武用辨略』巻8・55オ～ウ）		定家三百首・※
59	くつをむすぶ	鷹の空にて鳥をとりて沓を投るに似たるを喩(タト)へいへり　見(セ)鷹(ママ)の詞也 よて沓を結ふといふとそ、 中編巻6・上巻659頁	大たかのくつを結ひて落草の鳥にかさぬるすゝの音かな 空にて取て沓のやうに見えてこなたかなたへふら〳〵とするを沓を結ひてと云り（207・29ウ）		おほ空にて鳥をかけておつるを沓をむすひてなくる様なりと人にもかたる詞也（37） 沓(くつ)を結(むすぶ)とたとふる事ハ鳥を中にて取てをつるを云也。兄(せう)鷹のことはなり　沓(くつ)をむすむでなぐるに似(に)たる故也。（巻14・27ウ）			三議一統

【相違箇所】・58「心餌」（増補版）は「口餌」の誤りである。整版本・岐阜版も同様に誤る。・59「見(せ)鷹の詞」（増補版）は「兄鷹」の誤りである。整版本・岐阜版も同様に誤る。

No.	60
題	くひな
和訓栞	日本紀 倭名抄に水鶏を訓ぜり……○鷹詞にくひな飛とハ少つゝ鳥のとひあがるをいひ くひたち(ママ)とハ少つゝ鳥のたつをいふ也 ○…… 後編巻6・319頁
定家鷹三百首	水鶏とひのつかれの鳥を鷹飼の藪を叩て又やたつらん 水鶏だつとも云 しけく鷹にをはれて立かぬる鳥の躰と也 左様の鳥をハ鷹司か藪を叩などして鳥を立ると也 （277・40オ）
西園寺鷹百首・言塵集	くひな飛とハくひなの羽の叶はさることく よはくと飛すかた也 （92・14ウ） ○鷹…… 水鶏たつとハつかれ鳥の羽よはにしのひ立を云也 （『言塵集』5・30ウ。199頁） ○鷹のねとりかひ…… 鳥の水鶏立と云ハつかれの鳥の羽音もたてす よハくとふし草をぬけ立をくゐなたつと云なり くゐなハ羽よハき故に水鶏によそへて云也 （『言塵集』6・16ウ。232頁）
龍山公鷹百首・大諸礼集	たつ鳥のつかれのかすをかり衣くゐなとひにもなりておちけり 水鶏とひとハつかれをしけくうたせ 鳥のくたひれて くゐなのことくくひをなかくなし よハくとひ落るをいふ也 （12） くゐなとぶといふハ少つゝ鳥のとびあがるをいふ也。くゐな立とハ少つゝ鳥の立をいふ也。 （巻14・27ウ〜28オ）
和歌寶樹・藻塩草・武用辨略	「クヰナトヒ」 クヰナトヒトハ草ノ頭ノタカサニトヒイリテ ヤカテオチくスコシツゝトヒテユクヲクヰナトヒトイフ 水鶏トイフ鳥ノトビヤウニニタレハ也 小鷹付る〔……〕○のひやらしあまたつかれのたかの鳥尾さきをたれてくひな飛する 水鶏の羽のかなはさることくよはくと飛姿也 私云くゐな立とこそつねは申めれ いかゝ 但とふと云ても同事なるへし （『藻塩草』鷹・巻10・15ウ）
和歌八重垣・東雅・その他	「クヰナトヒ」 水鶏飛 草ノ頭ノ左(ママ)カサニ飛入テ ヤカテオロくスコシツゝトヒテ行ヲクヰナトヒト云 水鶏ト云鳥ノトヒヤウニ似タレハナリ 是モ鷹ノコトヲ云ノ章ニヤ （『歌林樸樕拾遺』） ○くゐなとび（くゐなたつとも／くゐな飛とも読り） 水鶏ハ頭をさげて飛なり。狩の時頭を草に入て。さかさまに立鳥也。鷹に怖故也。又水鶏のたゝくとよめるハ。鳴聲の戸をたゝくに似たればいへり たゝくとて宿のつまどを開たれは人も梢の水鶏なりけり （『和歌呉竹集』巻6・4オ〜ウ）
典拠	三議一統

【相違箇所】・60「くひたち」（整版本〈後編〉）は「くひ（ゐ）なたち」の誤りである。岐阜版も同様に誤る。

No.	61
題	くまたか
和訓栞	倭名抄に角鷹を訓ぜり 熊鷹の義也 熊ハ勇猛を称する也 日本紀に熊鷲といへるハ是なるべしといへり 安永四年の春角鷹闘ひて伊勢一志郡八太の山に落て共に死す 角鷹ハ鷹鶻方に見ゆ 新撰字鏡に鵰を訓ぜり 鵰ハいかゞ ○矢に鷹の羽といふは熊鷹也
定家鷹三百首	
西園寺鷹百首・言塵集	
龍山公鷹百首・大諸礼集	
和歌寶樹・藻塩草・武用辨略	和名鈔ニ角鷹ヲ久萬太加ト訓ジ其出ル所ヲ詳ニセスト云云 所詮鵰ハ鷹鷂ノ長タリ 通ジテ訓ズルナレハ大鷹ト読テ勿論可也 (『武用辨略』巻8・23ウ〜24オ) 羽 ……鷹ノ羽ト云ハ鵰ノ事也 或鶴ノ本白 鴻ノ霜降 山雉ノ尾等也 (『武用辨略』巻3・27ウ)
和歌八重垣・東雅・その他	クマタカといふものも もとこれ鵰ノ類にしてたとへば鷹といひ 隼といふものヽ其ノ類にして別種なるがごとくなる也 されば古には熊鷲といひしを後の代に鷹を呼びてタカといふに及びてクマタカとはいひし也 クマといひしは なを熊鰐などいひし事のごとくに 其猛鷙なるが畏るべきをいふ也〔熊鷲は日本紀にみえたり〕 (『東雅』巻17・鷙・392頁) 又鷹羽トイフモ。ヽトハ角鷹ノ羽ヲイヒシ也。 (『本朝軍器考』「弓矢類」巻4下・39ウ) 鵰 時珍曰似鷹而大 尾長翅短 今案似鷲較小ナリ 多カナル事鷲ニ不劣 用羽ヲ矧矢 海東青ハ其最俊ナル者 鷹鶻方ニ鵰ナシ 有角鷹 為鷹ノ類ト 本草ニ無角鷹
典拠	和名抄・東雅・大和本草と本朝軍器考又は武用辨略か

No.	61
題	くまたか
和訓栞	後編巻6・320頁
定家鷹三百首	
西園寺鷹百首・言塵集	
龍山公鷹百首・大諸礼集	
和歌寶樹・藻塩草・武用辨略	
和歌八重垣・東雅・その他	有鵰 鵰與角鷹是一物乎 （『大和本草』巻15・14ウ） 「鵰〔訓久末多加〕・釈名」 角鷹〔源順曰……必大按 角者頂有毛角之故也 李時 珍為鷹之名 本邦自古 為鵰者久 或曰鵰 者熊鷹也 能搏熊狼… 若號熊鷹則称其 猛悍耳 （『本朝食鑑』巻6・22オ） 按角鷹乃鷹之類而大悍 者也 全體形色雌雄大小 皆同于鷹大於鷹三倍 焉 本草綱目鷹與角鷹相混 云項有毛角故曰角鷹 蓋毛角在耳穴上斂 耳毛宛如角然 鷹 毛角微而常不見…… （『和漢三才図会』巻44・角鷹）
典拠	和名抄・東雅・大和本草と本朝軍器考か

No.	62	63
項目	くらゐのけ	くろふ
和訓栞	鷹の胸に餌をもちてふくらげたる所の毛をいふ也、 中編巻6・上巻687頁	鷹にいふハ黒文也　黄黒ふといふも見えたり…… 中編巻6・上巻701頁
定家鷹三百首	とや鷹の胸のむらこに見えつるハくらゐの毛をや猶残すらん 胸に餌を持て胸をふくらけたる所の毛をくらゐの毛といふ也 （54・7オ）	藤黒府とハ巻たるやうによこへ切たる符也　雀鷂にある物と也 （289・41ウ） 秋の野に鳥ハおちにき女郎花はなの色そふきぐろふのたか かならす有物也　よき鷹なる物と也 （317・45オ〜ウ）
西園寺鷹百首・言塵集		○鷹……黒ふの鷹ハ大黒ふと云事　尾すけの毛まてふを切たるを云也 （『言塵集』5・29ウ。198頁）
龍山公鷹百首・大諸礼集	鷺毛　くゝい毛はしろき毛の事也 （76）	付　大黒符ハ各別也　ウケガイノ下ニ針ヲスリナラヘタルヤウニテ尾スケサキマテ符ヲキリツメタルヲ大黒符ト云也 （75） 鷹の符に黒符黄黒符赤符紫鴾さてはうつら符又は紅葉符 （78）
和歌實樹・藻塩草・武用辨略	今云胸毛白キヲ鵠毛ト云　或鷺毛共云リ　鷹歌ノ注ニクラヰノ毛ト云モ餌持ノ毛也 （『武用辨略』巻8・16オ）	○黒生ノ鷹ニハ大黒小黒生　太山黒生　混黒生　黒白生　黄黒生　鴫生　烏生　仕切生　糸生　紅葉生　蟲生……此外多シ （『武用辨略』巻8・32オ）
和歌八重垣・東雅・その他		『春雨抄』（たか・第四下）に ○　しらふ　くろふ ○　きくろふ ○　うつらふの鷹 …… が確認できる（引歌省略。なお『春雨抄』は典拠の一つで、その名は206「はやぶさ」の項などに認められる）。 「くろふのたか」 鷹のふのくろきをいふ （『和歌八重垣』巻6・14ウ）
典拠	定家三百首	龍山公百首か

No.	項目	和訓栞	定家鷹三百首	西園寺鷹百首・言塵集	龍山公鷹百首・大諸礼集	和歌實樹・藻塩草・武用辨略	和歌八重垣・東雅・その他	典拠
64	けいけい	……○鷹のせこ聲　けい〳〵ほう〳〵とも　えい〳〵ほう〳〵ともかくるといへり　前編巻9・上巻710頁			せこゑは　けい〳〵ほう〳〵ともかけ。えい〳〵とも　えい〳〵ほう〳〵ともかくる也（巻14・28ウ）			三議一統
65	けなしはぎ	鷹にいふ　足革さす所也といへり、　中編巻7・上巻720頁	鳥屋出しの一羽も去年の毛なしはき足革さして鷹おこす也　足革さす所を毛なしはきと云也（63・8ウ）		あしの間をハ毛なしはきといへり（98）	……小臂(コヒチ)ト云ハ股(モヽ)ノ下人身(シタニンシン)ノ折屈(ヲリカヾミ)ニ等(ヒトシ)　此所(コノトコロ)ノ毛(ケ)ヲ縫上(ヌイアゲ)ノ毛(ケ)ト云　或乱糸(ランシ)　又ハ肱曲(コウキヨク)ノ毛共云　白ヲ雪踏(セツタウ)　或雪押(ユキヲシ)　雪摺(ユキスリ)ナト云リ　今云足並(アシナミ)ノ毛(ケ)　又引股(ヒキモヽ)ノ毛(ケ)　刮毛(コキゲ)　之(コレ)ヨリ下(シモ)ノ毛(ケ)ノ无(ナキ)所(トコロ)ヲ无毛脛(ケナシハギ)ト云也　足革(アシカハ)ヲ差所(サストコロ)ナリ（『武用辨略』巻8・16ウ）	脚ニ著(クル)二韋緡(アシカハヲ)一處ヲ曰二無毛(ケナシ)脛(ハキト)一[illegible]之（『和漢三才図会』巻44・鷹）	定家三百首
66	けばな	毛花の義　鷹詞に鳥の毛の散をいへり、　中編巻7・上巻722頁	時ならぬ藤代のたかや秋の野の毛花ちらして鳥をかくらん　毛花とハ花のやうに毛のちるを云（331・47オ）	空にしてかなくり落しかたむれハ名残の毛花身にハ降つゝ　毛のちるを毛花と申也　常に鷹司のかしらにかゝる事也（83・13オ〜ウ）		毛花(けはな)をちらすとは毛(け)を取ちらす事也。花を取ともいふ也（巻14・26ウ）		定家三百首又は西園寺百首

No.	67	68
項目	こけらげ	こしばをならす
和訓栞	鷹の煩らふ時にたつる頭の毛也と いへり、 中編巻8・上巻746頁	鷹詞にいふハ木草をたゝく事也と 三議一統に見えたり、 中編巻8・上巻763頁
定家鷹三百首	飛驒人のとれる杣木のこけら 毛を立るハ鷹や肉をひくらん こけら毛とハ煩時立る頭の毛也 （218・31オ）	
西園寺鷹百首・言塵集		
龍山公鷹百首・大諸礼集		小柴をならすとハ木草をたゝく 事也。 （巻14・26オ）
和歌賓樹・藻塩草・武用辨略	○持香トハ薫 袋などの如 平 ニ廣 膨 タル躰也 小頸ノ所 ヨリ山廻ニ至ル肉間也…… 欹見鷹 ノ頸肉減タル時ハ病顕 ト云 此所ノ毛ヲバウ〳〵ト立 テ見透様ニ成シヲ柿毛ヲ立ルト 云リ 病顕 柿毛ノ名 常ニハ コレナシト云云 飛驒人ノ取ル杣木ノ柿毛ヲ立 ルハ鷹ヤ肉ヲヒクラン 山下ノ麓ノ庵ノ柿毛ニサゾヤ 嵐ヲ厭ナルラン （『武用辨略』巻8・14オ）	
和歌八重垣・東雅・その他		
典拠	定家三百首	三議一統

【相違箇所】・68「三議一統」（増補版）の「三」は明治31年版では末画がかすかに見えるが、以後の版ではそれが見えない。

No.	69
題	こたかゞり
和訓栞	源氏にみゆ　小鷹狩也　秋にいへり　六帖に小鷹手にするともよめり　或ハこのり以下を皆小鷹といふといへり　又うづらひばりをとるをいふともいへり　大鷹ハ冬也、 中編巻8・上巻771頁
定家鷹三百首	小鷹狩秋より須广のあまおほひ一羽あるかと見ゆる尾だゝミ (326・46ウ) 吹風もおさまる御代の小鷹狩すゝをならさてへをやまかまし (333・47オ)
西園寺鷹百首・言塵集	あかなくに猶かりゆかん小鷹狩鶉の床ハつゆふかくとも (31・6オ) 露分る秋の朝野の小鷹かりしほるゝ袖ハ萩か花すり (99・15ウ) 岩瀬野に……鷹狩の哥ハ小鷹を読そへたるは小鷹狩也 (『言塵集』5・17オ。180頁)
龍山公鷹百首・大諸礼集	
和歌實樹・藻塩草・武用辨略	「小鷹カリノ時節」 小鷹ヲツカフ時節　秋ノ末也　但アラ鷹ナルベシ　秋ノ始ハ巣鷹ヲネリ雲雀ニツカフ事也 「スゴノリ」 ……コノリハハイ鷹ノオ鷹也 兄鷂　漢語抄ニ曰古能里　鷂ノ雄也　鷹家今此雌雄已下ヲ皆小鷹トス　或兄鷂ニ作　又摩鷹　小男鷹等ノ字アリ (『武用辨略』巻8・29ウ) ○鷹野ト云ハ田猟也　山鷹ハ山狩也　今世山鷹野ト云ハ悪キ辞也　山鷹狩ト云ヘシト云云……サレハ山鷹狩トハ雉ヲ以ス　小鷹狩ハ或鶉　雲雀等ノ事也 (『武用辨略』巻8・34ウ〜35オ)
和歌八重垣・東雅・その他	「コタカカリ」 小鷹ノツカフ時節　秋ノ末ナリ　但アラタカナルへシ　秋ノ始ニハ巣鷹ヲネリヒハリニツカフ事ナリ (『歌林樸樕拾遺』) 「スコノリ」 ……コノリハハイ鷹ノ雄鷹ナリ (『歌林樸樕拾遺』) 「ハシタカ」 小鷹ニハ雀鷂ヲハ　ツミトモス、ミタカトモ云　鷂　エツサイトヨム　説哉トモ書ナリ　兄鷂　コノリトヨム　皆同　小鷹ナレトモコノリハ少大キナリ (『歌林樸樕』) 庭草を鶉すむまで拂はせじ 小鷹手にするこむ人の為 (『古今和歌六帖』第二・小鷹。『続国歌大観』三三〇三七番)
典拠	源氏物語・新撰六帖・武用辨略

No.	70	71
題	こつぽ	ことり
和訓栞	……○鷹にこつぼの水といふ事あり 板(ママ)ノ木のまたにたまる水也といへり、 中編巻8・上巻776頁	……○鷹司に木鳥をもいへり 木にあかりたる鳥也 ○…… 中編巻8・上巻786頁
定家鷹三百首	はしたかの榎の木の枝にたまれるを誰かこつほの水といふらん 榎の木のまたにたまる水をとうけの薬に用也 其水取て置へきやうなくて紙にしめして置て後に用の時ほとバかしてつかふ也 竹のとくゐにたまる水も同しそれをこつほの水といふとなり （256・36オ）	
西園寺鷹百首・言塵集		かり廻すつかれにあかる木鳥をハ鷹さし取て射て落す也 木鳥とハいたく鷹にをはれて又かり人もこゑしけくをふによりてせんかたもなくて木にあかる鳥也 木に居ならひてハ鷹常にとらさる也 然間射て落す也 （48・8ウ）
龍山公鷹百首・大諸礼集	小壺の水の口傳 ナシノ木ノカフニタマリタル水 又竹ノキリカフ 榎ノ木 其外口傳 （42）	木鳥とは木（に）雉のあかるをいふ （81） 木とりとハつかれの鳥 木竹(きたけ)にのほりたるを云也。 （巻14・28オ）
和歌寶樹・藻塩草・武用辨略	「キリツボノ水」 キリツホノ水 コツボノ水 虫トル澤ノ水ナトトテ鷹ノ薬ニ用ル水アリ 鷹経 薬ノ所ニ有	「木鳥」（キの部） 木鳥トハ鷹ニオハレテ木ニアガリタル鳥ヲイフ也 相別木ニ有鳥ヲハ鷹ハエトラヌ也
和歌八重垣・東雅・その他		もはな〔……○いぬつなくすゝをとやミぬときく程に木鳥そといふ聲とよむ也 つなくとハ鳥ありといぬのしる姿也 鳥せんなくて木にあかる也 是ハいたく鷹におはれてあるを又かり人も聲しけく追によりてせん方なくて木にあかる也 木に居ならひてハ鷹とらさる也 然間射てをとす也 （『藻塩草』鷹・巻10・15オ〜ウ）
典拠	定家三百首	和歌寶樹か

【相違箇所】・70見出し字「こつぽ」（増補版）は「こつぼ」の誤りである。整版本・岐阜版は「こつぼ」となっている。また、「板ノ木」（増補版）は「榎ノ木」の誤りである。整版本・岐阜版も同様に誤る。

・71「鷹司」（増補版）は「鷹詞」の誤りか。整版本・岐阜版も増補版と同じである。

No.	72	73
項目	このしたやみ	このはがへり
和訓栞	……○この下狩ハせこの事也といへり、 中編巻8・上巻790頁	つみ　えつさいの内ちいさきを木ノ葉復といふとそ、 中編巻8・上巻791頁
定家鷹三百首	秋山の木下かりハみえねとも犬のあたるをこゑにてそしる 木下狩とはせこの事也 （73・9ウ） 下狩とハせこの事也 （126・16ウ）	秋の野の木葉かへりの鷹人や犬もひかせで鳥をとるらん 木葉かへり　可尋知云々 （313・45オ）
西園寺鷹百首・言塵集		
龍山公鷹百首・大諸礼集		又つミ　えつさいの内ちいさきをば木葉(このは)かへりといふ。これハ四月までもくるしからず候 （巻14・29オ）
和歌寶樹・藻塩草・武用辨略		「木葉カヘリ」 木葉カヘリトハ小鷹ノ羽ツカヒ也　又小鷹ノ中ニイタリテチイサキヲモイフ也
和歌八重垣・東雅・その他		「コノハカヘリ」 小鷹ノ羽ツカイナリ　又小鷹ノ中ニ至テチイサキヲモ云也 （『歌林樸樕拾遺』）
典拠	定家三百首	三議一統

No.	74	75
項目	こもづちごえ	ころどり
和訓栞	鷹にいふ詞　峰を鷹と鳥とこなたかなたへ薦を編むやうにたがへちかへにもちりやる如く鷹の羽つかひするを喩へいへり、 中編巻8・上巻815頁	鷹の面々に一羽つゝ鳫をとるをいふといへり…… 後編巻6・360頁
定家鷹三百首		
西園寺鷹百首・言塵集	はし鷹のこもつちこえの一もちりとるもとらぬも面白の羽や こもつちこえとハ峯を鷹と鳥とこなたかなたへ飛越る躰　こもをあむ槌の越る様なるを喩て云り （100・16オ）	
龍山公鷹百首・大諸礼集	こもつちこえとはいやしきものゝこもをあむ　そのあみやうたかへちかひにもちりやることく鷹の羽をつかひ　むはらくろ草村を羽をやすめすはしり　とひいつる鳥をとる羽也　勿論逸物ならてハつかはぬ羽也　此鷹大たか小鷹によるましき歟　但小鷹ハ羽きゝ　御かろきゆへこもつちこえめつらしからす候といふ説あれ共小鷹も逸物ならてはつかハぬ羽なり　しかれハ大鷹小鷹によるましき歟　大鷹もとより一かとすくれ逸物の羽なり （29）	あはせミん冬田のかりにふたつ鷹ころとりをしてあハぬはやふさ ころとり　めん〳〵にひとつつゝ鳫をとるをいふ也 （48）
和歌實樹・藻塩草・武用辨略	小鷹付る〔……○ハしたかのこもつちこえの一もちりとるもとらぬも面白の羽や こもつちこえとハ峯を鷹と鳥とかなたこなたへとひこゆる躰薦をあむ槌のこゆるやうなるを申也と云々〕 （『藻塩草』鷹・巻10・16オ）	
和歌八重垣・東雅・その他		
典拠	西園寺百首・龍山公百首	龍山公百首

No.	76
	こゐ
和訓栞	鷹にいふ　木居の義也　柴の木居 椎の木居　同義也といへり ○蔵玉集に鷹をこゐ鳥といへり 前編巻9・上巻828頁
定家鷹三百首	春ふかミ木居にかゝれる鷹の 名のをとさハかしく松風そふ く 木居　右に委　鷹の名と有所可 尋　(26・4オ) 犬飼の尾さきをめくる山松に 木ゐ取かぬる鷹や行らん 犬の鈴のなれハ心有鷹ハ木ゐを とらて犬の鈴につきてめくると 物となり　(152・20ウ〜21オ) みかりはの木ゐとる鷹をゝき 取て犬をそ入る山の下かけ　(204・29オ)
西園寺鷹百首・言塵集	椎の木居とは柴の木居也　柴の 木居と云事有　椎の木居と申事 也　但椎柴同前の儀の間如此書 のせらるゝ歟　いかん　(13・3オ) 岩瀬野に……木居をは小鷹に ハ詠ましき也　土木居なとハ小 鷹にも可有 (『言塵集』5・17オ。180頁) ○鷹……小鷹に木居と云事有 へからす　をのつから空にてと らぬ時鶉の入草を求て土に居た るをハ土木居と云也　大鷹にも わろきたかハ土木居をもとる也 下品の鷹のわさ也　残りハ前説 に同之間略了 (『言塵集』6・15ウ。231頁)
龍山公鷹百首・大諸礼集	とかしらをみうしなひてやは し鷹の木居より出てつきまは すそら 木居ハ木にゐる鷹也　こゐをと るといへり　(17) 木居をとるといふを田舎　他流 には居木といへり　當流には不 用之　(88) 木居(こい)とハ何の木にゐたるも同前 也　(巻14・26オ)
和歌寶樹・藻塩草・武用辨略	「ハブレ」 顕昭ノ云　コヰトハ鷹ノ居木ヲ 云也　長能哥云 ミカリスルスヱノニタテルヒ トツ松タカヘルタカノコヰニ カモセン 此哥ハ萩原ヲコヰニシテ鷹ノ羽 ノ萩花ニフレテフノイロヤカハ ルラント読也 こゐ〔木にかゝる也　土こゐと 云ハ土に居を云也〕……木居 をのミ〔椎の木居共……〕 (『藻塩草』鷹・巻10・13オ。 13ウ)
和歌八重垣・東雅・その他	こゐ鳥〔鷹　範兼記〕 (『蔵玉和歌集』19オ。『群書 類従』280頁) 「はしたかのこゐ」 こゐハ木居とかけり　木にとま りゐるをいふ　又とまり木にゐ るをもいふ (『和歌八重垣』巻4・19ウ) 「たかのこゐ」 たかのとまり木　又ハ木の枝 とにとまりゐるを云 (『和歌八重垣』巻5・23オ) ○木居(こゐ)とハ鷹(たか)の木にゐる事なり (『和歌呉竹集』巻7・21オ)
典拠	西園寺百首・蔵玉和歌集

No.	77	78
項目	さかばかく	さごろも
和訓栞	鳥のもぢれたる羽をかくなりといへり　法性寺入道の歌 （ママ）鷹の身よりのさか羽かきくもり あられふる野に御狩すらしも、 中編巻9・中巻19頁	……○鷹に狭衣の毛といふハ尾裏廁門にかゝりたる毛なりといへり 定家卿 箸鷹の狭衣の毛を重ねても猶風さむみあられ降也　○……
定家鷹三百首		はしたかのさ衣の毛を重ても 猶風さむミあられふるなり さ衣の毛とハ尾の下にをすけ乱糸　さ衣と云三の内の一の名なり　寒時ハ十二枚の尾を一枚にたゝむ事と也　（219・31オ）
西園寺鷹百首・言塵集	法性寺入道関白 箸鷹の身よりのさかハかきくもり霰ふる野に御狩すらしも 私云鷹のさか羽とハもぢれたる羽也　かきくもりあられとつゝけたるにや （『言塵集』5・11オ～ウ。171～172頁）	
龍山公鷹百首・大諸礼集		
和歌實樹・藻塩草・武用辨略		○尾連ノ毛　尾花毛　馴交　尾 抱　蓑先　尾助　皆一所ノ名也 或之ヲ狭衣ノ毛ト云　今篠衣ニ 作　舊書傳来ノ記ニ見ズ　疑（ラ） クハサゴロモの読損ジタル者歟 ウチツク穴ヲ塞　毛也ト云リ 然ハ狭衣也　一本ニビケツニ在 ヲ狭衣ト云ト侍　シヲ鼻穴ト仮 名ヲ了簡シテ空舞ノ毛也ト注シ タルアレ共尾穴ト云事也　四方 傳等ニモ尾裏廁門ニ掛リタル毛 ト云云　此毛寒夜ハ尾本ニ束テ 十二枚ノ尾ヲ一枚ニ畳　重タル 様ニ見ユル也ト　歌ニ 鶻ノ狭衣ノ毛ヲ重テモ猶風寒
和歌八重垣・東雅・その他	○さか羽かくとハもぢれたる羽なり 法性寺入道 箸鷹のミよりのさか羽かきくもり霰ふる野に御狩すらしも （『和歌呉竹集』巻8・33オ）	尾ノ下ニ有ニ三品ノ毛一　曰ニ 尾末毛謂之須　亂絲僕止太礼　狭衣一 毛佐古呂毛 （『和漢三才図会』巻44・鷹）
典拠	和歌呉竹集	歌は定家三百首・武用辨略

【相違箇所】・77「鷹の身よりの」（増補版）は「はし鷹の身よりの」の「はし」の脱である。整版本・岐阜版は「はし鷹～」とある。

No.	項目	和訓栞	定家鷹三百首	西園寺鷹百首・言塵集	龍山公鷹百首・大諸礼集	和歌實樹・藻塩草・武用辨略	和歌八重垣・東雅・その他	備考
78	さごろも	中編巻9・中巻35頁				ミアラシフルナリ 松（マツ）ガ枝（エ）ノ塒（ネクラ）ハナル、鷂（ハシタカ）ノ木居（コイ） ノ雪摺白（ユキスリシロ）キ狹衣（サゴロモ） サレバ雪摺（ユキスリ）狹衣（サゴロモ）ト續（ツヽキ）テ足（アシ）ヨリ 連（ツラナリ）生（シヤウジ）タル白毛（シラケ）ナリト云事（イフコト）ヲ 知（シンヌ）ヘシ　故（カルカユヘ）ニ今足並（アシナミ）ノ毛（ケ）共渡毛（トモワタリケ） ナド云　是其連（コレソノツラナリ）タルヲ云トソ （『武用辨略』巻8・16ウ〜17 オ） 「サ衣」 サ衣トハ鷹ノ毛ノ名也　カタニ 一通リアル毛ヲイフ		歌は定家三百首・武用辨略
79	さゝいべ	……〇鷹の書に隼（ハヤムサ）　相傳の家也と いへり、 中編巻9・中巻36頁			さゝいへとて隼相傳の家あり その書にはそらしたる勿論うし なひたるとも申　それ程の越度 にはなるましき歟　(79)			龍山公百首か

No.	80
項目	さしば
和訓栞	……○……　朝鮮より来る小隼也 といへり……　すそごの差羽ハ尾 のさき半らばかり黒き也　青さし ばゝ後にあさぎ色になれし(ママ)　赤さ しばゝ後も同し 前編巻10・中巻44頁
定家鷹三百首	春の野の草にとり入青さしは 鷹のしるしに鈴やなるらん 青草のことく青けれハ也 (290・41ウ)
西園寺鷹百首・言塵集	青鷙(あをさしは)　赤鷙と申て有　うしろハ 青也　あかさしはは同赤也　鷙(さしハ) ハ異朝より来る鷹也　巣鷹の沙 汰なし (96・15ウ) ○小鷹の題にてハ……　すそご さしはとて尾の半黒も有也 (『言塵集』5・31オ。200頁) ○鷹……　すそこさしはとて尾 の半くろき有也 (『言塵集』6・15オ。230頁)
龍山公鷹百首・大諸礼集	かりころもすそこのさし羽あ を差羽みとりをそふる野邊の はる草 すそこのさし羽とて尾のすそこ なるあり　あをさし羽　青き府 なり　又あかきさし羽もあり さし羽といふ字　差羽とかけり また小隼共かく也　(22)
和歌寶樹・藻塩草・武用辨略	「サシハ」 サシバトハ鷹ノ名也　青サシバ 赤サシバトテアリ　青サシバハ ウシロアサキ也　赤鷙ハアカキ 也　マタスソ鷙トイフ　尾ノ先 半バカリクロキ也　鷙ハ異朝ヨ リキタル鷹也 鵃鳩(サシバ)　逸気隼(イツキハヤブサ)　ニ似タルガ故(ユヘ)ニ 諸抄(ショセウ)或小隼(サシバ)ニ作(ツクル)　又弋鷹　差隼 刺羽等(トウ)ノ字(ジ)ヲ以ス……　赤鳶(アカサシハ) 青鳶(アヲサシハ)　底鳶(ソコサシハ)　下鳶(シタサシハ)　裳濃鳶(スソコウサシハ)ナト 云(イフモノ)者アリ (『武用辨略』巻8・31オ～ウ)
和歌八重垣・東雅・その他	佐之婆(サシバ)　隼之小(ノキ)者(ナリ)　其大(ノサ) 如(クレ)鳩(ノ)有(ルニ)青色(一)者(ヲ)　之阿佐婆(阿乎佐之婆) 赤(キ)毛(ノ)者(ヲ)　之阿加佐婆(阿加佐之婆)　共(ニ)能(ク) 捉(ルニ)小鳥(ヲ一)　自(ニ)朝鮮(一)来(ル) 未(タレ)聞(カニ)本朝巣鷹之説(ヲ一) (『和漢三才図会』巻44・隼) 「隼・集解」 隼……　又小(シテ)如(クナルニ)雀鷂(エツサイノ一)者(ノヲ) 曰(ニ)刺羽(サシ一)能(ク)鷙(ツレ)小鳥(ヲ)倶(ニ) 隼之類也(ノナリ) (『本朝食鑑』巻6・20ウ～21 オ) ○サシバ　小隼也　隼ニ似テ鴾 ヨリ小也　ウツラヲトル　朝鮮 ニアリ　是鷹鶻方ニ称(ニ)小鶚鶻(一ト) 者ナラン (『大和本草』「鷹」巻15・13 オ～ウ)
典拠	和歌寶樹と大和本草又は三才図会か

【相違箇所】・80「あさぎ色になれし」(増補版)の「なれし」は「なれり」の誤りである。整版本・岐阜版は「なれり」となっている。

No.	81	82
項目	さす	さつきげ
和訓栞	……○鷹の鈴にもさすといひならへり　○…… 前編巻10・中巻46頁	鷹にいふ　五月毛の義　鳥屋へ入れハやかて落す毛也、 中編巻9・中巻51頁
定家鷹三百首	鈴をさし口餌ひかせて荒鷹のしゝハいかにと吹てこそ見れ 鈴をハさすといひ　口餌をハひくと云の教之と也（211・30オ） 餌袋ハ付るといはぬ　さすと云物也となり（117・15ウ）	くれは鳥あやめもしらぬさ月毛ハいつれを鷹の先おとすらん へにさきに有毛なり　すへてある内にも毛をおとす　其時鳥やへ入る也　鳥やへ入れハ聽おとす毛也（49・6ウ）
西園寺鷹百首・言塵集	鈴をさすとハ付る事也（46・8オ） 餌袋にかれかハきたる古（ふる）をき餌さして用なき身とそ捨えぬ 餌ふくろにいるゝをハさすと云也（17・3ウ）	
龍山公鷹百首・大諸礼集	鷹にさし犬にかけたる鈴の音ふりすてかたき鳥のおち草 たかには鈴をさすといへり　犬にハ鈴をかくると云也（25） をき餌をはさすといふ也（33）	
和歌實樹・藻塩草・武用辨略	大鷹共ニ鈴ハ差抜（サシヌク）ト唱（トナフル）也（『武用辨略』巻8・48オ） 餌袋（エフクロ）……腰緒（コシヲ）ト云モ腰革（コシカワ）也……凡（ヲヨソ）古来（コライ）鷹ノ具（グ）トスル物大方差（モノヲホカタサス）ト云也　此具（コノグ）ヲモ付ルトハ云ズ差（サス）ト云事習（ナラヒ）ト云云（『武用辨略』巻8・55オ）	○五月毛（サツキケ）或五月雨（サミダレ）ノ毛ハ母衣（ホロ）ノ所（トコロ）輪毛（ワケ）ノ上（ウエ）ニ生（シヤウ）ス　今云上毛（ウハケ）也　サレハ五月雨（サミタレ）ノ毛ニ対（ツイ）シテ其下弱腰（ソノシタヨハコシ）ノ所（トコロ）ヲ雨覆（アマヲホヒ）ナド云トソ鷹歌（イヨウカ）ノ註（チウ）ニハ上羽（ウハハ）也　十二枚（マイ）ノ尾（ヲ）ヲ一枚（マイ）ニ畳（タヽミ）テ覆（ヲホフ）体（テイ）ナリト云リ（『武用辨略』巻8・19ウ）
和歌八重垣・東雅・その他		
典拠	定家三百首又は龍山公百首	定家三百首

No.	83	84
項目	さばく	したるし
和訓栞	……○鷹狩の犬にさばきといふは やり縄の事也　藤をたちて綱につ くるなりといへり　新六帖にも鶴 なハのさばきと見えたり 前編巻10・中巻59頁	俗に馴過く(ママ)離れぬ意にも味のさハ やかならぬにもいへり　垂の字義 にや　定家卿 狩人の手なれの鷹やもぐと知て 口餌ひくにもしたるかるらん、 中編巻10・中巻120頁
定家鷹三百首	犬の長やりとは　やり縄とて鶉 にある事也　（84・11オ） 犬ハ鷹を取物なれハ也　さばき とハやり縄の事　（95・12ウ） かやうのはいたかハ鶬の頂上な れハ其鳥をハ藤にてかけて鷹の さきへ餌からを持せよと也　此 藤を山緒ともさはきとも云と也 （337・47ウ～48オ）	狩人の手なれの鷹やもくと知 て口餌ひくにハしたるかるら ん 手馴とハなつきたる鷹の事と也 したるきとハなつき過たる躰を よめりと也　（273・39ウ）
西園寺鷹百首・言塵集		
龍山公鷹百首・大諸礼集	諸口のとまれる犬はすゝはか りさはきなしにやつかふたか 山 さはきとハ藤をたちてつくる也 もろ口とまり　逸物の犬にはさ はきにをよはす　鈴はかりにて つかふことなり　小鷹　犬にハ やりなはといふ也　（6）	
和歌實樹・藻塩草・武用辨略	○山緒ト云事アリ　故ニ今田緒 トモ云義アリ　山緒ト唱ル古例 也　尺寸ニ法アリ　藤　葛　藻 時ニ取テ習アリ　之ヲ捌　共云 トソ　田緒ハ稲ニテモ藁縄ニテ モスル也 （『武用辨略』巻8・42ウ） ○遣索或捌　索共摺索ナト共云 牽索ノ事ナリ　索或縄ニ作 （『武用辨略』巻8・58オ）	
和歌八重垣・東雅・その他	いかにしてつかふうなハのさ はきつゝおこなふ道に心みた れし （『新撰六帖』鶉〈第二帖〉）	
典拠	定家三百首・龍山公百首・新撰六帖	歌は定家三百首・※

【相違箇所】・84「馴過く」（増補版）は「馴過て」の誤りである。整版本は「馴過て」、岐阜版は「馴れ過きて」となっている。

No.	85	86
項	しとゝどり	しのぎ
和訓栞	日本紀に巫鳥と見え 和名抄に鵐を訓せり……○しとゝ啼ハ鷹にいへり ちり〳〵と鳴をいふといへり 少しつゝあがるをしとゞにあがるといへり ○…… 後編巻8・404頁	……○万葉集にしのきを(ママ)二つ手狭と見えたるハしのき羽とて鷹の羽にてはきたる上箭也といへり、 中編巻10・中巻137頁
定家鷹三百首		
西園寺鷹百首・言麗集	餌袋にしとゝこあかりとりいれて帰るかりはの家つとにせん こあかりとハしとゝのことくにて少つゝあかる鳥也 (28・5ウ)	
龍山公鷹百首・大諸礼集	しとゝなき鶩なき餌なきひしめかハこゝろをそへよ手はなしの鷹 しとゝなきとは鷹ちり〳〵としとゝの鳴様にいふ事也 (39)	
和歌實樹・藻塩草・武用辨略		
和歌八重垣・東雅・その他		
典拠	龍山公百首・※	※

【相違箇所】・86「しのきを二つ」（整版本・増補版・岐阜版）の「しのき」は「しのきは（羽）」の脱である（『万葉集』三三〇二）。

No.	項目	和訓栞	定家鷹三百首	西園寺鷹百首・言塵集	龍山公鷹百首・大諸礼集	和歌寶樹・藻塩草・武用辨略	和歌八重垣・東雅・その他	典拠
87	しのふきすさむ	鷹詞也　青竹をぬるめて切口より出る息をもて鷹の羽のゆがみをなほすをいふといへり　前編巻11・中巻139頁	さゝ竹のしの吹すさふ山風に大宮人やたかそらすらん　しの吹すさむとは青竹をぬるめて切口より出るいきにて鷹の羽のゆかミたるをなをすをいふ　（231・33オ）					定家三百首
88	しのぶのたか	陸奥の信夫より出る鷹をいふといへり、　中編巻10・中巻140頁	とやの内のお花すり毛やみちのくのしのふの山の巣鷹なるらん　（58・7ウ） しのふ山ハたかの出る山と也　（213・30ウ）				「しのぶのたか」陸奥のしのふよりいつる鷹也（『和歌八重垣』巻7・26ウ）	和歌八重垣
89	しのぶみづ	鷹詞に人の小便に餌をひたして飼ふをいふ　定家卿　紅葉する柿のもとなるしのふ水とりてあかふの鷹にこ(ママ)ふらん、　中編巻10・中巻140頁	紅葉する柿のもとなるしのふ水とりてあかふの鷹にかふらん　人の小便に餌をひたして飼を云也　すかし薬也　（89・11ウ～12オ）					定家三百首

【相違箇所】・89「鷹にこふらん」（増補版）は「鷹にかふらん」の誤りである。整版本・岐阜版も同様に誤る。

No.	項目	和訓栞	定家鷹三百首	西園寺鷹百首・言塵集	龍山公鷹百首・大諸礼集	和歌寶樹・藻塩草・武用辨略	和歌八重垣・東雅・その他	典拠
90	しらぬりのすゞ	延喜式に白塗鈴と見えたり　定家卿鷹ノ歌に 勅ありてみゆきふりぬるくたら野の鷹の鷺毛もしらぬりの鈴 万葉集長歌に詠ニ白大鷹一に白塗の小鈴と見えたり　○…… 前編巻11・中巻172頁	勅ありて御幸ふりぬるくたら野の鷹の鷺毛のしらぬりの鈴 （235・33ウ）			白塗（シラヌリ）ノ鈴（スヾ）ハ銀（ギン）也　真金（マガネ）ノ鈴（スヾ）　黄（コ）金（ガネ）ノ鈴　金（キン）ナリ　大鷹共ニ鈴ハ差抜（サシヌク）ト唱（トナフル）也 （『武用辨略』巻8・48オ） 「シラヌリノ小鈴」 白ヌリノ小鈴ハ白クヌリタル鷹ノ鈴也……万葉ニ 岩瀬野ニ秋萩シノキ駒ナヘテ小鷹狩ヲモセテヤ帰ラン		延喜式・歌は定家三百首・万葉集
91	しらふのたか	白文の鷹也　ましらふといへり 後編巻9・481頁	あやかりて白府になれと箸鷹に雪をくたきて取やかハまし 白くなれ〳〵とねかひ事と也 哥の心　義なし　（245・34ウ）	○鷹　御鷹　白ふの鷹　真白ふの鷹　青鷹　赤鷹　是等も白ふにあり （『言塵集』6・14ウ。230頁）	雪しろのしら符ましら符つましろにあをしろほうしろしたも白鷹 是はミな白の鷹の類也　符もいつくも常の鷹也共舌のしろき鷹白のうち也　白鷹の符なり共したしろくなきハしろにてはあるましきといふ説あり　是は子細口傳あると也 （77）	「白符鷹」 白符鷹トハタヽ符ノ白キヲイフマシラ符ノ鷹トハ同シ事ナレトモホメテ云詞也　真トイフ字ハソヘタル也　亦マジロノ鷹トイフハ真ノ字ニアラズ　マユノアタリノ白キヲ云也　其時ハシ文字ヲニゴルベシ	「シラフノ鷹」 只符ノ白キヲ云　マシラフノタカモ同シ　ホメテ云詞ナリ　真字ヲソヘタルナリ　又マシロノ鷹トイフハ真字ニアラス　眉ノアタリノ白キヲ云ナリ　此トキハシモジヲニコル可シ （『歌林樸樕拾遺』） 「しらふのたか」 ふの白きたか也　ましらふの鷹とも （『和歌八重垣』巻7・25オ）	和歌寶樹か歌林樸樕か又は和歌八重垣か

【相違箇所】・90の歌「鷹の鷺毛も……」（整版本・翻刻本）↔「鷹の鷺毛の……」（『定家鷹三百首』）

No.	92
項	しらを
和訓栞	白尾の義　一條院の御宇御狩行幸 に鷹古山をおもひ出て気色あしか りけれハ源ノ政頼卿鷹の尾ニッき りて鵠のきみしらずにて継けり 鷹尾の上の白きをみて雪のある心 ちして春を忘れ古山のおもひ絶た り 後西園寺殿鷹百首に 　朝明の霞のうちの遠はまりしら 　尾つがずハをかけ見ましや
定家鷹三百首	
西園寺鷹百首・言塵集	朝あけの霞のうちの遠はまり 　しら尾つかすハおかけ見まし 　や 白尾つく事也　一條院の御宇行 幸御狩の鷹古山をおもひ出て気 色あしかりけれは源政頼卿上の 尾ニきりて白き尾にて継けり 鷹の尾の上の白きを見て春を忘 れ　いまた雪の有心ありけり 御門御不審の時政頼卿哥 　二月の尾上の雪ハしらねとも 　心まかせに尋てそゆく と仕りけり　此心より白尾を春 継也　　　（93・14ウ〜15オ） 〔上の歌、右93番歌に同じ〕
龍山公鷹百首・大諸礼集	春さむみ袖にもゆきののこる 　かとしら尾の鷹そ手かへりに 　ける 白尾ハ白鳥の羽にて尾をつくと いひ傳る也　　　　　（3） 白尾の事　はるは巣山の心あり て鷹うするにより　また我身に 雪残てあるよとおもはせんとの 両説なり　むかし一條院御時 正親卿鷹功者にて　つき尾を以 工夫　つきそめけるとなん 　　　　　　　　　　（4）
和歌寶樹・藻塩草・武用辨略	「継尾ノ鷹」 鷹ニシラ尾ツグ事　一条院行幸 ノ御狩ノ時鷹古山ヲ思フケシキ アリケレハ政頼卿鷹ノ尾ヲ二キ リテクヾヰノキミシラズニテシ ロク尾ヲ継ケリ　鷹尾ノ上ノシ ロキヲミテ　イマタ尾上ニ雪ア ル心チシテ古山ヲオモヒワスレ ケリ　御門御尋ノ時政頼卿 　二月ノ尾上ノ雪ハシラネトモ 　心マカセニ尋テゾユク トツカマツリケリ　此心ヨリ白 尾春継也 白尾トハ陸奥ヨリ大鳥屋高麿ト 云鷹ヲ奉ケリ　交野ノ行幸ニ 鷹飼政頼ニ鷹参スヘシト有シ時 栖ノ山ヲ思出テ翦トセシ心ヲ知 テ鈴付二枚切テ鵠ノ君シラズニ テ白尾ニ続テ二月雪残　風情ヲ 見シ　水吹タリケレハ身搔スト テ己ガ尾ノ白カリシニ心　替 眼毛ヲ緩々ト立タリ　其時擎出 シ風情　白尾ノ異相ナルヲ叡覧
和歌八重垣・東雅・その他	「ツキヲノタカ」 鷹白尾ヲ継事　一条院行幸ノ御 狩ノ時鷹ノ古山ヲ思フケシキ有 ケレハ政頼卿鷹ノ尾ヲ二ツキリ テク、ヰノキミシラス二テ白ク 尾ヲ継ケリ　鷹尾ノ上ノ白キヲ ミテ　イマタ尾上ニ雪アル心チ シテ古山ヲ思ヒ忘レタリ　御門 御尋ノ時政頼 　二月ノ尾上ノ雪ハシラネ共コ 　、ロマカセニタツネテソユク トツカマツリケリ　此心ニテ白 尾春継也（『歌林樸樕拾遺』） 小鷹付る（……○あさ明の處 　のうちのとをはまり白尾つか 　すはおかけ見ましや 白尾つく事一てうの院の御宇行 幸のミかりの時鷹古山を思出て 気色あしかりけれハ源正頼卿上 尾二をきりて白きおにてつきけ り　鷹尾の上の白をミて春を忘 ていまた雪のある心ありけり 御門御不審の時正頼
備考	前半と後半の歌は西園寺百首。中後半は和歌寶樹又は歌林樸樕拾遺か。藻塩草とは稍異なる

No.	92
題	しらを
和訓栞	前編巻11・中巻173頁
定家鷹三百首	
西園寺鷹百首・言塵集	
龍山公鷹百首・大諸礼集	
和歌寳樹・藻塩草・武用辨略	マシ〳〵天気興ナク見サセ給ケ レバ政頼頓テ御前ヲ立サマニ鳥 帽子ヲ脱　笠ヲ首ニ掛テ云ツラ ネケリ 二月ノ尾上ノ雪ハシラネドモ 心　任ニ免シメ君 アハレノコトニ思　召テ御狩始 ケル　鳥立高尾ヲ越ケルニ鷹外 概ニ飛渡テ嵐羽ヲ縷テ毛華ヲ散 空執テ御車　近ク沓ヲ結デ落重 リシカハ 陸奥ノ栖ノ山ノ金　鳥カクト シラ尾ノ名ニ残　雪 叡感斜ナラズ　政頼ニハ武蔵ノ 高麗ノ郡ヲ賜ト云云 （『武用辨略』巻8・6オ〜ウ）
和歌八重垣・東雅・その他	○二月のしらをの雪はしらね 共こゝろまかせにたつねてそ ゆく と仕りけり　此心より白尾春也 と云々〕 （『藻塩草』鷹・巻10・15ウ） 白尾の（鷹）——〔春也　又白尾つ くとも云り　是鷹飼の口傳也 残雪の心也〕 （『藻塩草』鷹・巻10・13オ）
備考	前半と後半の歌は西園寺百首。中後半は和歌寳樹又は歌林樸樕拾遺か。藻塩草とは稍異なる

No.	93	94
項目	しるしのすゞ	しを
和訓栞	鷹につくる鈴也といへり 後編巻9・484頁	……○鷹にいふハ紫鴇と書り ○…… 中編巻10・中巻180頁
定家鷹三百首		
西園寺鷹百首・言塵集		しをと云たかあり　白鷹年かさなれハうす紅梅に成をしをと申也　仍白と同事に見る所あり （22・4ウ）
龍山公鷹百首・大諸礼集		鴇のあかきをハしほといへり　字には紫鷹共紫鴇共かきたるかよきといふ也 （74） 鷹の符に黒符黄黒符赤符紫鴇(シボ) さてはうつら符又は紅葉符 是は鴇にある也　前にしるすことく紫鴇又ハ紫鷹何れともしほとよむ也　他流の説注多之　當流に用来趣　凡如此歟　（78）
和歌寶樹・藻塩草・武用辨略		「シボ」 シボトイフ鷹ハ白鷹ノ年カサナレハウス紅梅ニナルヲシボトモ云　シボトハ白鷹ノ毛ヲシケクカヘテハウス〲トアカクナルソレヲシボト云　ホ文字ヲ濁ルベシ
和歌八重垣・東雅・その他	「しるしのすゞ」 鷹につくる鈴也 （『和歌八重垣』巻7・23オ）	「シホ」 白鷹ノ年カサナレハ薄紅梅ニナルヲシホト云也　白鷹毛ヲシケクカヘテハウス〲トアカクナルナリ　（『歌林樸樕拾遺』）
典拠	和歌八重垣	龍山公百首か

No.	95	96
項目	すう	すおろし
和訓栞	日本紀に鎮坐をすう　雑居をまぜすうとよめり　すゑ　すわると用る故也　鷹なとにいふ　此仮名なるへし 前編巻12・中巻184頁	鷹にいへり　巣下の義なり 前編巻12・中巻185頁 鷹にいへり　巣┘下の義也 後編巻10・513頁
定家鷹三百首		巣おろしの初鳥や出しの若たかをすわのみかりにとりやかハまし すおろしハ春と也　諏訪の贄鷹に備る也　必鳥屋の鷹をなり （62・8オ～ウ）
西園寺鷹百首・言塵集		
龍山公鷹百首・大諸礼集		
和歌實樹・藻塩草・武用辨略	○松原（マツバラ）ノ毛（ケ）ハ惣名（サウメウ）也……是（コレ）ヲ遠山（トヲヤマ）ノ毛共又ハ身毛（ミケ）ナト云（イヘ）リ故ニ（ユヘ）身毛（ミケ）ノ松原緑（マツバラミドリ）ナリケリ共遠（トヲ）山毛（ヤマゲ）ナル鷹（タカ）ヲ居（スエ）ツヽナド読（ヨメ）リ （『武用辨略』巻8・16ウ）	
和歌八重垣・東雅・その他	居　すう（すゑ　すわるとかよへり） （『和字正濫抄』巻4・56ウ。240頁）	
典拠	日本書紀・和字正濫抄	※

※・96「すおろし」は重出の例。

No.	項目	和訓栞	定家鷹三百首	西園寺鷹百首・言塵集	龍山公鷹百首・大諸礼集	和歌寶樹・藻塩草・武用辨略	和歌八重垣・東雅・その他	典拠
97	すゞ	……○鷹の鈴　犬の鈴も日本紀 古事記に見えたり　○…… 前編巻12・中巻201頁	犬飼の尾さきをめくる山松に 木ゐ取かぬる鷹や行らん 犬の鈴のなれハ心有鷹ハ木ゐを とらて犬の鈴につきてめくる物 となり　（152・20ウ～21オ）			鈴　鈴口横様ナルヲ外向ト云 竪様ニシタルヲ内向ノ鈴ナド云 リ　白塗ノ鈴ハ銀也　真金ノ鈴 黄金ノ鈴　金ナリ　大鷹共ニ鈴 ハ差抜ト唱　也 （『武用辨略』巻8・48オ）		古事記・日本書紀
98	すゞねさす	鷹犬にいへり　春ハ鈴の音に鳥驚 てたつ故にならぬやうに物をさす なり　是を鈴のことといふ　こハ木 の義にや　かばを細にしてさすな りといへり　鈴のめさすも同し、 中編巻11・中巻204頁	鳴鳥を夜聞ふする朝鷹にすゝ のこさして出るかり人 朝鷹に限れり　鈴かなれは雉の しる間雉にしらせしとての事也 樺を細にしてさすを鈴のこと云 なり　（10・2オ） さのミハと鷹をき取てかり人 の帰さ夜になる犬の鈴をと 鷹のハ鈴の子と云也　犬のハ鈴 をとゝ云と也　（151・20ウ）	雉の鳴を野山によく聞すまして 鈴の子と云物を鈴にさして鈴の ならぬ様にして鷹をすへて　よ りて狩立て合する也　聞すへ鳥 とも申也　（94・15オ）	はしり行とあとをとめてかむ 犬の鈴の目させるはるの鷹か り すゝの目さすとハつゝしの枝に にても木のえたをおりてすゝの めへさしいれて鈴のならぬ様に する事也　春山鳴鳥につかふ犬 なり　（5） 此鈴子ハ鷹の鈴子也　犬にハ鈴 子とはいふへからす　前に注て すゝの目さすと云也　（8）	○鈴子或子ヲ篭ニ作　鈴押　共 云トゾ　山桜ノ皮ヲ以制ス　緒 ヲ一尺八寸ニスヘシ　春ノ鳴鳥 狩ノ時鈴音サセ間敷為ト云云 鳴鳥ニ夜聞スユル朝鷹ニ鈴ノ 子差テ出ル狩人 鈴ノ子ヲ鈴ノ目ニ差故ナレバ目 差ノ鈴ナトヽ云也　鷹ノ飛行ノ 時己ト抜ル様ニ差事トゾ （『武用辨略』巻8・50オ）	○すゞ子さすトハ鷹詞也。鈴の 口に木をさしてならぬやうにす る也。鳥をおどろかさしとの為 也 （『和歌呉竹集』巻10・25ウ）	定家三百首・龍山公百首・※

【相違箇所】・98見出し語「すゞねさす」（整版本・増補版・岐阜版）は「すゞこさす」の誤りである。

No.	99
題	すゝもち
和訓栞	鷹にいふ　上-毛の上に鈴かくしとてちいさき羽二ツあり　是なり　紫-革にて装-束したるを紅-葉装-束とも錦-装-束ともいふ也 後編巻10・502頁
定家鷹三百首	秋山のみとりの鷹の鈴もちや　紅葉のをれるにしき成らん 鈴もちとハ上毛の上に鈴かくしとてちいさき羽二有　紫革にて装束付たるを紅葉装束　錦装束と云也　(88・11ウ) 鈴もちとハ上毛の事也　(113・15オ) 諏方の贄鷹に計紫色の装束をすと也　(206・29ウ)
西園寺鷹百首・言塵集	
龍山公鷹百首・大諸礼集	
和歌實樹・藻塩草・武用辨略	鈴付(スヾツキ)ヲ鈴掛(スヾカケ)共鈴持(スヾモチ)共云リ (『武用辨略』巻8・20オ) ○鈴板(スヾイタ)或鈴札ニ作　之ヲ鈴敷(スヽシキ)共云　鷂(ハイタカ)ニテ鈴持(スヽモチ)ト唱(トナフ)　口傳(クテン)ト也 (『武用辨略』巻8・48オ～ウ) 鷹歌ノ注(チウ)ニハ上尾(ウハヲ)ノ上(ウヘ)ニ鈴蔵(スヽカクシ)ト云テ小羽(コバ)アリ　紫革(ムラサキカハ)ニテ装束(シヤウゾク)付(ツケ)タルヲ紅葉(モミヂ)装束共錦(ニシキ)装束共云也ト云云　同歌(ヲナジクウタ)ノ注(チウ)ニ諏訪(スハ)ノ贄鷹(ニヘタカ)バカリ紫色(ムラサキイロ)ノ装束(シヤウゾク)スルト云リ 御狩場(ミカリハ)ノ鷹一基(タカヒトモト)ニ差(サシ)テゲリ花(ハナ)紫(ムラサキ)ノ大緒(ヲホヲ)アラカワ(ママ) (『武用辨略』巻8・49オ～ウ)
和歌八重垣・東雅・その他	
典拠	定家三百首

No.	100
題	すだかどや
和訓栞	巣鷹鳥屋と書り　巣鷹ハ子飼をいふ也　今奥の巣といふハ奥州なりよて本の栖（スミカ）の東鷹なともよめりとそ 荒磯のみさごのすたか取こふにうその子はらむ犬を尋て 此歌ハ著聞集に見えたり　撿挍豊平か見出したるみさこ腹の鷹の事なり…… 中編巻11・中巻210頁
定家鷹三百首	とやの内のお花すり毛やみちのくのしのふの山の巣鷹なるらん （58・7ウ）
西園寺鷹百首・言塵集	黄（わか）鷹ハ當年の鷹なり　野にてそたちたる也　巣より出て子（こ）の時よりこなたにてそたちたるをハ巣鷹と申候也　當年なれ共若鷹とは申さす （58・10オ） ○鷹……すたかとは巣より取てかひたるを云也　すたかをその年とやにて飼たるを云也 （『言塵集』5・30オ。199頁）
龍山公鷹百首・大諸礼集	よひかけに木居ふるまひをすたかとやつかれのとりのうするともなし （61） 付　巣鷹鳥屋　日向鷹ナルヘシ西国鷹奔走也　西国ハ大略巣鷹也　網懸稀也 巣鷹　子飼也 （72）
和歌賓樹・藻塩草・武用辨略	今奥（イマヲク）ノ巣（ス）ト云ハ奥州鷹（アフシウタカ）ノ巣（ス）ノ事也　黒川（クロカハ）　上黒川（カミクロカハ）　大澤（ヲホサハ）　冨澤（トミサハ）　油田（アフラタ）　牟遣（トツカヒ）　太爪（ヲホツメ）　矢俣（ヤマタ）等（トウ）也　サレバ本（モト）ノ栖（スミカ）ノ東（アツマ）鷹（ダカ）ナド、読（ヨメ）リ （『武用辨略』巻8・26オ） す——（鷹）〔すたかわたるなと云り〕 （『藻塩草』鷹・巻10・13オ） 「巣鷹」 巣鷹トハ巣ヨリトリテ子之時ヨリコナタニテソタテタルヲ云也　コトシナレトモ若鷹トハイハサル也
和歌八重垣・東雅・その他	雛ヲトリテ養フヲ巣鷹ト云 （『大和本草』「鷹」巻15・13オ） 取テ巣ヲ育ル人家ニ者ヲ曰フ巣鷹ト [illegible] （『和漢三才図会』巻44・鷹） 「スタカ」 巣ヨリ取テ子ノ時ヨリコナタニテソタテタルヲ云　コトシナレ共若鷹トハイハサルナリ （『歌林樸樕拾遺』） ※　猶、『古今著聞集』関連の本文は113「たか」の項を参照。
典拠	龍山公百首・武用辨略

No.	101	102
題	すどり	すまハり
和訓栞	……○鷹の巣にて雛を捕へ　そを 養ふをも巣鳥といへり 前編巻12・中巻213頁	七月_半までの若_鷹をいふとい へり 後編巻10・507頁
定家鷹三百首		み山木の梢をたかミ見立ても おろさて過ぬ巣まハりの鷹 親に餌をかハれて巣にアルヲ云 それも後にハ巣を立と也 （46・6オ）
西園寺鷹百首・言塵集		
龍山公鷹百首・大諸礼集		巣廻　巣立を云歟　（72） 一　夏の言葉……　但巣まハり 七月に入て七日以前の事也 一　秋の鷹詞　網懸とハ。七月 より冬の月にいたるまでも取た る若鷹の事也。但七月半ままで ハすまハりと云也。七月すゑな らハいふべからず （巻14・29ウ）
和歌寳樹・藻塩草・武用辨略		案ズルニ若鷹ヲ必　巣鷹ト云事 心得難シ　凡　巣ヨリ下テ雛ヲ 飼立タル時ノ辞也　自　ニ巣立 タルヲ巣廻ノ鷹ト云ナレハ也 （『武用辨略』巻8・24オ）
和歌八重垣・東雅・その他		
典拠	※	三議一統

No.	103
項目	せう
和訓栞	倭名抄に俗説に雄鷹謂ニ之兄鷹一雌鷹謂ニ之大鷹一と見えたり　せは夫の義　うハ鷹の音略なり　大鷹も今大の音をもてよへり　せうハ大より劣れり　是鷹の諸鳥に異れる所也　古楽府に鷹ハ則鶏(ママ)の兄ともいへり　○…… 前編巻13・中巻238頁
定家鷹三百首	
西園寺鷹百首・言塵集	○鷹……兄鷹とハせうの事也 （『言塵集』5・29ウ。198頁） ○鷹　追加……兄鷹とハせう也　兄とハこのりなり （『言塵集』7・1オ。233頁） ○鷹……大鷹ハ女鷹也　せうハ男鷹也　人の女におそるゝハせうのやうにと源氏にも云り （『言塵集』5・30オ。199頁） ○鷹……せうハ大鷹の雄鷹也 大鷹ハ女鷹也 （『言塵集』6・15オ。230頁）
龍山公鷹百首・大諸礼集	
和歌寶樹・藻塩草・武用辨略	兄鷹　漢語抄ニ曰兄鷹ノ二字用テ名トス　出所詳ナラズト云云　……和名鈔ニ雌鷹ヲ大鷹ト云　雄鷹之ヲ兄鷹ト云　又兄鷂ニ作　鷹ノ小ナル者　和名勢字　徒然草ニセウトノ城ノ介ナド云ル如　兄弟ヲセウト、云バ兄ノ鷹ト称スル義ナラン　兄鷹ハ雄ノ惣領ニ准ジテ兄ノ字ヲ冠シメタリ　古楽府ニ豹ハ則虎ノ弟、鷹ハ則鷂ノ兄　ト云云 （『武用辨略』巻8・26ウ～27オ） 「トリノセウ」 トリノセウトハ鷹ハ雌ヲ大トイヒ　雄ヲ小トイフ　雄ハ雌ニオソル、モノ也　人ノ男ノ女ニオツルヲ鳥ノセウニタトヘテ云也
和歌八重垣・東雅・その他	兄鷹　せう〔和名　雄鷹の名なり　夫を兄といひ　婦を妹といふは古語なり。よりて夫婦をいもせの山なとにそへてよめり。兄といふは毛詩に伯といひ　仲といへるかことし。うハ鷹の字の音の略歟〕 （『和字正濫抄』巻4・56オ。240頁） 鷂……凡鷹ハ雄ヲ兄と云　雌を弟と云　兄ハたいにおとれり　是鷹の諸鳥にかはれる也 （『日本釈名』中巻・43ウ） 諸鳥ハ雄大ナリ　兄鷹ハ雌大ナリ　此事中華ノ書ニモ見ヱタリ　雄ヲ兄鷹ト云　雌ヲ弟鷹ト云 （『大和本草』「鷹」巻15・12ウ）
典拠	和名抄・和字正濫抄と武用辨略か

【相違箇所】・103「鷹ハ則鶏」（増補版）の「鶏」は「鷂」の誤りである。整版本は「鷂」とあるが、岐阜版は増補版と同じである。

No.	104	105
項目	せこ	そしく
和訓栞	……○……龍山公の説に山をかるもの共を押出しせことといふはし丶けたもの丶狩する者ともの事也　下狩衣（ママ）といふへき事本義也と見えたり　○鷹飼（ママ）にせことといふは立あかるをも　ふみあかるをもいふと三儀（ママ）一統に見えたり　○…… 前編巻13・中巻244頁	三議一統に鷹詞に峰より少し下るをいふと見えたり、 中編巻12・中巻268頁
定家鷹三百首	秋山の木下かりハみえねとも犬のあたるをこゑにてそしる 木下狩とはせこの事也（73・9ウ） 下狩とハせこの事也（126・16ウ）	
西園寺鷹百首・言塵集		
龍山公鷹百首・大諸礼集	しける木の山のあはひハとさけひをしるへはかりに鷹やあはせん 惣別山をかるものともをせことをし出していふ事はし丶けたもの丶狩する者共の事也　鷹狩の者ともをは　した狩衆といふへき事本義也　但鷹かりも近来せこ衆なと丶申つけ来候歟　これも諸木抄にしるしをかる丶也（16） せことハ立あかるをも　ふミあがるをもいふ也。せこふみおろすとも云也。（巻14・26オ）	そしくとハ峯（みね）より少　下をいふ也。（巻14・26オ）
和歌寶樹・藻塩草・武用辨略		
和歌八重垣・東雅・その他		
典拠	龍山公百首・三議一統	三議一統

【相違箇所】・104「下狩衣」（増補版）は「下狩衆」の誤りである。整版本・岐阜版も同様に誤る。また、「鷹飼」（増補版）は「鷹詞」の誤りである。整版本・岐阜版は「鷹詞」となっている。

なお「三儀一統」（増補版）は「三議一統」の誤りである。整版本「三議一統」とあるが、岐阜版は増補版と同じである。

No.	106	107
項目	そゝり	そゝろ
和訓栞	……鷹に尾ぞゝりといふ事あり 尾を横にゆる〱とふる事也とい へり　○…… 中編巻12・中巻270頁	倭名抄に鳹をよめり　贄ㇾ鳥食ㇾ 已吐ニ其毛ヲ如ㇾ丸也と註せり 今鷹にそゝろ打といへり　○…… 後編巻10・528頁
定家鷹三百首		しゝもひきそゝろもしけるあ らたかにましゑをけふハ何と かハまし しゝもひきとはやせたるなり そゝろもしけるとハ餌のくづを 咽に持て居るを云（106・14オ） 餌包とは餌を胸にもつ所の事也 そゝろうつとは餌のよき所をハ 皆をして毛や骨を餌包に残して 吐出すを云也　（147・20オ）
西園寺鷹百首・言塵集		○鷹ののきば打と云事……鷹 のそゝろうつとハ昨日飼たるゑ の骨毛なとを朝はき出す云なり（ママ） 鳹　此一字をそゝろとよめる （『言塵集』7・2オ。234頁）
龍山公鷹百首・大諸礼集	あさことに外架の鷹に水ふけ は手ふるひをして尾そゝりを する 尾そゝりとハ尾をよこさまにゆ る〱とふること也　（84）	
和歌實樹・藻塩草・武用辨略		餌ヲ吐ヲ打ト云ハ打板トモ書リ 打反ス也　胸ノ餌持ニ受持テ好 所ヲ皆押テ毛骨ナド計残反 ヲ鳹打ト云也　鳹ハ唐韻ニ曰 鷙鳥食シ已テ其皮毛ヲ吐テ丸ノ 如シ　順曰　和名曽々呂ト云 云（『武用辨略』巻8・56オ）
和歌八重垣・東雅・その他		鳹（そゝろ）　䶒　鷙鳥食已テ吐ク二其毛ヲ 如レ丸　日レ鳹ト　和名曽𠮷 （『和漢三才図会』巻44・鳹）
典拠	龍山公百首	和名抄と定家三百首か

【相違箇所】・107『言塵集』（整版本）の「はき出す云なり」は「はき出すを云なり」の「を」の脱とみる。

No.	108	109
題	そばみだか	そらく
和訓栞	鷹病あれハ薬をかふ　重く煩ふを いへり、 中編巻12・中巻279頁	そらすに同し　らく反る也　仲正 御狩野にけふはし鷹のそらくし ておぶさの鈴もとかてかへりぬ、 中編巻12・中巻288頁
定家鷹三百首	薬かひたゝミのうらにつなけ 共そハみてゐたる鷹そあやう き 煩鷹をハたゝミを平に打返して 其上につなけり　大事に煩鷹を そはミ鷹と云也　（255・36オ）	
西園寺鷹百首・言塵集	けに〳〵と寒き狩はのそハミ 鷹羽杖をつきておもほゆる哉 風はけしくて寒けれハたかの痛 む也　そはミたかとハ鷹病あれ ハ薬を飼事也　そハミと云薬を かふ故也　（19・4オ）	仲正 御狩野に今日箸鷹のそらくし て尾ふさの鈴もとかて帰ぬ 私云たかのそらくしたるにはゑ をもひかへ　鈴をもとかぬ也 こらさんかため也 （『言塵集』5・10ウ。171頁）
龍山公鷹百首・大諸礼集		
和歌寳樹・藻塩草・武用辨略	「ソバミ鷹」 ソバミ鷹トハワツラヒテ　ムツ ケタルヲイフ 歃見(ソバミ)鷹ノ(ワツラフタカノコト)　頸肉(クビシヽ)減(ヲチ)タル時(トキ)ハ病顕(ビヤウケン) ト云　此所(コノトコロ)ノ毛(ケ)ヲバウ〳〵ト立(タテ) テ見透様(ミスカスヤウ)ニ成(ナリ)シヲ柿毛(コケラゲ)ヲ立(タツ)ルト 云リ　病顕(ビヤウケン)　柿毛(コケラゲ)ノ名(ナ)　常(ツネ)ニハ コレナシト云云 （『武用辨略』巻8・14オ）	
和歌八重垣・東雅・その他	「ソハミタカ」 ソハミ鷹　ワツラハシクテムツ ケタル鷹ヲ云 （『歌林樸樕拾遺』） さむきかりはのそはみ鷹羽つえ をつきて〔……　そはミ鷹とハ 病あれハ薬を飼事也　そと云薬 を飼故也と云々〕 （『藻塩草』鷹・巻10・14オ）	○そらくして　鷹のそらくした る日ハゑをもひかへ鈴をもとか ぬなり。こらさん為也 仲正 ミかり野にけふはし鷹のそら くしておふさの鈴もとかて帰 ぬ （『和歌呉竹集』巻4・22オ～ ウ）
典拠	西園寺百首か	和歌呉竹集

【相違箇所】・109『言塵集』における古典全集本（寛文4年整版本の翻刻）「御狩野にとる」の「とる」は「今日」の誤刻である。

No.	110	111
項目	そらす	そらとる
和訓栞	……栄花物語に手にすゑたる鷹をそらしと見えたり　らす反れ(ママ)也よて大和物語の歌にそるともよめり　○…… 前編巻13・中巻288頁	空取の義　鷹によめり　空にて鳥をとるなり、
定家鷹三百首		
西園寺鷹百首・言塵集		久かたの空とる鷹を目に懸て駒をはやむる野へのかり人 空とるとは空にて取也　常にハ地におとしてとれとも　よく取時ハ空にて取也　大鷹小鷹共に可有（37・6ウ） 空とるとは地に落さすして取也（86・13ウ）
龍山公鷹百首・大諸礼集	又うせたるをそらすと云事　はやふさに云詞也と香川美作守書にも注之　小鷹にハさし羽をそらすといへり　大鷹小鷹うせたるなるへし　隼　差羽いにたるをうせたるといはす　それたるそらしたるといふ事子細あると注之（79）	空とるといふ詞ハ空にてとる事也（13） 空にてとるを中(ちう)にてとるといふ者おほし　比興の詞なり（37） そらとるとは中にて鳥を取也。大空にきよせ合すとハたかそら取事也。かけなかす　ひんなかすといふハそらにて取てよこに行をいふ也。ひつつくる共云也（巻14・26ウ）
和歌寳樹・藻塩草・武用弁略		「ソラドル」 ソラトルトハ鷹ノ鳥ヲ空ニテ取事也 ミカリスル野中ノコヒノシケヽレハ空ドル鷹ノタカヘリモせズ 鷹ノ中(チウ)ニテ鳥ヲカケナガラ多キ木ノ枝ニトマリ所アルニヨリ鷹匠ノ手ニハモドラヌト也 「クサトル鷹」 ……ソラトルトハ空ニテトルヲ云也　丸カ云トルノトノ字濁ヘシ
和歌八重垣・東雅・その他	「手(て)に据(す)ゑたる鷹(たか)を逸(そら)したる」などいふやうに思(おも)ふべし。 （『栄花物語』上・巻13「ゆふして」。大系本400頁）	「そらとるたか」 たかの空にて鳥をとる也 （『和歌八重垣』巻5・28オ） そらとる〔空にて取たる也〕 （『藻塩草』鷹・巻10・14ウ） 「クサトルタカ」 ……空ニトルトハ空取ト云　丸云取ノト文字濁ルヘシ （『歌林樸樕拾遺』）
典拠	栄花物語・大和物語	和歌八重垣

No.	111
題	そらとる
和訓栞	中編巻12・中巻288頁
定家鷹三百首	
西園寺鷹百首・言塵集	○鷹……空とる鷹とハ鳥をとひつめてとるを云なり　よき鷹のわさなり　小鷹にハ空にてとるとハいふへからす　大鷹ハいくよりも空にて取故也 （『言塵集』6・15ウ。230頁） ○鷹のねとりかひ……空とるたかとハ鳥を飛つめて落草にもいれす空にてとるを云也　よき鷹のわさなり　小鷹にハ空にて取なとゝハ不可云　大たかハいくよりも空にてのミ取故也 （『言塵集』6・16ウ～17オ。232頁）
龍山公鷹百首・大諸礼集	
和歌寶樹・藻塩草・武用辨略	
和歌八重垣・東雅・その他	
典拠	和歌八重垣

No.	112	113
項目	それる	たか
和訓栞	鷹などにいふハそらすと自他の分ちありて実は同語なり　詞花集にそりはてぬるかやかたをのたかとも見えたり　○…… 中編巻12・中巻290頁	鷹をいふ　たけき也　鷙猛を称す　西土或ハ高く飛ものなれハ名く　西土の鷹揚の意也ともいへり　蝦夷にとこぼちかふといふ　○倭名抄に黄鷹　わかたか一歳の名也　大なる者を大鷹と称す　白きものを白鷹と称す　三歳の名也といへり　大鷹ハ朝鮮より来るとそ　天武紀に東国貢ニ白鷹ニと見えたり　万葉に　矢形尾のま白の鷹をやとにすゑかきなて見つゝ飼くしよしも　○源氏に蔵人所の鷹といふハ鷹飼ハ蔵人所の被官也　御鷹ハ足革御免革を用う　装束以下常に異れり　諸人対する時に禮あり　○古事記に鶬をよめり　広雅にいふ鶬鶊也　倭名をのせといふ　○嶋ハ雄より大なるをもて大の音をよへり　諸鳥に異れり　或ハ弟鷹の音転　雄をせうといふ　兄鷹の音也といへ
定家鷹三百首		白鷹　しろ歟　猶可尋　(28)
西園寺鷹百首・言塵集		○鷹……白鷹　赤白　青白　皆是ハ白鷹也 (『言塵集』5・29ウ。198頁) ○鷹　追加……鷹の一歳をハ黄鷹と云也　若たか也　二歳をハ撫鷹とも云なり　かた帰　同物也　三歳をハ青鷹と云也　白たか　同物也……是等順か和名抄に有 (『言塵集』7・1オ。233頁)
龍山公鷹百首・大諸礼集	又うせたるをそらすと云事　はやふさに云詞也と……小鷹にハさし羽をそらすといへり　大鷹小鷹うせたるなるへし　隼差羽いにたるをうせたるといはす　それたる　そらしたるといふ事子細あると注之　(79)	
和歌實樹・藻塩草・武用辨略		最(モットモ)一歳ノ若鷹(ワカタカ)ヲ黄鷹(ワウイヨウ)トシ　之(コレ)ヲ巣鷹(スタカ)ト云　二歳ヲ鵧鷹(ベンイヨウ)ト云　或片鵧ニ作　三歳ヲ両鵧(モロカヘリ)　又四歳ヲ両片鵧(モロカタカヘリ)ナド云　四歳已後(イゴ)ヲ両々鵧(モロ〳〵カヘリノタカ)　鷹ト云リ　且幾鳥屋(カツイクトヤ)ト云ハ巣鷹(スタカ)ノ辞(コトハ)　也ト云云　案(アン)ズルニ若鷹(ワカタカ)ヲ必(カナラズ)　巣鷹(スタカ)ト云事(イフコト)心得(コヽロエ)難(カタ)シ　凡(ヲヨソ)　巣(ス)ヨリ下(ヲロシ)テ雛(ヒナ)ヲ飼立(カヒタテ)タル時(トキ)ノ辞(コトハ)　也　自(ヲノツカラ)　ニ巣立(スタチ)タヲ巣廻(スマハリ)ノ鷹(タカ)ト云ナレハ也 (『武用辨略』巻8・24オ) ……云ト雖(イヘトモ)　性衆鳥(セイシユテウ)ニ殊(コト)ナリ　雌(メトリ)ハ則(スナハチ)　體大(タイヲ、ヒ)　也　雄(ヲトリ)ハ則(スナハチ)　體(タイ)小(チイサキ)　也 (『武用辨略』巻8・3ウ〜4オ)
和歌八重垣・東雅・その他	御狩野(みかりの)のしばしのこひはさもあらばあれ背(そ)りはてぬるか矢形(やかた)おの鷹 (『詞花和歌集』巻8・恋下。新大系253番〈国歌大観252番〉)	〔或説にタカは高(タカ)也　その高(ク)飛(ブ)をいふといへり　もしさらば義は自ら明なれど鳥の高く飛ぶ　此物にしも限るべからず　その鷙猛なるをもてタカといふ　タカとはタケの轉語也しに似たり〕(『東雅』巻17・鷹・393頁) ○白鷹(オホタカ)ハ日本ニナシ　朝鮮ヨリ来ル　鶴　雁　鵠　鳧ヲトル (『大和本草』巻15・13オ) 鷹(タカ)　たかく飛也 鷂(ハイタカ)……凡鷹ハ雄(ヲ)を兄(セウ)と云雌(メ)を弟(ダイ)と云　兄(セウ)ハたいにおとれり　是鷹の諸鳥にかはれる也 (『日本釈名』中巻・43ウ)
典拠	詞花集・※	和名抄・大和本草・日本釈名・東雅

No. 113

題 たか

和訓栞

り 古楽府に豹則虎ノ弟鷹則鷂ノ兄とみえたり ○信濃ノ国諏方大明神ノ御贄鷹といふ事東鑑に見えたり ○古ハ雉及小鳥のみを取しむ 雁鶴に至るハ近世の事也といへり 其鶴を捕者を鶴の鳥と称して此を愛す ○月令に二月鷹化為レ鳩と見えたり 是ハ鷂鶻也といへり ○天竺に鷙鳰(ママ)といひ契丹に摩鸇といひ高麗に儼雄といふといへり ○一條帝の時一の鷹雛を得たり 逸物と見えて鳥を鷙を識す 信濃の士人豊平なる者視て無雙の雄姿を歎して曰此鷹ハ父鶻鳩にして母ハ鷹也 よてまつ魚を飼て後鳥を捕しめハ鷹ノ本性を得んと竟に希代の鷹なりしと古今著聞集に見えたり 今も鶻鳩の子ありといへり ひちの郷に田圃をは申受けるをもてひちの撿校豊平とハ此か事也とあるは高遠の邊に非持といふ村あり 其地なるへし 伊那郡也 ○上古の名鷹 天智天皇の磐手の野守 延喜ノ御門の白兄鷹 一條帝の鳩屋 袙鶚 後一條帝ノ藤花 韓纏 藤澤 山家等也 月ノ輪鷹といふハ愛宕山腹大鷲峰の月

定家鷹三百首

西園寺鷹百首・言塵集

龍山公鷹百首・大諸礼集

和歌賓樹・藻塩草・武用辨略

古楽府ニ豹ハ則チ虎ノ弟、鷹ハ則チ鷂ノ兄ト云云

(『武用辨略』巻8・27オ)

鷹……月令ニ仲春化シテ鳩ト為ル 七月ニ鷹ト化ス

(『武用辨略』巻8・3オ)

天竺ニ哲鳰ト云……隼鳥ハ摩訶陀国 摩鸇ト云ハ契丹国トゾ……山渓考ニ大唐ノ胡鳥 三幹ノ鷹 又云高麗ノ鷹 新羅ノ鷭 百済ノ儼雄 鷙ノ称也ト云云

(『武用辨略』巻8・2ウ～3オ)

哲鳰〔天竺〕 隼鳥〔摩訶陀国〕 摩鸇〔契丹国〕 鷭〔新羅国〕 鳩鳰〔百済国〕 儼雄〔高麗〕 都鷹〔震旦〕

(『武家節用集』下・25ウ～26オ)

和歌八重垣・東雅・その他

諸鳥ハ雄大ナリ 只鷹ハ雌大ナリ 此事中華ノ書ニモ見ヱタリ 雄ヲ兄鷹ト云雌ヲ弟鷹ト云…… 日本ニ昔ノ鷹ヲツカフ事 小鳥及雉ニ止ル故山鷹野ニハ古法アリト云 日本ニ鶴 雁等ノ大鳥ヲ取事ハ近世ノ事ナリ

(『大和本草』「鷹」巻15・12ウ～13オ)

「鷹・釈名」

〔俗説雄鷹謂ニ之兄鷹ト 雌鷹謂ニ之大鷹ト也 必大按ルニ 今亦雄為レ兄而小 雌為レ弟而大 大能摯テ而疾ク 小雖レ摯ト而不レ逸ナラ也 弟読テ作レ大ト〕

(『本朝食鑑』巻6・19オ)

又天竺にては鷹を哲鳰といひ又摩訶陀国にては隼鳥といひ契丹国にては摩鸇といひ新羅国にては鷭と云 百済国にては鳩鳰といひ高麗にては儼雄といひ震旦

典拠

武用辨略・大和本草　古今著聞集・本朝食鑑

No.	113
題	たか
和訓栞	輪寺にて網せし也　今下野国宇津宮より出る者必逸物也といへり ○……
定家鷹三百首	
西園寺鷹百首・言塵集	
龍山公鷹百首・大諸礼集	
和歌實樹・藻塩草・武用辨略	鷹……抑　上古ノ名鷹ハ天智天皇ノ磐手ノ野守　延喜聖主ノ白兄鷹　一條　院ノ鳩屋　赤目　魚鷹　後一條ノ藤　花　韓巻　藤沢　山峨等也 （『武用辨略』巻8・10オ） 著聞集ニ一條　院御秘蔵ノ鷹アリ　鳥ヲ執サリケレバ御鷹飼共様々飼入タリシカド曽　鳥ニハ目ヲモ掛サリケル　仕入兼テ彼鷹ヲ粟田口ニ繫テ往来ノ人ニ見セケリ　人ヲ付テ如何云者ノ有
和歌八重垣・東雅・その他	にてハ都鷹といひ中華の地にてハ青骸といひ海青といひ征鳥といひ又晨風とも云て…… （『仁義理古武志』5ウ～6オ） 「廿二　上古の名鷹」 天智天皇の磐手野守　醍醐天皇の白兄鷹　一條　院の鳩屋　赤目　みさこ　後一條　院の藤　花。韓巻。藤沢 （『仁義理古武志』30ウ） 一條院　御時、御秘蔵の鷹ありけり。但いかにもとりをとらざりけり。御鷹飼ども面々にとりかひけれども、すべて鳥に目をだにかけざりければ、しかねて、件　鷹を、粟田口十禅師の辻に
典拠	武用辨略

No.	113
題	たか
和訓栞	
定家鷹三百首	
西園寺鷹百首・言塵集	
龍山公鷹百首・大諸礼集	
和歌寶樹・藻塩草・武用辨略	ヤト待タリシニ検校豊平依田小三郎ノ大番役ニ上リケルトテ此鷹ヲ見上ナキ逸物ヤト立廻々々見テ云シ様ハ未取飼ヌ者也　ヨモ鳥ハ執ジトテ往ケリ　其時御鷹飼出テ是ハ帝ノ御鷹也　然ベクハ取飼テ叡感ニ預給トテ頓奏シタリケリ　豊平ヲ召テ御鷹賜セケリ　居出テ能鳥飼テ参リ　南庭ノ池ノ汀ニ候テ叡覧ニ備ケルニ出　御ノ後池ニ沙ヲ蒔ケルニ魚集　窺タリケル其侭鷹ヲ翕テゲリ　即大ナル鯉ヲ取テ上リタリシカハ帝ヲ始奉　在合人々　皆奇怪目ヲ驚シケル　召テ其故ヲ尋給ケルニ此鷹ハ鶚腹ノ鷹ニテ候　先必母ガ振舞ヲシテ後ニ父ガ藝ヲ仕候也　人其故ヲ存ヌニテ今迄鳥ヲ執セ候　ヌニコソ此後ハ一ツモ逃シ申マジ　究竟ノ逸物上ナク候ト申ケレバ御感ノ餘ニ　信州ニテ田園ナドヲ賜ケリ （『武用辨略』巻8・7オ〜ウ）
和歌八重垣・東雅・その他	つなぎて、行人に見せられけり。もしをのづからいふ事やあるとて、人をつけられたりけるに、たゞの直垂上下に、あみ笠きたるのぼりうど、馬よりおりて、この鷹を立廻〳〵みて、「あはれ逸物や。上なきものなり。たゞしいまだとりかはれぬ鷹なれば、鳥をばよもとらじ」といひて、すぐるものありけり。其時、御鷹飼いでゝ、彼行人にあひて、「只今のたまはせつる事すこしもたがはず。これは御門の御鷹也。しかるべくは、とりかひて、叡感にあづかり給へ」といへば、このぬし、「とりかはん事いとやすき事なり。われならでは、此御鷹とりかひぬべき人おぼえず」といへば、「いと希有の事也、すみやかにこのよし叡聞にいるべし」とて、やどくはしく尋きゝて、御鷹すゑてまいりて、このよし奏聞しければ、叡感ありて、則件男めされて、御鷹をたまはせけり。すゑてまかり出て、よくとりかひて、まいりたり。南庭の池の汀に候て、
典拠	

No.	113
題	たか
和訓栞	
定家鷹三百首	
西園寺鷹百首・言塵集	
龍山公鷹百首・大諸礼集	
和歌寶樹・藻塩草・武用辨略	
和歌八重垣・東雅・その他	叡覧にそなへけるに、出御の後、池にすなごをまきければ、魚あつまりうかびたりけるに、鷹はやりければ、あはせてけり。則大なる鯉を取てあがりたりければ、やがてとりかひてけり。御門よりはじめてあやしみ、目を驚かして、その故をめしとはれければ、「此御鷹はみさご腹の鷹にて候。先かならず母が振舞をして後に、父が藝をばつかうまつり候を、人そのゆへをしり候はで、いまゝで鳥をとらせ候はぬなり。このゝちは一もよもにがし候はじ。究竟の逸物にて候也」と申ければ、叡感はなはだしくて、所望何事かある、申さむにしたがふべき由、仰下されければ、信濃国ひぢの郡に屋敷・田園などをぞ申うけける。ひぢの検校豊平とはこれが事なり。大番役にのぼりけるときの事也。 （『古今著聞集』巻20「ひぢの検校豊平善く鷹を飼ふ事」〈678〉。大系本）
典拠	

No.	113
項目	たか
和訓栞	
定家鷹三百首	
西園寺鷹百首・言塵集	
龍山公鷹百首・大諸礼集	
和歌實樹・藻塩草・武用辨略	
和歌八重垣・東雅・その他	「雎鳩・集解」 昔一條帝有一鷹雛形色 美偉翅爪軽勁帝甚愛之 然未識鷙鳥故令 鷹師以飼之竟不能 飼之鷹師憂之臂 鷹往於粟田路上設高 架於街頭而繋鷹以俟 行人之博識于時信濃士 人豊平者入京路上観 此鷹曰此是無雙之雄 姿也然未飼之鷹師聞 之大喜問豊平曰子 何為知此鷹之未飼 者哉豊平曰鷹雛俊逸 未見鷙鳥之心斯鷹 者父雎鳩母鷹故先 捕魚未暁鷙鳥先 飼魚而後飼鳥則得 鷹之本性也鷹師曰子能 為之乎豊平曰諾於 是相携還宮以聞焉 帝大感之使鷹養之 豊平臂鷹臨於御沼 游鯉活発窺縦之鷹一挙
典拠	

	113	114
項目	たか	たかゞひ
和訓栞	前編巻14・中巻302頁	鷹飼也 日本紀にハ鷹甘部と見ゆ 所レ謂鷹師是也 今鷹匠といへり 西宮記に鷹飼ノ王卿大鷹飼者著ニ地摺猟衣一綺袴王帯鶻飼者著ニ青白橡ノ袍一綺ノ袴玉ノ帯巻纓皆有ニ下重一と見えたり ○…… 中編巻13・中巻305頁
定家鷹三百首		鷹飼のをける遠目の見ぬ程ハ霞や鳥のいのちなるらん（37・5オ） 鷹飼のかた野に出る川舟の水かげの毛のそこに見えつゝ（228・32ウ）
西園寺鷹百首・言塵集		
龍山公鷹百首・大諸礼集		鷹狩を鷹飼共 延喜御宇なとの御時も専申たるときこえたり 伊勢物語にもみえたり 是も當流なり 重畳口傳多在之（16）
和歌實樹・漢店草・武用辨略		
和歌八重垣・東雅・その他	捕ヘテレ鯉ヲ而至ル 豊平割テレ鯉ヲ飼フレ之ニ 従リレ茲レ御鷹鷙ルレ鳥ヲ 竟ニ為ルニ稀代ノ之尤ト一 豊平モ亦賜フテレ官禄ヲ而帰ルレ国ニ矣 今マモ亦謂フレ有リトニ雎鳩ノ子一也（『本朝食鑑』巻6・23オ〜ウ）	鷹飼王卿、大鷹飼、地摺狩衣、綺袴、玉帯、鶻飼、青白橡袍、綺袴、玉帯、巻纓、有下襲（『西宮記』臨時・野行幸）
典拠		日本書紀・西宮記

【相違箇所】・113「鵥鳿・摩鳩」（増補版）は「鵥鳿・摩鶋」の誤りである。整版本・岐阜版は「鵥鳿」となっているが、「摩鳩」は同様に誤る。
・114『和訓栞』引用の『西宮記』と『故実叢書本』（『尊経閣大永本』も同）との間に若干の相違が認められるが、これは『和訓栞』の誤記というよりは谷川士清の用いた写本による異なりと思われる。

No.	115	116
項目	たかだぬき	たかなぶり
和訓栞	倭名抄に韝をよめり　鷹の具にいへり　今鷹のゆがけといふ物也といへり 後編巻11・540頁	鷹のぶちといふ物ハ和名抄鷹犬ノ具にも見えす　古へ鷹なふりといひ　今ほふりといへり 口餌ひき觜をすらする鷹なふり腰にさしてハ鞭かとそ見る、
定家鷹三百首	すへならふ足ふミをしる鷹たぬき狸のあふら人にかはるな 手をゝいに似たる物をうでにさす也　それハくせたかハくぶしよりうでまでもよる物なれハ也　今ハゆがけを鷹たぬきと云人も有と也　逸物なれ共狸の油をとらぬ物と也　（107・14オ）	口餌ひき觜をすらする鷹なふり腰にさしてハ鞭かとそミる たかなふりとは鞭より長き物也夜すへの時鷹をなふりてねさせぬ道具也　當時ハ鞭を其儘用る也　（168・23ウ）
西園寺鷹百首・言塵集	ふゝきにハ霰の手まき手走てかりの御鷹をすへも定めす たまきとハ鷹たぬき也　手貫と書　又韝とも書　文撰にあり　東都符也　造る躰　寸法の法あり　（66・11オ）	
龍山公鷹百首・大諸礼集		鷹のむちを鷹なふりといふかことし　當流にハ不用之　但其家々に用来事も候歟　（11）
和歌寶樹・藻塩草・武用辨略	韝(タカタヌキ)(タマキ)　韝(コウ)ハ篭手(コテ)ニ等(ヒトシ)　説文(セツモン)ニ日射臂(シャヘキ)ノ沓(クツ)也　順(シュン)ノ日和名多末岐(ワメウタマキ)　一ニ日小手(コテ)　又云太加太沼岐(タカタヌキ)……一字両訓(ジリヤウクン)ニシテ弓(ユミ)ト鷹(タカ)ノ具(グ)ニ兼(カネ)タリ　今ニ云鷹飼(タカカヒ)　小手(コテ)即(スナハチ)鷹手貫(タカタヌキ)トスル者(モノ)也 （『武用辨略』巻8・44オ）	○攤(ナブリ)　策(ブチ)　鷹攤(タカナブリ)　共云　策(ブチ)ヨリハ長(ナガ)キ物(モノ)也　夜居(ヨスエ)ニ鷹(タカ)ヲ攤(ナブリ)テ寝(ネ)サセヌ具(グ)也　竹捲(サホ)共云　長(タケ)ハ條(ヲホヲ)ノ長(ナガサ)ニ等(ヒトシ)クス 口餌(クチヱ)ヒキ觜(ハシ)ヲスラスル鷹攤(タカナブリ) 腰(コシ)ニ差(サシ)テハ鞭(ブチ)カトソ見ル （『武用辨略』巻8・45オ）
和歌八重垣・東雅・その他	韝　読てタカダヌキといひ　文選注に臂衣也といふを引きけり　字すでに弓矢の具にみえたり　古画に此物を絵かきしを見しに弓小手(ユゴテ)といふものゝごとくにして其制少しく異なり　即今俗にタカノユガケといふものハ此ノ物の遺制なる也 （『東雅』巻9・釣・227頁）	又馬ノ具ヲバ。無知(ムチ)トイヒ。鷹ノ具ヲバ。不知(ブチ)トイフベシナド世ニハイヒヌレド。倭名抄ヲ見ルニ。鷹犬ノ具ニカヽル物ハ見エズ。古ニハ鷹ナブリトイヒシモノ。〔口餌ヒキ。觜ヲスラスル。鷹ナブリ。腰ニサシテハ。鞭カトソミル。ナドヨミタリ。〕今モナブリブチナドイフ物ヲ。鷹ノ不知(ブチ)トハイフメリ。倭名抄ニ。鞭無知(ベンムチ)トヨム。俗ニハ。無(ム)遅(チ)トイフヨシ見エタルハ。フタツノ無ノ字。一ツハ。ウツシアヤマレルナルベシ。源三位頼政藤鞭(フヂブチ)。桐火桶(キリヒヲケ)。頼政(ヨリマサ)ナドイフ事ヲ。ヨメル歌ニ。
典拠	和名抄と東雅か	和名抄と本朝軍器考か

No.	題	和訓栞	定家鷹三百首	西園寺鷹百首・言塵集	龍山公鷹百首・大諸礼集	和歌寶樹・藻塩草・武用辨略	和歌八重垣・東雅・その他	典拠
116	たかなぶり	中編巻13・中巻309頁					宇治川ノ。瀬々ノフヂブチ。オチタキリ。ヒヲケサイカニ。ヨリマサルラン　ト見エタレバ。此ノ物無遅(ムチ)トイフハ。俗ノ諺ニヤ　サラバ倭名抄ノ無知(ムチ)ノ無(ム)ノ字。不(フ)ノ字ニヤ作ラマシ。不(ブ)知トイヒ。無知(ムチ)トイフ。雅俗ノ二ツハアレト。共ニ馬鞭ノ事ニテハアル也。カレコレヲ通ジ考ルニ。古ノ鷹ノ具ニ。不知(ブチ)トイフ物ハナカリシ也。（『本朝軍器考』「鞍轡類」巻12・21ウ～22ウ）	和名抄と本朝軍器考か
117	たかの	鷹野の義　田猟なり　山にて山鷹狩といふ　雉を主とすといへり　○……　中編巻13・中巻309頁				○鷹野(タカノ)ト云ハ田猟(デンレウ)也　山鷹(ヤマタカ)ハ山(ヤマ)狩(ガリ)也　今世山鷹野(ヤマタカノ)ト云ハ悪(アシ)キ辞(コトハ)也　山鷹狩(ヤマタカガリ)ト云ヘシト云云　昔(ムカシ)三條院(サンテウノイン)　山鷹狩(ヤマタカガリ)ヲ好(コノマ)セ給(タマヒ)テ行幸(ミユキ)数多度(アマタタビ)也　御鷹飼忠包(ミタカカヒタヾカヌ)　同信近(ノブチカ)　犬飼(イヌカヒ)ハ峯武手丸(ミネタケタマル)　同狩山(カリヤマ)峯丸(ミネマル)供奉(グブ)スト云云　サレハ山鷹(ヤマタカ)狩(ガリ)トハ雉(キジ)ヲ以ス　小鷹狩(コタカガリ)ハ或鶉(ウヅラ)雲雀(ヒバリ)等(トウ)ノ事(コト)也（『武用辨略』巻8・34ウ～35オ）		武用辨略

【相違箇所】・116「今ほふりといへり」（整版本・増補版・岐阜版）とある「ほふり」は『本朝軍器考』にしたがうならば「なふりふち（或は〈なふり〉か）」の誤りということになる。

No.	118	119
項目	たかのおとし	たかのとり
和訓栞	俗の古語にたま〳〵なる事の譬にいへり　鷹の蹶落したる鳥なり、 中編巻13・中巻309頁	鷹の鳥也　御湯殿の記に鷹のとりとてきじ三ッまゐると見ゆ　もはら雉を称するハ仁徳天皇始て放鷹ありし時に雉を捕し佳例による也 ○……○大諸礼に鷹の鳥かけ様ハ山緒ハ藤にてかけ　田緒ハいつれも縄なりと見えたり、 中編巻13・中巻310頁
定家鷹三百首		かやうのはいたかハ鶺の頂上なれハ其鳥をハ藤にてかけて鷹のさきへ餌からを持せよと也　此藤を山緒ともさはきとも云と也 （337・47ウ～48オ）
西園寺鷹百首・言塵集		のひやらしあまた疲の鷹の鳥羽さきをたれて水鶏飛する （92・14ウ）
龍山公鷹百首・大諸礼集		鷹の鳥かけやうの事。山のまへ田のうしろと心得べし。山緒ハ藤にて懸べし。田緒ハいづれもなわなり。寸法ハ山緒をハ。下のむすびめより上四寸置てむすび、さて上を二つふせ置て切也。 （巻4・26オ） 鷹の鳥といふハ。雉バかりの事也。餘をバたかの鶉　ひばり。あるひハたかのがん。たかのつる　さぎなどゝかやうに鳥の名を書也。鳥とバかりハきじより外ハ有まじく候　心得べし （巻6・10ウ～11オ）
和歌賓樹・藻塩草・武用辨略		抑　吾朝放鷹ノ始ハ仁徳帝四十三年九月……百済ノ王子　酒ノ君　初テ彼鳥和泉ノ国百舌鳥野ノ御狩ニ撃出テ多ノ雉ヲ執タリ（鷹人ノ傳説　最区々也　八重羽ノ雉或刃等ノ義　所詮猛勢ノ鳥ヲモ執タリト鷹ノ秀逸ナル事ヲ謂ヘキ仮令也ト　故ニ別證挙ニアタハス　皆辨畧スル而已　今世ニ押出テ鷹ノ鳥ト称スルハ雉也　是最初ノ例ト云也）是日域鷹狩ノ始トセリ （『武用辨略』巻8・4ウ）
和歌八重垣・東雅・その他		新大納言申さるゝみのゝ国常光寺かうゐの事申さるゝ。勅きよあり。御れいにまいる。御かうはこ。十帖まいる。ふけよりたかの鳥とてきし三まいる。御つかひ頭弁。 （『御湯殿上日記』天文四年三月五日）
典拠	※	大諸礼・御湯殿上日記・※

No.	120
項	たかのは
和訓栞	鷹の羽の義　箭といふは角鷹の羽をいひし　鷹羽また粛慎の羽とも称せり　保安元暦の記に左ハ鷲〳〵羽　右ハ粛慎〳〵羽なと見えたりといへり　其尾の羽黒白の文重々列を成て鮮やかに画くか如く斜に逆上し両々相対するを逆文と號す ○……
定家鷹三百首	
西園寺鷹百首・言塵集	
龍山公鷹百首・大諸礼集	
和歌寶樹・藻塩草・武用辨略	
和歌八重垣・東雅・その他	漢ノ代ノ比ヨリ。箭ニ。ハグニ。鵰(テウ)羽ヲモテ。最(モットモ)トス。我朝ニテモ。カクゾ有ケル。サレバ。鵰羽ニ限リテ。真鳥羽(マトリバ)トハイフ也。……又鷹羽(タカハ)トイフモ。、トハ角鷹羽(クマタカノハ)ヲイヒシ也。鷹ノ羽マタ粛慎(シユクシン)ノ羽トモ称ジタリキ。〔過ニシ比。在洛之間。攝政大相国　粛慎ノ羽ノ事ヲ尋仰ラル。東北ノ夷地(イチ)ニ出ツル。箭ノ羽トコソ心得侍レ。……彼ノ地方ニ出シ箭ノ羽。ツネニ我国ニ来リヌレバ。其箭ノ羽ヲ。粛慎トハ称セシニヤ。今モ蝦夷(エソ)地方ヨリ出ル物ハ。其品スグレテ侍リト。答申シキ。後ニ保安元暦ノ記ニ執柄供奉。行幸ノ時。府生。番長。平籙。左ハ鷲ノ羽。右ハ粛慎ノ羽。コレヲ新調ス。鳥。鷲ノ羽ヲ以テ。三府ニ切続キタリト云フ所ヲ。抄出シテ。賜ヒタリ。鳥　鷲ノ羽ヲ以テ。三府ニ切続タランハ。鷹ノ羽ノ妻黒(マツクロ)(ママ)ニ。倣ヒシモノナリ。〕 （『本朝軍器考』「弓矢類」巻4下・39ウ～40オ）
鱗	本朝軍器考・本朝食鑑

No.	120
題	たかのは
和訓栞	中編巻13・中巻310頁
定家鷹三百首	
西園寺鷹百首・言塵集	
龍山公鷹百首・大諸礼集	
和歌實樹・藻塩草・武用辨略	
和歌八重垣・東雅・その他	「鵰・集解」 鵰似鷹而大比鷲 則稍小也……此亦官家 畜之樊中以執其尾 而造箭羽呼號鷹羽 其尾羽有黒白紋重重成 列如畫而鮮明者 為上其文相似而晦者 為下就中鮮明如畫 斜而逆上両両如対者 此號逆膚為弥奇而賞 之尤希矣 （『本朝食鑑』巻6・22ウ） 按角鷹乃鷹之類而大悍 者也全體形色雌雄大小 皆同于鷹大於鷹三倍 焉……亦如鷹取其 尾造箭羽其尾十二枚 黒白文重重成列鮮明 者為上老則尾文 斜而逆上謂之逆 彪最為貴珍 （『和漢三才図会』巻44・角鷹）
典拠	本朝軍器考・本朝食鑑

※・「箭＝角鷹の羽」とする箇所はNo.61以外にも「おほとり」の項（後編・871頁）に「箭にいふハ角鷹(クマ)也」が認められるが、本書での掲載はしなかった。

No.	121
項目	たかばかり
和訓栞	……○鷹の巣をかくるに一尺二寸 上に枝を置て其枝に居て餌をおと す　さなけれハ母鳥に嚙着故也 よて一尺二寸を鷹枰ともいふとい へり　定家卿鷹歌に 　男山鳩やかひたるたかハかりか 　けおくれてや落に行らん、 前編巻14・中巻310頁
定家鷹三百首	男山鳩やかひたるたかハかり 　かけをくれてや落にゆくらん 鳩の枰の古事より歟　可尋　枰 と云迄ハ序也　（176・24ウ）
西園寺鷹百首・言塵集	
龍山公鷹百首・大諸礼集	
和歌寶樹・藻塩草・武用辨略	「タカバカリ」 タカバカリトハ竹ノ葉ヲカル也 タカムラト云モ竹村也　タカム シロト云モ竹ニテアミタル筵也 ○大将　式ノ策ハ……異本ニ 策ノ尺ハ色々アリ　胡床ヲカキ 膝頭ト較　一尺一　伏入テ切也 又一傳ニハ胡床ヲカキテ足ノ裏 ト〱ヲ合テ両ノ膝頭ニ較テ一 尺一伏入テ切モアリ　或又耳ノ 際ヨリ手先ノ間ニ一尺一伏ニ切 也　是等ヲ鷹枰ノ秘事ト云リ 下学集ニ曰鷹ハ猛悪ノ鳥也　子 ヲ生デ巣アリ　其子生長スル時 ハ親ヲ食ノ義アリ　父之ヲ畏テ 居巣ヨリ一尺枝ヲ去テ子ヲ養 故ニ一尺ノ量ヲ呼デ鷹枰ト云傳 ト云云 （『武用辨略』巻5・54オ） ※　猶、右『下学集』の用例は 器財門「鷹枰」の注文に認めら れる。
和歌八重垣・東雅・その他	「タカハカリ」 竹葉刈　カルナリ　タカムラト 云モ竹村也　タカムシロト云モ 竹筵也　タカノヒメト云モ竹野 媛ナリ　又云天枰ヲタカハカリ ト云　分銅ヲ法馬ト云ヲソヘタ リ （『歌林樸樕拾遺』）
典拠	歌は定家三百首・※

No.	122
項目	たかへるたか
和訓栞	あハせたる鷹の手に返をいふ也 長能か歌に 御狩する末野に立るひとつ松た かへる鷹の木居にやもせん、
定家鷹三百首	をつきつてたかへる鷹の餌袋 に入ていらぬやをき餌なるら ん　（334・47ウ）
西園寺鷹百首・言塵集	あまた鳥やふませてつかふは し鷹の手帰る迄も馴しかひあ れ たかへるとハ手に帰る也 （25・5オ）
龍山公鷹百首・大諸礼集	春さむみ袖にもゆきのゝこる かとしら尾の鷹そ手かへりに ける 手帰るは鳥をとりはつして空よ りすくに手にかへるをいふ也 なつきたる鷹の躰也　（3）
和歌寶樹・藻塩草・武用辨略	手ガヘリト云ニハ二説アリ　一 ニハ翕　遣タル鷹ノ鷹飼ガ手ニ 帰ヲ云　長　能ガ歌ニモ 御狩スル末野に立ルヒトツ松 手帰　鷹ノ木居ニヤモセン 一説ニハ如何ニモ惟手ニ帰ト云 ニ毛ノ替ヲ云事ナレバ手ガヘル ト云モ我手ニテ毛ノ替ヲ云ヘキ 也　手替鷹也　長　能ガ歌ハ聞 ヌ歌也　サレハ此歌ハ長　能ガ 読アツカヒヌト古キ物ニモ書タ リ　又八郎蔵人盛房ガ云菟道殿 ノ仰ラレシタガヘル義ハ田ニテ 鵯　也ト云シ　是モ心　得難シ 只自　ラ田ニテ翕　事アリ共田 鵯ナドハ云ベカラス　或人ノ云 タガヘルト又トカヘルト通音ニ テ同事ト也　如何　先トカヘル ト云義ヲ定ヘシヤ　鵯トハ鳥屋 ニテ毛ノ替　也　故ニ鳥屋鵯ト 云ヲ中略ニ屋ヲステヽ鳥鵯ト云 トゾ又 箸鷹ノトカヘル山ノシヰシバ ノハガヘハス共君ハ忘ジ 忘トハ恨サラレン箸鷹ノトカ ヘル山ノシヰハ紅葉ス 箸鷹ノ白生ニ色ヤサカフラン
和歌八重垣・東雅・その他	「たかへるたか」 あハせたるたかの手にかへるを いふ （『和歌八重垣』巻5・23オ） たかへると云事ぞ二様に申める。 一にはあはせやりたる鷹の鷹が ひの手へかへるをいふと云り。 長能歌云、 御かりする末野にたてるひと つ松たかへるたかのこゐにか もせん　……（以下、省略） （『袖中抄』第9）
備考	和歌八重垣と武用辨略か

No.	122
題	たかへるたか
和訓栞	
定家鷹三百首	
西園寺鷹百首・言塵集	
龍山公鷹百首・大諸礼集	
和歌實樹・藻塩草・武用辨略	トカヘル山ニ嵐吹ナリ 是等ノ歌ハトカヘル山ト読タリ 然ハ鳥屋ニモ非 山ニテ鴘ヲ鳥鴘トス如何 又一義ニ鳥屋鴘ハ鳥屋ニテ鴘ニ向テ鳥屋ノ外ニテ鴘ヲ外鴘ト云也 又一義ニ鷹ニハ七鴘 八鴘ト云言アレハ十度鴘ンスルヲ十鴘ト云歟ト也 何○モ心得難シ 必 シモ十度鴘ト定ルベカラス 大方此鳥屋鴘ト云シ事京 田舎ノ鷹飼共モ決シ難 事ニ侍 キ 粗古歌共ニテ考 ルニ鳥屋ト云ン略ニトカヘルト云也 トハ即 鷹ヲ指也 サレハトクラト云ハ鷹ノ塒ヲ云也 此ヲ以鳥鴘ハ惣而毛ヲ替事ト心 得ベキ也 サレハ山鴘我モトカヘル山ナド、読リ 共ニ苦カル間敷也 山ニテモ鳥屋ニテモ久敷鴘ヲ好ト心得ラレタリ 綺語抄ニトカヘルトハ只外ニテ何ク共知デ鴘トモ云ルニヤ 若狭守通宗モ手鴘トハ手ニテ毛ノ替ヲ云ケルトゾ 已上顕昭抄ノ説也 雑語便覧ニ山鴘ハ撫鷹也 外鴘ハ他鴘也 鳥屋ノ外ニテ毛ヲ替ナリ 鳥鴘ハ鳥部屋ニ
和歌八重垣・東雅・その他	とかへる（鷹）――〔……たかへると云事そふたやうに申めるひとつにはあはせやりたる鷹の鷹かいの手へかへるを云と云り長能哥云○みかりする末野にたてるひとつ松たかへる鷹のこひにかもせん……（以下、省略す。全文は151「とかへるたか」の項を参照）〕（『藻塩草』鷹・巻10・16オ～17オ） ※猶『藻塩草』と『袖中抄』の内容は類似する。
典拠	和歌八重垣と武用辨略か

No.	122	123	124
項目	たかへるたか	たかほこ	たかやうじ
和訓栞	中編巻13・中巻312頁	鷹ノ架をいふ　鷹のとまり木なり かしはを本とすといへり ○ならへ鷹に青鷹ハもと木　せう ハうら木成へしともいへり、 中編巻13・中巻312頁	鷹楊枝之義　手一束にして水を吹 時に用うといへり…… 中編巻13・中巻314頁
定家鷹三百首		かり衣かたのゝみのゝ三椚 若木やたかのほことなるらん 椚　架によし　春ハ梅　夏ハ椚 秋ハ桧　冬ハ松と也 （281・40ウ）	
西園寺鷹百首・言塵集			
龍山公鷹百首・大諸礼集		一　ならへ鷹ハ青鷹ハ本木　兄せ 鷹ハうら木なるべし。惣別ちい さきたかハうら木と心得べし （巻14・25オ） 一　架の木ハかしはを本とする 也。其外ハしなによるべし （巻14・25オ）	
和歌實樹・藻塩草・武用辨略	テ毛ノ替　事ト云リ　又所帰又 跡帰ハ鷹ニ限ズ我栖ノ山へ帰 ナラント云云　和名鈔ニ鴘ハ俗 語ニ云加閉流　唐韻ニ日鴘ハ鷹 鷂　二年ノ色ト云云 （『武用辨略』巻8・24ウ～25ウ）	○架　又枷ニ作　挙閣也　或桙 ニ作　格共書リ　鷹を繫　木也 天福ノ書ニ春ハ桜　夏ハ柳　秋 ハ楓　冬ハ松　竪木ニ山桜　横 木ハ白膠木ヲ以スト云云　今云 四季ノ架是也　一本ニ春　桃 夏　梅檀　秋　楓　冬　松　是 等ヲ相木ノ架ト云也 （『武用辨略』巻8・51オ）	○鷹楊枝ハ手一束也　水ヲ吹時 用ル也　定　義ナシ （『武用辨略』巻8・55ウ）
和歌八重垣・東雅・その他		○架とハ鷹をつなぐ木なり （『和歌呉竹集』巻1・45オ）	
典拠	和歌八重垣と武用辨略か	三議一統	武用辨略

【相違箇所】・122「木居にやもせん」（増補版）は「こひ（木居）にかもせん」の誤りか。整版本・岐阜版も「木居にやもせん」になっているため引用書に基づく誤りとみるならば『武用辨略』が考えられる。

No.	125	126
題	たかゆく	たけ
和訓栞	高く飛をいふ　古事記に高往鷹と見え　又たかゆくやはやふさわけともつゞけり、 中編巻13・中巻314頁	……○鷹の腹病にたけといふハ生ノ字をよめり　○…… 前編巻14・中巻324頁
定家鷹三百首		
西園寺鷹百首・言塵集		
龍山公鷹百首・大諸礼集		
和歌寶樹・藻塩草・武用辨略		
和歌八重垣・東雅・その他		
典拠	古事記	※

No.	127	128
項目	たでふ	たとほり
和訓栞	鷹にいふ　蓼文の義　青きを云とそ、 中編巻13・中巻356頁	幾鳥やしても取ぬ鷹をいふとそ、 中編巻13・中巻358頁
定家鷹三百首	紅葉するたで符の鷹のもとをしをから国よりや摺初けん 蓼(たで)符とは青き府也（343・48ウ）	はかなくてとれとそ思ふ箸鷹のとやかへりする身をはなけかて 鳥やかへりとハいく鳥やしてもとらぬを云也　田とをりとも云（260・36ウ～37オ）
西園寺鷹百首・言塵集		
龍山公鷹百首・大諸礼集		程ふれはもみいれしさへたとふるにかたいりなるはむへもなま鷹 たとふるとは鳥をとりのく事也 手のうちをわするゝ鷹也（97）
和歌實樹・藻塩草・武用辨略		
和歌八重垣・東雅・その他		
典拠	定家三百首	定家三百首

No.	129
題	たなさき
和訓栞	掌前の義　鷹の左の羽をいふ也 又たゝさきとも見えたり　定家卿 　はしたかの身よりたゝさきかハ 　るらしもろこし人ハ右にすゑつ 　ゝ 今左にすうるハ武用のために右を つかハずといへり　一説に文官ハ 右　武官ハ左の古実也ともいへり ○後西園寺入道相国の鷹百首に 　たなさきの角(スミ)の柱もかハりてや 　御こしの前に鳥のたつらん 延喜の御門の御時鳳輦の左の柱を とりすて御こしの内にて鷹をすゑ させ給しより今の代までも鳳輦の 左の柱とりつかけつする様に造る といへり 前編巻14・中巻359頁
定家鷹三百首	はし鷹のみよりたゝさきかは 　るらしもろこし人ハ右にすへ 　つゝ もろこし人ハ右にすゆれハ身よ り　たなさき　さのミ改むへか らすと也 （244・34ウ）
西園寺鷹百首・言塵集	たなさきの角の柱にかはりて 　や御こしの前に鳥の立らん たなさきとは左也　延喜の御門 の御時鳳輦(れん)の左の柱を取て御輿 の内にて鷹をすへさせ給しより 今の世まて鳳輦の左の柱なし 鷹の左ハ手先　右ハ身寄と云也 イ本ニハ左の柱取ツのけツする やうにと也（64・10ウ〜11オ）
龍山公鷹百首・大諸礼集	
和歌寶樹・藻塩草・武用辨略	或書ニ曰　異朝(イテウ)ニテハ鷹(タカ)ヲ右手(ミギノテ) ニ居(スヱ)　吾朝(ワガテウ)ハ武(ブ)ヲ兼(カネ)テ左(ヒダリ)ニ替(カヘ)テ 之(コレ)ヲ居(スユ)　故(ユヘ)ニ左右(サウ)ニ作(ツクル)ト云云 　鶬(ハシタカ)ノ身寄徒先替(ミヨリタヾサキカハル)ラシ唐人(モロコシヒト) 　ハ右(ミギ)ニ居(スヱ)ツヽ （『武用辨略』巻8・11オ） とをはまり〔……○たなさき 　の角の柱にかハりてや御こし 　のまへに鳥のたつらん たなさきは左也　延喜御門の御 時鳳輦の左の柱をとりて御こし のうちにて鷹をすへさせ給しよ り今の代まて鳳輦左の柱なし 鷹の左は手先　右は身よりと申 也　又左をたゝさき共〕…… たゝさき〔たなさき共云　たゝ さきの羽〕 （『藻塩草』鷹・巻10・15オ。 17オ）
和歌八重垣・東雅・その他	「たなさき」 鷹の左の羽をいふ　右の羽をミ よりのつハさと云 （『和歌八重垣』巻5・24オ） 「みよりのつバさ」 鷹の右の羽をいふ　左をたなさ きといふ （『和歌八重垣』巻7・19オ） ○たなさきとハ鷹の左の羽なり みよりとハ右のつばさを云也 西園寺公経卿哥に 　たなさきの角(すミ)の柱(はしら)にかハりて 　や御こしの前に鳥の立覧 たなさきとハ左也。延喜の帝の 御時鳳輦(ほうれん)の左の柱をとりて。御 輿(こし)の内にて鷹をすへさせ給ひし より。今の世まで鳳輦の左の柱 なし。鷹の左は手先(たなさき)　右は身寄(ミより) と云也 （『和歌呉竹集』巻4・13ウ）
備考	定家三百首・西園寺百首と和歌八重垣か。又※

【相違箇所】・129「角(スミ)の柱も」（整版本・岐阜版）↔「角の柱に」（『西園寺百首』・『藻塩草』・『和歌呉竹集』）

No.	130	131
項目	たなれ	たぬき
和訓栞	万葉集にみゆ　手馴の義也　たなれの琴　たなれの駒　たなれの鷹などよめり 前編巻14・中巻362頁	……○狸をよめり　此皮手貫によろしきをもて名を得る成へし　されハ鷹ハ逸物にてハ狸の油をとらぬものなりといへり　鷹だぬきによりて成へし　○…… 前編巻14・中巻364頁
定家鷹三百首	狩人の手なれの鷹やもくと知て口餌ひくにハしたるかるらん 手馴とハなつきたる鷹の事と也　したるきとハなつき過たる躰をよめりと也　(273・39ウ)	すへならふ足ふゝをしる鷹たぬき狸のあふら人にかはるな 今ハゆがけを鷹たぬきと云人も有と也　逸物なれ共狸の油をとらぬ物と也　(107・14オ)
西園寺鷹百首・言塵集		
龍山公鷹百首・大諸礼集		
和歌寶樹・藻塩草・武用辨略		
和歌八重垣・東雅・その他	「たなれのこま」 手なれたる駒也 「たなれのこと」 手なれの琴也 「たなれの鷹」 同上 (『和歌八重垣』巻5・24オ)	
典拠	万葉集と和歌八重垣か	定家三百首

No.	132
題	たばなす
和訓栞	手放す也　鷹をなつけて初て合をいへり、 中編巻13・中巻368頁
定家鷹三百首	鳥のひく山かたつきて残るらし手はなれしてける鷹のかり杖 杖をも手放すと云と也　鳥引かたへ早く行とて杖をも手放物となり　(154・21オ) あらたかの引きるへをのみしかきをさしときぬとや人のみるらん さしとくとハ手放てやる事と也　(332・47オ)
西園寺鷹百首・言塵集	一よりに手はなしぬれハ追さまに鶉むれたつ小田のかりつめ 手(た)はなすとは手放也……又初て大鷹をなつけて合るを手放と申也　仍大鷹の手放と申ハ初てつかふ事也　(71・11ウ) ○鷹……鷹の手をなち(ママ)とハあらたかを始て鳥に合をたはなちとハ云也　とや出しにも云詞也 (『言塵集』5・30ウ。199頁) ○鷹のねとりかひ……たかのたはなちとハ鷹をよく〳〵をきたてゝ鷹野心なく成て後はしめて野にて鳥に合するを手はなちと云也 (『言塵集』6・16オ。231頁)
龍山公鷹百首・大諸礼集	手放はうつらにさし羽をあはする躰也　鶉　さしはの物なり　(21)
和歌寶樹・藻塩草・武用辨略	「タバナス鷹」 経緒ヲサヽデハシメテツカフ鷹ヲ云也　タバナストハ荒鷹ヲ合スルコト也　大鷹ハ経緒(オキナハカ)ナトモサヽサル間タハナスヲ大事トヨクナツクル也　アハセ始ヲイヘリ　常ニモ手ヨリ　ハナスヲイヘトモ　タハナシト云ハ合始ヲイフト心得ベシ 狩杖引(カリツエヒク)ト云事(イフコト)アリ　飛心(トブコヽロ)ト云リ　杖(ツエ)ハ捨(スツ)ルナト云コトナシ　是(コレ)ヲ手放(タハナツ)ト唱(トナフ)　鳥引方(トリヒクカタ)ヘ早(ハヤ)ク行(ユク)トテ手放義(タハナツギ)也ト云云　又鷹ニモ此詞(コノコトバ)アリ　合(アハス)事(コト)也 (『武用辨略』巻8・42オ) たはなし〔あはする也　但はしめてあハする也〕 (『藻塩草』鷹・巻10・14オ)
和歌八重垣・東雅・その他	「タハナス鷹」 経緒ヲサヽテ始テツカフ鷹ヲ云ナリ　タハナストハ荒鷹ヲ合スル事也　又鷹ハ経緒ヲサヽサル間タハナスヲ大事ト能馴也　合始ヲイヘリ　常ニモ手ヨリ放ヲイヘトモ　タハナシト云ハ始ヲ云ト意得ヘシ (『歌林樸樕拾遺』) 「たバなすたか」 手ばなすたか也　鷹をあハする也 (『和歌八重垣』巻5・22オ)
典拠	西園寺百首

【相違箇所】・132『和歌寶樹』の「大鷹〜」は『歌林樸樕』（静嘉堂文庫蔵〈第四系統本〉）並びに『歌林樸樕拾遺』（宮内庁書陵部蔵）がともに「又鷹」とあることから誤記と見做した。

なお『言塵集』（整版本）の「鷹の手をなち」は「鷹の手はなち」の誤りである。

No.	133	134
項目	たぶるひ	たまき
和訓栞	はし鷹によめり　身ふるひなりと いへり、 中編巻13・中巻376頁	……○鷹手貫をもいふ　大鷹の足 の指にさす具也　たぬきの條にも 見えたり はし鷹の雲井をさして飛ときハ たまきを上てさかる羽を見よ 前編巻14・中巻380頁
定家鷹三百首	水吹てとほこにつなく朝すへ に身せゝりしつゝ鷹の手ふる ひ 外架とはそとにゆひたる架の事 也　かならす身せゝりをしてた ふるひをする物也 （148・20オ）	新鷹(アラ)の足ふミよくもしてし哉 手まきなくてもすへられやせ ん 手まきとハ公家方にゆかけを手 まきと云り　（138・18オ～ウ） 〔上の歌、右138番歌と異なる〕
西園寺鷹百首・言塵集		ふゝきにハ霰の手まき手走て かりの御鷹をすへも定めす たまきとハ鷹たぬき也　手貫と 書　又韝とも書　文撰にあり 東都符也　造る躰　寸法の法あ り　（66・11オ） 〔上の歌、右66番歌と異なる〕
龍山公鷹百首・大諸礼集	あさことに外架の鷹に水ふけ は手ふるひをして尾そゝりを する 手ふるひとは身ふるひなり　…… 手ふるひの事　すへたる鷹の身 ふる（ひ）を手ふるひといひ ほこにつなきたる鷹のハ身ふる ひといふ事本義也と云々　され 共手ふるひと申付来候歟（84）	
和歌實樹・藻塩草・武用辨略		「タマキ」 タマキトハ手巻トイフ心也　指 懸ニハアラズ　韝(タカタヌキ)　ト云物也 大鷹足ヲヒロクフムニ指懸ミシ カキアヒタ手巻ヲサス也 とをはまり〔……○あられの たまきたハしりてかり場の御 鷹すへもさためす たまきとはたたかぬき也(ママ)　但私 云これ不審也〕 （『藻塩草』鷹・巻10・15オ）
和歌八重垣・東雅・その他	「はしたかのたぶるひ」 鷹のミぶるひするをいふ （『和歌八重垣』巻4・19ウ）	「タマキ」 手巻ナリ　指掛ニハアラス　韝(タカタヌキ) ト云物也　大鷹ハ足ヲヒロクフ ム故ナリ　指掛短キ間手巻ヲサ スナリ　（『歌林樸樕拾遺』） 韝(タカタヌキ)(タマキ)　韝(コウ)ハ篭手(コテ)ニ等(ヒトシ)　説文(セツモン)ニ曰 射臂(シヤヘキ)ノ沓(クツ)也　順(シユン)ノ日和名(ワメウ)多末岐(タマキ) 一ニ日小手(コテ)　又云太加太沼岐(タカタヌキ)… 新鷹(アラタカ)ノ足踏(アシブミ)ヨクモシテシ哉(カナ) 手巻(タマキ)ナクテモ居(スエ)ラレヤセン （『武用辨略』巻8・44オ）
典拠	龍山公百首	※

【相違箇所】・134『藻塩草』の「たたかぬき」は「たかたぬき」の「かた」を上下転倒した誤りである。

No.	135	136	137
題	たむきまろ	たもぎ	たもと
和訓栞	諏訪の明神につかハるゝ鷹の名也 定家卿 いかにして何とあれハかあら鷹の手むき丸とハ名つけ初けん 手向丸の義なるへし、 中編巻13・中巻395頁	手持木の義　たもん柴ともいへり 鳥柴附の事也とぞ、 中編巻13・中巻402頁	……○鷹詞にたもとゝいふはふもとの事也と三議一統に見えたり ○…… 前編巻14・中巻402頁
定家鷹三百首	いかにして何とあれハやあら鷹を手むき丸とハ名つけそめん 諏訪の明神につかハるゝ鷹の異名也　（121・16オ） 〔上の歌、右121番歌と稍異なる〕		
西園寺鷹百首・言塵集			
龍山公鷹百首・大諸礼集			たもとハふもとの事也。（巻14・26オ） 野きハ　さもとゝもいふ也　ふもとの事をいへり　（58）
和歌寶樹・藻塩草・武用辨略	今本邦ニ鎌鶻　ト称スルアリ　蓋鎌剣ノ者其據例トスル者歟　鷹人ノ傳ニ羽先ニテ鳥ヲ切故也　又ハ爪　鎌ノ如　也ト云リ　昔　諏訪ノ鷙鷹ニセシ也　必逸物ニアリ　手向丸ト云シモ鷙鷹ノ辞　也 （『武用辨略』巻8・28オ）	○鳥柴附ト云ハ柴ニ雉ヲ付ル事也　是ヲ手持木共タモン柴共云リ　春桜　夏柳　秋楓　冬松ト付ルナリ （『武用辨略』巻8・42ウ）	
和歌八重垣・東雅・その他			
典拠	定家三百首	武用辨略	三議一統

【相違箇所】・135の歌「何とあれはかあら鷹の」（整版本・翻刻本）←→「何とあれハやあら鷹を」（『定家卿鷹三百首』）

No.	138	139
項目	たもろし	つかれ
和訓栞	手脆きなり　鷹の歌に見えたり、 中編巻13・中巻402頁	鷹詞につかれをいたゝきあくると は鳥の下を鷹の飛をいふ也　羽う らを飛ともいへり ○つかれをかつしくとは鳥の上を 鷹の飛を云　羽おもてを飛ともい へり ○つかれうつとはかけ出す鳥をと りはづし〳〵するをまた立て合す る事なり ○つかれを見するとは落草を見覚 ゆる事なり　遠見の詞なり、 中編巻15・中巻448頁
定家鷹三百首		もとのつかれとハ先初に取たる 所へ帰るとの心也　たかにをハ れて行をハつかれの鳥と云 （199・28オ） つかれはしりとはせこの中にて も達者なるを十人はかり別にし て置て　鷹の行かたへ犬よりも 早くはしらすると也 （229・32ウ）
西園寺鷹百首・言塵集	鳥もはやぬす立ぬらん入草に たもろく見ゆる鷹、ふるまひ 又ぬす立とハ静にかくれて立を 鷹見失て尋るとてこなたかなた へかろく飛て尋るを爰にてハた もろきと申す也　手もろき也 （38・6ウ～7オ）	つかれとハ疲也　しけく追落さ れてくたひれたる也　但一度追 落すをも云　追ともせむるとも 申也 （2・1オ） つかれとハ追をとされてくたひ れたる鳥也 （47・8オ） 岩瀬野に　……　草取と云事もつ かれと云事も大鷹に云詞也 （『言塵集』5・17オ。180頁）
龍山公鷹百首・大諸礼集		つかれをいたゝきあくるとハ。 鳥の下を鷹のとぶを云也。これ を羽うらをとふとも云也。何も 逸物(いちもつ)の事也。つかれをかつしく とハ鳥の上を鷹(たか)のとぶを羽をも てをとふ共いふ也　……　つかれ うつとハかけ出す鳥を取はづし 〳〵するを又立て合する事也。 ……　つかれをミするとハおち 草(くさ)を見おほゆる事也　これハ遠(とを) 見(み)のことハ也 （巻14・26オ～27ウ）
和歌寶樹・藻塩草・武用辨略		「クサトル鷹」 俊頼ノ御哥ニ ユウマクレハネモツカレニタ ツトリヲクサトルタカニマカ セテソミル 顕昭ノ云ツカレトハ雉ノ一度タ チテ居ヌルヨリ後ヲハツカレト 云也　タチテ飛ツカレヌル心也 サレハツカレニタツトリトハタ チテヰタルカ又起ヲイフヘキ也 サテイクツカレトハ云也
和歌八重垣・東雅・その他		「クサトルタカ」 タマクレハネモツカレニタツ 鳥ヲクサトル鷹ニ任セテツ見(ソカ) ル 顕昭云ツカレトハ雉ノ一度タチ テ居ルヨリ後ヲハ疲ト云ナリ タチテ飛疲ヌル心ナリ　サレハ 疲ニタツ鳥トハタチテヰタルカ 又タツヲ云ナリ　サテ〳〵ツカ レトハ云ナリ （『歌林樸樕拾遺』）
典拠	西園寺百首か	三議一統

No.	140
題	つきを
和訓栞	継尾也　鷹にいへり　鸖の君しら すといふ白き物にて継也といへり よて白尾の鷹ともいへり、 中編巻15・中巻457頁
定家鷹三百首	冬草に打からせ共春待てつき 尾もさそな鷲かほのたか 継尾ハ君しらすと云所に有を云 と也　（8・1ウ） 霞たつやけ野の原の藤くろ府 つき尾や鷹のしらふなるらん （289・41ウ）
西園寺鷹百首・言塵集	
龍山公鷹百首・大諸礼集	雪かとも霞のうちに手はなせ るつき尾の鷹のほのみゆるな り 又継尾　春は霞にさたかにみむ とのしるへに尾を白尾につくと の説もあり　白尾の事　はるは 巣山の心ありて鷹つするにより また我身に雪残てあるよとおも はせんとの両説なり　むかし一 條院御時　正親卿鷹功者にて つき尾を以工夫　つきそめける となん　（4）
和歌資樹・藻塩草・武用辨略	「継尾ノ鷹」 鷹ニシラ尾ツグ事　一条院行幸 ノ御狩ノ時鷹古〇ヲ思フケシキ（山） アリケレハ政頼卿鷹ノ尾ヲ二キ リテクヾヰノキミシラズニテシ ロク尾ヲ継ケリ　鷹尾ノ上ノシ ロキヲミテ　イマタ尾上ニ雪ア ル心チシテ古山ヲオモヒワスレ ケリ　御門御尋ノ時政頼卿 二月ノ尾上ノ雪ハシラネトモ 心マカせニ尋テゾユク トツカマツリケリ　此心ヨリ白 尾春継也 鵠（クヽヰ）ノ羽トハ鶴（ツル）ノ事也 （『武用辨略』巻3・28ウ） 但（タヽシ）続尾（ツギヲ）ノ鷹（タカ）ト許（バカリ）　云ハ別（ベツ）也 雉（キジ）ノ雌（メトリ）ノ尾（ヲ）ニテ多（タ）須（ス）計（ケ）尾（ヲ）ヲ続（ツグ）也 猶（ナヲ）口（ク）傳（デン）色（イロ）々アリ　勿論（モチロン）続鷹（ツギタカ）モ別（ベチ） 事（コト）也 （『武用辨略』巻8・7オ）
和歌八重垣・東雅・その他	「ツキヲノタカ」 鷹白尾ヲ継事　一条院行幸ノ御 狩ノ時鷹ノ古山ヲ思フケシキ有 ケレハ政頼卿鷹ノ尾ヲ二ツキリ テク、ヰノキミシラスニテ白ク 尾ヲ継ケリ　鷹尾ノ上ノ白キヲ ミテ　イマタ尾上ニ雪アル心チ シテ古山ヲ思ヒ忘レタリ　御門 御尋ノ時政頼 二月ノ尾上ノ雪ハシラネ共コ 、ロマカセニタツネテソユク トツカマツリケリ　此心ニテ白 尾春継也（『歌林樸樕拾遺』）
備考	※

【相違箇所】・140「鸖の君しらす」（増補版）の「鸖」は「鶴」の異体字（『名義抄』・僧中11）である。整版本は増補版と同じに作り、岐阜版は「鶴」となっている。

No.	141	142
題	つちゑ	つなぐ
和訓栞	土餌の義　鷹にいへり　洗餌の事也といへり、 中編巻15・中巻472頁	……○……鷹狩に犬つなぐといふも鳥ありと犬のしるすがたなり ○…… 前編巻16・中巻479頁
定家鷹三百首	あら鷹の觜爪つくる土餌をはあらひてそかふ肉(シヽ)むくるとて 土餌とは洗餌の事也（100・13オ） 水餌かふかもゐの鷹の青觜のねふたかりつるけさのあさすへ 五文字ハ洗餌の事也（109・14ウ）	
西園寺鷹百首・言塵集		犬つなく鷹はやミぬと聞程に木(こ)とりそといふ聲とよむなり 犬つなくとハ鳥ありと犬のしるすかた也（88・14オ）
龍山公鷹百首・大諸礼集		
和歌實樹・藻塩草・武用辨略		もはな〔……○いぬつなくすゝをとやミぬときく程に木鳥そといふ聲とよむ也 つなくとハ鳥ありといぬのしる姿也　鳥せんなくて木にあかる也　是ハいたく鷹におはれてあるを又かり人も聲しけく追によりてせん方なくて木にあかる也 木に居ならひてハ鷹とらさる也 然間射てをとす也〕 （『藻塩草』鷹・巻10・15オ～ウ）
和歌八重垣・東雅・その他		
典拠	定家三百首	西園寺百首

No.	143	144
項目	つのる	つバな
和訓栞	……○鷹の大きになるをつのるといふ…… 前編巻16・中巻483頁	……○……つばな毛ハ鷹のほろの脇へ白く出たる毛をいふとぞ ○…… 後編巻12・599頁
定家鷹三百首	秋よりも見し面かけもかハりけりぬくちかひてハ鷹つのる也 鷹の大きに成をつのると也　（98・13オ）	夏飼の鳥屋の内なるつはな毛を春の野よりも見初つる哉 ほろの脇へ白く出る毛をつはな毛と云也　（42・5ウ〜6オ）
西園寺鷹百首・言塵集		顕昭 鷹の子を手にすへね共鶉鳴あわつの原にけふも暮しつ よみ人しらす 鷹の子をハ丸にたはらん手にすへて淡津原に鶉とらせん 私云顕昭の哥ハこのうたをとりたる也　此二首ハ小たかと聞たる也　たかの子のつはな毛と云ハたかのこと云り （『言塵集』5・17ウ〜18オ。181頁）
龍山公鷹百首・大諸礼集		
和歌實樹・藻塩草・武用辨略		○母衣(ホロ)ハ前(マヘ)ニ云甲(イフヨロヒ)　毛(ケ)ノ対名(ツイメウ)也　背(セ)ノ膨(フクラ)ミタルヲ母衣形(ホロナリ)ト云故(ユヘ)ニ母羅帯(ホロヲビ)共云　輪毛(ワゲ)　莪(ツバナ)　毛等(ゲヒトシ)ク連(ツラナ)リ帯(ヲブ)ト云リ　口傳(クデン)アル事トゾ （『武用辨略』巻8・19ウ）
和歌八重垣・東雅・その他		背ノ毛ヲ曰ニ母衣毛(ホロ)ト一 訓保呂　其脇ニ出ル白毛ヲ曰ニ茅花(ツハナ)ト一 訓都波奈 （『和漢三才図会』巻44・鷹）
典拠	定家三百首	定家三百首

【相違箇所】・144『言塵集』における全集本（寛文4年整版本の翻刻）「つはなもと云」は「つはな毛と云」の誤刻である。

No.	145
題	つぶり
和訓栞	倭名抄に鷸子を訓せり　広雅に鴾の属とす　今かいつぶりの名あり ○…… 前編巻16・中巻487頁
定家鷹三百首	
西園寺鷹百首・言塵集	
龍山公鷹百首・大諸礼集	
和歌實樹・藻塩草・武用辨略	広雅(クワウガ)ニ鷸子(イツノコ)(ツフリ)モ亦鴾ノ属(タグヒ)ト云リ 漢語(カンゴ)抄(セウ)ニ曰都布利(ツフリ)ト云云 （『武用辨略』巻8・29ウ）
和歌八重垣・東雅・その他	倭名鈔には広雅　兼名苑等を引て……また漢語抄に鴾はハシタカ　兄鴾はコノリといひ　鶺鴒をノセといひ　鷸子をツブリといひ　雀鴾をスヾミダカともツミともいひ　雀鷂をエツサイといふと注したり　並に義　詳ならす （『東雅』巻17・鷹・393頁） 鷸子　和名都布利　俗云都具利 △按鷸子ハ鴾(ハイタカノ)之属也　形色似レ鳶ニ而小ク有ニ白彪(シラフ)一 （『和漢三才図会』巻44・鷸子） 「鴾・附録」 雀鷂（……源順カ曰広雅ニ云ク鶺鴒ハ鴾ノ属　漢語抄ニ曰ク乃セ世　又広雅ニ云ク鷸子鴾ノ属　漢語抄ニ曰ク都布利(ツブリ)　此ノ二鴾今マタ未レ詳ニセ之ヲ （『本朝食鑑』巻6・21ウ）
典拠	和名抄・※

※・145『廣雅』には「鶺鴒鷸子籠脱鴾也」（釈鳥・巻十）とある。

No.	146	147
項目	つまあらそひ	つみ
和訓栞	鷂は兄鷂を追 大は兄鷹を追を いふ也、 中編巻15・中巻491頁	……○雀鷂をつみといふハ和名抄 に見ゆ すゞみだかともいへり 新撰六帖に黒つみとも見えたり 悦哉の雌也といへり 又木葉つみ 北山つみ 熊つみ 通つみなとの 品あり ○鷹につみ貌といふハ目 あひ觜の根へさしよりてうつくし き物也とそ ○……
定家鷹三百首	かり衣つまあらそひと見ゆる 哉雉たつ山の鷹の羽くらへ 妻あらそひとハ鷂ハ小男鷹を追イ 婦鷹ハ兄鷹を追ふを云也 （11・2ウ）	とをりつミとは春取鷹の事也 それを小山かへりとも云 鵙の 子をおとりにて取と也 （295・42ウ） くまつミと云にはよハき鷹なし と也 足迄毛有 （296・42ウ）
西園寺鷹百首・言塵集		片藪にむすほゝる共へをさゝ む心もしらぬつミのわかたか つミ 小鷹ハ安くて下手のつか ハさる物也 （26・5オ〜ウ）
龍山公鷹百首・大諸礼集		つみてふはつミといふ小鷹によ そへていふ心也 ……付 つミ と云字 雀鷂と書也 又雀鷸ト モカク （24） かほハつミかほといふ事 大鷹 のかほはつミと云 小鷹のかほ のことく かしらのうへひらく まひさしあれ ……つミと云字 雀鷂とかく也 （98）
和歌寳樹・藻塩草・武用辨略	鷹歌ノ注ニ鷂ハ小男鳥ヲ追 婦 鷹ハ兄鷹ヲ追 是ヲ妻諍 ノ鷹 ト云リ 然ニ妻諍 ハ兄鷂ニ限 テ此辞アリト云説 非也トス 故 二世本妻追ト書 古能里ト 読タレ共用スト也 秘ニ云強勇 ノ鳥ナレハ羽ツヨキ雄 ヲ撰デ 己ガ飛クラベテ勝者ヲ以雄夫ト スルナレハ也 歌ニモ 高峯ヨリ麓ノ野辺ニ飛下リ ツマ試 ル羽クラベノ鷹 （『武用辨略』巻8・29ウ〜30 オ）	雀鷂 兼名苑ニ曰雀鷂ハ善雀ヲ 捉者也 楊氏ガ漢語抄ニ曰須々 美多加 或云豆美 俗ノ云雀執 ……猶雀鷂ト称セルニモ既 品類ヲ別テ呼者アリ 黒鷯 木 葉鷯 通鷯 熊鷯 北山鷯等也 鷯ハ鶚ノ属 小鷹也 師古ガ曰 鶚ハ鷙撃ノ鳥 鷹鸇ノ属ト云云 （『武用辨略』巻8・30オ〜ウ）
和歌八重垣・東雅・その他		「鷂・附録」 雀鷂〔訓二豆美一 或ハ云二須 須美多加一 ……必大按スルニ 今 以二雀鷂之雄一為二雀鷸一 雀鷂 能 鷙二 鳩 已下ノ小鳥 ヲ二〕 （『本朝食鑑』巻6・21オ〜ウ） 雀鷹〔和名 須々美太加 或云 豆美〕 （『和漢三才図会』巻44・雀鷂）
典拠	定家三百首	和名抄・新撰六帖・定家三百首・武用辨略

No.	147	148
項目	つみ	てふくろ
和訓栞	前編巻16・中巻495頁	手袋の義也　鷹に手袋引といふハ 足を腹にひつゝけて居を云也　皮 五指也といへり、 中編巻15・中巻526頁
定家鷹三百首	後世の鏡の影も見えてけり目 の前近きつミかほのたか 雀鷂(ツミ)貝の鷹とは目あひ觜の根へ さしよりてうつくしきものと也 （261・37オ） 藤黒府とハ巻たるやうによこへ 切たる符也　雀鷂(ツミ)にある物と也 （289・41ウ）	あらたかの夜すへいく夜に成 ぬらん手袋引てかへりさすな り 手袋引とは足を腹にひつ付て居 るを云也 （112・15オ）
西園寺鷹百首・言鷹集	○鷹……又こ鷹のつミハはい たかの雄鷹也　はいたかハ女鷹 と云々　せうハ大鷹の雄鷹也 大鷹ハ女鷹也……又くろつミ と云もあり　若狭国にあり （『言鷹集』6・15オ〜ウ。230頁）	
龍山公鷹百首・大諸礼集		手袋とはとつてをにきりて腹の 毛の中へさしいるゝ事也　四毛 うしろの毛　くゝゐ毛　しろき 毛くつろけハミゆる物也　鷺毛 共いふなり （64）
和歌寶樹・藻塩草・武用辨略	倭名鈔には広雅　兼名苑等を引 て……また漢語抄に鷂はハシ タカ　兄鷂はコノリといひ　鶲 鷊をノセといひ　鷂子をツブリ といひ　雀鷂をスゞミダカとも ツミともいひ　雀鷁をエツサイ といふと注したり　並に義　詳 ならず （『東雅』巻17・鷹・393頁）	
和歌八重垣・東雅・その他	○雀鷂(ツミ)ハ小鳥ヲトル　又ダイサ キヲモトル　鷂ニ似タリ （『大和本草』「鷹」巻15・13 ウ） あふことをいつとかまたむわ かさちの山のくろつミつみし らせても （『新撰六帖』こたか〈第二帖〉）	
典拠		定家三百首・※

No.	149	150
項目	とあと	とがひ
和訓栞	鳥跡の義也といへり 後編巻13・621頁	鳥飼の義　鷹の鳥をとりたる時に褒美に飼をいふ　増餌ともいふと言塵集に見えたり、 中編巻16・中巻543頁
定家鷹三百首		
西園寺鷹百首・言塵集		○鷹のねとりかひ……鷹のあハれかひと云ハ其日そらくせすよき羽をも飛　空にても取たる時かんする心にて　ゑをかふをとかいと云なり　又ましかひとも　ましゑとも是を云 （『言塵集』6・15ウ～16オ。231頁）
龍山公鷹百首・大諸礼集	はしり行とあとをとめてかむ犬の鈴の目させるはるの鷹かり とあと　鳥跡なり　（5） たゝしくもおほえてみゆる鳥跡かなさはきたてやるいぬのかミふり　（92）	
和歌寶樹・藻塩草・武用辨略		
和歌八重垣・東雅・その他		○あハれがひとハ鷹のよくふるまひたる時ハ。まし餌（ゑ）をかふなり。それをあはれかひと云也 仲正 箸鷹のあすの心やかハりなんけふえし鳥のあハれかひして （『和歌呉竹集』巻8・18ウ）
典拠	龍山公百首	言塵集・※

No.	151
題	とかへるたか
和訓栞	とかへる鷹也とも又あハせたる鷹の飛かへるを云ともいへり　又たかへるともいへは手に懸る(ママ)也ともいへり　されととかへる山と多くよめれは手にかへるハ別のこと也ともいへり、
定家鷹三百首	箸たかのとかへる山の梓弓春 はゝつよく鳥やひかまし 我々の山々へ行をとかへると云と也　（36・5オ）
西園寺鷹百首・言塵集	
龍山公鷹百首・大諸礼集	御幸せし御狩の野邊のむかし にもとかへる鷹そ世々にたえ せぬ とかへるとは鷹の毛をかへてとやよりいつる事也　鳥帰とかけり　（1） 手帰るは鳥をとりはつして空よりすくに手にかへるをいふ也なつきたる鷹の躰也　（3）
和歌寳樹・藻塩草・武用辨略	※『歌林樸樕』を『藻塩草』と比較するため前者を左に、後者を下に載せる。 （前略）……タカヘルト云ニ二様ニ申　一ニハ合ヤルタカノ手ヘカヘルヲ云　長能哥 御カリスル末野ニタテルヒトツ松タカヘルタカノコヰニカモセン 一ニハ我手ニテ毛ノカハルヲタカヘルト云ナリ　長能カ歌ハアヤマリト古キ物ニ書タリ　或説タカヘルト　トカヘルトハ同五音ナレハ同事ト云々　トヤカヘルヲヤノ字ヲ畧シテトカヘリト
和歌八重垣・東雅・その他	「はしたかのとかへる山」 とかへるとハとびかへる也　又とやかへる也 （『和歌八重垣』巻4・19ウ） 「とかへるたか」 あハせたるたかの飛かへるをいふ　又説　とやかゆるたか也毛をかゆるをとやと云 （『和歌八重垣』巻4・25ウ） とかへる（鷹）――（……たかへると云事ふたやうに申めるひとつにはあはせやりたる鷹の鷹かいの手へかへるを云と云り長能哥云 ○みかりする末野にたてるひとつ松たかへる鷹のこひにかもせん 此哥ハ手にかへりぬるとこゝろえらるゝをいかにもたかのかへると云ハけのかハるをいふたかへりとハわか手にてけのか
典拠	和歌八重垣・※

No.	151
題	とかへるたか
和訓栞	
定家鷹三百首	
西園寺鷹百首・言塵集	
龍山公鷹百首・大諸礼集	
和歌寶樹・藻塩草・武用辨略	云トイヘトモ古哥ニ 　箸鷹ノトカヘルヤマノ椎柴ノ 　ハカヘハストモ君ハ忘レシ トアレハ山ニテ毛ノカハルヲト カヘルト云歟　又トヤカヘルト ハ　トヤニテカヘルニムカヘテ トヤノ外ニテカヘルト云心トイ ヘト　ソレモ心得ラレス　又説 鷹ニハ七カヘリ八カヘリト云事 アレハ十カヘリト云トイヘト十 度カヘルヤマト云モ心ユカス 大方此トカヘルト云事京田舎ノ 鷹カヒモシラス　古歌トモニテ 心ヲウルニ　トハ鳥也　其鳥ハ 鷹也　万葉ニ鷹カリト書テトカ ヘリトヨム　サレハ　トカヘル ハ鷹ノ毛ノカハルヲ云　山カヘ リヲモ　トカヘルヤマトヨミ鳥 ヤニテモ久カヘル由ト見エタリ 又トタチ　トツケナト雉ヲモイ ヘト此トカヘルハ鷹也　以上 顕昭説 綺語抄ニ云外ニテカヘルモトヤニ テカヘルモ同トカヘルト云　次 ノ年ノ秋過テカヘルヲ片カヘリ ト云　ムネノフノヨコサマニ成 ナリ　或ハ野ナトニテカヘルヲ 云　童蒙抄ニ云トカヘルハ　トヤ
和歌八重垣・東雅・その他	はるをいふへき也　長能か哥ハ 心得ぬ哥なり　然者長能かよく あつかいける哥とこそふるき物 にもかきたれ　八良大蔵人盛房 と申す哥よミはかゝるうたなし とかけり　さて盛房は宇治殿の 仰られしは　たかへると八田に てかへると云也とかけり　これ も心得す　をのつから田にてあ はする事ありともたかへるとい ふへからす　或人の申しハたか へるとゝかへるは同事也　たと とゝ同五音也と申せと　まつと かへるをいかにもいひとるへき なり　ひとつにはとやかへるを 詞を畧してとかへるといへとも それもいかゝきこゆ　古哥 　○ハしたかのとかへる山のし 　ゐしハ、はかへはすとも君ハ 　　わすれし とよミたれハ山にてかへるをも とかへると云ときこえぬ　或人 の申しはとやかへりハとやにて かへるにむかへてとやの外にて かへるを云かと申き　それも心 得られす　いつれの所とさたむ へきそ　或人の申しハたかとハ ななかへり　やかへりと申事も
典拠	和歌八重垣・※

No.	151
題	とかへるたか
和訓栞	
定家鷹三百首	
西園寺鷹百首・言塵集	
龍山公鷹百首・大諸礼集	
和歌實樹・藻塩草・武用辨略	カヘルナリ　奥義抄トカヘルハ トヤカヘルヲ云ト思侍ニ 　忘ルトハオモハサラナン箸鷹 　ノトカヘルヤマノ椎モ、ミチ 　ス 此歌ニテハ山ニテカヘルヲモ トカヘルト云トキコエタリ　覚 束ナシ　丸案ニ何レモ後ノ人ノ 推量ノ説也　三十六人ノ歌仙ノ 傳ハナキトミエタリ　サル程ニ 各々ニシテイツレヲ正義ト難用 其中ニモ古歌ノ数ヲ以テ先勘弁 セラレシハ顕昭ノ説ニトカヘル ノトハ鳥也　鳥ハ鷹ナリ　サレ ハ鷹カヘルト(ママ)　毛ノカハルヲ云 ヘキ歟ノ由尤宜歟　サレトモハ シタカノトカヘルト云ツヽキ サモアリケニモ思ハス　鷹ノ鷹 カヘルト云ヘキニアラス　カヘ ルハ毛ノカハルヲ云トモ云ヘシ 山カヘリトハヤマニテ毛ノ反ル ヲ云　次ノ年ノ秋過テ毛ノカハ ルヲ片カヘリト云ナレハ　トカ ヘルモ毛ノカハルナルヘシ　ト ノ字ニ付テ或トヤカヘル或外ニ テカハル或十度カハル或鳥カハ ルナリト説々混乱セリ　山ニテ 毛ノカハルヲヤマカヘリト云ニ
和歌八重垣・東雅・その他	あれハ十度かへらんするをとか へりと云歟と申き　それも心へ す　かならすしも十度かへる山 といふへきにあらす　大かたこ のとかへると云事はもろ〳〵の 京ゐ中の鷹かひ案内しりたる物 共いとしらぬ事に侍りけり　ふ るきうたともにて心をうるに とゝいふはとりといふ詞也　と やといふはとり屋と云也　其鳥 ハ鷹也　とくらと云ハたかのね くらなり　とかりと云は万葉に 鷹狩と書てよめり　されはとか へると云は只惣してたかのけの かはるをいふとそおもふへき されハ山かへりをも　とかへる やまとよめり　としをふとよむ も山にてもとやにてもひさしく かへるよしと心へらるゝ也　又 とゝいふ詞ハとりなれハとたち といひ　とつけなと申ハ雉をも いへと　このとかへりは鷹也 詩語抄云とかへるとハたゞとに ていつこ共しらてかへるを云也 又とやにてかへるをも云　とや かへりと同事也　ことしとりて つきの年の秋すきてかへるをは かたかへりと云　むねのふのよ
典拠	和歌八重垣・※

No.	151
題	とかへるたか
和訓栞	中編巻16・中巻543頁
定家鷹三百首	
西園寺鷹百首・言塵集	
龍山公鷹百首・大諸礼集	
和歌賓樹・藻塩草・武用辨略	付テ里ニテ毛ノカハルヲ　トカヘルト云ハ　トヤカヘル心ナリト註シタル也　扨ハトカヘルヲトヤニテ毛ノカハルコト歟ト思ヘハ　トカヘルヤマノ椎柴トヨミタル歌ニ付テ不審起リテ未決ナリ　今愚ナル智ニテ存ヨルハ此トカヘルハ年ノ字ナルヘシ一歳二歳ト年ヲフレハ毛モカハルユヘニ年ヲカユルトイヘハ毛ノカハルニ成ナリ　此カヘルノ時ハ帰ノ字ヨリ反ノ字ヲ用ヘシカハル心ツヨシ　サヤウニテコソ箸鷹ノトカヘルト　ツ、ケテ侍レ　下句ニ年ハフレトモト侍義ニモ叶ナリ　トノ字　年字同心病ナレトモ古歌ニハ其類多シ年ノ字心エ侍レハヤマニテ毛ノカハルヲモサトニテカハルヲモ更ニ不審ハ無ナリ　能々吟味シテ猶ヨキ説アラハ可被改之 （『歌林樸樕』） ※　猶『武用辨略』（巻8・24ウ〜25ウ）は『藻塩草』と類似の内容となっている。122「たかへるたか」の項を参照。
和歌八重垣・東雅・その他	こさまになる也　つきの年をハもろかへりと云　ふのこまかなるを云也　或野なとにてかへるを云　童蒙抄云とやかへるといひ　とかへると云はかのと屋にてかへると云也　奥義抄云とかへると云ことはり　それもこのとやかへりをいふ事と思ひ侍るに ○わするとハおもはさらなんハしたかのとかへる山のしゐももみちす と云り　この哥にては山にてかへりたるをも　とかへりと云ときこえたり　おほつかなしと云々」 （『藻塩草』鷹・巻10・16オ〜17オ） ※　猶、右と類似の内容が『袖中抄』第9「とかへる鷹」（歌学大系・149頁）に有る。
典拠	和歌八重垣・※

【相違箇所】・151「手に懸る也」（増補版）の「懸る」は「還る」の誤りである。整版本・岐阜版は「還る」となっている。

No.	152
項目	とがり
和訓栞	鳥狩の義也　○とがり矢ハ山鳥の尾と鷹の羽にて四ッだてにはぐ矢なりといへり　庭訓には鋒矢と見えたり、 中編巻16・中巻543頁
定家鷹三百首	
西園寺鷹百首・言塵集	
龍山公鷹百首・大諸礼集	はつ鳥かり　とやをいたし　はしめて山へあけて取飼事也　(41) 鳥屋数ふまするとは毎年毛の数をかさねたる鷹なるへし　古鳥屋なり　(42)
和歌寶樹・藻塩草・武用辨略	「鷹トカリ」 鷹トカリト八鷹狩也　トト八鳥ノ字也 上刺……尖矢　或鏑矢ヲ用ル事法也　其内尖矢ヲ以良トス　畧儀ニハ何ニテモ用ユ　平根鴈股ヲ今世専用ル也　尖矢ノ羽　本式ハ鷹若真羽也　矯様ハ四立也　四立トハ即四羽ノ事也　走羽ト云ハ此矢ニテハ下ノ方ヲ云也　上ノ方ニ成ヲ遣羽ト云　右ノ二羽ハ大鳥或鷹也　又筈ノ左右　山鳥ニテ矯タルニ方ヲ外懸　弓摺ナド云分ル也　四立ノ時ハ羽中ノ節ノ目ノ上ニ成ヲ以法トシ遣羽　走羽ヲ定ル也　又云四立ノ内ニ小羽ト云ハ左右山鳥ノ羽ニ方ヲ云也 （『武用辨略』巻3・21オ）
和歌八重垣・東雅・その他	「タカトカリ」 鷹鳥狩　只タカ、リ也　逐鳥狩ニ対シテ云歟 （『歌林樸樕拾遺』） 「とかり」 鳥狩也　鳥をかるをいふ　読方たか狩に詠へし （『和歌八重垣』巻4・25ウ） 鷹ノ羽ノ鴈俣鷲ノ羽ノ鋒矢 （『庭訓往来』六月十一日状・返信）
典拠	庭訓往来と武用辨略か。或は和歌八重垣も入るか

No.	153	154
題	とさぐり	とさけび
和訓栞	鳥探の義 雪の上を雉子のさぐりありくをいふなりといへり 又さを濁りよみて馬ざくり 犬ざくりの意なりともいへり、 中編巻16・中巻554頁	鳥狩の時の叫ひをいふ也 鳥よ〱としたひよばハる也とそ、 中編巻16・中巻554頁
定家鷹三百首	とじやくりになけちかへしとせし程にをそくも鷹を合せつる哉 犬じやくりとも 馬さくりの心におなしと也 然らハ鳥ざくりと書てかなつかひよろしかるへき歟となり 或説鳥さくりハ喰鳥に有へき歟と也 (299・43オ)	とさけひのしけきにしるし此秋のすへ鷹人のいらぬ山とは 鳥呼とは鳥よ〱としけく云ハ鳥のおほき故也 又鷹人のいらぬ山としらるゝと也 (74・9ウ～10オ)
西園寺鷹百首・言塵集		鳥呼(とさけび)の聲や待らん鷹人のむかひの岡にとをミたてつゝ 鳥呼とハ鳥たてハ鳥よ〱と三度よハゝる也 (34・6オ) ○聲 …… とさけひとハかりはの鳥立の時のかり聲也 （『言塵集』6・10ウ～11オ。225～226頁）
龍山公鷹百首・大諸礼集		しける木の山のあはひハとさけひをしるへはかりに鷹やあはせん 鳥さけひ とりのたつを鳥よ〱と下狩の者共高聲にいふ事也 鳥の立を鷹ハみねとも山につかひいれ こうのいりたる鷹ハとさけひをすれは心得てとひ出〱するを手はなせは則とさけひをする所へとひ出鳥を追とるなり (16)
和歌叢樹・藻塩草・武用辨略		「トサケビ」 トサケヒトハ狩場ニテ鳥立ハ鳥ヨ〱ト三声イカニモタカクヨハヽル也 犬カヒ又ハセコノワザ也 鳥さけひの聲（鳥たてハ下より鳥よ〱とよはふる也 大方三声の物也） （『藻塩草』鷹・巻10・14ウ）
和歌八重垣・東雅・その他		「とさけび」 とりさけび也 鷹狩にかり人の聲をたてゝ鳥を追たつるを云 （『和歌八重垣』巻4・28オ） ○とさけびとハそれたる鷹をよふこと也。又とりさけミともいふ （『和歌呉竹集』巻2・7ウ） ○鳥飛(とばふ) 鳥回(よかへり) 鳥呼(ときけび)なと鷹詞也 鳥呼とハ鳥たてば。鳥よ〱と三度よバゝるなり 鳥呼の聲や待らん鷹人のむかひの岡にとをミ立つゝ （『和歌呉竹集』巻2・13オ）
備考	※と定家三百首か	※

No.	155
題	としば
和訓栞	鳥柴と書り　鷹の取たる鳥をつくる木也　故実多しといへり　其木ハ長五尺にきりて本ハ柴につけしか後春秋冬にてかハる　大かたハ梅桜松楓楢伏薄なとを用ゐたり 徒然草に下毛野武勝か岡本関白殿に答へたる事を委く記せり　又鷹の鳴をつくるに萩ばかりハ弱き故に柿の枝を添る事あり　定家卿 　故郷の柿のもとつ葉わか鷹の萩 　　にそへてや鳴をつくらん 又とりしばともいふ……
定家鷹三百首	暮て行としバの雉をあら玉の 　春や桜の枝につけまし 鳥ハ柴に付るか本なれ共春ハ梅桜に付よとの教也（271・39オ） 故郷の柿のもとつ葉若鷹の萩 　にそへてや鳴を付らん 萩計ハよはき程に柿の枝をそへて付よとのをしへなり （352・49ウ）
西園寺鷹百首・言塵集	松の枝に鳥柴を付るハ冬也 （63・10ウ） 　　　　　　　　仲正 　つれもなき人の心をとり柴に 　　金の雉子つけへてし哉 恋の心を詠　御狩の鳥をはとり柴と云　柴の枝に付と云々　鳥柴共　と柴共　と付柴共云　同事也　鳥柴ハ葉のあつくて冬枯迄も不落葉也　黄葉なり （『言塵集』5・3オ。160頁）
龍山公鷹百首・大諸礼集	
和歌實樹・藻塩草・武用辨略	○鳥柴附ト云ハ柴ニ雉ヲ付ル事也　是ヲ手持木共タモン柴共云リ　春　桜　夏　柳　秋　楓 冬　松ト付ルナリ…… 徒然草六十七段ニ岡本関　白殿盛ナル紅梅ノ枝ニ鳥一雙ヲ添テ此枝ニ付テ参スベキ由御鷹飼下毛野武勝ニ仰ラレケルニ花ニ鳥付ル品知侍　ズ　一枝ニ雙　付ル事モ存　候ハズト申ケレバ膳部ニ尋ラレ人々ニ問せ給テ又武勝ニ左有ハ己ガ思ン様ニ付テ参セヨト仰ラレケレバ花モナキ梅ノ枝ニ一ツ付テ参セケリ　武勝ガ申　侍シハ柴ノ枝梅ノ枝蕾タルト散タルトニ付　五葉ナトニモ付　枝ノ長サ七尺或六尺　返刀　五分ニ切　枝ノ半ニ鳥ヲ付附ル枝踏ル枝アリ　縮　藤ノ割ヌニテ二所　付べシ　藤ノ先ハ火打羽ノ長ニ競テ切テ牛ノ角ノ様ニ撓ベシ　初雪ノ朝ニ枝ヲ肩ニ掛テ中門ヨリ振舞テ参　大砌ノ石ヲ傳テ雪ニ跡ヲ著ズ　雨覆ノ毛ヲ少　捜　散テ二棟ノ御所ノ高欄ニ寄掛　禄ヲ出サルレハ肩ニ掛テ拝シテ退　初雪ト雖
和歌八重垣・東雅・その他	岡本関白殿、盛なる紅梅の枝に鳥一双を添へて、この枝に付けて参らすべきよし、御鷹飼、下毛野武勝に仰られたりけるに、「花に鳥付くる術、知り候はず。一枝に二つ付くる事も、存知し候はず」と申ければ、膳部に尋られ、人々に問はせ給て、また武勝に、「さらば、己が思はんやうに付けて参らせよ」と、仰せられたりければ、花もなき梅の枝に、一つを付て参らせけり。 　武勝が申侍しは、「柴の枝、梅の枝、つぼみたると散りたるとに付く。五葉などにも付く。枝の長さ七尺、或六尺返し刀五分に切る。枝の半に鳥を付く。付くる枝、踏まする枝あり。しゞら藤のわらぬにて、二ところ付べし。藤の先は、ひうち羽の長に比べて切りて、牛の角のやうに撓むべし。初雪の朝、枝を肩にかけて、中門より振舞ひて
典拠	徒然草・定家三百首・※

項目	
No.	155
題	としば
和訓栞	中編巻16・中巻558頁
定家鷹三百首	
西園寺鷹百首・言塵集	
龍山公鷹百首・大諸礼集	
和歌寶樹・藻塩草・武用辨略	沓ノ端ノ隠ヌ程ノ雪ニハ参ズ雨覆ノ毛ヲ散ス事ハ鷹ハ弱腰ヲ執事ナレハ御鷹ノ執タル由ナルベシト申キ （『武用辨略』巻8・42ウ～43ウ） 「トシバ」 トシハトハ鳥柴ト書也　松ノ枝ニ鳥柴作ハ冬ノモノ也 と柴〔大たか也〕 （『藻塩草』鷹・巻10・15ウ）
和歌八重垣・東雅・その他	参る。大砌の石を傳ひて、雪に跡をつけず、あまおほひの毛を少しかなぐり散らして、二棟の御所の高欄に寄せ掛く。禄を出さるれば、肩に掛けて、拝して退く。初雪といへども、沓のはなのかくれぬほどの雪には参らず。あまおほひの毛を散らすことは、鷹は、よわ腰を取る事なれば、御鷹の取りたるよしなるべし」と申き。 花に鳥付けずとは、いかなる故にかありけん、長月ばかりに、梅の作り枝に、雉を付て、「君がためにと折る花は時しも分かぬ」と言へる事、伊勢物語に見えたり。造り花は苦しからぬにや。 （『徒然草』66段） ○としばとハ鷹人の雉を付る柴也。桜にもつくるよし伊物にあり。御狩の鳥をば。とり柴といふ　柴の枝につくるといふ。鳥柴ハ葉のあつくて冬枯までも落葉せざる也　黄葉也 （『和歌呉竹集』巻2・7オ～ウ）
典拠	徒然草・定家三百首・※

No.	156	157
項	とだち	とつたつる
和訓栞	鷹狩によめり　鳥立の義也　○…… 前編巻18・中巻560頁	鷹の雉の立行跡につきてゆくをいふといへり　鳥をよくとる逸物をとつたかといふも取鷹の義なり、 中編巻16・中巻563頁
定家鷹三百首	はしたかの鳥立の霧の八重羽野にけふもさなから狩くらしつゝ　(91・12オ)	
西園寺鷹百首・言塵集		
龍山公鷹百首・大諸礼集		とつたつるとは鷹の鳥のある所をみて行とらんとする時とりにはつされ　とりかためす雉のそのまゝ立て行を跡につき行事也　(80) とつ鷹のくもてわかれのあをとつてまひさしあれてかほハつミかほ とつ鷹ハとりをよくとる逸物の事也　取鷹也　鳥鷹にハあらす　(98)
和歌實樹・藻塩草・武用辨略	「マシロノ鷹」シ文字ヲ濁ヘシ　マジロハマシラフニアラズ　マユシロキ鷹也 ヤカタオノマジロノ鷹ヲ引スヘテウタノトタチヲ狩クラシツル ヤカタオトハ矢ノハノヤウニモトノカタへふノキレタル也 宇多野モ御門ノ供御ノ鷹カリノ在所ナリ　トタチハ鳥立也	
和歌八重垣・東雅・その他		
典拠	※	龍山公百首

No.	158	159
題	とばひ	とほこのたか
和訓栞	鷹にいふ詞也　悍ノ字をよめり、 中編巻16・中巻571頁	外架の鷹と書り　そとにゆひたる架のこと也 中編巻16・中巻575頁
定家鷹三百首	手ふるひをするゑの毛たつるあら鷹やとハへぬ時も鈴ならすらん　（111・14ウ） あら鷹のとはへまハれるこほしさきあしく引なハどうやうたまし　（115・15オ）	水吹てとほこにつなぐ朝すへに身せゝりしつゝ鷹の手ふるひ 外架とはそとにゆひたる架の事也　かならす身せゝりをしてたふるひをする物也　（148・20オ） 松陰の外架に鷹をつなきつゝ羽をかゝせつる事のくやしさ 一切立木の枝のあるには外架をゆはぬ物也　（159・22オ）
西園寺鷹百首・言塵集		
龍山公鷹百首・大諸礼集		あさことに外架の鷹に水ふけは手ふるひをして尾そゝりをする　（84）
和歌實樹・藻塩草・武用辨略		
和歌八重垣・東雅・その他		
典拠	※	定家三百首

No.	160	161
題	とほやまずり	とまりやま
和訓栞	……又鷹の毛をかへたるか中に若鷹の毛所々に残したるを遠山毛といへり　前編巻18・中巻578頁	宿山の義　鷹狩に出てかりくらしてそのまゝとまるを云なり、　中編巻16・中巻579頁
定家鷹三百首	春の日もかりはハてなき武蔵野に遠山毛なる鷹をすへつゝ　東国より鷹を上するに若鷹の毛を出すをいふ　又鳥屋出ての毛をも云なり　（7・1ウ）	鷹のゐる木のもと近く火をたきて心ならざるとまり山哉　とまるをとまり山と云也　（233・33オ）
西園寺鷹百首・言塵集	箸鷹の遠山をちの山かへりかへるさあかぬ雪のみかりは　家隆　遠山落とは鳥やに鷹の古毛落残たるを云也　（『言塵集』5・13オ。174頁）	とまり山かりに出ぬと人も見よ朝夕たてぬ宿のけふりを　狩くらしてそのまゝとまるをとまり山と云也　家貧にしていつも煙をたてかぬれハ狩に出て山に舎たりと人も見よと云義也　宿山イニ如此書り（6・1ウ）
龍山公鷹百首・大諸礼集	わか鷹の鳥屋出の胸の遠山毛はつ鳥かりにあはせてやみん　遠山毛とは毛をかへたる中に若鷹の毛所々にのこしたるを云也見事なる物なり　（41）	
和歌實樹・藻塩草・武用辨略	○松原ノ毛ハ腹ノ惣名也　撫鷹ノ時若鷹ノ毛ヲ残タルヲモ云トゾ　是ヲ遠山ノ毛共又ハ身毛ナト云リ　故ニ身毛ノ松原緑ナリケリ共　遠山毛ナル鷹ヲ居ツ、ナド読リ　（『武用辨略』巻8・16ウ）	「トマリ山」トマリ山トハ狩クラシテ　ソノマヽト、マルヲイフ也　とまり山〔とまりかり共云り〕（『藻塩草』鷹・巻10・13ウ）
和歌八重垣・東雅・その他	○遠山をちとハ鳥屋鷹の古毛のおち残りたるを云　はし鷹のとを山をちの山かへりかへるさあかぬ雪のミかりは　家隆　（『和歌呉竹集』巻2・10オ〜ウ）	
典拠	龍山公百首	西園寺百首か

No.	162
項目	とや
和訓栞	……○鷹の毛をかふるをもとやと いへり　とやごもり　とやがへり とや出のたかなとよめり　○…… 前編巻18・中巻588頁
定家鷹三百首	春ふかミとやきハ近くなる鷹 の又取のこすふる雉子哉 夏の近く成をとやきハと云　夏 まで取残すをふる雉子と云と也 （29・4オ） 去年よりハ鳥やまさりするか たかへりかり行末の秋そ悲し き 鳥屋へ入て猶よく成を鳥やまさ りと云と也（66・8ウ～9オ） かた毛とは片鳥屋の事と也 （94・12ウ） 鳥やかへりとハいく鳥やしても とらぬを云也　田とをりとも云 （260・36ウ）
西園寺鷹百首・言鷹集	鳥屋まさりとは鳥屋出に猶取乗 逸物をする事をいへり　（87）
龍山公鷹百首・大諸礼集	すゑなれぬ鳥屋出の鷹の足ふ ミにあしかはひきの羽風身に しむ　（59）
和歌實樹・藻塩草・武用辨略	又鳥屋鴘　鷹アリ　長明ガ文字 鎖ニ日鳥屋鴘　鷹ハ鳥屋ニ篭テ 年替タル鷹也　鳥屋ト云ハ鳥部 屋也　顕昭抄ニ日鴘トハ毛ノ替 侍ヲ云 （『武用辨略』巻8・24オ～ウ） 鳥屋　鷹ノ房也　鳥塒也　一間 五間ト半ニ造ヘシ　今云鷹部屋 也（『武用辨略』巻8・50オ） 「トヤカヘリ」 ハシタカヲトリカフサハニカ ケミレハワガミモトモニトヤ カヘリせリ 顕昭の云トリカフトハ鷹の取タ ル雉ノ片胸ヲトリテ水邊ニテア ラヒテ鷹ニカフヲハ取飼ト云也 ワカミモトモニトヤカヘリスト ハ鷹ノ鳥屋ニテ毛ノシロクカハ ルヲハトヤカヘリト云也　我白 髪ノ澤水ニウツレルヲモトヤカ ヘリシタリトヨメル也
和歌八重垣・東雅・その他	「とかへるたか」 あハせたるたかの飛かへるをい ふ　又説　とやかゆるたか也 毛をかゆるをとやと云 （『和歌八重垣』巻4・25ウ） 「鷹・集解」 鷹至夏ノ末ニ毛羽次第ニ落テ 而還生ス新毛ヲ至テ冬ニ如シ 初ノ此ヲ俗ニ呼テ日フ鳥屋ト 言心ハ鷹易ル毛ヲ時入テ鳥屋ニ 不ル出之故カ乎易ヘテ毛ヲ後チ謂フ 一鳥屋ト是レ一歳也次ノ年 易ヘテ毛ヲ後謂フ二鳥屋ト是 二歳也鷂隼モ亦同シ （『本朝食鑑』巻6・19ウ） 凡鷹ハ夏ノ末ヨリ毛ヲチテ冬ニ 至リ新毛生ト、ノフ　是ヲトヤ ト云　二年ヲニトヤト云 （『大和本草』「鷹」巻15・13 オ）
典拠	和歌八重垣・※

No.	163	164
項目	とやまち	とり
和訓栞	鷹を八九月媒もて取をいふ　鳥屋待の義なり 後編巻13・640頁	……○鷹狩におし出して鳥といふハ雉の事也といへり　こハ仁徳天皇の始て鷹をあハせたまふにまづ雉をとりたるによる也　○…… 前編巻18・中巻594頁
定家鷹三百首		今日もまた鳥ハ餌かハし若鷹の長肉になる須广の雨かせ 鳥とは雉也　（278・40オ）
西園寺鷹百首・言塵集		
龍山公鷹百首・大諸礼集		雉を鷹詞にもきしとはいはす たゝ鳥といふへし　をし出して鳥と云はきしの事也　雉をまとりとは時により山にても云也　山鳥のたつとき今のハ山鳥　いまは真鳥たちたるなといふなり　（81） 鷹の鳥といふハ。雉バかりの事也。餘をバたかの鶉　ひばり。あるひハたかのがん。たかのつる　さぎなどゝかやうに鳥の名を書也。鳥とバかりハきじより外ハ有まじく候　心得べし　（巻6・10ウ～11オ）
和歌寶樹・藻塩草・武用辨略		抑吾朝放鷹ノ始ハ仁徳帝四十三年九月……百済ノ王子酒ノ君　初テ彼鳥和泉ノ国百舌鳥野ノ御狩ニ撃出テ多ノ雉ヲ執タリ〔……今世ニ押出テ鷹ノ鳥ト称スルハ雉也　是最初ノ例ト云也〕是日域鷹狩ノ始トセリ （『武用辨略』巻8・4ウ）
和歌八重垣・東雅・その他	「鷹・集解」 八九月以媒取之　呼謂鳥屋待 （『本朝食鑑』巻6・19ウ）	
典拠	本朝食鑑	龍山公百首・※

No.	165	166
項目	とりいかた	とりおどし
和訓栞	鷹の鴨なと取て其執たる鳥に垂て 居を云也、 中編巻16・中巻595頁	鳥を怖すの具　西土の書に鷹俑な と見えたり、 中編巻16・中巻595頁
定家鷹三百首	箸鷹のすゝ舟よする須广の浦 に蜑のさへつる鳥の落草 （24・3ウ） 河岸につなく筏の組鷹ハ田面 の鳥にならひてそゐる 鴨鷹の心也と也　取たる鳥に垂 て居るを鳥筏と云也　鷂をつか ふ也　前に鈴舟と云も此心と也 （80・10ウ）	
西園寺鷹百首・言塵集		
龍山公鷹百首・大諸礼集		
和歌實樹・藻塩草・武用辨略		
和歌八重垣・東雅・その他	「すゞふね」 すまのすゝ舟なと読り　舟に鈴 を付たる也 （『和歌八重垣』巻7・35ウ） ○すゞぶねとハ舟に鈴をたつる 事なり　源氏すまへおもむき給 ひし御時。鳥羽より舟にめされ けるに。其ふねのへに鈴をたて られたり。惣して公卿　殿上人 の乗るゝふねにハすゞをたつる なり （『和歌呉竹集』巻10・26オ）	
典拠	定家三百首	※

No.	167	168
項目	とりからみ	とろいた
和訓栞	鷹の長き爪也といへり、 中編巻16・中巻596頁	鷹のとやの内に置て餌を飼の板也、 中編巻16・中巻602頁
定家鷹三百首	とひよりて手をかけづめやはい鷹の鳥がらミより猶も聞らん 鳥からミとハ長き爪也　打爪と云も有 （321・45ウ）	夏かひの鳥屋にをきたるとろ板の朝夕鷹の⿱をつくりつゝ とろ板とは鳥屋の内に置て餌を飼板也　ひたす共云　それハ鳥屋の内に水をなかして古き餌をあらひなかさんの為也 （45・6オ）
西園寺鷹百首・言塵集		
龍山公鷹百首・大諸礼集		
和歌寶樹・藻塩草・武用辨略	○爪ハ四名也　立爪　打爪　反子　鳥搦　等也……秘ニ曰　身寄ノ方ニテハ打爪　掛爪　捕居　反挙　徒先ニテハ受爪　懸爪　捕搦　押添ノ義　皆口傳アリト云云　打爪トハ人身ニトリテ人指ユビ　掛爪ハ拇指　捕居ハ中指也　反子ハ小指ト同　徒先ノ方　受爪モ亦食指也　掛爪大指　捕搦モ中指也　押添ハ又小指也 （『武用辨略』巻8・17オ～ウ）	○泥板ハ俎ノ事也　故ニ餌作板共云　長二尺　廣八寸　高四寸五分　或長八寸　又ハ一尺二寸廣五寸　又二分ニモ見合スヘシ　木ハ梨又ハ桑等　口傳アリ （『武用辨略』巻8・55ウ～56オ）
和歌八重垣・東雅・その他		
典拠	定家三百首	定家三百首

No.	169	170
項目	ないとりがり	ならしば
和訓栞	鳴鳥狩の義　鷹にいへり、 中編巻17・中巻609頁	……○鷹の尾にいふは馴し羽の義なり　又鷹をならしハ鳥といふ　堀川ノ院の異名に見えたり、 中編巻17・中巻671頁
定家鷹三百首	春山のまた風さむき朝なきに　鳥聞こめて出るたかゝひ ない鳥の事也　聞すへ鳥のたくひ歟 （5・1ウ）	下の尾を石打と云也　小石打　大石打　なら尾　ならし羽　たすけ　上尾と有 （103・13ウ） はし鷹の鈴なら柴の雪すりに　袖しミこほるかり衣かな なら柴とハ上尾の下なるを云 （241・34オ）
西園寺鷹百首・言塵集	心なく真柴をならす山風にまたなく鳥ハ聞も定めす なき鳥　ない鳥とて有　同事也　雉の鳴を野山によく聞すまして鈴の子と云物を鈴にさして鈴のならぬ様にして鷹をすへて　よりて狩立て合する也　聞すへ鳥とも申也　ね鳥かりとハ早朝に伏たる鳥を狩也　ない鳥狩ハ時をいはさる也（94・15オ～ウ）	
龍山公鷹百首・大諸礼集		
和歌資樹・藻塩草・武用辨略	○鈴子或子ヲ篭ニ作　鈴押　共云トゾ　山桜ノ皮ヲ以制ス　緒ヲ一尺八寸ニスヘシ　春ノ鳴鳥狩ノ時鈴音サセ間敷為ト云云 （『武用辨略』巻8・50オ） 小鷹付る〔……　ねとりかりとハ早朝に臥たる鳥をかる也　ない鳥ハ時をいはす　これらハいつれも春歟〕 （『藻塩草』鷹・巻10・16オ）	「ナラシハ」 ナラシバトハ尾ノ名也　石打ノ上也 鳴羽ノ尾ヲ徒前ニテハ背尾共見セ尾共云リ　……　又楢羽ニ作 （『武用辨略』巻8・20オ～ウ） なら柴鳥〔これも異名也　蔵玉〕 （『藻塩草』鷹・巻10・13ウ）
和歌八重垣・東雅・その他		なら柴鳥鷹堀川院異名 （『蔵玉和歌集』19ウ。『群書類従』280頁）
典拠	※	蔵玉和歌集・※

No.	171	172
題	ならす	ならを
和訓栞	……○立ならす　待ならす　分ならすなとハ馴る義也　日本紀に鷹の事に得レ馴をならしえてとよめり　後拾遺集に とやかへり我手ならしては(ママ)し鷹のくると聞ゆる鈴虫のこゑ 前編巻19・中巻671頁	鷹の尾の内の名也といへり　鳴尾の義也　ならし詞と云ハ別なり、 中編巻18・中巻673頁
定家鷹三百首		下の尾を石打と云也　小石打大石打　なら尾　ならし羽　たすけ　上尾と有　（103・13ウ）
西園寺鷹百首・言塵集		
龍山公鷹百首・大諸礼集		
和歌實樹・藻塩草・武用辨略		背侍尾(セマチ)ハ鳴尾(ナラヲ)ノ事也　琴(コト)ノ尾(ヲ)共云(イフ)也　或書ニ曰鳴尾(ナラ)　鳴羽(ナラシハ)　毛(モウ)羽(ウ)ノ品(シナ)　紛(マギレ)ン事(コト)ヲ避(サケ)テ柴(シハ)ノ字(シ)ニ替(カヘ)タリ　尚口傳(ナラクデン)アリト云云　又楢羽(ナラシバ)ニ作　又尾針(ヲハリ)ト云事アリ　鶻(ハヤブサ)ニ限(カギル)也　尾先(ヲサキ)　針(ハリ)ノ如(コトク)尖(トカリ)テ指突様(サシツクヤウ)也　逸物(イチモツ)トゾ （『武用辨略』巻8・20ウ）
和歌八重垣・東雅・その他	とやがへり我(わ)が手(て)ならしし鶬(はしたか)の来(く)ると聞(き)こゆる鈴虫(すゞむし)の声(こゑ) （『後拾遺和歌集』巻4・秋上。新大系〈国歌大観〉267番）	「たかのなら尾」 たかの尾にならおといふ尾あり （『和歌八重垣』巻5・23オ）
典拠	日本書紀・後拾遺和歌集	※

【相違箇所】・171『後拾遺集』の第二句「我手ならして」（整版本・増補版・岐阜版）は「我手ならし丶」の誤りである。

No.	題	和訓栞	定家鷹三百首	西園寺鷹百首・言塵集	龍山公鷹百首・大諸礼集	和歌寶樹・藻塩草・武用辨略	和歌八重垣・東雅・その他	典拠
173	にしきのぼうし	色よき紅葉をもて鷹の虱を洗ふを名づけり、 中編巻18・中巻687頁	かり人の錦のぼうし色々にたかのしらみをあらひてそみる いかにも色よき紅葉を取て置てそれにて鷹の虱を洗を錦のぼうしと云也 (234・33ウ)					定家三百首
174	にへたか	東鑑鷹狩停止の條に但神社ノ供税贄鷹事者非二御制之限一と見えたり ○諏訪の贄鷹ハ東鑑に於二諏訪大明神御贄鷹一者被レ免レ之と見ゆ 巣おろしを傳(ママ)ふ 定家卿 巣おろしの初とや出し若鷹をすハのみかりにとりやかハまし 又平人の狩に午未の日を除くハすハの御狩に用ひにさせらるゝ日なり 又紫色の装束も贄鷹はかり也 定家卿 御狩場の鷹一もとは(ママ)さしてけり 花紫の大緒あしかは 又吉備津ノ宮にありしにや 定家卿 真金ふく吉備津御神の贄鷹や諏訪の御代より久しかるらん、 中編巻18・中巻697頁	巣おろしの初鳥や出しの若たかをすわのみかりにとりやかハまし すおろしハ春と也 諏訪の贄鷹に備る也 必鳥屋の鷹をなり (62・8オ〜ウ) 諏訪の御狩に午未の日をつかハる されハ平人の狩に此日を除也 それを日次と云也 (82・11オ) 御かりはの鷹一もとにさしてけり花紫の大緒あしかは 諏方の贄鷹に計紫色の装束をすと也 (206・29オ〜ウ)			鷹歌ノ注ニハ …… 同歌ノ注ニ諏訪ノ贄鷹バカリ紫色ノ装束スルト云リ 御狩場ノ鷹一基ニ差テゲリ花紫ノ大緒アラカワ(ママ) (『武用辨略』巻8・49オ〜ウ)	可レ停二止鷹狩一之旨。被レ仰二諸国ノ御家人一。於下違二犯嚴制一之輩上者。可レ有二其ノ科一。但神社供税。贄鷹ノ事者。非二御制之限一。 (『東鏡』建久六年九月二九日 巻15・28オ) 可レ禁二断鷹狩一事。被レ仰二守護地頭等一。但於二信濃ノ国諏方大明神御贄ノ鷹一者。被レ免レ之由云云 (『東鏡』建暦二年八月一九日 巻20・8オ)	東鑑・定家三百首

【相違箇所】・174「傳ふ・一もとは」(増補版)は「備ふ・一もとに」の誤りである。整版本・岐阜版は「備ふ・一もとに」となっている。また、『武用辨略』の「アラカワ」は「アシカワ」の誤りである。

No.	175
題	ぬくめどり

和訓栞

寒夜に鷹諸鳥を捕へて己か腹をあたゝめ　明る朝ハ其鳥を放ちやりて其鳥の行方へハ其日鷹ハゆかずといへり　此事三才図会　鶻の條にも見えたり　せう　おほたかはいたか皆同し　今是を小鳥トといふ

前編巻21・中巻706頁

定家鷹三百首

西園寺鷹百首・言塵集

龍山公鷹百首・大諸礼集

和歌寶樹・藻塩草・武用辨略

五雑俎ニ曰鶻ト鶽トハ皆鷙撃ノ鳥也　然シテ鶻ハ小鳥ヲ取テ以足ヲ煖ニシテ旦ニハ之ヲ縦　此鳥東ニ行ハ是日東ニ往テ物ヲ撃ズ　西南北モ亦然リ　蓋　其義也　隼ノ物ヲ撃　懐胎ノ者ニ遇ハ輙　放テ殺ズ　蓋　其仁也　鷹ニ至テハ噬ザル所ナシ　故ニ古人酷吏ヲ以蒼鷹ニ比スト云云

今云小鳥ト是也

寒キ夜ノ塒ノ鷹ノ小鳥ト恩ヲ知ヌハ人ニ社アレ

兄鷹　角鷹　鷂　何モ皆其義アリト云リ

箸鷹ノ拳ノ内ノ温トリ恩ヲ知ヌハ人ニコソアレ

空更ル一夜ノ鷹ノヌクメトリ放　心ハ情　有ケリ

（『武用辨略』巻8・28オ〜ウ）

和歌八重垣・東雅・その他

○ぬくめ鳥とハ寒き夜は鳥を生ながら足に持　鷹我腹をあたゝめて。朝はなちて其方へゆかずといひ傳へたり　煖鳥　胭と書はし鷹のこぶしの下のぬくめ鳥恩をしらぬハ人にこそあれ

（『和歌呉竹集』巻2・19オ）

柳子厚　鶻ノ説及朝野僉載ニ倭俗ノ所謂ヌクメ鳥ノ事ヲイヘリ　ヌクメ鳥　古哥ニモヨメリ　鶻ガ冬寒キ時鴿　ヲトラヘ夜中足ヲ煖メテ暁ニ至テユルシ放ツテ不殺ヲ云リ

（『大和本草』巻15・12ウ）

九齢　曰雌曰隼雄曰鶻〔略〕蓋　鷹不撃伏隼不撃胎　如遇懐胎者輙放不殺　鶻撃鳩鴿及小鳥以煖足旦則縦之　此鳥東行則是日不東往撃物　西南北亦然　此天性之義也

（『和漢三才図会』巻44・隼）

典拠

三才図会・武用辨略・和歌呉竹集

No.	176
題	ぬすだつとり
和訓栞	鷹狩に鳥の恐れて草むらなどに隠れたるがひそかに立去をいふといへり 後編巻14・682頁
定家鷹三百首	落草をぬす立鳥ものびやらじをしつけて行鷹のをひ羽に ぬす立とハ人にしらせす立事也（186・26オ） 落草にたまらてあかる木ゐ丸やぬす立鳥をやかて取らん 草に鳥を追入てやかてちやくと木へ上るハ鳥をぬすたゝせしとする心と也　逸物わさなり　かやうのを木居丸と号すと也（217・30ウ～31オ） あられふるかた野のみのゝさゝ衣ぬす立鳥をしらぬわかたか（220・31オ）
西園寺鷹百首・言麗集	又ぬす立とハ静にかくれて立を鷹見失て尋るとて　こなたかなたへかろく飛て尋るを爰にてハたもろきと申す也　手もろき也（38・7オ） ぬす立とハ人にも鷹にも隠て影よりたつ鳥也（98・15ウ） ○鷹……ぬす立とはつかれなとに忍て立を云也　ぬすミ立共云也（『言麗集』5・30ウ。199頁） ○鷹のねとりかひ……ぬすミ立とも　ぬす立とも云ハつかれの鳥の落草を忍ひぬけ出てゝ鷹に不被知して立を云也（『言麗集』6・16ウ。232頁）
龍山公鷹百首・大諸礼集	きゝすへたる鳥　ぬすたつことも也　人のしらぬやうに羽音もせす草の中を忍ひたちてかくるゝ鳥なり（8）
和歌寶樹・藻塩草・武用辨略	ぬすたつ鳥〔是は人に見えぬ様に羽音をならさてたつを云也つかれての儀也　小鷹にあるへからす〕（『藻塩草』鷹・巻10・14ウ）
和歌八重垣・東雅・その他	「ぬすだつとり」ぬすミたつ也　鷹狩に鷹におそれて草なとにかくれたるとりのひそかにたつをいふ。読方鷹狩に詠ずべし（『和歌八重垣』巻5・3ウ） ○ぬすたつ鳥とハ。鷹を見て草がくれに飛なり　偸起鳥（ぬすたつとり）と書（『和歌呉竹集』巻2・19ウ）
典拠	和歌八重垣か

No.	項目	和訓栞	定家鷹三百首	西園寺鷹百首・言塵集	龍山公鷹百首・大諸礼集	和歌實樹・藻塩草・武用辨略	和歌八重垣・東雅・その他	典拠
177	ぬすはむ	鷹のとりたる鳥をやがて食事也といへり、 中編巻18・中巻709頁	春の日の永をひしつる箸鷹や心なくてもぬすミはミする 鷹人をそく来る間にはむを云也（13・2ウ） いかにして盗ミはミする山かへり尾にさす鈴をならさゝるらん 鷹司の行つかぬ間にはむをぬすミ喰と云也（230・32ウ）		かけおつるとを山とりのくさかくれむしりて鷹のぬすみはみする ぬすミはみとは人の行つかぬさきにぬすはむを云也　かならす後々には鷹こうゆけは鈴を木の根　岩根　きしねなとにしきあて　すゝこゑのせぬ様に盗食也それを鷹鈴をしきてぬすはむなとゝかたる也（40） ぬすはむとハ取たる鳥をやがてくふ事なり。（巻14・27オ）			三議一統
178	ぬりで	……○老たる鷹にぬるでのうるしをたれて羽をつぐとありとそ○…… 前編巻21・中巻714頁	とまり山翁さひたるかり人のぬるでをたるゝまゆのはつ雪 ぬるでのうるしをたれて羽をつぐ　老たる鷹の躰なり　猶可尋云々（232・33オ）					定家三百首

No.	179	180
項目	ねぐら	ねずを
和訓栞	……○ねぐら鷹とハとや鷹をいふ ○ねぐらの雪とハとやに白き下毛の落たるをいふとそ　○…… 前編巻22・中巻719頁	鷹の鈴をつなぐ緒(ヲ)をいふ　音助緒の義也といへり、 中編巻18・中巻723頁
定家鷹三百首	箸鷹のねぐらの雪をふミちらし鳥やの内より冬やまつらんわた毛とて鳥やの内に雪をちらしたることく有物と也 （56・7ウ）	終夜ねすをすゝもちつかへつゝ朝待出るたかのしやうそくねすをとハ鈴をつなく皮也 （113・15オ）
西園寺鷹百首・言麗集		
龍山公鷹百首・大諸礼集	ねぐら鷹(たか)とハとやたかをいふ。ねぐらの雪とハとやにしろき下毛のをちたるをいふ。但巣(す)まハり　七月に入て七日以前の事也 （巻14・29ウ）	ねすをゝもひこの緒ともいふ也但ひこの緒むかしハ別にこれあるやうにしるせり　秘事に云也 （11）
和歌實樹・藻塩草・武用辨略		○繫緒(ネズヲ)　或根(ネ)助(ズ)緒(ヲ)ニ作　一本音(ネ)助(ス)緒(ヲ)トス　又鼠緒ニ作ト云云是(コレ)鈴(スヾ)ヲ繫(ツナグ)緒(ヲ)也　鈴板(スヽイタ)ノ本(モト)ニアリ　鷹装束(タカシヤウゾク)ト云是也 （『武用辨略』巻8・48ウ） ○鈴板(スヾイタ)　或鈴札ニ作　之ヲ鈴(スヽ)敷(シキ)共云　鷂(ハイタカ)ニテ鈴持(スヽモチ)ト唱(トナフ)口(ク)傳(テン)ト也 （『武用辨略』巻8・48オ〜ウ）
和歌八重垣・東雅・その他		
典拠	三議一統	武用辨略

【相違箇所】・180の出典である『武用辨略』「繫緒或根助緒ニ作」における「根助緒」の振り仮名は後の増補版では「コンズヲ」となっている。

No.	題	和訓栞	定家鷹三百首	西園寺鷹百首・言塵集	龍山公鷹百首・大諸礼集	和歌實樹・藻塩草・武用辨略	和歌八重垣・東雅・その他	典拠
181	ねづ	……鷹の事によく通したる者也 鷹の羽を続事も根津か始よし也 前編巻22・中巻725頁						※
182	ねとりがひ	鷹の鳥を捕て後家にありて(ママ)飼をいふと言塵集に見えたり、 中編巻18・中巻725頁	草かりの笛のねとりにをきかひて暮ぬと帰る野へのかり人 笛まてハ序也 ねとりとハとまりなきの心とおなしと也 作り餌をかふ也 明日よくわたらせんの為なり をきかひと云 (198・27ウ)	○鷹……ね鳥飼とハ野にてとりかはす 家にかへりてゑを飼を云也 (『言塵集』5・30オ。199頁) ○鷹のねとりかひと云ハ野にてハとりかハすして家にかへりてゑをかふをねとりかひといふ也 (『言塵集』6・15ウ。231頁)			○ねとりかひとハ鷹(たか)を野にてハ飼(かひ)すして。家にかへりて鳥を飼(かふ)をねとりかひと云也 (『和歌呉竹集』巻4・36ウ〜40オ)	言塵集

【相違箇所】・182「家にありて飼」(増補版)は「家に帰りて飼」の誤りである。整版本・岐阜版は「家に帰りて飼」となっている。

項目	
No.	183
題	ねりひばり
和訓栞	毛をする雲雀の事なり　六七月の比なり　尾羽そろひて四季にかきらす飛をからひばりといひ　尾の一度に落たるをじんたうひばりといふ○ねりしとゞ　ねりほじろといふも毛をするをいふ　八月比の事なり　からほじろといふハ尾羽かため毛をかへぬをいふ　皆鷹の辞なり　外の小鳥にハ此名なしといへり、 中編巻18・中巻734頁
定家鷹三百首	河内女の手引の糸のねりひはり一より鷹をあハせてしかな ねりひはりとハ毛をかふるとてねると也 （293・42オ）
西園寺鷹百首・言塵集	岩瀬野に……このりハむねとねりひはりにつかふ也　ねり雲雀ハ七月十四日十五日物也　雲雀　小鷹ハ夏也　春にハ不可詠 （『言塵集』5・17オ。180頁） ○鷹　雲雀鷹とハ五六七月間につかふ也　ひはりの夏毛替時尾羽の落比つかふ也　尾羽の落たるをねりひはりと云 （『言塵集』5・29オ〜ウ。198頁）
龍山公鷹百首・大諸礼集	ねりひはりとこはなれゆくなか空にをひ羽のかろくあかる　巣このり ねりひはり　毛をする雲雀の事也　六月土用のうちより七月盆の前後最中なる物也　ねり雲雀このりの物也　雲雀毛をかたのことくして後に尾を一度におとす物也　それをハしんとう雲雀と云也　しんとうひはり少達者なれ共これも鷹にとらるゝ也　又尾羽そろひ四季にかきらすとふ雲雀はからひはり也　又八月へかゝり　ほしろ毛をする也　ねりしとゝ共ねり頬白共いふ也　尾羽かため毛をかへぬはからほしろとこれも云也　別の小鳥には　からすゝめなとゝも更に不可申也　からひはり　からほしろと申外には　からといふ字そひ候小鳥これなく候　からしとゝ共申さす候　冬のほしろをはあかしとゝとは申候歟　付 常ニアカシトヽ（ト）云人アリ　田舎ニハ云歟　冬ノヲ云也 （68）
和歌實樹・藻塩草・武用辨略	「ネリシトヽ」 ネリシトヽトハ　ネリ雲雀ト云カゴトシ　夏ハ身ノ毛ヌケテ自由ニエトバズ　ネリアリクヤウナルニヨリネリトハソヘシ詞也
和歌八重垣・東雅・その他	「雲雀・集解」 至二六七月一易レ毛改レ舊俗呼称二練雲雀一或人ノ曰飛舞労レ身麦秣養レ肉如レ修二練於物一之謂乎 （『本朝食鑑』巻5・30オ〜ウ）
出典	龍山公百首

No. 184

項目：のきハうつ

和訓栞

鷹の詞也　言塵集に主にそむきてとばふをいへり　又それたるをもいふ也といへり　退羽撃の義成へし　金葉集にのきばうつ真白の鷹の餌袋とよめれハなつき過たる鷹をいふともいへり　秘鷹傳の注にハ鳳輦の左の隅の柱をハぬきさしにする事ハ延喜帝より始りて御鷹を合せ給ふへきため也　是をのきばうつといふと見えたり

前編巻23・中巻738頁

定家鷹三百首

あらたかの軒は打つる山陰のをちにゆかてや木ゐをとるらん

契丹国にてハ放ち飼の鷹を軒は打と云　日本にてハなつき過たる鷹の事を云と也

（124・16オ～ウ）

西園寺鷹百首・言塵集

女願法師
かりそめにみてしとたちを立忍ひ片野の雉子のき羽打也

恋の心を詠と云　鷹のゝきは打と云事同　それたるこゝろなり

（『言塵集』5・2ウ～3オ。159頁）

○鷹ののきば打と云事　二条殿にて先年人々尋給ひけるに　のきわ打と云々　一説にハ軒端打と云々　此ことは

　のきはうつましろの鷹のゑ袋にをきゑもさゝて返しつる哉

金葉集に有也　此哥ハ人の妻のもとに久しくまからて後鷹のゑ袋をとりにをこせけるをつかハすとてよめる哥と云々　昔我等鷹もて遊ひし時随分のたかさうを聞し人の申しハ鷹ののきハうつとハとはふ鷹ハ主にそむきてとハふ間のきはうつと云　又そるゝ鷹の羽仕ともいひし也　此哥ハそれたる鷹をのきはうつと詠たる也

（『言塵集』7・1ウ～2オ。233～234頁）

龍山公鷹百首・大諸礼集

かりそめにミてしとたつをたちしのひかたのゝきしのゝきはうつ也

此哥如願法師哥也　此のき羽ハたちのく羽也　一様ニ非ス

（33）

こののき羽ハあら鷹人にをそれてたなさきへのくやうにするを云

（70）

此のき羽は死する時の羽也　鳥の鷹にとられてしぬるをハのくと云也　人に語にも鳥ハはやのきたるよなといふ也　しにたるなといはす　鳥のゝき候をなをるともいふ人あり　前にも注之　古哥に

　のき羽うつましろの鷹の餌袋にをき餌もさゝてかへしつる哉

鷹そこねたる也　両説よく分別すへしとそ

（71）

和歌寶樹・藻塩草・武用辨略

たはなし（……○のきはうつ
ましろのたかのゑ袋にをきゑもさゝてかへしつるかな
と詠して返しけれハ鷹やかて死けり　それより猶ふかくいむ事也　又又のきハうつとハ羽をうつ也と云り　軒にそへて人にのく心也）

（『藻塩草』鷹・巻10・14オ）

○翕(アハス)　又合ニ作(ツクル)……　秘鷹傳(ヒイヨウデン)ノ注(チウ)ニ日鳳輦(ホウレン)ノ左(ヒダリ)ノ隅(スミ)ノ柱(ハシラ)ヲハ抜差(ヌキサシ)ニスル事(コト)アリ　是(コレ)ハ延喜帝(エンギテイ)ヨリ始(ハシマリ)タリ　御鷹(ミタカ)ヲ翕(アハセ)給(タマ)フヘキ為(タメ)也　鷹詞(タカコトハ)ニ軒羽打(ノキハウツ)ト云事ノ胡実(コジツ)也

（『武用辨略』巻8・34ウ）

和歌八重垣・東雅・その他

のきばうつ真白(ましろ)のたかの餌袋(ゑぶくろ)に招餌(をきゑ)もさゝでかへしつるかな

（『金葉和歌集』巻9・雑部上。新大系565番〈国歌大観601番〉）

典拠

言塵集・定家三百首・武用辨略

No.	185	186
項目	のごゝろ	のざれのたか
和訓栞	野心の義　鷹のなつかぬをいへり、 中編巻18・中巻739頁	藻塩草に秋過て冬とりたる鷹也といへり　野晒の義なるへし　又春野に久しくありたるを山されとも申なり　すべて大鷹の事なりといへり　○……
定家鷹三百首	春の日のうらゝかにあるあら鷹や野心もなく頓て見ゆらん 野心とはなつかぬをいふ　野心もなくとハなつきたる事也 （12・2ウ）	霰ふる冬の野されや落草にたまりもあへす木ゐを取らん 野されとはもとより野に有鷹を云　但是ハつかふ鷹のそれて野に久々足革を付て有　それを又とらへてつかへ共野心有て落草にたまらて木ゐをとると也 （268・38ウ）
西園寺鷹百首・言塵集		御狩人野され若鷹山かへりおもひ〳〵に手にすへて行 野されとハ山にてしけく毛をかへて年々をへたる鷹の事也 （58・10オ） 野編（され）とも書也 （60・10ウ）
龍山公鷹百首・大諸礼集		野され　種々のせつあれともかたかへり程なるをいふ歟 （72） 一　春鷹のことば。三月より内にたゞ取たる若（わか）たかをバ野晒（のされ）と云。又春野に久しくありたるを山され共申也　なへて大鷹（たか）の事也 （巻14・29オ）
和歌寶樹・藻塩草・武用辨略		野されの（鷹）――〔秋過て冬とりたる鷹を云也　是もわかたか也　又これ小鷹にはあるへからす〕 （『藻塩草』巻10・13オ） 「野サレ」 野サレトハ野山ニテ多年ヲ取毛ヲカヘタル鷹ヲイフ也
和歌八重垣・東雅・その他		○のされの鷹（野去鷹）　冬のとやたか也 我恋はのされの鷹のうゐかりにおもやせけるも心なりけり うゐかりとハ春になりて始て狩するを云也 （『和歌呉竹集』巻5・52ウ） 「ノサレ」 野山ニテ多ク年ヲトリ　毛ヲカヘタル鷹ヲ云ナリ （『歌林樸樕拾遺』）
出典	定家三百首	三議一統・藻塩草

No.	186
題	のざれのたか
和訓栞	中編巻18・中巻741頁
定家鷹三百首	
西園寺鷹百首・言塵集	○鷹……野され　山かへりなと云ハふる鷹の事也 （『言塵集』5・30オ。199頁）
龍山公鷹百首・大諸礼集	
和歌寳樹・藻塩草・武用辨略	「山ガヘリ」 山ニテ久シクヘタルヲ野サレトモ　フル山カヘリトモ云　カヘルトハ年ノカヘル事也　年ヲトリタルトモウス心也
和歌八重垣・東雅・その他	「ヤマカヘリ」 山ニテ久シク年ヲ経タルヲ野サレトモ　フル山カヘリトモ云　カヘルトハ年ノカヘリタル事ナリ　年ヲ取タルトモ申 （『歌林樸樕拾遺』） 在テ二山中一ニ歴ルレ年ヲ者曰二野ノ編ザレト一（又名二山鶬クト一）人養フレ之難シレ馴レ （『和漢三才図絵』巻44・鷹）
典拠	三議一統・藻塩草

【相違箇所】・186「すべて大鷹」（整版本・翻刻本）↔「なへて大鷹」（『三議一統』）　なお『言塵集』における古典全集本（寛文4年整版本の翻刻）「山かへりなしと」は「山かへりなと」の誤刻である。

No.	187	188
題	のせ	のぞかへて
和訓栞	倭名抄に鶺鶻をよめり 野兄鷹の略なるへし 鳥をとらす 広雅に鶏（ママ）の属也といへり ○…… 前編巻23・中巻742頁	鷹にいへり かへ反け也 覘ける義也、 中編巻18・中巻742頁
定家鷹三百首		
西園寺鷹百首・言塵集		のそかへてはやれハ鷹をはなちやりみとるか（ママ）何そ思わかねハ のそかへてとハ鳥のたつかとのそく事也 （57・10オ）
龍山公鷹百首・大諸礼集		
和歌寶樹・漢塩草・武用辨略	倭名鈔には広雅 兼名苑等を引て…… また漢語抄に鷂はハシタカ 兄鷂はコノリといひ 鶺鶻をノセといひ 鷂子をツブリといひ 雀鷂をスヾミダカともツミともいひ 雀鷂をエツサイといふと注したり 並に義 詳ならす （『東雅』巻17・鷹・395頁）	めとりつき〔……○のそかへてはやれハたかを放やりミとりか何そおもひわかねと のそかへとハ鳥の立かとのそく也 ミとりとは鷹のわれととりを見つけたるを云也〕 （『漢塩草』鷹・巻10・14ウ～15オ）
和歌八重垣・東雅・その他	「鷂・附録」 雀鷂〔……源順カ曰広雅ニ云ク鶺鶻ハ鷂ノ属 漢語抄ニ曰ク乃世セ 又広雅ニ云 鷂子鷂ノ属 漢語抄ニ曰ク都布利ツブリ 此ノ二鷂 今マ未タ詳ニセ之ヲ〕 （『本朝食鑑』巻6・21ウ） 鶺鶻乃和名世 鷂之属 今ノ人不レ畜ニ用之ヲ一 捉トルコトレ鳥ヲ不レ及ハ二諸鷹ニ一也 （『和漢三才図会』巻44・雀鷂）	
典拠	和名抄と三才図会か	※

【相違箇所】・187「鶏の属也」（増補版）の「鶏」は「鷂」の誤りである。整版本・岐阜版は「鷂」となっている。なお『広雅』には「鶺鶻鷂子籠脱鷂也」（釈鳥・巻十）とあって「鷂属也」とはなっていない。

・188の歌「みとるか何そ」（『西園寺鷹百首』）は、注文「見鳥とは～」より「みとり（見鳥）か何そ」の誤りであることが判る。

No.	189	190
題	のぢこ	のもりのかゝみ
和訓栞	……○鷹狩にのぢこをつくると いふハ鳥のとられてしい〳〵と鳴 聲也といへり 後編巻14・694頁	野中の水に影のうつるをいふ也と いへり　匡房の説に徐君か鏡ハ人 の心の内を照しけれハ世こぞりて ほしがりければ是更に我持とげじ とて塚にうつみてけり　此故事也 といへり　けにも塚に埋みしをも て魂魄によせて野守の鏡といひ野 守といはんとてはし鷹とハおける なるへし　新古今集に　はし鷹の 野もりのかゝみえてしかなおもひ おもはすよそなから見ん　又龍山 公の鷹百首にハ　岡のへの水にう つろふ手放の鷹や野もりのかゝみ なるらん　鷹のうせたる時野守ふ せといふ事ありといへり……
定家鷹三百首		夏かひのすかのとやなる水き ハや野守のしらぬ鏡なるらん （47・6ウ） はしたかの野守のかゝみ底清 ミかげの毛よりハ先ハみゆら ん （216・30ウ） 雪の日の野守の鏡くもるらし 猶も見わかぬはしたかのかミ （247・34ウ）
西園寺鷹百首・言塵集		
龍山公鷹百首・大諸礼集	いりあひて草とるたかのをさ ゝはらのちこをつけるとりの あはれさ のちこつくとハ　とられてじい 〳〵となくこゑ也　つけなきに ハあらす （31）	岡のへの水にうつろふ手はな しの鷹や野もりのかゝみなる らむ 鷹のうせたるとき　しきをふす るといふ事有　ふせやうおほし といへ共野守ふせといふ事あり となん　野もりしきともいふ歟 （18）
和歌寶樹・藻塩草・武用辨略		「野守ノ鏡」 野守ノカ、ミトハ雄略天皇ノ御 鷹ノソレシヲ野守カアノ木ノ枝 ニ有ト申シタリシヲアヤシトオ ボシメシテ何トシテ存シタルト トハせ給ニ此野ノ水ニウツリテ ミへケリトモウシケルヨリヲコ リタル詞ニテ侍ル　タ、野水ヲ イフ也　此外種〳〵ノ説アレト モ皆用ス 「野守ノ鏡」（『歌林樸樕』） 箸鷹ノ野守ノカ、ミエテシカ ナオモヒ思ハス余所ナカラ見 ン 顕昭云雄畧狩ヲコノミ給フ　御 鷹ソリテ見エス　野守ヲ召テ問 ハル、ニ在所ヲ申ス　イカニシ テ知ルソトノタマヘハ此野ノ水
和歌八重垣・東雅・その他		はし鷹の野守の鏡えてしかな 思ひ思はずよそながら見ん （『新古今和歌集』巻15・恋歌。 新大系1432番〈国歌大観1431番〉） ※『歌林樸樕』と『袖中抄』と を比較するため、上段に『歌林 樸樕』を載せる。 「野もりの鏡」（『袖中抄』） はしたかの野もりのかゝみえ てしかなおもひおもハすよそ なから見ん 顕昭云ハしたかの野もりのか ゝみとハふるくより申つたへた るハ昔雄略天皇と申みかと ことにかりをこのミ給けり　野
典拠	龍山公百首	龍山公百首・歌林樸樕。袖中抄とは稍異なる

No.	190
題	のもりのかゝみ
和訓栞	
定家鷹三百首	
西園寺鷹百首・言塵集	
龍山公鷹百首・大諸礼集	
和歌寶樹・藻塩草・武用辨略	ニウツリ侍ヨシヲ申ト云傳タリ 無名抄ニハ天智天皇トアリ　彼天皇狩ヲ好給ヨシ国史ニ見エタリ 又徐君カ鏡ハ人ノ心中ヲ照ラシケレハ世コソリテ欲カリケリ是更ニ我持トケシト思テ塚ニ埋テケリトソ匡房ハ被申シ　イツレカ実ナラント書リ 奥義抄云ソレニテハ箸鷹ノ野守ノ鏡ト云へキ故ナシ　私云徐君カ鏡ノ事可考之　或古抄云此事ハ本古哥二首ナリ
和歌八重垣・東雅・その他	に出て狩したまひけるに御鷹それて見えす　野守をめしてとはれけるに　みたかのあり所を申いかにしてこゝにゐなから　たなこゝろをさすかことくにハさたかに申そとゝはせたまひければ此野にはへる水にかけのうつりて侍れハ申よしを奏けるより野にある水をはしたかの野もりのかゝみとは云と申つたへたりさてよそなからミんとハよめる也　無名抄には此事を云に天智天皇とかけり　いつれとさためかたけれと古よりおほくハ雄略とかけり　又彼天皇かりをこのミ給よし国史等に見えたり　又野守ノ鏡とハ徐君か鏡なり　其鏡ハ人の心の内をてらせるかゝみにて　いミしき鏡なれハ世人こそりてほしかりけり　これさらに我もちとけしと思てつかのしたにうつミてけりとそ匡房卿ハ申し　いつれかまことならんとかけり　奥義抄ニいハく　それにてハはしたかの野もりの鏡と云へきゆへなし　私ニ云徐君か鏡の事可レ考レ之　但或古抄云此事は本ト古哥二首也
備考	龍山公百首・歌林樸樕。袖中抄とは稍異なる

No.	190
題	のもりのかゝみ
和訓栞	
定家鷹三百首	
西園寺鷹百首・言塵集	
龍山公鷹百首・大諸礼集	
和歌寶樹・藻塩草・武用辨略	箸鷹ノ野守ノカ、ミエテシ哉 恋敷人ノ影ヤウツルト 東路ノ野守ノカ、ミエテシカ ナ思ヒオモハス余所ナカラ見 ン 是ヲ一首ニ書リ云々 今案ニ徐君カ鏡ナラハ箸鷹トハ イハテ東路トテコソアラメ 東路トサスコトハ野トツ、ケン 料也　東ハ野多故ナリ　但慥見 エタル事ナケレハ箸鷹ノ野守ノ カ、ミトイヘル　アシカラス 又或抄云野ヲ守リケル鬼ノモタ リケル鏡ナリ　人ノ心ノ中ヲテ ラシ　イミシキ鏡ト聞テ国王ノ 召スニ鬼惜ケレハ野ヲ焼拂ハン トシ給ヒケル時ニ奉云々 私考載記ニ云秦始皇帝即位参年 ニ夜ル有レ鬼而與二一鏡一也 径（ワタリ）三尺也　有二病人一　以レ鏡 察二病人之腸六府五臓　皆見知二 病在所一也　始皇崩後鏡忽然（トシテ） 而亡（ウセヌ）也　又西京雑記云高祖初（テ） 入二咸陽宮一周行府庫
和歌八重垣・東雅・その他	はしたかののもりのかゝみえ てしかな恋しき人の影やうつ ると あつまちの野もりのかゝみえ てし哉おもひおもハすよそな から見ん とよめるを一首にかけりと云々 今案に徐君か鏡なら　はしたか といはて　あつまちとてこそハ あらめ　あつまちとさすことは 野といひかけん料なり　あつま ちハ野おほかれハつゝくる也 但たしかにミえたる事なけれハ はし鷹ののもりの鏡といへる あしからす　又或抄云野守のか ゝみとハ野を守ける鬼のもたり けるかゝみなり　人のこゝろの うちをてらし　いみしき鏡とき ゝて国王のめすに鬼をしみ申け れは野をやきハらはんとし給け るときに国王にたてまつりたる 鏡なり云々　私考云載記云秦ノ 始皇帝即位三年夜有（テ）レ鬼而与（フ）二 一鏡（ヲ）一也　径（リ）三尺也　有（リ）二病 人一　以レ鏡（ヲ）察（スルニ）病人ノ之腸 六府五臓皆見（ヘテ）知（ル）二病（ノ）在所（ヲ）一 也　始皇崩（シテ）後　鏡忽然（トシテ）亡（ウセヌ） 也　又西京雑記ニ云高祖初（テ）入二
備考	龍山公百首・歌林樸樕。袖中抄とは稍異なる

No.	190
題	のもりのかゝみ
和訓栞	
定家鷹三百首	
西園寺鷹百首・言塵集	
龍山公鷹百首・大諸礼集	
和歌寶樹・藻塩草・武用辨略	有二方鏡四尺九寸一 表裏有レ明　人来照レ之　影倒二 見　以掩レ心而来　即腸胃五臓 歴然トシテ　無レ疑　人有レ病則 掩レ心而照レ之　即知二病所在一 又女子邪心有　則膽張心動　秦 始皇帝以照二宮人ノ膽一云々 今案二両説相違　載記ニハ鏡モ 与二始皇一共亡乎　雑記ニハ高 祖入二咸陽一見鏡云々　又鬼之 帝ニ奉事ハ同ケレト詞ノ次第不 慥 又綺語抄云曽文カ破鏡ノ事ニテ 釈タリ　ソレハ鵲鏡ナリ　ハシ タカト云ヘカラス　或タカタヌ キヲ野守ノ鏡トハ云也　タカヲ ソラシテハ　タカタヌキヲ目ニ アテ、見レハミユルト云々　今 案云サラハ野守ト不可云 丸云顕昭ハ雄畧天皇ノ水鏡ノ説 ヲ信セラル、ト見ユ　俊頼ノ無 名抄ニハ天智之時トシルセリ 国史ニモ天智ノ狩ヲ好タマフト コソノセタリ　鏡ノ事ハナシ
和歌八重垣・東雅・その他	咸陽宮ニ周ニ行府庫一有リ二方 鏡一四尺九寸　表裏ニ有リレ明 人来レハ照シテレ之ヲ影倒ニ見ユ　以 レ手掩レ心ヲ而来レハ即腸胃五臓 歴然トシテ無レ礙　人有ルハレ病則 掩レ心而照レ之　即知二病ノ所 一在ヲ　又女子邪心ナル寸ハ則膽張キモハリ 心ムネ動ス　秦ノ始皇帝以テ照二宮 人ノ膽一ヲ云々　今案ニ両説相違 載記ノ鏡与二始皇一共ニ亡フ 雑記ハ高祖入テ二咸陽ニ一見ル レ鏡ト 云々　又鬼のミかとにたてまつ ることは有けれとことの次第は たしかならす　又綺語抄にハ曹 文か破鏡の事にてと釈レウしたり 其ハ鵲ノ鏡也　はしたかの野も りの鏡と云へからす　或はたか たぬきを野もりの鏡とはいふな り　たかをそらしてハたかたぬ きを目にあて、ミれはなりと云 々　今云さらハ野守のかゝミと さすへからす（『袖中抄』第18） ※　猶『藻塩草』にも右と類似 の内容＜巻17・25オ＞が見える が、「匡房」の名なき故に本書 では割愛した。
備考	龍山公百首・歌林樸樕。袖中抄とは稍異なる

No.	190
題	のもりのかゝみ
和訓栞	
定家鷹三百首	
西園寺鷹百首・言塵集	
龍山公鷹百首・大諸礼集	
和歌實樹・藻塩草・武用辨略	サレハ日本紀ニモ不載　此説ハ 此哥ヨリツクリ出セル事ト見エ タリ　又始皇ニ鬼之奉リシコト ハ證文明也　高祖ノ感陽宮ニテ 得給鏡モ文明ナリ　此則始皇ノ 崩時ウセシ鏡ガ感陽宮ニアリシ ナルヘシ　又徐君カ鏡ノ事ハ何 ノ書ニ有トハ見エネトモ大江匡 房大才ノ人ノ書置事ナレハウタ カフヘカラス　是ヲ丸ハ信用ス 徐君ガ死骸ヲ守ル鬼ヲ野守トサ スヘシ　塚ハ野ニアル故ナリ 推スルニ始皇ニ献セシモ此鏡ナ ルヘシ　人ノ死タル魄ヲ鬼ト云 コトハ分明也　又ハシタカト置 事ハ野トイハン為也　其上狩ニ ハ獲物ヲセンニスル事ナリ　サ レハ鳥ヲウルヨリモ野守ノモチ タルカヽミヲ得テシカナトネカ ヒタル哥也　思フカ思ハヌカノ 君カコヽロヲ見ント読ル也　何 ノ不審モナク徐君ガ鏡ヲ野守ノ 鏡ト云匡房ノ説ニ付ヘシ　水ニ 影ノウツル程マノアタリニ在ル 鷹ヲ行幸ノ供奉ノ者トモ不見付 ト云コトナカルヘシ　是ハ浅ハ カナル作事トキコユ （『歌林樸樕』）
和歌八重垣・東雅・その他	「野もりのかゞミ」 雄略天皇かりし給ひけるに御鷹 そりてミえず　野もりをめして とハれけるに　あり所を申　い かにしてさだかに申ぞととハせ 給ひけれバ此野に侍る水にたか の影のうつり侍つれハ申と奏し けるによりて野にある水を野守 のかゝミと申つたへたり 新古　はしたかの野守のかゝみ えてしかな思ひ思はすよそな からミん 此哥をとりて恋の哥に人の面影 をよそなからミるを野守のかゝ ミによせて読り （『和歌八重垣』巻6・10ウ～ 11オ） ○野守の鏡の事　哥林良材ニ見 えたり はし鷹の野守の鏡えてしかな 思ひ思ハすよそなからみん 右雄畧（ゆうりやく）天皇と申帝。かりを好（この）ミ 給ひて。野に出てかりし給ひけ るに。御鷹そりて見えす。野守
典拠	龍山公百首・歌林樸樕。袖中抄とは稍異なる

No.	190
題	のもりのかゝみ
和訓栞	前編巻23・中巻753頁
定家鷹三百首	
西園寺鷹百首・言塵集	
龍山公鷹百首・大諸礼集	
和歌賓樹・藻塩草・武用辨略	
和歌八重垣・東雅・その他	をめしてとハれけるに。御たかのあり所を申す。いかにしてこゝにゐながらたなこゝろをさすがごとくに。さたかに申ぞととハせ給ひければ。此野に侍る水に。鷹の影がうつりて侍りつれば申よしを奏しけるにより。野にある水を。はしたかの野守の鏡とハ申傳へたり。さればよそながら見んとハ読る也。無名抄にハ天智天皇の御時とかけり。顕昭ハ雄畧天皇と申説に付り。此天皇かりをこのミ給ふ事。国(こく)史(し)にみえたれば。此説を用侍るにや　八雲御抄云野にある水也或説にむかし帝狩し給ひし時。野守といふ鬼。鏡を奉りて。此鏡をもて国土おさめ給ふへし人の善悪にて。鏡の清濁(すみにごり)あるべしと申す。然るほとに此鏡を御前にをかせ給ひて人の心を見給ふとなん 　とにかくに人の心も見えはて ぬうきや野守の鏡なるらん （『和歌呉竹集』巻5・51ウ～52ウ）
備考	龍山公百首・歌林樸樕。袖中抄とは稍異なる

No.	191	192
項目	のりげ	はがひ
和訓栞	鷹にいふ　白き綿毛也といへり、 中編巻18・中巻754頁	翼をいふ　万葉集に羽我比　又羽易と書り　又白たへのはねさしかへてともよめれハ打交へたる羽の義也　右より左を掩ふ者ハ雄　左より右を掩ふ者ハ雌なるよし爾雅に見えたり　○…… 前編巻24・中巻769頁
定家鷹三百首	狩人の駒のゝり毛もうつもれぬ雪のしらふの鷹かひの山 のり毛とはうぶたつる時惣毛白きを云と也（238・33ウ～34オ）	ときハ木に羽かひてはなつ箸鷹の帰りてそすむ鎌倉の里 猶　羽かいてハなつ　可尋 （34・4ウ～5オ）
西園寺鷹百首・言塵集		
龍山公鷹百首・大諸礼集	のり毛よりおろす巣鷹のきハりなはあしをゝさしてかはん丸はし のり毛　白きわたけ也　わたけ共云歟 （95）	
和歌寳樹・藻塩草・武用辨略		○羽翼(ウヨク)ノ二字　羽(ハ)ハ鳥(トリ)ノ翅(ツバサ)也　翼モ即翅(スナハチツハサ)也　唐韻(タウイン)ニ曰翅(シ)ハ鳥(トリ)ノ翼(ハガイ)也　翎(レイ)モ亦(マタテウ)鳥羽(ツハサ)也ト云云（『武用辨略』巻8・19オ） ○雌雄(シイウ)ハ鳥(トリ)ノ男女(ナンニヨ)也　尓雅(ジガ)ニ曰　鳥(トリ)　翼(ハガイ)ヲ以右(ミギ)ヨリ左(ヒダリ)ヲ掩(ヲヽフ)　者(モノ)ハ雄(ヲントリ)也　左(ヒダリ)ヨリ右(ミギ)ヲ掩(ヲヽフ)　者(モノ)ハ雌(メントリ)　ナリト云云 （『武用辨略』巻8・26ウ）
和歌八重垣・東雅・その他		鳥之雌雄不可別者以翼右掩左雄　左掩右雌 （『爾雅』釈鳥） 「くちのはがひ」 くちとハ鷹の名也　はかひハ羽也 （『和歌八重垣』巻6・15オ）
典拠	龍山公百首	万葉集・武用辨略・爾雅

※・192「はがひ」の「右より左を掩ふ云々」と類似の内容が「めとりば」（女鳥羽。下巻439頁）に認められるが、本書での掲載はしなかった。

No.	193
題	はしたか
和訓栞	鶻をいふ　和名抄に見ゆ　このりの鵃也　はいたかともいふ　本ハ速鷹の義　轉していとなり　又しとなる也　又鷹の家にはしだいといふも是也といへり ○はしたかつきといふ詞ハ鷹をつかふ體にいへり
定家鷹三百首	如此も羽師鷹の字を書と也　（163・22ウ） 小鳥とるはいたかつきとみゆる哉また寒からぬ秋の山かけ はいたかつきとは河原ひはりを云也　鶻につきて鷹をなふりたがる也　羽のきゝたる鳥の故也　（327・46ウ） はやたかとハ早の字に非す　鶻の事也　（349・49オ） 早鷹　可尋知云々　是も鶻の事也　（350・49オ）
西園寺鷹百首・言塵集	かり佗ぬはし鷹つきも日に見ねハちか山あさる犬たにもなし はしたかつきとはつかふ躰なり　（20・4オ） 鳥屋ふむとハ夏鳥やに入事也　卯月八日に入て七月廿日に出る也　十四日の生霊の箸を続松にして夜出す也　仍はし鷹と申一説也　羽師国より出たるいはれあり　鶻と云字を箸鷹とよめり　種々の謂あり　（25・5オ） ○小鷹狩　　順徳院 箸鷹のとや野ゝ浅茅ふみ分てをのれも出る秋のかり人 私云箸鷹ハ小たかの名也と云　此御哥ハ此義也 （『言塵集』5・16オ。179頁）
龍山公鷹百首・大諸礼集	また　はしたいといふ事　當流の秘事と云々　まちかけの事　むかし禁野の雉　八重羽にして足も三有と注之　あはする鷹をとりころしける化鳥なり　其時まちかけをたくミ出し彼化鳥をとらせけるとなん……鶻といふ鷹　彼足の三ありて羽も八重羽のきしをとりかためたるといへり　其鷹はしたいと云也　鶚とかく也　此名あまりに秘して鶚ハせうといふ鷹なりと注之　又云鶚　ハツトモイヘリ　鶻　口傳あり　難注事也　（11） 箸鷹　是は他流に大鷹とよむ歟 箸鷹　是は子細候て鷹の物名に申と心得へし　箸鷹といふ事ハ粗注之　盆のしやうりやうをまつりたるあさからのはしを取てをき　鷹をとやよりいたすときたいまつにともし　よるいたすにより　はし鷹と云と也　ある鷹の書に四月八日に鷹をとやへ
和歌寶樹・漢垢草・武用辨略	鶻　漢語抄ニ曰波之太賀　或今羽師鷹ニ作　又箸鷹　早鷹共……俗説ニ此鷹波斯国ヨリ出以波之太賀ト称ス　即兄鶻ノ雌ト云云 （『武用辨略』巻8・28ウ～29ウ） 兄鶻　漢語抄ニ曰古能里　鶻ノ雄也　鷹家今此雌雄已下ヲ皆小鷹トス　或兒鶻ニ作　又摩鷹小男鷹等ノ字アリ （『武用辨略』巻8・29ウ） ○鶻　ハシタカトモ云　コノリノ雌也　逸物ハ　カモ　サキヲトル　白鷹ニ似テ小ナリ　其文色々アリ （『大和本草』「鷹」巻15・13オ）
和歌八重垣・東雅・その他	鶻　はいたかハはやたかなり　又はしたかとも云　はやしたか也（『日本釈名』中巻・43ウ） 「鶻・集解」 鶻〔訓波之太賀　今日波比太賀〕……鶻者小鷹　非鷹之雛　別一種也　遍身似鷹　多黒斑……古能里者鶻之兄　而状略與鶻同… （『本朝食鑑』巻6・21オ） 鶻鷂〔和名　波之太加　俗云波以太加……〕鶻似鷹而小者　非鷹之雛　別此一種也……凡鷹以雌為狩猟之用　惟鶻雌雄共兼用　尾州木曽　山中及北国有之（『和漢三才図会』巻44鶻） 鶻　はいたか〔はしたかともいふハ同韵通歟　はいたかも亦早鷹の義歟〕 （『和字正濫抄』巻2・14オ。146頁）
備考	西園寺百首と大和本草か又※

No.	193
題	はしたか
和訓栞	
定家鷹三百首	
西園寺鷹百首・言塵集	○鷹……はいたか はしたかと云 はした子とハせうよりハちいさく はいたかよりハ大なるをはしたことも云と云々 はした子と云文字ハ半と書故に何れも不定故に云 又こ鷹のつミハはいたかの雄鷹也 はいたかハ女鷹と云々 （『言塵集』6・15オ。230頁） ○鷹 追加……はしたかハ鷂（ハイタカ）と書 兄鷹とハせう也 兄とハこのりなり はい鷹ハこのりの女也……是等順か和名抄に有 （『言塵集』7・1オ。233頁）
龍山公鷹百首・大諸礼集	入 七月十五日にしやうりやうのはしをたいまつにこしらへその夜とやよりいたすと注之 不審の事也 鷹によりはやく毛をしていつるもあり 又をそく尾羽そろひ とやより出るもあり 不定なる物也 しかれは必盆の十五日の夜とやよりいつるにはさたまるへからさる歟 たゝ彼箸をとりてをき 鷹のとやよりいつるときたいまつにこしらへ出すと意得へしと也 又説天竺箸国より鷹出によりはしたかと云 両説也 西国日向巣大鷹は毛をはやくする物也 更さたまるへからすと也 惣別はし鷹とは鷹の惣名と注之 子細たとへハ鶯を哥道に百千鳥といへる心なるへし 百千鳥は小鳥の惣名にもいへり 古今集のうたにも 百千鳥さへつる春はものことにあらたまれとも我そふり行 此哥にてきこえたり 分別すへし 又はし鷹ハ鷂をいふとの説もあり たゝ鷹の惣名トしるへし（84）
和歌寶樹・藻塩草・武用辨略	「鳥屋フム鷹」 鳥屋フム鷹ト八年〳〵鳥やニイレテ毛ヲカヘサセテツカフ事ヲ鳥ヤフマセタルト云 鳥ヤニ四月八日ニイレテ七月廿日ニ十四日ノ聖霊ノ箸（ハシ）ヲタイマツニシテヨルイタス也 依テ箸鷹ト云一説也 又ハハシ（波斯）国ヨリ出タルト云義モ有
和歌八重垣・東雅・その他	「ハシタカ」 トヤカヘルワカタナラシノ箸鷹ノクルトキコユル鈴虫ノ聲 トヤタカヲ云 人ノ物クヒタル古箸ヲ火ニタキ夜トヤヨリ出シソムル故ナリ 一説ニ七月ニ亡者ノ箸トモヲタク云々 シカラハ小タカノミノ事ナルヘキヲ大鷹ヲモ云ナラハシ侍ル 鷂（ハイタカ）似鷹而小也 野ノ行幸ニモハイタカ鷹飼トテ小鳥トラン料ニ供奉スル也 小鷹ニハ雀鷂ヲハ ツミトモ ス、ミタカトモ云 鵙 エツサイトヨム 説哉トモ書ナリ 兄鷂 コノリトヨム 皆同 小鷹ナレトコノリハ少大キナリ 綺語抄云鷹ヲハスヘテ箸鷹ト云ナリ 顕昭云ハイタカヲ云也 是ハ綺語抄ニ箸鷹トハ小鷹ノ名ニカ、ルタカノ有也ト云ノ説ナリ 丸案ニ哥ニヨムニハ箸鷹ト云詞キ、ヨケレハ何鷹ヲモハシタカトヨミテ難ナキ也 （『歌林樸樕』）
備考	西園寺百首と大和本草か又※

No.	193
項目	はしたか
和訓栞	前編巻24・中巻787頁
定家鷹三百首	
西園寺鷹百首・言塵集	
龍山公鷹百首・大諸礼集	
和歌賓樹・藻塩草・武用辨略	はし鷹〔これ物名也　或云鳥屋かうたるたか歟　若たかをは云ましき歟　されハ哥にもハしたかのとかへる山とよめる　鷹かひ共はミなかく云也　但かくハいへ共只物名なるへし〕（『藻塩草』鷹・巻10・12ウ） あまたとやふませてつかふ〔……ハしたかつきとハつかふ躰也〕（『藻塩草』鷹・巻10・14ウ） はし鷹ハ小鷹の名也（『和歌呉竹集』巻8・18ウ）
和歌八重垣・東雅・その他	「はしたか」天竺はし国よりたかハわたりそめしによりていふと　又麻のはしをやきてとやにいるゝ時ましなふことあり　よつてはしたかといふと　猶説々あり　たゞ鷹の物名と心得て鷹狩の哥なとに詠べし（『和歌八重垣』巻4・19ウ） ○はい鷹をはし鷹とも云。又はしたことといふ鷹を。箸鷹といふともいへり。はい鷹とハ鷂と書なり。又兄鷹とハせう也。兄とハこのり也。はいたかはこのりの女也。はし鷹とハ鳥屋に入る時古箸をひろひあつめて焼て其影にているゝ也（『和歌呉竹集』巻1・35オ）
典拠	西園寺百首と大和本草か又※

【相違箇所】・193「鴘也」（増補版）の「鴘」は「メトリ」（『名義抄』・僧中123）。また、『和歌賓樹』の内容は『西園寺鷹百首』に類似している。したがって『和歌賓樹』の増補過程において『西園寺鷹百首』が関与していた蓋然性は高い。

No.	194
題	はちくま
和訓栞	蜂鵰の義　此鳥好んて蜂を食ふをもて名くといへと其羽の文八文字をなせはかくよへる也ともいへり八字の斑あるを箭に用ゐて貴ふハ八幡神のよせあるをもて也　一種鵰の大き(ママ)なるものあり、
定家鷹三百首	
西園寺鷹百首・言塵集	
龍山公鷹百首・大諸礼集	
和歌實樹・藻塩草・武用辨略	羽(ハ)……或人ノ云蜂鵰(ハチクマ)ト云アリ是(コレ)ハ八文字(シ)ノ生(フ)アル故(ユヘ)ニ八鵰(ハチクマ)ト云ト雖(イヘトモ)左(サ)ニハ非(アラス)　此鳥(コノトリ)好(コノン)デ蜂(ハチ)ヲ取(トリ)テ食(ハムユヘ)故ニ蜂鵰(ハチクマ)ト云トゾ（『武用辨略』巻3・29オ）
和歌八重垣・東雅・その他	蜂鶚トハ。好ミテ蜂(ハチ)クラフ角鷹(クマタカ)ヲイフヨシ。卜部(ウラヘ)家ノ説也。〔神代抄〕世ニ傳フル所モ。又同シ。但シ蜂鶚ト云物ハ。其ノ羽ノ文(フ)。八文字(ハチモジ)ヲナセバ。カクナヅケシ也。（『本朝軍器考』「弓矢類」巻4下・41オ） 「鵰・附録」 八鵰(ハチクマ)〔鵰ノ類ニシテ而黒色　尾羽斑文稍大ニシテ而黒色或ハ正直　或ハ錯雑シ如レ畫ノ　間(マヽ)有リ二八字ノ斑一　最モ為ニ二珎奇一ト　故ニ称ス二八鵰(ハチクマト)一　乎　此モ亦造テレ箭羽ニ以テ競フレ奇ヲ　也　世俗所レ謂ル八ハ者八幡之八ニシテ　而八幡神ハ者武職常ニ尊ニ崇シ之ヲ　源姓之族最モ然リ　於テレ是ニ以テレ有ルヲ二八字ノ斑一為スレ貴シト　或ハ曰フ二蜂鵰一ト　言(心ハ)如シト二蜂之雄(ナルカ)一　此レ未タレ為スレ當ルト焉　一種有下如キ二鵰之大(ナルカ)一者上〕（『本朝食鑑』巻6・22ウ）
典拠	本朝軍器考・本朝食鑑

No.	194	195
題	はちくま	はつ
和訓栞	中編巻19・中巻803頁	……○定家卿鷹の歌に 烏羽(ママ)の黒ふの鷹やはつといふ足 の三つある鳥をとるらん 是ハ黒ふの鷹の逸物なるをいへり 八重羽の雉に三足の者ありて鷹を 蹶ころすといへり ○…… 前編巻24・中巻805頁
定家鷹三百首		烏府の黒府の鷹やはつといふ 足の三つある鳥や取らん 烏府とて希有の物也 はつとハ 初鷹と云心歟と也 猶可尋之 八重羽の雉に三足のあり 其鳥 ハ還て鷹を蹋きころす也 烏府 の鷹ハ三足の雉も取らんほとの 逸物なる物と也 (178・25オ)
西園寺鷹百首・言塵集		
龍山公鷹百首・大諸礼集		まちかけの事 むかし禁野の雉 八重羽にして足も三有と注之 あはする鷹をとりころしける化 鳥なり 其時まちかけをたくミ 出し彼化鳥をとらせけるとなん それより待かけはしましりてあ ら鷹なとのかたいりなるをとり 飼にハ待かけにあはすれは や すくとるにより用之 (11)
和歌寶樹・藻塩草・武用辨略		「鳩ヤノ鷹」 一条ノ院ノ御時七峯ヲ飛金鳥ア リ 八重羽ノ雉トモウスニヤ 是ヲトル鷹天下ニナカリシニ此 鳩ヤノ鷹カトリシ也
和歌八重垣・東雅・その他	八角鷹(ハチクマ)乃(チ)角鷹(ノ)之属小(キ)者(ナリ) 大(サ)如(レ)鳶(ノ)皂色尾羽(ハネ)黒与(ト)二 赤黄一斑(ニテ)如(レ)(シ)畫(エカクカ)間(ニ)有(リ)下 如(ニ)八(クナル)字(ノ)一文(ノ)上此(モ)亦為(シテ)二 箭(ノ)羽一以(ト)為(テ)二奇珍一 (『和漢三才図会』巻44・角鷹)	
典拠	本朝軍器考・本朝食鑑	定家三百首

【相違箇所】・194「鴟の大きなる」(増補版)は「鴟の大さなる」の誤りである。整版本・岐阜版は「鴟の大さなる」となっている。
・195「烏羽」(増補版)は「烏府」の誤りである。整版本は増補版と同じであり、岐阜版も「烏羽」に誤る。

No.	196	197
項目	はづかひ	はつとがり
和訓栞	礼記に鷹の学習と見えたる　習字をよめり、 中編巻19・中巻807頁	万葉集に始鷹狩とかけり　即小たかかり也といへり　初狩ともいふ也とハ鳥也　鳥を鷹して狩ゆゑに鷹狩とはかけり、 中編巻19・中巻809頁
定家鷹三百首		
西園寺鷹百首・言塵集		読ひと不知 岩瀬野に秋ハきしの駒(ママ)なへて小たかかりたにせてや別れん 私云此哥　初鳥狩たにせてや別れんと有本在也　鷹狩の哥ハ小鷹を読そへたるハ小鷹狩也 （『言塵集』5・17オ。180頁）
龍山公鷹百首・大諸礼集		わか鷹の鳥屋出の胸の遠山毛はつ鳥かりにあはせてやみん　(41) はつ鳥かり　とやをいたし　はしめて山へあけて取飼事也
和歌實樹・藻塩草・武用辨略		「ハツトカリ」 初鳥狩トハ秋ヨリツカヒソムル大鷹狩ヲイフカ　此鳥ハ雉ノ事也 はつとかり〔是初鳥かり也　是秋歟　是は彼百首の中にてはなし〕 （『藻塩草』鷹・巻10・15ウ）
和歌八重垣・東雅・その他		○初鳥狩(はつとがり/ハツトカリ)とハ秋也。鳥屋出(とやで)同。はつかり衣などもする也 いはせ野に秋萩(はぎ)しのき駒なへて初鳥狩(はつとかり)だにせでや止なん （『和歌呉竹集』巻1・34ウ〜35オ）
備考	※	※

【相違箇所】・197『言塵集』（整版本）の「秋ハきしの駒」は「秋ハき（萩）しのき駒」の「き」の脱である。

No.	198	199
題	はつゑ	はとのかひ
和訓栞	羽杖の義　鷹の羽をひろけてこふしを押ふるなりといへり　羽杖つくなともいへり、 中編巻19・中巻811頁	……又定家卿鷹の歌に 男山鳩やかひたるたかはかり と見え　注に鳩の秤の故事より歟 といへり…… 前編巻24・中巻813頁
定家鷹三百首	ともすれハ羽杖つく程痩鷹や をし残す餌をけさハうつらん 羽を前へひろけて羽さきを下に付てをくを羽杖つくと云也 （141・19オ） 羽杖を羽風と云り　是ハ足も羽杖のやうにするを羽かせとよめり （253・35ウ）	男山鳩やかひたるたかハかり かけをくれてや落にゆくらん 鳩の秤の古事より歟　可尋 （176・24ウ）
西園寺鷹百首・言塵集	けにく〱と寒き狩はのそハミ 鷹羽杖をつきておもほゆる哉 羽杖とは羽をひろけてこふしをヽさゆる事也　力のなきによりてたよりにかくする也 （19・4オ）	
龍山公鷹百首・大諸礼集		
和歌寶樹・藻塩草・武用辨略		
和歌八重垣・東雅・その他		
典拠	西園寺百首・定家三百首	定家三百首

No.	200	201
項目	はとひ	はなむし
和訓栞	鷹の一段と羽のはやきをいふとそ、 中編巻19・中巻813頁	鷹に鼻虫といふ病あり　鼻中に蛭を生し其蛭鼻〻孔より大也と醍醐随筆にみえたり、 中編巻20・中巻828頁
定家鷹三百首	羽のはやきをほむる躰　たゝさきの早きを云也　（123・16オ） 手もとにて懸はゝしつる片鶉 羽とびの鷹やよりて取らん 羽とびとハ羽の一段はやき鷹の事と也　（345・48ウ）	
西園寺鷹百首・言塵集		
龍山公鷹百首・大諸礼集		
和歌竇樹・藻塩草・武用辨略		
和歌八重垣・東雅・その他		鷹(たか)に鼻虫(はなむし)といふ病あり。水のむ時や入けん。鼻(はな)の内に蛭(ひる)ある也。蛭ハ大きにして。鼻の孔(あな)ハほそし。よく見すまして針(はり)のさきをかゞめて鼻孔より入れて引出せば。引れて糸のごとく成て出る。出て後又ふとき蛭(ひる)也。鼻(はなの)中の窄(すぼき)所に五つも六つも有也。 （『醍醐随筆』「宇治川」〈下之末〉・30ウ）
典拠	定家三百首	醍醐随筆

No.	202	203
題	はならし	はなをとる
和訓栞	羽鳴すなり　雌鷹に雄鷹の勢を知らん(ママ)とて羽くらべするなりといへり 高ねより麓の里に落来りつま心見るはならしの鷹、 中編巻20・中巻829頁	鷹詞に毛をとりちらすをいふ　毛花をちらすともいへり　○花をふるまふとハつむへき所をつめたる褒美の詞なりといへり　○…… 中編巻20・中巻829頁
定家鷹三百首		
西園寺鷹百首・言塵集		
龍山公鷹百首・大諸礼集		毛花をちらすとは毛を取ちらす事也。花を取ともいふ也　花をふるまふとハつむへき所をつめたるをほうびの詞也。 （巻14・26ウ～27オ）
和歌寶樹・藻塩草・武用辨略	秘ニ云　強勇ノ鳥ナレハ羽ツヨキ雄ヲ撰デ己ガ飛クラベテ勝者ヲ以雄夫トスルナレハ也　歌ニモ 高峯ヨリ麓ノ野辺ニ飛下リツマ試ル羽クラベノ鷹 （『武用辨略』巻8・29ウ～30オ）	
和歌八重垣・東雅・その他	○はならしの鷹とハ羽くらべする鷹の事也 高ねより麓の里におち来りつま心見るはならしの鷹 （『和歌呉竹集』巻1・35ウ） ○つまこゝろみるとハ鷹はおとこせんとては。雄鳥と飛くらへをする也。それをつま心ミると云 高ねより麓の里におちきたりつま心見るはならしの鷹 （『和歌呉竹集』巻4・29オ）	
典拠	和歌呉竹集と武用辨略か	三議一統

【相違箇所】・202「勢を知らんとて」（増補版）は「勢を知らせんとて」の誤りである。岐阜版は「知らせんとて」とあるが、整版本は増補版と同じである。

No.	項目	和訓栞	定家鷹三百首	西園寺鷹百首・言塵集	龍山公鷹百首・大諸礼集	和歌寶樹・藻塩草・武用辨略	和歌八重垣・東雅・その他	典拠
204	はまる	鷹狩に鳥の草に落てあるをいへり 遠所にあるを遠はまりといふ ○…… 中編巻20・中巻847頁	はしたかの木ゐとる雉のおちはまり鼻つけかぬるゑのこ犬かな 鷹ハつかて鳥計落たる事也 (81・10ウ) 遠ハまりとハ遠き森へ入をいふなり (177・25オ)	遠はまりまた犬いれぬ(らイ)つかれ鷹(にてイ)草とるをとハ鈴そ知する 草に落て有をハまると申也 遠ハまりとハ遠所に有を申也 (78・12ウ) はまりハ落に有草に入事也 (91・14ウ)	あらはなる小田のすゝきのかたうつらとをはまりして鷹にとらるゝ とをくをひはめたるを遠はまりとはいへり 前に注之 大鷹小鷹にかきらすといふへきと云歟 小鷹の小鳥 うつらハ勿論也 大鷹もきしはかりをはとをはまりといひてもくるしかるましきかといふ説あり (86)	「ハマル」 鷹詞ニハマルトイフハ鳥ノ草ニ落テカクル、ヲイフ也 はまり〔をひをとしたる鳥也〕 (『藻塩草』鷹・巻10・13ウ) とをはまり〔草に落てあるをハまると申也〕 (『藻塩草』鷹・巻10・15オ)		西園寺百首
205	はむし	羽虫の義 鷹に羽虫の薬かといへ(ママ)り 又諸鳥にもいふめり、 中編巻20・中巻849頁	鳥屋にいるハ八日薬師の日なれハや鷹に羽虫の薬かふらん 卯月八日に入て七月十四日に出す也 鳥屋へ入るとて薬を飼なり 是どうけの薬を羽むしの薬に飼なり (41・5ウ)			「キリツボノ水」 キリツホノ水 コツボノ水 虫トル澤ノ水ナトトテ鷹ノ薬ニ用ル水アリ 鷹経薬ノ所ニ有	○鷹とばかりハ冬になる也…… とやに入は八日薬師(やくし)の日なればや鷹に羽虫(はむし)の薬かふらん 卯月八日に入て。七月十四日に出す也。鳥屋へいるゝとて薬を飼なり。是どうけのくすりを羽虫のくすりに飼也 (『和歌呉竹集』巻4・17オ)	定家三百首

【相違箇所】・205「羽虫の薬かといへり」(増補版)は「羽虫の薬かふといへり」の脱である。整版本は増補版と同じであり、岐阜版も「薬なといへり」となっている。

No.	206
題	はやぶさ
和訓栞	日本紀　和名抄に隼をよめり…… ○鎌はやぶさといふあり　爪鎌のことし　昔ハ諏訪の贄鷹にせしどそ　春雨抄に歌あり　○…… 中編巻20・中巻856頁
定家鷹三百首	かりてふくほやの薄のみさ山にかまハやふさや御鷹なるらん かま隼とて羽さきに爪あり　鳥を切てとをる也　稀にして名鷹たる間贄鷹にも備也 (65・8ウ)
西園寺鷹百首・言塵集	あさ風ハ隼の異名也　漢に有晨風と書也 (61・10ウ) ○鷹　追加……はやふさハ鶻也　又隼共書　是等順か和名抄に有 （『言塵集』7・1オ。233頁）
龍山公鷹百首・大諸礼集	隼にあておとされてしら鷺のあさ澤水に羽ふくあはれさ (45)
和歌資樹・藻塩草・武用辨略	鶻……陸機ガ曰隼ヲ齊人題肩ト云　張九齢ガ曰鶻ハ雄隼ハ雌也……今本邦ニ鎌鶻ト称スルアリ　蓋鎌剣ノ者其據例トスル者歟　鷹人ノ傳ニ羽先ニテ鳥ヲ切故也　又ハ爪鎌ノ如也ト云リ　昔諏訪ノ贄鷹ニセシ也　必逸物ニアリ　手向丸ト云シモ贄鷹ノ辞也 （『武用辨略』巻8・27ウ〜28オ） 晨風〔是もはやふさの異名也　西園寺百首に有　はけしくをちくるとよめり〕 （『藻塩草』鷹・巻10・13ウ）
和歌八重垣・東雅・その他	風立て澤邊にかけるはやふさのはやくも秋のけしきなる哉 （『春雨抄』第一下・はやふさ） ○かまはやふさ（鎌隼）翅につるぎのことくなる羽有て。鳥をうちとをすと也 （『和歌呉竹集』巻3・20オ） 「隼　集解」 隼似鷹而蒼黒　臆　腹灰白　帯赤　其背腹斑紋初毛不正　易毛後略與鷹同　然全體不似鷹　鶬比鷹則力亦不及乎　能摯鴻鴈鳧鷺不摯鶴鵠及雲雀鶺鴒燕之類　性猛而不悍 （『本朝食鑑』巻6・20ウ）
典拠	日本書紀・和名抄・武用辨略・春雨抄

No.	207	208
項目	はらとり	ひうちば
和訓栞	三議一統に公家にいふ鷹詞也 武家にははんどりといふ はみ出たる鳥の事也といへり、 中編巻20・中巻860頁	徒然草にみゆ 鳥の羽さきに勝れて長き羽の火うちの形したるをいふとそ 鷹にもいへり、 中編巻21・下巻6頁
定家鷹三百首		はいたかのお花の波のうつ羽さきほそく出るや秋の三か月 うつ羽さきとは火打羽とてあり (335・47ウ)
西園寺鷹百首・言塵集		
龍山公鷹百首・大諸礼集	はらとりとハ公家(くげ)のことば也。はんとりハ武家(ぶけ)のことば也 いづれもはミ出たる鳥の事也。 (巻14・27オ)	
和歌實樹・藻塩草・武用辨略		○燧羽(ヒウチハ)又火打羽(ヒウチハ)ニ作 羽節先(ハフシサキ)ノ三重(ミツカサネ)タル小羽(コバ)也 其上(ソノウヘ)ノ毛ヲ月(ゲツ)天(テン)ノ毛(ケ)ト云 或打羽(ウチハ)先共(サキトモイヘ)云リ (『武用辨略』巻8・17ウ)
和歌八重垣・東雅・その他		藤の先(さき)は、ひうち羽の長に比(くら)べて切(き)りて、牛の角のやうに撓(たわ)むべし。 (『徒然草』66段) ※ 猶、右『徒然草』の全文は155「としば」の項を参照。
典拠	三議一統	※

No.	209	210
題	ひかげの毛	ひこぼし
和訓栞	鷹に云　羽うらの毛也といふ、 中編巻21・下巻9頁	……○鷹司の下手をも彦星といへり、 中編巻21・下巻24頁
定家鷹三百首	時雨ふる秋の山へのはしたかの日影の毛さへぬれつゝそゆく 羽うらの毛を日かけの毛とよめり （92・12オ）	天河かた野に出るかり人をひこ星ともや見るへかりける 鷹司の下手を彦星といふと也 （60・8オ）
西園寺鷹百首・言塵集		
龍山公鷹百首・大諸礼集		
和歌實樹・藻塩草・武用辨略	○日影(ヒカゲ)ノ毛(ケ)ハ翼(ハカイ)ノ惣名(サウメウ)也　水影(ミツカゲ)ノ毛(ケ)ハ肘(ヒヂ)ノ内(ウチ)也　同所ニ非(アラズ) （『武用辨略』巻8・19オ）	
和歌八重垣・東雅・その他		
典拠	定家三百首	定家三百首

No.	211
項	ひさごばな
和訓栞	……又鷹ぶちに種々あれとも一寸或ハ五分を皆瓢花にすといへり…… 前編巻25・下巻26頁
定家鷹三百首	
西園寺鷹百首・言塵集	
龍山公鷹百首・大諸礼集	
和歌實樹・藻塩草・武用辨略	策ハ鷹鞭也……大鷹ニハ三尺一寸或八寸二分　兄鷹ハ二尺五寸二分七寸タルヘシ　一本ニ青鷹ハ二尺八寸或二分タリ　此内一寸瓢花ニスル也　蒼鷹ノ剝策トテ藤ノ皮ヲ刮兀テ用也　黄鷹ニハ皮ヲ其侭ニ用　晴ノ時ハ塗事アリ　兄鷹ニ二尺六寸同一寸瓢花ニスル也　鷂二尺三寸　瓢花　同前　兄鷂ハ二尺一寸トス　内五分ヲ瓢花トス （『武用辨略』巻8・44ウ～45オ）
和歌八重垣・東雅・その他	
典拠	武用辨略

No.	212	213
題	ひしやくはな	ひすい
和訓栞	鷹の尾の先の白きをいふとそ、 中編巻21・下巻31頁	……○ひすいの毛と云ハ鷹のくつろく時に肩より赤き毛を出すを云とそ、 中編巻21・下巻32頁
定家鷹三百首	秋近き鳥やの垣ほの夕かほのひしやく花なる尾やいたさまし 尾のさきの白きをひしやく花といふ也 （53・7オ）	さほ姫のひすひのたつる髪なれや柳の水の春雨そふる 鷹のくつろく時肩より赤き毛を出すを翡翠の毛といふ （3・1オ）
西園寺鷹百首・言塵集		
龍山公鷹百首・大諸礼集		
和歌實樹・藻塩草・武用辨略		○翡翠ノ毛　鷹歌ノ註ニ云鷹ノ佚　時肩ヨリ赤毛ヲ出ヲ云ト也和名鈔ニハ翹　四声字苑ニ尾ノ上ノ長　毛也　今案スルニ俗ノ云翡翠是也ト云云 （『武用辨略』巻8・18オ）
和歌八重垣・東雅・その他	尾ノ端ノ白者ヲ曰ニ杓華ト 比志也久波奈 （『和漢三才図会』巻44・鷹）	
典拠	定家三百首	定家三百首

No.	214	215
題	ひなみ	ひねり
和訓栞	……○日次の贄といふハ内裡へ六斎日を除くの外ハ毎日鷹の鳥を奉る也　よて禁野の名もあり 西園寺鷹百首に 百敷の日なみに贄をたてんとや 片野の禁や狩聲の今日　○…… 前編巻25・下巻64頁	……○小鷹狩にも馬上より鶉をかけて取物をもいへり 前編巻25・下巻65頁
定家鷹三百首	鳥屋出す夜にともすなる篝鷹の日次の御かりいつの御代よりり 諏訪の御狩に午未の日をつかはる　されハ平人の狩に此日を除也　それを日次と云也 （82・10ウ～11オ）	秋の野の鶉のかしら取まハし ひねりに成ぬたかやまつらん ひねりとハ竹の長さハ人のたけによる　其竹のさきにかねをしはめて馬上より鶉をかけて取上る也　馬上にあらぬハひねりハいらぬ事と也　（308・44オ） 〔右308番歌は小鷹部の歌也〕 ひねりとはこしにさす物となり （319・45ウ）
西園寺鷹百首・言塵集	百敷の日なミにゑをたてんとやかたのゝきんや狩聲のする 禁野　片野同所也　日次の贄を奉るによりて余人の鷹つかふ事を禁する間禁野と申也　和州宇多野も同前也　（41・7オ）	
龍山公鷹百首・大諸礼集	禁野のきんの字も近野とむかしはかくといふ也　禁野　かた野ハおなし所也　日次の贄をたてまつるによりて人の鷹仕事を禁制せられけるより　あらためて禁野とハかゝれしとなり（11）	
和歌寶樹・藻塩草・武用辨略	「禁野」 禁野トハ内裏へ毎日鷹ノ鳥ヲソナフ　六斎日ヲノソク　交野 禁野　宇多野　同前也　御調ノ狩場タルニヨリテヨソヨリツカフ事ヲ禁スル也　依テ禁野ト云	○撚トテ馬上ヨリ鳥ヲ引掛テ鷹共ニ引上ル物アリ　是ニ新古ノ傳アリトソ　腰ニ指テ持ト也　鷹歌ノ注ニハ竹ノ長サハ人ノ長ニ依ベシ　其竹ノ先ニ金ヲシハメテ拵　ト云云　馬上ノ具也　鷂　ノ取テ落タル村草ニ駒打ヨセテ撚ヌク也 （『武用辨略』巻8・42オ～ウ）
和歌八重垣・東雅・その他		
典拠	歌は西園寺百首・和歌寶樹	定家三百首

【相違箇所】・214「狩聲の今日」（増補版）は「狩聲のする」の誤りか。或は写本の違いに拠るか。整版本・岐阜版も増補版と同じになっている。
・215「取物」（整版本・翻刻本）⟷「取上る」（『定家卿鷹三百首』）

No.	216	217
題	ひばり	ひむろやま
和訓栞	……○犬ひばりハ天にあからす川原ひはりあり　鷹にはひたかつきといへり　田ひはりハ冬田に居て餘時は出すといへり　ねりひはりハ鷹にいふ　毛をかふる也　○…… 中編巻21・下巻72頁	むし鳥也(ママ)とて土にてぬりまハしたるを氷室山といふ　其中へ樋をかけて水を入るを定家卿も ひむろ山下行水の夏ふかみ とよめり、 中編巻21・下巻80頁
定家鷹三百首	河内女の手引の糸のねりひはり一より鷹をあハせてしかな ねりひはりとハ毛をかふるとてねると也　一よりだか（293・42オ） 小鳥とるはいたかつきとみゆる哉また寒からぬ秋の山かけ はいたかつきとは河原ひはりを云也　鶉につきて鷹をなふりたがる也　羽のきゝたる鳥の故也（327・46ウ）	ひむろ山下行水の夏ふかミ鷹にかふゑをひたしてそをく むし鳥やとて土にてぬりまハしたるを氷室山と云也　其中へ樋をかけて水を入るを下行水と云也（50・6ウ）
西園寺鷹百首・言塵集	○鷹　雲雀鷹とハ五六七月間につかふ也　ひはりの夏毛替時尾羽の落比つかふ也　尾羽の落たるをねりひはりと云　雲雀鷹とハつミ　小鷹の名なり （『言塵集』5・29オ～ウ。198頁）	氷室山ふもとの原の小鷹かり田面はるかにゐなからそみる（67・11オ）
龍山公鷹百首・大諸礼集		
和歌實樹・藻塩草・武用辨略		○蒸鳥屋(ムシトヤ)トテ四方(シハウ)ヲ土(ツチ)ニテ塗(ヌリ)タルアリ　或氷室山(ヒムロヤマ)共云リ　其中(ソノナカ)へ樋(ヒ)ヲ通(トヲシ)テ水ヲ入(イル)ル有(アリ)　下行水(シタユクミツ)ト云シ是(コレ)也 氷室山下行水(ヒムロヤマシタユクミツ)ノ夏(ナツ)フカミ鷹(タカ)ニカフ餌(エ)ヲ浸(ヒタシ)テゾ置(ヲク) （『武用辨略』巻8・50ウ～51オ）
和歌八重垣・東雅・その他	告天子(ヒハリ)……犬ヒハリハヒハリニ似テ天ニアカラス　ギウヒハリ大也　ヒハリニ似タリ　冬ハ田ニアリ餘時ハ不レ居　又天ニアカラス　又田ヒハリト云 （『大和本草』巻15・18ウ～19オ）	
典拠	定家三百首・大和本草	定家三百首

【相違箇所】・217「むし鳥也」（増補版）は「むし鳥や」の誤りである。整版本は「むし鳥や」とあるが、岐阜版は増補版と同じである。

No.	218	219
項目	ひやふし	ひらか
和訓栞	……○関東にハ馬上にて鷹をつかふにくつわの音高けれハ鳥よせさるまゝひやふしといふ木をあてゝ乗といへり 前編巻25・下巻87頁	……○ひらかの鷹ハ出羽の平鹿ノ郡より出たる鷹をいふといへり 新六帖によめり　○……
定家鷹三百首	武蔵野の駒に付つゝ引縄の打ならひたる小鷹犬かな 関東には馬上にて鷹をつかふかくつわの音高けれは鳥よせさる間ひやうしと云木をあてゝ乗と也 （291・41ウ）	
西園寺鷹百首・言塵集		
龍山公鷹百首・大諸礼集		
和歌實樹・藻塩草・武用辨略		鳩やの―（鷹）〔○出羽なる平賀のミたかたち帰り親のためには鷲もとる也 此哥のこゝろは昔出羽のひらかより逸物なりとてたかを帝へ進す　此たかは　なれて常に八幡へまいりて鳩のいくらもある中にましりてつれありきけり　後には鳩もたかとつれてうせけり　其後日数すきて此たか内裏へまいりたり　遍身にちつきたり　其後月をへて出羽より注進仕けるハ先年大裏へまいらせたりしたか巣おろしのたかなりしか
和歌八重垣・東雅・その他		「ひらかのミたか」 出羽のひらかよりいつる鷹也 （『和歌八重垣』巻7・30ウ） いてはなるひらかのみたか立かへりおやのためにハわしもとるなり （『新撰六帖』おほたか〈第二帖〉）
典拠	定家三百首	新撰六帖と和歌八重垣か

No.	219
題	ひらか
和訓栞	
定家鷹三百首	
西園寺鷹百首・言塵集	
龍山公鷹百首・大諸礼集	
和歌實樹・藻塩草・武用辨略	子を取て後其母わしにくはれたりしか今年の比此たか鳩をつれて出来たり　此母とりたりしわしのすむ山に入て鳩とあひともに此たかわしをくひころしてうせたりと申　其のち　いく程なく鳩も八幡へかへりたり　このたかをそのゝち　はとやと名つけさせ給て鷹飼にあつけさせ給ける也と云々」（『藻塩草』鷹・巻10・13オ～ウ） 爰ニ一條ノ院ノ御宇トカヤ　出羽ノ国平賀ヨリ巣鷹ヲ献ス　此鷹七日目ニ放　失タリ　親鷹ノ鷲ニ搏レ侍シヲ往テ殺　侍フニ候　トテ身毛血ニ成テ御夢ニ見ケリ　夜明ヌレハ鷹ノ帰ケルニ血ノ流テ朱ニ成タル事ヲ奏シケレバ奇怪ニ思　召レテ身ヲ赤ニ成ツヽ出羽ノ鷲ヲノミ執テフ事ノ例ヤハアル
和歌八重垣・東雅・その他	
典拠	新撰六帖と和歌八重垣か

No.	項目	和訓栞	定家鷹三百首	西園寺鷹百首・言鷹集	龍山公鷹百首・大諸礼集	和歌寳樹・藻塩草・武用辨略	和歌八重垣・東雅・その他	典拠
219	ひらか	前編巻25・下巻91頁				サレバ其霊鳥(ソノレイテウ)ノ奇(キ)ナルヲ感(カン)ジ称(セウ)シテ紅(クレナヒ)ノ鷹(タカ)トハ云(イヘ)ル也　凡(ヲヨソ)紅(クレナヒ)ノ鷹(タカ)　白尾(シラヲ)ノ鷹(タカ)　赤(シヤク)　白(ビヤク)ニ縁(エン)ノ表示在(ヒヤウジアリ)テ口授(クジユ)アル事(コト)ト云云（『武用辨略』巻8・6オ）		新撰六帖と和歌八重垣か
220	ひらむ	定家卿鷹の歌にひらむ鶉とよめり 地につきて行をいふとそ、 中編巻21・下巻94頁	霜さやく枯野にひらむ鶉をも 羽きゝハよりてかけぬものかハ ひらむとハ地につきて行を云也 それに依てたてまハすと云 されハあかるとなり かけぬものかはとハひらむをも取と云の心と也 （329・46ウ～47オ）					定家三百首

No.	221	222
題	ふ	ふすま
和訓栞	……○箭羽のふ　草木のふハ文の音轉せしなるへし　鷹のふなとまた同し　○…… 前編巻26・下巻105頁	……○鷹詞にいふハ鷹のうしろを總ていへり　○…… 前編巻26・下巻127頁
定家鷹三百首		いかにしてふすまも見えぬもち鷹の尾羽をきゝいと安く取らん ふすまとは鷹のうしろを惣を云と也 （160・22オ）
西園寺鷹百首・言塵集		
龍山公鷹百首・大諸礼集		
和歌實樹・藻塩草・武用辨略	生(フ)　或府ニ作(ツクル)　又捌　舊記(キウキ)ニ生(フ)ヲ宜(ヨロシ)トス　生ハ産(ウム)也　出(イツル)　也　又云毛羽(モウウ)ノ生(シヤウジ)テ落々(ヲチヽヽ)テ又生(シヤウジ)テ斑文(ハンモン)(マダラ)ヲ成者(ナスモノ)ヲ生(フ)ト云也　生ヲ又文(フ)ニ作 （『武用辨略』巻8・32オ）	○襖(フスマ)ハ背(セナカ)ノ惣名(サウメウ)也　背(セ)甲(カウ)共(トモ)上(ウハ)甲(カウ)又身(ミ)ノ甲(カウ)ナド共云リ　故ニ介毛(ヨロヒケ)ノ称アリ　以母衣(ホロ)ナドヽ云トゾ皆対称(ミナツイセウ)タレバ也 （『武用辨略』巻8・19オ）
和歌八重垣・東雅・その他	凡ソ羽ノ文(フ)ヲ。我朝ニハ。符(フ)トシルシ。又生(フ)ノ字ヲモ用フ。オモフニ。モトハ。文(フ)ノ字ヲ用ヒテ。聲ノマヽニ。ヨビシヲ。後ノ俗(ヨ)。カクハ誤レルナルベシ。 （『本朝軍器考』「弓矢類」巻4下・41オ）	
典拠	※	定家三百首

No.	項目	和訓栞	定家鷹三百首	西園寺鷹百首・言麗集	龍山公鷹百首・大諸礼集	和歌實樹・藻塩草・武用辨略	和歌八重垣・東雅・その他	典拠
223	ふせぎぬ	鷹にいふ　偃衣也といへり、 中編巻22・下巻128頁	さし落すミ山嵐のさむけれハきせても出る鷹のふせきぬ 鷹をもちにて取をおとすと云と也　其鷹を嵐にあてしとてきぬをきせて帰るを云　きぬとはあつき紙と也 （272・39オ）			○偃衣(フセキヌ)或臥衣ニ作　鷹衣(タカキヌ)ノ事也　臥鷹(フセタカ)ノ時用(トキモチユルグ)　具也　蒼鷹(ヲホタカ)ニ白練(シラネリ)　紫(ムラサキフ)生　赤鷹(アカタカ)ハ生絹(スヽシ)也　常(ツネ)ノ鷹ニハ緑(ミドリ)ノ色(イロ)ヲ用　……　鷹歌ノ注ニ云糯(モチ)ニテ取(トル)ヲ落(ヲトス)ト云也　其鷹ヲ嵐(アラシ)ニ當(アテ)ジトテ衣(キヌ)ヲ著(キセ)テ帰(カヘル)ヲ偃衣(フセキヌ)ト云トゾ　其(ソレ)ハ厚紙(アツカミ)ニテスルト有(アレ)ハ鷹衣(タカキヌ)トハ別(ベチ)ナル乎(カ)　同(ヲナシ)物(モノ)歟(カ) 指落(サシヲトス)　深山嵐(ミヤマアラシ)ノ寒(サム)ケレバ著(キセ)テゾ出(イツ)ル鷹(タカ)ノ偃衣(フセキヌ) （『武用辨略』巻8・53ウ）		武用辨略か
224	ふせご	……○鷹の貝(ママ)にいふハ臥籠の義也 前編巻26・下巻128頁				○樊籠(カラマクラ)ハ板(イタ)ニテサス也　今ノ臥(フセ)籠(ゴ)モ此(コヽ)ニ據(ヨレ)リヤ　竹ヲ以之ヲ作　樊籠(ハンロウ)ハ雨風(アメカゼ)ノ時(トキ)ニ入置(イレヲク)也 （『武用辨略』巻8・54オ）		武用辨略か

【相違箇所】・224「鷹の貝」（増補版）は「鷹の具」の誤りである。整版本・岐阜版は「具」になっている。

No.	225
項目	ぶち
和訓栞	……又鞦をぶちとよめり　馬にむちといひ鷹にぶちといふといへと撰集抄に馬にぶちと書り　源三位頼政の歌にも左巻の藤鞭を水ひたる牧の淵〳〵とよめり　又鷹にハ古へハたかなぶりといひてぶちとハいはず　古へ藤をもて鞭とせしより語の轉せる也ともいへりされと飾抄に蒔絵〻鞭　藤巻〻鞭なとも見えたり……
定家鷹三百首	
西園寺鷹百首・言塵集	
龍山公鷹百首・大諸礼集	鷹のむちを鷹なふりといふかことし　當流にハ不用之　但其家々に用来事も候歟　(11) 書札にむち　ゆがけ　うつほなどをかなに書て可ㇾ然也。馬のハむち　鷹(たか)のハふちなり。 (巻2・5オ)
和歌資樹・藻塩草・武用辨略	策(サク)ハ鷹鞭(タカブチ)也　俗説(ゾクセツ)ニ馬(ムマ)ニテハムチト唱(トナヘ)　鷹(タカ)ニテハ　ブチト云是俗(コレゾク)ノ云習(イヒナラハシ)　ナルヘシ (『武用辨略』巻8・44ウ) 「鞭ノ寸方」 大鷹ノ鞭ハ二尺八寸　小鷹ハ二尺五寸
和歌八重垣・東雅・その他	藤……〔……鞭をブチといふも古には藤を鞭となせしとみえたり　藤鞭(フヂブチ)といふ　即此也藤といひ鞭といふ　其ことばを轉じてよびしと見えけり〕 (『東雅』巻15・藤・339頁) 鞭　むちハうち也　馬をうつ也むとうと通す　鷹にはふちと云たかのぶちハ藤にてつくる故にぶちといへり (『日本釈名』下巻・33オ) 和鞍ニ乗ル時ハ。蒔絵ノ鞭ヲ用ヒ。平文ノ鞭ノ時。ナヲ蒔絵ヲ用フルモ。難ナキ歟。舞人ハ。藤巻ノ鞭ヲ用フ。馬ヲ馳スルガ故歟ナド。イフ事アリ。(撫抄)……又馬ノ具ヲバ。無知(ムチ)トイヒ。鷹ノ具ヲバ。不知(ブチ)トイフベシナド
典拠	龍山公百首・東雅・本朝軍器考と三議一統・武用辨略・日本釈名か

No.	225
項目	ぶち
和訓栞	前編巻26・下巻137頁
定家鷹三百首	
西園寺鷹百首・言塵集	
龍山公鷹百首・大諸礼集	
和歌實樹・藻塩草・武用辨略	
和歌八重垣・東雅・その他	世ニハイヒヌレド。倭名抄ヲ見ルニ。鷹犬ノ具ニカヽル物ハ見エズ。古ニハ鷹ナブリトイヒシモノ〔〈引歌〉〕今モナブリブチナドイフ物ヲ。鷹ノ不知(ブチ)トハイフメリ。倭名抄ニ。鞭(ベン)　無知(ムチ)トヨム。俗ニハ。無遅(ムチ)トイフヨシ見エタルハ。フタツノ無ノ字。一ツハ。ウツシアヤマレルナルベシ。源三位頼政　藤鞭(フヂブチ)。桐火(キリヒ)桶(ヲケ)。頼政(ヨリマサ)ナドイフ事ヲ。ヨメル歌ニ。 宇治川ノ。瀬々ノフヂブチ。 オチタキリ。ヒヲケサイカニ。 ヨリマサルラン ト見エタレバ。此ノ物無遅(ムチ)トイフハ。俗ノ諺ニヤ　サラバ倭名抄ノ無知(ムチ)ノ無(ム)ノ字。不(フ)ノ字ニヤ作ラマシ。不知(ブ)トイヒ。無知(ムチ)トイフ。雅俗ノ二ツハアレト。共ニ馬鞭ノ事ニテハアル也。カレコレヲ通ジ考ルニ。古ノ鷹ノ具ニ。不知(ブチ)トイフ物ハナカリシ也。 (『本朝軍器考』「鞍轡類」巻12・21オ～22ウ)
典拠	龍山公百首・東雅・本朝軍器考と三議一統・武用辨略・日本釈名か

※・225にある『飾抄』は直接の引用ではなく、恐らくは『本朝軍器考』からの孫引きと思われる。後に見える箇所が「たかなぶり」の項に認められることがその理由である。

No.	226	227
題	ふぢばかま	ふぢふ
和訓栞	……○鷹の野に入て脛をかくすを もいへり 前編巻26・下巻139頁	藤文の義　小鷹にいへり　ふぢく ろふハ藤黒文也　雀鷂(ツクミ)(ママ)に在もの也 といへり、 中編巻22・下巻139頁
定家鷹三百首	かり衣ほころひぬらし薗野こ 　とに出る秋の鷹人 藤ハかまとハ鷹の野に入て脛(ハギ)を かくすを云と也　（340・48オ）	霞たつやけ野の原の藤くろ府 　つき尾や鷹のしらふなるらん 藤黒府とハ巻たるやうによこへ 切たる符也　雀鷂(ツミ)にある物と也 （289・41ウ） 藤符字面　義なし（331・47オ） 〔右289番歌より小鷹部になる〕
西園寺鷹百首・言塵集		
龍山公鷹百首・大諸礼集		鷹の符に黒符黄黒符赤符紫鷂(シボ) さてはうつら符文は紅葉符 付 藤符といふもある歟（78）
和歌寶樹・藻塩草・武用辨略	「藤袴　藤衣」 鷹ノ脛ノ毛ノ名也　面ニ有ハ藤 袴ト云　鷹人ニナレヌレハ是ヲ ユルシタツル　是ナツキタルシ ルシ也　藤衣ハウシロノ毛ノ名 也	
和歌八重垣・東雅・その他	「フチハカマ　フチコロモ」 鷹股毛ノ名ナリ　面ニアルハ藤 袴ト云　鷹人ニナレヌレハ是ヲ ユルシタツルナリ　是ナツキタ ルシルシナリ　フチコロモハウ シロノ毛ノ名ナリ （『歌林樸樕拾遺』）	
典拠	定家三百首	定家三百首

【相違箇所】・227「雀鷂」のルビ「ツクミ」（増補版）は「ツミ」の誤りである。整版本・岐阜版も同様に誤る。

No.	228	229
項目	へくそかづら	へまき
和訓栞	定家卿鷹の歌の注にみゆ　下学集に百部根を訓し　又馬鞭草といへるハ非也　女青也とそ　○…… 中編巻23・下巻172頁	和名抄に⿰角發をよめり　綜巻の義成へし　新鷹のいまた馴さるを遠く飛せまじきための具也　よて手ひきつなともいふとそ　へをの下考ふへし 前編巻27・下巻180頁
定家鷹三百首	萩すゝき小鳥をつくる馬鞭草(ツヅラ)はいたか文を書やをかまし 馬鞭草(ツヅラ)とはへくそかつらと云草にて萩　薄に鳥を付る事と也 (318・45ウ)	
西園寺鷹百首・言塵集		
龍山公鷹百首・大諸礼集		
和歌實樹・漢語草・武用辨略		⿰角發(ヘヲ/ヘマキ)　或繳ニ作　唐韻(タウイン)ニ曰⿰角發(ハイ)ハ弋(ヨク)射(シヤ)シテ繳(ケウ)ヲ収(ヲサム)ルノ具(グ)也　繳ハ纏(マトフ)也　糸(イト)ヲ著(ツケ)テ以禽足(キンソク/トリノアシ)ヲ罥(カヽル)　之(コレ)ヲ矰繳(ソウケウ)ト謂(イフ)　今俗(イマゾク)経緒(ヘヲ)ト云　或経綜(ヘヲ)ニ作　或書ニ曰唐土(モロコシ)ニテ尾(ビ)縄(ジヤウ)ト云リ　故ニ経尾(ヘヲ)共書(カク)ト云云　漢語抄(カンゴセウ)ニ曰⿰角發(ヘヲ)ハ閉麻岐(ヘマキ)　細麻緒(ホソアサヲ)ヲ以之ヲ制(セイ)ス　新鳥(アラトリ)ノ未(イマダ)馴(ナレ)ザルニ用テ遠(トヲ)ク飛(トバ)セマジキ為(タメ)ノ具(グ)也　故ニ手扣綱(テヒキツナ)共云リ　長(タケ)ハ十五尋(ヒロ)　二十尋　卅尋　四十二尋　必(カナラス)トスル義(ギ)ナシ　左(ヒダリ)　縄(ナワ)ニ縷(ヨル)事利用(リヨウ)アリトゾ 箸鷹(ハシタカ)ノ尾縄(ヲナワ)アレバヤ山陰(ヤマカゲ)ノ遠(トヲ)キ尾(ヲ)ノ上(ヘ)ニ駒(コマ)ヲカクラン （『武用辨略』巻8・47オ〜ウ）
和歌八重垣・東雅・その他	百部(キジカクシ)……世俗百部ヲヘクソカツラト訓ス　大ニアヤマレリ　ヘクソカツラハ女青ト云 （『大和本草』巻7・30オ）	
典拠	定家三百首・大和本草	和名抄・武用辨略

No.	230
題	へを
和訓栞	䌈ノ字をよめり　説文に堆(ママ)射収繋(ママ)具也と見えたり　矰繳也　今鷹の具にいふ　粽(ママ)麻の義なり　漢語抄にハ䌈をへまきと訓せり　されハ倭名抄に韝をあしをとよめる是也といへり 前編巻27・下巻184頁
定家鷹三百首	をき縄ハ大鷹にあり　小鷹にはへをと也　（110・14ウ） 経尾の事なり　をき縄をも云唐に尾縄と云となり　日本にも云てくるしかるましきと也　（175・24ウ） 手ひきの糸とハ経緒の事と也　（293・42オ） 糸とはへをの事となり　差筆にハ半へをとて一間ま中計のをさすと也　（306・44オ） 風のあらきにハへをゝさす物と云心歟　（333・47ウ）
西園寺鷹百首・言塵集	へしりとハ経緒みしかくて放さぬを云也　心よはくて拴得ぬ世に喩る也　凡へをの長さハ二十尋なり　但當流ハ二十(ママ)尋也　（5・1ウ） 経緒さすとは付る事なり　経緒ハ鶬よりしてちいさき鷹にあり　大鷹にハをき縄とて四十尋の縄有　つミ　小鷹ハ安くて下手のつかハさる物也　（26・5オ～ウ）
龍山公鷹百首・大諸礼集	
和歌寶樹・藻塩草・武用辨略	「ヘシリウタレヌ」 小鷹ノ経緒ミシカクテフ自由ナルヨシヲイフ也　小鷹ノ経緒トイヒ大鷹ノヲハ　オキナハトイフ　又経緒サストハ付ル也　廿尋ノ糸ヲ付テ鳥ニアハスル也オキナハノ尺ハ四十尋也　（『藻塩草』鷹・巻10・13ウ） 䌈　或繳ニ作　唐韻ニ曰䌈ハ弋射シテ繳ヲ収ルノ具也　繳ハ纆也　糸ヲ著テ以禽足ヲ罥　之ヲ矰繳ト謂　今俗経緒ト云　或経綜ニ作　或書ニ曰唐土ニテ尾縄ト云リ　故ニ経尾共書ト云云漢語抄ニ曰䌈ハ閉麻岐　細麻緒ヲ以之ヲ制ス　新鳥ノ未　馴ザルニ用テ遠ク飛セマジキ為ノ具也　故ニ手扣綱共云リ　長ハ十五尋　二十尋　卅尋　四十二尋必　トスル義ナシ　左　縄ニ縷事利用アリトゾ 箸鷹ノ尾縄アレバヤ山陰ノ遠キ尾ノ上ニ駒ヲカクラン　（『武用辨略』巻8・47オ～ウ）
和歌八重垣・東雅・その他	木居をのミ（……○世中ハへしりうたれぬハしたかのえそひきゝらぬ心よハさにへしりとは　へをしりの事也へをミしかくて放さぬを云也心よハくてすてえぬを世にたとふる也　へをはこたか也）　（『藻塩草』鷹・巻10・13ウ） 倭名鈔畋猟ノ具　釈しっべき事あるをはこゝに録せり　また鷹犬ノ具に唐韻を引て韝は所ニ以綴ニ鷹狗ヲ也　今按スルニ一字両訓　鷹にありてはアシヲといひ犬にありてはキヅナといふと注したり　アシヲとは鷹の足に綴るをいふ也　即今ヘヲといふものこれ也　また條　読てヲホヲといふハ即今俗に大緒としるすもの也　キヅナとは牽綱也　狗を牽く縄也　（『東雅』巻九・釣・227頁）
典拠	東雅と武用辨略か

【相違箇所】・230「堆射収繋具也」（増補版）の「堆・繋」は「隿・繳」の誤りである（『説文』䌈、隿射収繁〈「繳」の動用字〉具也）。整版本・岐阜版も同様に誤るが、岐阜版は更に「繋」が「數」になっている。

また、「粽麻」（増補版）の「粽」は「綜」の誤りである。整版本・岐阜版は「綜麻」となっている。

No.	項目	和訓栞	定家鷹三百首	西園寺鷹百首・言塵集	龍山公鷹百首・大諸礼集	和歌實樹・藻塩草・武用辨略	和歌八重垣・東雅・その他	典拠
231	ぼうし	……○鷹飼　犬飼にぼうしすがたといふハ帽子をき　はゞきをして前かけとて編たる物を前にかくるなり　又犬飼のぼうしを松皮ぼうしといふといへり　○…… 前編巻28・下巻187頁	狩人のおそろしけにも見えつるハふるき松皮しつるはゝきに 犬飼のほうしを松皮ほうしと云也　(155・21オ)	犬かひハ姿にしるゝ打かけにかり杖ほうしはゝき前かけ(わイ) 是ハいつれも犬飼の出立也　ほうしをしてはゝき前かけをする也　イ本ニハ鷹将犬飼ハ法師すかたとてほうしを着(きる)とあり　前かけをまへかはとある本も有と也　(49・8ウ〜9オ)		○鷹飼(タカカヒ)ノ装束(シヤウゾク)ハ錦(ニシキ)ノ帽子(バウシ)　狩衣(カリキヌ)也（『武用辨略』巻8・41ウ） 鷹歌(イヨウカ)ノ注(チウ)ニハ犬飼(イヌカヒ)ノ帽子(ボウシ)ヲ松皮(マツカハ)帽子(ボウシ)ト云トソ　狩人(カリヒト)ノヲソロシゲニモ見(ミヘ)ツルハ古(フル)キ松皮(マツカハ)シツル行纏(ハヾキ)ニ（『武用辨略』巻8・57ウ）		定家三百首・西園寺百首
232	ほぐす	……鷹にかけほぐらかすなとゝもいへり、 中編巻23・下巻194頁			かけはつしかけほぐらかしはし鷹のとりしく鳥や丸をくまゝし かけはつしはかけそこなひたる事也　かけほくらかすはかけもかれ　いささか手のあらきやうなる事歟　(91)			龍山公百首

No.	233	234
項目	ほこぎぬ	ほこは
和訓栞	架衣とかけり 鷹詞なり、 中編巻23・下巻195頁	鷹にいふ 矛羽の義 鳥を追行て山なとこゆるとて一文字にあかり飛越る羽也といへり、 中編巻23・下巻196頁
定家鷹三百首	あら鷹のとハへ落たるほこ布のはしを取つゝをしやあけまし ほこ布 ほこたれとも云 たれ布に似たり 家の紋なとを染付る也 (108・14オ～ウ)	尾上こす鳥にをくるゝはし鷹や架羽つかひて落に行らん 鳥山をこす所を 追をくれたる鷹の をくれたる所よりますくに空へ行て空よりすくに鳥の落へ行て取事あり 是をほこ羽と云也 (222・31ウ)
西園寺鷹百首・言塵集		
龍山公鷹百首・大諸礼集		みねたかミきゝすやたゝきこえぬらむほこ羽をつきてあかるはし鷹 ほこ羽とハ鳥のたちこす山の尾かたを跡より鷹をくれて追行山をこゆるとて一文字にあかりとひこす羽也 逸物の鷹心のきゝたる躰ほめたる羽也 (15)
和歌賓樹・藻塩草・武用辨略	○架布(ホコヌノ)或架縎(ホコキヌ)共 架垂(ホコタレ)ナド共云リ 尺ハ竪木(タテギ)ノ間(アイダ)ニ随(シタガフ) ヲ大様(タイヤウ)トス……是(コレ)ハ一鷹ノ時(トキ)ノ義(ギ)ナリ 二鷹其外(ソノホカ)色々(イロ〱)法式(ホウシキ)アツテ古(コ)今(コン)ニテ又口傳アリ (『武用辨略』巻8・52オ～ウ)	
和歌八重垣・東雅・その他		
典拠	※	龍山公百首

No.	235	236
項目	ほこはやり	ほこゐ
和訓栞	鷹にいふ　つなかんとするよりはやくふたし(ママ)する事也といへり、 中編巻23・下巻196頁	鷹のそりて居をいへり　矛居の義也、 中編巻23・下巻197頁
定家鷹三百首	取つなくたひにあやうくみゆる哉梓はやりする鷹のはもろさ 梓ハやりとはつなかんとするより早くふた〳〵とする事也 （188・26ウ）	はしたかのとハへあかれハ又すミてほこゐに見ゆる水かゝみかな ほこゐに見ゆるとハそりて居る事也　ほこ居なる時ハたかの水に心を残さぬとしれ （205・29オ）
西園寺鷹百首・言塵集		
龍山公鷹百首・大諸礼集		
和歌寶樹・藻塩草・武用辨略		
和歌八重垣・東雅・その他		
典拠	定家三百首	定家三百首

【相違箇所】・235「ふたしする事也」（増補版）は「ふた〳〵する事也」の誤りである。踊り字を「し」に誤れる也。整版本・岐阜版も同様に誤る。

No.	題	和訓栞	定家鷹三百首	西園寺鷹百首・言塵集	龍山公鷹百首・大諸礼集	和歌實樹・藻塩草・武用辨略	和歌八重垣・東雅・その他	典拠
237	ほなる	三議一統　鷹詞に山半分をいふと見えたり、 中編巻23・下巻218頁			ほなるとハ山半分をいふ也 （巻14・26オ）			三議一統
238	ほらけ	鷹の四ッ毛のわきにある毛也といへり、 中編巻23・下巻228頁	春山の霞のほら毛ほの〲と 明行月にいつるたかゝひ 四つ毛のわきにあるをほら毛というふなり （20・3オ）			○三ツ毛　四ツ毛　同所也 ……洞毛ト云ハ是モ四ツ毛ノ脇ニアリテ皆等　連レリ （『武用辨略』巻8・19オ〜ウ）		定家三百首
239	ほろは	……○鷹にほろといふハよろひ毛にむかへていへり　背のふくらみたるをほろなりといへりとそ　ほろおひの毛とも見えたり 前編巻28・下巻231頁	ほろおひのけとはうしろのほろの事也　母衣　巣まさり　兄鷹の事也 （48・6ウ） 巣まさりとハ巣の中にてもよき鷹の事也 （35・5オ）			○母衣ハ前ニ云甲毛ノ対名也　背ノ膨ミタルヲ母衣形ト云故ニ母羅帯共云　輪毛　蔓毛等ク連リ帯ト云リ　口傳アル事トゾ （『武用辨略』巻8・19ウ）	背ノ毛ヲ曰ニ母衣毛ト 訓保呂 （『和漢三才図会』巻44・鷹）	武用辨略・定家三百首

No.	240
項目	ましらふのたか
和訓栞	真白文の鷹なり　鷹のふに赤ふ白ふ　黒ふとて三の毛色ありといへり、
定家鷹三百首	ふる程ハそれ共見えすまかひにき雪の晴てやましらふのたか（246・34ウ）
西園寺鷹百首・言塵集	雪深きかた野の原のみかりはにましろの鷹の面かハりぬる ましらふとハひたと白き也　ましろとハ眉の毛至て白きと也（36・6ウ）
龍山公鷹百首・大諸礼集	付　真白とかきてしろの鷹をいふと他流に云也　真白符ハ當流也　ましらふと云白鷹歟（20）
和歌寶樹・藻塩草・武用辨略	「白符鷹」 白符鷹トハタヽ符ノ白キヲイフ　マシラ符ノ鷹トハ同シ事ナレトモホメテ云詞也　真トイフ字ハソヘタル也 ましらふの（鷹）――〔真白符也これも只白也〕（『藻塩草』鷹・巻10・12ウ） ましらへの（鷹）――〔是もましらふの鷹　同事也　ふとへの同音歟と云々（『藻塩草』鷹・巻10・12ウ～13オ）
和歌八重垣・東雅・その他	「シラフノタカ」 只符ノ白キヲ云　マシラフノタカモ同シ　ホメテ云詞ナリ　真字ヲソヘタルナリ（『歌林樸樕拾遺』） 顕昭云ましらへのたかとハましら（ふ）のたかといふにや　へとふとハ同音なる故なり　しらふの鷹とハたかにハあかふ　くろふ　しらふとてミつの毛のあるなかに　しらふハ白ミ　くろふはくろミ　あかふはきはミたるなり　そのしらふの中によくしろミたるをましらふといふ歟又云ましろのたかといふあり（『袖中抄』第9） 〇ましらふの鷹（たか）　真白（『和歌呉竹集』巻6・34オ）
典拠	袖中抄か

No.	240
項目	ましらふのたか
和訓栞	中編巻24・下巻254頁
定家鷹三百首	
西園寺鷹百首・言塵集	
龍山公鷹百首・大諸礼集	
和歌實樹・藻塩草・武用辨略	「しらふのたか」 ふの白きたか也　ましらふの鷹 とも （『和歌八重垣』巻7・25オ）
和歌八重垣・東雅・その他	「マシラヘノタカ」 枕ツクツマヤノウチニトクラ ユヒスヘテソワカツ真白部ノ タカ 部ノ字ヲフトヨムヘシ　只シラ フナリ　ヘト云事有ヘカラス シラフノ中ニ能シロミタルヲマ シラト云也　綺語抄ニ云目ノ毛 ノ白也　童蒙抄ニ云ミシロトハ目 ノウヘノ白ヲ云　万葉之題ニ詠 白大鷹哥トアリ　麻之路ト書テ 正字モ不見 ヤカタオノ麻之路ノ鷹ヲヤト ニスヘテカキナテミツヽ飼ク シヨシ 丸案ニ綺語　童蒙之心ナレハ惣 身ノ色ハ何色ニテモアレ目ノ上 毛ノ白ヲ眉白ト定タリ　是ハ不 可然歟　万葉ニステニ詠白大鷹 ト有ル上ハ惣体ノ白ヲ云ヘシ 目ノ義　不可叶　マシラヘモマ シラフモ同事トミユ （『歌林樸樕』） 「ましらふのたか」 ふの白き鷹也 （『和歌八重垣』巻6・26オ）
典拠	袖中抄か

No.	241
題	ましろ
和訓栞	鷹にいふは眉白の義　眉毛の至て 白きなりといへり、
定家鷹三百首	
西園寺鷹百首・言塵集	軒はうつましろの鷹の餌袋に をきゑもさゝてかへしつるか な　（18の前・3ウ） 雪深きかた野の原のみかりは にましろの鷹の面かハりぬる ましろとハ眉の毛至て白きと也 （36・6ウ）
龍山公鷹百首・大諸礼集	とひいつる羽かせも袖にあら たかのましろの雪ははらふと もなし ましろ　眉白也　つねの鷹より 眉ふとくしろきをいふなり　あ らき羽かせにも眉白の雪はハら ふともみえす　しろきと云心な り　付　真白とかきてしろの鷹 をいふと他流に云也　真白符ハ 當流也　ましらふと云白鷹歟 ましろ　眉白也　まきれたる事 也　⒇ 眉しろ　前に注之　眉のしろき 鷹なり　(51)
和歌寶樹・藻塩草・武用辨略	「白符鷹」 ……亦マジロノ鷹トイフハ真 ノ字ニアラズ　マユノアタリノ 白キヲ云也　其時ハシ文字ヲニ ゴルベシ 「マシロノ鷹」 マジロハマシラフニアラズ　マ ユシロキ鷹也
和歌八重垣・東雅・その他	「シラフノ鷹」 ……又マシロノ鷹トイフハ真 字ニアラス　眉ノアタリノ白キ ヲ云ナリ　此トキハシモジヲニ コル可シ（『歌林樸樕拾遺』） 「マシロノタカ」 マシロハ真向（白カ）ニハアラス　眉白 也　（『歌林樸樕拾遺』） 「クチ」 ……丸カ云マシロハ白鷹ト云 ニハアラス　眉白ト書ナリ　シ 文字濁ルヘシ （『歌林樸樕拾遺』）
典拠	西園寺百首

No.	241	242
題	ましろ	ますかき
和訓栞		中編巻24・下巻254頁 ……○鷹にますかき羽といふは鷹を合すれは其まゝ一文字にむかひの山に飛て鳥を取をいふといへり、
定家鷹三百首		はしたかやますかきの羽をつかふらん此柿木を立て行(ママ) 此哥落字 他本引合へしと云々 (214・30ウ)
西園寺鷹百首・言塵集		ますかき羽とは谷より鳥立てむかひの山にわたるを たかを嶺よりあハすれハ逸物ハ其まゝ一文字にむかひの山に飛て鳥を取を申也 心のきかさるたかハ鳥の有かたへ行間をくれて鳥をにかす故也 嶺を一文字に行をますかきの羽と申也 (12・2ウ)
龍山公鷹百首・大諸礼集		みねわたすますかきの羽にかりのこすいなはにおつる鷹のをひ鳥 ますかきの羽 谷へいらす一文字にわたす羽也 逸物なり 鳥にはなき羽也 (38)
和歌寶樹・藻塩草・武用辨略	ましろの―（鷹）〔真白鷹也 或云眉の白をいふと云り これ不可用也 たかかいの 猶子細有ならひハ眞白也 眉のしろきをハ則まいしろと云也〕 (『藻塩草』鷹・巻10・12ウ)	ますかきのは〔たとへハ嶺より嶺へ谷わたりしに一文字にとふを云也〕 (『藻塩草』鷹・巻10・13ウ～14オ)
和歌八重垣・東雅・その他	眉ノ上白者ヲ称ニ目白鷹(マシロ)ト (『和漢三才図会』巻44・鷹) 「鷹・集解」 自レ古歌人称ニ箸鷹(ハシタカ)ス 荒鷹(アラ) 目(マ)白(シロ) 矢形尾(ヤカタヲ)等ノ名ヲ …… 目(マ)白者眉ノ上白(ヘシ)也 (『本朝食鑑』巻6・19ウ)	
典拠	西園寺百首	西園寺百首

No.	242
題	ますかき
和訓栞	中編巻24・下巻256頁
定家鷹三百首	
西園寺鷹百首・言塵集	○鷹……ますりき(ママ)の羽とハ両説有也　一説ハ羽を次第にかきますを云共　一文字に飛をも云　いつれも逸物の羽仕也（『言塵集』5・30ウ。199〜200頁） ○鷹のねとりかひ……鷹のますかきの羽とハ両説也　鳥の或ハ木のしけミにも谷にも入らんとする(ママ)空にてとらんために羽をかきますをますかきの羽と云也　一説には米はかるますと云物をハはゝ一と同しくかきて米をはかる間一もしにかく也　よき鷹は谷に鳥の入時谷口を一文字に飛をますかきの羽と云也　わろき鷹ハ如此の時鳥につきて谷底にしつむを谷入するとて嫌なり（『言塵集』6・17オ〜ウ。232頁）
龍山公鷹百首・大諸礼集	
和歌賓樹・藻塩草・武用辨略	
和歌八重垣・東雅・その他	
典拠	西園寺百首

【相違箇所】・242『言塵集』（整版本）の「ますりきの羽」は「ますかきの羽」の誤りであり、「入らんとする空にて」は「入らんとする時空にて」の脱であろう。

No.	243	244
項目	まちだか	まつはらのけ
和訓栞	待鷹の義　諏訪の御狩に七嶺に待 合て七もと合する事あり　よて定 家卿の歌にも草取鷹の七嶺の鈴と よめり ○末つき鷹といふも待鷹のことな りといへり、 中編巻24・下巻263頁	鷹にいふ　總ての腹の毛をいふ 松原になそらへたり、 中編巻24・下巻268頁
定家鷹三百首	雪をうすミ若菜つむ野に懸落 し草取鷹の七嶺の鈴 諏訪の御狩に待鷹とて七嶺に待 合て七もと合する事となり （2・1オ） 末つき鷹とは待鷹の事ト也 （21・3ウ）	霰ふる松原の毛の残りつゝ鳥 かひなからこそのわかたか 松原の毛とは惣の腹の毛の事也 （266・38オ）
西園寺鷹百首・言塵集		
龍山公鷹百首・大諸礼集	山きはに鷹まちかけてあはす れハ野邊のきゝすそとひつか れたる 待かけとてとりのたち行へき山 に鷹をまち　鳥のくたひれてよ ハくなる時分にあはする事也 田舎にハまち鷹といふ　他流の 説也 （11）	
和歌寶樹・藻塩草・武用辨略		○松原(マツバラ)ノ毛(ケ)ハ腹(ハラ)ノ惣名(サウメウ)也　撫鷹(カヘリタカ) ノ時若鷹(トキワカタカ)ノ毛ヲ残(ノコシ)タルヲモ云ト ゾ　是(コレ)ヲ遠山(トヲヤマ)ノ毛共又ハ身毛(ミケ)ナ ト云(イヘ)リ　故(ユヘ)ニ身毛(ミケ)ノ松原緑(マツバラミドリ)ナリ ケリ共　遠山毛(トヲヤマゲ)ナル鷹(タカ)ヲ居(スエ)ツ、 ナド読(ヨメ)リ （『武用辨略』巻8・16ウ）
和歌八重垣・東雅・その他		
典拠	定家三百首	定家三百首

項目	
No.	245
題	まとり
和訓栞	真鳥とかけり　万葉集の抄に鷲也といへり　箭羽に真鳥羽といふ是也とぞ　西土にも漢代より箭をはぐに鵰羽をもて最とすと見えたり　○鷹狩に真鳥といふは雉也といへり　○…… 後編巻16・745頁
定家鷹三百首	
西園寺鷹百首・言塵集	
龍山公鷹百首・大諸礼集	まとりとは雉の事也　(34) 雉を鷹詞にもきしとはいはすたゝ鳥といふへし　をし出して鳥と云はきしの事也　雉をまとりとは時により山にても云也　山鳥のたつとき今のハ山鳥　いまは真鳥たちたるなといふなり　(81)
和歌寶樹・藻塩草・武用辨略	
和歌八重垣・東雅・その他	万葉集抄には　えびすは鷲の羽を真鳥(マトリ)の羽といふ也とみえたりさらば東方の方言にはマトリともいひし也　箭羽にマトリバといふあるは其始東方の俗に出し也 (『東雅』巻17・鷲・392頁) 漢ノ代ノ比ヨリ。箭ニ。ハグニ。鵰(テウ)羽ヲモテ。最(モットモ)トス。我朝ニテモ。カクゾ有ケル。サレバ。鵰羽ニ限リテ。真鳥羽(マトリバ)トハイフ也。万葉集註釈ニ。真鳥(マトリ)ハ。鷲(ワシ)也。エビスハ。鷲羽ヲ。真鳥ノ羽ト云フト見エタリ。サラバ。此ノ名ハ。東夷ノ方言(ハウゲン)ニ。出(イデ)シナルベシ。 (『本朝軍器考』「弓矢類」巻4下・39ウ)
典拠	龍山公百首・東雅・本朝軍器考

No.	246
項目	まば
和訓栞	矢にいふ真羽の義　鷲の羽をいふ其潔白にして中間黒文あるを中黒と號し羽の上下黒斑文にして中の白を中白と称す　西土にも箭羽はわしを上としたかを次とす　一説に鷹の羽也といへるは熊鷹を指り ○…… 前編巻29・下巻278頁
定家鷹三百首	
西園寺鷹百首・言塵集	
龍山公鷹百首・大諸礼集	
和歌實樹・藻塩草・武用辨略	羽ハ　禽毛也　大凡羽蟲三百六十アレ共今世矢ノ羽ニ用所　鷲ヲ以上トス　鷲ニ大鳥小鳥アリ大鳥ニハ尾十四枚アリ　小鳥ノ尾ハ十二枚アリ　鷲ノ羽ヘ真羽ト云　中ニ就テ大鳥ヲ云ヘシ小鳥ハ小鷲ノ事也　大鷲ヲ大鳥ト云ニ相対ス　鷹ノ羽ト云ハ鵰ノ事也　或鶴ノ本白　鴻ノ霜降山雉ノ尾等也 （『武用辨略』巻3・27ウ） 又鷹羽トイフモ。ヽトハ角鷹羽ヲイヒシ也。 （『本朝軍器考』「弓矢類」巻4下・39ウ）
和歌八重垣・東雅・その他	「鷲・集解」 奥常及ヒ松前蝦夷最モ多シ　今マ官家捕ヘテ之ヲ畜ニ於樊中ニ取テ其ノ尾羽ヲ而造ル箭羽ニ　呼テ称ス真羽ト　其ノ羽潔白中間黒文正直ナル者ヲ號ス中黒ト而弥賞ス之ヲ　其ノ美好ナル者ノ尤モ少レナリ矣　羽之上下有テ黒斑文而中間白キ者ヲ號ス中白ト　或ハ曰フ切斑ト　羽薄フシテ而黒處極テ少キ者ノヲ號ス薄標ト　其ノ餘ノ名義稍多シ　学ブ射ヲ者ノ能ク識ル之ヲ （『本朝食鑑』巻6・21ウ～22オ） 小鳥……奥州及松前深山ノ中ニ多ク有リ之　捕ヘテ之ヲ畜フ於樊中ニ取テ尾羽ヲ造ル箭羽ニ　其羽潔白ニシテ中間黒キ者ヲ號ス中黒ト　上下有テ黒斑文而中間白キ者ヲ號ス中白ト　下一寸許リ黒シテ而上皆白キ者ヲ號ス薄標ト　上一寸許白シテ而下皆黒キ者ヲ號ス裙黒ト　其餘有リ数品悉ク不レ記サ之 （『和漢三才図会』巻44・鵰）
典拠	本朝軍器考又は武用辨略と本朝食鑑又は三才図会又※

No.	247	248
項目	まやま	みさご
和訓栞	真山の義　鷹狩に順にかるをいふ 左山ハ左へかることなり　右山ハ いはずといへり、 中編巻24・下巻291頁	万葉集に水沙兒とかけり　新撰字 鏡倭名抄に雎鳩を訓せり　或ハ魚 鷹　又鶚　又鶚もよめり　水鵰鴣 の轉なるへし　一種尾の白き者あ り　白鷹也といへり……
定家鷹三百首		磯山のみさこ羽つかふ箸鷹の 餌に包てやしほをかふらん 鳥の落たる所へつと入て鳥をは とらて羽をふた〳〵とふるひて 居るをみさこ羽と云也 (164・22ウ〜23オ) 須广の山鳥ハ潮に落にけり波 に影ある鷹のみさこ羽 みさこ羽　前委　其外ハ義なし (187・26オ)
西園寺鷹百首・言塵集		
龍山公鷹百首・大諸礼集	ひたり山真山にかりて鷹人の あをりかけにも草やうつらん 左山　左へ狩事也　真山　順に 狩ことなり　右山とはいはす (56)	みさこ羽とは魚をとるミさこの 事也　そらにめ羽をつかひてう ちこみ　魚をとることく鷹も鴨 を水へかけおとし　空にミさこ 羽をつかひ　水より鴨のかしら をいたすをみて　うち入とる羽 也 (90)
和歌實樹・漢垣章・武用辨略		一説ニ魚鷹ハ鶚也　鷹ノ属　魚 ヲ執　以其名を称セリト　案ズ ルニ鶚ハ鵙鳩ニ同　師古ガ曰鷙 撃ノ鳥ニシテ鷹鸇ノ属　也　鵙 又雎ニ作　状　梟ニ類ス　今江 東ニ呼デ鶚トス　一名ハ魚鷹 和名鈔ニ曰雎鳩ハ鵰ノ属　也 好デ江邊山中ニ在　又魚ヲ食 者也　和名美佐古 (『武用辨略』巻8・8オ〜ウ)
和歌八重垣・東雅・その他		「雎鳩・集解」 雎鳩ハ即チ魚鷹也　状チ似テ鷹ニ 帯ニ赤黄色ヲ　深目好ク峙ツ 其ノ雌雄有ル別者與ト鷹同シ…… 一種有ニ尾上白キ者　此レモ亦 同類ニシテ而白鷹也 (『本朝食鑑』巻6・23オ) ……其尾ノ上白キ者ヲ名クニ 白鷹ト (『和漢三才図会』巻44・鶚)
典拠	龍山公百首	万葉集・和名抄・本朝食鑑

No.	248	249	250
題	みさご	みづかげのけ	みてだか
和訓栞	中編巻25・下巻319頁	鷹の肘の内にある毛をいふとそ、 中編巻25・下巻337頁	大和物語に御手鷹とみゆ　今もいへり、 中編巻25・下巻354頁
定家鷹三百首		鷹飼のかた野に出る川舟の水かげの毛のそこに見えつゝ 水かげの毛とは肘の内に有毛を云也 （228・32ウ）	
西園寺鷹百首・言塵集			
龍山公鷹百首・大諸礼集			
和歌寶樹・藻塩草・武用辨略	鶚ハ魚鷹（ギヨイヨウ）　即（スナハチ）鵙鳩（ミサゴ）　尓雅（ジガ）ニ鵰ノ属（タグヒ）　也ト云リ （『武用辨略』巻8・31ウ）	○日影（ヒカゲ）ノ毛（ケ）ハ翼（ハカイ）ノ惣名（サウメウ）也　水影（ミツカゲ）ノ毛（ケ）ハ肘（ヒヂ）ノ内（ウチ）也　同所ニ非（アラズ） （『武用辨略』巻8・19オ）	
和歌八重垣・東雅・その他	ミサゴとは万葉集に水沙児（ミサゴ）とししるしたれば其水沙之際にあるをもてかく名づけいひしとみえたり （『東雅』巻17・雎鳩・382頁）	肘ノ内ノ毛曰ニ水掻毛（ミツカケト）一䑛䛐 （『和漢三才図会』巻44・鷹）	同じ帝（みかど）、狩（かり）いとかしこく好（この）みたまひけり。陸奥国（みちのくに）、磐手（いはで）の郡（こほり）よりたてまつれる御鷹（たか）、よになくかしこかりければ、になうおぼして、御手鷹（てだか）にしたまひけり。名（な）を磐手（いはで）となむつけたまへりける。（以下、省略） （『大和物語』152段）
典拠	万葉集・和名抄・本朝食鑑	定家三百首	大和物語

No.	251	252
項目	みなしば	みふるすくさ
和訓栞	鷹の腹に有毛の名なり、　中編巻25・下巻359頁	鳥を見失ひたるをいふ鷹詞なり、　中編巻25・下巻369頁
定家鷹三百首	はし鷹の尾花も見ゆる鳥屋の内に秋より先に秋やくるらん　尾花とは身なし羽とて腹に有毛を云也　（44・6オ） 身なし羽とて腹に有毛也　（58・7ウ）	
西園寺鷹百首・言鷹集		
龍山公鷹百首・大諸礼集		見ふるす草とハ落草(をちくさ)見うしなひたる事なり。　（巻14・28ウ）
和歌寶樹・藻塩草・武用辨略		
和歌八重垣・東雅・その他		
典拠	定家三百首	三議一統

【相違箇所】・252「鳥を見失ひたる」（整版本・翻刻本）↔「落草見うしなひたる」（『三議一統』）

No.	253	254
題	みよりのつばさ	むこどり
和訓栞	鷹にいへり　右の羽をいふ　鷹の書に右寄と見えたり、 中編巻25・下巻386頁	雌を犬かはさむに驚て雄のたつを鷹かとるを云とそ　聟鳥の義なり ○…… 中編巻26・下巻397頁
定家鷹三百首	はし鷹のみよりたゝさきかはるらしもろこし人ハ右にすへつゝ もろこし人ハ右にすゆれハ身より　たなさき　さのミ改むへからすと也 （244・34ウ）	雌をハ犬かはさむに驚て雄立事あり　それを鷹か取を聟鳥と云 （170・23ウ） よめ鳥　前のむこ鳥とおなし （199・28オ） むこ鳥　前に委　めん鳥のつかれよりをん鳥の立事と也 （283・41オ）
西園寺鷹百首・言麗集	たなさきの角の柱にかはりてや御こしの前に鳥の立らん 鷹の左ハ手先　右ハ身寄と云也 （64・10ウ～11オ）	
龍山公鷹百首・大諸礼集		をひおとすしけきの山のたかのとりむことりよめとりたちかハりけり むこ鳥とハおん鳥を追落すに疲（ツカレ）の鳥たゝす　別のおん鳥立かはるをいふ也　又よめ鳥はめん鳥也 （32）
和歌寶樹・藻塩草・武用辨略	「たなさき」 鷹の左の羽をいふ　右の羽をミよりのつハさと云 （『和歌八重垣』巻5・24オ）	
和歌八重垣・東雅・その他	「はしたかのミよりのつばさ」 鷹の右の羽也　たかをすゆれハ右の羽ハ我身のかたへそへバ也　左のはねハたなさきといふ （『和歌八重垣』巻4・19ウ） 「みよりのつバさ」 鷹の右の羽をいふ　左をたなさきといふ （『和歌八重垣』巻7・19オ）	
典拠	和歌八重垣・※	定家三百首

No.	項目	和訓栞	定家鷹三百首	西園寺鷹百首・言塵集	龍山公鷹百首・大諸礼集	和歌實樹・藻塩草・武用辨略	和歌八重垣・東雅・その他	典拠
255	むめのはなげ	梅の花毛にて鷹の目の前にある毛 なりといへり、 中編巻26・下巻417頁	箸鷹のかほるとみるや山里の 梅のはなけのあたりなるらん 鷹の鼻のあたりの毛の事也 （4・1ウ）		名にめてゝ梅の花毛やにほふ らむ鷹のはかせもはるさむき 山 梅のはな毛ハたかの目のまへに ある毛なり （2）			龍山公百首
256	むやま	鷹狩に鳥をとらで空しく還るをむ やまふむといへり…… 前編巻31・下巻418頁	鷹人のむ山ふミつゝ帰るさに をきゑにさゝん鳥やかハまし む山とは終ニとらぬ日ハをき餌 にせんとの餌を飼て帰ると也 （227・32オ～ウ）		無山ふみかへる麓のくるゝ日 にいのちのかれて鳴きゝす哉 む山ふむとは鷹をつかふに仕合 わろく　ひとつもとらせでむな しく帰る事を云也 （43）			龍山公百首

No.	257
項目	めとりづき
和訓栞	鷹にいへり　春ハ雉のめとり味よし　又子をうみて羽よわきにより鷹か是につくをいふなり、 中編巻26・下巻439頁
定家鷹三百首	春の野の女鳥つきする箸たかのをのかすまきや近く成らん 大鷹ハめとりを好む也　然間夕去ハおとりをかふものなり　女鳥をかへハおとりををはぬによりてなり　（15・2ウ～3オ） 落まてハ犬もひかせで十よりめハめとりなからも頓てかひつゝ 逸物ハ鳥の落ぬ間に取ほとに犬をひかせぬとなり　十よりめなとにハ鳥をとらせすして女鳥をかふてをくと也　鷹を褒美しての義と也　其子細ハ女鳥ハ味よき間是に計心有て雄をハをはぬ程に惣して雄をはかはね共此物数にハかふと也　（202・28ウ）
西園寺鷹百首・言塵集	ともすれハ狩はの鷹も何ゆへに女鳥つきにハやすく成らん 女鳥つきとハめん鳥の雉春ハ子をうミて羽よはきによりたやすくとらるゝ也　又春ハめん鳥よき味有によりて雌につく也　然間雌に思つかさるやうに鷹をつかふ　是鷹司の心持也　（43・7ウ）
龍山公鷹百首・大諸礼集	おん鳥にあハせて追行うちにめん鳥たちてめん鳥へ行鷹をハめん鳥すきをするといへり　鷹にふき事也　但一度なとはこれも鳥またけともいふへき歟　二度ともめんとりへ追行ハめん鳥すきなるへし　（14）
和歌寶樹・藻塩草・武用辨略	めとりつき〔女鳥　春は子をはらミて羽よはきによりてたやすくとらるゝ也　又春は女鳥吉味あるによりてめとりにつく也　是あしきふるまひ也　よからぬ鷹也〕　（『藻塩草』鷹・巻10・14ウ）
和歌八重垣・東雅・その他	
典拠	西園寺百首

No.	258	259	260
項目	もぎたつ	もぎとり	もぐ
和訓栞	あら鷹をとりかハぬ事をもぎたつるといふ　前編巻33・下巻448頁	大諸礼に見ゆ　鷹の取たる鳥の名也　いけもぎといふ詞もあり　前編巻33・下巻449頁	……○逸物の鷹の木にある鳥を取をもいへり　後編巻16・777頁
定家鷹三百首	あし引の小山かへりのあら鷹をもきたてぬれハ春のくれゆく　とりかはぬ事をもきたつると云なり　（19・3オ）	鶬のとるををきゑにもきかへていけ鳥にするかた鶉かな　取たる鳥をいけもぎにして置との事をよめり　（322・46オ）	
西園寺鷹百首・言鷹集			取ぬへき鳥をハそハにならへつゝ行鳥このむふる山かへり　此哥ハ木にあかる鳥の事也　鷹も鳥も並て木にあれハとられさる也　もし逸物の鷹の取をもくと申也　（89・14オ）
龍山公鷹百首・大諸礼集		もき鳥（とり）に田緒の事。かけ様（やう）ハつねのことし。但なわの寸ハ白尾へくらべ　緒はしの餘りハつねのごとくきるなり　（巻12・3オ）	
和歌寶樹・藻塩草・武用辨略			
和歌八重垣・東雅・その他			
典拠	定家三百首	大諸礼・定家三百首	西園寺百首

【相違箇所】・258「事をもぎたつる」（増補版）は整版本・岐阜版では「事をももぎたつる」となっている。

No.	261
題	もと
和訓栞	……○鷹に幾もとゝいふハ続日本後紀に聯字を用ゐたり　酉陽雑爼にも兎鷹一聯と見ゆ　今居ノ字を用うといへり　○…… 前編巻33・下巻459頁
定家鷹三百首	
西園寺鷹百首・言塵集	
龍山公鷹百首・大諸礼集	あさことに外架の鷹に水ふけは手ふるひをして尾そゝりをする たとへハ鷹を一もとゝ云事　これ又ほこにつなきたるをいふ也　一居一連いつれをも一もとゝよむへし　一居一すへともよむ人あれ共一もとゝよみたるかよきといへり　たとへハ馬によつ白といふ毛をゆきふミ共いふ人ある　おなし心歟　よつしろとハ踏雪とかけり　他流の説多之　又籠鷹もすへたるも一はねといふ事本説也　一はねといふハ一羽とかく也　一羽をひと羽といふ説もあり　但近来此道不堪の人　何れをも一もとゝ鷹なれはときによらすおなし様に云事如何……　又はやふさをは一二なとゝいひたるかよきと也（84）
和歌寶樹・藻塩草・武用辨略	居　止也　坐也　安也　故ニ居ト訓ズ　或撃ニ作　据共書リ　筭ルニ二居　二居ト云也　凡此字　古来用ルニ傳アリトソ　居ハ一居ヨリ百居ニ至　共書用ヘシ　又聯ノ字モ同　三居ヨリ内ニ用ズ　四居已上幾数ニテモ連ノ字ヲ書ヘシト云リ　不審聯ハ連也　今或書ニ基ト書リ　共ニ論アリ　畢竟　其説ノ紛然タルヲ厭テ一箇ト書リ　一本トハ雌雄ヲ兼　一雙ハ大小也　或書ニ天子　公方ノ御鷹ニハ本ノ字ヲ用ル　祢津家ノ傳也ト云云然　共本家ニ曽　其沙汰ナキ事也　今世座　架　翼ニ作　或枷共 隼　ヲ二基迄ゾ翕ツルフルカハノヘノ秋ノ雁金 （『武用辨略』巻8・34オ～ウ）
和歌八重垣・東雅・その他	又高帝一二日ク武平ノ初メ領軍趙野　献ニ白兎鷹一聯ヲ （『酉陽雑爼』「肉攫部」・巻20・4オ）
備考	続日本後紀・酉陽雑爼と龍山公百首も入るか

No.	263	262
項目	もとほり	もとくさ
和訓栞	和名抄　鷹犬具に旋子をよめり　周旋自在にして直に去り却て回来るをいふ也　もとほると義同し　新六帖にもとほしともよめり　足革大緒の間につくる金具也といへり　前編巻33・下巻463頁	……○鷹ノ辞に本草へ帰なといふハかけたる跡へ鳥のかへるをいふなり　前編巻33・下巻460頁
定家鷹三百首	紅葉するたで符の鷹のもとをしをから國よりや摺初けん（343・48ウ）	
西園寺鷹百首・言塵集		
龍山公鷹百首・大諸礼集		本草へ帰るとハかけたるあとへ鳥の帰を云也。（巻14・28オ）
和歌實樹・藻塩草・武用辨略	○旋子（モトヲリ）（モトヲシ）　或天助ニ作　鏦（シヤウ）　又同　和名鈔（ワメウセウ）ニ旋子（センシ）毛度保利（モトホリ）即（スナハチ）是足（コレアシ）革大緒（カワヲホヲ）ノ間（アイ）ニ付（ツク）ル金具（カナグ）也　又角（ツノ）ニテ作（ツクル）モアリ　或書ニ引切鏦（ヒツキリモトヲシ）ハ黄鷹（ワカタカ）ニ用　撫鷹（ヤマカヘリ）ヨリ瓶子鏦（ヘイジモトヲリ）也　今鏄（トチカネモトヲリ）　鏦　ヲ用ルハ略義（リヤクギ）ナリ　又新鷹（アラタカ）ニ用　時仮（モチユルトキカリ）ニ竹ナドニテ拵（コシラヘ）　差（サス）ヲ山旋子ト云也ト云云（『武用辨略』巻8・46オ）	
和歌八重垣・東雅・その他	倭名鈔畋猟ノ具　釈しつべき事あるをはこゝに録せり……　又漢語抄を引て旋子　読てモトホリといふと注せり　即（チ）鷹ノ具也　万葉集に回の字　読てモトホルといふがごときこれ也　其物のよく旋轉するをいふ也（『東雅』巻9・釣・227頁） みかりはのましろのたかのもとをしハうき世にめくるしわさ成けり（『新撰六帖』おほたか〈第二帖〉）	
典拠	和名抄・新撰六帖・武用辨略	三議一統

No.	264
題	もとほる
和訓栞	……西園寺鷹百首にもとほれて とも見えたり 前編巻33・下巻463頁
定家鷹三百首	
西園寺鷹百首・言塵集	鈴ならす犬のかしらにもとを れて駒をならふる野へのかり 人 つかひなれたる鷹犬のかしらを 見知て鳥を立へき様に振舞へハ たか心得てもとをるゝ也 （27・5ウ） もとをるゝ事　前に有　但晝に むすほゝれてあかり兼たる躰也 （75・12オ）
龍山公鷹百首・大諸礼集	
和歌實樹・藻塩草・武用辨略	「モトヲル」 モトヲルトハマトハル事也（狩場ニテ）oイ ヌノカシラヲミルニ鳥ヲカミツ ケタル躰ミエケレハ狩人立ヨリ タルヲイヘリ
和歌八重垣・東雅・その他	「モトヲル」 戻　マトハルナリ　狩場ニテ犬 ノ頭尾ヲミルニ鳥ノカミツケタ リ（ママ）体見エケレハ狩人立ヨリタル ヲ云　（『歌林樸樕拾遺』）
典拠	西園寺百首

No.	265	266
項目	もみちふ	もろがへり
和訓栞	鷹にいふ　赤文の事なりといへり、 中編巻26・下巻476頁	和名抄に青鷹をいへり、 中編巻26・下巻486頁
定家鷹三百首	時雨行秋の山路の紅葉ふの鷹 もき初てかへるかり人 もみち符とハ赤符の事と也 (330・47オ)	鷹ハはやもろかたかへり過ぬ 也いまいく年か鳥屋をかハま し もろかたかへりとは三鳥やの事 也 (161・22ウ)
西園寺鷹百首・言塵集		○鷹　追加……二歳をハ撫鷹 とも云なり　かた帰　同物也 三歳をハ青鷹と云也　白たか 同物也……是等順か和名抄に 有 （『言塵集』7・1オ。233頁）
龍山公鷹百首・大諸礼集		
和歌實樹・藻塩草・武用辨略		三歳ヲ両鴘(モロカヘリ)　又四歳ヲ両片鴘(モロカタカヘリ)ナ ド云　四歳已後(イゴ)ヲ両々鴘(モロ〱カヘリノタカ)鷹ト 云リ （『武用辨略』巻8・24オ）
和歌八重垣・東雅・その他		三歳(ヲ)曰(ニ)再鴘(モロカヘリト)(一)〔訓(ニ)毛呂加 閉利(ト)(一)〕 （『和漢三才図会』巻44・鷹）
典拠	定家三百首	和名抄・※

【相違箇所】・266「もろがへり」の訓は和名抄にはない。

No.	267
項目	やかたを
和訓栞	顕昭説に鷹の相経に屋像尾　町像 尾とて二の相あり　万葉集にハ矢 形尾と見えたり　又せまち尾とい ふあり　狭町の義なるへし
定家鷹三百首	霜さゆる野分吹から真葛葉の かへる岡への屋かた尾のたか 尾の府をちかへて切たるを屋か た尾と云也　（90・12オ）
西園寺鷹百首・言塵集	
龍山公鷹百首・大諸礼集	鷹によりせまち町かたやかた 尾にしとゝ尾ましる鷲毛くゝ いけ せまち尾　まちかた尾　しとゝ 尾いつれもみな尾の符の名也 （76）
和歌寳樹・藻塩草・武用辨略	「ヤカタオノ鷹」 （『歌林樸樕』） ヤカタオノ鷹ヲ手ニスヘミシ マノニカラヌヒマナク年ソ経 ニケル 顕昭云鷹之相経ニハ屋像尾　町 像尾ト二ノ相アリ　屋ノ棟ノヤ ウニサカリフニ切タルト田ノ町 ノヤウニ横サマニ切タルト也 或人矢ノ尻ノ町ト云モノ、ヤウ ニ尾ノ中ノクキノマタラナルヲ 書ニ書テ見セケレトモ　クキハ カリニテハ有マシ　尾ノフノ紋 ナルヘシ　万葉ニハ矢形尾ト書 サカリフ同　或哥ニ モカミヤマスカケシ日ヨリ心 シテオホシタテタルヤカタオ ノ鷹 屋形尾(ヤカタヲ)ノ鷹(タカ)　学(マナビ)　屋形尾(ヤカタヲ)ノ鷹(タカ) 大屋形(ヲホヤカタ)　小屋形(コヤカタ)　或箭形(ヤカタ)ニ作 （『武用辨略』巻き8・20ウ）
和歌八重垣・東雅・その他	※『歌林樸樕』と『袖中抄』と を比較するため、上段に『歌林 樸樕』を載せる。 「屋かたをの鷹」（『袖中抄』） 屋かたをのたかを手にすへみ しまのにからぬひまなくとし そへにける 顕昭云屋かたをとハ鷹の相経に ハ屋像尾(ヤカタヲ)　町像尾(マチカタヲ)とて二の様を あけたり　屋かたとハ屋の棟(ムネ)の やうにさかりふにきりたるをい ひ町かたとハ田の町のやうによ こさまにうるはしうきりたるな るへし　或ひとのたかのこと しりたるか申し侍しハ矢の尻の まちといふもの、様に尾の中の くきのまたらなるやうを書にか きてみせ侍りしかと　くき許(ハカリ)に てやハあるへき　うるはしく尾 のふの文にてあるへきなり　た ゝ人のとふときに申すときこえ 侍りき　万葉集には此哥を矢形 尾とかけり　さかりふのやう同 心なり……　私云古哥云 もかミやますかけし日より心 しておほしたてたるやかたを のたか　（『袖中抄』第9）
典拠	歌林樸樕。袖中抄・藻塩草とは異なる

No.	267
項目	やかたを
和訓栞	前編巻34・下巻495頁
定家鷹三百首	
西園寺鷹百首・言塵集	
龍山公鷹百首・大諸礼集	
和歌寳樹・藻塩草・武用辨略	「マシロノ鷹」 マジロハマシラフニアラズ　マユシロキ鷹也 ヤカタオノマジロノ鷹ヲ引スヘテウタノトタチヲ狩クラシツル ヤカタオトハ矢ノハノヤウニモトノカタへふノキレタル也 宇多野モ御門ノ供御ノ鷹カリノ在所ナリ　トタチハ鳥立也 やかたをの（鷹）――（八雲御説には尾のまたらなるとあり　但是いかゝ　常のふはすく也　やかたおと云は尾の符とかりてすちかひてまことに屋形に似を云也 袖中云さかりふと云物のあるを云と云　或ハ矢のかたに似たるなと云り） （『藻塩草』鷹・巻10・13オ）
和歌八重垣・東雅・その他	「マシロノタカ」 ヤカタ尾ヲノマシロノタカヲ引スヘテ宇多ノトタチニ待クラシツル ヤカタ尾トハ矢ノ羽ノヤウニモトノ方へフノキレタルナリ　マシロハ真向ニハアラス　眉白(カ)也 宇多野ニ供御ノ鷹ノ在所ナリ トタチハ鳥立ナリ （『歌林樸樕拾遺』） 「くちのやかたお」 ……やかたおとハ鷹の尾のふの屋形のかたちに似たる也　又説矢形(ヤカタ)也　矢のかたちのことくなるをいふ （『和歌八重垣』巻6・15オ） 「やかたおのたか」 両義あり　一ハ鷹の尾のふの屋(ヤ)形(カタ)のむねのしをりのかたちに似る也　一ハ矢形也　矢のかたちに似るふをいふ （『和歌八重垣』巻6・20オ）
備考	歌林樸樕。袖中抄・藻塩草とは異なる

【相違箇所】・267『袖中抄』慶安版本は「二の様をあけたり」と異なるが、谷川士清自筆の『歌林樸樕　和哥寳樹抄録』（岩瀬文庫蔵）には「二の相アリ」と引用されている（類例は190「のもりのかゝみ」）。

No.	268	269
項	やくしさう	やへはの
和訓栞	薬師草の義　鷹詞には青薬といへり　定家卿の鷹歌に見えたり、 中編巻27・下巻498頁	禁野に八重つゝ羽の重りたる雉ありしよりいへりとそ、 中編巻27・下巻528頁
定家鷹三百首	秋のゝのまた枯残る青薬かふて符鷹やさしはなるらん 青薬とハ薬師草と云草をもミて餌にませてかへハ鷹くたひれすと也　差羽(さしは)に限る事と也 （339・48オ）	はしたかの鳥立の霧の八重羽野にけふもさなから狩くらしつゝ 禁野に八重つゝ羽の重りたる雉有しに依てよめりと也 （91・12オ）
西園寺鷹百首・言塵集		
龍山公鷹百首・大諸礼集		まちかけの事　むかし禁野の雉八重羽にして足も三有と注之あはする鷹をとりころしける化鳥なり　其時まちかけをたくミ出し　化鳥をとらせけるとなんそれより待かけはしまりて…… （11）
和歌實樹・藻塩草・武用辨略		「鳩ヤノ鷹」 一条ノ院ノ御時七峯ヲ飛金鳥アリ　八重羽ノ雉トモモウスニヤ是ヲトル鷹天下ニナカリシニ此鳩ヤノ鷹カトリシ也
和歌八重垣・東雅・その他		
典拠	定家三百首	定家三百首

No.	270	271
題	やまあひ	やまかたつきて
和訓栞	山間をいふ也　鷹の歌などによめり 前編巻34・下巻529頁	山偏着の義也　そハ也 暮ふかみ山かたつきてたつ鳥の 羽音に鷹を合せつるかな、 中編巻27・下巻530頁
定家鷹三百首		鳥のひく山かたつきて残るらし手はなれしてける鷹のかり杖 （154・21オ）
西園寺鷹百首・言塵集		○山かたつきてとハ山片就と書り　八雲にハ山のそハ也　夕景の山のかた〳〵に付る躰歟 夕まくれ山かたつきて立鳥の 羽音に鷹を合せつる哉 此哥の心ハくれ果たる事共心得つへし　しからハ山形盡てと心得つへけれとも先賢の説によるへし （『言塵集』3・4ウ～5オ。81頁）
龍山公鷹百首・大諸礼集	鈴子さしわけのほりたるやまあひにきゝすへ鳥(の)やいつちぬすたつ （8）	
和歌實樹・藻塩草・武用辨略		「山カタツキテ」 山カタツキテトハ山片就トカク山ノカタソバ也　丸カ云鷹ノ哥ニ此詞有　大略夕時分ノ哥ニヨメハ片就ノ字ハ其義相違ス　古人ノ説ニ山形盡ト書トイヘリ日暮テ山ノカタチノミヘヌヨシ也　乍レ去哥ニヨリテ其義ヲトルベキ也 「山かたつきて」 山のかたへつきて也 （『和歌八重垣』巻6・21オ）
和歌八重垣・東雅・その他	「山あゐ」 ……又山の間の心にも読り （『和歌八重垣』巻6・21オ） 山あひハ山ノ際(あひた)と書 （『和歌呉竹集』巻6・24オ）	○山がたつきて山形尽(かたつく)　山片就(かたつく)とも。八雲御抄(くもみせう)にハ。山のそハ也　夕陰(かげ)の山の端(は)。かた〳〵に付たる躰(てい)なり。又暮(くれ)ふかきに。山も見えざる也。或(あるひ)（は）　山のかたそぎなどいふ心也 暮(ゆふ)ふかミ(まくれイ)山かたつきて立鳥(雉イ)の 羽音(はをと)に鷹(たか)をあハせつるかな 此哥の心は。暮(くれ)はてたる事と心得べし。然ば山形尽(つく)と云説によるべけれども。先(まつ)　岨(そつ)の説を用べき歟　一説日影(かげ)かたふきて。（ママ）山のかた〳〵暮ふかくなる事也 （『和歌呉竹集』巻6・13オ～ウ）
典拠	龍山公百首か	和歌呉竹集

No.	272
項目	やまかへり
和訓栞	鷹にいふ　撫鷹　山鵃なとかけり山にて毛をかへり（ママ）たる鷹なり　山かへりにかたかへり　もちかへり（ママ）もろかたかへり　もろ〳〵かへりなといふといへり　又春のあらたかをさほ姫かへりに（ママ）山かへりといふとそ、
定家鷹三百首	あし引の小山かへりのあら鷹をもきたてぬれハ春のくれゆく 二月三月に出るを小山かへりといふ也 (19・3オ) さほひめ　春の鷹の惣名なり (38・5オ) 忍ふ山をくれ先たつ鳥あひのけに面白き山かへりかな 山かへりとは山にて年へたるたかなれハ鳥にをくれ先立と也 (213・30オ〜ウ) 撫鷹（山カヘリ） (230・32ウ)
西園寺鷹百首・言塵集	○鷹……山帰とハ山にて一年へたるを云也　片山帰とハ山にてたゝ一とやに一年へたるを云也　又山にて一年取たるをも云と　一説とや片山帰共云也　只一鳥や二鳥やなとゝも云也　古山帰　古鳥帰なとゝ云ハおひたるたかの事也……野され　山かへりなと云ハふる鷹の事也 （『言塵集』5・29ウ〜30オ。198〜199頁）
龍山公鷹百首・大諸礼集	山かへり　山にて毛をするを云也　古哥に はし鷹の鳥帰る山の椎柴の羽かへハすとも君はわすれし このうた（に）て山かへりきこえたり (1) さほ姫かへり　春うちおとしたる鷹なり (51) あつめたりあかけに野され山かへりもろかたかへり巣鷹巣まはり 山かへり　山にて毛をかへたる鷹也　やまかへりに　かたかへり　もろかへり　もろかたかへり　もろ〳〵かへりなといへり (72)
和歌寶樹・藻塩草・武用辨略	「山カヘリ」 山ガヘリトハ山ニテトリタル若鷹也　網ニテトレドモ　アガケトハイハス　アガケノ鷹トハ野ナトニテトリタル鷹ヲイフ也 「山ガヘリ」 山ニテ久シクヘタルヲ野サレトモ　フル山カヘリトモ云　カヘルトハ年ノカヘル事也　年ヲトリタルトモウス心也 「アガケ」 又網ニモカヽレ　モチニモカヽレ　野ニテ毛ヲオトシタルヲハ山カヘリト云　其説アシタカ山ヲ鷹カヘル山ト云　義モアラハレタリ 「サホヒメ」 サホヒメトハ去年ノ若鷹ヲ此春トリタルヲイフ
和歌八重垣・東雅・その他	「ヤマカヘリ」 山ニテトリタル若鷹ナリ　網ニテトレトモ　アガケトハイハス　アカケトハ野ナトニテ取タル鷹ヲ云ナリ（『歌林樸樕拾遺』） 「ヤマカヘリ」 山ニテ久シク年ヲ経タルヲ野サレトモ　フル山カヘリトモ云　カヘルトハ年ノカヘリタル事ナリ　年ヲ取タルトモ申 （『歌林樸樕拾遺』）
典拠	龍山公百首

No.	272	273
題	やまかへり	やりたつる
和訓栞	中編巻27・下巻531頁	木居なる鷹の下にいたる鳥をおひたつる事也　公家の詞なり　武家にはやきたつるといふといへり、 中編巻27・下巻544頁
定家鷹三百首	十とせをもふる山かへり見しならし同じ草たつつかれむこ鳥 十とせをもへたる程古き鷹の事と也　（283・40ウ） とをりつみとは春取鷹の事也それを小山かへりとも云　（295・42ウ）	
西園寺鷹百首・言塵集		
龍山公鷹百首・大諸礼集	はし鷹のさほひめかへり小山かへり春は色〳〵の名にやたつらむ 節分こえて春うちおとしたるたかはさほ姫かへり共小山かへりとも　春のあらたかをいふ也　（73） 弥生より内にあミにて取たる若鷹ハ何もさほ姫といふ　これも青鷹の詞也。三月よりうちに取たる小鷹をば小山復と申候也。（巻14・29オ）	やり立るとハ公家のことば也やき立るハ武家のことば也。いづれもこゐなるたかの下にいたる鳥をおひたつる事なり（巻14・27ウ）
和歌實樹・藻塩草・武用辨略	日来記ノ説ニ年重タルヲ山鵧トシ　未鳥屋セザルヲ小山鵧トス　或孟春ヲ片鵧ト云　仲春ニ半山鵧ト云　季春ニ双山鵧ト云義アリ　是ハ春一季ノ中ニテ其名ヲ立タリ　子細アリト云リ今　年替鷹ト云是ナリ （『武用辨略』巻8・24オ）	
和歌八重垣・東雅・その他		
典拠	龍山公百首	三議一統

【相違箇所】・272「に山かへり・毛をかへりたる・　もちかへり」（増補版）は「小山かへり・毛をかへたる・もろ帰（かへ）り」の誤りである。整版本・岐阜版も同様に誤る。

No.	274	275
項目	ゆきじろのたか	ゆきずり
和訓栞	鷹の腹背脊ともに白きを白鷹といひ爪まで白きを雪白といふといへり、 中編巻27・下巻551頁	……○ゆきずりの鷹といふは尾羽も雪にすりからしたるをいふ　逸物のことなり　ねつしの雪（ママカ）とは白く雪のふりかゝりたる心を云と見えたり、 中編巻27・下巻551頁
定家鷹三百首		はし鷹の鈴なら柴の雪すりに袖しミこほるかり衣かな 雪すりとハ惣の毛を云 （241・34オ）
西園寺鷹百首・言塵集		
龍山公鷹百首・大諸礼集	雪しろのしら符ましら符つましろにあをしろほうしろしたも白鷹 是はミな白の鷹の類也　符もいつくも常の鷹也共舌のしろき鷹白のうち也　白鷹の符なり共したしろくなきハしろにてはあるましきといふ説あり　是は子細口傳あると也 （77）	一冬の鷹の詞　ねつゝしの雪とハしろくゆきのふりかゝりたる心を云。又雪ずりの鷹とハ尾羽も雪にすりからしたるをいふ也。逸物のことばなり （巻14・30オ）
和歌實樹・藻塩草・武用辨略		○包脛ハ股根ノ肉アル所　細毛アリ　……小臂ト云ハ股ノ下人身ノ折屈ニ等　此所ノ毛ヲ縫上ノ毛ト云　或乱糸　又ハ肱曲ノ毛共云　白ヲ雪踏　或雪押雪摺ナト云リ （『武用辨略』巻8・16オ〜ウ）
和歌八重垣・東雅・その他	「鷹・集解」 一種背腹白ク觜灰白　此レヲ謂フ二白鷹一ト　又迄レ爪ニ白キ者ノヲ呼テ謂フ二雪白ノ鷹一ト （『本朝食鑑』巻6・19ウ） 背腹白ク觜灰白色ナル者称ス二白鷹一ト　迄レ爪ニ白キ者ヲ称ス二雪白鷹一ト　眉ノ上白者ヲ称ス二目白鷹一ト （『和漢三才図会』巻44・鷹）	
典拠	本朝食鑑又は三才図会	三議一統

【相違箇所】・275「ねつしの雪」（増補版）は「ねつつし（じ）の雪」の誤りか。整版本・岐阜版も増補版と同じである。

No.	276	277
題	よすゆ	よたか
和訓栞	鷹にいへり　夜居の義なり、 中編巻28・下巻590頁	倭‐名‐抄に恠‐鴟を訓ぜり　夜‐鷹の義也　夜に宿‐禽を驚かして捕食ふといふ　木‐兎に似たりとぞ　新‐撰字‐鏡に鴞をよめり　鴞‐鵙也　本草に夜‐食‐鷹也とも見えたり　○…… 後編巻17・826頁
定家鷹三百首	あら鷹をとりかひ兼てくらしつゝ帰る道より夜すへをそする あらたかのなつかぬをハ架へあけす其まゝ夜すへをせよとなり （134・17ウ）	
西園寺鷹百首・言塵集	○鷹のねとりかひ……夜すへとハあらたかのいまた人にをそるゝを夜々に手にすへて心をとるを云也　鳥屋たしの時も夜すへをハするなり （『言塵集』6・16オ。231頁）	○鷹　追加　鷹文字ハ家々説替たる也　和名にハ夜鷹とハ惟鵄（ママ）と書也　うるハしき鷹にハあらすなり （『言塵集』7・1オ。233頁）
龍山公鷹百首・大諸礼集		
和歌實樹・藻塩草・武用辨略		
和歌八重垣・東雅・その他		「睢鳩・附録」 夜(ヨ)鷹（夜驚(シテ)二宿禽(ヲ)一而捕(ヘテ)食(フ)レ之山下林藪有レ之晝(ハ)伏(シテ)不レ出其(ノ)態類(ス)二木兎(ニ)一其(ノ)形類(ス)二鷹鶻(ニ)一或(ハ)似(リ)レ鵙(ニ)耳） （『本朝食鑑』巻6・23ウ）
典拠	※	和名抄等・本朝食鑑

【相違箇所】・276の見出し語「よすゆ」（増補版）は「よずゑ」の誤りである。整版本・岐阜版は「よずゑ」となっている。・277『言塵集』における古典全集本（寛文4年整版本の翻刻）の「惟鵄」は『和名抄』では「恠鴟」とある。誤刻と判断した。

No.	278	279
項目	よつげ	より
和訓栞	鷹のうしろにある毛なり、 中編巻28・下巻594頁	……〇鷹に一より二より幾よりなといふハ寄の義也　狩場によりを立て合するをいふ也　…… 前編巻36・下巻609頁
定家鷹三百首	はしたかの四毛まハりの薄雪やをのか羽ならぬ白府なるらん 四毛とはうしろにあり　煩時其四毛動くを四毛をわると云也 (237・33ウ) 四つ毛のわきにあるをほら毛といふなり (20・3オ)	雨はれてたゝ一よりと鷹人のいつれハくるゝ秋の日のかけ 秋ハ短日なれハ也　但いくよりもあハせたる歟 (78・10ウ) 一よりといひて出つる鷹人の偽をするもろうつらかな もろうつらまてとらすれハ一よりと云しハ偽の心也 (315・45オ)
西園寺鷹百首・言塵集		うれしさよたゝ一よりに取かひぬ今年初てつかふわかたか 一よりとハ一度なり (32・6オ) 一よりとハ一合せ也　一より二より十よりと申也 (71・11ウ)
龍山公鷹百首・大諸礼集	あらたかも手ふくろひきてくつろけハよつ毛のまはりみゆるくゝい毛 四毛　うしろの毛　くゝゐ毛 しろき毛くつろけハミゆる物也 (64)	一よりも浅さぬ小鳥けふことにつミてふ鷹におもほえぬ暮 一よりも浅さぬ小鳥とハいくよりもはつさすとるといふ事也 (24)
和歌寶樹・藻塩草・武用辨略	〇三ツ毛　四ツ毛　同所也 毛並ニ因テ云事也　四ツ毛ヲ割トテ煩　時ニ動ス事アリ (『武用辨略』巻8・19オ)	一寄　二寄ナト云　一本ニ是ハ鷹師ガ身ノ上ノ辞　也　一合ヲヒトヨリト訓ズルハ手事ノ辞ナラント云云　日本紀ニ一度ト云リ　歌ニモ トモシシテ箱根ノ山ニ明ニケリ二度三度合トセシ間ニ (『武用辨略』巻8・42オ)
和歌八重垣・東雅・その他		
典拠	定家三百首	※

No.	280	281
項目	わかくさ	わかたか
和訓栞	……○巣鷹を若草と称せり　○…… 前編巻42・下巻648頁	黄鷹をよめり　胸の毛わかき時ハ黄なれハなり　當歳の時をいふなり、 中編巻29・下巻650頁
定家鷹三百首		毛をかへハかはり行へき若鷹やとやきハまてのあかふなるらん 若たかハ赤府と也　鳥やにて白く成物なれハ也　（39・5ウ） あか　若鷹の事と也　（309・44ウ）
西園寺鷹百首・言塵集		黄鷹(わか)ハ當年の鷹なり　野にてそたちたる也　巣より出て子(こ)の時よりこなたにてそたちたるをハ巣鷹と申候也　當年なれ共若鷹とは申さす　（58・10オ） 若鷹ハ巣鷹ともかくと也　（60・10ウ） ○鷹　追加　……鷹の一歳をハ黄鷹と云也　若たか也　二歳をハ撫鷹と云なり （『言塵集』7・1オ。233頁）
龍山公鷹百首・大諸礼集		わか鷹の鳥屋出の胸の遠山毛はつ鳥かりにあはせてやみん　（41）
和歌寶樹・藻塩草・武用辨略	○巣鷹(スタカ)ヲ若草(ワカクサ)ト称(セウ)スル　雛(ヒナ)ノ事也　口傳(クデン)アリ　凡(ヲヨソ)穴(アナ)ニアル窠(ス)　木(キ)ニアル巣(ス)　差別(シヤベツ)アリ　一本ニ大鷹(ヲホタカ)　小鷹(コタカ)ニ巣(ス)ノ字(ジ)ヲ用(モチヒ)　隼(ハヤブサ)ニハ窠(ス)ト書(カク)ヘシト云リ （『武用辨略』巻8・25ウ～26オ）	「巣鷹」 巣鷹トハ巣ヨリトリテ子之(ノ)時ヨリコナタニテソタテタルヲ云也　コトシナレトモ若鷹トハイハサル也　黄鷹ト書テ若鷹トヨム　胸ノ毛若キ時ハ黄ナルユヘナリ　當歳ノ時也 最(モツトモ)　一歳の若鷹(ワカタカ)ヲ黄鷹(ワウイヨウ)トシ　之(コレ)ヲ巣鷹(スタカ)ト云　二歳ヲ鵧鷹(ベンイヨウ)ト云　或片鵧ニ作　三歳ヲ両鵧(モロカヘリ)　又四歳ヲ両片鵧(モロカタカヘリ)ナド云　四歳已後(イゴ)ヲ両々鵧(モロ〲カヘリノタカ)　鷹ト云リ （『武用辨略』巻8・24オ）
和歌八重垣・東雅・その他	「スタカ」 巣ヨリ取テ子ノ時ヨリコナタニテソタテタルヲ云　コトシナレ共若鷹トハイハサルナリ　黄鷹ト書テワカタカト訓　當歳ニハ胸毛黄ナル故ナリ （『歌林樸樕拾遺』）	とかへる——（鷹）（……されは黄鷹とかきてハわかたかとよむ　一歳の鷹也　撫鷹とかきてはかたかへりとよむ　二歳也　鵧とかきて　たかへるとよむ　経二歳也 （『藻塩草』鷹・巻10・16オ）
典拠	武用辨略	和歌寶樹

No.	282	283
題	わし	わたげ
和訓栞	……○鷹にわしがほといふハふてたる様の貌也といへり ……○俗に上みぬわしといへり 鷹ハ鳥を一口喰てハ空を見〳〵するハ鷲の来るかと疑ふ也　鷲ハその用心なし　よてかくいへり　又鷲ハ貝を畏るをもて鷹狩に貝をもたすもありとそ …… 前編巻42・下巻660頁	……○鷹の鳥やの内に雪をちらしたる如くあるをもいへり 前編巻42・下巻665頁
定家鷹三百首	冬草に打からせ共春待てつき 尾もさそな鷲かほのたか 鷲貝とハふてたるやうの皃の事と也 （8・1ウ〜2オ） 一切鷹の鳥を一口くひてハ空を見々するハ鷲の来るか〳〵との用心也　鷲を取鷹なけれハわしハ左様に用心する心なけれハ上見ぬ鷲と也　わしハ貝の音におづる物なるに依て近年も細川京兆なとの御鷹狩にハ貝を持せられしを見物せしと也 （262・37オ〜ウ）	箸鷹のねくらの雪をふミちら し鳥やの内より冬やまつらん わた毛とて鳥やの内に雪をちらしたることく有物と也 （56・7ウ）
西園寺鷹百首・言塵集		
龍山公鷹百首・大諸礼集		
和歌賓樹・漢塩草・武用辨略		
和歌八重垣・東雅・その他		
典拠	定家三百首	定家三百首

No.	項目	和訓栞	定家鷹三百首	西園寺鷹百首・言塵集	龍山公鷹百首・大諸礼集	和歌寶樹・藻塩草・武用辨略	和歌八重垣・東雅・その他	典拠
284	ゐぎれ	……○鷹にもいふ　足ー革の下にきれたる所あるをいふ　後編巻18・855頁	かり人の鳥打立る造田のいぎれや鷹のあしにあるらん　いきれとハ足皮の下にきれたる所の有を云　下手のつかふ鷹にハ必あり　飛んとして引切故歟と也（127・16ウ～17オ）					定家三百首
285	ゑがう	餌殻の義也　鷹にいへり、　中編巻29・下巻691頁	とまり山酒をすゝむる狩人の肴や鷹のゑから成らん（184・25ウ）　はい鷹の女鳥取てふゑからをハ山をつけつゝもたせもそする（337・47ウ）					定家三百首か
286	ゑづゝみ	鷹の胸に餌をもて居をいへり、　中編巻29・下巻694頁	明るまですこし持つる餌包に餌のなけれハやそゝろうつらん　餌包とは餌を胸にもつ所の事也（147・20オ）			○餌包(エツヽミ)　高骨(カウコツ)ノ所(トコロ)　腑(フ)定(サタメ)ト等(ヒトシク)連(ツラナレル)　者(モノ)也　或餌(エ)筒味(ツヽミ)ニ作　即(スナハチ)胸袋(ケウタイ)ノ毛(ケ)　餌(エ)蔵(ガクシ)ノ毛(ケ)是(コレ)也　今云胸毛(ムナゲ)白(シロ)キヲ鵠毛(クヾヒゲ)ト云　或鷺(サギ)毛共ニ云リ　鷹歌(イヨウカ)ノ注(チウ)ニクラヰノ毛トニ云モ餌(エ)持(モチ)ノ毛(ケ)也（『武用辨略』巻8・16オ）		定家三百首

【相違箇所】・285 見出し語「ゑがう」は（増補版）は「ゑがら」の誤りである。整版本・岐阜版も同様に誤る。

No. 287

題 ゑぶくろ

和訓栞

鷹によめり　餌袋也　蜻蛉日記
枕草紙などに見ゆ　赤染衛門集に
ふたとみの事をいへり　○……

前編巻44・下巻696頁

定家鷹三百首

とりかハぬ事もやあるとあら
鷹のをきしことをもさせるゑ
袋

餌袋ハ付るといはぬ　さすと云
物也となり　（117・15ウ）

をつきつてたかへる鷹の餌袋
に入ていらぬやをき餌なるら
ん　（334・47ウ）

西園寺鷹百首・言塵集

餌ふくろに兎の頭鳥のくひさ
かなにせしハむかしなりけり

餌袋に兎のかしら　鳥のくひを
付る事むかしハたかに鳥をとら
する事　故実なきゆへに形を結
て肴にせし也　今ハ鳥を取によ
り餌袋の装束にする也
（11・2オ〜ウ）

ゑふくろを人のかたへつかハす
にも　をき餌を入さるハいまふ
事也　餌ふくろにいるゝをハさ
すと云也　（17・3ウ）

餌袋にしとゝこあかりとりい
れて帰るかりはの家つとにせ
ん　（28・5ウ）

龍山公鷹百首・大諸礼集

餌ふくろにをき餌さゝてはい
かならんむかしも鷹にいむと
こそきけ

人にたかをやるにも餌袋にをき
餌入へき事也　をき餌とハ雉の
事なり　雉なけれハ鷺　鳥　小
鴨　鳩までもくるしからす候
（33）

一　餌袋の事。春夏ハたか、し
ら　秋冬ハうさぎかしら共申也
此方を人のかたへ向て出すべし
也

和歌資樹・藻塩草・武用辨略

「エブクロ」
エブクロトハ鷹犬ノ餌ヲ入ル袋

餌袋　四声字苑ニ曰餌ハ食ヲ以
魚鳥ヲ誘　也ト云云　袋ハ嚢ノ
名　底アルヲ嚢ト曰　或韔ニ作
上古弓袋ニ生鳥ヲ入　此具トシ
タリ　政頼朱光ガ餌腑ヲ見テ制
シテ袋トス　古今其形　品ハ替
共理ニ至テ一也ト云云　今生袋
ト書又覽嚢ニ作　是ニハ生鳥ヲ
貯　餌籃ニハ死鳥　餌殼ヲ入侍
也　口餌ナド飼トキ用也　……
凡　古来鷹ノ具トスル物　大方
差ト云也　此具ヲモ付ルトハ云
ズ　差ト云事習ト云云
（『武用辨略』巻8・54オ〜55
オ）

和歌八重垣・東雅・その他

おかしきゑふくろを、人のかり
やりしを、みちまさの君のみち
にあひてとり給てけれは、ふた
をたてまつるとて

うせぬともみはなきならしふ
たついみは君かとりつるなこ
そおしけれ

（『赤染衛門集』流布本・259番）

典拠 蜻蛉日記・枕草紙・赤染衛門集

No.	288	289
項目	をきかふ	をきなハ
和訓栞	招飼の義　鷹を手放て餌を見せてをきたつるをいふ　鷹にハ呼といはす　をくといふなり　よてをきかひともよめり 前編巻5・下巻704頁	大鷹にいふ詞　小鷹にハへをといふ　同物にて招索の義なり 前編巻5・下巻704頁
定家鷹三百首	草かりの笛のねとりにをきかひて暮ぬと帰る野へのかり人　笛まてハ序也　ねとりとハとまりなきの心とおなしと也　作り餌をかふ也　明日よくわたらせんの為なり　をきかひと云 (198・27ウ)	あらたかをハやをきたつるをき縄を後にハ犬のさはきにやせん　をき縄ハ大鷹にあり　小鷹にはへをと也　大鷹のハふとし　されハ犬のさハきにやせんと也 (110・14ウ) 経尾の事なり　をき縄をも云　唐に尾縄と云となり　日本にも云てくるしかるましきと也 (175・24ウ)
西園寺鷹百首・言麗集		経緒ハ鶬よりしてちいさき鷹にあり　大鷹にハをき縄とて四十尋の縄有　つミ　小鷹ハ安くて下手のつかハさる物也 (26・5オ〜ウ)
龍山公鷹百首・大諸礼集	をきかふにえならぬ物は餌鳴して雲井をかける巣子のはやふさ　をきかふは鷹を手はなち餌をミせてをきたつる事也　鷹よふとハいはす　をくと云也　手にわたるをハ勿論わたる　又をきとるといふ也 (44)	
和歌寶樹・藻塩草・武用辨略		○喚縄(ヲキナハ)　或呼索(ヲキナハ)ニ作　経緒(ヘヲ)ト同(ヲナジ)物(モノ)ナレ共大鷹(ヲヽタカ)　小鷹(コタカ)ノ間(アイダ)ニ其名(ソノナ)ヲ別(ワケ)タリ　小鷹ニテ経緒(ヘヲ)ト云　大鷹ニテ喚索(ヲキナハ)ト云ル也 (『武用辨略』巻8・47ウ) 「ヘシリウタレヌ」 小鷹ノ経緒ミシカクテフ自由ナルヨシヲイフ也　小鷹ノ(ママ)経緒トイヒ大鷹ノヲハオキナハトイフ　又経緒サストハ付ル也　廿尋ノ糸ヲ付テ鳥ニアハスル也　オキナハノ尺ハ四十尋也
和歌八重垣・東雅・その他		
典拠	龍山公百首	定家三百首

【相違箇所】・289『和歌寶樹』の「小鷹ノ経緒トイヒ」は「小鷹ノヲ経緒トイヒ」の「ヲ」の字の脱である。

No.	290
題	をきゑ
和訓栞	鷹にいへり　金葉集にみゆ　招餌の義也　鷹を招き致すの餌也　をき鳥　をき鯉なといふも同し 源正頼卿北山の邊におもふ女あり野へに出る時ハ女のもとへ餌袋を遣ハしけれハ女 　軒端うつましろの鷹の餌袋にをきゑもさゝてかへしつるかな と詠す　其鷹やかて死けり　それより餌袋を人のかたへ遣すにをき餌入さるハ忌事なり　ゑを入たるをさすといふなり 前編巻5・下巻704頁
定家鷹三百首	をつきつてたかへる鷹の餌袋に入ていらぬやをき餌なるらん 鳥をは追切て手に帰るほとのなつきたる鷹には　をき餌もいらぬ事と也　（334・47ウ）
西園寺鷹百首・言塵集	餌袋にかれかハきたる古(ふる)をき 　餌さして用なき身とそ捨えぬ ゑふくろを人のかたへつかハすにも　をき餌を入さるハいまふ事也　餌ふくろにいるゝをハさすと云也 むかし源正頼(せいらい)卿北山の邊に女を思ひけり　野へ出る時彼女のもとへ行とて餌ふくろをつかハしけれハ女鷹の儲をしけり　有時ゑふくろをつかハしてゆかすして餌袋はかり取につかハしけれハ女いかゝおもひけん 　軒はうつましろの鷹の餌袋にをきゑもさゝてかへしつるかな と詠して返しけれハ其たかやかて死けり　それより猶ふかく鷹にハいむ事也　私聞　五文字の心ハ妻　（17・3ウ～4オ）
龍山公鷹百首・大諸礼集	餌ふくろにをき餌さゝてはいかならんむかしも鷹にいむと 　こそきけ をき餌とハ雉の事なり　雉なけれハ鷺　鳥　小鴨　鳩までもくるしからす候……をき餌をはさすといふ也　本哥金葉集に入たり 　のき羽うつ眉白の鷹の餌袋に 　をき餌もさゝてかへしつる哉 この鷹の餌袋にをきゑをさゝてつかハしけるにその鷹そこねたる也　それよりふかくいむなり 鷹の死るをハそこねたるともさかりたる共云也　哥にハよミ候へとも　のきたるとハいはす候也　山にてさかると云詞をいむも鷹の死るをそんする　さかるなとゝ云心につきて忌也（33）
和歌寶樹・藻塩草・武用辨略	たはなし〔……餌袋を人のかたへ　けにも又常にもをきゑを入さるハいまう事也　昔源正頼北山の邊に女を思けり　野へ出る時彼女のもとへ行とてゑふくろを遣けれハ女鷹儲をしけり　ある時ゑ袋ハかり取に遣けれハ女いかゝ思けん 　〇のきはうつましろのたかのゑ袋にをきゑもさゝてかへしつるかな と詠して返しけれハ鷹やかて死けり　それより猶ふかくいむ事也〕 （『藻塩草』鷹・巻10・14オ）
和歌八重垣・東雅・その他	のきばうつ真白(ましろ)のたかの餌袋(ゑぶくろ) に招餌(をきゑ)もさゝでかへしつるかな （『金葉和歌集』巻9・雑部上。 新大系565番〈国歌大観601番〉）
備考	西園寺百首　藻塩草と類似するが西園寺百首を踏まえる

No.	291	292
項目	をく	をしへぐさ
和訓栞	鷹をくなといふハ招取の義　さしとるも同し　○…… 前編巻5・下巻704頁	教｜草也　鷹の落｜草の上を羽を引て教るをいふといへり 後編巻3・155頁
定家鷹三百首	をきしとはをきとる事也　(117・15ウ) 木かくれにありもやすると打よりて見えぬ鷹をく杜の下かけ 鷹をくとハをきとる事也　さしとるとも云也　(132・17ウ)	狩人のをしへ草とるはし鷹や犬のこえ行鳥をたつらん をしへ草とハ鳥ハそこ〱へ落たると云事也　(280・40ウ)
西園寺鷹百首・言塵集	木又ハ何にもあれ　たかをとるをハさしとると云也　(48・8ウ)	
龍山公鷹百首・大諸礼集	鷹よふとハいはす　をくと云也　手にわたるをハ勿論わたる　又をきとるといふ也　(44) さし取るとハおきとる事なり。(巻14・26オ)	
和歌實樹・藻塩草・武用辨略	「サシトル」 サシトルトハ鷹ヲ呼トル事ヲ云也　鷹詞ニヨヒトルトハイハズ木ナトニイルヲモ　ヨヒトリナガラサシトルト云也	「ヲシヘ草」 鷹ノヲシヘ草トハ鳥ヲ追落タル草フカクテ鳥ミエネハ草ヲトリテ空ニシハラク羽ヲツカヘハ鳥モハタラカスシテアルヲ見付テ鷹師ユキテタツヌル也　是ヲオシヘ草ト云也 草とる〔鳥を草においをとして鳥を取えずして鳥の落草を取るを云也　をしへ草と云は鳥有所ををしへる也　又草とる鳥共よめり〕 （『藻塩草』鷹・巻10・14ウ）
和歌八重垣・東雅・その他		「ヲシヘ草」 鷹ノ教草　鳥ヲ追落シテ草フカク鳥ニ(ママ)ヘネハ草ヲトリテ空ニ暫羽ヲツカフ　鳥モエハタラカスシテアルヲ見付テ鷹師行テ尋ルアリ　是ヲ教草ト云也 （『歌林樸樕拾遺』）
典拠	定家三百首	※

No.	項目	和訓栞	定家鷹三百首	西園寺鷹百首・言塵集	龍山公鷹百首・大諸礼集	和歌寶樹・藻塩草・武用辨略	和歌八重垣・東雅・その他	典拠
293	をすけ	鷹の尾のうらに白き毛あるをいふといへり 後編巻3・156頁	尾すけとて尾の下に有毛の針のやうなるをほむる物と也　(122・16オ) をすけ　乱糸ノ事なり　白物也　(129・17オ) さ衣の毛とハ尾の下に　をすけ乱糸　さ衣と云三の内の一の名なり　寒時ハ十二枚の尾を一枚にたゝむ事と也　(219・31オ)		力餌やこゝろをそへてかひもせむたかの尾すけのかはる見ところ 尾すけとハ尾のうらに白き毛のあるをいふ也　尾すけのおほきをよきたかの相にいへり　つかふ鷹の見所　尾すけにもあると也　又尾すけはかりにもかきるへからす　おほき事なれハしるしかたし　(36)		尾ノ下ニ有二リ三品ノ毛一曰二尾ヲ末毛（スケ）（於須計）　乱絲（美太礼伊止）　狭衣一ト（佐古呂毛） （『和漢三才図会』巻44・鷹）	龍山公百首
294	をのうへ	八鵰（ハチクマ）の類に灰色にして羽ノ端黒く全身朱麗なる者をいへり、 中編巻3・下巻717頁					「鵰・附録」 八鵰（ハチクマ）〔……又一種有レ灰色羽端黒ク尾ノ半ハ灰半ハ白ク全身朱麗者ヲ俗ニ称二尾乃宇倍（ヲノウヘ）一ト亦八鵰ノ之類也（ナリ）〕 （『本朝食鑑』巻6・22ウ）	本朝食鑑

No.	295	296
項目	をのたすけ	をばなすりのたか
和訓栞	鷹の尾にたすけといふ所ある也といへり　助尾とも云り、 中編巻3・下巻717頁	尾花の如くのり毛の落たる後の毛をいふといへり、 中編巻3・下巻718頁
定家鷹三百首	御狩はの鷹の尾の名のをのつから人をたすけし君にも有哉 たすけの尾によそへてよめり 上尾の次の下にあるをいふとなり （270・39オ）	とやの内のお花すり毛やみちのくのしのふの山の巣鷹なるらん （58・7ウ）
西園寺鷹百首・言塵集	狩衣さのミハいかゝ鷹の毛の（尾イ）たすけハ人のふるぎなりとも たすけハ尾の名也　鈴付の尾の下のかさね也（16・3オ〜ウ）	
龍山公鷹百首・大諸礼集		一　夏(なつ)の言葉(ことば)　尾花(をばな)ずりの鷹(たか)とハ。おばなのことく　のりげのをちたる後の毛(け)を申也。 （巻14・29ウ）
和歌實樹・藻塩草・武用辨略	「タスケ」 タスケトハ鷹ノスヽツケノ下ノ尾ノ名也 又力尾(チカラヲ)ト云アリ　是(コレ)ハ助尾(タスケヲ)ヲ云リ（『武用辨略』巻8・20ウ）	
和歌八重垣・東雅・その他	「タスケ」 鷹ノ鈴附ノ下ノ尾ノ名ナリ （『歌林樸樕拾遺』） 「たかのおのたすけ」 鷹の尾にたすけといふ所あり （『和歌八重垣』巻5・23オ）	
典拠	和歌八重垣	三議一統

No.	297	298
項目	をぶくろ	をぶさのすゞ
和訓栞	倭名鈔鞍馬ノ具に紛をよめり 俗に尾袋といふと注せり …… 又鷹にもいへり すゝしを本とす よてすゝしの袋ともよめり、 中編巻3・下巻719頁	尾総の鈴也 鷹にいへり、 中編巻3・下巻719頁
定家鷹三百首	はし鷹に尾をつかせしと鈴付にすゝしの袋ぬひて入つゝ すゝしの袋 尾袋の事也 すゝしか本と也 （114・15オ）	
西園寺鷹百首・言塵集		仲正 御狩野に今日はし鷹のそらくして尾ふさの鈴もとかて帰ぬ 私云たかのそらくしたるには（ママ）ゑをもひかへ鈴をもとかぬ也 こらさんかため也 （『言塵集』5・10ウ。171頁）
龍山公鷹百首・大諸礼集		
和歌寶樹・藻塩草・武用辨略	○帑袋（ヲフクロ） 或尾嚢（ヲフクロ）ニ作（ツクル） 尾（ヲ）ノ損（ソン）ゼヌ為（タメ）ニ調（トヽノフ）ル也 （『武用辨略』巻8・54オ）	
和歌八重垣・東雅・その他		「おぶさのすゞ」 鷹の尾に付たる鈴也 （『和歌八重垣』巻6・12ウ）
典拠	定家三百首	※

【相違箇所】・298『言塵集』における古典全集本（寛文4年整版本の翻刻）「そらくしたるには」は「そらくしたる日は」の誤刻である（→No.109）。

（追加）

No.	題	和訓栞	定家鷹三百首	西園寺鷹百首・言塵集	龍山公鷹百首・大諸礼集	和歌寶樹・藻塩草・武用辨略	和歌八重垣・東雅・その他	典拠
1	かたうづら	雌―雄そはで離れたるをいふなり 後編巻4・203頁	秋の野の草に見ふする片鶉こま打まハしたつるかり人 秋ハ片鶉　春ハもろ鶉立物と也 （300・43オ）		あらはなる小田のすゝきのかたうつらとをはまりして鷹にとらるゝ （86）		「かたうづら」一説夫婦そハではなれたるうづらをいふと云云 （『和歌八重垣』巻5・11ウ）	和歌八重垣か
2	とび	……○倭―名―鈔に鵟をくそとびと訓ぜり　馬―糞―鷹也といへり 後編巻13・633頁					「雎鳩・附録」馬糞鷹〔漢語抄ニ曰ク鵟ヲ訓ス二久曽止比一是也　今或ハ称ス二長元坊一形チ似テレ鷹鷂ニ而眼色痴ナリ　羽毛疎ナリ　飛翔テ不レ能ハレ鷙コトレ鳥ヲ　但タヽ求テ二馬牛ノ之枯糞ヲ一而食フ　故ニ名クレ之〕 （『本朝食鑑』巻6・23ウ）	和名抄・本朝食鑑

No.	題	和訓栞	定家鷹三百首	西園寺鷹百首・言塵集	龍山公鷹百首・大諸礼集	和歌寶樹・藻塩草・武用辨略	和歌八重垣・東雅・その他	典拠
3	ねとり	……○ねとり狩ハ早朝に伏たる鳥を狩也といへり　○…… 前編巻22・中巻725頁	草かりの笛のねとりにをきかひて暮ぬと帰る野へのかり人 笛まてハ序也　ねとりとハとまりなきの心とおなしと也　作り餌をかふ也　明日よくわたらせんの為なり　をきかひと云 （198・27ウ）	心なく真柴をならす山風にまたなく鳥ハ聞も定めす ね鳥かりとハ早朝に伏たる鳥を狩也　ない鳥狩ハ時をいはさる也 （94・15オ～ウ）		小鷹付る〔……　ねとりかりとハ早朝に臥たる鳥をかる也　ない鳥ハ時をいはす　これらハいつれも春歟〕 （『藻塩草』鷹・巻10・16オ）		西園寺百首
4	ひおとし	火落しの義　つゝじの花をつかねて隼の巣に落せは火に似たるにおとろきて立をいへり、 中編巻21・下巻7頁			火をとしの鷹とはつゝじの花をつかねて隼のすにをとせば。火に似たるにをどろきて立を云 （巻14・29ウ）			三議一統

第Ⅱ部　資料篇（第二章　校合部）

一　『和訓栞』の原本（整版本）を上に、翻刻本をその下に配置したが、整版本の文言は増補版との間に異同が存する箇所（異同箇所を「行」単位で示し、連読符のある場合は付した）のみとした。なお、新旧による字体の差は取り挙げていない。

二　整版本と翻刻本との異同を明らかにするために備考欄に以下の注を加えた。

(1)　○　――　顕著な異同が認められると判断したもの。

(2)　整版本も誤る　――　対照表により確認できるが、増補版の誤りが整版本においても同様に認められるもの。

(3)　その他、内容に応じて「字体・清濁・送り仮名」等を記した。

三　典拠部「凡例」で記したごとく、後編所収の語は増補版に存しないことから、本「校合部」への掲載は必要ないが、これを削除すると掲載語に付した通し番号が典拠部と校合部とで食い違ってしまう。検索の便宜を図る意味から、これを削除することはしなかった。

No.	項目	和訓栞（整版本）	倭訓栞（増補版）	備考
1	あがけのたか	中編巻1・7オ	網懸の鷹也　若鷹をいふ　巣鷹に対しいへり　野なとにあるをいふ也　山かへりハ網にてとれともあがけとハいはすとそ、　上巻6頁	
2	あかふのたか	赤‐文の鷹也　定家卿鷹ノ歌に見ゆ　後編巻1・4オ・9頁		
3	あしを	よミ　新撰字鏡に聯を鷹のあしを　前編巻2・18オ	日本紀に縉をよみ　和名鈔に鞶をよみ　新撰字鏡に聯を鷹のあしをとよめり　足緒の義　足革をいふ　鷹の具也　又山足緒あり　其制少異也といへり　管の緒ともいふ　上巻45頁	仮名

No.	項目	和訓栞（整版本）	倭訓栞（増補版）	備考
4	あてくさ	中編巻1・28ウ	鷹詞に鳥の落たる所の草をいへり、　上巻62頁	
5	あはす	前編巻2・31オ	……○万葉集に鷹をあはすといふも義同し　挨嚢抄に擲ノ字を用うといへと勠(アハス)レ力　合(ス)レ戦の義の如くなるへし　○……　上巻72頁	
6	あふり	泥がけといふ也　前編巻2・36オ	倭名鈔に障泥をよめり……○鷹に山のうらおもてを一度にかかるを障泥がけといへる(ママ)也　○……　上巻88頁	○

No.	項目	和訓栞（整版本）	倭訓栞（増補版）	備考
7	あまおほひのけ	徒然草に見ゆ　雨覆の毛也 鳥にいへり 後編巻1・18ウ・38頁		
8	あらしハ	中編巻1・56ウ	鷹にいふ　嵐羽の義也、 上巻124頁	
9	あらたか	いまだ手馴ぬ鷹をいふなり 後編巻1・22ウ・46頁		

No.	項目	和訓栞（整版本）	倭訓栞（増補版）	備考
10	いきけ	中編巻2・2ウ	鷹のいきり熕ふ事なりといへり、 上巻152頁	
11	いしうち		石打と書り　鷹ノ尾の名所也 ○中黒　本白　切文フ　護 田鳥尾を今うすべふといふ おすめをの轉じたる也　小鳥の 尾の護田鳥の文に似たるを云 にや　俗に鱉の字を用ふ 後編巻2・6オ・63頁	
12	いちもつ	逸物とかけり　鷹にいへり 鷹鶻方にも其為レ物也　猛烈 俊逸と見ゆ 後編巻2・11オ・73頁		

No.	項目	和訓栞（整版本）	倭訓栞（増補版）	備考
13	いりくさ	入ー草の義　鷹の草の中へつと追ー入を云也　後編巻2・24ウ・100頁		
14	うさぎ	……○兎も大鷹の取ものなれバ俗ー間に鳥の内也といふにや　○……　後編巻3・5オ・115頁		
15	うちがひ	中編巻3・9ウ	……○……犬飼の事にいふハ打飼の義　犬の食也(ママ)、　上巻267頁	整版本も誤る
16	うつ	前編巻4・15オ	……○鷹に餌を宵に多くかへハ胸にあすまて持て吐出すをもうつといへり　○……　上巻273頁	
17	うづら	……○鷹ー狩にかけ鶉といふハ馬にて鷹を居て鳥をたてゝ合する也……○小鷹にうつらふといふは逸物也といへり　○……　後編巻3・8オ・121頁		
18	うぶすゑ	中編巻3・18オ	鷹にいふ　とりかはぬをいふとそ、　上巻292頁	

No.	項目	和訓栞（整版本）	倭訓栞（増補版）	備考
19	うらしま	……鷹に浦嶋といふハ古き鷹の 中編巻3・24オ	……鷹に浦島といふハ古き鷹の称也 上巻306頁	字体
20	うれへのけ	中編巻3・26オ	愁の毛也　鷹心煩らハしき時ハ額の脊のきハの毛をたつ也といへり、 上巻313頁	
21	えつさい	雀‐鷂をよめり　或ハ悦哉の字を用ふ　唐‐韻に雀‐鷂、小‐鷹也と見ゆ 後編巻3・19ウ・144頁		

No.	項目	和訓栞（整版本）	倭訓栞（増補版）	備考
22	えぼし	前編巻5・6ウ	……○鷹詞（ママ）の装束に烏帽子の上に錦の帽子も着る事あり　長秋記に見えたり　○…… 上巻326頁	整版本も誤る
23	えり	……○鷹‐詞にいふハ峯の事也と 前編巻5・7ウ	……○鷹詞にいふハ峰の事也と三議一統に見ゆ 上巻330頁	字体
24	おちくさ	前編巻45・15ウ	鷹狩の詞也　鳥の鷹に追れて草に落るをいふ也 上巻356頁	

No.	項目	和訓栞（整版本）	倭訓栞（増補版）	備考
25	おちふし	前編巻45・15ウ	落伏の義　鷹狩に鳥飛のかれて草に落て伏居るをいふ也　上巻357頁	
26	おとす	前編巻45・17オ	……○鷹をもちにて捕をも落すといふ　常の鳥にもいふ也　上巻361頁	
27	おひは	中編巻30・12オ	追羽の義　鷹の鳥をとらんやうに行羽のすかたをいへりとそ、　上巻373頁	
28	おぼえぐさ	中編巻30・18ウ	鷹詞に鳥のあのあたりに落たるとおもふ所をいへり、　上巻378頁	
29	おほを	鷹の具也　晋書に縧に作り　○山　中編巻30・14オ	和名抄に絛をよめり　大緒の義　鷹の具也　晋書に絛に作り　○山大緒ハ竹にて管を入るといへり、　上巻405頁	字体
30	おもしる	万葉集にミゆ　中編巻30・23オ	鷹にいふ　面知るの義也といへり　万葉集にみゆ、　上巻410頁	仮名

No.	項目	和訓栞（整版本）	倭訓栞（増補版）	備考
31	おもひご	……定家卿鷹の哥 前編巻45・42オ	……定家卿鷹の歌 親をとる鷲のつらさにこゝろあらハ鷹やしらまし鳥のおもひ子 親鷹か子をかなしみて子のあたりを立さらぬを鷲ハまつ親をとるものなりといへり 上巻414頁	字体
32	かき	……○鷹に柿をよめる哥鷹三百首 水とりて赤ふの鷹にかふらん 故郷の柿のもとつ葉わか鷹の萩 前編巻6上・9ウ	……○鷹に柿をよめる歌鷹三百首に もみちする柿のもとなるしのふ 水こ（ママ）りて赤ふの鷹にかふらん 故郷の柿のもとつ葉わる（ママ）鷹の萩 にそへてや　田鳥（シキ）をつくらん 上巻442頁	○・字体
33	かき	……○鷹に柿をよめる哥三百首に 故郷のかきのもとつ葉わか鷹の 中編巻4・5オ	……○鷹に柿をよめる歌三百首に もみちする柿のもとなるしのふ 水とりて赤ふの鷹にこ（ママ）ふらん 故卿（ママ）のかきのもとつ葉わか鷹の 萩にそへてや田鳥（シキ）をつくらん、 上巻443頁	○・整版本も誤る・字体

No.	項目	和訓栞（整版本）	倭訓栞（増補版）	備考
34	かげのけ	鳥の下おとがひの毛をいふ　鷹にもいへり 後編巻4・10オ・185頁		
35	かざきり	中編巻4・10ウ	……○鳥にいふハ倭名抄に翈をよめり　翼にある短羽也といへり ○…… 上巻460頁	
36	かさながれ	鷹‐狩によめり　風に吹れてわきへ流れそるゝをいふなり 後編巻4・14オ・193頁		

No.	37	38	39
項目	かざむけのけ	かたがへり	かねつけのけ
和訓栞（整版本）	風‐向の毛也　鷹のうしろのかまちに白き毛のまじりたる所（ママ）ある毛也といへり　後編巻4・14オ・193頁	前編巻6上・31ウ	鷹にいへり　背のわきにある毛也といへり　後編巻4・27オ・219頁
倭訓栞（増補版）		倭名鈔に撫鷹をよめり　二歳の名也　鷹の一鳥屋したるをかたかへりといひ　二とやしたるをもろがへりといふといへり　撫鷹　青鷹をもて分てり　上巻479頁	
備考	整版本が誤る		

No.	40	41	42
項目	かへりさす	かへる	かもゐ
和訓栞（整版本）	鷹にいふ詞也　眠り（ママ）とて顔をうしろへする事なり　後編巻5・5オ・243頁	前編巻6・下13ウ	鷹のまろくに居をいふ　鴨‐居の義　○……　後編巻5・16ウ・266頁
倭訓栞（増補版）		……○倭名鈔に卵のかへるハ鵙（ママ）といふ　鷹のかへるハ鵃也　二歳をふるをいふ……　上巻533頁	
備考	整版本が誤る	整版本も誤る	

No.	項目	和訓栞（整版本）	倭訓栞（増補版）	備考
43	からくつわ	前編巻6下・29ウ	唐鏽の義也○甲州山中鷹の事をいふハ昔宇治の宝蔵の唐鏽を七月七日の捜物（サカシ）の時鷹の捉て山中の巣に置たり　其鷹ハ甲斐の国より献する所の鳥也　是より甲州鷹の別称とすといへり　上巻564頁	
44	かり	……紅-葉狩　茸-狩　柴-狩　前編巻6下・31オ	……○……凡其名目　宿（トマリ）狩　夕狩　朝狩　鳥（ト）狩　初鳥狩　小鷹狩　日次狩　贄狩　荒熊狩　川狩　薬狩　櫻狩　紅葉狩　茸狩　柴狩（ママ）　なといへり　○………　上巻570頁	○
45	かりくら	中編巻4・40ウ	東鑑に狩倉と見えたり　狩場をいへり、　上巻572頁	
46	かりつめ	稲を刈て少し刈残したるに鶉多く集りて喰をかりつめの鶉といふ　小鷹の詞也といへり　後編巻5・23ウ・280頁		
47	かりづゑ	中編巻4・40ウ	狩杖の義　さきに岐（マタ）のある杖也　是にて柴を打なり　鷹師ハ笠の端にくらべてきり　犬かひハ目通りにくらへて切也といへり　桜木を用うとそ、　上巻572頁	
48	かりのつかひ	前編巻6下・33オ	……○狩使ハ鷹狩の使をいふ　巡狩の義也といへり　伊勢物語にいへる是也とそ………　上巻574頁	

No.	項目	和訓栞（整版本）	倭訓栞（増補版）	備考
49	かりばのとり	狩場の鳥也　雉子をいふといへり　○大鷹小鷹ともに雉にかぎらず鳥を取ぬれば山の神を祭る事あり　鳥のうしろの毛雨おほひを取　下毛とて尾の上に草の如くなる毛あるを奉る也　後西園寺殿鷹百首に　笠の上に上毛下毛を手向置て　けふの狩場の神祭るなり　後編巻5・281頁		
50	きゝすゑとり	鳥の聲を夜聞置て其所を狩也といへり　又雉の鳴を野山に聞すまして鈴の子をさしてならぬやうにして鷹を合すをもいふ　後編巻6・291頁		
51	きづな	倭名抄に攣又綵をよめり　犬にい　前編巻7・10オ	倭名抄に攣又綵（ママ）をよめり　犬にいふ也　牽綱の義也　紲も同し　今世鷹家に木綱あり　山椒の木をもて作るをよしとす　くさりに代用といへり　涅槃経に犬を枷する是也　○……　上巻600頁	○
52	きみしらす	ゝあり　今いふおもひば也　中編巻5・13ウ	楊弓にいふ　鵃の両翼の裏にある所の羽也　鷹及鶴にいふも翼にあり　羽から（ママ）のかたかへりに二枚づゝあり　今いふおもひは也　○……　上巻611頁	整版本も誤る・清濁
53	きりやどまり	中編巻5・20オ	鷹の詞につかれの鳥を捨る事といへり、　上巻625頁	
54	くゝる	中編巻6・2オ	……○言塵集に鷹の足緒をくゝりと訓せり、　上巻631頁	

項目	和訓栞（整版本）	倭訓栞（増補版）	備考
55 くさとるたか	中編巻6・5オ	鷹狩の詞也　鷹の鳥をとりて偏手(カタ)に草をとりて力草とする也、　上巻635頁	
56 くさり	中編巻6・3オ	日本紀に鎖をよみ　倭名鈔鷹犬の具に鉇をよみ　鞍馬ノ具に絛をよめり……　上巻638頁	
57 くち	……○鷹を韓ー語にくちといふ事　日本紀に見えたり　倭名抄に倶知　鳩鳩(クチ)といへる是なり　本草鷹の一名にも鳩鳩と見えたり　俊頼の哥　前編巻8・12ウ	……○鷹を韓語にくちといふ事仁(マヽ)徳(こ)紀に見えたり　倭名抄に倶知ノ両字急ニ読レ屈といへり　百済に鳩鶴(クチ)といへる是なり　本草鷹の一名にも鳩鳩と見えたり　俊頼の歌にもよめり　今の朝鮮語にハまいといへりとそ　上巻652頁	○・字体

項目	和訓栞（整版本）	倭訓栞（増補版）	備考
58 くちゑ	中編巻6・9ウ	鷹にいふ　志餌をよめり　心(ママ)餌にハひくといひならへり、　上巻656頁	整版本も誤る
59 くつをむすぶ	中編巻6・13オ	鷹の空にて鳥をとりて沓を投る(ママ)に似たるを喩(タト)へいへり　見(セ)鷹の詞也よて沓を結ふといふとそ、　上巻659頁	整版本も誤る
60 くひな	日ー本ー紀　倭ー名ー抄に水ー鶏を訓ぜり……○鷹ー詞にくひな飛とハ少つゝ鳥のとひあがるをいひ　くひたち(ママ)とハ少つゝ鳥のたつをいふ也　○……　後編巻6・16オ・319頁		整版本が誤る

No.	項目	和訓栞（整版本）	倭訓栞（増補版）	備考
61	くまたか	倭‐名‐抄に角‐鷹を訓ぜり 熊‐鷹の義也 熊ハ勇‐猛を称する也 日‐本‐紀に熊‐鷲といへるハ是なるべしといへり 安‐永四‐年の春角‐鷹闘ひて伊‐勢一‐志郡八太の山に落て共に死す 角‐鷹ハ鷹‐鶻‐方に見ゆ 新‐撰字‐鏡に鵰を訓ぜり 鵰ハいかゞ ○矢に鷹の羽といふは熊‐鷹也 後編巻6・16ウ・320頁		
62	くらゐのけ	中編巻6・24ウ	鷹の胸に餌をもちてふくらげたる所の毛をいふ也、 上巻687頁	
63	くろふ	中編巻6・30オ	鷹にいふハ黒文（フ）也 黄黒ふといふも見えたり…… 上巻701頁	

No.	項目	和訓栞（整版本）	倭訓栞（増補版）	備考
64	けいけい	前編巻9・2オ	……○鷹のせこ聲 けい〱ほう〱とも えい〱ほう〱ともかくるといへり 上巻710頁	
65	けなしはぎ	中編巻7・5ウ	鷹にいふ 足革さす所也といへり、 上巻720頁	
66	けばな	中編巻7・6オ	毛花の義 鷹詞に鳥の毛の散をいへり、 上巻722頁	

No.	項	和訓栞（整版本）	倭訓栞（増補版）	備考
67	こけらげ	中編巻8・8ウ	鷹の煩らふ時にたつる頭の毛也といへり、 上巻746頁	
68	こしばをならす	中編巻8・18オ	鷹詞にいふハ木草をたゝく事也と三議一統に見えたり、 上巻763頁	
69	こたかゞり	源氏にミゆ　小鷹狩也　秋にいへ 中編巻8・21オ	源氏にみゆ　小鷹狩也　秋にいへり　六帖に小鷹手にすゑともよめり　或ハこのり以下を皆小鷹といふといへり　又うづらひばりをとるをいふともいへり　大鷹ハ冬也、 上巻771頁	仮名

No.	項	和訓栞（原本）	倭訓栞（増補倭訓栞）	備考
70	こつぼ	原本の見出し字「こつぼ」となっている 中編巻8・22ウ	……○鷹にこつぼの水といふ事あり　板(ママ)ノ木のまたにたまる水也といへり、 上巻776頁	整版本も誤る
71	ことり	中編巻8・24オ	……○鷹司に木鳥をもいへり　木にあかりたる鳥也　○…… 上巻786頁	
72	このしたやみ	中編巻8・29ウ	……○この下狩ハせこの事也といへり、 上巻790頁	

No.	項目	和訓栞（整版本）	倭訓栞（増補版）	備考
73	このはがへり	中編巻8・30オ	つみ　えつさいの内ちいさきを木葉復といふとそ、　上巻791頁	
74	こもづちごえ	鷹にいふ詞　峯を鷹と鳥とこなた　中編巻8・40オ	鷹にいふ詞　峰を鷹と鳥とこなたかなたへ薦を編むやうにたがへちかへにもちりやる如く鷹の羽つかひするを喩へいへり、　上巻815頁	字体
75	ころどり	鷹の面々に一羽つゝ鳫をとるをいふといへり……　後編巻6・36ウ・360頁		

No.	項目	和訓栞（整版本）	倭訓栞（増補版）	備考
76	こゐ	前編巻9・42ウ	鷹にいふ　木居の義也　柴の木居　椎の木居　同義也といへり　○蔵玉集に鷹をこゐ鳥といへり　上巻828頁	
77	さかばかく	へり　法-性-寺入-道の哥　はし鷹の身よりのさか羽かきく　中編巻9・10オ	鳥のもぢれたる羽をかくなりといへり　法性寺入道の歌　（ママ）鷹の身よりのさか羽かきくもりあられふる野に御狩すらしも、　中巻19頁	○・字体
78	さごろも	さむミあられ降也　○……　中編巻9・15オ	……○鷹に狭衣の毛といふハ尾裏廁門にかゝりたる毛なりといへり　定家卿　箸鷹の狭衣の毛を重ねても猶風さむみあられ降也　○……　中巻35頁	仮名

No.	79	80	81
項目	さゝいべ	さしば	さす
和訓栞（整版本）	中編巻9・17オ	バゝ後にあさぎ色になれり　赤さしバゝ後も同し　前編巻10・18ウ	前編巻10・20オ
倭訓栞（増補版）	……○鷹の書に隼（ハヤムサ）相傳の家也といへり、　中巻36頁	……○……朝鮮より来る小隼也といへり……すそごの差羽ハ尾のさき半らばかり黒き也　青さしばゝ後にあさぎ色になれし（ママ）　赤さしばゝ後も同し　中巻44頁	……○鷹の鈴にもさすといひならへり　○……　中巻46頁
備考		○・仮名	

No.	82	83	84
項目	さつきげ	さばく	したるし
和訓栞（整版本）	中編巻9・20ウ	……○鷹狩の犬にさバきといふはなハのさバきと見えたり　前編巻10・27ウ	俗に馴過て離れぬ意にも味のさハ　中編巻10・13オ
倭訓栞（増補版）	鷹にいふ　五月毛の義　鳥屋へ入れハやかて落す毛也、　中巻51頁	……○鷹狩の犬にさばきといふはやり縄の事也　藤をたちて綱につくるなりといへり　新六帖にも鵜なハのさばきと見えたり　中巻59頁	俗に馴過く（ママ）離れぬ意にも味のさハやかならぬにもいへり　垂の字義にや　定家卿　狩人の手なれの鷹やもぐと知て口餌ひくにもしたるかるらん、　中巻120頁
備考		仮名	○

No.	項目	和訓栞（整版本）	倭訓栞（増補版）	備考
85	しとゝどり	日本紀に巫鳥と見え　和名抄に鵐を訓せり……○しとゝ啼ハ鷹にいへり　ちり〳〵と鳴をいふといへり　少しつゝあがるをしとゞにあがるといへり　○…… 後編巻8・5ウ 404頁		
86	しのぎ	中編巻10・21ウ	……○万葉集にしのきを二（ママ）つ手狭と見えたるハしのき羽とて鷹の羽にてはきたる上箭也といへり、 中巻137頁	引用書に基く誤りか
87	しのふきすさむ	前編巻11・21ウ	鷹詞也　青竹をぬるめて切口より出る息をもて鷹の羽のゆがみをなほすをいふといへり 中巻139頁	

No.	項目	和訓栞（整版本）	倭訓栞（増補版）	備考
88	しのぶのたか	中編巻10・23オ	陸奥の信夫より出る鷹をいふといへり、 中巻140頁	
89	しのぶみづ	中編巻10・23オ	鷹詞に人の小便に餌をひたして飼ふをいふ　定家卿　紅葉する柿のもとなるしのふ水とりてあかふの鷹にこ（ママ）ふらん、 中巻140頁	整版本も誤る
90	しらぬりのすゞ	延喜式に白塗ノ鈴と見えたり　定卿鷹ノ哥に 前編巻11・41オ	延喜式に白塗鈴と見えたり　定家卿鷹ノ歌に　勅ありてみゆきふりぬるくたら野の鷹の鷺毛もしらぬりの鈴　万葉集長歌に詠ニ白大鷹一に白塗の小鈴と見えたり　○…… 中巻172頁	字体・仮名の有無

No.	項目	和訓栞（整版本）	倭訓栞（増補版）	備考
91	しらふのたか	白｜文の鷹也　ましらふといへり 後編巻9・24オ・481頁		
92	しらを	白｜尾の義　一条院の御｜宇御｜ 鷹尾の上の白きをミて雪のある心 前編巻11・38ウ	白尾の義　一條院の御宇御狩行幸に鷹古山をおもひ出て気色あしかりけれハ源ノ政頼卿鷹の尾ニッきりて鵠のきみしらずにて継けり 鷹尾の上の白きをみて雪のある心ちして春を忘れ古山のおもひ絶たり 後西園寺殿鷹百首に 朝明の霞のうちの遠はまりしら 尾つがずハをかけ見ましや 中巻173頁	字体・仮名
93	しるしのすゞ	鷹につくる鈴也といへり 後編巻9・25ウ・484頁		

No.	項目	和訓栞（整版本）	倭訓栞（増補版）	備考
94	しを	中編巻10・1ウ	……○鷹にいふハ紫鶴と書り ○……… 中巻180頁	
95	すう	前編巻12・2オ	日本紀に鎮坐をすう　雑居をまぜすうとよめり　すゑ　すわると用る故也　鷹なとにいふ　此仮名なるへし 中巻184頁	
96	すおろし	鷹にいへり　巣｜下の義也 前編巻12・26ウ 後編巻10・11ウ・513頁	鷹にいへり　巣｜下の義なり 中巻185頁	

No.	項目	和訓栞（整版本）	倭訓栞（増補版）	備考
97	すゞ	前編巻12・9ウ	……○鷹の鈴　犬の鈴も日本紀古事記に見えたり　○…… 中巻201頁	
98	すゝねさす	中編巻11・9ウ	鷹犬にいへり　春ハ鈴の音に鳥驚てたつ故にならぬやうに物をさすなり　是を鈴のことといふ　こハ木の義にや　かばを細にしてさすなりといへり　鈴のめさすも同し、 中巻204頁	見出し語を誤る
99	すゝもち	鷹にいふ　上-毛の上に鈴かくしとてちいさき羽二ツあり　是なり　紫-革にて装-束したるを紅-葉装-束とも錦-装-束ともいふ也 後編巻10・5ウ・502頁		
100	すだかどや	此哥ハ著聞集に見えたり　撿挍豊 中編巻11・11オ	巣鷹鳥屋と書り　巣鷹ハ子飼をいふ也　今奥の巣といふハ奥州なりよて本の栖（スミカ）の東鷹なともよめりとそ 荒磯のみさごのすたか取こふにうその子はらむ犬を尋て 此歌ハ著聞集に見えたり　撿挍豊平か見出したるみさこ腹の鷹の事なり…… 中巻210頁	字体
101	すどり	前編巻12・15ウ	……○鷹の巣にて雛を捕へ　そを養ふをも巣鳥といへり 中巻213頁	

No.	項目	和訓栞（整版本）	倭訓栞（増補版）	備考
102	すまハり	七月-半までの若-鷹をいふとい へり 後編巻10・8オ・507頁		
103	せう	れる所也　古楽府に鷹ハ則鶏の兄 前編巻13・2ウ	倭名抄に俗説に雄鷹謂ニ之兄鷹一 雌鷹謂ニ之大鷹一と見えたり　せ は夫の義　うハ鷹の音略なり　大 鷹も今大の音をもてよへり　せう ハ大より劣れり　是鷹の諸鳥に異 れる所也　古楽府に鷹ハ則鶏（ママ）の兄 ともいへり　○…… 中巻238頁	○
104	せこ	……○……龍山公のの（ママ）説に山を るもの共を押出してせことといふは 見えたり　○鷹詞にせことといふは 立あかるをも　ふミあかるをもい ふと三議一統に見えたり　○…… 前編巻13・4ウ	……○……龍山公の説に山をか るもの共を押出しせことといふは しゝけたものゝ狩する者とものの事 也　下狩衣（ママ）といふへき事本義也と 見えたり　○鷹飼（ママ）にせことといふは 立あかるをも　ふみあかるをもい ふと三儀（ママ）一統に見えたり　○…… 中巻244頁	○・整版本衍・又整版本も誤る

No.	項目	和訓栞（整版本）	倭訓栞（増補版）	頁
105	そしく	三-議一-統に鷹-詞に峯より少 中編巻12・14オ	三議一統に鷹詞に峰より少し下る をいふと見えたり、 中巻268頁	字体
106	そゝり	中編巻12・14ウ	……鷹に尾そゝりといふ事あり 尾を横にゆる〱とふる事也とい へり　○…… 中巻270頁	
107	そゝろ	倭名抄に鵴をよめり　贅-鳥食- 已吐ニ其毛一如レ丸也と註せり 今鷹にそゝろ打といへり　○…… 後編巻10・18ウ・528頁		

No.	項目	和訓栞（整版本）	倭訓栞（増補版）	備考
108	そばみだか	中編巻12・17ウ	鷹病あれハ薬をかふ　重くも煩ふをいへり、 中巻279頁	
109	そらく	中編巻12・20オ	そらすに同し　らく反る也　仲正 御狩野にけふはし鷹のそらくしておぶさの鈴もとかてかへりぬ 中巻288頁	
110	そらす	をそらしと見えたり　らす反る也 よて大和物語の哥にそるともよめ 前編巻13・25オ	……栄花物語に手にすゑたる鷹をそらしと見えたり　らす反れ（ママ）也 よて大和物語の歌にそるともよめり　〇…… 中巻288頁	〇・字体

No.	項目	和訓栞（整版本）	倭訓栞（増補版）	備考
111	そらとる	中編巻12・20オ	空取の義　鷹によめり　空にて鳥をとるなり、 中巻288頁	
112	それる	中編巻12・20ウ	鷹なとにいふハそらすと自他の分ちありて実は同語なり　詞花集にそりはてぬるかやかたをのたかとも見えたり　〇…… 中巻290頁	
113	たか		鷹をいふ　たけき也　鷙猛を称す　或ハ高く飛ものなれハ名く　西土の鷹揚の意也ともいへり　蝦夷にとこぼちかふといふ　〇倭名抄に黄鷹　わかたか一歳の名也　大なる者を大鷹と称す　白きものを白鷹と称す　三歳の名也といへり	

No.	113
項目	たか
和訓栞（整版本）	り　古楽府に豹則爯　弟ノ　鷹則鶬ノ たり　○古ハ雉及小鳥のミを取し り　○天竺に鷲ー鳩といひ契丹に
倭訓栞（増補版）	大鷹ハ朝鮮より来るとそ　天武紀 に東国貢ニ白鷹ーと見えたり　万 葉に　矢形尾のま白の鷹をやとに すゑかきなて見つゝ飼くしよしも ○源氏に藏人所の鷹といふハ鷹飼 ハ藏人所の被官也　御鷹ハ足革御 免革を用う　装束以下常に異れり 諸人対する時に禮あり　○古事記 に鶬をよめり　広雅にいふ鶬鶊也 倭名をのせといふ　○鵃ハ雄より 大なるをもて大の音をよへり　諸 鳥に異れり　或ハ弟鷹の音転　雄 をせうといふ　兄鷹の音也といへ り　古楽府に豹則虎　弟ノ　鷹則鶬ノ 兄とみえたり　○信濃ノ　国諏方大 明神ノ　御贄鷹といふ事東鑑に見え たり　○古ハ雉及小鳥のみを取し む　雁鶴に至るハ近世の事也とい へり　其鶴を捕者を鶴の鳥と称し て此を愛す　○月令に二月鷹化為レ 鳩と見えたり　是ハ鶬鶊也といへ り　○天竺に鷲鳩(ママ)といひ契丹に摩 鳩(ママ)といひ高麗に儼雄といふといへ り　○一條帝の時一の鷹雛を得た
備考	字体　仮名　○

No.	113
項目	たか
和訓栞（整版本）	雄ー姿を歎して日此鷹ハ父鵙鳩(ミサコ)に 藤花　韓纆(カラマク)　藤澤　山家(ヤマガ)等也　月ノ 輪ノ　鷹といふハ愛宕山腹大鷲峯の 前編巻14・4ウ
倭訓栞（増補版）	り　逸物と見えて鳥を鷙を識す 信濃の士人豊平なる者視て無雙の 雄姿を歎して日此鷹ハ父鵙鳩にし て母ハ鷹也　よてまつ魚を飼て後 鳥を捕しめハ鷹ノ　本性を得んと竟 に希代の鷹なりしと古今著聞集に 見えたり　今も鵙鳩の子ありとい へり　ひちの郷に田圃をは申受け るをもてひちの撿校豊平とハ此か 事也とあるは高遠の邊に非持とい ふ村あり　其地なるへし　伊那郡 也　○上古の名鷹　天智天皇の磐 手の野守　延喜ノ　御門の白兄鷹(シロセウ) 一條帝の鳩屋　柏(アコメ)　鶚(ミサコ)　後一條帝ノ 藤花　韓纆(カラマク)　藤澤　山家等也　月ノ 輪鷹といふハ愛宕山腹大鷲峰の月 輪寺にて網せし也　今下野国宇津 宮より出る者必逸物也といへり ○…… 中巻302頁
備考	振り仮名　振り仮名・仮名の有無

No.	114	115
項目	たかゞひ	たかだぬき
和訓栞（整版本）	中編巻13・8ウ	倭-名-抄に韝をよめり　鷹の具にいへり　今鷹のゆがけといふ物也といへり 後編巻11・3ウ・540頁
倭訓栞（増補版）	鷹飼也　日本紀にハ鷹甘部と見ゆ　所レ謂鷹師是也　今鷹匠といへり　西宮記に鷹飼、王卿大鷹飼者著ニ地摺猟衣一綺袴王帯鶴飼者著ニ青白橡、袍一綺、袴玉、帯巻纓皆有ニ下重一と見えたり　○…… 中巻305頁	
備考		

No.	116	117	118
項目	たかなぶり	たかの	たかのおとし
和訓栞（整版本）	中編巻13・11ウ	中編巻13・6ウ	中編巻13・12オ
倭訓栞（増補版）	鷹のぶちといふ物ハ和名抄鷹犬、具にも見えす　古へ鷹なふりといひ　今ほふりといへり　口餌ひき觜をすらする鷹なふり　腰にさしてハ鞭かとそ見る、 中巻309頁	高野の義　田猟なり　山にて山鷹狩といふ　雉を主とすといへり　○…… 中巻309頁	俗の古語にたま〳〵なる事の譬にいへり　鷹の蹶落したる鳥なり、 中巻309頁
備考			

No.	項目	和訓栞（整版本）	倭訓栞（増補版）	備考
119	たかのとり	中編巻13・12オ	鷹の鳥也　御湯殿の記に鷹のとり とてきじ三ッまゐると見ゆ　もは ら雉を称するハ仁徳天皇始て放鷹 ありし時に雉を捕し佳例による也 ○……○大諸礼に鷹の鳥かけ様 ハ山緒ハ藤にてかけ　田緒ハいつ れも縄なりと見えたり、 中巻310頁	
120	たかのは	中編巻13・8オ	鷹の羽の義　箭といふは角鷹の羽 をいひし　鷹羽また粛慎の羽とも 称せり　保安元暦の記に左ハ鷲ノ 羽　右ハ粛慎ノ　羽なと見えたりと いへり　其尾の羽黒白の文重々列 を成て鮮やかに画くか如く斜に逆 上し両々相対するを逆文と號す ○…… 中巻310頁	

No.	項目	和訓栞（整版本）	倭訓栞（増補版）	備考
121	たかばかり	す　さなけれハ母鳥に噬着故也 よて一尺二寸を鷹秤(ハカリ)ともいふとも(ママ) いへり 前編巻14・8ウ	……○鷹の巣をかくるに一尺二寸 上に枝を置て其枝に居て餌をおと す　さなけれハ母鳥に嚙着故也 よて一尺二寸を鷹秤(ハカリ)ともいふとい へり　定家卿鷹歌に 男山鳩やかひたるたかハかりか けおくれてや落に行らん、 中巻310頁	○・字体・整版本衍
122	たかへるたか	長能か哥に 中編巻13・12ウ	あハせたる鷹の手に返をいふ也 長能か歌に 御狩する末野に立るひとつ松た かへる鷹の木居にやもせん、 中巻312頁	字体
123	たかほこ	中編巻13・8オ	鷹ノ　架をいふ　鷹のとまり木なり かしはを本とすといへり ○ならへ鷹に青鷹ハもと木　せう ハうら木成へしともいへり、 中巻312頁	

No.	項目	和訓栞（整版本）	倭訓栞（増補版）	備考
124	たかやうじ	中編巻13・11オ	鷹楊枝之義　手一束にして水を吹時に用うといへり……　中巻314頁	
125	たかゆく	中編巻13・10オ	高く飛をいふ　古事記に高往鷹と見え　又たかゆくやはやふさわけともつゞけり、　中巻314頁	
126	たけ	前編巻14・13オ	……○鷹の腹病にたけといふハ生字をよめり　○……　中巻324頁	

No.	項目	和訓栞（整版本）	倭訓栞（増補版）	備考
127	たでふ	中編巻13・27オ	鷹にいふ　蓼文の義　青きを云とそ、　中巻356頁	
128	たとほり	中編巻13・28オ	幾鳥やしても取ぬ鷹をいふとそ、　中巻358頁	
129	たなさき		掌前の義　鷹の左の羽をいふ也　又たゝさきとも見えたり　定家卿はしたかの身よりたゝさきかハるらしもろこし人ハ右にすゑつゝ　今左にすうるハ武用のために右をつかハずといへり　一説に文官ハ右　武官ハ左の古実也ともいへり　○後西園寺入道相国の鷹百首に	

No.	項目	和訓栞（整版本）	倭訓栞（増補版）	備考
129	たなさき	前編巻14・27オ	たなさきの角（スミ）の柱もかゝりてや 御こしの前に鳥のたつらん 延喜の御門の御時鳳輦の左の柱をとりすて御こしの内にて鷹をすゑさせ給しより今の代まても鳳輦の左の柱とりつかけつする様に造るといへり 中巻359頁	
130	たなれ	前編巻14・27オ	万葉集にみゆ 手馴の義也 たなれの琴 たなれの駒 たなれの鷹なとよめり 中巻362頁	
131	たぬき	前編巻14・30オ	……○狸をよめり 此皮手貫によろしきをもて名を得る成へし されハ鷹ハ逸物にてハ狸の油をとらぬものなりといへり 鷹だぬきによりて成へし ○…… 中巻364頁	
132	たばなす	中編巻13・32オ	手放す也 鷹をなつけて初て合をいへり、 中巻368頁	
133	たぶるひ	中編巻13・33オ	はし鷹によめり 身ふるひなりといへり、 中巻376頁	
134	たまき	前編巻14・37ウ	……○鷹手貫をもいふ 大鷹の足の指にさす具也 たぬきの條にも見えたり はし鷹の雲井をさして飛ときハたまきを上てさかる羽を見よ 中巻380頁	

No.	項目	和訓栞（整版本）	倭訓栞（増補版）	備考
135	たむきまろ	中編巻13・43オ	諏訪の明神につかハるゝ鷹の名也 定家卿 いかにして何とあれハかあら鷹 の手むき丸とハ名つけ初けん 手向丸の義なるへし、 中巻395頁	
136	たもぎ	中編巻13・44オ	手持木の義　たもん柴ともいへり 鳥柴附の事也とそ、 中巻402頁	
137	たもと	前編巻14・46ウ	……○鷹詞にたもとゝいふはふも との事也と三議一統に見えたり ○…… 中巻402頁	

No.	項目	和訓栞（整版本）	倭訓栞（増補版）	備考
138	たもろし	手脆きなり　鷹の哥に見えたり 中編巻13・44オ	手脆きなり　鷹の歌に見えたり、 中巻402頁	字体
139	つかれ	中編巻15・2オ	鷹詞につかれをいたゝきあくると は鳥の下を鷹の飛をいふ也　羽う らを飛ともいへり ○つかれをかつしくとは鳥の上を 鷹の飛を云　羽おもてを飛ともい へり ○つかれうつとはかけ出す鳥をと りはづし〱するをまた立て合す る事なり ○つかれを見するとは落草を見覚 ゆる事なり　遠見の詞なり、 中巻448頁	

No.	140	141	142
項目	つきを	つちゑ	つなぐ
和訓栞（整版本）	中編巻15・3ウ	中編巻15・10オ	前編巻16・20オ
倭訓栞（増補版）	継尾也　鷹にいへり　鶴の君しらすといふ白き物にて継也といへりよて白尾の鷹ともいへり、　中巻457頁	土餌の義　鷹にいへり　洗餌の事也といへり、　中巻472頁	……○……鷹狩に犬つなぐといふも鳥ありと犬のしるすがたなり○……　中巻479頁
備考			

No.	143	144	145
項目	つのる	つバな	つぶり
和訓栞（整版本）	前編巻16・21オ	……○……つばな毛ハ鷹のほろの脇へ白く出たる毛をいふとそ○……　後編巻12・15オ・599頁	前編巻16・23オ
倭訓栞（増補版）	……○鷹の大きになるをつのるといふ……　中巻483頁		倭名抄に鷉子を訓せり　広雅に鷉の属とす　今かいつぶりの名あり○……　中巻487頁
備考			

No.	項目	和訓栞（整版本）	倭訓栞（増補版）	備考
146	つまあらそひ	中編巻15・16ウ	鷂(ハイタカ)は兄鷂(コノリ)を追　大ハ兄鷹(セウ)を追をいふ也、　中巻491頁	
147	つみ	……○雀鷂をつミといふハ和名抄に見ゆ　すゞミだかともいへり 新撰六帖に黒つミとも見えたり 悦哉の雌也といへり　又木葉(コノハ)つミ 北山つミ　熊つミ　通(トホリ)つミなとの品あり　○鷹につミ皃といふハ目　前編巻16・26ウ	……○雀鷂をつみといふハ和名抄に見ゆ　すゞみだかともいへり 新撰六帖に黒つみとも見えたり 悦哉の雌也といへり　又木葉(コノハ)つみ 北山つみ　熊つみ　通(トヲリ)つみなとの品あり　○鷹につみ貌といふハ目あひ觜の根へさしよりてうつくしき物也とそ　○……　中巻495頁	字体・仮名・仮名遣い
148	てふくろ	中編巻15・25ウ	手袋の義也　鷹に手袋引といふハ足を原にひつゝけて居を云也　皮五指也といへり、　中巻526頁	

No.	項目	和訓栞（整版本）	倭訓栞（増補版）	備考
149	とあと	鳥┗跡の義也といへり　後編巻13・5オ・621頁	鳥飼の義　鷹の鳥をとりたる時に褒美に飼をいふ　増餌ともいふと言塵集に見えたり、	
150	とがひ	中編巻16・3オ	中巻543頁	
151	とかへるたか	かへるともいへは手に還る也とも　中編巻16・4オ	とかへる鷹也とも又あハせたる鷹の飛かへるを云ともいへり　又たかへるともいへは手に懸(ママ)る也ともいへり　されととかへる山と多くよめれは手にかへるハ別のこと也ともいへり、 ○　中巻543頁	

No.	項目	和訓栞（整版本）	倭訓栞（増補版）	備考
152	とがり	中編巻16・3オ	鳥狩の義也　○とがり矢ハ山鳥の尾と鷹の羽にて四ッだてにはぐ矢なりといへり　庭訓には鋒矢と見えたり、　中巻543頁	
153	とさぐり	中編巻16・6オ	鳥探の義　雪の上を雉子のさぐりありくをいふなりといへり　又さを濁りよみて馬ざくり　犬ざくりの意なりともいへり、　中巻554頁	
154	とさけび	中編巻16・6オ	鳥狩の時の叫ひをいふ也　鳥よ〱としたひよばハる也とそ、　中巻554頁	
155	としば	中編巻16・6ウ	鳥柴と書り　鷹の取たる鳥をつくる木也　故実多しといへり　其木ハ長五尺にきりて本ハ柴につけしか後春秋冬にてかハる　大かたハ梅桜松楓楢茯薄なとを用ゐたり　徒然草に下毛野武勝か岡本関白殿に答へたる事を委く記せり　又鷹の鳴をつくるに萩ばかりハ弱き故に柿の枝を添る事あり　定家卿　故郷の柿のもとつ葉わか鷹の萩にそへてや鳴をつくらん　又とりしばともいふ……　中巻558頁	
156	とだち	前編巻18・13ウ	鷹狩によめり　鳥立の義也　○……　中巻560頁	

No.	項目	和訓栞（整版本）	倭訓栞（増補版）	備考
157	とつたつる	中編巻16・9ウ	鷹の雉の立行跡につきてゆくをいふといへり　鳥をよくとる逸物をとつたかといふも取鷹の義なり、　中巻563頁	
158	とばひ	中編巻16・12オ	鷹にいふ詞也　悍ノ字をよめり、　中巻571頁	
159	とほこのたか	中編巻16・13ウ	外架の鷹と書り　そとにゆひたる架のこと也　中巻575頁	

No.	項目	和訓栞（整版本）	倭訓栞（増補版）	備考
160	とほやまずり	前編巻18・21ウ	……又鷹の毛をかへたるか中に若鷹の毛所々に残したるを遠山毛といへり　中巻578頁	
161	とまりやま	中編巻16・14オ	宿山の義　鷹狩に出てかりくらしてそのまゝとまるを云なり、　中巻579頁	
162	とや	前編巻18・27オ	……○鷹の毛をかふるをもとやといへり　とやごもり　とやがへり　とや出のたかなとよめり　○……　中巻588頁	

No.	項目	和訓栞（整版本）	倭訓栞（増補版）	備考
163	とやまち	鷹を八九月媒もて取をいふ 鳥屋待の義なり 後編巻13・14ウ・640頁		
164	とり	前編巻18・30オ	……○鷹狩におし出して鳥といふハ雉の事也といへり こハ仁徳天皇の始て鷹をあハせたまふにまづ雉をとりたるによる也 ○…… 中巻594頁	
165	とりいかた	中編巻16・19ウ	鷹の鴨なと取て其執たる鳥に垂て居を云也、 中巻595頁	

No.	項目	和訓栞（整版本）	倭訓栞（増補版）	備考
166	とりおどし	中編巻16・20オ	鳥を怖すの具 西土の書に鷹俑なと見えたり、 中巻595頁	
167	とりからみ	中編巻16・20オ	鷹の長き爪也といへり、 中巻596頁	
168	とろいた	中編巻16・21オ	鷹のとやの内に置て餌を飼の板也、 中巻602頁	

No.	項目	和訓栞（整版本）	倭訓栞（増補版）	備考
169	ないとりがり	中編巻17・1ウ	鳴鳥狩の義　鷹にいへり、　中巻609頁	
170	ならしば	中編巻17・20オ	……○鷹の尾にいふは馴し羽の義なり　又鷹をならしハ鳥といふ　堀川ノ院の異名に見えたり、　中巻671頁	
171	ならす	前編巻19・34ウ	……○立ならす　待ならす　分ならすなとハ馴る義也　日本紀に鷹の事に得レ馴をならしえてとよめり　後拾遺集に　とやかへり我手ならしてはし（ママ）鷹のくると聞ゆる鈴虫のこゑ　中巻671頁	引用書に基づく誤りか
172	ならを	中編巻17・20オ	鷹の尾の内の名也といへり　鳴尾の義也　ならし詞と云ハ別なり、　中巻673頁	
173	にしきのぼうし	中編巻18・4オ	色よき紅葉をもて鷹の虱を洗ふを名づけり、　中巻687頁	
174	にへたか	贄鷹ノ事者非ニ御制之限一と見えた　見ゆ　巣おろしを備ふ	東鑑鷹狩停止の條に但神社ノ供税贄鷹事者非ニ御制之限一と見えたり　○諏訪の贄鷹ハ東鑑に於ニ諏訪大明神御贄鷹一者被レ免レ之と見ゆ　巣おろしを傳（ママ）ふ　定家卿　巣おろしの初とや出し若鷹をす	○・仮名の有無

No.	174	175
項目	にへたか	ぬくめどり
和訓栞（整版本）	わのみかりにとりやかハまし 御狩場の鷹一もとにさしてけり 中編巻18・7ウ	前編巻21・3オ
倭訓栞（増補版）	ハのみかりにとりやかハまし 又平人の狩に午未の日を除くハすハの御狩に用ひにさせらるゝ日なり　又紫色の装束も贄鷹はかり也 定家卿 御狩場の鷹一もとは（ママ）さしてけり 花紫の大緒あしかは 又吉備津′宮にありしにや 定家卿 真金ふく吉備津御神の贄鷹や諏訪の御代より久しかるらん、 中巻697頁	寒夜に鷹諸鳥を捕へて己か腹をあたゝめ　明る朝ハ其鳥を放ちやりて其鳥の行方へハ其日鷹ハゆかずといへり　此事三才図会　鶻の條にも見えたり　せう　おほたかはいたか皆同し　今是を小鳥（シメ）トといふ 中巻706頁
備考	○・字体	

No.	176	177	178
項目	ぬすだつとり	ぬすはむ	ぬりで
和訓栞（整版本）	鷹ｌ狩に鳥の恐れて草むらなどに隠れたるがひそかに立去をいふといへり 後編巻14・18ウ・682頁	中編巻18・11オ	前編巻21・7ウ
倭訓栞（増補版）		鷹のとりたる鳥をやがて食事也といへり、 中巻709頁	……○老たる鷹にぬるでのうるしをたれて羽をつぐとありとそ ○……… 中巻714頁
備考			

No.	項目	和訓栞（整版本）	倭訓栞（増補版）	備考
179	ねぐら	前編巻22・2ウ	……○ねぐら鷹とハとや鷹をいふ○ねぐらの雪とハとやに白き下毛の落たるをいふとそ ○…… 中巻719頁	
180	ねずを	中編巻18・13オ	鷹の鈴をつなぐ緒（ヲ）をいふ 音助緒の義也といへり、 中巻723頁	
181	ねづ	前編巻22・6ウ	……鷹の事によく通したる者也 鷹の羽を続事も根津か始よし也 中巻725頁	

No.	項目	和訓栞（整版本）	倭訓栞（増補版）	備考
182	ねとりがひ	鷹の鳥を捕て後家に帰りて飼をいふ 中編巻18・13ウ	鷹の鳥を捕て後家にあり（ママ）て飼をいふと言塵集に見えたり、 中巻725頁	○
183	ねりひばり	中編巻18・15ウ	毛をする雲雀の事なり 六七月の比なり 尾羽そろひて四季にかきらす飛をからひばりといひ 尾の一度に落たるをじんたうひばりといふ○ねりしとゞ ねりほじろといふも毛をするをいふ 八月比の事なり からほじろといふハ尾羽かため毛をかへぬをいふ 皆鷹の辞なり 外の小鳥にハ此名なしといへり、 中巻734頁	

No.	項目	和訓栞（整版本）	倭訓栞（増補版）	備考
184	のきハうつ	し　金葉集にのきバうつ真白の鷹バうつといふと見えたり 前編巻23・3オ	鷹の詞也　言塵集に主にそむきてとばふをいへり　又それたるをもいふ也といへり　退羽撃の義成へし　金葉集にのきばうつ真白の鷹の餌袋とよめれハなつき過たる鷹をいふともいへり　秘鷹傳の注にハ鳳輦の左の隅の柱をハぬきさしにする事ハ延喜帝より始りて御鷹を合せ給ふへきため也　是をのきばうつといふと見えたり 中巻738頁	仮名
185	のごゝろ	中編巻18・17ウ	野心の義　鷹のなつかぬをいへり、 中巻739頁	
186	のざれのたか	中編巻18・18オ	藻塩草に秋過て冬とりたる鷹也といへり　野晒の義なるへし　又春野に久しくありたるを山されとも申なり　すべて大鷹の事なりといへり　○…… 中巻741頁	
187	のせ	鷂の属也といへり　○…… 前編巻23・5オ	倭名鈔に鷂鶥をよめり　野兄鷹の略なるへし　鳥をとらす　広雅に鶏（ママ）の属也といへり　○…… 中巻742頁	○
188	のぞかへて	中編巻18・18オ	鷹にいへり　かへ反け也　覘ける義也、 中巻742頁	

No.	項目	和訓栞（整版本）	倭訓栞（増補版）	備考
189	のぢこ	……○鷹ー狩にのぢこをつくるといふハ鳥のとられてしい〳〵と鳴聲也といへり　後編巻14・24ウ・694頁		
190	のもりのかゝみ	ほしがりけれバ是更に我持とげじといへり　けにも塚に埋ミしをも　前編巻23・11オ	野中の水に影のうつるをいふ也といへり　匡房の説に徐君か鏡ハ人の心の内を照しけれハ世こぞりてほしがりければ是更に我持とげじとて塚にうつみてけり　此故事也といへり　けにも塚に埋みしをもて魂魄によせて野守の鏡といひ野守といはんとてはし鷹とハおけるなるへし　新古今集に　はし鷹の野もりのかゝみえてしかなおもひおもはすよそなから見ん　又龍山公の鷹百首にハ　岡のへの水にうつろふ手放の鷹や野もりのかゝみなるらん　鷹のうせたる時野守ふせといふ事ありといへり……　中巻753頁	仮名

No.	項目	和訓栞（整版本）	倭訓栞（増補版）	備考
191	のりげ	中編巻18・20ウ	鷹にいふ　白き綿毛也といへり、　中巻754頁	
192	はがひ	より右を掩ふものハ雌なるよし爾　前編巻24・5ウ	翼をいふ　万葉集に羽我比　又羽易と書り　又白たへのはねさしかへてともよめれハ打交へたる羽の義也　右より左を掩ふ者ハ雄　左より右を掩ふ者ハ雌なるよし爾雅に見えたり　○……　中巻769頁	○
193	はしたか	かふ体にいへり　前編巻24・15オ	鷂をいふ　和名抄に見ゆ　このりの嶋也　はいたかともいふ　本ハ速鷹の義　轉していとなり　又しとなる也　又鷹の家にはしだいといふも是也といへり　○はしたかつきといふ詞ハ鷹をつかふ體にいへり　中巻787頁	字体

No.	項目	和訓栞（整版本）	倭訓栞（増補版）	備考
194	はちくま	鵰の大さなるものあり、 中編巻19・19ウ	蜂鵰の義　此鳥好んで蜂を食ふをもて名くといへと其羽の文八文字をなせはかくよへる也ともいへり　八字の斑あるを箭に用ゐて貴ふハ八幡神のよせ（ママ）あるをもて也　一種鵰の大きなるものあり、 中巻803頁	○
195	はつ	……○定家卿鷹の哥に 前編巻24・20オ	……○定家卿鷹の歌に 鳥（ママ）羽の黒ふの鷹やはつといふ足の三つある鳥をとるらん 是ハ黒ふの鷹の逸物なるをいへり　八重羽の雉に三足の者ありて鷹を蹶ころすといへり　○…… 中巻805頁	字体・整版本も誤る
196	はづかひ	中編巻19・23オ	礼記に鷹の学習と見えたる　習字をよめり、 中巻807頁	
197	はつとがり	中編巻19・24オ	万葉集に始鷹狩とかけり　即小たかかり也といへり　初狩ともいふ也とハ鳥也　鳥を鷹して狩ゆゑに鷹狩とはかけり、 中巻809頁	字体
198	はつゑ	中編巻19・21ウ	羽杖の義　鷹の羽をひろけてこふしを押ふるなりといへり　羽杖つくなともいへり、 中巻811頁	
199	はとのかひ	前編巻24・23オ	……又定家卿鷹の歌に 男山鳩やかひたるたかはかりと見え　注に鳩の枰の故事より歟といへり…… 中巻813頁	

No.	200	201	202
項目	はとひ	はなむし	はならし
和訓栞（整版本）	中編巻19・25オ	随筆にミえたり、 中編巻20・4ウ	中編巻20・4ウ
倭訓栞（増補版）	鷹の一段と羽のはやきをいふとそ、 中巻813頁	鷹に鼻虫といふ病あり　鼻中に蛭を生し其蛭鼻ノ孔より大也と醍醐随筆にみえたり、 中巻828頁	羽鳴すなり　雌鷹に雄鷹の勢を知ら(ママ)んとて羽くらべするなりといへり　高ねより麓の里に落来りつま心見るはならしの鷹、 中巻829頁
備考		仮名	整版本も誤る

No.	203	204	205
項目	はなをとる	はまる	はむし
和訓栞（整版本）	中編巻20・7ウ	中編巻20・17ウ	中編巻20・21ウ
倭訓栞（増補版）	鷹詞に毛をとりちらすをいふ　毛花をちらすともいへり　○花をふるまふとハつむへき所をつめたる褒美の詞なりといへり　○…… 中巻829頁	鷹狩に鳥の草に落てあるをいへり遠所にあるを遠はまりといふ　○…… 中巻847頁	羽虫の義　鷹に羽虫の薬か(ママ)といへり　又諸鳥にもいふめり、 中巻849頁
備考			整版本も誤る

No.	項目	和訓栞（整版本）	倭訓栞（増補版）	備考
206	はやぶさ	そ　春−雨−抄に哥あり　中編巻20・25ウ	日本紀　和名抄に隼をよめり……○鎌はやぶさといふあり　爪鎌のことし　昔ハ諏訪の贄鷹にせしとそ　春雨抄に歌あり　○……　中巻856頁	字体
207	はらとり	武−家にははんとりといふ　はみ　中編巻20・27ウ	三議一統に公家にいふ鷹詞也　武家にははんどりといふ　はみ出たる鳥の事也といへり、　中巻860頁	清濁
208	ひうちば	徒然草にミゆ　鳥の羽さきに勝れ　中編巻21・2オ	徒然草にみゆ　鳥の羽さきに勝れて長き羽の火うちの形したるをいふとそ　鷹にもいへり、　下巻6頁	仮名
209	ひかげの毛	中編巻21・4オ	鷹に云　羽うらの毛也といふ、　下巻9頁	
210	ひこぼし	中編巻21・9ウ	……○鷹司の下手をも彦星といへり、　下巻24頁	
211	ひさごばな	前編巻25・13ウ	……又鷹ぶちに種々あれとも一寸或ハ五分を皆瓠花にすといへり……　下巻26頁	

No.	212	213	214
項目	ひしやくはな	ひすい	ひなみ
和訓栞（整版本）	中編巻21・13ウ	中編巻21・14オ	百敷の日なミに贄をたてんとや 前編巻25・25ウ
倭訓栞（増補版）	鷹の尾の先の白きをいふとそ、 下巻31頁	……○ひすいの毛と云ハ鷹のくつろく時に肩より赤き毛を出すを云とそ、 下巻32頁	……○日次の贄といふハ内裡へ六斎日を除くの外ハ毎日鷹の鳥を奉る也　よて禁野の名もあり 西園寺鷹百首に 百敷の日なみに贄をたてんとや 片野の禁や狩聲の今日　○…… 下巻64頁
備考			仮名

No.	215	216	217
項目	ひねり	ひばり	ひむろやま
和訓栞（整版本）	前編巻25・26ウ	て餘時ハ出すといへり　ねりひは 中編巻21・32オ	むし鳥やとて土にてぬりまハした 中編巻21・37オ
倭訓栞（増補版）	……○小鷹狩にも馬上より鶉をかけて取物をもいへり 下巻65頁	……○犬ひばりハ天にあからす川原ひはりあり　鷹にはひたかつきといへり　田ひはりハ冬田に居て餘時は出すといへり　ねりひはりハ鷹にいふ　毛をかふる也　○…… 下巻72頁	むし鳥也（ママ）とて土にてぬりまハしたるを氷室山といふ　其中へ樋をかけて水を入るを定家卿も ひむろ山下行水の夏ふかみ とよめり、 下巻80頁
備考		仮名	○

No.	218	219	220
項目	ひやふし	ひらか	ひらむ
和訓栞（整版本）	前編巻25・33オ	前編巻25・34ウ	定家卿鷹の哥にひらむ鶉とよめり 中編巻21・41ウ
倭訓栞（増補版）	……○関東にハ馬上にて鷹をつかふにくつわの音高けれハ鳥よせさるまゝひやふしといふ木をあてゝ乗といへり 下巻87頁	……○ひらかの鷹ハ出羽の平鹿郡より出たる鷹をいふといへり新六帖によめり　○…… 下巻91頁	定家卿鷹の歌にひらむ鶉とよめり地につきて行をいふとそ、 下巻94頁
備考			字体

No.	221	222	223
項目	ふ	ふすま	ふせぎぬ
和訓栞（整版本）	前編巻26・1オ	惣ていへり 前編巻26・9ウ	中編巻22・11オ
倭訓栞（増補版）	……○箭羽のふ　草木のふハ文の音轉せしなるへし　鷹のふなとまた同し　○…… 下巻105頁	……○鷹詞にいふハ鷹のうしろを總ていへり　○…… 下巻127頁	鷹にいふ　偃衣也といへり、 下巻128頁
備考		字体	

No.	項目	和訓栞（整版本）	倭訓栞（増補版）	備考
224	ふせご	……○鷹の具にいふハ臥籠の義也 前編巻26・10ウ	……○鷹の貝(ママ)にいふハ臥籠の義也 下巻128頁	○
225	ぶち	前編巻26・11ウ	……又鞦をぶちとよめり 馬にむちといひ鷹にぶちといふといへと撰集抄に馬にぶちと書り 源三位頼政の歌にも………又鷹にハ古へハたかなぶりといひてぶちとハいはす 古へ藤をもて鞭とせしより語の轉せる也ともいへり されと飾抄に蒔絵、鞭藤巻、鞭なとも見えたり……… 下巻137頁	
226	ふぢばかま	前編巻26・12ウ	……○鷹の野に入て脛をかくすをもいへり 下巻139頁	

No.	項目	和訓栞（整版本）	倭訓栞（増補版）	備考
227	ふぢふ	中編巻22・17オ	藤文の義 小鷹にいへり ふぢくろふハ藤黒文也 雀鷂(ツクミ)(ママ)に在もの也といへり、 下巻139頁	整版本も誤る
228	へくそかづら	定家卿鷹の哥の注にミゆ 下学集 中編巻23・2オ	定家卿鷹の歌の注にみゆ 下学集に百部根を訓し 又馬鞭草といへるハ非也 女青也とそ ○……… 下巻172頁	字体・仮名
229	へまき	飛せまじきための具也 よて手ひ 前編巻27・7オ	和名抄に韝をよめり 綜巻の義成へし 新鷹のいまた馴さるを遠く飛せまじきための貝也 よて手ひきつなともいふとそ へをの下考ふへし 下巻180頁	○

No.	見出	和訓栞（整版本）	倭訓栞（増補版）	備考
230	へを	前編巻27・3オ	鞴ノ字をよめり　説文に堆（ママ）射収繫（ママ）具也と見えたり　矰繳也　今鷹の具にいふ　粽（ママ）麻（ヘヲ）の義なり　漢語抄にハ鞴をへまきと訓せり　されハ倭名抄に韝をあしをとよめる是也といへり　下巻184頁	○・整版本も誤る
231	ぼうし	前編巻28・2オ	……○鷹飼　犬飼にぼうしすがたといふハ帽子をき　はゞきをして前かけとて編たる物を前にかくるなり　又犬飼のぼうしを松皮ぼうしといふといへり　○……　下巻187頁	
232	ほぐす	中編巻23・10ウ	……鷹にかけほぐらかすなとゝもいへり、　下巻194頁	

No.	見出	和訓栞（整版本）	倭訓栞（増補版）	備考
233	ほこぎぬ	中編巻23・11ウ	架衣とかけり　鷹詞なり、　下巻195頁	
234	ほこは	中編巻23・11ウ	鷹にいふ　矛羽の義　鳥を追行て山なとこゆるとて一文字にあかり飛越る羽也といへり、　下巻196頁	
235	ほこはやり	中編巻23・12オ	鷹にいふ　つなかんとするよりはやくふたし（ママ）する事也といへり、　下巻196頁	整版本も誤る

No.	項目	和訓栞（整版本）	倭訓栞（増補版）	備考
236	ほこゐ	中編巻23・11ウ	鷹のそりて居をいへり　矛居の義也、 下巻197頁	
237	ほなる	中編巻23・18ウ	三議一統　鷹詞に山半分をいふと見えたり、 下巻218頁	
238	ほらけ	中編巻23・22オ	鷹の四ッ毛のわきにある毛也といへり、 下巻228頁	

No.	項目	和訓栞（整版本）	倭訓栞（増補版）	備考
239	ほろは	にむかへていへり　背のふくらミ 前編巻28・22ウ	……○鷹にほろといふハよろひ毛にむかへていへり　背のふくらみたるをほろなりといへりとそ　ほろおひの毛とも見えたり 下巻231頁	仮名
240	ましらふのたか	中編巻24・9オ	真白文の鷹なり　鷹のふに赤ふ白ふ　黒ふとて三の毛色ありといへり、 下巻254頁	
241	ましろ	中編巻24・8ウ	鷹にいふは眉白の義　眉毛の至て白きなりといへり、 下巻254頁	

No.	項目	和訓栞（整版本）	倭訓栞（増補版）	備考
242	ますかき	中編巻24・9ウ	……○鷹にますかき羽といふは鷹を合すれは其まゝ一文字にむかひの山に飛て鳥を取をいふといへり、 下巻256頁	
243	まちだか	家卿の哥にも草取鷹の七嶺の鈴と 中編巻24・12オ	待鷹の義　諏訪の御狩に七嶺に待合て七もと合する事あり　よて定家卿の歌にも草取鷹の七嶺の鈴とよめり　○末つき鷹といふも待鷹のことなりといへり、 下巻263頁	字体
244	まつはらのけ	鷹にいふ　惣ての腹の毛をいふ 中編巻24・14ウ	鷹にいふ　總ての腹の毛をいふ　松原になそらへたり、 下巻268頁	字体

No.	項目	和訓栞（整版本）	倭訓栞（増補版）	備考
245	まとり	真-鳥とかけり　万-葉-集の抄に鷲也といへり　箭ノ羽に真-鳥-羽といふ是也とぞ　西-土にも漢-代より箭をはぐに鵰ノ羽をもて最とすと見えたり　○鷹-狩に真-鳥といふは雉也といへり　○…… 後編巻16・3オ・745頁		
246	まば	と号し羽の上下黒斑文にして中の 前編巻29・23ウ	矢にいふ真羽の義　鷲の羽をいふ　其潔白にして中間黒文あるを中黒と號し羽の上下黒斑文にして中の白を中白と称す　西土にも箭羽はわしを上としたかを次とす　一説に鷹の羽也といへるは熊鷹を指り　○…… 下巻278頁	字体
247	まやま	中編巻24・22ウ	真山の義　鷹狩に順にかかるをいふ　左山ハ左へかかることなり　右山ハいはずといへり、 下巻291頁	

No.	項目	和訓栞（整版本）	倭訓栞（増補版）	備考
248	みさご	中編巻25・6オ	万葉集に水沙兒とかけり　新撰字鏡倭名抄に雎鳩を訓せり　或ハ魚鷹　又鵃　又鶚もよめり　水鴡鴣の轉なるへし　一種尾の白き者あり　白鷺也といへり……　下巻319頁	
249	みづかげのけ	中編巻25・21オ	鷹の肘の内にある毛をいふとそ、　下巻337頁	
250	みてだか	大和物語に御手鷹とミゆ　今もい　中編巻25・22オ	大和物語に御手鷹とみゆ　今もいへり、　下巻354頁	仮名

No.	項目	和訓栞（整版本）	倭訓栞（増補版）	備考
251	みなしば	中編巻25・24ウ	鷹の腹に有毛の名なり、　下巻359頁	
252	みふるすくさ	中編巻25・28オ	鳥を身失ひたるをいふ鷹詞なり、　下巻369頁	
253	みよりのつばさ	中編巻25・34ウ	鷹にいへり　右の羽をいふ　鷹の書に右寄と見えたり、　下巻386頁	

No.	項目	和訓栞（整版本）	倭訓栞（増補版）	備考
254	むこどり	中編巻26・3オ	雌を犬かはさむに驚て雄のたつを鷹かとるを云とそ　聟鳥の義なり ○…… 下巻397頁	
255	むめのはなげ	中編巻26・10オ	梅の花毛にて鷹の目の前にある毛なりといへり、 下巻417頁	
256	むやま	前編巻31・14ウ	鷹狩に鳥をとらで空しく還るをむやまふむといへり…… 下巻418頁	
257	めとりづき	中編巻26・16ウ	鷹にいへり　春ハ雉のめとり味よし　又子をうみて羽よわきにより鷹か是につくをいふなり、 下巻439頁	
258	もぎたつ	あら鷹をとりかハぬ事をもぎたつるといふ 前編巻33・3ウ	あら鷹をとりかハぬ事をもぎたつるといふ 下巻448頁	○
259	もぎとつ	前編巻33・3ウ	大諸礼に見ゆ　鷹の取たる鳥の名也　いけもぎといふ詞もあり 下巻449頁	

No.	項目	和訓栞（整版本）	倭訓栞（増補版）	備考
260	もぐ	……○逸ー物の鷹の木にある鳥を取をもいへり 後編巻16・19オ・777頁		
261	もと	前編巻33・10ウ	……○鷹に幾もとゝいふハ続日本後紀に聯字を用ゐたり 西陽雑俎にも兎鷹一聯と見ゆ 今居ノ字を用うといへり ○…… 下巻459頁	
262	もとくさ	前編巻33・13オ	……○鷹ノ辞に本草へ帰なといふハかけたる跡へ鳥のかへるをいふなり 下巻460頁	
263	もとほり	倭名抄 鷹ー犬ノ具に旋子をよめ 前編巻33・13ウ	倭名抄 鷹犬具に旋子をよめり 周旋自在にして直に去り却て回来るをいふ也 もとほると義同し 新六帖にもとほしともよめり 足革大緒の間につくる金具也といへり 下巻463頁	仮名の有無
264	もとほる	前編巻33・12オ	……西園寺鷹百首にもとほれてとも見えたり 下巻463頁	
265	もみちふ	中編巻26・22ウ	鷹にいふ 赤文の事なりといへり、 下巻476頁	

No.	項目	和訓栞（整版本）	倭訓栞（増補版）	備考
266	もろがへり	中編巻26・26ウ	和名抄に青鷹をいへり、 下巻486頁	
267	やかたを	前編巻34・5オ	顕昭説に鷹の相経に屋像尾　町像尾とて二の相あり　万葉集にハ矢形尾と見えたり　又せまち尾といふあり　狭町の義なるへし 下巻495頁	
268	やくしさう	り　定家卿の鷹哥に見えたり 中編巻27・4ウ	薬師草の義　鷹詞には青薬といへり　定家卿の鷹歌に見えたり、 下巻498頁	字体

No.	項目	和訓栞（整版本）	倭訓栞（増補版）	備考
269	やへはの	禁野に八重づゝ羽の重りたる雉あ 中編巻27・10ウ	禁野に八重つゝ羽の重りたる雉ありしよりいへりとそ、 下巻528頁	清濁
270	やまあひ	山間をいふ也　鷹の哥なとによめ 前編巻34・25ウ	山間をいふ也　鷹の歌なとによめり 下巻529頁	字体
271	やまかたつきて	中編巻27・13オ	山偏着の義也　そハ也　暮ふかみ山かたつきてたつ鳥の羽音に鷹を合せつるかな、 下巻530頁	

No.	項目	和訓栞（整版本）	倭訓栞（増補版）	備考
272	やまかへり	中編巻27・12ウ	鷹にいふ　撫鷹　山鵜なとかけり山にて毛をかへり(ママ)たる鷹なり　山かへりにかたかへり　もちかへり(ママ)　もろかたかへり　もろ〳〵かへりなといふといへり　又春のあらたかをさほ姫かへりに山(ママ)かへりといふとそ、 下巻531頁	整版本も誤る
273	やりたつる	中編巻27・14オ	木居なる鷹の下にいたる鳥をおひたつる事也　公家の詞なり　武家にはやきたつるといふといへり、 下巻544頁	
274	ゆきじろのたか	中編巻27・17オ	鷹の腹背觜ともに白きを白鷹といひ爪まて白きを雪白といふといへり、 下巻551頁	

No.	項目	和訓栞（整版本）	倭訓栞（増補版）	備考
275	ゆきずり	中編巻27・15ウ	……○ゆきすりの鷹といふは尾羽も雪にすりからしたるをいふ　逸物のことなり　ねつし(ママカ)の雪とは白く雪のふりかゝりたる心を云と見えたり、 下巻551頁	整版本も誤る
276	よすゆ	中編巻28・5オ	鷹にいへり　夜居の義なり、 下巻590頁	見出し語を誤る
277	よたか	倭‐名‐抄に恠鴟を訓ぜり　夜‐鷹の義也　夜に宿‐禽を驚かして捕食ふといふ　木‐兎に似たりとぞ　新‐撰字‐鏡に鴞をよめり　鴞‐鵙也　本草に夜‐食‐鷹也とも見えたり　○…… 後編巻17・19ウ・826頁		

No.	項目	和訓栞（整版本）	倭訓栞（増補版）	備考
278	よつげ	中編巻28・6オ	鷹のうしろにある毛なり、 下巻594頁	
279	より	前編巻36・19オ	……○鷹に一より二より幾よりなといふハ寄の義也　狩場によりを立て合するをいふ也…… 下巻609頁	
280	わかくさ	前編巻42・4ウ	……○巣鷹を若草と称せり　○…… 下巻648頁	

No.	項目	和訓栞（整版本）	倭訓栞（増補版）	備考
281	わかたか	中編巻29・2オ	黄鷹をよめり　胸の毛わかき時ハ黄なれハなり　當歳の時をいふなり、 下巻650頁	
282	わし	たる様の皃也といへり ……○俗に上ミぬわしといへり 前編巻42・9ウ	……○鷹にわしがほといふハふてたる様の貌也といへり ……○俗に上みぬわしといへり 鷹ハ鳥を一口喰てハ空を見〱するハ鷲の来るかと疑ふ也　鷲ハその用心なし　よてかくいへり　又鷲ハ貝を畏るをもて鷹狩に貝をもたすもありとそ…… 下巻660頁	字体・仮名

No.	項目	和訓栞（整版本）	倭訓栞（増補版）	備考
283	わたげ	前編巻42・13オ	……○鷹の鳥やの内に雪をちらしたる如くあるをもいへり 下巻665頁	
284	ゐぎれ	……○鷹にもいふ　足｣革の下にきれたる所あるをいふ 後編巻18・11オ・855頁		
285	ゑがう	鉗(ママ)殻の義也　鷹にいへり 中編巻29・9オ	餌殻の義也　鷹にいへり、 下巻691頁	見出し語を誤る・整版本が誤る
286	ゑづゝみ	鷹の胸に鉗(ママ)をもて居をいへり 中編巻29・9ウ	鷹の胸に餌をもて居をいへり、 下巻694頁	整版本が誤る
287	ゑぶくろ	ふたとミの事をいへり　○…… 前編巻44・5オ	鷹によめり　餌袋也　蜻蛉日記 枕草紙なとに見ゆ　赤染衛門集に ふたとみの事をいへり　○…… 下巻696頁	仮名
288	をきかふ	前編巻5・11オ	招飼の義　鷹を手放て餌を見せて をきたつるをいふ　鷹にハ呼とい はす　をくといふなり　よてをき かひともよめり 下巻704頁	

No.	項目	和訓栞（整版本）	倭訓栞（増補版）	備考
289	をきなハ	前編巻5・11オ	大鷹にいふ詞　小鷹にハへをといふ　同物にて招索の義なり　下巻704頁	
290	をきゑ	前編巻5・10ウ	鷹にいへり　金葉集にみゆ　招餌の義也　鷹を招き致すの餌也　をき鳥　をき鯉なといふも同し　源正頼卿北山の邊におもふ女あり野へに出る時ハ女のもとへ餌袋を遣ハしけれハ女 軒端うつましろの鷹の餌袋にをきゑもさゝてかへしつるかな と詠す　其鷹やかて死けり　それより餌袋を人のかたへ遣すにをき餌入さるハ忌事なり　ゑを入たるをさすといふなり　下巻704頁	

No.	項目	和訓栞（整版本）	倭訓栞（増補版）	備考
291	をく	前編巻5・11オ	鷹をくなといふハ招取の義　さしとるも同し　○……　下巻704頁	
292	をしへぐさ	教草也　鷹の落草の上を羽を引て教るをいふといへり　後編巻3・25オ・155頁		
293	をすけ	鷹の尾のうらに白き毛あるをいふといへり　後編巻3・25ウ・156頁		

No.	項目	和訓栞（整版本）	倭訓栞（増補版）	備考
294	をのうへ	中編巻3・38オ	八鵰(クマ)の類に灰色にして羽ノ端黒く全身釆麗なる者をいへり、 下巻717頁	
295	をのたすけ	中編巻3・38ウ	鷹の尾にたすけといふ所ある也といへり　助尾とも云り、 下巻717頁	
296	をばなすりのたか	中編巻3・38ウ	尾花の如くのり毛の落たる後の毛をいふといへり、 下巻718頁	

No.	項目	和訓栞（整版本）	倭訓栞（増補版）	備考
297	をぶくろ	中編巻3・39オ	倭名鈔鞍馬ノ具に紛をよめり　俗に尾袋といふと注せり……　又鷹にもいへり　すゝしを本とす　よてすゝしの袋ともよめり、 下巻719頁	
298	をぶさのすゞ	中編巻3・39ウ	尾総の鈴也　鷹にいへり、 下巻719頁	

（追加）

No.	項目	和訓栞（整版本）	倭訓栞（増補版）	備考
1	かたうづら	雌ー雄そはで離れたるをいふなり 後編巻4・19オ・203頁		
2	とび	……○倭ー名ー鈔に鵟をくそとびと訓ぜり 馬ー糞ー鷹也といへり ○…… 後編巻13・11オ・633頁		
3	ねとり	前編巻22・6ウ	……○ねとり狩ハ早朝に伏たる鳥を狩也といへり ○…… 中巻725頁	
4	ひおとし	中編巻21・47オ	火落しの義 つゝじの花をつかねて隼の巣に落せは火に似たるにおとろきて立をいへり、 下巻7頁	

『和名抄』引用一覧

一　『和訓栞』所引の辞書としては『和名抄』と『新撰字鏡』の二書が目立つが、本内容の鷹詞項目に関しても、前者『和名抄』は顕著に認められる。そこで、引用の『和名抄』をここに一括掲載することにより、利用の便宜をはかることにした。

二　『和名抄』には十巻本と二十巻本の二系統が存するが、谷川士清使用の『和名抄』は二十巻本（付訓本）である。詳しくは研究篇第五章「『和訓栞』所引の和名抄について」を参照していただきたいが、ここでは、そのための資料も兼ねて両本が比較対照できるようにした。なお、上段に付した※は、鷹詞において『和訓栞』が二十巻本を用いたことが判る箇所を示したものである。

三　『和訓栞』の引用は調度部（鞍馬具・鷹犬具。十巻本――巻五。二十巻本――巻十五）と羽族部（十巻本――巻七〈鳥名・鳥体〉。二十巻本――巻十八〈羽族類・羽族名・羽族体〉）に限られるため、「鞍馬具」より順次関係箇所を抜き出していくことにした。また、該当項目が判るように典拠部における掲出語の番号を算用数字で下段に示した。

四　二十巻本の底本は付訓本のうち、寛文十一年十三行積徳堂本に依ったが、採用理由については前掲「『和訓栞』所引の和名抄について」を参照していただきたい。なお、十巻本は『諸本集成倭名類聚抄』（京都大学文学部国語学国文学研究室編）を使用した。翻刻方法は以下のとおりである。

(1) 典拠部の方針と変わらないが、慶安元年版によって、訓点の一部を補ったところがある。

(2) 煩雑を避ける意味から注文の異同は示さなかった。

(3) 掲出箇所の巻数・丁数を付したが、元和三年版の丁数も〈　〉の中に併記した。

【鞍馬具】

No.	和名抄（十巻本）	和名抄（二十巻本）	関係番号
1	障泥 唐韻云 韇〔音章〕障泥〔阿布利〕鞍飾也 西京雑記云 玫瑰鞍 以二緑地錦一為二蔽泥一〔今案即障泥也〕後稍以二熊羆皮一為レ之 （巻5・56オ）	障泥（アフリ） 唐韻ニ云 韇ハ〔音章〕障泥ハ〔和名 阿不利〕鞍ノ飾也 西京雑記ニ云 玫瑰鞍以テ二緑地錦ヲ一為ル二蔽泥ヲ一〔今按ニ 即障泥也〕後稍ヤ以テ二熊羆ノ皮ヲ一為ルレ之ヲ （巻15・1ウ。〈3オ〉）	6
2	尾韜 考聲切韻云 紛〔音分 俗云二尾袋一〕所三以韜二馬尾一也 （巻5・57ウ）	尾韜（ヲフクロ） 考聲切韻ニ云紛ハ〔音分 俗ニ云尾袋〕所三以也韜ツヽム二馬ノ尾ノ一也 （巻15・2オ。〈3ウ〉）	29　7
3	鞗 唐韻云 鞗〔音迢 久佐利 今案俗用二鏈字一 未レ詳 鏈 鉛朴也〕革轡也 毛詩注云 鞗以レ金為二小鐶一 往々纏搤者也 （巻5・60ウ）	鞗（クサリ） 唐韻ニ云 鞗ハ〔音迢 和名 久佐利 今按ニ 俗ニ用ユ二鏈ノ字ヲ一 未タレ詳ナラ 鏈ハ 鉛朴也 音連〕革轡也 毛詩注ニ云鞗ハ 以テレ金ヲ 為テ二小鐶ヲ一 往往ニ纏 搤スル者也 （巻15・2オ。〈4オ〉）	56

【鷹犬具】

No.	和名抄（十巻本）	和名抄（二十巻本）	関係番号
4	攣 唐韻云 攣〔音聯 今案一字両訓 在レ鷹 阿之乎 在レ犬 岐豆奈〕所三以綴二攣狗一也 （巻5・64ウ）	攣（キツナ／アシヲ） 唐韻ニ云 攣ハ〔音聯 今案ルニ 一字両訓 在テハレ鷹ニ 阿之乎 在テハレ犬ニ 岐豆奈〕所以也レ綴ルニ鷹狗ヲ一也 （巻15・2ウ。〈5ウ〉）	3・51・230
5	條 唐韻云 條〔音刀 於保乎〕絲繩也 章孝標飢鷹詩云 縦令啄二断紅條一 結レ未レ得二君呼一 不二敢飛一 （巻5・64ウ）	條（ヲホヲ） 唐韻ニ云 條ハ〔音刀 和名 於保乎〕絲繩也 章孝標カ 飢鷹ノ 詩ニ云 縦令（タトヒ）啄二断トモ紅條ノ 結ヲ一 未タレ得ンハ二君ノ呼コトヲ一 不二敢飛ハ一 （巻15・3オ。〈5ウ〉）	29
6	旋子 楊氏漢語抄云 旋子〔毛度保利 上 似泉反〕 （巻5・65オ）	旋子（モトホリ） 漢語抄ニ云 旋子ハ〔毛度保利 上ハ 似泉ノ反〕 （巻15・3オ。〈5ウ〉）	263
7	韝 文選西京賦云 青骹摯二於韝下一〔韝音溝 訓二太加太沼岐一 又見二射藝具一〕薩綜曰 韝 臂衣也 （巻5・65オ）	韝（タカタヌキ） 文選西京ノ 賦ニ云 青骹ノ 摯トリ二於韝ノ 下モトニ一〔韝音 溝 訓ハ 太加太沼岐 又見ニ射藝具ニ一〕薛綜カ 曰 韝ハ 臂衣也 （巻15・3オ。〈5ウ〉）	115

No.	和名抄（十巻本）	和名抄（二十巻本）	関係番号
8	鱍　唐韵云　鱍〔音癈　漢語抄云　閉麻岐〕弋射収レ繳具也（巻5・65ウ）	鱍（ヘマキ）　唐韻ニ云　鱍ハ〔音癈　漢語抄ニ云　閉麻岐〕弋射シテ収レムル繳ヲ具也（巻15・3オ。〈5ウ〉）	229・230
9	緤　文選西京賦云　韓獹噬ニ於緤末一〔緤音　思列反　訓ニ岐都奈一〕薩綜曰　緤　攣也（巻5・65ウ）	緤（キツナ）　文選西京ノ賦ニ云　韓盧ノ噬（クラ）ニ於緤（キツナノスヘニ）末一〔緤音　思列ノ反　訓　岐豆奈〕薛綜カ曰　緤ハ攣也（巻15・3オ。〈6オ〉）	51
※10	鋂　野王案　鋂〔音梅　久佐利〕犬鏁也（巻5・66オ）	鋂（クサリ）　野王案ニ　鋂ハ〔音梅　和名　久佐利〕犬ノ鏁也（巻15・3オ。〈6オ〉）	56

【鳥名・鳥体（羽族類・羽族名・羽族体）】

No.	和名抄（十巻本）	和名抄（二十巻本）	関係番号
11	鷙　〔鴘字附〕蔣魴切韵云　鷙〔音四　多賀〕鷹鷂捴名也　日本紀私記云　倶知〔両字急讀レ屈　百済俗號レ鷹曰ニ倶知一也〕唐韻云　鴘〔方免反　又府蹇反　俗云　賀閉流波美〕鷹鷂二年色也（巻7・5オ）	鷙鳥（タカ）〔鴘字附〕蔣魴カ切韻云　鷙ハ〔音四　和名　太加　今按ニ古語ニ云　倶ニ知ル　両字急讀ノ屈　百済ノ俗　號レスト鷹也　見タリニ日本紀私ノ記ニ一〕鷹鷂ハ捴名也　唐韻ニ云　鴘ハ〔方免ノ反　又府蹇ノ反　俗語ニ云　加閉流〕鷹鷂ハ二年ノ色也（巻18・13オ。〈1ウ〉）	57
12	鳥　……毛詩注云　鳥之雌雄〔熊斯二音　和名　上　乎度利　下　米度利〕不ニ分別一者　以レ翼知レ之　右掩レ左雄　左掩レ右雌　陰陽相下之義也（巻7・1ウ）	雌（メトリ）　雄（ヲトリ）　毛詩注ニ云　鳥ノ之雌雄不レル別レ者ノハ　以レ翼ヲ知レ之ヲ　右掩レ左ヲ（ヲ、フハ）雄〔音熊　和名　乎土里〕左レ掩ハ右ヲ雌〔音斯　和名　米止利〕陰陽相下ルノ之義也（巻18・13オ。〈1ウ〉）	192
※13	卵　陸詞曰　卵〔音嬾　加比古〕鳥胎也　呂氏春秋云　鶏卵多レ毈〔音段　須毛利〕野王案毈　卵不レ孵　卵化也（巻7・42ウ）	卵（カイコ）　陸詞カ切韻ニ云　卵ハ〔音嬾　和名　加比古〕鳥胎也　野王按ルニ　孵ハ〔音孚　俗ニ云　加倍流〕卵ノ化スル也（巻18・13オ。〈2オ〉）	41
14	角鷹　辨色立成云　角鷹〔久万太加　今案　角者毛角之義也〕（巻7・5オ）	角鷹（クマタカ）　辨色立成ニ云　角鷹ハ〔久萬太加　今按ニ所レ出未レ詳　但角者ハ毛角ノ之義歟カ〕（巻18・14オ。〈3オ〉）	61

No.	和名抄（十巻本）	和名抄（二十巻本）	関係番号
15	鷹 廣雅云 一歳 名二之黄鷹一〔音膺 和賀多加〕二歳 名二之撫鷹一〔加太加閇利〕三歳 名二之青鷹 白鷹一〔漢語抄云 大鷹 於保太加 兄鷹 勢字 今案 俗説雄鷹 謂二之兄鷹一 雌鷹 謂二之大鷹一也〕（巻7・5オ）	鷹タカ 廣雅ニ云 一歳 名ク二之ヲ黄鷹一ト〔俗ニ云 和賀太加〕二歳ヲ 名ク二之ヲ撫鷹一ト〔俗ニ云 加太加閉利〕三歳 名ク二之ヲ青鷹 白鷹一ト〔今按ニ 青白ハ随テレ色ニ名クレ之ヲ 俗説ニ 鷹ノ白キ者ハ不レ論セ二雌雄ヲ一 皆名ク二之良太賀一ト 不レ論二青白ヲ一 大ナル者ノ皆名ク二於保太加一ト 小ナル者皆名ク二勢字一ト 漢語抄ニ用テ二兄鷹ノ二字ヲ一為レ名ト 所レ出未レ詳 俗説ニ 雄鷹 謂フ二之ヲ兄鷹一ト 雌鷹 謂フ二之ヲ大鷹一ト也〕（巻18・14オ。＜3ウ＞）	38・103 113・266
16	鷂 兼名苑云 鷣〔音滛〕一名鸇〔諸延反〕鷂也 野王案 鷂〔音遙 又去聲 漢語抄云 波之太加 又兄鷂 古能利〕似レ鷹而小也（巻7・6ウ）	鷂ハシタカ 兼名苑ニ云 鷣 一名ハ 鸇〔鷣音滛 鸇ハ諸延反〕鷂也 野王按ルニ 鷂ハ〔音遙 又去声 漢語抄ニ云 波之太賀 兄鷂ハ 古能里〕似テレ鷹ニ而小ナル者也（巻18・14オ。＜3ウ＞）	193
17	鶙鶥〔鷸子附〕 廣雅云 鶙鶥〔帝肩二音 漢語抄云 能勢〕鷸子〔鷸音 聿 訓二豆布利一〕皆鷂属也（巻7・7オ）	鶙鶥ノセ 廣雅ニ云 鶙鶥ハ〔帝肩ノ二音 漢語抄ニ云 乃世〕鷂ノ属ヒ也（巻18・14オ。＜4オ＞）	187
18	〔右により無し〕	鷸子ツブリ 廣雅ニ云 鷸子ハ〔鷸ハ音聿 漢語抄ニ云 都布利〕鷂ノ属ヒ也（巻18・14オ。＜4オ＞）	145
19	雀鷂 兼名苑注云 雀鷂〔漢語抄云 須須美多加 一云二都美一〕善捉レ雀者也 唐韻云 䳒〔音戎 漢語抄云 悦哉〕雀䳒 小鷹也（巻7・8オ）	雀鷂スヽミタカ ツミ 兼名苑ニ云 雀鷂ハ〔漢語抄ニ云 須々美多加 或ハ云 豆美〕善ク提クルレ雀ヲ者也（巻18・14オ。＜4オ＞）	147
20	〔右により無し〕	雀䳒エッサイ 唐韻ニ云 雀䳒ハ〔音戎 漢語抄ニ云 和名 悦哉〕小鷹也（巻18・14オ。＜4オ＞）	21
21	鶻 斐務齊切韻云 鶻〔音骨 波夜布佐〕鷹属也 隼〔音笋 和名 同上〕鷙鳥也 大名二祝鳩一（巻7・8ウ）	鶻ハヤブサ 斐務齊カ切韻ニ云 鶻ハ〔音骨 和名 八夜布佐〕鷹ノ属ヒ也 隼ハ〔音笋 訓 上ニ同〕鷙鳥也 大ヲ名ク二祝鳩一ト（巻18・14オ。＜4オ＞）	206

※

No.	和名抄（十巻本）	和名抄（二十巻本）	関係番号
22	鴡鳩 爾雅集注云 鴡鳩〔上七余反 美佐古〕鵰属也 好在江邊山中亦食魚者也 日本紀私記云 覺賀鳥〔賀久加乃止利 公望案 高橋氏文云 水佐古〕（巻7・9オ）	鴡鳩 爾雅集注云 鴡鳩〔鴡音 七余反 和名 美佐古 今按古語用覺賀鳥三字云加久加乃土利見日本紀私記 公望案高橋氏文云 水佐古〕鵰属也 好在江邊山中亦食魚者也（巻18・14ウ。〈4オ〉）	248
23	鴟 本草云 鴟一名鳶〔上音祇 下音鉛 字亦作鳶 度比〕爾雅云 一名鵟〔音狂 漢語抄云 久曾止比〕喜食鼠而大目者也（巻7・11オ）	鴟 本草云 鴟一名鳶〔鴟音祇 鳶音鉛 和名 土比〕爾雅注云 鳶一名鵟〔音狂 漢語抄云 久曾止比〕喜食鼠而大目者也（巻18・14ウ。〈4ウ〉）	追加2
24	恠鴟 爾雅注云 恠鴟〔與多賀〕晝伏夜行 鳴以為怪者也（巻7・12ウ）	恠鴟 爾雅注云 恠鴟〔漢語抄云 與多加〕晝伏夜行 鳴以為怪者也（巻18・14ウ。〈5オ〉）	277
25	鵐鳥 唐韻云 鵐〔音巫 漢語抄云 巫鳥 之止止〕鳥名也（巻7・17オ）	鵐鳥 唐韻云 鵐〔音巫 漢語抄云 巫鳥 之止々〕鳥名也（巻18・15ウ。〈6ウ〉）	85
26	鼀鳥 崔禹食経云 鼀鳥〔久比奈 漢語抄云 水鶏〕貌似水鶏 能食鼀 故以名之（巻7・28ウ）	鼀鳥 崔禹錫食経云 鼀鳥〔和名 久比奈 漢語抄云 水鶏〕貌似水鶏 能食鼀 故以名之（巻18・16ウ。〈8ウ〉）	60
27	翈 唐韻云 翈〔胡甲反 與匣同 加佐岐利〕翮上短羽也（巻7・45ウ） 〔参考〕 翮 爾雅集注云 羽本曰翮〔下革反 字亦作[革羽] 波禰〕一云 羽根也（巻7・45オ）	翈 唐韻云 翈〔胡甲反 與匣同 和名 加佐木里〕翮上短羽也（巻18・18ウ。〈13ウ〉） 〔参考〕 翮 爾雅集注云 羽本曰翮〔下革反 字亦作[革羽] 和名 八禰〕一云 羽根也（巻18・18ウ。〈13オ〉）	35
28	[過鳥] 唐韻云 [過鳥]〔音委 又音毀 曽々呂〕説文 鷙鳥食已吐其皮毛如丸也（巻7・48オ）	[過鳥] 唐韻云 [過鳥]〔音委 又音毀 和名 曽曽呂〕鷙鳥食已吐其毛如丸也（巻18・19オ。〈14ウ〉）	107

万葉集・古事記・日本書紀等引用一覧

I　万葉集

(1)　該当項目 ― 5・90番

四一五四（巻十九）

　八日、白き大鷹を詠む歌一首　短歌を并せたり

あしひきの　山坂越えて　ゆき更る　年の緒長く　しなざかる　越にし住めば
大君の　敷きます国は　都をも　ここも同じと　心には　思ふものから　語り放
け　見放くる人眼　乏しみと　思し繁し　そこゆゑに　情　和ぐやと　秋づけば
萩咲きにほふ　石瀬野に　馬だき行きて　遠近に　鳥踏み立て　白塗の　小鈴も
ゆらに　合はせ遣り　振り放け見つつ　いきどほる　心の中を　思ひ伸べ　うれ
しびながら　枕づく　妻屋のうちに　鳥座結ひ　据ゑてそわが飼ふ　真白斑の鷹

　八日、詠二白大鷹一歌一首　并二短歌一

安志比奇乃　山坂超而　去更　年緒奈我久　科坂在　故志尓之須米婆　大王之
敷座国者　京師乎母　此間毛於夜自等　心尓波　念毛能可良　語左氣　見左久
流人眼　乏等　於毛比志繁　曽己由恵尓　情奈具也等　秋附婆　芽子開尓保布
石瀬野尓　馬太伎由吉氏　乎知許知尓　鳥布美立　白塗之　小鈴毛由良尓　安
波勢也理　布里左氣見都追　伊伎騰保流　許己呂能宇知乎　思延　宇礼之備奈
我良　枕附　都麻屋之内尓　鳥座由比　須恵弖曽我飼　真白部乃多可

(2)　該当項目 ― 30番

三〇一五・三〇六八（巻十二）

神の如聞ゆる瀧の白波の面知る君が見えぬこのころ

　如神　所聞瀧之　白浪乃　面知君之　不所見比日

水茎の岡の葛葉を吹きかへし面知る子等が見えぬ頃かも

　水茎之　岡乃田葛葉緒　吹變　面知児等之　不見比鴨

(3)　該当項目 ― 86番

三三〇二（巻十三）

紀の国の　室の江の邊に　千年に　障る事無く　萬世に　斯くしあらむと　大船
の　思ひたのみて　出で立ちの　清き渚に　朝凪ぎに　来寄る深海松　夕凪ぎに
来寄る縄苔　深海松の　深めし子らを　縄苔の　引けば絶ゆとや　里人の　行き
の集ひに　泣く兒なす　靫取りさぐり　梓弓　弓腹振り起し　志乃岐羽を　二つ
手挟み　放ちけむ　人しくち惜し　恋ふらく思へば

　紀伊国之　室之江邊尓　千年尓　障事無　万世尓　如是将在登　大舟之　思恃
而　出立之　清瀲尓　朝名寸二　来依深海松　夕難岐尓　来依縄法　深海松之
深目思子等遠　縄法之　引者絶登夜　散度人之　行之屯尓　鳴兒成　行取左具
利　梓弓　々腹振起　志乃岐羽矣　二手挟　離兼　人斯悔　恋思者

(4)　該当項目 ― 113・267番

四一五五（巻十九）

矢形尾の真白の鷹を屋戸に据ゑかき撫で見つつ飼はくし好しも

　矢形尾之　麻之路能鷹乎　屋戸尓須恵　可伎奈泥見都追　飼久之余志毛

(5)　該当項目 ― 130番

八一一・八一二（巻五）

言問はぬ樹にはありともうるはしき君が手馴れの琴にしあるべし

　許等々波奴　樹尓波安里等母　宇流波之吉　伎美我手奈礼能　許等尓之安流倍
志

言問はぬ木にもありともわが夫子が手馴れの御琴地に置かめやも

　許等騰波奴　紀尓茂安理等毛　和何世古我　多那礼乃美巨騰　都地尓意加米移
母

(6)　該当項目 ― 192番

六四（巻一）

葦邊行く鴨の羽がひに霜降りて寒き夕べは大和し思ほゆ

　葦邊行　鴨之羽我比尓　霜零而　寒暮夕　倭之所念

二一〇（巻二）

うつせみと　思ひし時に（一に云ふ、うつそみと思ひし）　取り持ちて　わが二人見し　走出の　堤
に立てる　槻の木の　こちごちの枝の　春の葉の　茂きが如く　思へりし　妹に
はあれど　たのめりし　兒らにはあれど　世の中を　背きし得ねば　かぎろひの
燃ゆる荒野に　白栲の　天領巾隠り　鳥じもの　朝立ちいまして　入日なす　隠
りにしかば　吾妹子が　形見に置ける　みどり兒の　乞ひ泣くごとに　取り與ふ
る　物し無ければ　男じもの　腋はさみ持ち　吾妹子と　二人わが宿し　枕づく
嬬屋の内に　書はも　うらさび暮し　夜はも　息づき明し　嘆けども　せむすべ

知らに　恋ふれども　逢ふ因を無み　大鳥の　羽易の山に　わが恋ふる　妹は座
すと　人の言へば　石根さくみて　なづみ来し　吉けくもそなき　うつせみと
思ひし妹が　玉かぎる　ほのかにだにも　見えぬ思へば
打蟬等　念之時尒眥臨等、舒都　取持而　吾二人見之　趍出之　堤尒立有　槻木
之　己知碁知乃枝之　春葉之　茂之如久　念有之　妹者雖有　馮有之　兒等尒
者雖有　世間乎　背之不得者　蜻火之　燎流荒野尒　白妙之　天領巾隠　鳥自
物　朝立伊麻之弖　入日成　隠去之鹿歯　吾妹子之　形見尒置有　若兒乃　乞
泣毎　取与　物之無者　烏徳自物　腋挟持　吾妹子与　二人吾宿之　枕付　嬬
屋之内尒　晝羽裳　浦不楽晩之　夜者裳　氣衝明之　嘆友　世武為便不知尒
恋友　相因乎無見　大鳥乃　羽貝乃山尒　吾恋流　妹者伊座等　人云者　石根
左久見手　名積来之　吉雲曽無寸　打蟬等　念之妹之　珠蜻　髣髴谷裳　不見
思者

三六二五（巻十五）
夕されば葦邊に騒き　明け来れば　沖になづさふ　鴨すらも　妻と副ひて　わが
尾には　霜な降りそと　白栲の　羽さし交へて　打ち払ひ　さ寝とふものを　行
く水の　還らぬ如く　吹く風の　見えぬが如く　跡も無き　世の人にして　別れ
にし　妹が着せてし　なれ衣　袖片敷きて　独りかも寝む
由布左礼婆　安之敝尒佐和伎　安氣久礼婆　於伎尒奈都佐布　可母須良母　都
麻等多具比弖　和我尾尒波　之毛奈布里曽等　之路多倍乃　波祢左之可倍弖
宇知波良比　左宿等布毛能乎　由久美都能　可敝良奴其等久　布久可是能　美
延奴我其登久　安刀毛奈吉　与能比登尒之弖　和可礼尒之　伊毛我伎世弖思
奈礼其呂母　蘇弖加多思吉弖　比登里可母祢牟

(7)
該当項目 ― 197番
四二四九（巻十九）
石瀬野に秋萩凌ぎ馬並めて初鷹猟だに為ずや別れむ
伊波世野尒　秋芽子之努藝　馬並　始鷹猟太尒　不為哉将別

(8)
該当項目 ― 248番
二七三九（巻十一）
みさご居る沖の荒磯に寄する波行方も知らずわが恋ふらくは
水沙兒居　奥麁礒尒　縁波　往方毛不知　吾恋久波

(9)
該当項目 ― 267番
二八三一（巻十一）
みさご居る渚に坐る船の夕潮を待つらむよりはわれこそ益れ
水沙兒居　渚座船之　夕塩乎　将待従者　吾社益

四〇一一（巻十七）
大君の　遠の朝廷そ　み雪降る　越と名に負へる　天離る　鄙にしあれば　山高
み　川雄大し　野を広み　草こそ繁き　鮎走る　夏の盛りと　島つ鳥　鵜養が伴
は　行く川の　清き瀬ごとに　篝さし　なづさひ上る　露霜の　秋に至れば　野
も多に　鳥多集けりと　大夫の　伴誘ひて　鷹はしも　数多あれども　矢形尾
の　吾が大黒に（大黒は蒼鷹の名なり）　白塗の　鈴取り附けて　朝猟に　五百つ鳥立て　夕
猟に　千鳥踏み立て　追ふごとに　ゆるすことなく　手放れも　還来もか易き
これを除きて　またはあり難し　さ並べる　鷹は無けむと　情には　思ひ誇りて
笑ひつつ　渡る間に　狂れたる　醜つ翁の　言だにも　われには告げず　との曇
り　雨の降る日を　鷹猟すと　名のみを告りて　三島野を　背向に見つつ　二上
の　山飛び越えて　雲隠り　翔り去にきと　帰り来て　咳れ告ぐれ　招く縁の
そこに無ければ　言ふ為方の　たどきを知らに　心には　火さへ燃えつつ　思ひ
恋ひ　息衝きあまり　けだしくも　逢ふことありやと　あしひきの　彼面此面に
鳥網張り　守部を据ゑて　ちはやぶる　神の社に　照る鏡　倭文に取り添へ　乞
ひ祈みて　吾が待つ時に　少女らが　夢に告ぐらく　汝が恋ふる　その秀つ鷹は
松田江の　濱行き暮し　鰶取る　氷見の江過ぎて　多古の島　飛び徘徊り　葦鴨
の　多集く古江に　一昨日も　昨日もありつ　近くあらば　今二日だみ　遠くあ
らば　七日のをちは　過ぎめやも　来なむわが背子　懇に　な恋ひそよとそ　夢
に告げつる
大王乃　等保能美可度曽　美雪落　越登名尒於敝流　安麻射可流　比奈尒之安
礼婆　山高美　河登保之呂思　野乎比呂美　久佐許曽之既吉　安由波之流　奈
都能左加利等　之麻都等里　鵜養我登母波　由久加波乃　伎欲吉瀬其等尒　可
賀里左之　奈豆左比能保流　露霜乃　安伎尒伊多礼婆　野毛佐波尒　等里須太
家里等　麻須良乎能　登母伊射奈比弖　多加波之母　安麻多安礼等母　矢形尾

乃　安我大黒尒　獣䴴䳅䲭　之良奴里能　鈴登里都氣弖　朝猟尒　伊保都登里
多氏　暮猟尒　知登理布美多氏　於敷其等迩　由流須許等奈久　手放毛　乎知
母可夜須伎　許礼乎於伎氏　麻多波安里我多之　左奈良敝流　多可波奈家牟等
情尒波　於毛比保許里弖　恵麻比都追　和多流安比太尒　多夫礼多流　之許都
於吉奈乃　許等太尒母　吾尒波都氣受　等乃具母利　安米能布流日乎　等我理
須等　名乃未乎能里弖　三嶋野乎　曽我比尒見都追　二上　山登妣古要氏　久
母我久里　可氣理伊尒伎等　可敝理伎弖　之波夫礼都具礼　呼久餘思乃　曽許
尒奈家礼婆　伊敷須敝能　多騰伎乎之良尒　心尒波　火佐倍毛要都追　於母比
孤悲　伊伎豆吉安麻利　氣太之久毛　安布許等安里也等　安之比奇能　乎氏母
許乃毛尒　等奈美波里　母利敝乎須恵氏　知波夜夫流　神社尒　氏流鏡　之都
尒等里蘇倍　己比能美弖　安我麻都等吉尒　乎登売良我　伊米尒都具良久　奈
我古敷流　曽能保追多加波　麻追太要乃　波麻由伎具良之　都奈之等流　比美
乃江過弖　多古能之麻　等妣多毛登保里　安之我母乃　須太久舊江尒　乎等都
日毛　伎能敷母安里追　知加久安良婆　伊麻布都可太未　等保久安良婆　奈奴
可乃乎知波　須疑米也母　伎奈牟和我勢故　祢毛許呂尒　奈孤悲曽余等曽　伊
麻尒都氣都流

四〇一二（巻十七）
矢形尾の鷹を手に据ゑ三島野に猟らぬ日まねく月そ経にける
矢形尾能　多加乎手尒須恵　美之麻野尒　可良奴日麻祢久　都奇曽倍尒家流

四一五五（巻十九）
矢形尾の真白の鷹を屋戸に据ゑかき撫で見つつ飼はくし好しも
矢形尾之　麻之路能鷹乎　屋戸尒須恵　可伎奈泥見都追　飼久之余志毛

Ⅱ　古事記

(1)　該当項目 — 113・125番

故、其の御子を率て遊びし状は、尾張の相津に在る二俣榲を二俣小舟に作りて、持ち上り来て、倭の市師池、軽池に浮かべて、其の御子を率て遊びき。然るに是の御子、八拳鬚心の前に至るまで真事登波受。（此の三字は音を以ゐよ。）故、今高往く鵠の音を聞きて、始めて阿藝登比（阿より下の四字は音を以ゐよ。）為たまひき。爾に山の邊の大鶙（此は人の名なり。）を遣はして、其の鳥を取らしめたまひき。

故、率㆓遊其御子㆒之状者、在㆑於㆓尾張之相津㆒、二俣榲作㆓二俣小舟㆒而、持上来以浮㆓倭之市師池、軽池㆒、率㆓遊其御子㆒。然是御子、八拳鬚至㆑于㆓心前㆒、真事登波受。（此三字以㆑音。）故、今聞㆓高往鵠之音㆒、始為㆓阿藝登比㆒。（自㆑阿下四字以㆑音。）爾遣㆓山邊之大鶙㆒（此者人名。）令㆑取㆓其鳥㆒。（中巻・一九七頁）

女鳥の王答へて歌曰ひたまひしく、
高行くや　速總別の　御襲料
とうたひたまひき。故、天皇其の情を知りたまひて、宮に還り入りましき。此の時、其の夫速總別の王到来まし時、其の妻女鳥の王歌曰ひたまひしく、
雲雀は　天に翔る　高行くや　速總別　鷦鷯取らさね
とうたひたまひき。

女鳥王、答歌曰、
多迦由久夜　波夜夫佐和氣能　美淤須比賀泥
故、天皇知㆓其情㆒、還㆓入於㆑宮。此時、其夫速總別王、到来之時、其妻女鳥王歌曰、
比婆理波　阿米邇迦氣流　多迦由玖夜　波夜夫佐和氣　佐邪岐登良佐泥
（下巻・二七九頁）

(2)　該当項目 — 97番

布を白き犬に繋け、鈴を著けて、己が族名は腰佩と謂ふ人に、犬の縄を取らしめて献上りき。
布繋㆓白犬㆒、著㆑鈴而、己族名謂㆓腰佩㆒人、令㆑取㆓犬縄㆒以献上。
（下巻・三〇九頁）

Ⅲ　日本書紀

(1)

該当項目 ― 95番

崇神紀十年（巻五・上二四四～二四五頁）

爰に忌瓮を以て、和珥の武鐰坂の上に鎮坐う。

爰以二忌瓮一、鎮二坐於和珥武鐰坂上一。

神武即位前紀（巻一・上二〇三頁）

道臣命、是に、密の旨を奉りて、窨を忍坂に掘りて、我が猛き卒を選びて、虜と雑ぜ居う。

道臣命、於是、奉二密旨一、掘二窨於忍坂一、而選二我猛卒一、與レ虜雑居。

(2)

該当項目 ― 61番

神功皇后摂政前紀（巻九・上三三二～三三三頁）

且荷持田村に、羽白熊鷲といふ者有り。其の為人、強く健し。亦身に翼有りて、能く飛びて高く翔る。是を以て、皇命に從はず。毎に人民を略盗む。戊子に、皇后、熊鷲を撃たむと欲して、橿日宮より松峡宮に遷りたまふ。時に、飄風忽に起りて、御笠墮風されぬ。故、時人、其の處を號けて御笠と曰ふ。辛卯に、層増岐野に至りて、即ち兵を挙りて羽白熊鷲を撃ちて滅しつ。左右に謂りて曰はく、「熊鷲を取り得つ。我が心則ち安し」とのたまふ。故、其の處を號けて安と曰ふ。

且荷持田村鰤鼡利、此云二有二羽白熊鷲者一。其為人強健。亦身有レ翼、能飛以高翔。是以、不レ從二皇命一。毎略二盗人民一。○戊子、皇后欲レ撃二熊鷲一、而自二橿日宮一遷二于松峡宮一。時飄風忽起、御笠墮風。故時人號二其處一曰二御笠一也。○辛卯、至二層増岐野一即挙レ兵撃二羽白熊鷲一而滅之。謂二左右一曰、取二得熊鷲一。我心則安。故號二其處一曰レ安也。

(3)

該当項目 ― 206番

仁徳紀四十年（巻十一・上四〇四～四〇七頁）

四十年の春二月に、雌鳥皇女を納れて妃とせむと欲して、隼別皇子を以て媒としたまふ。時に隼別皇子、密に親ら娶りて、久に復命さず。是に、天皇、夫有ることを知りたまはずして、親ら雌鳥皇女の殿に臨す。時に皇女の為に織縑る女人等、歌して曰はく、

ひさかたの　天金機　雌鳥が　織る金機　隼別の　御襲料

爰に天皇、隼別皇子の密に婚けたることを知りたまひて、恨みたまふ。然るに皇后の言に重り、亦友于の義に敦くまして、忍びて罪せず。俄ありて隼別皇子、皇女の膝に枕して臥せり。乃ち語りて曰はく、「鷦鷯と隼と孰か捷き」といふ。曰はく、「隼は捷し」といふ。（以下省略）

冊年春二月、納二雌鳥皇女一欲レ為レ妃、以二隼別皇子一為レ媒。時隼別皇子密親娶、而久之不二復命一。於是、天皇不レ知レ有レ夫、而親臨二雌鳥皇女之殿一。時為二皇女一織縑女人等歌之曰、比佐箇多能、阿梅箇儺麼多、謎廼利餓、於瑠箇儺麼多、波揶歩佐和氣能、濔於須譬鵝泥。爰天皇知二隼別皇子密婚一、而恨之。然重二皇后之言一、亦敦二友于之義一、而忍之勿レ罪。俄而隼別皇子、枕二皇女之膝一以臥。乃語之曰、孰二捷鷦鷯與レ隼焉。曰、隼捷也。（以下省略）

(4)

該当項目 ― 56番

仁徳紀四十一年（巻十一・上四〇八～四〇九頁）

四十一年の春三月に、………。時に百済の王、悚りて鐵の鎖を以て酒君を縛ひて、襲津彦に附けて進り上ぐ。

冊一年春三月、………。時百済王悚之、以二鐵鎖一縛二酒君一、附二襲津彦一而進上。

※『壍櫛国史大系』本（寛文九年刊本を底本とす）には「鎖」字に対し、右訓クサリ、左訓ツカリが認められる。

(5)

該当項目 ― 3・57・97・114・171番

仁徳紀四十三年（巻十一・上四〇八～四一一頁）

四十三年の秋九月の庚子の朔に、依網屯倉の阿弭古、異しき鳥を捕りて、天皇に獻りて曰さく、「臣、毎に網を張りて鳥を捕るに、未だ曾て是の鳥の類を得ず。故、奇びて獻る」とまうす。天皇、酒君を召して、鳥を示せて曰はく、「是、何鳥ぞ」とのたまふ。酒君、對へて言さく、「此の鳥の類、多に百濟に在り。馴し得てば能く人に從ふ。亦捷く飛びて諸の鳥を掠る。百濟の俗、此の鳥を號けて倶知と曰ふ」とまうす。是、今時の鷹なり。乃ち酒君に授けて養馴む。幾時もあらずして馴くること得たり。酒君、則ち韋の緡を以て其の足に著け、小鈴を以て其の尾に著けて、腕の上に居ゑて、天皇に獻る。是の日に、百舌鳥野に幸して遊獵したまふ。時に

雌雉、多に起つ。乃ち鷹を放ちて捕らしむ。忽に数十の雉を獲つ。
是の月に、甫めて鷹甘部を定む。故、時人、其の鷹養ふ處を號けて、鷹甘邑と曰ふ。

冊三年秋九月庚子朔、依網屯倉阿弭古、捕二異鳥一、獻二於天皇一曰、臣毎張レ網捕レ鳥、未三曾得二是鳥之類一。故奇而獻之。天皇召二酒君一、示レ鳥曰、是何鳥矣。酒君對言、此鳥之類、多在二百濟一。得レ馴而能從レ人。亦捷飛之掠二諸鳥一。百濟俗號二此鳥一曰二倶知一。〈是今時鷹也〉乃授二酒君一令二養馴一。未二幾時一而得レ馴。酒君則以二韋緡一著二其足一、以二小鈴一著二其尾一、居二腕上一、獻二于天皇一。是日、幸二百舌鳥野一而遊獵。時雌雉多起。乃放レ鷹令レ捕。忽獲二数十雉一。

◎是月、甫定二鷹甘部一。故時人號二其養レ鷹之處一、曰二鷹甘邑一也

(6)

該当項目 ― 211番

崇峻即位前紀(巻二十一・下一六三頁)

是の時に、廐戸皇子、束髪於額して、古の俗、年少兒の年、十五六の間は、束髪於額す。十七八の間は、分けて角子にす。今亦然り。軍の後に随へり。

是時、廐戸皇子、束髪於額、〈古俗、年少兒年十五六間、束髪於額。十七八間、分為角子。今亦然之。〉而隨二軍後一。

(7)

該当項目 ― 60番

皇極紀元年(巻二十四・下二三八〜二三九頁)

大臣に詔して曰はく、「津守連大海を以て高麗に使すべし。国勝吉士水鶏を以て百済に使すべし。水鶏、此をば倶毗那と云ふ。………」

詔二大臣一曰、以二津守連大海一可レ使二於高麗一。以二国勝吉士水鶏一可レ使二於百済一。〈水鶏、此云二倶毗那一。〉………

(8)

該当項目 ― 113番

天武紀下四年(巻二十九・下四一六〜四一七頁)

四年の春………。壬戌に、公卿大夫及び百寮の諸人、初位より以上、西門の庭に射ふ。是の日に、大倭国、瑞鶏を貢れり。東国、白鷹を貢れり。近江国、白鵄を貢れり。

四年春………。○壬戌、公卿大夫及百寮諸人、初位以上、射二于西門庭一。是日、大倭国、貢二瑞鶏一。東国貢二白鷹一。近江国貢二白鵄一。

Ⅳ 源氏物語

(1) 該当項目 ― 69番

文などわざとやらんは、さすがにうひ〳〵しう、ほのかに見しさまは忘ず、物思ふらん筋何ごとと知らねど、あはれなれば、八月十余日のほどに、小鷹狩のついでにおはしたり。

(手習・新大系第五冊・三四八〜三四九頁)

いとよそほしくさし歩み給ふほど、かしかましうをひはらひて、御車の後に、頭中将、兵衛督乗せたまふ。「いとかる〴〵しき隠れが、見あらはされぬるこそねたう」と、いたうからがり給。「よべの月に、くちをしう御供にをくれ侍にけると思ひ給へられしかば、けさ霧を分けてまいり侍つる。山の錦はまだしう侍りけり。野辺の色こそ盛りにはべりけれ。なにがしの朝臣の、小鷹にかゝづらひて立ちをくれ侍ぬる、いかゞなりぬらむ」など言ふ。けふは猶、桂殿にとて、そなたざまにおはしましぬ。

(松風・新大系第二冊二〇五〜二〇六頁)

(2) 該当項目 ― 113番

左馬寮の御馬、蔵人所の鷹据へてたまはり給ふ。御階のもとに、御子たち、上達部つらねて、禄ども、品々にたまはり給ふ。

(桐壺・新大系第一冊・二五頁)

Ⅴ 蜻蛉日記

(1) 該当項目 ― 287番

しばし馬どもやすめんとて、清水といふところに、かれと見やられたるほどに、おほきなる楝の木たゞひとつ立てる蔭に車かきおろして、馬ども浦にひきおろして冷しなどして、「こゝにて御破籠まちつけん、かの崎はまだいととほかめり」といふほどに、おさなき人ひとり、つかれたる顔にて寄りゐたれば、え袋なる物とり出て食ひなどするほどに、破籠もて来ぬれば、さま〴〵あかちなどして、かたへはこれより帰りて「清水にきつる」と、おこなひやりなどすなり。

(中・新大系一一三頁)

さて例のものおもひは、この月も時〳〵、おなじやうなり。廿日のほどに、「遠うものする人にとらせん。この餌袋のうちに、袋むすびて」とあれば、むすぶほどに……

(下・新大系二〇三頁)

Ⅵ 枕草子

(1) 該当項目 ― 287番

二月つごもり、三月一日、………つき〴〵しきおのこに、装束をかしうしたる餌袋

いだかせて、小舎人童ども、紅梅、萌黄の狩衣、色〱の衣、をし摺りもどろかしたる袴などきせたり。（新大系・一一五段）

おほきにてよき物　家。餌袋。法師。くだ物。牛。松の木。硯の墨。男の目の細きは女びたり。………（新大系・二一六段）

Ⅶ

(1)　伊勢物語

該当項目 ― 48番

むかし、おとこ有けり。そのおとこ、伊勢の国に狩の使にいきけるに、かの伊勢の斎宮なりける人の親、「常の使よりは、この人よくいたはれ」といひやれりければ、親の言なりければ、いとねむごろにいたはりけり。朝には狩にいだしたててやり、夕さりは帰りつゝ、そこに来させけり。かくてねむごろにいたつきけり。二日といふ夜、おとこ、「破れて逢はむ」といふ。女もはた、いと逢はじとも思へらず。されど、人目しげければ、え逢はず。使ざねとある人なれば、とをくも宿さず。女の閨近くありければ、女、人をしづめて、子一つ許に、おとこのもとに来たりけり。おとこはた、寝られざりければ、外のかたを見出だして臥せるに、月のおぼろなるに、小さき童を先に立てて、人立てり。おとこ、いとうれしくて、わが寝る所に率て入りて、子一つより丑三つまであるに、まだ何ごとも語らはぬに、帰りにけり。おとこ、いとかなしくて、寝ずなりにけり。つとめて、いぶかしけれど、わが人をやるべきにしあらねば、いと心もとなくて待ちをれば、明けはなれてしばしあるに、女のもとより、ことばはなくて、

　君や来し我や行きけむおもほえず夢か現か寝てかさめてか

おとこ、いといたう泣きてよめる。

　かきくらす心の闇にまどひにき夢うつゝとはこよひ定めよ

とよみてやりて、狩に出でぬ。野にありけど、心は空にて、こよひだに人しづめて、いととく逢はむと思に、国の守、斎宮の守かけたる、狩の使ありと聞きて、夜ひと夜酒飲みしければ、もはらあひごともえせで、明けばおはりの国へ立ちなむとすれば、男も人知れず血の涙を流せど、え逢はず。夜やう〱明けなむとするほどに、女がたよりいだす杯の皿に、歌を書きて出したり。とりて見れば、

　かち人の渡れど濡れぬえにしあれば

と書きて、末はなし。その杯の皿に、続松の炭して、歌の末を書きつぐ。

　又逢坂の関は越えなん

とて、明くればおはりの国へ越えにけり。

斎宮は水のおの御時、文徳天皇の御むすめ、惟喬の親王の妹。（新大系・六九段）

四種対校『下学集』一覧

一　本一覧は『和訓栞』に採用された『増補下学集』六十九例すべてを他の下学集と対校し、五十音順に並べ換えたものである（両者の相違については研究篇第四章を参照していただきたい）。

二　対校に当たっては、以下の下学集を使用した。

(1)『増補下学集』（寛文九年〈一六六九〉刊。国会図書館蔵本。813・1－Ka155Y）
　『増補下学集』（上・下巻・索引。近世文学史研究の会編。文化書房）

(2)『下学集』（元和三年〈一六一七〉刊。国会図書館蔵本。813・1－Ka155）
　『元和三年板　下学集』（山田忠雄先生監修・解説。新生社）

(3)『下学絵いり』（平假名註下学集。貞享五年〈一六八八〉刊）。なお、本書は三冊本（上・中・下巻。初印）と二冊本（上・下巻。後印）があるが、披見の国会図書館蔵三冊本（101・89）に一部落丁が存するため、巻数等は二冊本（国会図書館蔵本。813・1－Ka155）にしたがった。

(4)『和漢新撰下学集』（正徳四年〈一七一四〉刊。国会図書館蔵本。813・1－1778k）
　『和漢新撰下学集』（『古辞書研究資料叢刊6』〈大空社〉）

三　増補下学集の巻数・頁数は、文化書房版によった。

四　当該の見出し語が増補部・非増補部の何れに属するかが判るように、※印を付して門名表示の下に記した。

五　『和訓栞』の原本と『増補和訓栞』（増補版）との相違に関しては、連読符（音読・訓読に関わる音合符・訓合符）の有無、新旧による字体の差は対象外にした。

No.	1	2	3
項目	あさしらげ	あしだ	あぜくら
和訓栞（整版本）	中編巻1・16オ	中編巻1・18オ	前編巻2・22オ
和訓栞（増補版）	下学集に日出草をよめり 上巻29頁	倭名抄に屐をいふ　下学集に足駄とかけり　されと兼名苑に一名足下といへるによれる訓なるへし 上巻40頁	和名抄に校倉をよめり……よて下学集にハ叉庫と書り 上巻48頁
元和三年版	該当例無し	屐(アシタ)　又云(フ)二足(アシ)駄(タト)一也 下巻・器財門（13）21ウ7行	叉庫(アゼクラ) 上巻・家屋門（7）24オ7行
増補下学集	日出艸(アサシラケ) ※草木門（第14）増補部 下巻（三13オ）431頁6行	屐(アシタ)　又云(フ)二足(アシ)駄(タト)一也 ※器財門（第13）非増補部 下巻（二16オ）373頁7行	叉庫(アゼクラ) ※家屋門（第7）非増補部 上巻（一38オ）181頁6行
下学絵いり	該当例無し	屐(げき)　又足駄(あしだ)と云也 下巻45オ9行・器財門（第13）	叉庫(あぜくら) 上巻23ウ5行・家屋門（第7）
和漢新撰下学	該当例無し	該当例無し	該当例無し

No.	項	和訓栞（整版本）	和訓栞（増補版）	元和三年版	増補下学集	下学絵いり	和漢新撰下学
4	あまのざけ	中編巻1・44オ	下学集に天野酒と書て天野ハ河州の名所也といへり 上巻102頁	該当例無し	天野酒(アマノサケ) 河州(カシウノ) 名所(メイショ) ※飲食門（第12）増補部 下巻（二11オ）363頁5行	該当例無し	該当例無し
5	ありさま	前編巻2・54オ	……下学集に分野ハ有様の義也といへり よみハ摩訶止観に見えて文選に列宿分二其野一と見ゆ 上巻133頁	分(アリ)野(サマ) 有様ノ 義也 日本天台宗之(ダイシウノ)讀(ヨミ)習(ナラワシ) 也 下巻・言辞門（17）43ウ3行	分(アリ)野(サマ) 有様義也 日本天台宗之(タイシウノ)讀(ヨミ)習(ナラハシ) 也 ※言辞門（第17）非増補部 下巻（三28ウ）462頁2行	分野(ありさま) 有様(ありさま)の義 日本天台宗之(だいしう)読習(よみならはし) 也 下巻60オ8行・言辞門（第17）	該当例無し
6	いかるが	前編巻3・3ウ	……○雄略紀に斑鳩をよめるも鳴聲にて名つけたるなるべし 倭名鈔に鵤をもよめり……下学集に豆甘しや（ママ）といへり 著聞集の歌に いかるかよ豆うましとハ…… 上巻151頁	鵤(イカルカ) 豆(マメ)甘(ウマシ) 鳥也 或ハ作レ斑(ハン)鳩(キウ) 上巻・気形門（8）26ウ1行	鵤(イカルカ) 豆(マメ)甘(ウマシ) 鳥也 或ハ作レ斑(ハン)鳩(キウニ) ※気形門（第8）非増補部 上巻（二43ウ）192頁1行	鵤(いかるか) 豆甘(まめうまし) 鳥也 又斑鳩(はんきう)に かく 上巻25オ6行・気形門（第8）	該当例無し

【相違箇所】・6「豆甘しや」（増補版）は「鳥」の字を脱し、「也」を「や」に誤ったものである。整版本・岐阜版も同様に誤る。

No.	項目	和訓栞（整版本）	和訓栞（増補版）	元和三年版	増補下学集	下学絵いり	和漢新撰下学
7	いはぶき		兎葵也といへり 下学集にハいへにれと訓ぜり 後編巻2・17ウ86頁	該当例無し	兎葵（イヘニレ） 味（ヒ）甘（アマク）寒（ニシテ） 無レ毒者也 ※ 草木門（第14）増補部 下巻（三7ウ）420頁5行 兎葵（イヘニレ） ※ 草木門（第14）増補部 下巻（三8ウ）422頁8行	該当例無し	該当例無し
8	うぐひ		石班魚をいふ 鵜喰の義なるへし 下学集に⿰魚巠をよめるハあたらずといへり 後編巻3・2ウ・110頁	⿰魚巠（ウグイ） 上巻・気形門（8）29オ4行	⿰魚巠（ウクイ） ※ 気形門（第8）非増補部 上巻（二45ウ）196頁7行	⿰魚巠（うぐい） 上巻27ウ6行・気形門（第8）	該当例無し
9	うすたけ		下学集に臼茸とかけり 後編巻3・6オ・117頁	該当例無し	臼茸（ウスタケ） ※ 草木門（第14）増補部 下巻（三12ウ）430頁1行	該当例無し	該当例無し

No.	10	11	12
項目	うるか	うんせん	うむびやう
和訓栞（整版本）		中編巻3・21オ	中編巻3・21ウ
和訓栞（増補版）	年ー魚のはらわたのなしものをわたうるかといひ　子のなしものをこうるかといふ　粟ー子　白(シラ)ー子なともいふめり　潤ー苦の義にや　下学ー集に鰭をよめるハ心ー得がたし 後編巻3・18オ・141頁	下学集に雲繊羹見えたり 上巻302頁	温餅と書り　下学集に見ゆ 湯餅の類也 上巻302頁
元和三年版	鮀鱗(ウルカ) 上巻・気形門（8）29オ5行	該当例無し	該当例無し
増補下学集	鮀鱗(ウルカ) ※　気形門（第8）非増補部 上巻（二45ウ）196頁8行 鰭(ウルカ)　宇留可　同上 ※　飲食門（第12）増補部 下巻（二10オ）361頁6行	雲繊羹(ウンセンカン) ※　飲食門（第12）増補部 下巻（二10オ）361頁5行	温餅(ウンヒヤウ) ※　飲食門（第12）増補部 下巻（二10オ）361頁5行
下学絵いり	鮀鱗(うるか) 上巻27ウ6行・気形門（第8）	該当例無し	該当例無し
和漢新撰下学	該当例無し	該当例無し	該当例無し

No.	13	14	15
項目	かすがひ	かづけもの	かます
和訓栞（整版本）	前編巻6上・24ウ	前編巻6上・37オ	前編巻6下・16オ
和訓栞（増補版）	延喜式に鎹ノ字を用たり… 新撰字鏡に録をよめり　下 学集に鉸をよみ　今ハ鎹を 用う　俗の造り字也 上巻472頁	琵琶行に纏頭をよめり　被 物の義也　下学集に纏頭ハ 遊伎之賄賂也と見えたり 上巻494頁	……○魚にいふハ梭魚也と いへり　梭の形に似たる也 下学集に魳とし近世魳とす 上巻536頁
元和三年版	鉸（カスガイ） 下巻・器財門（13）22ウ2行	纏頭（テンドウ）　遊伎（ギノ）之賄‐賂（ワイロ）也（ナリ） 下巻・態藝門（10）6オ1行	魳（カマス） 上巻・気形門（8）29オ3行
増補下学集	鉸（カスカイ） ※　器財門（第13）非増補部 下巻（二16ウ）374頁8行	纏頭（テントウ）　遊‐伎（キ）之賄賂（ワイロ）也 ※　態藝門（第10）非増補部 下巻（一4ウ）232頁1行	魳（カマス） ※　気形門（第8）非増補部 上巻（二45ウ）196頁6行
下学絵いり	鉸（かすがい） 下巻45ウ7行・器財門（第13）	纏頭（てんとう）　遊伎（ゆふぎ）の賄賂（わいろ）也 下巻34ウ7行・態藝門（第10）	魳（かます） 上巻27ウ5行・気形門（第8）
和漢新撰下学	該当例無し	該当例無し	該当例無し

No.	項目	和訓栞（整版本）	和訓栞（増補版）	元和三年版	増補下学集	下学絵いり	和漢新撰下学
16	きび	前編巻7・13ウ	黍を訓せり 黄實なりといへり○保延三年に天よりきびを雨せしことあり 其色黒しと下学集に見ゆ 上巻608頁	秬 本朝崇徳院御宇保延三年天雨秬其色黒也 下巻・草木門（14）30オ4行	秬 本朝崇徳院御宇保延三年天雨秬其色黒也 ※草木門（第14）非増補部 下巻（三4オ）413頁4行	葛秬 本朝の崇徳院の御宇保延三年天より秬を雨す 其色黒 下巻51オ4行・草木門（第14）	該当例無し
17	ぎよだう	魚道と書り 魚のわたり来げうだうにて凝當の字音 中編巻5・16ウ	魚道と書り 莫（ママ）のわたり来るに道あるをもて盃を傾けし跡の酒のしたゞる體を名つくる也といへり 徒然草下学集なとにくハし 或ハげうだうにて凝當の字音也ともいへり 西土にいふ骨牌路の如し 上巻618頁	魚道 魚道者建残盃器也 以餘瀝洗杯痕喩之魚過旧道故云魚道也 魚雖游泳大海不忘旧道者也 下巻・態藝門（10）6ウ6行	魚道 魚道者建殘盃器也 以餘瀝洗杯痕喩之魚過舊道故云魚道也 魚雖游泳大海不忘舊道者也 ※態藝門（第10）非増補部 下巻（一5オ）233頁5行	魚道 残盃をこぼす器也 餘瀝を以杯痕をあらふ 是を魚の旧き道をすぐるにたとふ 故にかくいふ也 魚ハ大海にあそびをよげとも旧道をわすれぬ者也 下巻34ウ8行・態藝門（第10）	該当例無し

No.	18	19
項目	くき	くせまひ
和訓栞（整版本）	前編巻8・1ウ	―合にも見えたり　下学集 中編巻6・8ウ
和訓栞（増補版）	……〇倭名鈔に豉をよめり　新撰字鏡同し　或説に今の醤油といへるもの古へにきこえす　庭訓往来　下学集なとにものせす　くきハ漏の義　たまりといふごとく今の醤油なるへしといへり 上巻628頁	或ハ九（ママカ）世舞と書り　職人歌合にも見え　また下学集に曲舞と書せり 上巻648頁
元和三年版	該当例無し	久世舞（クセマイ） 下巻・態藝門（10）4ウ6行
増補下学集	該当例無し	久世舞（クセマイ） ※態藝門（第10）非増補部 下巻（一3オ）229頁8行
下学絵いり	該当例無し	久世舞（くせまい） 下巻32ウ8行・態藝門（第10）
和漢新撰下学	該当例無し	該当例無し

No.	20	21
項目	くつけう	こが
和訓栞（整版本）		前編巻9・11ウ
和訓栞（増補版）	究－竟の音也といへり 究ハ呉－音也 今－昔物－語には屈－強とも見えたり 下－学－集に畢－竟の義とせり 後編巻6・14オ・315頁	下学集に榼をよみ桶也と注せり 今四国邊にて酒桶をいへり 上巻738頁
元和三年版	究竟(クキヤウ) 必(ヒツ)－竟之(ノ)義也 下巻・言辞門（17）40オ5行	該当例無し
増補下学集	究竟(クキヤウ) 必(ヒツ)－竟之(ノ)義也 ※ 言辞門（第17）非増補部 下巻（三25ウ）456頁3行 究竟(クキヤウ) ※ 態藝門（第10）増補部 下巻（一35ウ）294頁3行	榼(コガ) 桶(ヲケ)也 ※ 器財門（第13）増補部 下巻（二28オ）397頁5行
下学絵いり	究竟(くつけう) 必竟(ひつきやう)の義 下巻58ウ1行・言辞門（第17）	該当例無し
和漢新撰下学	究竟(クツキヤウ) 畢竟(ヒツキヤウノ) 義也(ナリ) 態藝門・巻3・4ウ5行	該当例無し

No.	22	23	24
項目	こがらめ	こつけい	こまさめ
和訓栞（整版本）		中編巻8・23オ	せり　下－学－集にミゆ 中編巻8・34ウ
和訓栞（増補版）	小－鳥の名なり　山がら四十からめなど類を同じうせり　小－陵－鳥と書ハ山がらを山－陵－鳥とするよりいへる也　挨（ママ）－嚢－抄に鵠　下－学－集に鵅　ともに心－得がたし 後編巻6・28オ・343頁	下学集に滑稽ハ利口の義也といへり　今俗訛てこつへいといへり 上巻775頁	駒蔵と書て具足の上帯と注せり　下学集にみゆ 上巻806頁
元和三年版	該当例無し	滑稽(コツケイ)　利－口之(ノ)義也 下巻・態藝門（10）8ウ5行	該当例無し
増補下学集	鵅交(コカラアヘ) ※　飲食門（第12）増補部 下巻（二11オ）363頁1行 〔参考〕 小陵鳥(コガラ) ※　気形門（第8）増補部 上巻（二52オ）209頁5行	滑稽(コツケイ)　利－口之(ノ)義也 ※　態藝門（第10）非増補部 下巻（一7オ）237頁1行	駒蔵(コマサメ)　具足(グソクノ)　上帯(ウハヲビ) ※　器財門（第13）増補部 下巻（二28オ）397頁4行
下学絵いり	該当例無し	滑稽(こつけい)　利口(りこう)のこと 下巻36オ3行・態藝門（第10）	該当例無し
和漢新撰下学	該当例無し	該当例無し	該当例無し

No.	項	和訓栞（整版本）	和訓栞（増補版）	元和三年版	増補下学集	下学絵いり	和漢新撰下学
25	こんでい	前編巻9・36ウ	……〇下学集に健兒所ハ中間の所ㇾ居也と見えたり 上巻810頁	健兒所（コンテイトコロ）中ー間之（ノ）所ㇾ居（ル）也 上巻・家屋門（7）24ウ7行	健兒所（コンテイトコロ）中ー間之（ノ）所ㇾ居（ル）也 ※家屋門（第7）非増補部 上巻（二38ウ）182頁5行	健兒所（こんていところ）中間（げん）の居所也 上巻24オ2行・家屋門（第7）	該当例無し
26	ざる	前編巻10・37オ	……〇いかきをいふハ笊籬の音也といへり　和名鈔にむぎすくひと訓し　下学集にハさうり　いかきと注せり 中巻81頁	笊籬（イカキ／サウリ）味ー噌漉（ミソコシ）也 下巻・器財門（13）19オ1行	笊籬（イカキ／サウリ）味噌漉（ミソコシ）也 ※器財門（第13）非増補部 下巻（二13ウ）368頁6行 笊籬（ムキスクヒ／イカキ） ※器財門（第13）増補部 下巻（二22ウ）386頁2行	笊籬（いかき）味噌漉（みそこし）也 下巻43オ2行・器財門（第13）	該当例無し
27	しきり	前編巻11・5ウ	……〇……宇治拾遺にしきれと見え　下学集に尻切と見ゆ　今ハせきれといへり 中巻102頁	該当例無し	尻切（シキレ） ※器財門（第13）増補部 下巻（二29ウ）400頁2行	該当例無し	該当例無し

No.	28	29	30
項目	しどろもどろ	しばたけ	しゆぜんじ
和訓栞（整版本）	前編巻11・17ウ		
和訓栞（増補版）	……下学集に取次筋斗を訓せり 中巻131頁	下‐学‐集に芝‐茸と見えたり 後編巻8・7オ・407頁	紙の名にいふ 伊‐豆ノ挂‐紙 修‐禪‐寺也 下‐学‐集に坂‐東 豆‐州の紙の名にて色薄‐紅也と見えたり 後編巻9・13ウ・460頁
元和三年版	取次(シドロ) 筋斗(モドロ) 下巻・言辞門（13）44ウ2行	該当例無し	修禪紙(シユゼンシ) 坂‐東 豆(トウ)‐州ノ紙ノ名也 色‐薄(ウス)‐紅也 下巻・器財門（13）25ウ3行
増補下学集	取次(シドロ) 筋斗(モドロ) ※言辞門（第17）非増補部 下巻（三29オ）463頁7行	芝茸(シハタケ) ※草木門（第14）増補部 下巻（三14オ）433頁1行	修禪紙(シユセンシ) 坂‐東 豆(トウ)‐州ノ紙ノ名也 色薄(ウス)紅也 ※器財門（第13）非増補部 下巻（二19ウ）380頁3行
下学絵いり	取次(しどろ) 筋斗(もどろ) 下巻60ウ9行・言辞門（第17）	該当例無し	修禪紙(しゆぜんし) 豆州(とうしう)の紙の名也 色薄紅(うすくれない)也 下巻48オ4行・器財門（第13）
和漢新撰下学	該当例無し	該当例無し	該当例無し

No.	項	和訓栞（整版本）	和訓栞（増補版）	元和三年版	増補下学集	下学絵いり	和漢新撰下学
31	せわ	前編巻13・12オ	下学集に世話ハ風俗の郷談也といへり 一説に説話也ともいへり 中巻261頁	世話 風ー俗之郷ー談也 下巻・態藝門（10）5ウ1行	世話 風ー俗之郷ー談也 ※態藝門（第10）非増補部 下巻（一4オ）231頁2行	世話 風俗の郷談也 下巻33オ9行・態藝門（第10）	該当例無し
32	せんをうけ		仙ー翁ー花とかけり 嵯ー峨の仙ー翁ー寺より始て出たると下ー学ー集に見ゆ 剪ー秋ー羅也といへり 後編巻10・17オ・525頁	仙翁花 嵯ー峨仙ー翁ー寺始出此ー花ー故云仙ー翁ー花ー也 下巻・草木門（14）28オ3行	仙ー翁ー花 嵯ー峨仙ー翁寺始出此ー華ー故云仙ー翁ー華ー也 ※草木門（第14）非増補部 下巻（三2オ）409頁7行	仙翁花 嵯峨仙翁寺より始 此花を出 故かく云 下巻49ウ9行・草木門（第14）	該当例無し
33	だかう	駄ー向と見えたり 旅ー中／中（ママ）の食（ママ）をいふといへり 中編巻13・7ウ	東鑑に駄餉と書て下学集に駄向と見えたり 旅中の食（ママ）をいふといへり 中巻304頁	駄向 旅ー中食ー物 向或作肴 下巻・態藝門（10）5ウ7行	駄向 旅ー中食ー物 向或作肴 ※態藝門（第10）非増補部 下巻（一4オ）231頁8行	駄向 旅中の食物 向又肴にかく 下巻34オ6行・態藝門（第10）	該当例無し

【相違箇所】・33整版本の「旅中中の」は行変わりによる誤りであり、また「食をいふ」（整版本・増補版・岐阜版）は「食物」の脱とみる。

No.	34	35	36
項	たゝみ	たで	だびゑ
和訓栞（整版本）	中編巻13・20ウ		海人藻芥に金たミを金かきだむともだミゑとも見 中編巻13・32ウ
和訓栞（増補版）	……○……三議一統にたゝみ汁見えたり 下学集に蓼水汁と書り 中巻338頁	蓼をいへり……倭名抄には葒草 いぬたてと見えたり 哥にほたでとよむハ穂蓼の義也 利根草の名 下学集に見えたり 後編巻11・10オ・553頁	……○下学集に濃絵をよめり 海人藻芥に金たみを金濃と書り まさすけにゑをかきだむともだみゑとも見えたり 中巻372頁
元和三年版	該当例無し	該当例無し	濃絵（ダミエ） 下巻・彩色門（15）33ウ6行
増補下学集	蓼水汁（タヽミシル） ※飲食門（第12）増補部 下巻（二9ウ）360頁8行	利根艸（リコンサウ） 蓼也 ※草木門（第14）増補部 下巻（三11オ）427頁6行	濃絵（ダミエ） ※彩色門（第15）非増補部 下巻（三14ウ）434頁5行 丹青絵（ダミエ） 濃絵 同上 ※器財門（第13）増補部 下巻（二24ウ）390頁1行
下学絵いり	該当例無し	該当例無し	濃絵（だミゑ） 下巻53ウ7行・彩色門（第15）
和漢新撰下学	該当例無し	該当例無し	該当例無し

No.	37	38	39
項	たんじやく	つや	とこ
和訓栞（整版本）	下学集にハ短‐籍と書せり 日本紀に短籍をひねりぶミ 前編巻14・44ウ	前編巻16・29オ	ミゆ 前編巻18・8ウ
和訓栞（増補版）	……下学集にハ短籍と書り　日本紀に短籍をひねりぶみと訓せり 中巻397頁	……○倭名鈔に邸をつやと訓せり　津屋の義也　下学集に商人を停めて賃を取の處也といへり 中巻499頁	……○秋の田のそほづをいふは兎鼓と書り　下学集にみゆ 中巻550頁
元和三年版	短籍（タンジヤク）　籍字ハ作レ尺ニ 下巻・器財門（13）24ウ7行	該当例無し	僧都（ソウス）　在ニ秋ノ田ニ驚ニ水‐鳥ヲ一器也　或ハ搗レ米ヲ器也……又云ク　世‐話ニハ者謂ニ之ヲ兎‐鼓（トコ）ト一云々 下巻・器財門（13）24ウ2行
増補下学集	短籍（タンジヤク）　籍ノ字ハ作レ尺 ※器財門（第13）非増補部 下巻（二19オ）379頁2行	邸家（ツヤ）　停ニ商人ヲ一取レ賃ヲ處也 ※家屋門（第7）増補部 上巻（二40ウ）186頁4行	僧都（ソウツ）　在ニ秋ノ田ニ驚ニ水鳥ヲ一器也　或ハ搗レ米ヲ器也……又云ク　世‐話ニハ者謂ニ之ヲ兎鼓（トコ）ト一云云 ※器財門（第13）非増補部 下巻（二18ウ）378頁5行
下学絵いり	短籍（たんじやく）　籍　又尺（しやく）にかく 下巻47ウ6行・器財門（第13）	該当例無し	僧都（そうづ）　秋（あき）の田に有て水鳥（すいてう）を驚（をどろかす）器（うつハもの）なり　又ハ米（こめ）をつく器也……又云　世話には是を兎鼓（とこ）といふなり 下巻47ウ2行・器財門（第13）
和漢新撰下学	該当例無し	該当例無し	該当例無し

No.	項	和訓栞（整版本）	和訓栞（増補版）	元和三年版	増補下学集	下学絵いり	和漢新撰下学
40	とんちう	中編巻16・14ウ	下学集に炭趺と書て行者と注せり 中巻581頁	該当例無し	炭頭(トンヂウ) 行者 ※人倫門（第4）増補部 上巻（一37オ）87頁2行	該当例無し	該当例無し
41	にらぎ	ミゆといへり 前編巻20・11ウ	和名抄に葅をよめり 楡樹の義なるへし 葅を造る法ハ式に見えたり 後に辣菜と称するも是也 下学集にみゆといへり 中巻702頁	該当例無し 辣菜(ラッサイ) 漬物(ツケ) 下巻・飲食門（12）15ウ5行	葅(ニラギ) ※飲食門（第12）増補部 下巻（一9オ）359頁4行 辣菜(ラッサイ) 漬物(ツケ)也 ※飲食門（第12）非増補部 下巻（一5オ）351頁1行	該当例無し 辣菜(らつさい) 漬物(つけもの) 下巻41オ1行・飲食門（第12）	該当例無し 該当例無し
42	ぬた	前編巻21・5オ	……〇下学集に饅膾をぬたなますとよめり ぬたあへなともいへり 中巻709頁	該当例無し	饅膾(ヌタナマス) ※飲食門（第12）増補部 下巻（一9ウ）360頁5行	該当例無し	該当例無し

【相違箇所】・40「炭趺」（増補版）の「趺」は「頭」の異体字か。

No.	43	44	45
項目	ぬたはだ	ねまる	のんき
和訓栞（整版本）	前編巻21・5オ	前編巻22・8オ	
和訓栞（増補版）	倭名鈔に魵をよめり 角上浪皮也と注せり 下学集にハ菟をぬたとよめり 中巻710頁	ねばるをかくもいへり 下学集に踞をよめるハ羽州にて居をいへり 中巻729頁	俗ー語也 暖（ノン）気の義なるべし〇疊に暖（ノン）席と云事 下ー学ー集に見えたり 後編巻14・25オ・695頁
元和三年版	該当例無し	該当例無し	該当例無し
増補下学集	菟（ヌタ） 猪（イノシヽ） ※ 態藝門（第10）増補部 下巻（一23ウ）270頁4行	踞（ネマル） ※ 態藝門（第10）増補部 下巻（一32ウ）288頁4行	暖席（ノンセキ） 疊（タヽミ）也 ※ 器財門（第13）増補部 下巻（二25ウ）392頁4行
下学絵いり	該当例無し	該当例無し	該当例無し
和漢新撰下学	該当例無し	踞（キヨ）ウヅクマル 態藝門・巻3・3オ1行	該当例無し

【相違箇所】・43「角上浪皮也」（整版本・増補版・岐阜版）は和名抄二十巻本のうち付訓本が一致するが、無訓本の元和三年本では「角上浪也」（18巻・22オ）と「皮」がない。

No.	項目	和訓栞（整版本）	和訓栞（増補版）	元和三年版	増補下学集	下学絵いり	和漢新撰下学
46	はしか	なる義也　下学集に⿰禾會をよ　中編巻19・10ウ	麻疹をいひ麥の芒刺をいふ　ともにいら〳〵として苛酷　なる義也　下学集に檜（ママ）をよ　めるハ芒刺の意也　麻疹を　糠瘡ともいへり　中巻785頁	該当例無し	⿰禾會（ハシカ）　※草木門（第14）増補部　下巻（三10ウ）426頁6行	該当例無し	該当例無し
47	はしりくらべ	中編巻19・13ウ	……〇下学集に梵網經の行　域をはしりごくらひとよめ　り　ごくらひハ小競の義な　るへし　中巻791頁	該当例無し	行域（ハシリコグラ）　梵網經（ボンモフキヤウニアリ）有　※態藝門（第10）増補部　下巻（一16ウ）256頁5行	該当例無し	該当例無し
48	はづれ	也　下学集に剟をよミて絹　中編巻19・21オ	物の端をいふ　はつるゝ意　也　下学集に剟をよみて絹　布と注せり　又梢頭をもい　へり　中巻811頁	該当例無し	剟（ハツレ）　絹布（キヌノ）　※態藝門（第10）増補部　下巻（一16ウ）256頁7行	該当例無し	該当例無し

【相違箇所】・46「檜」（増補版）は「⿰禾會」の誤りである。整版本・岐阜版は「⿰禾會」に作る。

No.	49	50	51
項	はやしもの	ひしめく	ひたちぐさ
和訓栞（整版本）	とミゆ 中編巻20・26オ	閲をよめり　下学集に見ゆ 中編巻21・13オ	中編巻21・16ウ
和訓栞（増補版）	下学集に拍子物をよめり 俗呼ニ拍子物一日ニ風流一 とみゆ 中巻854頁	閲をよめり　下学集に見ゆ 物語類に多き詞也 下巻31頁	下学集に常陸草とあり 下巻39頁
元和三年版	風流（フウリウ／フリウ）　風‐情（フセイ）義也　日 ‐本ノ　俗呼ニ拍‐子‐物（ハヤシモノヲ）一 日ニ風‐流（フリウト）一 下巻・態藝門（10）4ウ5行	該当例無し	該当例無し
増補下学集	風流（フウリウ／フリウ）　風‐情（フセイ）　義也　日 ‐本ノ　俗呼ニ拍‐子‐物（ハヤシヲ）一 日ニ風流（フト）一 ※態藝門（第10）非増補部 下巻（一3オ）229頁8行	閲（ヒシメク） ※態藝門（第10）増補部 下巻（一56ウ）336頁2行	常陸艸（ヒタチクサ） ※草木門（第14）増補部 下巻（三14オ）433頁3行
下学絵いり	風流（ふうりう）　風情（ふぜい）のこと也　日 本の俗拍子物（はやしもの）を云らく風流と 云 下巻32ウ7行・態藝門（第10）	該当例無し	該当例無し
和漢新撰下学	該当例無し	該当例無し	該当例無し

No.	項目	和訓栞（整版本）	和訓栞（増補版）	元和三年版	増補下学集	下学絵いり	和漢新撰下学
52	びらん	自ら脱するをもて糜爛と名 中編巻21・42オ	志摩ノ国の山に産す　ふくら柴に似て大木なり　樹皮自ら脱するをも糜爛（ママ）と名けたる成へし　下学集には毘蘭樹と見えたり 下巻94頁	該当例無し	毘蘭樹（ヒランジュ） ※草木門（第14）増補部 下巻（三14オ）433頁5行	該当例無し	該当例無し
53	ふせご	……○下学集にふじごあり 前編巻26・10ウ	……○下学集にふじごあり 富士籠と書り 下巻128頁	富士籠（フジゴ）　或（ハ）作（ス）臥籠（フセゴ）ニ　薫一篭也 下巻・器財門（13）18オ7行	富士籠（フジゴ）　或（ハ）作（ス）臥（フセ）一籠（カウ）ニ　薫篭也 ※器財門（第13）非増補部 下巻（二13オ）367頁5行	富士籠（ふじご）　又臥籠（ふせご）にかく　也　薫篭（くんろう）なり 下巻42ウ4行・器財門（第13）	該当例無し
54	ふんばく		下一学一集に文一莫ハ无一智の義也といへり　是は論語の文莫（ハ）吾猶（レ）人也を集解に莫（ハ）無也　文一无者凡言ニ文皆不（ア）勝ニ於人一といへるに據なるべし 後編巻15・17ウ・732頁	文（ブン）一莫（バク）　無一智之義也（ナリ）　文一莫（ハ）猶（ヲシ）ニ文一不（ノ）一見（タリ）ニ　論一語ニ 下巻・言辞門（17）43オ7行	文（ブン）一莫（バク）　無智之義也（ナリ）　文一莫（ハ）猶（ヲシ）ニ文一不（ノ）一見（タリ）ニ　論一語ニ ※言辞門（第17）非増補部 下巻（三28オ）461頁7行	文莫（ぶんばく）　無智（むち）のこと　文莫猶（なを）ニ文不（ふんふ）の一　論語（ろんご）に有也 下巻60オ6行・言辞門（第17）	該当例無し

【相違箇所】・52「脱するをも」（増補版）は「脱するをもて」の脱である。岐阜版は整版本と同じである。

No.	55	56	57
項目	へくそかづら	へこつく	へんばい
和訓栞（整版本）	定家卿鷹の哥の注にミゆ 中編巻23・2オ	中編巻23・2ウ	下学集に返閉ハ天子出御之 歩といふとミえたり 中編巻23・5ウ
和訓栞（増補版）	定家卿鷹の歌の注にみゆ 下学集に百部根を訓し　又 馬鞭草といへるハ非也　女 青也とそ 下巻172頁	下学集に學ノ字をよみ庭也 と注せり　いふかし 下巻173頁	下学集に返閉ハ天子出御之 時陰陽家の行ふ事也　又禹 歩といふとみえたり 下巻182頁
元和三年版	該当例無し	該当例無し	返(ヘン)‐閉(バイ)　天‐子出‐御之(ノ) 時陰(ヲン)‐陽家(ヤウケ)(ニ)　所(レ)行也　又謂(ニ) 之禹(ヲウ)‐歩(ホト)(一)也 下巻・態藝門（10）2ウ1行
増補下学集	百部根(ヘクソカツラ) ※草木門（第14）増補部 下巻（三11オ）427頁1行 馬鞭艸(クマツヽラ) ※草木門（第14）増補部 下巻（三9ウ）424頁2行	學(ヘコツク)　庭(ニ八也) ※態藝門（第10）増補部 下巻（一19オ）261頁1行	返閉(ヘンハイ)　天‐子出‐御之(ノ)時 陰(ヲン)‐陽家(ヤウケ)(ニ)　所(レ)行也　又謂(ニ) 之禹(ヲウ)‐歩(ホト)(一)也 ※態藝門（第10）非増補部 下巻（一初オ）225頁8行
下学絵いり	該当例無し	該当例無し	返閉(へんはい)　天子出(しゆつ)御(ぎよ)のとき 陰陽家(をんやうけ)に行(をこなふ)所也　又是を禹(う) 歩(ほ)といふ也 下巻31オ7行・態藝門（第10）
和漢新撰下学	該当例無し	該当例無し	該当例無し

No.	58	59	60
項目	ほいろ	ほたゆ	ほろ
和訓栞（整版本）		中編巻23・15ウ	前編巻28・22オ
和訓栞（増補版）	下‐学‐集に焙‐爐の音とし 或ハ焙‐籠と書て西‐土の名也といへり されど焙する事をほいろとるなどいふは火‐色の義也ともいへり 後編巻15・19オ・735頁	……○下学集に十三をほた〱とよめり 歳に就て云義訓なり 下巻208頁	……下学集に緥をよめれと字書の義にあらす 疑らくハ帆より出たる名にや 四聲字苑に帆（ハ）風衣也と見えたり 下巻230頁
元和三年版	焙爐（ホイロ） 下巻・器財門（13）19オ7行	該当例無し	緥（ホロ） 作二母‐衣（ホロ）一ニ言ハ孩（カイ）‐児（ミドリコ）在ル二母ノ胎（タイ）一ニ時キ頭ニ戴（イタヽヒテ）二胞‐衣（ハウエ）一ヲ以テ防（フセク）二諸‐毒（トク）一ヲ也 下巻・器財門（13）22ウ4行
増補下学集	焙爐（ホイロ） ※器財門（第13）非増補部 下巻（二14オ）369頁4行	十三（ホタ〱） ※態藝門（第10）増補部 下巻（二18オ）259頁8行	緥（ホロ） 作二母‐衣（ホロ）一ニ言ハ孩（カイ）‐児（ミドリコ）在ル二母ノ胎一ニ時ニ頭ニ戴（イタヽキ）二胞‐衣一ヲ以テ防（フセク）二諸‐毒（トク）一ヲ也 ※器財門（第13）非増補部 下巻（二17オ）375頁2行
下学絵いり	焙炉（ほいろ） 下巻43オ6行・器財門（第13）	該当例無し	緥（ほろ） 又母衣（ほろ）にかく 此心は孩（みどり）子（ご）母の胎（たい）に有とき頭（かしら）に胞衣（えな）をいたゞいて諸毒（しよどく）をふせく 下巻45ウ8行・器財門（第13）
和漢新撰下学	該当例無し	該当例無し	該当例無し

No.	61	62	63
項目	まいす	まふさぎ	まめ
和訓栞（整版本）	中編巻24・1オ	中編巻24・19オ	前編巻29・28オ
和訓栞（増補版）	売僧の轉音 下学集に高僧（ママ）也といへり 叢林語なり 下巻233頁	うつぼにいへり 三議一統にも見えたり 下学集に鉉子をよめり 矢室蓋なりといへり 下巻280頁	……○文安元年三月天より豆 小豆を雨らすと下学集にみえたり 下巻288頁
元和三年版	賣(マイ)子(ス) 商(アキナイ)僧也 上巻・人倫門（4）16ウ1行	該当例無し	秬(キビ)……方(マサニ)今(イマ)文安元年三月二日天雨(ヨリフラス)二豆(マメ)小豆(アツキヲ)世俗以(テ)植(ウユルニ)之(ヲ)出生(ス)矣 下巻・草木門（14）30オ4行
増補下学集	賣(マイ)子(ス) 商(アキナイ)僧也 ※人倫門（第4）非増補部 上巻（一31ウ）76頁3行 賣(マイ)僧(ス) ※態藝門（第10）増補部 下巻（一37ウ）298頁3行	鉉(マフタ)子(キ) 矢(ヤノ)室(イヘノ)蓋(フタ) ※器財門（第13）増補部 下巻（二26ウ）394頁5行	秬(キビ)……方(マサニ)今(マ)文安元年三月二日天雨(ヨリフラス)二豆(マメ)小豆(アツキヲ)世俗以植(ウユル)之(ヲ)出生(ス)矣 ※草木門（第14）非増補部 下巻（三4オ）413頁4行
下学絵いり	賣(まい)子(す) あきない僧(そう)也 上巻15ウ4行・人倫門（第4）	該当例無し	葛(くず)秬(きび)……今文安元(ぶんあんぐわん)年三月二日に天より豆(まめ) 小豆(あづき)を雨(ふらす) 世俗植(うゆ) 出(しゅつ) 生(せう)す 下巻51オ4行・草木門（第14）
和漢新撰下学	該当例無し	該当例無し	該当例無し

【相違箇所】・61「高僧也」（整版本・増補版・岐阜版）は「商僧也」の誤りである。

No.	項目	和訓栞（整版本）	和訓栞（増補版）	元和三年版	増補下学集	下学絵いり	和漢新撰下学
64	むぎすくひ	麺をすくふ器なり　下斈集 中編巻26・2オ	和名抄に笊籬を訓せり　麥麺をすくふ器なり　下学集にハ味噌漉也といへり 下巻395頁	笊籬（イカキ）（さうり）　味噌漉（ミソコシ）也 下巻・器財門（13）19オ1行	笊籬（イカキ）（さうり）　味噌漉（ミソコシ）也 ※　器財門（第13）非増補部 下巻（二13ウ）368頁6行 笊籬（むぎすくひ）（いかき） ※　器財門（第13）増補部 下巻（二22ウ）386頁2行	笊籬（いかき）　味噌漉（みそこし）也 下巻43オ2行・器財門（第13）	該当例無し
65	やさし	なりとよめり　拾菓集（まま）に幽 前編巻34・7ウ	長恨歌傳に閑治をやさしけなりとよめり　拾葉集に幽美　挨嚢抄（まま）に艶優　下学集に婀娜をよみ常に風流をもよめり 下巻502頁	該当例無し	婀娜（やさし）……艶優（やさし）　二字義同 ※　態藝門（第10）増補部 下巻（一36ウ）296頁6行	該当例無し	婀（あ）-娜（だ）タヲヤカ也〔文選〕ニ見 態藝門・巻3・4ウ4行
66	やないばこ	前編巻34・19オ	柳箱と書り……下学集に編二柳枝一作レ之　一尺四方と見えたり 下巻519頁	柳笞（やなきばこ）（ヤナイ）　編（あみて）二柳（の）枝一（を）作（る）レ之（ヲ）　一-尺四-方也 下巻・器財門（13）18ウ2行	柳笞（やなきはこ）（ヤナイ）　編二柳（の）枝一（を）作（る）レ之（ヲ）　一-尺四-方也 ※　器財門（第13）非増補部 下巻（二13オ）367頁7行	柳笞（やないはこ）　柳（やなぎ）の枝（えだ）をあミて作（つくる）　一尺四方（はう）なり 下巻42ウ6行・器財門（第13）	該当例無し

【相違箇所】・65「拾菓集」（整版本）は「拾葉集」の誤りである。『岐阜版』は整版本と同じである。

No.	項目	和訓栞（整版本）	和訓栞（増補版）	元和三年版	増補下学集	下学絵いり	和漢新撰下学
67	らうか	中編巻28・11ウ	廊下なり　下学集には廊架に作る　下巻618頁	廊架（ラウカ）　上巻・家屋門（7）24オ7行	廊架（ラウカ）　※家屋門（第7）非増補部　上巻（二38オ）181頁5行	廊架（らうか）　上巻23ウ5行・家屋門（第7）	該当例無し
68	りやうぶ	中編巻28・16オ	物に令法と見え　下学集に柃梧（トウホウ）（ママ）とかけり　木の名也　こわりともいふ　所により　やうぼともいふ　常州あたりにてはだかぼうともいふとそ　下巻633頁	該当例無し	柃梧（リヤウホウ）　※草木門（第14）増補部　下巻（三11オ）427頁6行	該当例無し	該当例無し
69	りんしらう	前編巻38・3ウ	下学集に林四郎之杜撰といふ事あり　人の姓名にハあらす　昔杜撰の者ありて書作り　鬱ノ字を析ちて林四郎とするをいふ　谷響続集に見えたり　下巻631頁	至（ルマテ）ニ　彼之雌（シ）ー霓（ゲキ）（割注省略）弄麞（ロウシヤウ）（割注省略）林ー四ー郎（カ）之杜撰（ツザンニ）一　亦無（シ）レ　不（スト云コト）ニ　質（タヽシテ）　而改（メ）レ　之（ヲ）……　上巻・序2ウ1行～	至（ルマテ）ニ　彼之雌（シ）ー霓（ゲキ）一　（割注省略）弄麞（ロウシヤウ）（割注省略）林ー四ー部（カ）（ママ）　之杜撰（トセン／ツザン）一　亦無（シ）レ　不（スト云コト）ニ　質（タヽシテ）　而改（メ）レ　之（ヲ）……　上巻・序3ウ3行～	至（いたるまで）ニ　彼之雌霓（しげき）（割注省略）弄（ろう）ー麞（しやう）（割注省略）林（りん）ー四（し）ー郎（らうが）　之杜（と）ー撰（せんに）一　亦無（またなし）レ　不（さること）ニ　質（たゞして）　而改（あらため）レ　之（を）……　上巻・序2オ8行～	該当例無し

【相違箇所】・68「柃梧」のルビ「トウホウ」（整版本・増補版）は「レウホウ」の誤りである。岐阜版も同様に誤る。・69　増補下学集の「林四部」は「林四郎」の誤りである。

第Ⅱ部　資料篇（第三章　翻刻部）

一　翻刻に際しては原本の面影をできるかぎり忠実に伝えることに努めたが、誤読を避ける意味から典拠部「凡例」で採用した項目（第八の(1)〜(6)）の外に以下の点を加えた。

(1)　底本一行をそのまま一行に翻刻した（『西園寺鷹百首（注）』は整版本に依る）。

(2)　補入箇所（『龍山公鷹百首』のみ）は、ポイントを下げて翻字した。

(3)　底本の丁付を〔　〕に入れて示した（『西園寺鷹百首（注）』は整版本に依る）。

二　翻刻本文に関する概説は以下のごとくである。

(1)　『定家卿鷹三百首（注）』――底本は宮内庁書陵部蔵の寛永13年版（152−80）である。翻刻は既に「対校『鷹三百首』」と題して和洋女子大学附属図書館蔵の『鷹三百首』と併せて発表した（遠藤和夫・塚本宏・三澤成博共編。『和洋女子大学紀要』〈文系編〉35集）が、本書は誤植等の訂正を施し、寛永13年整版本のみを取り挙げることにした。

(2)　『西園寺鷹百首（注）』――宮内庁書陵部蔵の一本を底本（写本。154−332・321〈前者を底本としたが、後者によって前者の誤り《大なる相違は97番歌を欠く》を訂したところもある。宮内庁書陵部蔵の写本《152−48》や内閣文庫蔵の一本《201−467》等がこれと系統を一にするが、「疏」を付する《奥書に中嶋尚正が元文四年に記したとある。後者はこれを欠く》点は異なる。本書ではこれを除外した〉）に、寛永13年整版本（宮内庁書陵部蔵一本。154−330）を対校した。底本を右に、整版本をその左に小字で示したが、対校の記号として黒点を用いた。黒点はそれに相当する文字を欠くことを意味するものである。なお、『西園寺鷹百首（注）』に限り対校を企てたのは、写本と整版本との間に内容上の相違が認められることを明らかにしたかったからである。

(3)　『龍山公鷹百首』――底本は宮内庁書陵部蔵の一本（写本。154−6）である。『龍山公鷹百首』は整版本なく、写本のみ伝わり、ために小異する。本底本は『続群書類従』（第19輯中）所収本と内容上ほぼ一致し、近い関係にあるものである。なお、括弧を付して『類従本』の本文並びに記載の漢字を一部補った。また、『龍山公鷹百首』に限り三段組とした。

『定家卿鷹三百首（注）』

鷹三百首　　定家卿

春

1 あら玉の年のこしはの雪消で木居とる鷹の跡や見ゆらん
雪消てのての字清ハ不聞と也　されハ濁りて心
得よとなり

2 雪をうすミ若菜つむ野に懸落し草取鷹の七嶺の鈴
諏訪の御狩に待鷹とて七嶺に待合て七
もと合する事となり

3 さほ姫のひすひのたつる髪なれや柳の水の春雨そふる
鷹のくつろく時肩より赤き毛を出すを翡
翠の毛といふ　柳の水　可尋云々
〔1オ〕

4 箸鷹のかほるとみるや山里の梅のはなけのあたりなるらん
鷹の鼻のあたりの毛の事也

5 春山のまた風さむき朝なきに鳥聞こめて出るたかゝひ
ない鳥の事也　聞すへ鳥のたくひ歟

6 日影さす春野の雪の朝なきに聞すへてをく鳥やたゝまし
義なし　聞すへ鳥の事なり

7 春の日もかりはハてなき武蔵野に遠山毛なる鷹をすへつゝ
東国より鷹を上するに若鷹の毛を出す
をいふ　又鳥屋出ての毛をも云なり

8 冬草に打からせ共春待てつき尾もさそな鷲かほのたか
継尾ハ君しらすと云所に有を云と也　鷲皃とハ
ふてたるやうの皃の事と也
〔1ウ〕

9 春の野の鳥も金の鈴をさす鷹の目をはむ色ハ黄にみゆ
鷹にとられて居て玉をうむ鳥あり　目をハむ
時は鷹のかほに玉をうむ汁のかゝるか黄色なるを
云となり　私或説ニ春のめん鳥を金鳥と云
とあれハさやうのよせ歟

10 鳴鳥を夜聞ふする朝鷹にすゝのこさして出るかり人
朝鷹に限れり　鈴かなれは雉のしる間雉に
しらせしとての事也　樺(カバ)を細にしてさすを
鈴のこと云なり

11 かり衣つまあらそひと見ゆる哉雉たつ山の鷹の羽くらへ
〔2オ〕
妻あらそひとハ鷂(ハイタカ)ハ小男鷹(コノリ)を追(イヲフ)　婦鷹ハ兄(セウ)
鷹を追ふを云也

12 春の日のうらゝかにあるあら鷹や野心もなく頓て見ゆらん
野心とはなつかぬをいふ　野心もなくとハなつ
きたる事也

13 春の日の永をひしつる箸鷹や心なくてもぬすミはミする
鷹人をそく来る間にはむを云也

14 霞つゝ長閑にてらす春の日の猶もとび尾の鷹やまハまし
舞心有間とひ尾をハ嫌也　鵙(モズ)尾と云をこのむ也

15 春の野の女鳥つきする箸たかのをのかすまきや近く成らん
大鷹ハめとりを好む也　然間夕去ハおとりを
かふものなり　女鳥をかへハおとりををはぬにより
てなり　すまき　しらす　可尋之
〔2ウ〕

16 聲立てつまや恨るはし鷹のほろゝ打けるきゝすなくなり

17 朝鷹をたゝ一よりとすへて行野にも山にもきゝすなくなり

18 春の野の朝鷹かりのおなし日の暮てや鷹をとりハかハまし
三首　義なし　但おなし日の所を可尋知

19 あし引の小山かへりのあら鷹をもきたてぬれハ春のくれゆく
二月三月に出るを小山かへりといふ也　とりかはぬ

事をもきたつると云なり

20 春山の霞のほら毛ほの〳〵と明行月にいつるたかゝひ
四つ毛のわきにあるをほら毛といふなり

〔3オ〕

21 春の日の長きを過る遠野の末つき鷹や鳥をとるらん
末つき鷹とは待鷹の事ト也

22 箸鷹のめさしの鈴をならさぬハ桜かりする人やみるらん
春野に小鷹をつかふに鈴をならさて居て鳥
を食をハ鷹司ハ見付す　桜かりする人なとの見んと也

23 春の野に妻恋するや犬飼のちか山あさる雉子なるらん
義無となり　可尋

24 箸鷹のすゝ舟よする須广の浦に蜑のさへつる鳥の落草
義なし

25 子ハあまた帰りにけらし巣ふしつるミ山の鷹のしけきすてかい
可尋

〔3ウ〕

26 春ふかミ木居にかゝれる鷹の名のをとさハかしく松風そふく
木居　右に委　鷹の名と有所を可尋

27 鷂のほうしやうの毛ノ永き日も暮てや雉のとられさらまし
足に長き毛の有をいふと也

28 日の本の山てふ山にかくる巣に白鷹の子のなとなかるらん
白鷹　しろ歟　猶可尋　白き子をうむを頂上とす
則是諏訪の明神とすと也

29 春ふかミとやきハ近くなる鷹の又取のこすふる雉子哉
夏の近く成をとやきハと云　夏まて取残すを
ふる雉子と云と也

30 こぬけするミ山の鷹ハ巣ふすらし隙なくもゑをかけて見えつゝ
森の中をあちへくゝり　こちへくゝるやうにありくを

〔4オ〕

こぬけと云となり　巣ふすとはかいをわりたるらん

31 母鷹のすて子のかいこあたゝめてかへりこそすれ人のしわさに
の心となり
義なし

32 同母のあたゝめなからかへる子のすをとりになと生れ来ぬらん
可尋

33 春ふかき飛火の野守今いくか有てか鷹をとやにいれまし
義なし

34 ときハ木に羽かひてはなつ箸鷹の帰りてそすむ鎌倉の里
鷹の本の栖をかまくらの里といふ也　されは鷹を
尋るに朝ハ東　夕には西となり　猶　羽かいてハなつ
可尋

〔4ウ〕

35 生れくる日やかハりけん春よりも守りたてたる鷹の巣まさり
守立るハ鷹の巣を守る人の事也　巣まさりとハ
巣の中にてもよき鷹の事也

36 箸たかのとかへる山の梓弓春はほつよく鳥やひかまし
我々の山々へ行をとかへると云と也

37 鷹飼のをける遠目の見ぬ程ハ霞や鳥のいのちなるらん
遠見を遠目と云也　今も京にハ遠目と云也

38 松か枝や梅につけつゝさほ姫のより数見えて帰るかり人
さほひめ　春の鷹の惣名なり

〔5オ〕

夏部

39 毛をかへハかはり行へき若鷹やとやきハまてのあかふなるらん
若たかハ赤府と也　鳥やにて白く成物なれハ也

40 春まてハもきつる物を箸鷹の忘れかひにハめとりをそかふ
春ハめとりをハかハぬ物なれ共今とやへ入むとて

は飼之　是を忘れ飼と云也

41 鳥屋にいるハ八日薬師の日なれハや鷹に羽虫の薬かふらん
卯月八日に入て七月十四日に出す也　鳥屋へ入る
とて薬を飼なり　是どうけの薬を羽むしの
薬に飼なり

42 夏飼の鳥屋の内なるつはな毛を春の野よりも見初つる哉 〔5ウ〕
ほろの脇へ白く出る毛をつはな毛と云也

43 鷂を鳥屋に入たる夏山に心やすくや鳥のすむらん
無レ義　但鷂を山にもつかふにしらせんの教也

44 はし鷹の尾花も見ゆる鳥屋の内に秋より先に秋やくるらん
尾花とは身なし羽とて腹に有毛を云也

45 夏かひの鳥屋にをきたるとろ板の朝夕鷹のゑをつくりつゝ
とろ板とは鳥屋の内に置て餌を飼板也　ひたす
共云　それハ鳥屋の内に水をなかして古き餌を
あらひなかさんの為也

46 み山木の梢をたかミ見立てもおろさて過ぬ巣まハりのたか
親に餌をかハれて巣にo(アルヲ)云　それも後にハ巣を立と也 〔6オ〕

47 夏かひのすかのとやなる水きハや野守のしらぬ鏡なるらん
すかのとや　不知　可尋之

48 武士のほろおひの毛や母鷹の巣まさりにゑをかけて見すらん
ほろおひのけとはうしろのほろの事也　母衣　巣
まさり　兄鷹の事也

49 くれは鳥あやめもしらぬさ月毛ハいつれを鷹の先おとすらん
へにさきに有毛なり　すへてある内にも毛をお
とす　其時鳥やへ入る也　鳥やへ入れハ聰おとす毛也

50 ひむろ山下行水の夏ふかミ鷹にかふゑをひたしてそをく
むし鳥やとて土にてぬりまハしたるを氷室山
と云也　其中へ樋をかけて水を入るを下行水と云也 〔6ウ〕

51 夏かひの鳥やくらけなる若鷹にひき鳥見せてくゝりもそする
義なし

52 夏ふかミ鷹の鳥やなる水浅ミさてもや人のほしゑかふらん
鳥屋の時分餌なき物なるに依て鹿をほして飼也
其鹿を水にほとハかして飼也　遠国より鷹をのほ
するにも餌なけれハ是を飼事ありと云々

53 秋近き鳥やの垣ほの夕かほのひしやく花なる尾やいたさまし
尾のさきの白きをひしやく花といふ也

54 とや鷹の胸のむらこに見えつるハくらゐの毛をや猶残すらん
胸に餌を持て胸をふくらけたる所の毛をくらゐ
の毛といふ也 〔7オ〕

55 巣おろしの鳥やの内より手習に心きゝてや石をとるらん
鳥屋の内へ親鷹か石を入てにきらする也　爪をと
かせんの教也

56 箸鷹のねくらの雪をふミちらし鳥やの内より冬やまつらん
わた毛とて鳥やの内に雪をちらしたることく有物と也

57 若鷹の毛のためならぬとやかひも秋を待てや先出すらん
義なし

58 とやの内のお花すり毛やみちのくのしのふの山の巣鷹なるらん
身なし羽とて腹に有毛也　するといふより忍山
も一入にや

秋部

59 鷹ハ鳥屋すゝを袋にいるゝよりまたれし物を秋になりつゝ 〔7ウ〕
鳥屋に籠るより鈴もいらぬ道具なる間袋に

納つるか　いつしか秋になりて鳥やを出し鈴をも
取出すやうの心也

60 天河かた野に出るかり人をひこ星ともや見るへかりける
鷹司の下手を彦星といふと也

61 秋の野の雪立ましるむら雨に箸鷹の毛をおもひ出しつ
秋も霙のふるに遠山に残したる毛をおもひ出す
心と也　不審　猶可尋

62 巣おろしの初鳥や出しの若たかをすわのみかりにとりやかハまし
すおろしハ春と也　諏訪の贄鷹に備る也　必鳥屋の　〔8オ〕
鷹をなり

63 鳥屋出しの一羽も去年の毛なしはき足革さして鷹おこす也
足革さす所を毛なしはきと云也

64 秋のこしかたを忘すしたひてや夕の鷹ハにしへゆくらん
秋の来るかたハ西なり　鷹も夕ハ西へゆく也　鷹を
失て尋るにも夕去になれハ西を尋る習也

65 かりてふくほやの薄のみさ山にかまハやふさや御鷹なるらん
穂屋とて諏方のみさ山祭に薄の穂にて作る
なり　かま隼とて羽さきに爪あり　鳥を切て
とをる也　稀にして名鷹たる間贄鷹にも備也

66 去年よりハ鳥やまさりするかたかへりかり行末の秋そ悲しき
鳥屋へ入て猶よく成を鳥やまさりと云也　かた　〔8ウ〕
かへりとハ若たかの事也

67 山たかミ雲（雪イ）の梯霧こめて見えぬをわさる秋のはつたか
わさるとハ鷹ハ爰にありなとゝ遠見の云をいふ也
雪　不審　他本可見合

68 よしあしの二なけれハ秋のくる西もや鷹の浄土なるらん
浄土　義無　猶可尋

69 箸鷹のしのふのおこゑ聞ゆるハおちにゆかても木ゐやとるらん
しのふのおこゑとは鷹のそれて尋るこゑを云也　鷹
をよふこゑ也　但しのふの字　不審と云々　猶可尋　鶬
小鷹をハほう〳〵と呼なり　大鷹をハおう〳〵と呼也

70 あまた鳥屋ふませて見ハや今たにも古とひにゝる秋の若鷹
古とびに似るとはよき鷹の事也　猶鳥や数〻たらは　〔9オ〕
よからんの心と也

71 心にはいりて見ゆれとおふだかのおほ羽とへはやをちにゆくらん
おほ羽とハゆるり〳〵と飛羽の事也　小羽とハ左右へ
ちら〳〵とゆく羽の躰を云也

72 はし鷹の左羽右羽つかふらし木しけき秋の山のした草
左羽右羽ハ逸物の羽遣也

73 秋山の木下かりハみえねとも犬のあたるをこゑにてそしる
木下狩とはせこの事也　o（犬ノ）あたるとハ犬ノ聲にて知と也

74 とさけひのしけきにしるし此秋のすへ鷹人のいらぬ山とは
鳥呼とは鳥よ〳〵としけく云ハ鳥のおほき故也　〔9ウ〕
又鷹人のいらぬ山としらるゝと也

75 あら鷹のかなくりおとす鳥の毛を吹たてゝ行秋の山かせ
ちうにて鳥をかけんとすれハかけはつしてゆけハ
毛花の散を遠見か見て鷹ハかなくりおとし
て行過ると云也

76 秋の野の萩をかくせる葛はかまおちにきてこそ鳥ハ取けれ
萩を鷹の足のはぎによせて也　葛の中へ落て
取也　葛の茂りたるを袴とよめり

77 秋の野の草のしけミをすへあくる人さへたかの鳥をとりつゝ

鳥を取たる鷹をすくひあくる也　人さへを可尋 〔10オ〕

78 雨はれてたゝ一よりと鷹人のいつれハくるゝ秋の日のかけ
秋ハ短日なれハ也　但いくよりもあハせたる歟

79 秋の田にかるてふ稲のもミ雀ゑをうとむとや鷹にかふらん
たかの煩に紫色に成迄もミてかへハいゆる也

80 河岸につなく筏の組鷹ハ田面の鳥にならひてそゐる
鴨鷹の心也と也　取たる鳥に垂て居るを鳥筏
と云也　鵃をつかふ也　前に鈴舟と云も此心と也

81 はしたかの木ゐとる雉のおちはまり鼻つけかぬるゑのこ犬かな
鷹ハつかて鳥計落たる事也　かミつかぬ犬を
鼻付かぬると也　されハゑのこ犬なれハ也

82 鳥屋出す夜にともすなる箸鷹の日次（ツギ）の御かりいつの御代より 〔10ウ〕
諏訪の御狩に午未の日をつかハる　されハ平人の狩
に此日を除也　それを日次と云也

83 駒つなく小田のほたてのからくつわ鷹に鳥をや草にはむらん
からくつわ　不知　可尋之　草にはむらんとハはう
鳥の事也　鷹ハつかて鳥の草にある事也　是を
物なしとも云と也

84 秋の日ハたゝ一よりに暮ぬへしいつとしもなき犬の長やり
犬の長やりとは　やり縄とて鶉にある事也　長やり
とは聲にて知事也　秋ハ短日なれハ縄をつめよと也

85 隼を二基まてそあはせつる古河のへの秋のかりかね
河をつかうに二ツ鷹とてありと也 〔11オ〕

86 落草のまた霜かれぬ秋の野に鳥とる鷹の又もとらぬか
鳥とる鷹　不知　可尋之

87 夏かひも長月までの初鷹場南へ鳥のひくよしも哉
夏飼もの五文字　不知　可尋之　南へとは秋ハ南へ
鳥ひく物と也

88 秋山のみとりの鷹の鈴もちや紅葉のをれるにしき成らん
緑丸と云傳る鷹と也　濃州北山兄鷹の事と也
鈴もちとハ上毛の上に鈴かくしとてちいさき
羽二有　紫革にて装束付たるを紅葉装束
錦装束と云也

89 紅葉する柿のもとなるしのふ水とりてあかふの鷹にかふらん 〔11ウ〕
人の小便に餌をひたして飼を云也　すかし薬也

90 霜さゆる野分吹から真葛葉のかへる岡への屋かた尾のたか
尾の府をちかへて切たるを屋かた尾と云也

91 はしたかの鳥立の霧の八重羽野にけふもさなから狩くらしつゝ
禁野に八重つゝ羽の重りたる雉有しに
依てよめりと也

92 時雨ふる秋の山へのはしたかの日影の毛さへぬれつゝそゆく
羽うらの毛を日かけの毛とよめり

93 鳥をさへにかさゝりつる若鷹をとめうしなへる秋の山かけ
にかさゝりつるとはなつきたる鷹の事也
とめうしなへるとは見失ふ事也　見失とハ 〔12オ〕
たか詞にあらすと也

94 鳥屋出るかた毛の鷹に残る羽や去年の赤府の名残成らん
かた毛とは片鳥屋の事と也

95 あら犬の鷹にかゝるを打のけてさばきとらふる野への狩人
犬ハ鷹を取物なれハ也　さばきとハやり縄の事

96 秋近く成にけらしな小山田の稲葉もそよとかりつめのたか
かり残す田に有鶉の事と也　百首に委

97 秋のゝのお花の波をさきたてゝはしる兎を鷹やをふらん
兎も大鷹の取鳥の内と也
冬部 〔12ウ〕
98 秋よりも見し面かけもかハりけりぬくちかひてハ鷹つのる也
ぬくちかうとはくハせを飼事也　鷹の大きに成
をつのると也
99 産（ウブ）すへを心得てせよ箸鷹のをのれとよハくこしハ見えつゝ
うぶすへとハとりかハぬを云也　下の句の心ハ山を出
しより腰のよはき鷹の事ををのれとよハくと也
100 あら鷹の觜爪つくる土餌をはあらひてそかふ肉（シヽ）むくるとて
土餌とは洗餌の事也　肉むくるとてとハしゝむ
きたるといふ心也
101 おこゐをもまた聞なれぬあら鷹に口餌見せてやしらせ初けん
義なし 〔13オ〕
102 すへて見る手にもたまらぬあらたかを闇き所につなきてそをく
あらたかハあかき所につなけハとはへて胸をう
つ　とうをうつとも
103 山川に水をあひてやあらたかの石打よりハつきはしめけん
下の尾を石打と云也　小石打　大石打　なら尾
ならし羽　たすけ　上尾と有
104 手をかけハ取ておつへきあら鷹の力あれハやつきて行らん
あらたかハ力あれハ鳥につきて行歟と也
105 深山木の梢を近ミ杉たてるあたりにかくるたかの巣しるし
巣をおろして後にしるしに髩鏡こんがうを
かた〳〵置もありと也 〔13ウ〕
106 しゝもひきそゝろもしけるあらたかにましゐをけふハ何とかハまし
しゝもひきとはやせたるなり　そゝろもしけるとハ餌
のくづを咽に持て居るを云　ましゐやせたるとて昨
日のよりおほくかへハ凶
107 すへならふ足ふミをしる鷹たぬき狸のあふら人にかはるな
手をゝいに似たる物をうでにさす也　それハくせたかハ
くぶしよりうでまてもよる物なれハ也　今ハゆがけ
を鷹たぬきと云人も有と也　逸物なれ共狸の
油をとらぬ物と也
108 あら鷹のとハへ落たるほこ布のはしを取つゝをしやあけまし
ほこ布　ほこたれとも云　たれ布に似たり　家の 〔14オ〕
紋なとを染付る也　をしやあけまし　手にてあ
けす　ともの布にてあくる物と也
109 水餌かふかもゐの鷹の青觜のねふたかりつるけさのあさすへ
五文字ハ洗餌の事也　かもゐとハ尾をそらしてま
つろくに居るを云　青觜とは觜の根の青き事也
朝すへハ未明にするか本なれハ也
110 あらたかをハやをきたつるをき縄を後にハ犬のさはきにやせん
をき縄ハ大鷹にあり　小鷹にはへをと也　大鷹
のハふとし　されハ犬のさハきにやせんと也
111 手ふるひをすゐの毛たつるあら鷹やとハへぬ時も鈴ならすらん
末の毛とハ惣の毛を立て身ふるひをする物と也 〔14ウ〕
112 あらたかの夜すへいく夜に成ぬらん手袋引てかへりさすなり
手袋引とは足を腹にひつ付て居るを云也　かへり
さすとハ眠るとて㒵をうしろへする事也
113 終夜ねすをすゝもちつかへつゝ朝待出るたかのしやうそく
ねすをとハ鈴をつなく皮也　鈴もちとハ上毛の事也

114 はし鷹に尾をつかせしと鈴付にすゝしの袋ぬひて入つゝ
すゝしの袋　尾袋の事也　すゝしか本と也

115 あら鷹のとはへまハれるこほしさきあしく引なハどうやうたまし
こぶしさきとはくふしさきの事也　あしくひきなハ
とはあらけなくひかはの心と也

116 足引の山あしをさす程なれやくたを入たる大緒なるらん
山あしをとは苧縄にてさすを云　下句ハ山大尾と
云には竹にてくだを入る也　〔15オ〕

117 とりかハぬ事もやあるとあら鷹のをきしことをもさせるゑ袋
をきしとはをきとる事也　餌袋ハ付るといはぬ
さすと云物也となり

118 耳安くをきゑに付てまハれ共心ゆるすなをもなま鷹
耳やすくとはおうとよへハはや心得てなつき
たる鷹の事也　なま鷹とハなつかぬ鷹の事也

119 あら鷹の羽ほとにハ手のきかねハやあたりおとして木ゐを取らん
羽か聞ても手かきかねハあたりおとす物也と也

120 若鷹のくびのあたりのすかくりけとやをかひてもかくやあらまし
すかくり毛とはくびまハりの赤毛の事也　〔15ウ〕

121 いかにして何とあれハやあら鷹を手むき丸とハ名つけそめけん
諏訪の明神につかハるゝ鷹の異名也

122 針をたて糸をみせたる鷹の毛の落草衣鳥もぬひつゝ
尾すけとて尾の下に有毛の針のやうなるをほ
むる物と也　糸をみせたる　乱糸とて是もほめたり
蓑とも云　下の句の心ハ鳥のはうてありくを草
を縫と云也　くさ衣と蓑を立入てよめるにやと也

123 たゝさきの羽とひ所やこの鷹のとりわきてよきすかたなるらん
羽のはやきをほむる躰　たゝさきの早きを云也

124 あらたかの軒は打つる山陰のをちにゆかてや木ゐをとるらん
契丹国にてハ放ち飼の鷹を軒は打と云　日本
にてハなつき過たる鷹の事を云と也　〔16オ〕

125 しゝたかミまたあら鷹の心ちしてをかんとすれハ立はしりつゝ
肉（シヽ）高けれハ鳥をハとらてはしるを云と也

126 かけおとし草数をとるなま鷹を木ゐにあけつる松の下かり
肉たかけれハざとかけおとして草にちやく〳〵と
取付てせこのあらく早くよれハ木居にあかり
て手にわたらぬ物也　下狩とハせこの事也

127 かり人の鳥打立る造田のいぎれや鷹のあしにあるらん
造田　田の事迄也　いきれとハ足皮の下にきれたる
所の有を云　下手のつかふ鷹にハ必あり　飛んと
して引切故歟と也　人のあかゝり同前　猪のしゝの油を付
てかうがいをあたゝめて二三度も當れハなをる也　〔16ウ〕

128 山鳥のお鳥つなきて綱をさしひまもなミにや鳥を打らん
不知　可尋云々

129 隼の野どる鷺もやはし鷹のをすけより猶白く見ゆらん
野とる　野にて取事也　をすけ　乱糸ノ事なり
白物也

130 こと鷹をいかにとそおもふ隼の大をや犬といふへかるらん
不知　可尋之

131 鳥なく片山里の林まてたかを尋るくれのさひしさ
義なし　〔17オ〕

132 木かくれにありもやすると打よりて見えぬ鷹をく杜の下かけ
鷹をくとハをきとる事也　さしとるとも云也

133 はし鷹のとひをくなめる一もとりこもづちきゝの羽やつかふらん
鳥を茶園なとへ追入て鷹ハ茶園の上をちや
く／＼と飛て又もとのかたへ飛帰るを一もとりと
云歟　其もとりの羽つかひのこもつちのやうに
きゝたるを云にやと也

134 あら鷹をとりかひ兼てくらしつゝ帰る道より夜すへをそする
あらたかのなつかぬをハ架へあけす其まゝ夜すへを
せよとなり

135 若鷹の鳥もぬかさて入草にやかてかたむる事のうれしさ
鳥もぬかさてとは取のかさぬ也　入草とは追こミたる
草の事也　かたむるとは取かたむる事也 〔17ウ〕

136 里近き野への草より立鳥に山口まつりするほともなし
里の近邊ハしげおほくして　たかあはせにくし
然間鳥かたてハ心中にて山神へ手向る也　それを
山口祭と云と也

137 山のはを引こす鳥のをひさまに鷹の心の見えもこそすれ
引こすとは行こす心也　只引と計も云也　追さ
まとハ追行躰に依てとらんとるましきか見
しらるゝ物と也

138 新(アラ)鷹の足ふミよくもしてし哉手まきなくてもすへられやせん
足ふミよくもとハくふしをうこかすに足をふミ
なをすハなつきたる也　あら鷹ハあぶながりて
ふミなをさぬ物と也　手まきとハ公家方にゆかけを
手まきと云り　鷹なれたらハ手まきなくてもと也 〔18オ〕

139 鷹ハもししらミやすらんあまたより取へき鳥をうけをひて行
しらミやすらむとハ餘さい／＼あハすれハ取
つへくしてとらぬを云　あまたよりとハより数の
事　うけをひて行とハ鷹の心うきたゝて只
ふせうに行躰を云と也

140 灯をあたり近くハをきもせしもし向鷹のすゝけもそする
火にて早くすゝくる物と也 〔18ウ〕

141 ともすれハ羽杖つく程痩鷹やをし残す餌をけさハうつらん
羽を前へひろけて羽さきを下に付てをくを羽杖
つくと云也　下句の心ハ痩たるとて餌を宵に
おほくかへハ餌包とて胸にあすまて持て吐出す
をうつと云也

142 すへりゆふ手に又おつる荒鷹にさしゑをしてやしハしかハまし
すへりゆふとハくふしにたまらぬを云　さしゑとハ
架に餌をくゝり付て飼を云也

143 西風にしゝを引つる箸鷹にあはれがひしてつなきてそをく
西風に一段しゝをひく物と也　あはれ飼とハ西風
なとに一段くたひれたるにハいき鳥をしめて
あたゝかなるを飼て架にそとつなけハ明日ハ
よく成を西風にすへとをせは鷹ハ用にたゝぬ也 〔19オ〕

144 餌をもうち尾さきはたして荒鷹のいつよりかさてどうけ有らん
五文字ハ餌を吐出す事也　はたして
不知　可尋之

145 山風にあけられて行やせ鷹やかりはの外に木ゐをとるらん
下句の心ハ思の外の方に木居を取との心也　上句　義ム

146 みかりはの草飛犬のあら鷹やもきたてゝさへ心をくらん
草とふ犬とはあら犬の事也　鷹をもきたり共
犬に用心せよと犬やりに教ゆる也　やき鳥にへを

147 明るますこし持つる餌包に餌のなけれハやそゝろうつらん
せよと云と同心と也
餌包とは餌を胸にもつ所の事也　そゝろうつ
とは餌のよき所をハ皆をして毛や骨を餌
包に残して吐出すを云也
〔19ウ〕

148 水吹てとほこにつなく朝すへに身せゝりしつゝ鷹の手ふるひ
外架とはそとにゆひたる架の事也
かならす身せゝりをしてたふるひをする物也

149 暮ぬとて取かふ鷹のうしろより鈴を付つゝ大緒さす也
くれて自然にかす事も有やとの用心に
て先鈴を付　大緒をさして扨取かふ也　取かふ
だかと云ならハせり　是ハ田物の鷹にある
事也　田物には鈴なき物なれハ也
〔20オ〕

150 山陰の川のほとりの鴨の木の枝にや鷹の鳥をつけまし
山谷川にてハつかひにくし　左様の所にて取
たらハ何にても其元にある木に付てかへれと
なり　水鳥ハ木につけぬ物なれとゝ也　それを鴨の
木といふなり

151 さのミハと鷹をき取てかり人の帰さ夜になる犬の鈴をと
犬の鈴をとを聞て暮たる程に早くをき取
て帰る鷹人なりと知と也　五文字簡要也

152 犬飼の尾さきをめくる山松に木ゐ取かぬる鷹や行らん
鷹のハ鈴の子と云也　犬のハ鈴をとゝ云と也
犬の鈴のなれハ心有鷹ハ木ゐをとらて犬の鈴に
つきてめくる物となり
〔20ウ〕

153 箸鷹の鳥とりからす冬山にひとりつれなき松の色かな
取からすの枯の字に付松の枯ぬ心をよめり　その
外義なし

154 鳥のひく山かたつきて残るらし手はなれしてける鷹のかり杖
引とは飛の心と也　杖を捨てなとゝいはぬ物と也　杖を
も手放すと云と也　鳥引かたへ早く行とて杖を
も手放物となり

155 狩人のおそろしけにも見えつるハふるき松皮しつるはゝきに
犬飼のほうしを松皮ほうしと云也　并こしらへハ
不定物と也　不知　可尋之
〔21オ〕

156 物数をしつるしるしに犬やりのうちがひ袋うちかひもなし
犬の鳥をかミ立れハ飯にこぬかをませて一つゝ
飼をうち飼と云也　其うちかひのなく成たるは
物かすやしつると知と也　ぬき穂を以てあミて
あり　是を犬飼のうち飼袋と云也

157 しゝたかくいられハせねとあかけよりけにハす鷹そもゝにしたるき
しゝ高けれハ心いられなる事なき物と也　もゝに
したるき　百よりも同し心に取と也

158 足革をかりとく鷹のとほこにハ大緒計そつなき置たる
かりとくとは足皮をくひぬきて帰る事有物也
其用心せよと也　下句ハ足革をかりときていにた
る跡なりと也
〔21ウ〕

159 松陰の外架に鷹をつなきつゝ羽をかゝせつる事のくやしさ
一切立木の枝のあるには外架をゆはぬ物也　とハゆれ
は枝にて羽をかく物なれハ也

160 いかにしてふすまも見えぬもち鷹の尾羽をきゝいと安く取らん
ふすまとは鷹のうしろを惣を云と也　もち鷹とハ

とりもちの尾羽に付たるを鷹のしごく音がきい
きいとなる物と也　左様にして鷹かもちをとれハ
羽のそんする事有物なる程に鷹司にとれとの
教なり　尾羽に付たる計也ともあらんにうしろハ
皆もちにて見えぬ程つくならハ況也

161 鷹ハはやもろかたかへり過ぬ也いまいく年か鳥屋をかハまし〔22オ〕
もろかたかへりとは三鳥やの事也

162 浦嶋か七かへりなる古鳥屋にかつをじゝをや餌にハかハまし
古き鷹を浦嶋と云と也　かつをしゝとハ鳥のひ
骨につきたる身を飼を云　味ある餌と也

163 羽師鷹に鈴をさしつる程なれや毛をむしらする口餌ひくらん
如此も羽師鷹の字を書と也　身もなくかれかハ
きたる餌をむしらする間に鈴をさす物となり
口餌ひくとハ口餌を飼事也

164 磯山のみさこ羽つかふ箸鷹の餌に包てやしほをかふらん〔22ウ〕
鳥の落たる所へつと入て鳥をはとらて羽をふた〳〵
とふるひて居るをみさこ羽と云也　塩をかふとハ塩す
かしとて餌に塩をませて　はこべの汁にてこね合
て　やきて　鳥の皮に包ませてかへハ内をよくつきて
鳥を取ものと也

165 山ちかき木ゐハされとも入草の鳥を取てやあからさるらん
山近けれハ木ゐへあからんかされ共木居へハあから
すして草に入たる鳥を取たるとの心也　此され共
の字簡要也

166 あまたゝひつかれの鳥の落草に犬のはさむもけふのより数〔23オ〕
義無　今日とは物数をしたる日の心也

---

167 ともすれハ取かふ鷹のゑしミする青鴘（ハシ）のねに水をつけつゝ
餌しミをは水を付て取なり

168 口餌ひき鴘をすらする鷹なふり腰にさしてハ鞭かとそミる
たかなふりとは鞭より長き物也　夜すへの時鷹を
なふりてねさせぬ道具也　當時ハ鞭を其儘用る也

169 たかの行山のふもとの里つかれ里の犬にもはさまれやせん
里へ鳥を追入れハさと犬　はさミやせんとの用
心なり　左様の時ハ里犬をかけよと云也

170 落ハ犬鷹ハむこ鳥一よりに二ッもきつる野へのかり人
雌をハ犬かはさむに驚て雄立事あり　それを
鷹か取を聟鳥と云　然時ハ二ッもぎ取なれハ也

171 狩人のいかにしてかハもく鷹の口餌にやすく丸をかふらん〔23ウ〕
取たる鳥をもぎて其丸を口餌にかふハ物数さ
せんの為也　只取かふ時ハ胸をかふ物なり

172 はし鷹の日かけの羽をハ杖なから帰るさくらき山のした陰
かり杖には桜の木をする物なれハ帰るさくらき
に桜木を立入たり　日数の羽　不知　可尋云々

173 暮ぬとて山路を帰る鷹人のとまりなきする鳥そはかなき
鷹人のとまらんとおもふにしかも鳥の鳴を聞
てとまるを泊鳴と云也　鶉の霜なきとて小
鷹にも如此なる事有

174 雨すくる山のふもとのはふ鳥を里よりみつゝ出るかり人〔24オ〕
雨晴にかならす鳥物を喰（ハム）とて出る物と也
又ちよこ〳〵とハひ出るをも云　此哥ハはひ出るを
見付て出る躰と也

175 はし鷹に尾綱あれハや山陰の遠きおのへに駒をかくらん

経尾の事なり　をき縄をも云　唐に尾縄と云と
なり　日本にも云てくるしかるましきと也

176 男山鳩やかひたるたかハかりかけをくれてや落にゆくらん
鳩の秤の古事より歟　可尋　秤と云迄ハ序也
かけてゆく鷹のをくれてハ其まゝ落に行
との心となり

177 ともすれハ犬かミすさふ遠はまり遠きかへさに捨る狩人
かミすさふとはかミ捨るの心也　遠ハまりとハ遠き
森へ入をいふなり　然ハ狩人も狩捨ると也
〔24ウ〕

178 鳥府の黒府の鷹やはつといふ足の三つある鳥や取らん
鳥府とて希有の物也　はつとハ初鷹と云心
歟と也　猶可尋之　八重羽の雉に三足のあり　其
鳥ハ還て鷹を蹴きころす也　鳥府の鷹ハ三足
の雉も取らんほとの逸物なる物と也

179 餌恋する聲にてしるし此里の隣の方に鷹のありとは
義なし

180 落見よと猶いはせ野にあはせつる鷹より後に鳥や立らん
義なし　鷹狩の所をしらせん為迄也
〔25オ〕

181 はし鷹のならふ木鳥の尾上まてかミつる犬や空を見るらん
鳥も鷹も木にあれハ犬も空を見る物也

182 箸鷹のひたひの毛をハたてなからつかれの鳥ハ草かくれつゝ
ひたひの毛とは愁の毛と云也　病鷹ハかなら
す此毛を立ると也

183 ふる犬ハ心得てする分ぐひを捨つゝあかる鷹そかしこき
古犬とは鷹野になれたる犬の事也　分くひとハ
口のとまりたる犬の事　口のとまるとハ鷹を見
知てくハぬ犬を云と也

184 とまり山酒をすゝむる狩人の肴や鷹のゐから成らん
字訓也　義なし
〔25ウ〕

185 谷よりもおくへかミ入犬を見てふミあかり行山の鷹人
あかり行とは尾さきへあかり行事也　さかる
くたると云を嫌也　ふミおるゝと云と也

186 落草をぬす立鳥ものびやらじをしつけて行鷹のをひ羽に
ぬす立とハ人にしらせす立事也
さやうに立行とも遠くハのひ行ましき程
に鳥のありやせんと推量に狩行をゝし
つけて行と云也　をひ羽とハ鷹の鳥をとらん
やうに行羽のすかた也

187 須广の山鳥ハ潮に落にけり波に影ある鷹のみさこ羽
みさこ羽　前委し　其外ハ義なし

188 取つなくたひにあやうくみゆる哉枠はやりする鷹のはもろさ
枠ハやりとはつなかんとするより
早くふた〳〵とする事也　羽もろさとハ枠はや
りする鷹ハかならす羽をうつ物なれハと也
〔26オ〕

189 とまり山かりにゆふてふ夜の程のほこゐる鷹をつなきてそみる
つなきてそみるとは終日つかひつる鷹
をハすへぬものなれハ也　上句ハ義なし

190 日をつぎて物なしてふや狩人の鳥たふらかす詞成らん
五文字の心ハ遠見共の鳥よ〳〵と云傳を云
なり　物なしてふとハ鳥のあるを云也　下句にて
よく聞えたり　鳥の心をたはかりて云心と也

191 落ぬへき草ハあれともかり人の音にや鳥のとを羽ひくらん
義なし　遠羽と云詞をしらせん為計と也
〔26ウ〕

192 はし鷹のしらふにきれる狩杖の長さや人のたけによるらん

しらふにのに文字まてハ序也　杖の尺ハ其人々の
たけに切ものと也
193 はしたかのまた餌もかハす出入て晴る日をまつむら雨の空
雨はれんか晴ましきかとて宿を出ツ入ツし
て晴をまちて餌をも鷹にかハて有との心也
194 難波江のあしをさすてふ口分に此御代よりや渡り初けん
足をとハ足革の事也
195 つかれつゝ駒のつまつく帰るさに大緒なからや鷹放すらん　〔27オ〕
駒つまつかは何時も大緒なから手放せとなり
よく聞えたり
196 いつもたつ狩はの小野の物ありに駒打よせて犬をいる也
義なし　犬を入とハいるゝと云心と也
197 みかりはの山のふもとの見すへ鳥鷹のはやるを放してそやる
見すへ鳥とハ人ハ見付ね共鷹ハ鳥を見付る
事あり　其時ハ鷹にまかせて手放しやれと也
198 草かりの笛のねとりにをきかひて暮ぬと帰る野へのかり人
笛まてハ序也　ねとりとハとまりなきの心と
おなしと也　作り餌をかふ也　明日よくわたらせんの
為なり　をきかひと云
199 よめ鳥を犬をふ鷹を取かひて本のつかれに帰るかり人　〔27ウ〕
もとのつかれとハ先初に取たる所へ帰るとの心也
たかにをハれて行をハつかれの鳥と云　只鳥
はかり行をハ落と云と也　よめ鳥　前のむこ鳥
とおなし　或説にをん鳥のつかれよりめん鳥
の立を云也と也
200 とまり山冬の夜すから枕より跡にもつなく犬のすゝ音

義なし
201 母鷹のかね付の毛ハふし柴の羽や取分てくろふなるらん　〔28オ〕
かね付のけとて背のわきに有毛也　ふし柴の
羽　不知　可尋云々　但羽ハ葉と取なしてふし
柴ハ序歟　猶可尋之　かねハふしをませて付る
ものなれハ左様のよせ歟
202 落まてハ犬もひかせて十よりめハめとりなからも頓てかひつゝ
逸物ハ鳥の落ぬ間に取ほとに犬をひかせ
ぬとなり　十よりめなとにハ鳥をとらせすし
て女鳥をかふてをくと也　鷹を褒美して
の義と也　其子細ハ女鳥ハ味よき間是に計
心有て雄をハをはぬ程に惣して雌をは
かはね共此物数にハかふと也
203 狩人の取かふ池の水かゝみたかのひし毛も見ゆるなりけり　〔28ウ〕
とりかふには水邊をこのむと也　ゑしミなとを
おとさんの為なり
204 みかりはの木ゐとる鷹をゝき取て犬をそ入る山の下かけ
鳥の落も見えすしてたかハ木居を取をハ鷹
をよひ取て其邊に鳥ありやと犬を入れて
見るものと也
205 はしたかのとハへあかれハ又すミてほこゐに見ゆる水かゝみかな
又すミてとハ水の事　ほこゐに見ゆるとハそり
て居る事也　ほこ居なる時ハたかの水に心を残さ
ぬとしれ　かもゐとてまつろくに居ハ水にたかの
心残れりとしれと也
206 御かりはの鷹一もとにさしてけり花紫の大緒あしかは　〔29オ〕

207
諏方の贄鷹に計紫色の装束をすと也
大たかのくつを結ひて落草の鳥にかさぬるすゝの音かな
空にて取て沓のやうに見えてこなたかなたへふら
〳〵とするを沓を結ひてと云り　鳥にかさぬると
は鳥の上へ鷹か挙り重るを云と也

208
はしたかのすゝかの関を越て行犬の跡より鳥やたつらん
鈴香　不知　可尋之

209
かり衣手も羽もきくと見ゆる哉鳥に重なる鷹の行鳥
ゆきとりとハ行がけに取事也　手と羽ときゝ
たるか取物也

210
はしたかのあまた鳥屋ふむ足とりに走かさなる犬やをすらん 〔29ウ〕
足鳥とは立あかりかぬる鳥は立ハせすして走
物なり　犬も其ことく走る　はしれハかならす
はしりかさなると也　然ハ犬か鳥をゝさんと也

211
鈴をさし口餌ひかせて荒鷹のしゝハいかにと吹てこそ見れ
鈴をハさすといひ口餌をハひくと云の教迄と也

212
谷川のなかるゝ上を風かけて鳥をたつるやおその子の犬
谷川なとにてかくるをハ谷わたりともいへと
かけこすと云かよきと也　おその子の犬とハ鳥
をは立れ共犬やりの遅きを云也

213
忍ふ山をくれ先たつ鳥あひのけに面白き山かへりかな
鳥あひとは鷹と鳥とのあひの事也　山かへり 〔30オ〕
とは山にて年へたるたかなれハ鳥にをくれ先
立と也　しのふ山ハたかの出る山と也

214
はしたかやますかきの羽をつかふらん此柿木を立て行〇〇(マヽ)
此哥落字　他本引合へしと云々

215
暮て行月日の末の大緒小緒二の鷹の名にやきかまし
此哥　可尋知云々

216
はしたかの野守のかゝみ底清ミかげの毛よりハ先ハみゆらん
下をとがひの毛の事也　鷹に不限諸鳥に
うけかひとてあり　かげの毛の事也

217
落草にたまらてあかる木ゐ丸やぬす立鳥をやかて取らん
草に鳥を追入てやかてちやくと木へ上るハ 〔30ウ〕
鳥をぬすたゝせしとする心と也　逸物わさなり
かやうのを木居丸と号すと也

218
飛騨人のとれる杣木のこけら毛を立るハ鷹や肉をひくらん
杣木まてハ序也　こけら毛とハ煩時立る頭の毛也

219
はしたかのさ衣の毛を重ても猶風さむミあられふるなり
さ衣の毛とハ尾の下に　をすけ　乱糸　さ衣と
云三の内の一の名なり　寒時ハ十二枚の尾を一枚に
たゝむ事と也

220
あられふるかた野のみのゝさゝ衣ぬす立鳥をしらぬわかたか
さゝ衣とハをすけのわきにあり　うちをつく穴
を風のとをらぬやうにふさく毛を云と也　但猶 〔31オ〕
可尋之と也

221
あら犬のまたかミ分ぬさか跡にしはしや鳥のいきをつくらん
かミて行犬左右のわきへ鼻をやりて又其まゝも
ゆかてもとの跡へかミ帰るをさか跡と云　其間に
鳥いきをつきてつよく成と也

222
尾上こす鳥にをくるゝはし鷹や架羽つかひて落に行らん
鳥山をこす所を　追をくれたる鷹の　をくれたる
所よりますくに空へ行て空よりすくに鳥

の落へ行て取事あり　是をほこ羽と云也

223 はし鷹に口餌ひかする程なれや打がひ飼てやすむ犬飼
鷹司ハ口餌をひかせ　犬飼ハ打飼を飼ていつれも〔31ウ〕
やすむなり

224 狩くらし鷹かひ帰る水無瀬川夜もや舟のかりて行らん
末の七文字　可尋知と也

225 はし（筋イ）たかのおきつな出そ漕よハり風なかれする須广の浦ふね
此哥　可尋知云々

226 捨てけり鷹とりかはぬみかりハの山おちしつる犬の打かひ
鳥をゝはぬを捨ると云　左様の日ハ鷹をも取
かはぬ也　犬をも放てやるを山落と云　左様の
時ハ犬にも打飼を皆飼也

227 鷹人のむ山ふミつゝ帰るさにをきゑにさゝん鳥やかハまし
む山とは終ニとらぬ日ハをき餌にせんとの餌を〔32オ〕
飼て帰ると也

228 鷹飼のかた野に出る川舟の水かげの毛のそこに見えつゝ
水かげの毛とは肘の内に有毛を云也

229 たかのゆくつかれはしりの新（あら）犬に心さきたつ野へのかり人
つかれはしりとはせこの中にても達者なる
を十人はかり別にして置て　鷹の行かたへ犬よ
りも早くはしらすると也

230 いかにして盗ミはミする山かへり尾にさす鈴をならさゝるらん
鷹司の行つかぬ間にはむをぬすミ喰と云也
左様の鷹ハかならす鈴をもならさぬと也　皆山
かへりのわさと也　撫鷹（山かへり）〔32ウ〕

231 さゝ竹のしの吹すさふ山風に大宮人やたかそらすらん
しの吹すさむとは青竹をぬるめて切口より出る
いきにて鷹の羽のゆかミたるをなをすをいふ　其
外ハ字面と也

232 とまり山翁さひたるかり人のぬるでをたるゝまゆのはつ雪
ぬるでのうるしをたれて羽をつぐ　老たる鷹
の躰なり　猶可尋云々

233 鷹のゐる木のもと近く火をたきて心ならざるとまり山哉
なにとしてもわたらぬ時ハ鷹の木居の下に火
をたけハよそへゆかで夜篭と也　とまるをとまり
山と云也〔33オ〕

234 かり人の錦のぼうし色々にたかのしらみをあらひてそみる
いかにも色よき紅葉を取て置て　それにて鷹
の虱を洗を錦のぼうしと云也

235 勅ありて御幸ふりぬるくたら野の鷹の鷺毛のしらぬりの鈴
此哥　可尋知云々

236 あら鷹の尾上の雪のまろバかし鳥の足にも縄やさゝまし
丸はしの事也　丸ハしにも縄をさせと也

237 はしたかの四毛まハりの薄雪やをのか羽ならぬ白府なるらん
四毛とはうしろにあり　頬時其四毛動くを四毛
をわると云也

238 狩人の駒のゝり毛もうつもれぬ雪のしらふの鷹かひの山〔33ウ〕
のり毛とはうぶたつる時惣毛白きを云と也

239 年〳〵の御狩にあへるはし鷹の君しらすとや羽をハいはまし
君しらずとは羽うらの片かへりに二枚つゝ有を云也

240 冬山の松に木居とる青鷹を雪と見つゝや鳥ハたつらん
此哥　可尋知云々

241 はし鷹の鈴なら柴の雪すりに袖しミこほるかり衣かな
なら柴とハ上尾の下なるを云　雪すりとハ惣の
毛を云　袖しミ氷る　可尋知之
242 とふそとハさしも見えねと箸鷹の鳥をつむるや大羽なるらん
大羽とはなま追なるを云　小羽とハよく追をいふ
つむる共云なり
243 たかゝひのみよりのかたの白雪をとはへてはらふかりころもかな
義なし
〔34オ〕
244 はし鷹のみよりたゝさきかはるらしもろこし人ハ右にすへつゝ
もろこし人ハ右にすゆれハ身より　たなさき　さ
のミ改むへからすと也
245 あやかりて白府になれと箸鷹に雪をくたきて取やかハまし
白くなれ〳〵とねかひ事と也　哥の心　義なし
246 ふる程ハそれ共見えすまかひにき雪の晴てやましらふのたか
義なし
247 雪の日の野守の鏡くもるらし猶も見わかぬはしたかのかミ
此哥　可尋知云々
248 鈴させる鷹をみしかと昨日けふいく里人にたつね行らん
たかを失てのさま也　義なし
〔34ウ〕
249 いか計遠くゆけはやあらたかの尾羽をハいして籠にハ入らん
尾羽をハいしてとハ谷川にて見付たる事也
猶可尋　籠に入とハ木に入歟と也　木の時ハ
森へ入事と也
250 うは玉の夜とる水をかふ鷹や木ゐにあかりて鳥を待らん
夜とる水とハすかしの事也　小便の事也
251 から人のかたミにをける鷹の府を思ひ妻とや世につたふらん

此哥　可尋知云々
252 もろこしの人の別や箸鷹のこひてふ事の初成らん
義なし
〔35オ〕
253 引うはひいたくミせねハをきこほす足もや鷹の羽くせ成らん
うばうとは餌を云也　いたく見せねハ餌をう
ばへバ羽をたゝまぬとの心をかくいへり　をきこ
ほす足もやとハ前に羽杖と有しと同事也
羽杖を羽風と云り　是ハ足も羽杖のやうに
するを羽かせとよめり
254 はし鷹のこくひまハりの毛を分て虱の薬けさもいれつゝ
こくひまハりの毛なり　朝日にあつれハしらミ
出るを其時薬を入る也
255 薬かひたゝミのうらにつなけ共そハ見てゐたる鷹そあやうき
煩鷹をハたゝミを平に打返して其上につ
なけり　大事に煩鷹をそはミ鷹と云也
〔35ウ〕
256 はしたかの榎の木の枝にたまれるを誰かこつほの水といふらん
榎の木のまたにたまる水をとうけの薬に
用也　其水取て置へきやうなくて紙にしめし
て置て後に用の時ほとバかしてつかふ也　竹の
とくゐにたまる水も同し　それをこつほの水と
いふとなり
257 鼻気（げ）かと見つるあら鷹の朝すへに取かハね共ひるやとらまし
はなげとハけふる所なとにをけハ鼻つまり
て水なと出るを云也　ひるやとらましとハ野鷹
又谷川なとにて水をあふる鷹ハ鼻に蛭
有なり　それをとらんとの心也
〔36オ〕

258 名にしおハゝ薬かひてや置てまし鷹のいきけの少あれとも
いきけとはどうけ有ていきり
煩ふ事と也
259 鼻気にハなりもならすもすゝか山いせおの鷹に梨やかハまし
はなけにハから梨の汁に
雀を作りひたしてかへハ鼻へ病出てよ
ろしと也　伊勢男（ヲ）ハ鷹の異名也
260 はかなくてとれとそ思ふ箸鷹のとやかへりする身をはなけかて
鳥やかへりとハいく鳥やしても 〔36ウ〕
とらぬを云也　田とをりとも云
261 後世の鏡の影も見えてけり目の前近きつミかほのたか
雀鷂（ツミ）皃の鷹とは目あひ觜の根へさし
よりてうつくしきものと也　小男鷹（このり）皃
とは丸くこまかなり　朝皃とハ目あい遠く
觜根長く　ふてき也
262 親をとる鷲のつらさに心あらハ鷹やしらまし鳥の思ひ子
子をかなしミておや鷹か子のあたり
をはなれぬほとに先親を鷲か取もの也
そのつらさのことく鷹に鳥を取とも鳥の
おもひ子の哀をしれと也　一切鷹の鳥を一口 〔37オ〕
くひてハ空を見々するハ鷲の来るか〳〵との
用心也　鷲を取鷹なけれハわしハ左様に用心
する心なけれハ上見ぬ鷲と也　わしハ貝の音
におづる物なるに依て近年も細川京兆な
との御鷹狩にハ貝を持せられしを見物せしと也
263 みゝかたき鷹よりも猶数ならぬ身を置かぬる世にも住哉
耳かたきとは只わたりかぬるを云歟　身をゝきか
ぬるをきとりかたき事と也
264 侘人やもとわし入てつかひけんおもきらひする鷹の毛あしさ
もとわしとハ大緒にもとをし　もとわしと云有
おもきらひとハ鷹司にハなつきてこと人になつか
ぬか有物と也　毛あしさ　毛の事にあらす　けゞし 〔37ウ〕
きと云心也
265 あられふるかりはのをのゝ道芝の柴打からす鷹の草取
此哥ハそとのはまにてうとふと云鳥に鷹を
つかへハ親手もと迄来て紅涙をなかす　鞭な
とにて打ちらす程近く来ると也　其事を
よめりと也　うとふハすなの中に子をうむ鳥也
266 霰ふる松原の毛の残りつゝ鳥かひなからこそのわかたか
松原の毛とは惣の腹の毛の事也　それに若
鷹の毛の残りたるか面白き物と也　鳥飼な
からとは其日つかハぬとての事と也　猶可尋 〔38オ〕
267 をきゑかとおこゑを聞て若鷹や身の毛を詰て脇をみるらん
上の句の心ハ草に鳥を追入て
からむ時に貴子の人こゑにてわめく事と也
をきとるやうに聲をゝとかくる内に鳥あ
かれハ早く取と也　下句の心ハわたらんとする時の
鷹の様躰也
268 霰ふる冬の野されや落草にたまりもあへす木ゐを取らん
野されとはもとより野に有鷹を云　但
是ハつかふ鷹のそれて野に久々足革を付て
有　それを又とらへてつかへ共野心有て落

草にたまらて木ゐをとると也 〔38ウ〕

269 天下神のみかりの贄鷹や空にも鳥をかけてゆくらん
字面歟　但猶可尋云々

270 御狩はの鷹の尾の名のをのつから人をたすけし君にも有哉
たすけの尾によそへてよめり　上尾の次の下に
あるをいふとなり

271 暮て行としバの雉をあら玉の春や桜の枝につけまし
鳥ハ柴に付るか本なれ共春ハ梅桜に付よとの教也

272 さし落すミ山嵐のさむけれハきせても出る鷹のふせきぬ
鷹をもちにて取をおとすと云と也　其鷹を
嵐にあてしとてきぬをきせて帰るを云　き
ぬとはあつき紙と也

273 狩人の手なれの鷹やもくと知て口餌ひくにハしたるかるらん 〔39オ〕
手馴とハなつきたる鷹の事と也　したるきとハ
なつき過たる躰をよめりと也

274 あらたかのとりかひいそく狩人や包餌にして薬かふらん
雀の皮にすかしをつゝミてかへハ早くなつきてつ
かはるゝと也

275 今朝見れハ肉たかふなる鷹人の昨日のまし餌なにとかふらん
義なし

276 とひよりて只すがけするあら鷹や入草にてもかためさるらん
鳥近くよりてもかけさるをすがけと云と也
入草とは草に入てもとらぬをかためぬと云也 〔39ウ〕

277 水鶏とひのつかれの鳥を鷹飼の藪を叩（たゝき）て又やたつらん
水鶏だつとも云　しけく鷹にをはれて立かぬる
鳥の躰と也　左様の鳥をハ鷹司か藪を叩（たゝき）など

して鳥を立ると也

278 今日もまた鳥ハ餌かハし若鷹の長肉になる須广の雨かせ
鳥とは雉也　雉ハ血すくなくて鷹にかへハ肉（シヽ）あから
す　若たかハ殊肉引と也　哥の心の首尾ハつかハんと
てハ肉をあつるとて肉をひかせて今日つかハん
とすれハ雨ふり　明日つかハんとすれハ風ふくやう
なる時のを長肉と云　其心と也

279 餌をたにもはやをしかぬる痩（やせ）鷹のくたりけになる息づかひ哉 〔40オ〕
くたりけとハ水ましりのうちをつく事と也　いきの
あらくなるは助かりかたき物と也

280 狩人のをしへ草とるはし鷹や犬のこえ行鳥をたつらん
をしへ草とハ鳥ハそこ〳〵へ落たると云事也　下句
の心ハ落を犬のしらすして越行跡にて鳥を立る
事と也

281 かり衣かたのゝみのゝ三椚（クヌギ）若木やたかのほことなるらん
椚　架によし　春ハ梅　夏ハ椚　秋ハ桧　冬ハ松と也

282 かりくらし帰る山路の鵅のしら尾はかりや夜も見ゆらん
見つらんとも　義なし

283 十とせをもふる山かへり見しならし同し草たつつかれむこ鳥 〔40ウ〕
十年をもへたる程古き鷹の事と也　みしならし
他本可尋見合　同草だつ　可尋　むこ鳥　前に
委　めん鳥のつかれよりをん鳥の立事と也

284 あし垣のおく床しきやあら鷹のふせ田を見つる間なるらん
ゆかしきに鴫を立入たり　下句　可尋知云々

285 たかのゐる杜に鳥をよせしとや弓よといひて遠見よふらん
義なし

286 むかし餌になる橘の都人のかしこき御代も鷹ハありけん
此哥　可尋知云々
287 鵠となり鷹と成にし古しへの神代よりもや鈴をさしけん 〔41オ〕
同可尋知云々
288 真金ふく吉備津御神の贄鷹や諏訪の御代より久しかるらん
同可尋知云々
小鷹　六十四首歟
289 霞たつやけ野の原の藤くろ府つき尾や鷹のしらふなるらん
藤黒府とハ巻たるやうによこへ切たる符也　雀鷂(ツミ)に
ある物と也
290 春の野の草にとり入青さしは鷹のしるしに鈴やなるらん
春草のことく青けれハ也
291 武蔵野の駒に付つゝ引縄の打ならひたる小鷹犬かな 〔41ウ〕
関東には馬上にて鷹をつかふかくつわの音高けれ
は鳥よせさる間ひやうしと云木をあてゝ乗と也　引
縄とハ犬のやり縄の事也　くちのとまりたる犬なれ
は鷹とならべる歟
292 春ふかき木下麦のかけ鶉犬をわするゝかりはなりけり
木に付る鶉の事と也　西園寺流のハ藤かつらと
なり　他流のハひさきもとひと也　水こきせすと也
上の注相違也　麦の陰　鶉也
293 河内女の手引の糸のねりひはり一より鷹をあハせてしかな
手ひきの糸とハ経緒の事と也　ねりひはりとハ
毛をかふるとてねると也　一よりだか
294 春山に帰りし鳥の巣兄鷂を鳥屋より出す秋ハ来にけり 〔42オ〕
今年の鷹をこなたにてうふたてたるを云り
下句　義なし
295 網さしてまてともいらす過行をとをりつミとや見るへかるらん
とをりつミとは春取鷹の事也　それを小山かへ
りとも云　鵙の子をおとりにて取と也
296 み山木のうつほ木に巣をかくれハやあらくまつミの黒府成らん
くまつミと云にはよハき鷹なしと也　足迄毛有
297 あら鷹のへを引かくる萩か枝やしはし小鳥の命なるらん
へをのむすほゝるゝをなにとやかとやする内か小
鳥の命と也
298 日をたかミ今一よりとさすへをのへをじりをたに打せつるかな 〔42ウ〕
下句の心ハへをゝ引とむる事と也
299 とじやくりになけちかへしとせし程にをそくも鷹を合せつる哉
犬じやくりとも　馬さくりの心におなしと也　然らハ
鳥ざくりと書てかなつかひよろしかるへき歟となり
或説鳥さくりハ喰鳥に有へき歟と也
300 秋の野の草に見ふする片鶉こま打まハしたつるかり人
身ふするとも書り　馬を乗まハせハ鶉たゝぬ物と
なり　秋ハ片鶉　春ハもろ鶉立物と也
301 くれぬとてさしとく鷹のへをつゝを餌袋よりや取出すらん
経緒筒とはへをゝ巻付る竹の筒の事也　くれなハ
へをにてつかへとのをしへ也
302 打まハしあかる鶉やあらたかのへをだけまてもやらて取らん 〔43オ〕
五文字ハくるりと取まハしたる事と也　取まハせは
鶉あかると也　下句　字面と也
303 伊与路行これ山すミハ三嶋江のあしきもなとか取おとるらん
伊与鷹の事と也　かならす逸物也

304 物近く犬のあたれハ小鷹人足革つめて行そはむなり
犬かミつへし　けれハ合せんとするさまなり　下句の
心猶上におなし

305 おなし秋わたるこのりハさもあらてすゝめ鷹こそ餌ふたふになれ
すゝめ鷹ハ春也　春の雀味あるに依て鷹師
無道に成て取たかると也 〔43ウ〕

306 夕日影猶もさしはの風さきに野への薄の糸やかけまし
糸とはへをの事となり　差隼にハ半へをとて
一間ま中計のをさすと也

307 かた野より小鷹取かふ男山いけるをはなついけふくろかな
いけて置て晩にかハんとするか鳥あれハ生袋の
をは放すものと也

308 秋の野の鶉のかしら取まハしひねりに成ぬたかやまつらん
ひねりとハ竹の長さハ人のたけによる　其竹のさき
にかねをしはめて馬上より鶉をかけて取上る也
馬上にあらぬハひねりハいらぬ事と也

309 かり暮しかへさ夜ふくるあか鷹のあかく成行月をまちつゝ
鷹慾とて夜まてつかふ事有　くらきに帰るな 〔44オ〕
よ　月を待出して帰れと也　あか　若鷹の事と也

310 かり人の駒をはやむるあひあハせをくるゝ鷹や行てくむらん
あひ合せとは二ツ鷹とて二ツ合る也　組(クム)とハ取く
むらんと也

311 とりかへハはなつかりはの生鳥やしぬれハしなぬ命なるらん
右の生袋の鳥の心と也　今取かふ鳥の死ぬれハ丸ハ
しの鳥ハ死なぬと也

312 秋の野のお花の波のよりかすを百にかきれるうつらふのたか
より数百よりまても合る鷹ハ鶉府の鷹　かな
らす逸物なると也

313 秋の野の木葉かへりの鷹人や犬もひかせて鳥をとるらん
木葉かへり　可尋知云々　犬もひかせて　逸物のわさ也 〔44ウ〕

314 かたむねを猶かひ残すゑつさいのいかにしてかハうつら取らん
かたむねをみなかふとも過るほとのよハきゑつさいを
は鶉にはな合せそと也

315 一よりといひて出つる鷹人の偽をするもろうつらかな
もろうつらまてとらすれハ一よりと云しハ偽の心也

316 とりかひて口餌ひかせつ暮る日にもちわけをする鷹のにくさに
なつきたるたかにうまき餌をかへとも鳥を
取てはにくるを云也

317 秋の野に鳥ハおちにき女郎花はなの色そふきぐろふのたか
かならす有物也　よき鷹なる物と也 〔45オ〕

318 萩すゝき小鳥をつくる馬鞭(ツヅラ)草はいたか文を書やをかまし
馬鞭(ツヅラ)草とはへくそかつらと云草にて萩　薄に
鳥を付る事と也　はいたか文　可尋知云々

319 はいたかの取て落たるむら草に駒打よせてひねりぬく也
ひねりとはこしにさす物となり

320 御狩野の草分衣しほ〳〵と袖よりすくる秋のむら雨
義なし　但可尋知云々

321 とひよりて手をかけづめやはい鷹の鳥がらミより猶も聞らん
かけつめとは人の指ならハ大指なり　鳥を
かくる爪也　鳥からミとハ長き爪也　打爪と云も有 〔45ウ〕

322 鷂のとるをきゑにもきかへていけ鳥にするかた鶉かな
取たる鳥をいけもぎにして置との事をよめり

323 鴟のゐる櫨の立枝の弓影みて手さきの物をはなしつる哉
上の句ハ序也　たかをすへたるかたへ鶉のたつにあハ
する事なり　あはせにくし　其事と也

324 朝日さす門田の澤に百羽かきともに鳴府の鷹のより数
鳴府とて鳴の符のことくにて物数をする
事となり

325 はいたかの飛なをり行もとより羽とざくりにこそ我と入ぬれ
もとより羽とは左右へ羽をつかふたか
の事と也

326 小鷹狩秋より須广のあまおほひ一羽あるかと見ゆる尾だゝミ
あまおほひとは上の羽也　十二枚を
一枚のやうにたゝミなしたるやうの躰を云り

〔46オ〕

327 小鳥とるはいたかつきとみゆる哉また寒からぬ秋の山かけ
はいたかつきとは河原ひはりを云也　鶺につき
て鷹をなふりたがる也　羽のきゝたる鳥の故也

328 秋の野のまた霜かれぬかやくきをしハし草どるつミのわかたか
しはし草とるとは鳥をはとらて二物のする
わさと也

329 霜さやく枯野にひらむ鶉をも羽きゝハよりてかけぬものかハ
ひらむとハ地につきて行を云也
それに依てたてまハすと云　されハあかるとなり
かけぬものかはとハひらむをも取と云の心と也

〔46ウ〕

330 時雨行秋の山路の紅葉ふの鷹もき初てかへるかり人
もみち府とハ赤符の事と也　たかもき初て
とハとりかハぬ事と也

331 時ならぬ藤符のたかや秋の野の毛花ちらして鳥をかくらん
藤符字面　義なし　毛花とハ花のやうに毛のち
るを云

332 あらたかの引きるへをのみしかきをさしときぬとや人のみるらん
さしとくとハ手放てやる事と也　其外義なし

333 吹風もおさまる御代の小鷹狩すゝをならさてへをやまかまし
風のあらきにハへをゝさす物と云心歟

〔47オ〕

334 をつきつてたかへる鷹の餌袋に入ていらぬやをき餌なるらん
鳥をは追切て手に帰るほとのなつきたる鷹に
は　をき餌もいらぬ事と也

335 はいたかのお花の波のうつ羽さきほそく出るや秋の三か月
うつ羽さきとは火打羽とてあり

336 日も高くおちもあれとも鶺のもちあかりする鳥をかひつゝ
もちあかりとハ鳥を取なからくふしへ帰る事と也

337 はい鷹の女鳥取てふゐからをハ山をつけつゝもたせもそする
かやうのはいたかハ鶺の頂上なれハ其鳥をハ藤に
てかけて鷹のさきへ餌からを持せよと也　此藤を
山緒ともさはきとも云と也

〔47ウ〕

338 口餌ひきたふるひしつゝ觜をする同し忍ふのたかのみたれ符
たかくつろけハかならす符かみたるゝ物と也

339 秋のゝのまた枯残る青薬かふて符鷹やさしはなるらん
青薬とハ薬師草と云草をもミて餌にませて
かへハ鷹くたひれすと也　差隼（さしは）に限る事と也

340 かり衣ほころひぬらし蘭野ことに出る秋の鷹人
藤ハかまとハ鷹の野に入て脛（ハギ）をかくすを云と也

341 取かひてつなく小たかのいかにして聲するほとに餌をハをすらん
はやく餌をゝすたかの事と也

342 やせたかを又かひあくるもろ餌かけ諸餌に飼てしハしつなかん　〔48オ〕
雀を朝と暮とに二ツかへハ鷹こゆる物と也　それを
もろ餌と云也
343 紅葉するたで符の鷹のもとをしをから國よりや摺初けん
蓼(たで)符とは青き府也　其外義なし
344 吹て見れハしゝあひちかふあらたかにときつるへをゝ又やさゝまし
肉高けれハさしときたるへをゝ又やさゝんと也
345 手もとにて懸はつしつる片鶉羽とびの鷹やよりて取らん
羽とびとハ羽の一段はやき鷹の事と也
346 草ふかくとり入鷹のかり衣かたにかけつる秋のしらつゆ
あまりに草ふかく取入たるほとに○(かたに)露かゝりつると也
347 みな月の草もゆるかぬひはり鷹野すへするにも口餌あきつゝ　〔48ウ〕
ひはりにあはせすして只すへありきて鷹に暑
をしらせならハして其後つかふ也　暑にハたかの口を
あくと也
348 小山田のみそ打まハす狩人のすへ行たかやこのりなるらん
義なし
349 はや鷹の七十あまり三の毛やより数よりもすくなかるらん
可尋知云々　はやたかとハ早の字に非す　鶻の事也
350 肉も日もまた高しとやはやたかのをき餌をすりて木にあかるらん
肉高けれハ手へハわたらすして木にあかるをよめ
り　早鷹　可尋知云々　是も鶻の事也
351 あけすてゝまひも落へきはや鷹の鳥のきてや遠く行らん　〔49オ〕
手かへらんとせしをも鳥のすりたてゝ行事也
352 故郷の柿のもとつ葉若鷹の萩にそへてや鴫を付(けイ)らん
萩計ハよはき程に柿の枝をそへて付よと

のをしへなり
寛永拾三丙子年正月日　〔49ウ〕

『西園寺鷹百首（注）』

詠鷹百首和歌　　後西園寺入道前太政大臣實兼公

1 鷹山にあさるふもとのしは〳〵も世につかふへき道そかけぬる
西園寺　相国公経公
あさる・ハ食物を求貌也　一切人畜に通・也
とは　ふ

2 わか身いまつかれの鷹の木ひをなミうかれてのミそ世にハたちまふ
我・今・　ゐ　立・
・・・・疲也　しけく追落されてくたひれたる也
つかれとハ
・一度おいおとすをもつかれと云　追ともせむるとも云也
但　追・落・　申

3 いつかたに雪野ゝきゝす・跡をけちてかりのうき世に身をかくさまし
の・　の
狩のこと葉をよせたる也
詞・・

4 あらしかし鷹のそハなる鳥ならてならふ物なき身のわひしさハ
てイ　ハ
あらしかしとハあらしと云心也
は　私有ましき歟と云
心歟

〔1オ〕

5 世中ハへしりうたれぬはし鷹のえそひきゝらぬ心よはさに
ハ　よ
へしりとハ経緒ミしかくて放さぬを云心也　心よはく
み
て捨えぬ世にたとふる也　凡経緒・・・ハ二十尋也・
得　喩・・　へをの長さ　なり
但當流ハ二十一尋也
（ママ）

6 とまり山かりに出ぬと人ハみよあさゆふたてぬやとのけふりを
も見　朝・夕・　宿・
狩くらして其・まゝとゝまるをとまり山と云・　家貧
その　也
・していつも煙をたてかぬれは狩に出て山に宿り
に　ハ　舎・
たりと人ハみよといふ心也
も見　云・義　宿山（とまり）イニ如此書り

7 はふ鳥を草に見ふするかり人の物なしてふハわかいへのうち
狩・　家・
はふ鳥とハ大方・鷹詞にハ喰鳥の事也　又狩聲を
かた
聞て鳥・草にかくれ・はふ事もあり　両様ある
（ママ）より　てには・這　有・
へし　物なしとハせこも鷹狩なとも草に鳥を見
せこ 責子

〔1ウ〕

ふせぬれハ物・なしと云へし　やかて狩の人衆心えて
もの　数
狩聲・をやむるなり　鳥ありといへは鳥おとろきて立謂也
こゑ　也・　ハ　驚・・・　故
哥の姿・・・貧家をよせて詠なり
すかたハ　也・

8 鷹狩・もおもひたえぬるあはれさよつかふ物なき我身ひとりハ
かり　絶・

9 身をしれハつかれにふさぬかりの鳥つはさをたれて世にやわしりぬ
狩・　ハ走・
狩の鷹イ　世をハイ　世にやイ

10 さむき事われにやにたるかミすさむ犬さへも又・身ふるひをする
我・　似　また
かミすさむ・ハ・・かミやむ也　犬の心まめならぬ事也
と　犬の

11 餌袋・・にうさきのかしら鳥のくひさかなにせしハむかし也・けり
ふくろ　兎・・　頭・・　なり

〔2オ〕

餌袋に兎の頭・・　鳥の頸・を付る事昔・・ハ
かしら　くひ　むかし
鷹・に鳥をとらする事　故實なきゆへに形を
たか　実
結て肴にせしなり　今ハ鳥をよく取によりてゑふくろの
也・　・・　・餌袋・・
装束にするなり　餌袋　竹にて組たる物なり
也・・・・・・・・・

12 こめ山の峯とふ鷹・のますかき羽かた野ゝかりの名さへなつかし
嶺　たか　の狩・

米山ハ交野の内の別所也　秀・句によせてます
しう
かき羽と・云也　ますかき羽とハ谷より鳥立て　向・・の山にわたるを
は・・　・・・・・・　むかひ
鷹・を嶺より合・すれは逸物ハ其まゝ一文字に
たか　あハ　ハ
向・・の山に飛て鳥を取を云也　心のきかさる
むかひ　申
鷹・ハ鳥のある方・へゆく間おくれて鳥を迯・す
たか　有・かた　行・を　にか
故也　嶺を一文字に行をますかき・羽と云なり
の　申也・

13 つかれにハ心つくしのはし鷹・よ椎の木居たにとりもさためす
たか　ゐ

しゐの木居・・柴の木居とも　・・・・・・
椎・　とは　也・　柴の木居と云事
・・・・・・・・椎柴同前之儀也・
有　椎の木居と申事也　但　の　の間
・・・・・・・・・・
如此書のせらるゝ歟　いかん

14 とる事ハかた野のかり庭ちかけれと手をむなしくて帰る鷹かひ
のゝ狩・は近・　飼イ かり

15 鳥ハなくて鷹のミたつるひたいの毛とる物なしに身をやうれふる
取・

〔2ウ〕

愁の毛とハ額・・の毛也　鷹の心わつらふ時たつる毛なり　鳥な
ひたい　煩・・立・　也・
けれは鷹わひて額の毛をたつると云・也　鳥を取時
くて・　侘・　儀　立・
身の毛をふする也　鳥もなくいたつらに疲てひたいの毛を
・・・・・・・・・・・・・・・・・・
立る愁躰也　鳥ハたてすして鷹の額の毛を立たるとよせて云也
・・・・　・・・・・・・・・・・・・・
詞にハ愁毛と仕也・・・・・・　ひたい・・はしのき
るといふ事によせて立るといへる也　額・・とハ觜・
ハなる毛のこまかなる・・・也
はの・　所を云と

16 狩衣さのミハいかゝ鷹の尾のたすけハ人のふるきなりとも
毛 尾イ　ぎ

たすけハ尾の名也　鈴付・尾の下のかさねなり　狩衣とハ
の　也・
狩・に出る時の衣也　借着もさのミハいかゝといふ
かり　・・・・・・・・・
ふる着成とも人のくれハ大切なりといへり
・・・・・・・・・・・・・・・・・

〔3オ〕

17 餌袋にかれかはきたるふるおきゑさしてようなき身をそ捨えぬ
ハ　古・を　餌　用・　と

餌袋・・を人の方・へ遣・・・にも又常にも　をきゑを入さるハ
ゑふくろ　かた　つかハす　・・・・　餌
いまう事也　餌袋・・にゑを入・るをはさすと云也　・・・
ふ　ふくろ　・・いるゝ　ハ　むかし
源政頼卿北山のほとりに女を思・けり　野に出るとき彼
せいらい 正頼　邊・・　ひ　へ　時・
女の許・へ行とて餌袋・・を遣・・・けれは女鷹
もと　ふくろ　つかハし　ハ
・儲をしけり　ある時餌袋・・を遣・・・ていかすし
の　有・　ゑふくろ　つかハし　ゆ

てゑ(餌)ふくろ(袋)はかり取に遣(つかハ)・・しけれは(ハ)女いかゝ思(おも)・ひけん
をき餌もさゝて遣とて　のき羽うつましろの鷹のゑふくろに
をきゑもさゝてかへしつる哉
※・・・・・・・・・・・・・・・・・・・・・・・・・・・(軒はうつましろの鷹の餌袋にをきゑもさゝてかへしつるかな)
とハ詠(し)・て返しけれはその鷹(ハ其・たか)・やかて死にけり　其(それ)・より
猶ふかく鷹にハいむ事也　・・(私聞)　・・・・・(五文字の心ハ妻)
〔3ウ〕

18 身(ミイ)なからもあはれ(哀・・)にそある狩に出て山かへりせすやかてなりなは(成・にき)
身

19 けに〱とさむき(寒・)狩庭のそは(は)ミ(ハ)鷹羽杖をつきておほゆる(も)哉
風(・・)なとはけしくてさむけれ(寒・)は鷹(ハたか)・の痛(む)・也　そハミ(は)鷹(たか)・とハ
鷹病あれハ薬を飼に(事也)・　そ・・といふ(ハミ　云・)薬を飼(かふ)・
ゆへ(故・)也　羽杖とハ羽(は)をひろけてこふしをおさふる(ゝゆ)事なり(也・)
力のなきによりてたよりに・・(かく)する也

20 かりわひ(侘・)ぬはし鷹つきもめ(目)にミ(見)ねハちか山あさる犬たにもなし
はし鷹(たか)・つきとハ(は)つかふ躰也(なり)・　ちか山とハ帰る山の近(・・)也
・・・・・(家に近き心也)　又晩(・夕)に成て山なと(・・・・・・)より友・・(なと)に暇乞・てちり〱(し　ちる心・・・)に帰る也

21 鷹(たか)・つかふかた野の原のむらしくれ(村・時雨・)しはし(ハ)すくす(過・)も久(ひさ)・しかりけり
仍(・・)一説ちり(る)山ともいへり(申也・)
〔4オ〕

22 昨日といひけふ(今日)もさなから狩暮(くれ)・ぬあかけの鷹のあく(よ)としもなく
あかけ　わか(若・)鷹也　當年の鷹也　網に懸(かけて)・・取ゆへ(故・なり)也・
但もちにてもとれ　わか鷹(若・たかを)・・ハあかけといひならハ(申・)
せり　又赤毛の鷹(たか)・と云事あり　只毛の赤(・き)・也　凡
逸物也　赤鷹と云事(申)・・(あり)　昔(むかし)・・母を鷲に
とられて毛紅に成て終に鷲を取ころしけり
是を紅の鷹とも(申なり)・・　あか(赤・)鷹とも云也(申なり)・
しほ(を)と云鷹(たか)・あり　白鷹年かさなれは(ハ)うす紅梅
になる(成・)をしほ(を)と云也(申)　仍白と同事に見(る)・所あり
山かへりハ網にてとれともあかけとハいはす
只山かへりと云也　野なとにあるを網をかけて
取をあかけと云也

23 たのますよ遠山鳥のしたり尾(を)のなか〱(長・)しけなる(ノ)鷹のふるまひ
肉たかくて鳥を心に入さる也　肥たるをしゝ(肉・)のたか(高・)
きと云(申也)・　痩(やせ)・たるを・しゝ(ハ肉・)をひくといふなり(申・也・)
〔4ウ〕

24 犬せむる鷹とてせむる鳥なれは(ハ)草にもふさすたつ(立・)とし(年イ　とし)もなし

25 あまた鳥屋(や)ふませてつかふはし鷹(たか)のたかへる(手帰・)ほとに(迄・も)なれ(馴・)しかひあれ

鳥屋ふむとハ夏鳥屋に入る也　四月八日に
や　事　卯
入て七月廿日・出す也　十四日の生霊の箸をたい松
にる　続・
にして夜出すなり　仍はし鷹といふ一説也　又はし国
也・　申・　・羽師
より出たる謂・・あり　はい鷹といふ字を鶬・とよ
いはれ　鶬・・云・　箸鷹
めり　種々・説あり　たかへる・・手に帰る也
の謂　とハ
鳥に合つれとものひて取ましけれは鷹を呼にてに帰る也
是をたかへるといふ　追切手帰といへるハ是也
よくなつきたる鷹の振舞也

26 かたやふにむすほゝるともへをさゝむ心もしらぬつミのわか鷹・
片・藪・　共・　たか
へをさすとハ付る事なり　廿一尋の糸を付て鳥に合也
経緒　は
小鷹にかきるへき也　・・・・・・　へをむすほゝれて
経緒ハ鶬よりしてち」いさき鷹にあり
あしけれとも心もしらぬ鷹なるか故に不放と云々
大鷹にハをき縄とて四十尋の縄
」
有り　・・　・・・・・・・・・・
つミ　小鷹ハ安くて下手のつかハさる物也

〔5オ〕

27 鈴ならす犬のかしらにもとをれて駒をならふる野へのかり人
犬の頭を見るに鳥をかミつけたる躰見えけれハ狩人
つかひなれたる鷹・犬のかしらを見知て鳥を立へき
立寄たるをいへり・もとをるとハまとハるゝなり
様に振舞へハたか心得てもとをるゝ也・・・・

28 餌袋にしとゝこあかりとりいれて帰る狩・場の家つとにせん
かりは
こあかり・ハしとゝのことくにて少ツゝあかる鳥也
と　っ

29 穂に出る尾花かもとの小鷹かりかさす袖より露そこほるゝ
ほ　お

30 うちつけにやかて犬こそかミにかめ山口しるく鳥ハありけり
打・　有・
うちつけ・・やかて同心也　かミにかめ　心に入て嗅
打・　とは　事　か
・・也　山口とハ山に入初て下かけとて足のこしらへをする也
む心　は
犬にも鈴をさし　鷹にも鈴をさす也　・・・・・・・・・・
山口の神を先祭て犬を入る也
山口祭とて山」の神をまつる也
・・・・　・　祭・

〔5ウ〕

31 あかなくに猶かりゆかん小鷹狩うつらの床ハ露・ふかくとも
鶉・・　つゆ

32 うれしやなたゝ一よりにとりかひぬことしはしめてつかふわか鷹・
さよ　取・　今年・初・・　たか
一より・・一合なり　・・・・始て鳥を取・也
とハ　度　取かふとハ　捉事

33 はし鷹の心のうちをおもふにハつかふ時こそ山かへりすれ
犬飼又ハせこのわさ也　せこハ下にてかる人也
遠見とハ・・・・・山の嶺に人を立置て
は鳥のゆくへき　峯
鷹鳥・の行方・をみするなり　・・・・・
鳥たか　かた　見・　私或説に犬飼

34 鳥さけひの聲やまつらん狩人のむかひの山にとをミたてつゝ
きけひ 呼・・　待・　鷹　岡
とさけひとハ鳥たては鳥よ〳〵と三度よはハる也
鳥呼・・　ハ　ハゝ
・・・・・・・・・・・・・・
か二聲鳥よ〳〵と云て後せこか一こゑ鳥よ

・・・・・・・　・・・・・・・・・・
と云合て三聲と也　其後ハ見よ〳〵と計也

35　のかれえぬきしのかくれもあはれなり狩・杖ならす山の下しは
雉・　哀・・　かり　柴・
〔6オ〕

せこ　狩杖にて下柴を打也
・・　・・・・・・・
かり杖とハさきに俣の有杖なり　犬飼鷹将の笠の端・・・に
・・・狩・　也・　・・師ハ　とをり
くらへてきるなり　・・・・・・・・・・・・
切・也・　犬飼ハ目のとをりにくらへて切る也
狩杖のさきをハ草をしと云也
・・・・・・・・・・・

36　雪ふかきかたのゝ原の御狩・場にましろの鷹の面かハりぬる
深・　野の　みかりは

鷹の眉の白をいへり　目の上にしろくあり
・・・・・・・　・・・・・・・
まゆ白の鷹雪にしらミて猶しろく見えて面かはりすると云也
・・・・・・・・・・・・・・・・・・・・・・
ましらふ・ハひたと白・也　ましろ・ハ眉・・
と　き　と　の毛
・・白・・也
至て　きと

37　久かたのそらとる鷹をめにかけて駒をはやむる野へのかり人
空・　目　懸・

空とるとハそらにて取也　大鷹小鷹にあるへし　常にハ地に落・して
は空・　・・・・・・・　おと
とれとも　よくとる時はそらにて取也　・・・・・・・
取・　ハ空・　大鷹小鷹共に可有

38　鳥もはやぬすたちぬらん入草にたもろくミゆる鷹のふるまひ
立・　見　ノ

草の中へ鳥をつと追入る・・・を入草と
てふる　まふイ　まひ
云なり　・・・たつとハしつかにかくれて羽音もせすして立を云り　鷹
申　又ぬす立・　静・・　・・・・・・　・・
〔6ウ〕

見うしなひて尋・とて　かなたこなた・・・・・
失・・・　る　こ　か　へかろく飛て
するをこゝにてハたもろきといふ也　・・・・
尋　愛・　申す　手もろき也

39　かりゆけとはゝかる方・もあらしかし人もとかめぬ神のにへ鷹
狩・　かた　贄・

40　雪のふる空にハ鈴のをとのミそかり庭の鷹のしるへ成・けり
は　は　なり　る

41　もゝしきの日次・のにへをたてんとやかた野ゝきんや狩聲のする
百・敷・　なミに　ゑ　の

内裏へ毎日鷹の鳥をそなふ　六斎日をのそく
・・・・・・・　・・・・・・
片野　禁野同所也　日次の贄を奉るによりて
禁　片
余人の鷹つかふ事をきんする也　仍禁野といへり
禁・　間　・　申也・
宇多野なとも禁野たるへし
和州宇多野　同前也・・・

42　めにミねと草とる鷹のふるまひハ鈴・のなるにもしられぬる哉
目　み　振・舞・　すゝ

草とるとハ鳥の落たる所草深て鳥ハ見えす有
は　を追おとして草のかしらをとり
様をハ覚ゆる程に鷹草を取也・草の頭をあたり
はまるを草とると申也・又草の上にてたやすく
〳〵すれは鳥たへかねて立所を取也・是を訓
取をも草取と申也・是ハおほえのすかた計を
草と云也・かやうに草とるハ鈴のなるにもしら
とるを草とると申也・私おほえとハ其あたりを
るゝ也・・・・・・・
云と也・定とハ治定の草と也
〔7オ〕

43　ともすれはかり場の鷹も何ゆへにめとりつきにハやすくなるらん
ハ狩・は　女鳥・　成・

めとりつきとハ春ハめ鳥味吉也　又子をはらむによて・・・羽
女鳥・　・・・・・　めん鳥の雉春ハ子をうミて

よハくして・よく・・とらる丶也　味吉によてめ
はきによりたやすく　又春ハめん鳥
鳥ならてハとらぬやうなる鷹あり・其をハ又
よき味有によりて雌につく也・然間雌に思っ
つかひなをす事あり・・　・・・・・
かさるやうに鷹をつかふ　是鷹司の心持也

44 谷ふかミむはらからたち茂りあひてつかれに犬をいれそわつらふ
う　煩・・

45 たつ鳥を草とる鷹にくハせして觜すらせつ丶又そかり行
是ハ・・草の頭・・にてのひもやらすして取事なり
此草とるは　かしら　・・・・・・・・　也・
くハせとハ小鷹ハかしら　雉ハ
・・・・・・　の」
・・・わきを刀にて切て・・肝を取出して
鳥の左の　さして丸き　・・
飼・也・　是を餌をあくるといふ　め鳥ハ右の脇　お鳥ハ左の脇
かふなり　・・・・・・・・・　・・・・・　・・・・・・

〔7ウ〕

46 大緒とき鷹に鈴さし日たけぬと駒うちはやめいそくかり人
打・　狩・
雌雄にかはる也　はし・すらするとハあらひて鞭にて觜・をする也
・・・・・・　を　・・・・　はし」
大緒とハいつも・・つなく緒・也　それを解・
たかを　の事　とく
也・　・・・・・・・・・
なり　鈴をさすとハ付る事也

47 はふ鳥もつかれもたつる犬飼のうちかひ袋かろくミえつ丶
に立・　打・　見
はふ鳥とハはむ鳥・・也　又狩聲におそれて草に
ハム・の事　恐・
喰
はふ事もあり・・・　つかれとハ鷹におはれておち
う　の有・をも云也　・・追をとされ・
てくたひれたるを云也　・・・・・・・・・
・鳥也　よくかくる丶を犬よくて

・・・・・・・・・・・・・・・・・
尋れハ犬飼犬をほめてしけく打飼をかう
・・・・・・・・・　うちかひとハ野にて犬に飼
間打飼袋かろく見ゆる也　打・飼・　・・　の食
餌・・也　打飼袋とて薬のにこにてつとを組て入る也
物の事　ハ其打飼を入袋也・・・・・
鳥をたてつれはしたかひて少ツ丶飼　かろしといへる也
・・・・・・・・・・・・・　・・・・・・・・

〔8オ〕

飯と小糟にてつき合て餅のやうにする也
・・・・・・・・・・・・・・・・

48 かりまハすつかれにあかる木鳥をハ鷹さしとりて射ておとす也
廻・　取・　落・
木鳥とハいたく鷹に追・れて・・・・・・
をは　又かり人もこゑ
・・・・・・・為・方・無・・て木に
しけくをふによりてせんかたもなく
あかる鳥也　木にゐならひてハ・常にとら
居　鷹
さる也　・・鷹さしとるとハ呼て取をいへり
然間・・・・・・・・・・・・
鷹をは呼取て射手をよせて根のなき矢にて
・・・・・・・・・・・・・・・・・・・
射て落す也　木にも又ハいつくにもあれ
・・　何・・」
鷹・を取・をハさしとるといへり
たか　とる　云也・

49 犬かひハすかたにしるしうちかけに狩・杖ほうしはゝきまへかけ
姿・・　丶打・　かり　前・　カイ　ケ
鷹飼同・犬飼ハ法師姿とて　帽子・を着る故也　は丶
是ハいつれも犬飼の出立也　ほうし　して・・
きをして前かけとて組たる物を前にかくる也　むはら　からたち
・・　をする也・・・・・・　・・・　・・・
又ハ露なとをよへる物也　・・・・・・・・・
・・・・・・・・・　イ本ニハ鷹将犬飼ハ法師す」

〔8ウ〕

・・・・・・・・・・・・　・・・・・・
かたとてほうしをきるとあり　前かけをまへ
着
・・・・・・・・・
かはとある本も有と也

50 御狩・野ハあらはにミゆる霜かれにいかてか鳥の草かくるらん
みかり　ハ　見

51 冬かれのま柴なら柴打たてゝかた野のミのに狩くらしつゝ
枯・　真　字多イゝ　野
かたの

52 夕霜にきゝすなく也かへるさのとりかひせすハ又あはせなん
鳴・　帰・　（ママ）・
鳥
とりかふとハ始て鳥をとらせてよくかふ事を
飼・
も云也　又帰るへきとおもへはおほく鳥を飼なり
・・　野にてハ常の餌のことく飼事也・
くハせをあけてかひて又むねの肝をかふ也　雉ハ
・・・・・・・・・・・・・・・・・・　・・
鳴ともとり飼ぬれは合すして帰るといふなり
・・・・・・・・・・・・・・・・

53 鷹ハ木居鳥ハしけミのおちふしをはなつけかぬる犬のふるまひ
落・　鼻・付・　振・舞・
落伏・とハ鳥飛のかれて草におつる也・はしらすしてそのまゝ
ふし　落・・て不レ走・・其・
ふす也　はしらされは犬鳥のしるへをしらすして
伏・　ハ
かミつきかぬる也　はなつくるとはかミはしむる・也
付・・　付・　ハ　始・・　事

54 鳥ハはやむかひの嶺を引こして遠見そつくるおほえはかりを
ミ　覚・・計・・
山の峯・を引こしぬれは遠見さたかにおちを
みね　ハ
しらされはおほえの程をいふ事也　・・・・
ハ　申・　私云おほえ
・・・・・・・・・　・・・・・・・・・・
とは其あたりの草を云　定と云ハ治定の草を云

〔9オ〕

55 とりとらす鳥ハにかさし峯きりをもちりてこゆる鷹のはかきは
嶺　ふるまひイ
羽かきは
嶺きりとハ山のミね・きは・・也　嶺きはとも
峯　みの　ハの事　ハ
云也　もちりてこゆるとハ鳥・鷹・にかくれんと
申　ハたか
かなたこなた・峯をもちりてこゆるを鷹も鳥をに
こ　か　へ　・・
かさしと鳥にしたかひて越・・心也　羽かき・
こゆる　は
・・左羽右羽とてあり　左の羽を羽うち右の羽を
とハ　有・　・
羽をつ事也　遠くつよく飛時羽かきをはする也
・う　・・・・・・・・・・・・

56 谷こしに鷹をあはせて嶺つゝき犬よひつけてはしる狩人
合・・　峯　かいイ
よひ

〔9ウ〕

57 のそかへてはやれハ鷹をはなちやり見鳥・かなにそおもひわかねと
みと（ママ）　何・　思・・　ハ
る
のそかへてとハ鷹鳥を・・・のそく・也　鷹はか
・　のたつかと　事　見とりと
鳥
り鳥を見付てはやるを見鳥といふ・　鷹生ハミされとも放してやるなり
は鷹師ハしらす鷹はかり見付候事也　・・・・・・・・・・・・・

58 御狩人野されわか鷹山かへりおもひ〳〵に手にすへて行
若・
野されとハ山にてしけく毛をかへて年・
々
をへたる鷹・・也　わか鷹ハ當年の鷹也・
の事　わか・　黄　なり
野にてそたちたる也　巣より取て子・時より
出この
子
こなたにてそたてたるをハ巣鷹と云・也　當
ち　申候

年なれともわか鷹とハいはさる也
共・若・　は申さす・・
59 をしなへてそこと鳥たちもミえわかす宇多のかり場の雪の明ぼの
ゝ立・　見　分・　うた　狩・は　曙・・
・・・・・・
宇多野ハ和州也
〔10オ〕
60 ぬししらぬ野編・黄鷹山かへり行あふ道・にめそとまりぬる
主・　され若　みち（ママ）　日
・・・・・・　若鷹とハ黄鷹ともかけり・　胸毛わかき時ハ
野されとも書也　・巣くと也　・・・・・・
編
黄なる故也　當歳の時也
・・・・　・・・・
61 はけしくもおちくるものか冬山の雪にたまらぬ嶺の晨・風
敷・　落・　物・　峯　あさ
あさかせ・隼の異名也　・・・　・・・・
風・ハ　漢に有　晨風と書也
62 霧わくるうたのかれ野の花すゝきほのかになりぬ山かりのこゑ
霜分・　宇田　枯・　薄・・
・・・・・・
山かりとハ山狩也
63 御かり庭も君かためなる松か枝に千年・の日次たてゝまねはや
狩・は　為・　え　とせ　ハ
松の枝に鳥柴をつくるハ冬也
付・
64 たなさきの角の柱にかはりてや御輿・のまへに鳥のたつらん
こし　前・　立・
たなさき・ハ左也　延喜・御門野の行幸の・時鳳輦の
とは　の　・・・・　御　れん輦
左の柱を取て御輿のうちにて鷹をすへさせ給
内・
〔10ウ〕
しより今の世まて鳳輦・左の柱なし　鷹
の
の左は手先　右ハ身寄と云也　・・・・・・・・
ハ　イ本ニハ左の柱取ツ

65 草枕ゆふへの鳥のとまるなりけふの狩・場そなを残・りける
也・　かりは　のこ
・・・・・・・・・
のけツするやうにと也
66 ふゝきにハあられのたまき手はしりて狩・場の御鷹・すへもさためす
霰・・　手　走・・　かり・　を　定・
たまきとてゆひにさす物あり・韝と云物也・
ハ鷹たぬき也・手貫と書・又韝とも
大鷹足をひろくふむに指懸短間手巻をさす也・・・
書・文撰にあり・東都符也・造る躰・寸方の法あり
67 ひむろ山ふもとの原の小鷹かり田面はるかにゐなからそミる
氷室・　み
68 秋風にお花・の浪・のかけうつら袖吹かへすまのゝかり人
はな　なミ　鶉・・
かけうつらとハ馬にて鷹をすへかけて鳥を立・て合
鶉・・　・・　たてゝぁ
・するを云也
は　申
〔11オ〕
69 夕されハ秋の小鷹の草取・に聞まかひぬるすゝむしのこゑ
とり　鈴・虫・
・・・・草取・事・在前　・・・・
草とりとハ　とる・に同　草をとる也
70 くすかつら下はふ鶉たゝぬまにかけても駒を又かへすかな
つた　間　返・　也・
71 一よりにたはなしぬれハをひさまに鶉むれたつを田のかりつめ
手　追・　小
・・・・・・・　一よりとハ一度合するをいへり
たはなすとは手放也　・せ・也・・・
手
二度ハ二より　三度ハ三より也　荒鷹を合事也　大鷹ハへ緒
一より　十よりと申・　・・・・・　又初て大鷹
なともさゝさる間たはなすを大事とよくな
をなつけて合るを手放と申也・仍大鷹の手
つくる也・合始をいへり　つねにも手よりはなすを
放と申ハ初てつかふ事也　・・・・・・・・・

いへ共たはなしと云ハはしめて合すると
・・・・・・・・・・・・・・・・
心得へし　かりつめとハ稲を
・・・・
苅・・・・のこしたるに鶉おほくあつまり
かりてすこし残・　多・
て喰をかりつめの鶉と云也　秋也　大鷹にハ
申　は
なき詞也　・・・・・　・・・・・・・・　・・・
枯野の鶉也　秋冬かけて申也　同小鷹
・・
の詞也

〔11ウ〕

72 をのかうへに鶉のおちのあるやらんたてる薄の人をまねくハ
上・　有・
鶉のおち　雉のおち　いつれも鳥のをちたるこゝろ也
おちハ鶉　・諸鳥　同事也・・・・・・・・・・

73 はし鷹のすゑ野を分るかり衣たゝぬにうつる萩か花すり
末・
・・
同前

74 秋ハけにをかや玉萩をミなへし鷹すへすとも野への色〳〵
女郎花・・　共・

75 ふかゝやにたちもとをるゝかけうつら一尋・たにもへをハひかせす
鶉・・　ひろ
もとをる・たちわつらふと云心也　・・・・・・・・
ゝ事・前に有・・・・　但萱にむすほゝれ

76 ひはりたつ野へのま萩のかり衣花にすりとる秋のすこのり
雲雀・　真
・・・・・・・・
てあかり兼たる躰也
夏鷹の子をそたてけれとも秋つかふ故・に秋
共・　ゆへ
のすこのりといへり　巣より取てかひたてたる鷹也
巣こゐり・　申也・　・・・・・・・・・・
兄鶻

〔12オ〕

77 よひのまに聞ふせてけり御鷹狩・あさ霜はらふま柴ならしは
宵・　かり朝・　真
すこのり　このり・はい鷹のお鷹也
鶻の夫也　兄鶻・児鶻とも書・・」
きゝふせ鳥　春也　夕にねくさ鳴・とて雉の
聞・　なき
鳴・を聞て早朝に狩立・て合・也
なく　たてゝる

78 とをはまりまた犬いれぬつかれにて草とるをとハ鈴そしらする
遠・　らイ　れ　にてイ　鷹・　知・
はまるとハ鳥草におちてかくるゝをいへり　とをはまる・ハ
・・・・・　落・　有をハまると申也　遠・ハ　りと
遠き所にあると云也
・　有・を申

79 笠の上にうは毛した毛を手向をきてけふの狩場の神まつりつゝ
上・　下・　は　祭・・　なりイ　つゝ
鳥を取ぬれハ鳥のうしろの毛　雨おほひをとり
取・
した毛とて尾の上にしたと云草のことく成・
下・　なる
毛をぬきて山・神に奉りて祭・・也　雉にかきらす
の　を・・・　る事　限・
大鷹小鷹いつれにもあり
何・・　有・

〔12ウ〕

80 こほりけり雪のかり場の夕暮にひるわたりつる谷川の水
氷・・　る　は
むすふへき谷水なけれは雪をくたきて水に
・・・・・・・・・・・・・・
なしてくハせをあけて肝を洗て飼也
・・・・・・・・・・・・

81 かりかへるかた野ゝみのゝいて山になをまつはへて打まハしつゝ
狩・　のミ　出・
いて山とハ山の奥・へ入て山こしらへをして
出・　は　おくよりはしへかりて出る也

出さまに狩を出山といへり　鳥をねんころに狩程に
打まハしく／＼しけり　まとハりて狩を　まつハへとハいへり
鳥たゝ「
されは・出ツ入ツまつハへて狩・なり　・・・・・
ハ入　は　かる也・　草をしけく打
・・・・
まはす也

82 むすふへき谷水もなくこほりしぬ雪をたきて鷹やかはまし
氷・・　ハ
鷹鳥をとれはかならす水をかけて鳥の血の
ハ
くさゝをうしなひてあつきをさまして飼也　・・・・・・・・・
き　失・・づ　・・・・　イニハあつきをさまし
・・　氷て水なきによて雪をくたきて鷹の口をも洗ゑをも
てあり
あらひて飼也　あらハて飼ぬれハ肉も高く成間肉をすかさむと也

83 空にしてかなくりおとしかたむれはなこりの毛花かみに・ふりつゝ
落・　ハ名残・　・身　ハ降・
〔13オ〕
鳥を取さため・・・・・たるをかた
にかさゝる様に取まハし
むると云也　毛花とは毛のちるをいへり　つねに鷹狩
申　のちるを毛花と申也・・　常・　司
のかしらにかゝる事あり
也・

84 山ひこもこたふるはかりあたりおとしそはのたつ木に鷹あかりつゝ
落・　岨・　高・
あたる・・とハ空にて鳥を鷹の・・あて落す也
り落し　・・・　足にて

85 犬かひのなかやりて行かり聲・をすへたる鷹そいかりてハみる
飼・長・　狩・こゑ

犬鳥のあるをかミあたれハ犬飼・・・・・・・・・・・聲・を
犬の振舞を見て鳥のあるを知てこゑ
ようく／＼ト云也
なかくしていぬをやる也　是をやり聲・と云・・
長・　ようく／＼と云　こゑ　申なり
つかひつけたる鷹ハよくしりて鳥のあるそと心得て
いかりてのそくを云なり　・・・・・
いかりてハ怒也

86 下・てよりよこさまにたてゝまハりとりそかひに鷹そよりて空とる
した手　たてゝ　立・・　イ
・・・・・・・・・・・・
空とるとは地に落さすして取也

87 おちかへり草かすとれはたへかねてくたりに鳥そ羽をたれて行
落・ゝ　数・　ハ
〔13ウ〕

88 犬つなく鷹ハやミぬときく程に木鳥・そといふ聲とよむなり
は　聞・　木　ことり
・つなくとハ犬鳥の行方を知てかミつめて行を鳥をつなくと云也
犬　・ありと犬のしるすかた也・・・・・・・
鷹ハや　・・・ハ鷹のはやる也　犬と鷹とにおそれてせ
は　「見ぬと　・あひ
ん方・なくて木にあかるなり
むかた　也・

89 とりぬへき鳥をハそはにならへつゝゆきとりこのむふる山かへり
取・　ハ　行・鳥・
行鳥を取とハ鳥に飛つきてとをりさまに取
此哥ハ木にあかる鳥の事也・鷹も鳥も並て
をいへり・又下にても木にてもあれ・居たる鳥を
木にあれハとられさる也・・もし逸物の鷹の取
ハとらて飛鳥をこのミ取ハ羽のきゝたる鷹
もくと申也・木よりもひく射て落ると申也
の態なり・山にて年を久くへたるを野され
木にならひてあれは取にくし・飛て行鳥ハ

90　あらはめていかにするらんあら鷹のつかれの鳥ハはしりのひぬる
ハ　　　　　　　　　　　　疲・・
とも又ふる山かへりとも云也〔14オ〕
取やすけれハかく申也・・・
草に落してあらけなく・・・・・あたるを
あらけなく草におとしてあらけなく
あらはむるト云也
ハ　・と申

91　尾の下に飛・入・鷹につめられてはまりにつかす鳥そ落ぬる
とひいる　詰・
つめられてとハちかく飛よる事也　はま
近・
り・在前・・・・・
ハ落に有草に入事也

92　のひやらしあまたつかれの鷹の鳥おさきをたれてくひな飛する
疲・・　　　　　羽　　　水鶏・
くひな飛とハ草の頭の高さに飛入て　やかておちく
・・・・・・・・・・・・　・・・・・
少つ丶飛て行をくひなとひといへり　つかれを
・・・・・・・・・・・　・・・
うっとて　鷹あかりおちく するを犬せこにて打立く
・・・　・・・・・・・・・・・・・・
合するをつかれ打とハ云也
・・・・・・・
・・・・・・・・・　・・・・・・・・
のひやらしとハのひやる也　くひな飛とハくひな
・・・・・・・・・・・・・・・・・・
の羽の叶はさることく　よはくと飛すかた也

93　あさ明・のかすみのうちのとをはまりしら尾つかすハおかけ見ましや
朝・あけ　霞・・　遠・
鷹に白尾つく事・　一条院・・・行幸〔14ウ〕
・・　　也　　條　の御字（ママ）平
の御狩の時鷹古山を思・・・気色有・・・けれ
・　　　　おもひ出て　あしかり
は・政頼卿鷹の尾を二ツきりてく丶いの君しらすにて白く尾を・継け
源正　上　・・　・・・・・・・　き　にて
り　鷹・尾の上の白・を見て・・・　いまた尾上に
の　　　き　春を忘れ　・・
雪の有心して古山を思ひ忘れけり　御門御尋・の時政頼卿・　二
・・・・・あり　　　不審　正　哥
月の白尾の雪ハしらねとも心まかせにたつねてそ
尾上　　　　　　　　　　尋・・
ゆく　と仕・けり　此心より白尾・春継也
り　　　　　　　　を

94　心なくま柴をならす山風にまた鳴・鳥ハき丶もさためす
真　　　　　　　　　なく　聞・　定・
なき鳥　ない鳥とてあり　同事也　雉のなくを野
有・　　　　鳴・
山によく聞すまして鈴に子と云物を・・
のこ子　　　鈴に
さしてす丶のならさるやうにして鷹をすへて　ちか
鈴・　ぬ・様・　　　　　　　　　より
く狩立て合・・也　聞すへ鳥とも云也　ね鳥〔15オ〕
て　　する　　　　申
狩・・ハ早朝に臥たる鳥を狩也　ない鳥狩ハ
かりと　　伏
時をいはさる也

95　あさ草の芝・生におつるかけ鶉たまらすさきにとをたちて行
朝・　しはふミ落・　　　　　遠・立・

96　春の野におなし色なるあを鶖・・あからさりせハおちをミましや
青・さしハ　落・　見
きなり・・・・・　・・・・・　赤・鶖・・
あをさしは　赤鶖と申て有　うしろハ青也　あかさしは
青鶖
ハ赤きあり　又すそこさしはと云は尾のさき半はかり
は同赤也・　・・・・・・・・・・・・・・・

くろき也　さしは（鷙・きしハ・ハ）・異朝より来・（る）鷹也　巣鷹の」
沙汰なし

97 犬の鈴しつかになりてかり（狩・）聲のなかやるまゝに鷹そゐあかる

98 とをミ（遠・見）鷹ぬすたつ（立・）鳥にあハ（合・）せつや嶺（峯）よりをちに（落・）人よはふなり（也・）
遠くミたる鷹也　又遠見なとの居事有（申イ）　両説依時宜也
ぬすたつ（立・）とハ人にも鷹にもかくれ（隠・）てかけ（影・）よりたつ鳥也

99 露分る秋のあさ（朝・）野の小鷹狩（かり）・しほるゝ袖ハ萩か花すり

100 箸（はし）・鷹のこもつちこえの一もちりとるもとらぬもおもしろ（面白・）の羽や
こもつち越（こえ）・とハ嶺（峯）を鷹と鳥とかなたこなた（こ　か）へ
飛越る躰　薦（こも）・を編（あむ）・槌のかなたこなた越るやうなる（様・）をこも槌こ（喩て云り）
えと云也　箸鷹と云事　七月十四日生霊の箸を明松にして鷹の
鳥屋を出す也　故にはし鷹と云　又鷂と云字をはし鷹とよめり
鷹の惣名なり

寛永拾三丙子年正月日

〔15ウ〕

〔16オ〕

（底本奥書）

此一帖御注本者雖無他見難去依所望
染筆畢　聊以不可有外見者也
享禄四年十月日　　権大納言（花押）

右鷹百首旧抄臨写西園寺實宣公筆
且以片仮名所加今案也
元文四年五月

西園寺入道相国、有二鷹百首和歌、左
大臣實宣公、手自書レ之、此之原、紀藩
所二蔵秘一、蓋有レ年矣、然未レ詳三其所二由来一、
或云慶長中、嘗與二駿府御庫所蔵、鷹
書若干巻一、混在二其中一、其所レ詠、凡鷹之
飛揚態度殆至矣、盡矣、誰謂レ非二和歌
之要抄一哉、其註者何人所レ述、亦未レ可レ
識、雖二可則可一而、間亦有レ害二作者一意一也、
嗚乎所謂、書不レ盡言、言不レ盡意哉、臣
尚正。憾二其未レ全一而、更竊作レ疏而以補二
其闕一、縄二其愆一矣、今也、此書豈特和歌
者流、所レ使已哉、抑亦為二放鷹者一助一、
後君子猶訂正云
元文四己未仲夏　　中嶋尚正自序

（以下省略）

付――『西園寺鷹百首（注）』諸本一覧

『西園寺鷹百首（注）』は、写本と整版本との間に左のごとき相違が認められる。

(a) 写本・整版本ともに「鷹山にあさるふもとのしは〴〵も世につかふへき道そかけぬる」で始まり、「はし鷹のこもつちこえの一もちりとるもとらぬも面白の羽や」で終わる。

(b) 写本では整版本18番歌（第Ⅱ部資料篇「翻刻部」〈歌番号は写本に依る〉では18番歌前の※）「軒はうつましろの鷹の餌袋にをきゑもさゝてかへしつるかな」が注文中に存する。

(c) したがって、写本には整版本にない「はし鷹の心のうちをおもふにハつかふ時こそ山かへりすれ」（整版本33番歌と34番歌の間。第Ⅱ部資料篇「翻刻部」では33番歌）が認められる。

(d) 写本と整版本との間には、とりわけ注文において多くの異同が認められる。

右に基づき、実見した『西園寺鷹百首（注）』を整理すると以下のごとくになる。

Ⅰ　整版本 ―― 寛永十三年刊（「寛永拾三丙年正月日」を刻すのみ。別版なし）。

① 宮内庁書陵部蔵　鷹百首（154－330・154－347〈共に書入有〉）

② 内閣文庫蔵　鷹百首（「鷹百首　全」〈打付書〉。154－319）

③ 岩瀬文庫蔵　鷹百首（97－124）

④ 静嘉堂文庫蔵　鷹百首（「鷹百首　公経」〈打付書〉。521－21）

⑤ 伊達文庫蔵　鷹百首（「西園寺鷹歌　一百首」〈打付書〉。911－23－50。国文学研究資料館蔵マイクロに依る）

Ⅱ　写本

(1) 整版本の写し。

右、整版本の特徴を有する。

⑥ 国会図書館蔵　鷹百首（「鷹百首　西園寺公経公　全」〈打付書〉。整版本との異同は見られない。862－158）

⑦ 宮内庁書陵部蔵　鷹百首（「鷹百首　西園寺殿御詠并ニ注」〈打付書〉。朱筆にて写本〈⑭・⑮の注文に近い〉との違いを記す。154－344）

(2) 整版本に対し若干の相違が認められるが、(1)と同じく整版本の特徴を有する。

⑧ 宮内庁書陵部蔵　鷹百首（「鷹百首　後西園寺」〈打付書〉。206－767。同所蔵の「鷹百首　全」は歌の脱を同じくするなど、一致する。154－338）

⑨ 宮内庁書陵部蔵　鷹百首（「西園寺相国家　鷹百首」〈打付書〉。154－343）

(3) 整版本と大同小異であるが、１００番歌の注文は次の(4)と同様に省略されていない。

⑩ 宮内庁書陵部蔵　鷹百首（154－350）

⑪ 宮内庁書陵部蔵　鷹百首（整版本の振り仮名を朱筆する。154－320）

(4)

前掲(3)までとは異なり、写本としての特徴を有する。

１００番歌の注をはじめとして、整版本とは異なる注文を有する。すなわち、１００番歌は25番歌の注文「十四日の生霊の箸を続松にして夜出す也　仍はし鷹と申一説也　……」と同内容であることから、写本に対し、整版本では「箸鷹と云事　七月十四日生霊の箸を明松にして鷹の鳥屋根を出す也　故にはし鷹と云　又鷂と云字をはし鷹とよめり　鷹の惣名なり」が省略されている。なお、⑫・⑬の注文は、⑭・⑮に比べて変更・省略が見られる。

⑫　宮内庁書陵部蔵　鷹百首注

（「于時寛永十年七月中旬書之」の識語が有る。なお、53番歌「鷹ハ木居～」が23番歌「たのますよ～」の位置にきている。152－48）

⑬　内閣文庫蔵　西園寺相国家百首和歌

（注文の変更・省略や歌の異同が若干見られる。201－467）

(5)

(4)に注文が追加されたもの（追加注の記載年時は元文四年である）。

⑭　宮内庁書陵部蔵　詠鷹百首和歌

（「享禄四年〈一五三一〉十月日　権大納言」の識語が有る。「犬の鈴しつかになりて～」〈97番歌〉を欠く。154－332）

⑮　宮内庁書陵部蔵　詠鷹百首和歌

（⑭と同一の祖本に基づく写本と思われる。97番歌を欠く誤りはない。154－321）

(6)

写本と整版本の両要素を併せ持つ。

１００番歌の注が整版本と同様に省略されていて、整版本と同じ注文を有する箇所が他にも見られること、これに対し、「軒はうつましろの鷹の～」（18番歌）が注文中に存し、写本にのみ認められる「はし鷹の心のうちを～」（33番歌）を有すること、右、二点が認められる。

なお、整版本64番歌注に存し、『和訓栞』に採用されている「イ本ニハ左の柱取ツのけツするやうにと也」が本文中に見られる。

⑯　宮内庁書陵部蔵　鷹百首　後西園寺相国　（501－921）

(7)

写本(4)・(5)とも、整版本とも異なる。歌の順序を異にするところがあり、注文も異なる。「軒はうつましろの鷹の～」（18番歌）はないが、「はし鷹の心のうちを～」（33番歌）を有する点で写本(4)・(5)に一致する。「文明十九年五月十八日」の識語が有る。

⑰　蓬左文庫蔵　西園寺相国家鷹百首和哥

（61－14。国文学研究資料館蔵マイクロに依る）

『龍山公鷹百首』

鷹百首

龍山作

1 御幸せし御狩の野邊のむかしにも
とかへる鷹ぞ世々にたえ（絶）せぬ

とかへるとは鷹の毛をかへてとやより
いつる事也　鳥帰とかけり　山かへり（は）山
にて毛をするを云也　古哥に
はし鷹の鳥帰る山の椎柴の羽
かへハすとも君はわすれし　このうた（に）て
山かへりきこえたり

2 名にめてゝ梅の花毛やにほふらむ
鷹のはかせ（羽風）もはるさむき山

梅のはな（花）毛ハたかの目のまへにある
毛なり

3 春さむみ袖にもゆきのこるかと
しら尾の鷹ぞ手かへりにける

白尾ハ白鳥の羽にて尾をつくといひ
傳る也　手帰るは鳥をとりはつして
空よりすくに手にかへるをいふ也
なつきたる鷹の躰也

4 雪かともかすみのうちに手はなせる
つき尾の鷹のほのみゆるなり

又継尾　春は霞にさたかにみむとの
しるへに尾を白尾につくとの説もあり
白尾の事　はるは巣山の心ありて
鷹うするにより　また我身に雪
残てあるよとおもはせんとの両説なり
むかし一條院御時　正親卿鷹功者にて
つき尾を以工夫　つきそめ（継染）けるとなん

5 はしり行とあとをとめてかむ犬の
鈴の目させるはるの鷹かり

とあと　鳥（の）跡なり　かむ犬ハはなつけて
覚え行事也　すゝの目さすとハつゝし
の枝にても木のえた（枝）をおりてすゝ
のめへさしいれて鈴のならぬ様に
する事也　春山鳴鳥につかふ犬なり

6 諸口のとまれる犬はすゝ（鈴）はかり
さはきなしにやつかふたか山

さはきとハ藤をたちてつくる也
もろ口とまり　逸物の犬にはさはきに
をよはす　鈴はかりにてつかふことなり
小鷹　犬にハやりなはといふ也

7 おちはかりさはきたてやるふるつかれ
ち山はわかき犬をかはまし

さはきたてやるはハ（ママ）はなちてやること
なり　ふるつかれはとしのよりたるを云也
より犬とも　り　女犬をハえかたとも
云歟　おいぬ（男犬）をハおいぬつかれと申習候
なり　地山とハかり行山の狩さきなり
犬をかはましとハつかへと云事也
ふるつかれハくたひるゝによりて鳥
の落はかりをつかへといふ事也
惣別ふるつかれを八籠にいれ　になわ
せておちはかりを仕（つかふ）事ある也　くたひる
れは寄犬はかまぬにより　籠にいれて
足の落はかりをやるなり

8 鈴子さしわけのほりたるやまあひに
きゝすへ鳥やいつ（の）ちぬすたつ

此鈴子ハ鷹の鈴子也　犬にハ鈴子とは
いふへからす　前に注てすゝの目さすと云也
きゝすへたる鳥　ぬすたつこと也　人の
しらぬやうに羽音もせす草の中を
忍ひたちてかくるゝ鳥なり　それを
みつけたるを目をつきたるといふ
歟

9 つかれつゝはしりて草にふすとりを
ものもなしとは見すへたる也

物なしとハ鳥に由断さする詞なり
見つけてあるといへはかなら（必）すう
するによりてあるをなしといふなり

10 はし鷹のおのへをこゆる鈴のをとに
つかれのとりや草にふすらむ

みえたる躰也　つかれの鳥鈴の音に
かゝみたるなり

11 山きはに鷹まちかけてあはすれハ
野邊のきゝす（雉子）そとひつかれたる

待かけとてとり（鳥）のたち行へき山に鷹
をまち　鳥のくたひれてよハくなる時

分にあはする事也　田舎にハまち
鷹といふ　他流の説也　鷹のむちを
鷹なふりといふかことし　當流
にハ不用之　但其家々に用来事
も候歟　諏方か家にハ鷹のとりのかけ
様　山の鳥　田物（うら表かはる也　哥道）
にも當流とて二条家を用　又冷泉家一
流これあり　又は小笠原家弓馬の道
を當流といふ也　内藤流右之類なるへし
付大壼流在之　當流他流分別あるへき歟
其外他流の説其品おほし　たとふるに
哥道に古注の説といへる同前歟　又
田舎之小笠原諏方事外かはりたる
事数多有　それもさためて其家々の
作法たるへき歟　鷹を架につなく次第も
若鷹　片鳥屋　諸鳥屋　古鳥屋　野され
山かへり　弟鷹　兄鷹　半子　はしたい　白
鷹以下其外隼　小鷹　諏方流當流
かはりめ是あり　又他流多之　前にしる(注)す
ことく他流とハ哥道なと古注之説（と）おな
し　不用之　足革をも足緒ともいへり
ねすを(白鼠緒)ゝもひこの緒ともいふ也　但ひこ
の緒むかしハ別にこれあるやうにしる
せり　秘事に云也　みたれ装束といふ
事小鷹にあり　大鷹にハなし　口傳に云
取わき兒鶺鴒にするなり　同かし鳥装

とハかし鳥の羽くさひにるり色なる
毛を取て鈴付につくる也
束また　はしたいといふ事當流の秘事
と云々　まちかけの事　むかし禁野の
雉　八重羽にして足も三有と注之　あは
する鷹をとりころしける化鳥なり
其時まちかけをたくミ出し　彼化鳥を
とらせけるとなん　それより待かけはし
まりてあら鷹なとのかたいりなる
をとり飼にハ待かけにあはすれは　やすく
とるにより用之　雉の足を別足といひ
ならハす事禁野の雉よりおこれり
當時あなかち足三（ツ）なけれとも雉の足に
かきり今に別足といふ也　おなし事
なから山鳥の足をハ別足といふへか
らすと也　右の子細ハ高国朝臣彼諸木
抄廿巻の聞書にみえたり　諸木抄は
犬追物　笠懸　弓馬　軍陣　かちたち　御前
の時宜　礼節仕付かた　鷹の道　諸道をしるし
をかるゝ聞書なり　可見之　彼書に
禁野の雉の事押紙に被注之　むかし
仁徳天皇御悩あるときに相者云彼きし(雉)
のたゝりなりとう(占)らなふに保昌卿と云人
唐へゆき(渡)て鷹を習て日本へかへり　此
雉をあはするに彼化鳥三足の別足
にて鷹に（向ふを）鶚といふ鷹　彼足の三ありて
羽も八重羽のきし(雉)をとりかためたると

いへり　其鷹はしたいと云也　鶚(ガク)とかく也
此名あまりに秘して鶚ハせうといふ鷹
又云鶚　ハットモイヘリ　鶚(ハツ)(ハシタイ)
なりと注之o口傳あり　難注事也　鷹の
根元ハ天笠摩伽陀国清来と云者唐へ
来りて泰山道の麓にて仕始也　日本
にてハ仁徳天皇の御時に保昌卿仕は(ママ)ハし
め　待かけをもたくミいたし彼化鳥をとら
せけるとなん　禁野のきんの字も近野
とむかしはかくといふ也　禁野　かた野ハ
おなし所也　日次の贄をたてまつるによ
りて人の鷹仕事を禁制せられけるより
あらためて禁野とハかゝれしとなり
清来も西来ともかけり　又ハ政頼とも後にハかく
となり　子細秘事也　日本へもわたれる事
鷹の家にひめ(秘)をく口傳共あると也付禁野
かた野の
八重羽の雉をとらせられんとて　つき鷹といへる
鷹あり　政頼か聟祢津神平か鷹と注之付
放鷹記と云書ニ鷹仕様被注之　鷹の起　鷹経ニ
みへたり　同
相形図　放
鷹記ニ注之

12 たつ鳥のつかれのかすをかり衣
くゐなとひにもなりておちけり

水鶏とひとハつかれをしけくうたせ
鳥のくたひれて　くゐなのことくくひをな
かくなし　よハ〱ととひ落るをいふ也

13 うちいれて草とる鷹にきゝ(雉子)すもや
足鳥になる岡のへのくれか(ヒ)た

うちいるゝとハ鳥を草へうちいるゝ也　草

とるとハ草をもむとかたる事也
ほめたる鷹のふるまひなり　空と
るといふ詞ハ空にてとる事也　此草とる
は鳥を草へをひおとし　うちいれ〳〵す
るにより　鳥足鳥になり　立あからす
はしりつかれて鷹にとらるゝ事也
足鳥とハはしるはかりにて　とひあから
さるを云也

14 狩ころもあまたきゝすのたつやま(立山)は
とりまたけして鷹や追らむ

鳥またけとハたつ鳥にあはせたる跡
より又鳥たつことあり　まへの追鳥を捨て
後の鳥を追行をいふ也　おん鳥にあハせて
追行うちに　めん鳥たちてめん鳥へ行鷹をハ
めん鳥すきをするといへり　鷹にふき事
也　但一度なとはこれも鳥またけともいふ
へき歟　二度ともめんとりへ追行ハめん鳥
すきなるへし　又山をかりまたくると
いふことあり　それハ狩行跡より鳥のたつ
ことをいふなり 付鳥またけ　他流ニ人の別の鳥ニあはするを云説もあり

15 みねたかミきゝすやたゝきこえぬらむ
ほこ羽をつきてあかるはし鷹

ほこ羽とハ鳥のたちこす山の尾かたを
跡より鷹をくれて追行　山をこゆるとて
一文字にあかりとひこす羽也　逸物の
鷹心のききたる躰ほめたる羽也　鳥の
たゝきこすといふは山をするすらす
にこすを云也　鷹にはたゝきこすといふ
事なし　ほこ羽　鳥になきこと也　鳥の山はる
かに空をとふ事あり　ひよりあかりてとふ
なとゝかたる也

16 しける木の山のあはひハとさけひを
しるへはかりに鷹やあはせん

鳥さけひ（は）とりのたつを鳥よ〳〵と下
狩の者共高聲にいふ事也　鳥の立を鷹
はみ(見)ねとも山につかひいれ　こうのいりたる
鷹ハとさけひをすれは心得てとひ出〳〵
するを手はなせは則とさけひをする所へ
とひ(飛)出　鳥を追とるなり　惣別山をかるも
のともをせことをし出していふ事はしゝ
けたものゝ狩する者共の事也　鷹狩
の者ともをは　した(下)狩衆といふへき事本義
也　但鷹かりも近来せこ衆なとゝ申つけ
来候歟　これも諸木抄にしるしをかるゝ也
鹿猪を狩山をは　かり場又ハかりくらと云
なり　鷹山のよきをは鷹場と云へき
歟　たかによきしろにてあはするなと
いふハ田物の事也　山によきしろといふ事
あるへからす　はいたかなとにも大わさとて
鴛小鴨けり〳〵なとあはせよるも　し
ろなるへし　山を狩にも　しきしやうには
かりこゐ鷹匠よりしそめて鷹下の
者共より次第〳〵にいひ傳て山の出入(ダシイレ)
とて山をあをのけてかる事　又山を
うつふけてかる事　鷹下(シタ)をかりまわす
時は野きはをふまへ野きハをまわし
かる時は鷹下をふまゆる也　又野
きはをさもとゝもいふ也　狩こゐも四季
に調子かはるなり　放鷹記にくはしく注之　ほうゐいとかる本儀也
ほうは鳥といふ事也　鷹をくこゐもほう〳〵
といふも鳥〳〵とをく心也　をきこゐも
遠近に心持あるとなり　遠く鷹をよひかけ
をくこゐハほうといふこゐをなかく引と也
近きハ常のことし　した狩の者共草を
うつ事　狩杖のゆきとつく程に凡
立ならひうつなり　狩様さたまる歟
放鷹記に注之　是ハ仁徳天皇御とき鷹の
作法をかきたる書也　又鷹狩にも狩場の
鳥なとゝ歌にもよむなり　鷹狩を鷹飼共
延喜御宇なとの御時も専申たるとき(聞)
こえたり　伊勢物語にもみえたり　是も當流
なり　重畳口傳多在之

17 とかしら(鳥頭)をみうしなひてやはし鷹の
木居より出てつきまはすそら(空)

鳥頭をとハ鳥を見うしなふ事也
木居ハ木にゐる鷹也　こゐをとると
いへり　つきまハすとハ木よりうへをたかく

とひまはる事也　他流に輪をつくると
いへり　但舞あかるにハあらさりける也

18 岡のへの水にうつろふ手はなし(放)の
鷹や野もりのかゝみなるらむ
水にうつろふハ鷹のかけのうつる躰也
野守の子細　不及注之　但他流の説おほし
といへ共當流にハ不用之　當流の説にハ
野中なる水を云也　むかし雄略天皇鷹
狩し給けるに御鷹うせけるを野もりを
めして尋てまいらせよと勅諚ありけれ
は御鷹ハ彼木のうへにありけると申けれハ
いかてとて是を叡覧と奥義抄にも
くハし(委)くしるせり　鷹のうせたるとき　しき
をふするといふ事有　ふせやうおほしと
いへ共野守ふせといふ事ありとなん
野もりしきともいふ歟

19 おほそら(大空)にたちまふ鷹のとひ尾をは
あはれ鵙尾になしてみまほし
とひ尾とハとひの尾のことくお(尾)のさき一文
字にしてこと(殊)に中ひくにあるやうなるを
もとひ尾といへり　舞と（も）いへり　それに
よりうしなふ也　見てもミくるしき尾也
鵙尾とハ百舌のことく上尾なかく次第〳〵
にたすけ　なら尾　ならしは　大石うち　小
石うちへみしかく尾持のあるを　もす
お(尾)とハ云也　これは鷹まふ事もまれにして

ほめたる尾持也　され共しゝをへたにあ
つれはなに(何)たるたかも舞うしなふもの
也　しゝよくて舞鷹まわぬたかの事
又くせにて舞事も候也　惣別
候歟ｏ是名所あるといひつたふる也

20 とひいつる(飛出)羽かせも袖にあらたかの
ましろの雪ははらふともなし
ましろ（は）眉白也　つねの鷹より眉ふとく
しろきをいふなり　あらき羽かせにも眉
白の雪はハらふ(拂)ともみえす　しろきと云
心なり付真白とかきてしろの鷹をいふと
他流に云也　真白符ハ當流也　ましらふと
云白鷹歟　ましろ　眉白也　まきれたる
事也

21 かり衣たてるうつら(鶉)に手はなせる
跡をさし羽の野邊のをちかた
手放はうつらにさし羽をあはする
躰也　鶉（は）さしはの物なり

22 かりころもすそこのさし羽あを(青)差羽
みとりをそふる野邊のはる草
すそこのさし羽とて尾のすそこなる
あり　あをさし羽　青き府なり　又あかき
さし羽もあり　さし羽といふ字　差羽と
かけり　また小隼共かくなり付他流ニ
字多

23 鷹とはふ羽かせに野邊の露散て
わくるたもと(袂)にたつうつら(鶉)かな
うつらのとこをこたか(小鷹)のとはひいつる羽
風におとろきたつ躰也　野邊の露

散てハ小鷹狩の心なるへし

24 一よりも洩さぬ小鳥けふことに
つミてふ鷹におもほえぬ暮
一よりも洩さぬ小鳥とハいくよりもは
つさすとるといふ事也　けふことにとハ毎日也
つみてふはつミといふ小鷹によそへていふ
心也　すゝめ　小鳥共おほくとらせ　つミ(罪)になる
へきもさらに覚えぬといふ躰はかり也　付つミと云
字雀鷂と
書也　又
雀鷂トモ
カク

25 鷹にさし犬にかけたる鈴の音
ふりすてかたき鳥のおち草
たか(鷹)には鈴をさすといへり　犬にハ鈴をかくる
と云也　ふり捨かたきハすゝ(鈴)をふるとい
ふを縁にして落草の鳥捨かたく思（ふ）
事也　自然鳥たゝねはおち(落)をうちをく
ことをは落を捨るといふ也　落をはいかに
もよく犬をもやり廻（し）て鳥をたてゝ
鷹にとらする様にする物なり

26 さたまれるとつきの山に待かけて
手放かくるたかのすゝこゑ(鈴声)
定まれる鳥付とハ鳥のたちてかならす
行かたある物也　その山の模様を巧者ハ
分別して其かたに鷹を待ことなり

27 鳥おとすもりのめくりに洩さしと
木居よりいてゝからむはし鷹

鳥おつるといふへき事なから鳥落
すといふも鷹詞なるにより初心の
人のためにとしるすなり　又おつると云
心とおとすといふ心すこしかハる也　おつる心
いふ心は鷹あひもはるかに引ておつると
なり　又鷹もつかぬ鳥の遠引ておつるも
同前　落すは鷹きつく鳥を追落す也　分
別すへき歟　木ゐより出てからむとは
森のめくりへとり(鳥)はしりぬけ盗たちぬ
けてはと鷹心得て木居より立出〳〵
いく度も打まはり〳〵て高木居に
梢をハらひ(拂)あかり木居下をさしまもり
鳥を心かくる鷹すくれて気のきゝたる
逸物也

28 落草やとをミはつれの鳥ならむ
おほえはかりの野邊の犬かひ

落草たしかにみすへぬをおほえといへり
とを見はつれは勿論とをミのなき
所へひきまはしおつる鳥也　鳥つかれ
たる故とをくハひく(引)ましきと　をよそ
推量して犬をやる事也　それを
覚えといふ也

29 をひはむる小鷹のとり(鳥)のむはらくろ
こもつちこえの羽やつかふらむ

こもつちこえとはいやしきもの(者)ゝこ
もをあむ　そのあみやう　たかへちかひ

にもちりやることく鷹の羽をつ
かひ　むはらくろ草村を羽をやすめす
はしり　とひいつる(出)鳥をとる羽也　勿論
逸物ならてハつかはぬ羽也　此鷹大たか
小鷹によるましき歟　但小鷹ハ羽
きゝ　身かろきゆへ　こもつちこえめつら
(ママ)らしからす候といふ説あれ共小鷹
も逸物ならてはつかハぬ羽なり　しか
れハ大鷹小鷹によるましき歟　大
鷹もとより一かとすくれ逸物の羽
なり

30 見鳥するとを山たか(鷹)の手放に
つけなきをしてきゝす(雉子)たつ也

見とりとハ人はミつけねとも鷹みる物
なり　とをくみてはやるを手放して
やるに鷹うちいれとらんとする時に
つけなきをして立事也　つけなきと
てちけん〳〵となくこゑを云なりo物　犬に（て）も又ハ　ツケナキトカク也
に驚（き）なくときのこゑなり　知犬

31 いりあひて草とるたかのをさゝはら(小笹原)
のちこをつけるとり(鳥)のあはれさ

入あふとは鷹ひつつきておち草へ
おなしやうに鳥とひとつに入あふ也　草
とる（は）草にてとる事なり　のちこ
つくとハとられてじい〳〵となく
こゑ也　つけなきにハあらす

---

32 をひおとすしけきの山のたかのとり(鷹鳥)
むことりよめとりたちかハりけり

むこ鳥とハおん鳥を追落すに疲(ツカレ)の
鳥たゝす　別のおん鳥立かはるをいふ
也　又よめ鳥はめん鳥也

33 餌ふくろ(代袋)にをき餌さゝてはいかならん
むかしも鷹にいむとこそきけ

人にたか(鷹)をやるにも餌袋にをき餌入
へき事也　をき餌とハ雉の事なり
雉なけれハ鷺　鳥　小鴨　鳩までもく
るしからす候　それもありあひ(入日)なくハ
こ(小)口餌にても可入事也　小口餌とは
小鳥のこと也　をき餌をはさすといふ也
本哥金葉集に入たり
のき羽うつ眉白の鷹の餌袋に
をき餌もさゝてかへしつる哉　この
鷹の餌袋にをきゑをさゝてつかハ
(ママ)ハしけるにその鷹そこねたる也　それ
よりふかくいむなり　鷹の死（ぬ）るをハ
そこねたるともさかりたる共云也　哥にハ
よミ候へとも(共ハ)のきたるとハいはす候也　山にて
さかると云詞をいむも鷹の死（ぬ）るを
そんする　さかるなとゝ云心につきて
忌也　したかり(下狩)の者共山よりさかれと　かりそめにミて
いふ詞をはふみおりよといふ也　しとたつをたち
しのひかたのゝきしのきはうつ也　此哥如願
法師哥也　此のき羽ハたちのく羽也　一様ニ非ス

34 春の野に巣臥て鳥のたゝぬ日は
かさむけの毛をたつるはし鷹
　巣臥とは春のすゑつかたより真鳥
　巣をはなれかねて立かぬるを巣
　臥といへり　まとりとは雉の事也
　風向(カサムケ)の毛は鷹のうしろかまちにし(白)
　毛なり
　ろき毛のましりたる所にあるｏはら
　をたつる時の毛なり

35 とりかはぬゆふ(夕)へハいとゝうれへの毛
たつるものからしためにそなる
　愁の毛　気のわろきときたつる毛なり
　し(下)ためになるとハしゝひくる事也　や
　すると云事也　やするとはいふましきと
　也　但やせたるといひてもくるしからぬ
　詞　鷹ときによる歟　やせ鷹を飼あ
　くるなとゝ云ときにいへり　ひけたかと(鷹)ハ
　いはす　ひけたるたかとは云也　やせたか
　とはひけつまりたる鷹のこと也　ひけつ
　まれハやまひをこり煩故にやせ鷹
　といふ(詞)ことは常にハ心持共あるとなり
　馬鷹ハふし(不浄)やうまけとてものあやかり
　をするによりあしき詞をはいむ(忌)なり

36 力餌やこゝろをそへてかひもせむ
たかの尾すけのかはる見ところ
　口傳多之
　力餌とハつかふ鷹のよハくならす　肉
たかならす　よきしゝにて終日つかはるゝ
様に心をそへかふ餌なり　山につかふ鷹
よはきとみて力餌更にたよりになら
ぬ物也といひつたへたり　さてこそみと(見所)
ころを能みて分別すへしと也　尾す
けとハ尾のうらに白き毛のあるをいふ
也　尾すけのおほきをよきたかの相に
いへり　つかふ鷹の見所　尾すけにもあると
也　又尾すけはかり(計)にもかきるへからす
おほき事なれハしるしかたし

37 おほそらにより羽ちかつく鷹のとり
く(水口)つをむす(結)ひてなくるとそみる
　おほ空にて鳥をかけておつるを沓
　をむすひてなくる様なりと人にもかた
　る詞也　空にてとるを中(チウ)にてとる
　といふ者おほし　此興の詞なり　中にて
　かくる程なるハ鷹かけたると云也　たかく
　空にてとりくむをは大空にてかくる
　といふへき歟

38 みねわた(峯渡)すますかきの羽にかりのこす
いなはにお(落)つる鷹のをひ鳥
　ますかきの羽（は）谷へいらす一文字にわた
　す羽也　逸物なり　鳥にはなき羽也
　鳥ハ谷へ入　さて嶺をこゆる物也　鷹も
　鳥のとふことく谷へ入　跡につきて追をハ
　谷いりすると（て）嫌事也　鷹心きかす
　わろき事也

39 しとゝなき鷲なき餌なきひしめかハ
こゝろをそへよ手はなしの鷹
　しとゝなきとは鷹ちり〳〵としとゝ
　の鳴様にいふ事也　わしなき　わしの
　なく様也　ひしめくとはあらき時のこゑ
　也　其品々をよくならひ　みはからひて
　手はなせといふ事也

40 かけおつるとを山(遠)とりのくさ(草)かくれ
むしりて鷹のぬすみはみする
　ぬすミはみとは人の行つかぬさきに
　ぬすはむを云也　かならす後々には鷹こ
　うゆけは鈴を木の根　岩根　きしね
　なとにしきあて　すゝこゑのせぬ様に
　盗食也　それを鷹鈴をしきてぬ
　すはむなとゝかたる也

41 わか鷹の鳥屋出の胸の遠山毛
はつ鳥かり(狩)にあはせてやみん
　遠山毛とは毛をかへたる中に若鷹
　の毛所々にのこ(残)したるを云也　見事なる
　物なり　はつ鳥かり（は）とやをいた(出)し　はし
　めて山へあけて取飼事也

42 とやかす(数)をふませてつかふはしたかの
耳かたきをはいかにしてまし
　鳥屋数（を）ふまするとは毎年毛の数を
　かさねたる鷹なるへし　古鳥屋なり

耳かたきとはをけ(廿八)ともわたらぬ事也
木居をふまゆると人にかたる詞也
惣別鳥屋数をふミ　ふるくなれハ悪功
ゆきてわたりかぬる物也　田物しゝ　結句
さたまりたる様にあれ共ゆき〳〵て
山鷹のしゝ大事といへり　其ゆへは
あさ(朝)よりしゝよくもやすくわたる
様にあれハゆふ(夕)へよはくなり　ゆふへ
しゝよき様なれは朝は木ゐをふまへ
其ま(間)に時刻うつりて物かすならす　む
かしせいらいとて鷹の名人此餌飼
を分別せり　あしたよりしゝよく暮まで
おなし肉こゝろ(心)にして　たか病もなく鳥
を取事（也）　こちくといふ女　付七日（の）餌飼　夫婦の中に
秘して不洩　四日の餌飼　ミつ餌　かへる
順逆の餌かひ　中餌　つめ餌　ひらく餌
しゝoなと大事にいへることをも彼女
を心やすくおもひ　これをかくさす　ことに
薬飼　灸所　たか諸病の療治をも女に
鷹をうけさせ朝夕とりあつかひしにうた(哥)
をかきてやる
こちくてふ事かたからは
笛竹の一夜のふしも人にかたるな
こちくてふまた(又)ことかたにちきるとも
一夜のふしも人にかたらし　是を
鷹の秘哥と云也　付小壺の水の口傳
ナシノ木ノカフニ／タマリタル水
又竹ノキリカ／フ　榎ノ木　其外／口傳

43　無山ふみかへる(帰)麓のくるゝ日に
いのちのかれて鳴きゝす哉
むし山ふむとは鷹をつかふに仕合わろく
ひとつもとらせでむなしく帰る事を
云也　いのち(命)のかれてハ狩人のかへる跡に
雉のなく躰也　春山なるへし

44　をきかふにえならぬ物は餌鳴して
雲井をかける巣子のはやふさ
をきかふは鷹を手はなち餌をミせて
をきたつる事也　鷹よふとハいはす
勿論わたる　又
をくと云也　手にわたるをハ　oをきとると
いふ也　雲井をかけるは隼にかきり
かけらするとて手にわたらんとする時に
をき餌をかくすときそのまゝ空へ
あかり雲井をかけりまはる事也　近来
鴨鷹
とて空へ
上（げ）つくる也

45　隼にあておとされてしら鷺の
あさ(浅)澤水に羽ふくあはれさ
隼の鷺にあたるをはあておとすと
云也　大鷹ハあたりおとすといふなり

46　はやふさのこくひをつきて肩をわり
あをつはかせ(羽風)にかりをこそとれ
こくひをつくとはうなつきて鳥をミる
事也　かたをわるとハ鳥をみてちく〳〵
とかたをひろくる躰也　あをつとは両
方の羽をひろけてひら〳〵とあをつ
事也　隼にかきりたる詞也　大鷹に
かたをわるとはなき詞也　鳥にとひ
出〳〵するをは　はやると云也　是ハ何れの
鷹にもいふ詞也

47　さき鷹のあておとしたる天津かり(雁)
あひとりしたるあとの隼
さき鷹（は）先へあはせやる隼なり　二
鷹につかふ事也

48　あはせミん冬田のかりにふたつ鷹
ころとりをしてあハぬはやふさ(隼)
ころとり　めん〳〵にひとつつゝ鳫をとる
をいふ也

49　むれてゐる田面のしろのあまつかり
あふことりする鷹のかしこさ
むれてゐるハ大むれなり　鷹詞に
も大むれとかたる也　おほくつれて
おりゐたる鳫也　しろとはよきあはせ
所を云也　水もなきかり田の跡　はた
けなとの事なるへし

50　春の日のなかしゝになるわか(若)鷹は
かつをしゝまてとりやかハまし
なか肉　ひけつまりたること也　へたの
物也　鷹そこねあやまちある事
是おほし　餌につめひらきと云事
あり　それを分別すへし　かつを肉
鳥の胸のひツたれのしゝに一重かさ

なりてあるしゝなり　惣別ハ飼残す
肉也

51 さほひめ（佐保姫）のましろの鷹のかねつけ毛
ほのかにみえて日もくれはとり
さほ姫かへり　春うちおとしたる鷹
なり　かねつけ毛　くれはとり　何れも
たかの毛の名なり　眉しろ（白）　前に注之
眉のしろき鷹なり

52 鷹山をこえ行鳥にあひあはせ
うちかさなりて追そあやうき
鳥一にあやまりて鷹二もとあはする
事也　隼にかはり大たかは二あはする
ことならぬ物也　とりあひ　つめいり　あや
まちある事ある物也　うちかさなりて
追といふも鷹詞なり

53 しゝたかに人やみるらんひくとりを
うけをふ鷹の羽むけあやなし
うけ追とは心にいれすゆる〳〵とおふ（追）
事也　羽むけはなましゐに鳥の跡に
つきてゆけ共しゝたかなれはせんも
なきといふ事也

54 鳥おつる尾上のたかの草とりに
すゝはしらせてたつね（尋）かねけり
鈴はしらするとは鈴のおち　うする
事也　草とりハ前ニしるすことく草を
もむ事也

55 鳥たてはまつかりくちをふまへよと
いぬかひはかりおちにゆくなり
したかり共そのまゝ狩くちにふまへ
侍事也　犬飼はかりおちにはしり行　い
きとりにもせすハ犬にたてさせ鷹に
とらせんと犬飼は落へ行事也　いきとり
とは行取なり　たちのまゝとるをいふ
なり　立のまゝとる共かたる詞也

56 ひたり山真山にかりて鷹人の
あをりかけにも草やうつらん
左山（は）左へ狩事也　真山（は）順に狩ことなり
右山とはいはす　あをりかけとは山のうら
おもてを一度に狩をいふ也　馬ノ泥障ニタトヘタル狩様ナリ

57 狩いり（入）て出山にとりのたちゆくを
またあらはむる鷹のふるまひ
出山とはおくへかり入　出さまに狩事也
あらはむるハきつくつよく追はむる
鷹の羽ふり也　又しきはむるといふは
すこし心かはる歟　是はまちかく鳥を
敷はむる事也　又木なとのほそき枝
に鷹のあるをハよは木居に鷹あると
いふへし　よは木ゐをとるとはいふま
しきと也

58 鷹あひははるかなれ共野きはより
たち（立）のほる鳥をちかくとる山
たかあひ　鳥との間也　鳥あひとはいはす
野きハ　さもとゝもいふ也　ふもとの事を
いへり　立のほり　鷹まへへむかふ鳥をハ
鷹ほしかり　はやりとひいつ（出）れとも
ひきすへ〳〵鳥よこめになるとき　あ
はするにとりはつさす　まちかく鳥を
とらせたる躰也

59 すゑなれぬ鳥屋出の鷹の足ふミに
あしかはひきの羽風身にしむ
足ふミをさするとき鳥屋出のたか　いま
たすへなれすひさしくとやのうち
にてあしかはをもさゝぬにより　とや
をいた（出）しさしたるにより　むつかしかり
足革引をするを云なるへし　足革を引
ときハかならす鷹の羽をひろけ羽風を
たつる躰也

60 はし鷹のとりしく鳥をほときかね
わけくひをする犬やよくらむ
とりしくとはとりかためたる鳥也　ほ
とき（かね）とハ鳥をはなち（放）て木居へあかる
事也　わけくひハ犬鷹をハみしりて
くハす　鳥をくふをわけくひ（と云）なり　かた口
とまりたるいぬなり付もろ口とまる犬といふハ
鷹も鳥もくハぬを云也

61 よひかけに木居ふるまひをすたか（巣鷹）とや
つかれのとりのうするともなし

よひかけハ狩人の鳥のはしるかたへ鷹
をよひかけ　くれは木居をとりかへ〳〵
たかき梢にあかり木居したをさし
まほりてとり（鳥）を心かくる鷹　逸物無比類
ふるまひなるへし付巣鷹鳥屋　日向鷹ナル
ヘシ　西国鷹奔走也　西国ハ大略
巣鷹也　網懸稀也

62 のりまはし馬のうへより手はなせハ
らむ（乱）とりをする鷹の鳥〳〵
鳥によりあはするときハ鳥をまはす
様にするにより馬上にすへたる鷹を
手放せはあれこれの鳥へかゝりとる事
也　それをらんとりとはいへり

63 鈴をさし大緒をときつゝはし鷹を
山にかさみて鳥やかるらむ
たかを山へかさみあはするときすゝ（鈴節）を
さして大緒をとく　大緒をときて
鈴さす事あるへからさる次第なり

64 あらたかも手ふくろひき（引）てくつろけハ
よつ毛のまはりみゆるくゝい毛
手袋とはとってをにきりて腹の毛の
中へさしいるゝ事也　四毛　うしろの毛　くゝゐ
毛　しろき毛くつろけハミゆる物也　鷺毛
共いふなり

65 鷹もくさ鳥もはしりて大はかむ
ミつものたつとこれをいふなり
みえたる躰也　こつかれになりてたか（鷹鳥）　鳥　犬

一度にうちいるゝ草をミつ物たつと
云也　口のとまりたる犬ならてハこつかれ
になりてハはなつへからす　こつかれとは
鳥くたひれてあし鳥になり　はしると（時）
きをいふなり

66 くれぬれは鷹の追羽やよはからし
たらすかけしてやま（山）にゐかゝる
たらすかけとは鳥をとらんとてをひよ
り　とってをいた（出）すにとつかすして鳥の
にけのふるを云也　暮になれはしゝもよ
はくなり山をこす鳥につきかねて山ニ
ゐかゝる也付字ニハ不足懸　居懸

67 たちのほる深谷のきゝすあはすれは
むかふかけしてあまるはし鷹
立のほりてまへゝくる鳥をはやくあハ
すれハ鷹かけあまると也　鷹により
力鷹はむかふかけにかけとむる事も
あり　むかふかけにかけとめたるなと人
にも語る詞也　さもとより鷹前へ立のほる
鳥をは　ひきて　よき時分にあはするに
はっさぬもの也　前にも注之　山をつけま
はすときハいかにもはやくあはすへし
とこうしや（功者）共申傳也

68 ねりひはりとこはなれゆくなか（中）空に
をひ羽のかろくあかる巣このり
ねりひはり（は）毛をする雲雀の事也

六月土用のうちより七月盆の前後
最中なる物也　ねり雲雀（は）このりの
物也　雲雀毛をかたのことく（如形）して後に
尾を一度におとす物也　それをハしん
とう雲雀と云也　しんとうひはり少達
者なれ共これも鷹にとらるゝ也
又尾羽そろひ四季にかきらすとふ雲雀
はからひはり也　又八月へかゝり　ほしろ毛を
する也　ねりしとゝ共ねり頬白共いふ也　尾
羽かため毛をかへぬはからほしろとこれも
云也　別の小鳥には　からすゝめなとゝも
更に不可申也　からひはり　からほしろ
と申外には　からといふ字そひ候小鳥これ
なく候　からしとゝ共申さす候　冬のほしろ
をはあかしとゝとは申候歟付常ニアカシトヽ（ト）云人
アリ　田舎ニハ云歟　冬ノヲ云也

69 たちて行中に羽かせ（風）やよハからし
女鳥すきする鷹のならひは
めむ鳥羽よはきにより鷹よくみしり（見知）
とり（取）よきゆへにめん鳥をとりたかる物也
それによりめむ鳥をとれはいかほと（何程）も
もきておん鳥にとりかふ様にするとなり
とりかふとは雉の左のかた胸をたくさん
に飼こと也　但法量　其日のしゝによるへし
かつをしゝとて飼口の下に又別にかさ
なりたる肉あるを云也　鷹の鳥とて人

につかはす鳥をハかつをしゝかはぬ物也
鷹の鳥いかにもうつくしく尾羽をもぬ
けぬ様ニ鳥きたなくなき様に飼事
鷹匠の故實也　鷹匠と云字三ある歟
所により心持あると云事秘事也　鷹匠
鷹将　鷹丞三様にかけり　口傳在之付又鷹師
是も匠／同前歟　付他流ニ数多在之

70 かり衣日をかさねてもかひそなき
またあら鷹ののき羽うつみゆ
こののき羽ハあら鷹（の）人にをそれて
たなさきへのくやうにするを云（也）　鷹に
より　みしらぬめつらしき鷹しやう(匠)
の居（すゆ）れはかほをまほり候を人にかたるに
鷹おもきらひ(面嫌)をしてかほをのくるなとゝ
いふ也

71 空よりもあたりおとしてはし鷹の
草とる鳥やのき羽うつらん
あたりおとす　大たかにいふ詞　隼には
あておとす　あつるなとゝ云也　前に注之
草取同前　右にしるす也　此のき羽は死する
時の羽也　鳥の鷹にとられてしぬるをハ
のくと云也　人に語（る）にも鳥ハはやのきたるよ
なといふ也　しにたる(死)といはす　鳥のゝき
候をなをるともいふ人あり　前にも注之
古哥に
のき羽うつましろの鷹の餌

袋にをき餌もさゝてかへしつる哉
鷹そこねたる也　両説よく分別すへし
とそ　哥にものき羽うつましろの鷹と
よみ候へ共鷹詞には鷹の死（ぬる）をは　そこね
たる共さかる共いふ也　前にしるす物也

72 あつめたりあかけに野され山かへり
もろかたかへり巣鷹巣まはり
あかけ（は）若鷹の事也　され共巣鷹の
若鷹なとをあかけといふへからす　字にハ
網懸とかけり　又黄毛共かく也　日向鷹
の巣鷹若鷹をハ日向巣の若鷹と
いふへきと也　野され（には）種々のせつ(説)あれ
とも(共)　かたかへり程なるをいふ歟　山
かへり（は）山にて毛をかへたる鷹也　やま
かへりにかたかへり　もろかへり　もろかた
かへり　もろ〳〵かへりなといへり　巣
鷹（は）子飼也　巣廻　巣立を云歟　西国（た）か
東国鷹によらす双半双今かんきまさこ
りんせいと云事鷹の秘事　見所肝心と
しるし置となり　口傳在之付九脉矢筈脉トル脉ミル脉ノ大事　見トコロノ口傳ニ付注之也

73 はし鷹のさほひめ(姫)かへり小山かへり
春は色〳〵の名にやたつらむ
節分こえて春うちおとしたるたかは
さほ姫かへり共小山かへりとも春の
あらたかをいふ也

74 まへうしろあか(赤)符の中にあかきをは
にこのりとたかいひはそめけむ
にこのりとは一かとすくれてあかきを云
也　はいたかにはなし　鷂のあかきをハ
しほといへり　字には紫鷹共紫鷂共
かきたるかよきといふ也　丹兒鷂(ニコノリ)(ニチユハイタカ)とかきて
もにこのりとよむ也　又このりと云字　兄鷂
とも兒鷂共かく也

75 おほえ行犬のかしらに木居つたひ
つかれの鳥をおしむあか鷹
赤鷹　符のあかき鷹也　大鷹にある也
あかけの時にいふ也　赤符とはいふま
しき（と）也　惣別大鷹に赤符　黒符の事
當流に不用之　他流には申ならはすと
みえたり　口傳付大黒符ハ各別也　ウケガヒノ下ニ針ヲスリナラヘタルヤウニテ尾スケサキマテ符ヲキリツメタルヲ大黒符ト云也

76 鷹によりせまち町かたやかた尾に尾よしわしすり
しとゝ尾ましる鷺毛くゝいけ
せまち尾　まちかた尾　しとゝ尾いつれも
みな尾の符の名也　鷺毛　くゝい毛は
しろき毛の事也付尾ノ符ニワシスリ尾ヨシト云モアリ　シトゝ尾ニ尾ヨシハ似タレトモスコシカハルナリ　口傳

77 雪しろのしら符ましら符つましろに
あをしろほうしろたも(舌)白鷹
是はミな白の鷹の類也　符もいつくも
常の鷹也共舌のしろき鷹白のうち

也　白鷹の符なり共(千白)したしろくなき
ハ(白)しろにてはあるましきといふ説あり
是は子細口傳あると也　きた山兄鷹
きハめて舌しろきと也　是にて分別
すへしとそ　きた山も館によるか　弁慶
巣とて目にあさのある心歟　これも所に
より候といへり　初草セイロウマナイタフチ
鷹ノヨキ館也

78
鷹の符に黒符黄黒符赤符紫鵃（シボ）
さてはうつら符又は紅葉符
是は鵃にある也　前にしるすことく紫鵃
又ハ紫鷹何れともしほとよむ也　他流
の説注多之　當流に用来（る）趣　凡如此歟
付藤符といふもある歟　鳴符ト云モアリ
鳴ノ符ノコトシ

79
はし鷹のこす(緒相)ゑをたかみくるゝまて
わたらさりせはひき鳥やせん
引鳥とは鳥に緒をつけてわたらぬ
鷹に間をとをくをきて(間置)引事也
ひき鳥にする事ハ鷹にくせ出来て嫌
事也　され共わたらねはひき鳥又ハいけ
鳥をもへ(紋経緒相)をにて足をゆひてとはせ
なけ鳥なとゝていけ鳥にかきらす口
餌にてもなけ(出)いたせは鷹かならす木
居より出てとりむしるをすへあくる也
鷹をすへあくる詞にはすへとるとも
いふ也　さしとると云ハ草なとへ鳥をしき

はめ小柴にも又はくさ(草)にも鷹鳥を心かけ
つかれをおしむをしつか(静)によりてすへ
とるをハ鷹をさしとると云也　すへとる
共すへあくる共くるしからね共大鷹をハ
さしとると云へし　すへあくるといふハ
鷹のうせたるとき　すへあくるといふに
よりてすこ(少)し心持あるへき事と高国朝臣
彼聞(注)書にしるしをかれ候　すへとる　さし
とる不可有巨難候歟　又あら鷹を野山
にてとり(鳥)さし棹をもつて(持)さすをは　さし
おとすといふ也　さしとるハあやまり也　人の
鷹うしなひたるをひろひたると云は鷹
の家の口傳に申とそ　又うせたるを　そ
らすと云事　はやふさに云詞也と香川美作守
書にも注之　小鷹にハさし羽をそらすと
いへり　大鷹小鷹うせたるなるへし
隼　差羽いにたるをうせたるといはす　そ
れたる　そらしたるといふ事子細あると
注之　あまねく人の不知事となん
され共さゝいへとて隼相傳の家あり
その書にはそらしたる勿論うしなひ
たるとも申　それ程の越度にはなるましき
歟　され共大鷹　鵃なとをそれたると云
へからす候かと注之　又鷹をにかしたる　にけ
たると云は籠に入たる鷹　籠をいた(出)すと
き　とりはなちたるをにけたる(共八)ともにかし

たる共いふ　あら鷹のいまたとりかはす
なつかぬ鷹　ほこをもひかせたる程のを
にけたる　にかしたるなるへし　籠鷹　あ
らたか同前歟　又いにたると云詞はあし
かはなとかりときうするを云也　とやより
にけたるハとやをくゝりいにたる共にけ
たる共いふへし

80
見鳥(先)せはまつ犬とりてあはせなむ
とつたてゝ行(十方)かたをしらねは
見鳥（は）まへに注之　とつたつるとは鷹
の鳥のある所をみて行とらんとする
時とり(鳥)にはつされ　とりかためす雉の
そのまゝ立て行を跡につき行事也
あとへとつたて追もとらんも　さきへ
追ゆかんもしらねハ犬をとれとなん

81
たてハ鷹おつれは犬にたへかねて
あかる木鳥そあはれなりける
みえたる躰也　木鳥とは木（に）雉のあかる
をいふ　鷹も犬も逸物なれはよく鳥も
心え（て）功の入たるふるからはぬすたち　葉の
茂き木にあかりかくれてあるを犬
はなつけておほえ空をたかはなに
かくるを犬飼心得てミつけてうちたて
とらする也　雉を鷹詞にもきしとはいは
す　たゝ鳥といふへし　をし出して
鳥と云はきしの事也　雉をまとりと

は時により山にても云也　山鳥のたつとき
今のハ山鳥　いまは真鳥たちたるなといふ
なり

82 狩人のつえうちぬれはかみ捨て
やまおちしたる犬はあやなし

かみ捨てハかミやむこと也　時により犬心ニ
いれすそせんなるを犬かひつえにてやま
する事をつえをうつといふ也　杖にうたれ
はら（腹）をたてゝ山よりわかかた（我方）の家へ鈴（を）
さはきなからかけもとるを山おちすると
いへり付犬に枝をさすと云事あり　鳥の落をつえ
にてゆひさしすることく犬にをしゆる事也
逸物（の）犬ハ聴而心得てはしりゆき鳥おをったつる
なり　但犬による也　まれなる事也　むかひの山に鳥のおち
あるを犬をよひつけて杖にてをしゆるを則をしへ杖ト云也

83 あらはなるかれ野の中に落はまる
目つきうつらや鷹にあはせん

めつきうつらとは鶉のふしたるとこを
見つけたるを云也　目つきうつら　たか（鷹）
にあはすることならひありと注之　ならひ
をしらねハかならす十文字になけちかふ
といふ也　小鷹の事也

84 あさ（朝）ことに外架の鷹に水ふけは
手ふるひをして尾そゝりをする

朝ことに（毎）とほこへいたし水をふけは鷹
の目の薬其外心いさみてよきといへり
水をふくに子細あるといへり　秘事に
申ならはし候歟　まつ水をふけは
手ふるひをして尾そゝりをする　手
ふるひとは身ふるひなり　尾そゝりとハ
尾をよこさまにゆる〳〵とふること也
手ふるひの事　すへたる鷹の身ふる（ひ）
を手ふるひといひ　ほこにつなきたる
鷹のハ身ふるひといふ事本義也と
云々　され共手ふるひと申付来候歟
たとへハ鷹を一もとゝ云事　これ又ほこに
つなきたるをいふ也　一居一連いつれをも
一もとゝよむへし　一居一すへともよむ
人あれ共一もとゝよみたるかよきと
いへり　たとへハ馬によつ白といふ毛をゆき
ふミ共いふ人ある　おなし心歟　よつしろとハ
踏雪とかけり　他流の説多之　又籠鷹も
すへたるも一はねといふ事本説也　一はねと
いふハ一羽とかく也　一羽をひと羽といふ説も
あり　但近来此道不堪の人　何れをも
一もとゝ鷹なれは　ときによらすおなし
様に云事如何　たとへハ軍陣にて敵の
まくをはひき（引）たるといひ又うたせたると
いふはてき（敵）にけちり　人数をうたせたる
といふ心也　みかた（味方）のまくをはうち（打）たるま
くをうてなとゝいふ　是九万八千の軍神を
いはひ（祝）いさむ（る）詞也　又船中のまくハ
はしらするといふも順風に舟をまほに
かけはしらせよと龍神をなたむるいはひ
詞也　所により時によりむかしより相定（ま）
れることは（詞）をつとめすしてハくちおしき事
なるへしと諸木抄に注之　又はやふさ（隼）を
は一二なとゝいひたるかよきと也　大鷹と
いふ字もおほし　角鷹共かけり　箸鷹
是は他流に大鷹とよむ歟　箸鷹　是
は子細候て鷹の惣名に申と心得へし
箸鷹といふ事ハ粗注之　盆のしやうり（聖霊）
やうをまつりたるあさからのはし（箸）を取て
をき　鷹をとやよりいたすときたいまつ
にともし（て）よる（夜）いたすにより　はし鷹と云と
也　ある鷹の書に四月八日に鷹をとやへ入
七月十五日にしやうりやうのはしをたいまつに
こしらへ（て）その夜とや（鳥屋）よりいたすと注之
不審の事也　鷹によりはやく毛をして
いつるもあり　又をそく尾羽そろひ　とや
より出るもあり　不定なる物也　しかれは
必盆の十五日の夜とやよりいつるにはさた
まるへからさる歟　たゝ彼箸をとりてをき
鷹のとやよりいつるとき（時）たいまつにこしらへ
出すと意得へしと也　又説　天竺（の）箸国より
鷹出（る）によりはしたかと云　両説也　西国日向巣
（の）大鷹は毛をはやくする物也　更（に）さたまる
へからすと也　惣別はし鷹とは鷹の惣
名と注之　子細たとへハ鷲を哥道に百千
鳥といへる心なるへし　百千鳥は小鳥

の惣名にもいへり　古今集のうたにも
　百千鳥さへつる春はものことに
　あらたまれとも我そふり行
此哥にてきこえたり　分別すへし
又はし鷹ハ鷂をいふとの説もあり　たゝ鷹の惣名ト
しるへし

85 行まはり犬をやとらむつかれたる
とり(鳥)ハしけみにつゝく藪原
　犬を（や）とらんとは藪　しけミなとにてハは
なちやらてハ犬もかまぬにより　はな(放)
ちやるをとらへよといふ事也　鷹も犬に
くはせしと心かけ又つかれの鳥たか
にとらせんと思ふに犬をさへ(押)はさみて
はと行（ゆき）まはり〳〵　した(下)かりの者共犬の
かみゆくさきをとり　心かけ　犬ちかしと
おほえたらむかミふりをよくみて犬を
とれと云事也　犬をとれといふハさはき
を(と)かりひかへよといふ儀なるへし

86 あらはなる小田のすゝきのかたうつら
とをはまりして鷹にとらるゝ
　とをくをひはめたるを遠はまりとは
いへり　前に注之　大鷹小鷹にかきら
すといふへきと云歟　小鷹の小鳥　うつらハ
勿論也　大鷹もきしはかりをはとを
はまりといひてもくるしかるまし
きかといふ説あり　大鷹きしをとをく追
落たるハとをつかれ又ハとを(遠)くをひつかれ
をおさめたるなとゝいふへきと也　大鷹に
とをはまりおさなかましき様なると　む
かしもせむさくありときこえたり　され共
越度程にはあるましきかと云々
たとへハ道のかたの詞に弓に箭をはけて
と常の人の詞也　あやまり程にはなけ
れとも弓に箭をはめたるといひたるか
おなしくはよきと小笠原家の書にも
注置之と也　此たくひなるへき歟(付)カケ鶉トハ
　　　　　　　　　　　　　　　馬上ヨリアハセ
　　　　　　　　　　　　　　　トルヲ云

87 とし〳〵にとやまさりするはし鷹に
たつそら(空)もなき鳥のあはれさ
　鳥屋まさりとは鳥屋出に猶取乗　逸
物をする事をいへり

88 ひく鳥のはやま(端山)の木居をとりかへて
こすゑをハらふ(拂)鷹のかしこさ
　木しけき中を鳥の引おつるを　たか(鷹)つきて
あたりの木居をとりかへ〳〵梢をはら
ひ　たかくあかりゐてつかれの鳥を心
かくる事也　木居たか(高)けれは鳥をうし
なはす　やすくとる也　逸物は心きゝ　かしこ
きと云事也　木居をとるといふを田舎
他流には居木といへり　當流には不用之
又鷹のむちをたか匠こし(腰)よりぬきて
もつとき他流にハたゝきたるかたを跡へ
なし　とかりたるもとのかた(方)をさきへなすこと
當流に不用也　むちのたゝきたるさきの
かたをすなはちさきへなし持也　當流
他流のかはり如多之　うけとりわたし　弟
鷹兄鷹にあつるむち　足かは(革)はかりの
鷹又はへをさしたる小鷹大鷹　をき
縄同前歟　ふせ鷹　籠鷹　貴人　同輩
下臈其品多之　しるしかたしと書物共
にもみえたり　又哀傷に鷹をはなつこと
ならひあるとなん　又彼物語にも候歟
鷹の家に秘てこの鷹は服鷹と
名をいへり　服鷹こゝにいひかたし　いら
さる様にあれ共古今集をはしめて
廿一代集にも哀傷の哥いらてハかなはぬ
子細　和哥の道にいへり　うたにハいひ
かたきにより　これも鷹の道に秘めをく
ゆへにいさゝか詞にしるせり服鷹ノ足皮　大緒
　　　　　　　　　　　　　色白　但足革ハ其儘
　　　　　　　　　　　　　ナリトモ大緒ハ紙ニテウツ也

89 そことなく木かくれふかき鈴のをと
しるへはかりの鷹のをきこゑ
　みえたる躰也　鷹をはミつけね共木し
けき中のす(鈴)ゝ（の）こゑをきゝてそれをし
るへにをく事也

90 水鳥をかけおとしたるみなと川
鴨居の鷹のつかふみさこ羽
　かもゐのたかとは鴨のゐすまゐの様ニ
たちのひす　よこさまにみゆる鷹を云

也　みさこ羽とは魚をとるミさこの事也
そらにめ羽をつかひてうちこみ　魚
をとることく鷹も鴨を水へかけおと
し　空にミさこ羽をつかひ　水より鴨
のかしらをいたす(出)をみて　うち入とる羽也

91 かけはつしかけほくらかしはし鷹の
とりしく鳥や丸をくまゝし
かけはつしはかけそこなひたる事
也　かけほくらかすはかけもかれ　いささか
手のあらきやうなる事歟　又かけつるゝ
なとゝいふはかけてのためかたに鳥に
くミしなひやう(様)ておつるを云歟　とりし
くハとりかたむる事也　丸をくまゝ
しとはとり(取)たる鳥をさへ小刀にて
鳥の左の脇をさして丸をとりいたし
鷹に飼事也　丸とはきもの事也　丸をくむ
とも(共ヵ)あくるともいふ也

92 たゝしくもおほえてみゆる鳥跡かな
さはきたてやるいぬのかミふり
たゝしく　定とおほえ(覚)行事也　前にも
注之ことく　さはきをはなちてやることを
さはきたつるといふ也　犬のかミふり　か
む躰也　鷹の羽ふりといへる心也　犬の
かミふり　無比類躰也

93 あらたかをすゑの(末野)ゝはら(原)にわけいれハ
こくひをつきて鳥やみるらん
こくひをつくとは鳥をミつけてうなつ
く様にして鳥を見こうたる躰也
みこうたるとは鷹詞にいふは目をはなた
す思ひいれて鷹の鳥をほしかる事也
鳥をみて目をつけてまはすハ見をくる
と云歟　鳥をほしかり　とひいつる(出)をは鳥に
はやるとも(共ヵ)とひ出るともかたるへし
みをくるといふは山にて真鳥のたちひく
をみる(見)とき　すこしゝたかき時の躰也
とをはやりといふハ田物なとに鷹をあは
せんとてよるときに遠くより鷹鳥を
ほしかり　とひいて(出)はやるを　とをはやりと(ママ)
をするといへり　鴨　からすふせいにても
又鴈　鶴　こうによらす　とをはやり嫌事
也　但初心なる鷹はとをはやりをする物也
田物につかひ入たる鷹（は）後にはなをる
物也　ふきよう(不器用)なる鷹ハ何（れ）もをそくな
をる也　きよう　ふきよう（は）なにの道にもある
ならひ歟　とをはやり　大鷹にもかきらぬ
詞　小鷹にもいふ歟

94 うふたつる巣子の中にも巣かへり毛
巣おとゝひにも鷹やまさらん
うふたつる　そたつる事也　巣かへり毛　これハ
わかたか(若鷹)の毛の中にしろき(白)符あるを
いふ　かならす逸物する也　巣おとゝひは
鷹一巣の内（の）おとゝいの事也

95 のり毛よりおろす巣鷹のきハりなは
あしを(足緒)ゝさしてかはん丸はし
のり毛（は）しろき(白)わたけ也　わたけ共云歟
きはるとは尾羽かたまりそろふこと也
丸はしはいけ鳥を鷹にとりならはする
事也　丸はしと云子細ハ巣鷹のはしめは
とり(鳥)をとる事（を）しらぬにより　からすにても
又（は）鷺にてもはな(鼻)のあなへかうよりを
とをし　した箸にてしかと口をあかぬやうに
ゆひて　とかりたるはしのさきをまろく
きりて鷹にくひつかす又つかぬやうに
こしらへて鷹にとらするゆへなり　但
こしらへ様おほし　しるし(注)かたし(難)　鷹鳥
をとりならふはしめ(始)にくハれつかるれは
こるゝ故也　からすなとをはつめをも
とかりたるさきを一文字にきりとって(取)
なとをあはせても鷹につめのいらぬやうに
こしらゆる事　故實也

96 物香してのへ行あと(跡)もけちかへぬ
庭たつ犬そさかとりにかむ
物香は鳥のはしりたる跡をはなつけ
たる事也　のへ行ははしりたる鳥のことく
あとをして行　かむ犬なるへし　跡をして
行といふも鷹詞也　けちかゆるはかみちかへ
たる事也　庭たつとはひさしく(久)つかハて
をきたる犬なるにより　かみちかへたると

いふこゝろ也　さかとりハはしりたる鳥の
ことくハかまて　さかさまにかみゆくにより
鳥たゝぬとなり

97 程ふれはもみいれしさへたとふるに
かたいりなるはむへもなま鷹

もみいるゝ鷹といふはつかひいるゝ事也
他流田舎なとにハせめいるゝといふ也　馬を
こそせめいるゝとはいへ　鷹にハいかゝと彼
諸木抄に注之　そのうへに鷹なと野
さし羽小鳥をつよくを（ひ）　雲雀なとを
そら（空）へまきあけ〳〵するをハときによりて
たか鳥をせめたるといふ事これも鷹詞也
鷹鳥をとるは心いさみて鳥をとりて
はむと思ふ様にしゝをあてつかふもの
なれは　かた〳〵せむるといふこと非本意也
もみいるゝといふこと葉　當流也　たとふるとは
鳥をとりのく事也　手のうちをわするゝ鷹
也　かたいりはしか〳〵とつかひいれぬ鷹也
なま鷹ハむさととり飼しほをぬかし　いた
つら物になり　しか〳〵鳥をとらぬをいふ歟
とりしらみたる鷹ほ（程）とにはあるましき
と也　とりしらむハはたととらぬ事也　あをさ
きをハ大鷹に春夏ハ青鷺のくはせとて
かひ所あるとなり　それをしらねは鷹に
より　とりのく也　鷹青鷺にしらみたる
なとゝかたる詞也　鷹鳫（鶴）つるにしらむ（は）うたれ
ふまれ目なとはかれ　いたみこるゝ故也　青
鷺にしらむはかひ所の故也　鷹の家の秘事
付とりしらむ事を他流の説にきれ鷹ー
にいへりともいふ也

98 とつ鷹のくもてわかれのあをとつて
まひさしあれてかほハつミかほ

とつ鷹ハとり（鳥）をよくとる逸物の事也　取鷹
也　鳥鷹にハあらす　常に人の二物と
いへる事越度あやまりなり　逸物といふ
字　一物とかくと心得いへる歟との高国朝臣
申されしと也　二物と人のつねにいふは
しか〳〵鳥をとらす　すくれぬ鷹をいふ
ときこえたり　にかたなるとはいふへしと
なん　青とつてハあをきとつての色也
是をこのむ也　黄とつてハ嫌也　くもて
わかれとはゆひのまた〳〵のわかれやう
也　とつてにみのなきをこのむ　あし（足）の
間をハ毛なしはきといへり　ひちをはこひ
ちと云也　こひちの毛をハほうしやうの毛と
云也　ほうしやうの毛ハなか（長）ゝれといひつたへ
たり　鷹の名ところあまたおほし　しるし
かたし　相形図とて政頼秘蔵の書也
みやくとるミやく　鷹のよきあしき　又ハ諸
病灸所まてしるしをく也　みるミやく（脈）
とるミやくの事　秘密の條々をハ政頼
養生の部とて薬飼　しゝむけ　餌飼つくる
餌の次第　病の名みわけやう注之書也
尤重寳也　但口傳多之　かほハつミかほと
いふ事　大鷹のかほはつミと云小鷹の
かほのことく　かしらのうへひらくまひさし
あれ　あをはしふとくてくひこみふかく
うけかひひらき　こくひぬけあかりたるを
このむ也　うけかひとハしたはしのしたをと
かひなり　をとかひとはいはぬなり　つミと
云字　雀鷂とかく也　ゑつさいとは菩提雀
とかく也　其外他流二字多（之）

99 はし鷹のとれるうさきのかひところ
へにつけそしと丸にむちうつ

うさきの取飼所おほき事也　以上七（ケ）所歟
秘事にいへり　鷹のとるうさきのかけ
様かはる也　惣別うさきはむつかしきと也
つえのうさきとてしたかり（下狩）の者とも杖
のさきにてう（打）ちとめたる（に）もかけやう
あるとなん 付犬はさミの兎かけやう在之

100 あさ鷹に鳴鳥きゝてなつ（夏）くれは
わすれかひしてとやへいれけり

朝鷹　春は鳴鳥をきゝふせてとら
せて夏四月のころよりわすれかひを
して鳥屋へいれよとなんいへる事也
わすれ飼とてと屋へいれんと思ふ前
に取飼には（女鳥）よきといへる子細いさゝか秘事に
いへり　されともろかなる鷹はたゝいく

度もをむ鳥にとりかふことを用（ふ）るなり
わすれかひといふ事　人のふしん（不審）する
事也　わすれすかひにてあるへき
となり　是はとやまへ（鳥屋前）によく取飼　鳥
屋へいるれは鳥屋出によくおほえ　鳥を
とる様にとの事をあまりに秘して云と也
ミつけたる鳥を物もなしといへる様の
事歟　又わすれ飼にめん鳥をかへといふ
事　説多之　まつ（先）めん鳥は春夏あち
はひよきといへり　おん鳥（は）春夏あち　わ
ろきにより　おん鳥の悪きあちをたふ〳〵
とかへはその（其）あちをわすれす　とや出に
しらみてハと故実にて　めん鳥に取かふ
めむ鳥にておむとり（雄鳥）のにかきあち（味）はひ
忘れかひといふ子細もあると也　又おん
鳥は陽也　めん鳥（は）陰なるにより陰に
おさめ陽にむかはむとのいはひ事にて
鷹を鳥屋へいる（入）ゝ日ハ寅申を用也
午未をいむなり　諏方明神へみきなと
をそなへ　とやをする〳〵と事なしに
かひとつけ千秋万歳といはふこと　是
鷹の祈禱なり付忘飼之事　北へめん鳥
をたつるやうにして可取飼
と也　口傳在之

這一冊者西園寺相国鷹百首并中納言
藤原定家卿鷹の哥よミ侍りける三百首をみて
わつかにおもひわきまふることを百首のうたにあら
はしかきつけけり　詠哥大概にも詞以舊可用と
ありけれと古人のうたによミならハしける詞
よみならひ侍らぬ詞をもえらひ侍らす　初心
の人のためはかりにとかたはしおほえける鷹
詞いさゝかしるし侍り　近代秀哥につゝかぬをつ
つくとは風ふり雪ふくうき風はつ雲なと
の様なる事をみくるしとは申なりと定家卿
のかきをけるもさなから此百首なるへし　こと
さら老耄管見のうへすへからくあやまり以下
あるへし　博洽の人よくこれをたゝすへ
きのミ

尓時天正十七歳卯月仲旬　　御判

右鷹百首者前関白太政大臣准后
龍山公之御作也　太閤秀吉公并内大臣
家康公依御懇望之　被染御筆訖
御下書（者）紹巴法眼申請之拝領　後代之
重寶　御名誉不可如之趣奉捧一札　予
致在洛節遂祗候　鷹道数年執心之上御
本申出以悪筆令書寫之　尤怍家之寶物
秘蔵云々

田原近江入道

天正十七年六月十七日　　紹忍判

『大諸礼集』（巻十四・第七「奏対門」影印）

〔22丁〕

たとへば門弟ハ一人の役とはかるべきこと
此ゆへハ指をさまへと一流とすべし
一 黄鶯の白梅子蒸煎揉手ごに新足あるを
まぢむ其の弟子へ指南してめぐよ物さ
とえぱ又からうしのふうにいておゝ小刀にて切
やうに二刀三刀しておきば申ちてくる
かりぱて出をは古来一人してのかめと
んゆえもうしぱ小刀をひろぐさにはらるべて
を出すとあり

第七　客亭門

一 客衆の事弟子よ主人の気色と見んぱまさ
まうしへと主人のおきをにあすさやうにせ
まさ座敷などの時ひらきあんともなるべく
ハただの人へ揖とる時ハ手をたふしたの人
揖とる時ハもとよりと斗すん
一 花をは目よりくぶきハ亭花とハあかりあり
なとらへおそは目よりかくのありたるまぞ
亭花とばさ花をとりさげ右よおそて目ふ
くけりあり亭花をよおつてよくとはかにく
ふたわ
一 花瓶の事ぱ珍賞おあしバ右のうくに絵おか
らばたふ出つや

二下　九二

〔23丁〕

一 合をちうまうへとやうよつむまうことまこ
ゑさうく夜ハ柳杜ハまうら名ハ梅ら杉
枝おヾま路くも指合のえござあさよすべく
御へさあり
一 魚鳥の精紅後の事すぱ一鳥一魚とくうしら
と人ハ右ふ猿と杯へ向て杯とあとべしぱ
ござひくまうてのぶし一つくひの魚鳥お
ハ猿を合うしら人月分と
一 猪とらるふは鹿の猪ゑ猪とはゐるとさ
し猪を杯を右よあるしつうまうつ猪とが
矢へとうし光を猪されと右へとるて
一 盗とをりす西指うりぱぞの時ハまうゐやと
めのまとへ此おへおしたりやとめのうくと杯
あへおもぐしぱ又おうきすり時ハゐるやもあと
人のうくハまうゐやもあくと杯うく下して出せ
さゞの時はゐる乃やそりと杯よ後合をぶ
時はぱ合をとおへめさうてやうよおにと
一 盤る後の杯ぱうてあしわた右さ右に居され
さてぐひつるひおふしらせて待あり指
る人事ハ一礼して先居るをと後さんと
とぐし杯とい惜べし後して情ハ事とつさ
てくへおふべきや

三下　九三

一 甲の緒かけ申す。先わかちをとらへてとらひたかき
打どころのかやうにおしらべのしめしかく一
礼して前へ参りかしわぎつゆがけを
うかきし申。其うちに参りてそこへまいり
ざまづきてたのすそをつき。前を下に
てはづぶらをとるべし。かちくとらふて右の
手にとりて其後文右の手とりおしく
名代あらくあれ緒のさほをとりてとすぬ
やうにかけ申てすへおとりてだり
のひざをとりてひ肩札あるべし
一 あいたり申へば大緒を一ぱいに結ぶのうちよ

三十下　廿四

けさる緒をも使さてそうの緒をとれて彼
ちべし
一 甲かけ申時大緒たし一つかけ彼さ
いちんちこわしぬると結うにて手にて大
緒のとらしをとれ。右のゆびよかしてつらく志
つくにかけ申。手をもつ順よまはりてへとれ
うのけし緒よめさぬやうにるべし。手かつ
きへあをとりてこうらへて作あさそらつへ
文何そこにてあるべくあるべし
一 たり作あるべく申。大甲ハせりてまいりあるべし。せうの
みてまいり小鼓はこゝろてまいりあるべし。とやまさに

九くまいりても其をちらくつるべし
一 とまりたらば大緒のちをと前く結ぶべきと
一 とりたらハ大緒乃ちをとめべからに
一 陣羽のうちはこのくまいり小脇にあるべく
ようにくちのやうまつるべし
一 陣羽の代よりある甲はくまいりするときと二
ようあるくあちるかのやうまつるなり
一 あし舎甲ハまい甲ハ本末元甲ハうし本なる
べし。箙ちらされこらハうしあとらかべし
一 箙の未いかしもとなしくもちてこ。そのハきある
ようべし

三十下

一 甲とつをぬくもとつまのうち甲のくそ。せう
のくそとおあふ合く葉牛脇などかたく
しぴつきこの人をけ知内縫よてかつあり
一 甲鞦らくし結知申。彼し手ハ打しと結
知もはまづらふか流也てこと附。右乃手其の
うと挑よつけくとらり名寸出して彼し
うけてハ鞦をうけ知つ手のぶらのとくにた
つましあり其て右のひざ乃あもくにをとれ。そ
甲をうけ知あり
一 ゑびら緒の手よ大柄よいらあるしにそろべし
一 鍬形のうへ。善良ハたりくし経杖名というさに

廿五

〔26丁〕

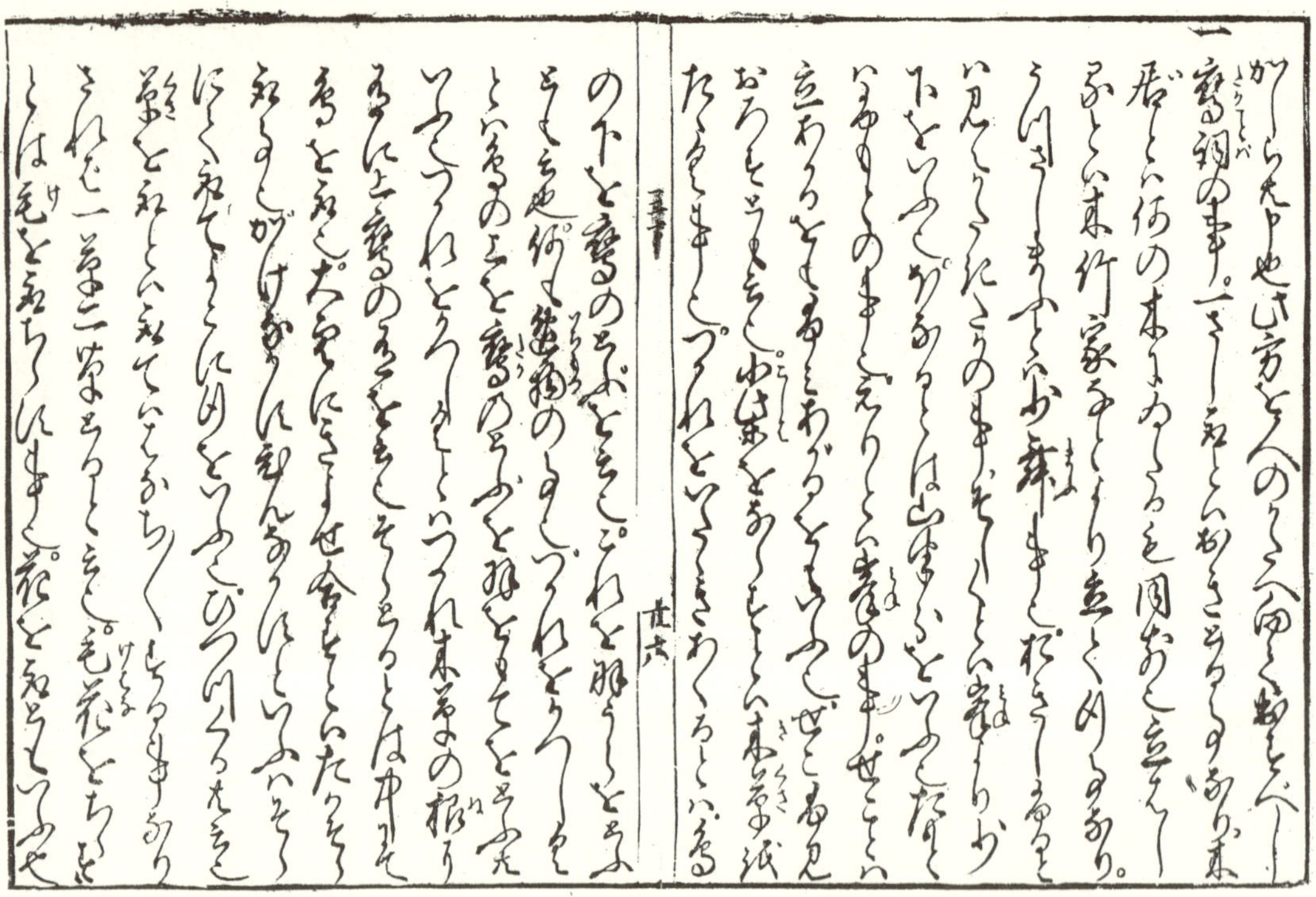

〔27丁〕

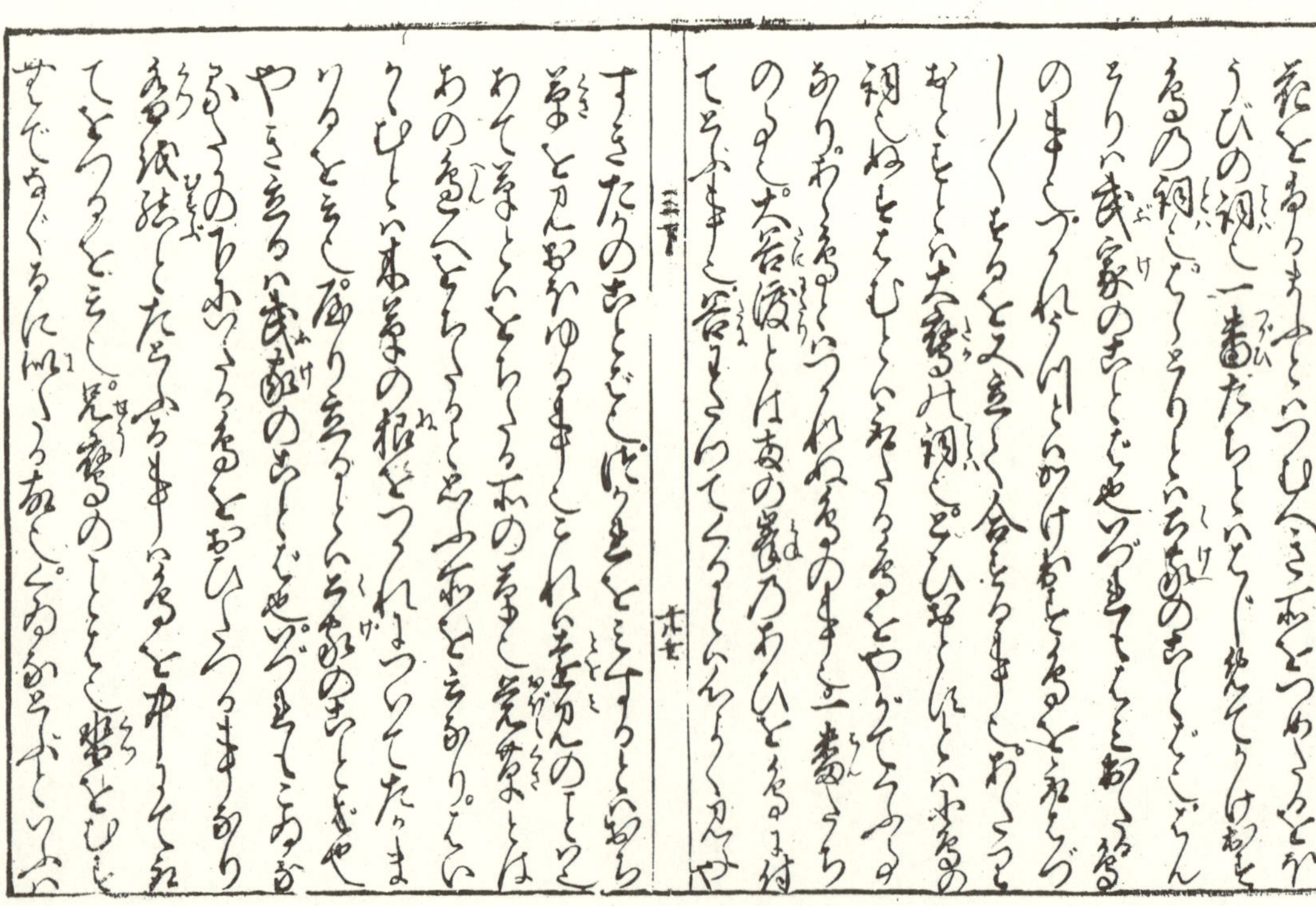

〔28丁〕

ぢつてなるのとびわかうとつゆてくるめかたてとハ
おつてなる乃云とつゆて、右指にかく右指よりく
といふものゝさまさて長さるとつゆて左半へ
ゆつとんかけるわくへなの端を云し。ちらが
らとは云ふわくの事し。ちりやと申りく
いつわと指るまし。本とりといふわれ乃なる
本弁下よの引りるるを云し。ぢつまつるとん
はつれとすてよのなると付て外とたつふ
なるづりもちもと云し。又あしまつとハ左まし
よわ云なるおへハゆうにして。おとへゆるとふ
やうさむしてハさるさ本へ鷹のかるとつゆて

三下　二十八

ひとなるにふまとハ蔵人かんうしるひさるめ
おりぜこをかくるといせて云山よりを一面
よをどてとつてあのちよをて中と云
ふミへせて大将とてとても出への方さやう
にゝくづさおりぜこれハたりよみなさるへとも
べし此への云おりよせこいふるべきものぜと
きけいくおりくとつけぜえいくとてえい
くおりくえても。かくるや
一 鷹よいひてとびの事。さうるとつゆてるぞ
こゝろありびしるふとそるとてひむし右の跡
さるとさへいへとうちそるゝてえし

〔29丁〕

一 春鷹のことハ二月より内よりて知らるもの也
ゝ役ハ野陣と云。又春鷹に入ても知らる
と出されたりせさへて大鷹のまし。其春さ
の羽し春とある春乃羽のまし。陣をより内
よわとはく知らるゝ。也鷹ハ何よさか姫といふ
これと春鷹の羽し二月よりさうよ知らる
小鷹をバ小山鷹とせうし。又は見る内とい
乃内ちうさ比をバ木葉くりといふ。これハ従
月までてうくとくれ
一 夜のたり羽をさ知のたりくハ鷹のくとく此鷹
蔵ふる時の物白さのもにとゝせバひうも

三下　二十九

ちゞろさて云とえし。但七月ハつみづうじん
一 夏のこと鷂ぶ鳥羽のむかの鷹と云おぢふ此と
くのりげ此をちくるる時乃毛をとし。火をとし
乃鷹とはつてゞの草をとつて隼のまだに
をとをば火てよ此すらにをごろさて云と云
月祢てし鷹とハとやたりをいふ祢づての色
とハとやよまろさるものをちゝるをといふ。但
巣まつり七月よへて七日以前のまし
一 秋の鷹羽綱垂といふ。七月より此月よりさ
ふきでを知らる鷹のまし。但七月ばま
でハさとまつりとえし。七月も然るへいふなど

同巣閑は山をよめざらば四季めきくつゞきの句あり
花太盞の世を小盞をとめ付。左より季節の
句とみるもの也
一 うつ也をさ川といふあたらしき所よりて立る
ありごれをつゞきの席といふ也
一 を盞るとまつりあとかつ一ことを分別すべく
きものや
一 みぞれの盞の羽箒つての雪をたもちてゆきの
ふりかゝつてあるといふ文。雪ぶりの盞といふ事
指も雪にきりかしらるといふて独吟のこ
とゞあり

一 は其むつひの付。二句乃たゝ私て句の紙端の
もて口伝
一 さ端のさら私いるやの本人の役と読松
大口伝あり
一 本人の相互は上下又は往かそこなはしと聞よ
向くて立れは左右わ本人と来て祖後あちら
とるがは中当当りかとわりてつくぞふでだ
い私をは右りそ証。たとへは下手にうけさいと
うを中当下りに二読おそおけての右わり
同云しす本人とあして。たもの本人よて左ふよ
海とべし。ち付とあしめのちあまねやうり

図版

1

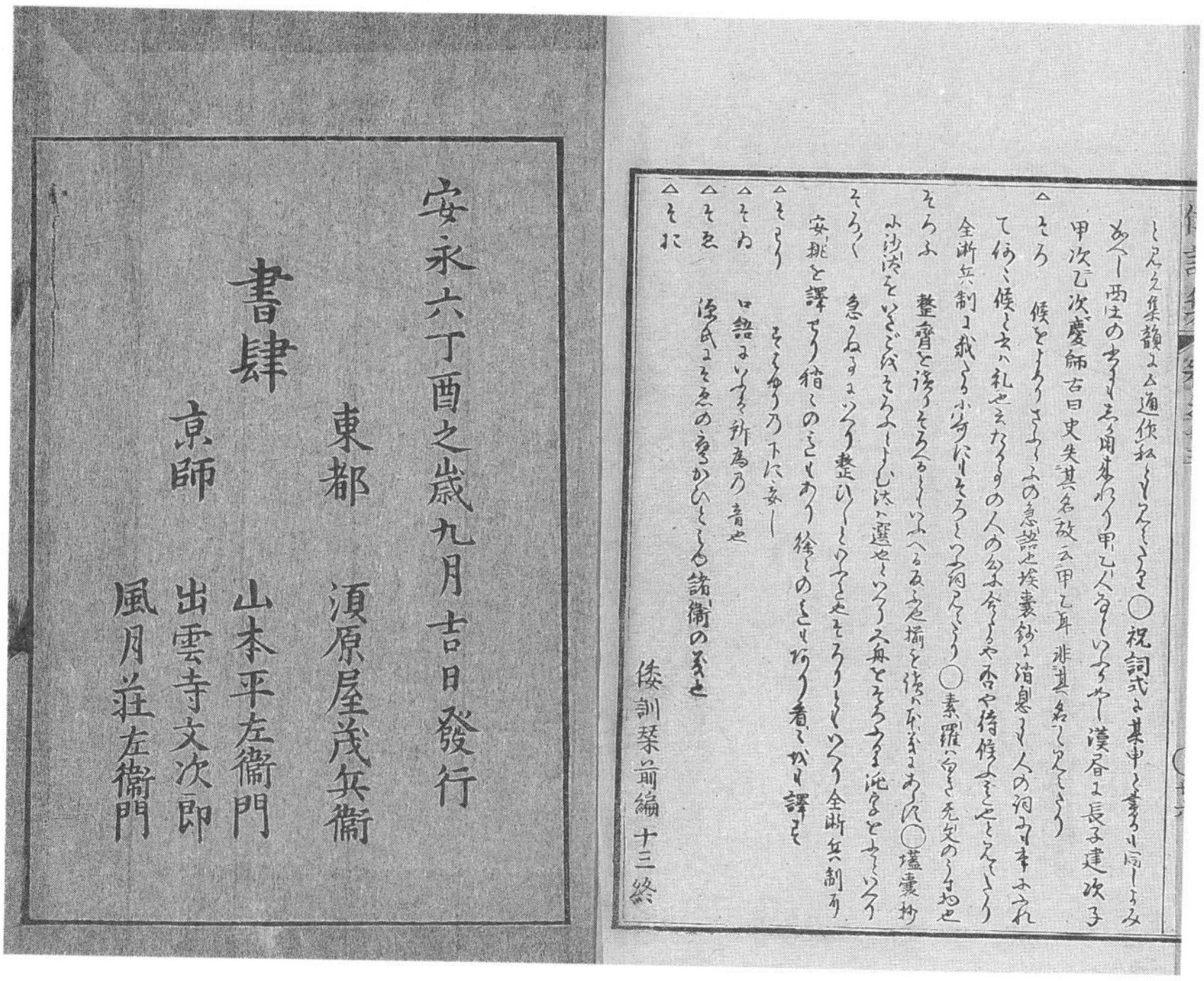
安永六丁酉之歳九月吉日發行

書肆 東都 須原屋茂兵衛

京師 山本平左衛門

出雲寺文次郎

風月荘左衛門

倭訓栞前編十三終

—— 前編第１３巻末 ——

2

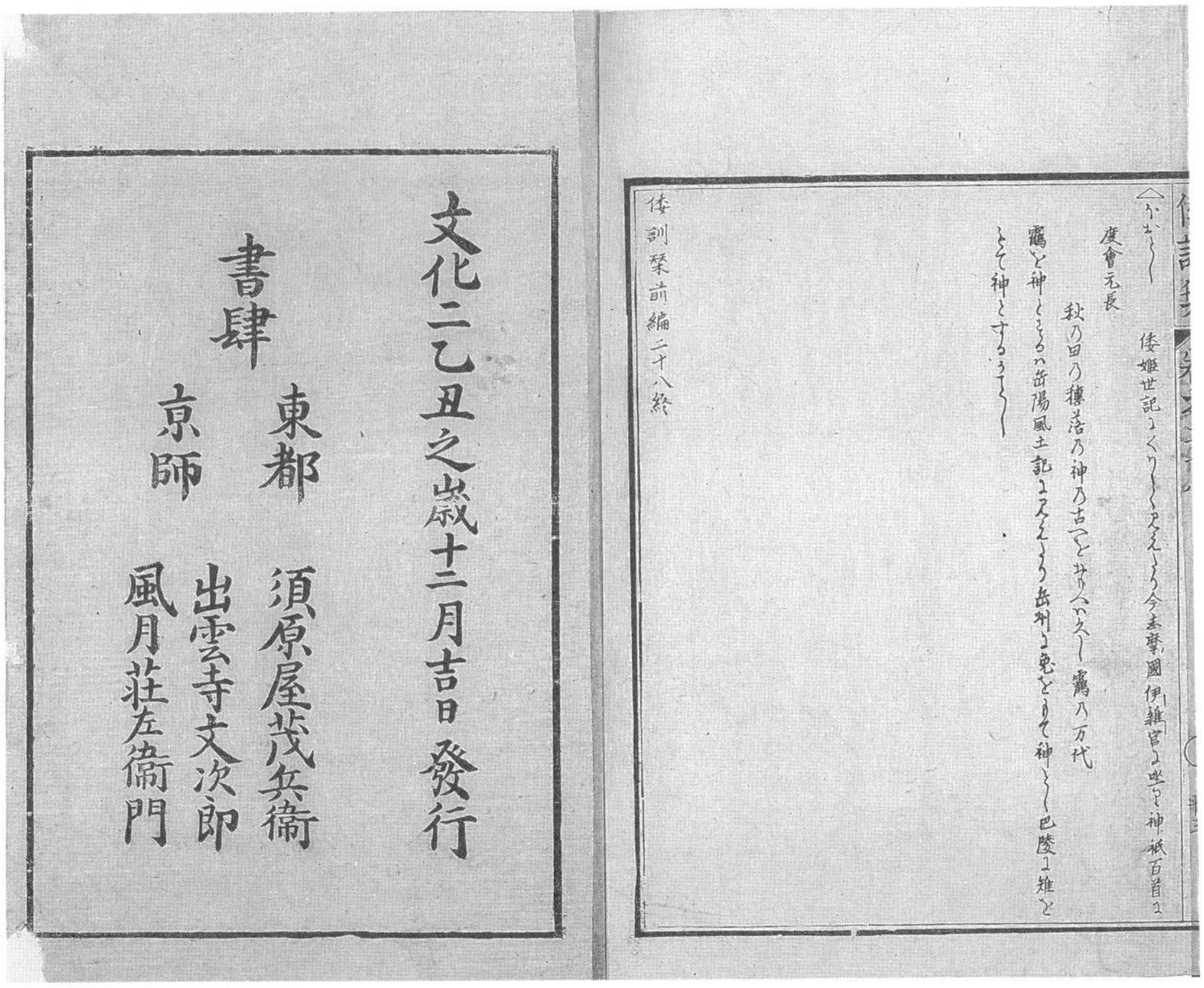
文化二乙丑之歳十二月吉日發行

書肆 東都 須原屋茂兵衛

京師 出雲寺文次郎

風月荘左衛門

倭訓栞前編二十八終

—— 前編第２８巻末 ——

3

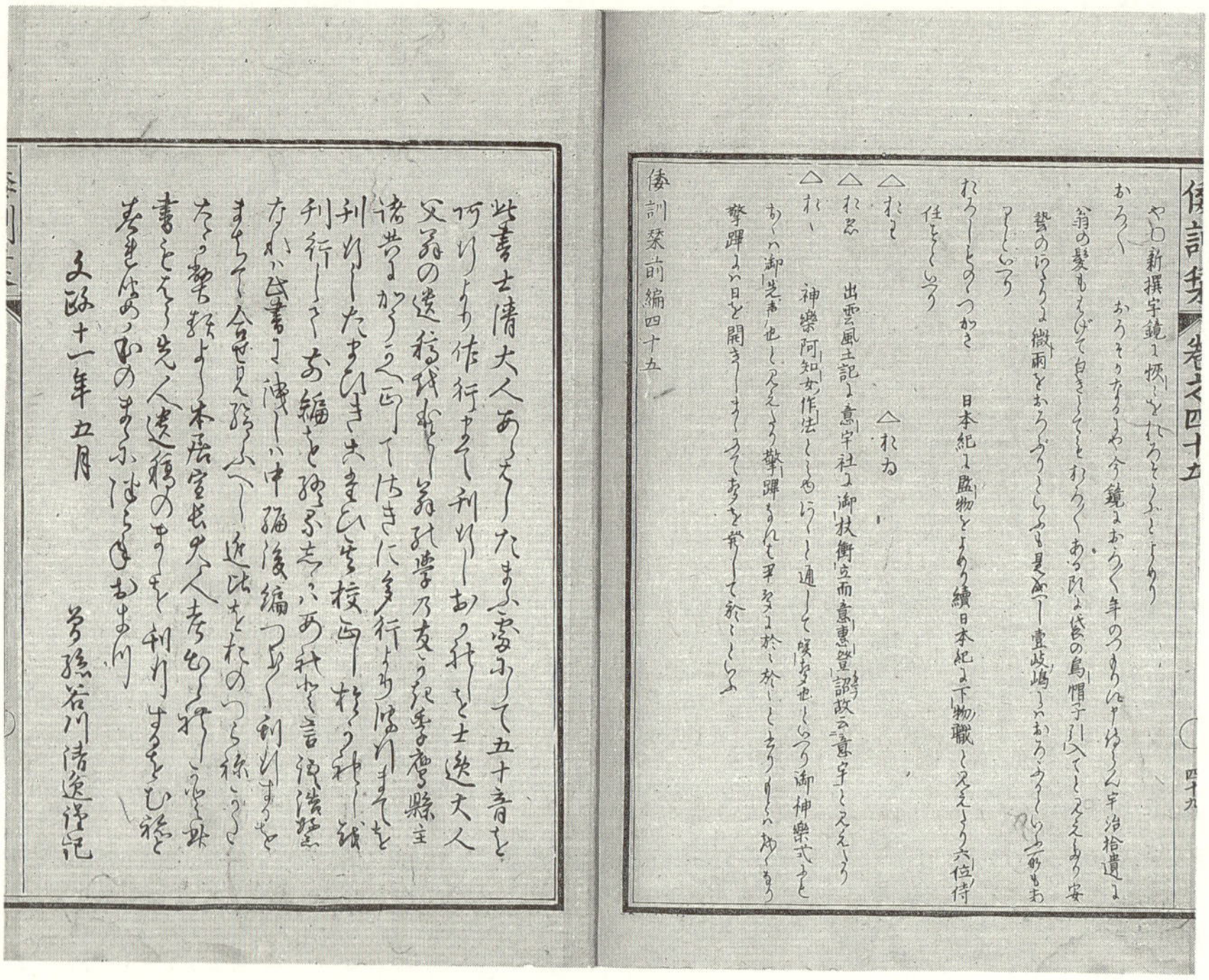

―― 前編第４５巻末の谷川清逸跋文 ――

（以上拙蔵本に依る）

4

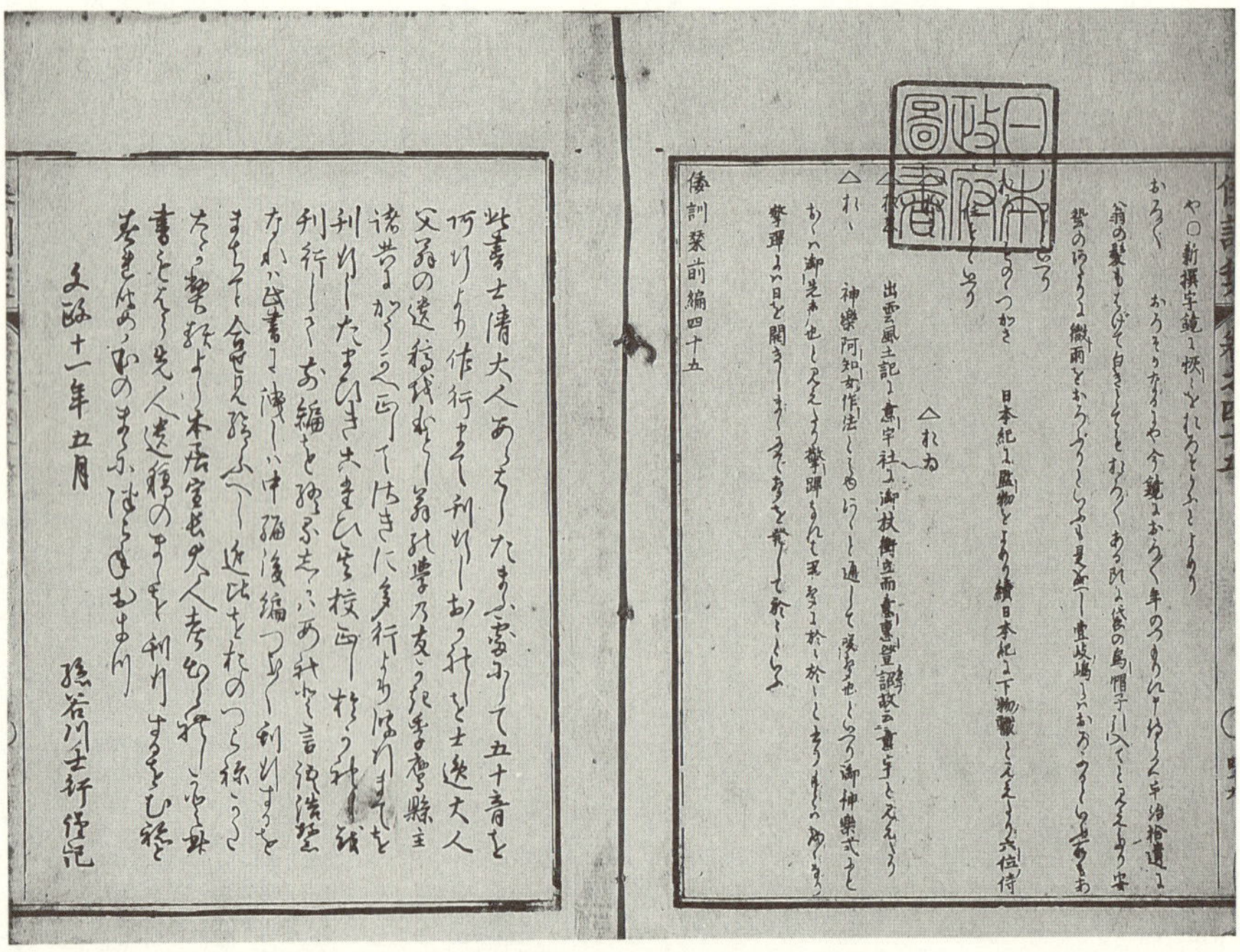

―― 谷川士行跋文 ――

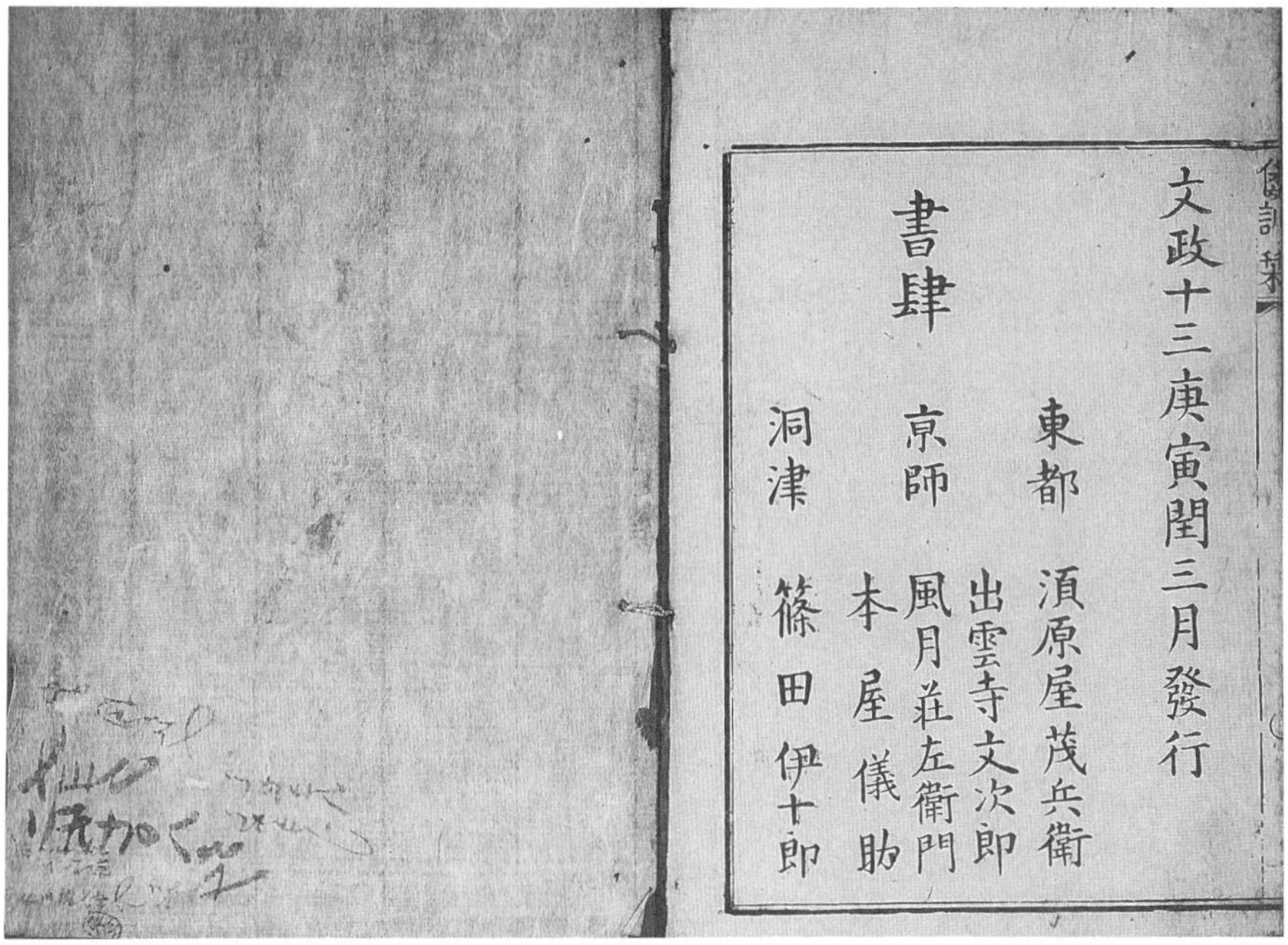

―― 前編第４５巻末 ――

（内閣文庫蔵本〈２６３―５〉に依る）

5 〔風月・丁字屋版〕

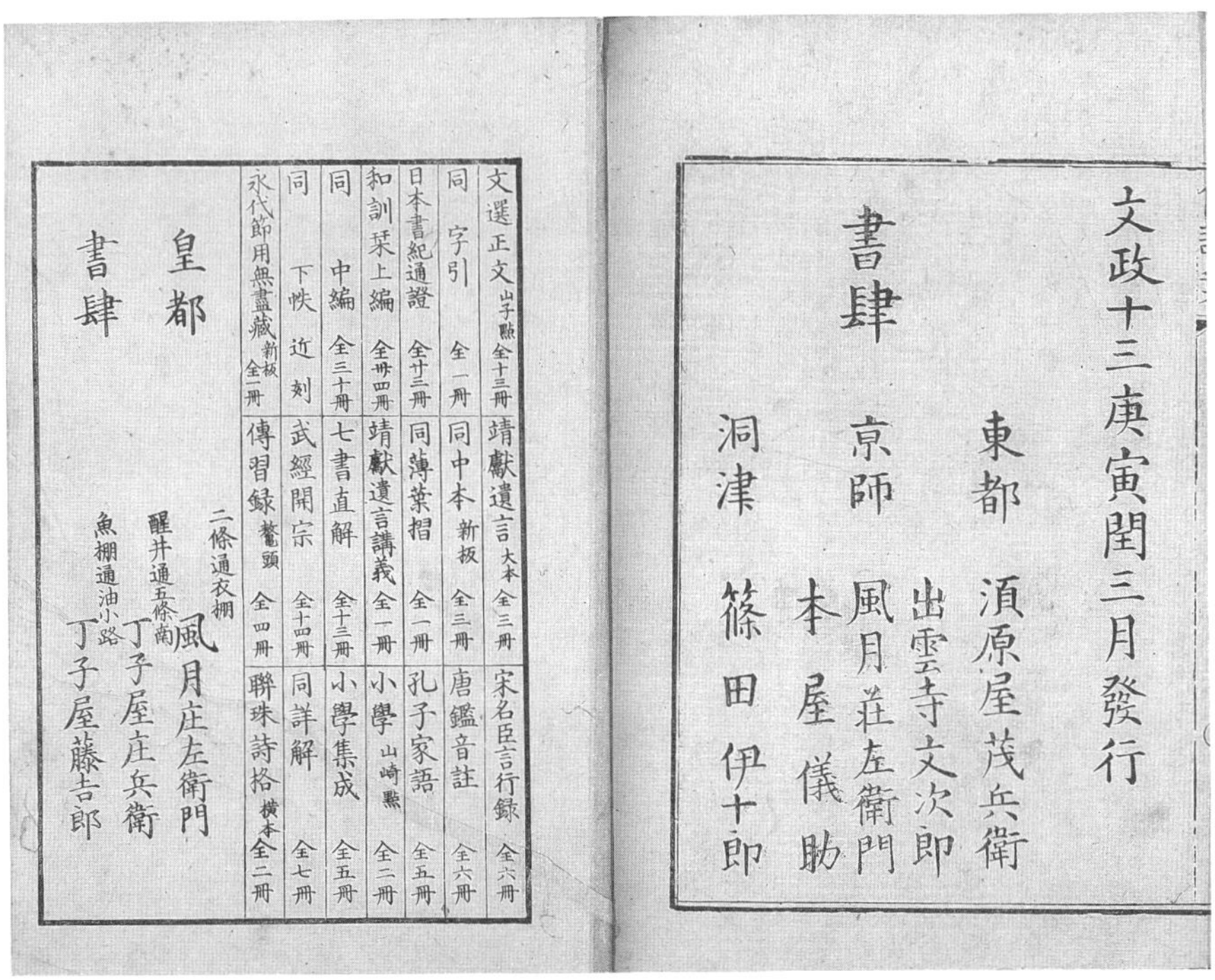

―― 前編第４５巻末 ――

（拙蔵本に依る）

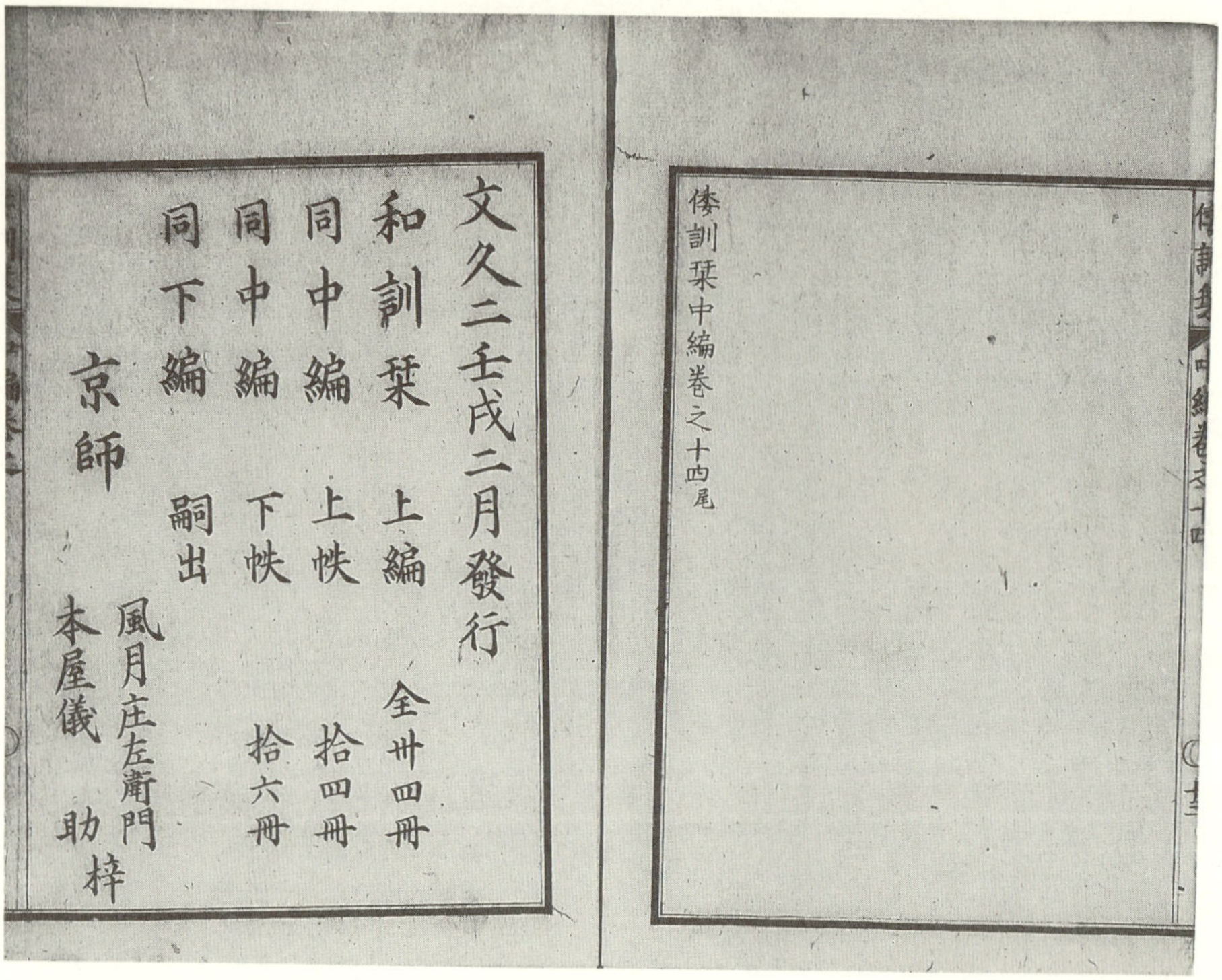

倭訓栞中編巻之十四尾

文久二壬戌二月發行
和訓栞 上編 全卅四冊
同中編 上帙 拾四冊
同中編 下帙 拾六冊
同下編 嗣出
京師 風月庄左衛門
本屋儀助 梓

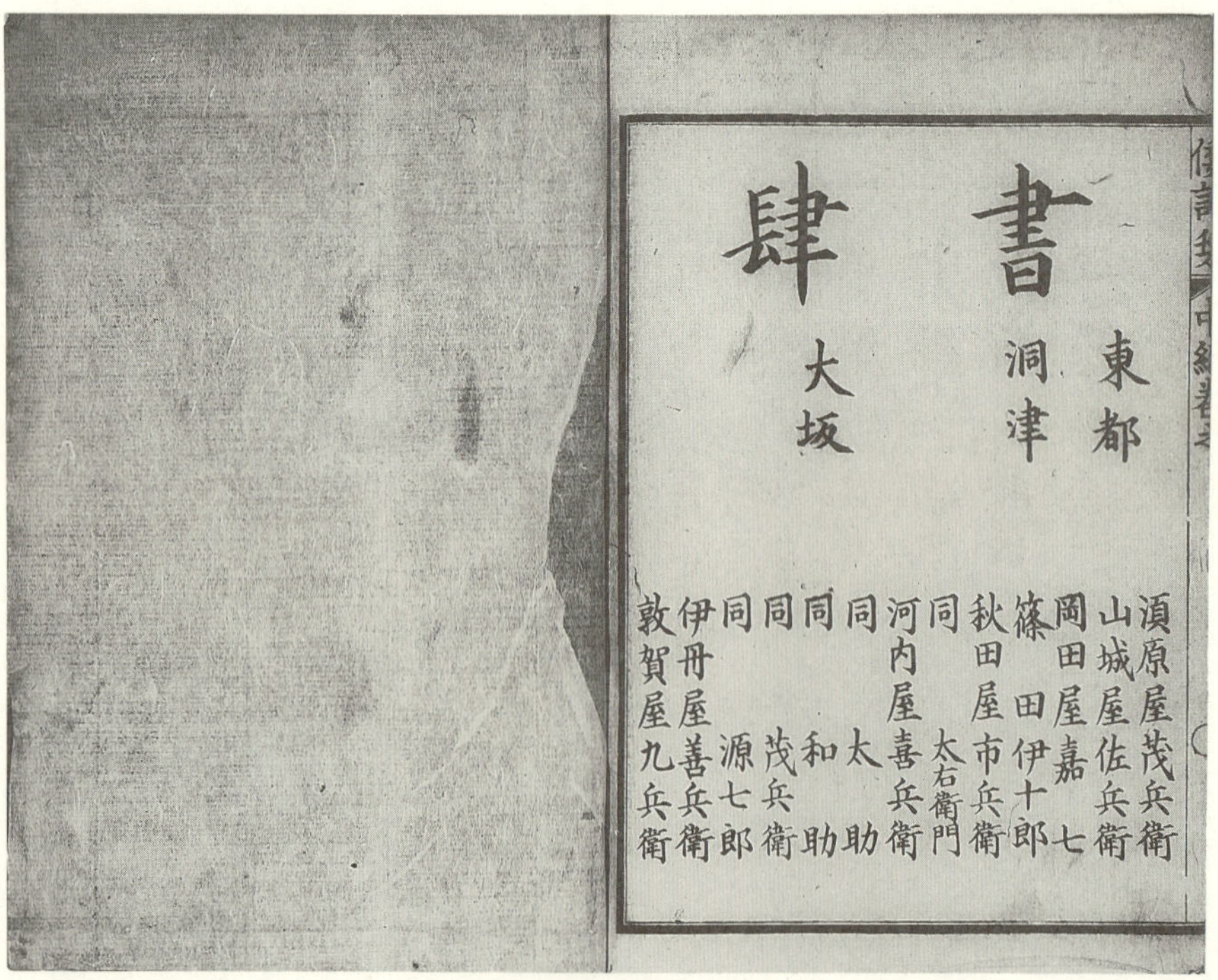

書肆

東都
須原屋茂兵衛
山城屋佐兵衛
岡田屋嘉七
篠田伊十郎
秋田屋市兵衛
同 太右衛門

洞津
河内屋喜兵衛
同 太助
同 和助
同 茂兵衛
同 源七郎

大坂
伊丹屋善兵衛
敦賀屋九兵衛

―― 中編第１４巻末 ――

（国会図書館蔵本〈２００―１７０〉に依る）

7

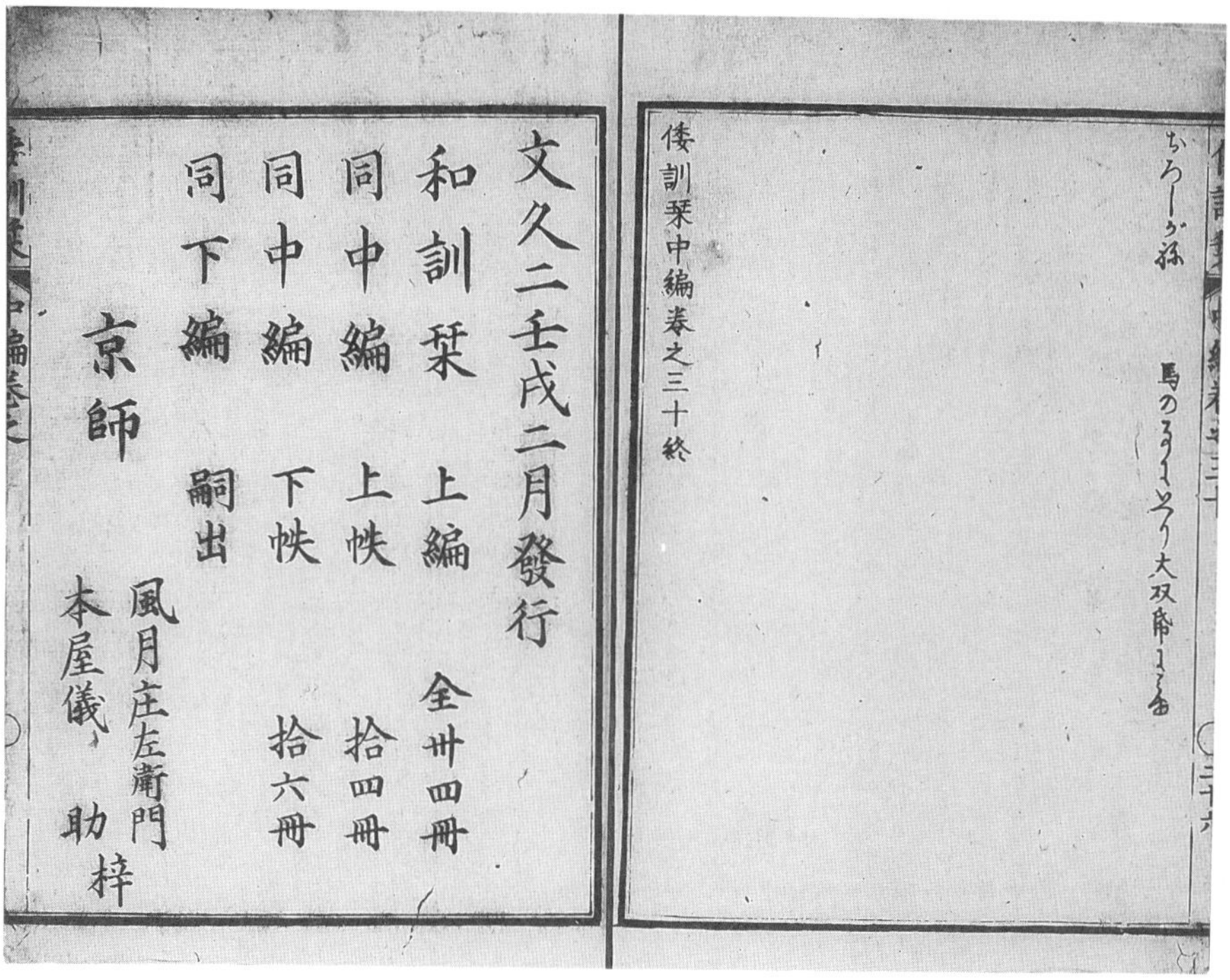

倭訓栞中編巻之三十終

文久二壬戌二月發行
和訓栞 上編 全卅四冊
同中編 上帙 拾四冊
同中編 下帙 拾六冊
同下編 嗣出
京師 風月庄左衛門
本屋儀助 梓

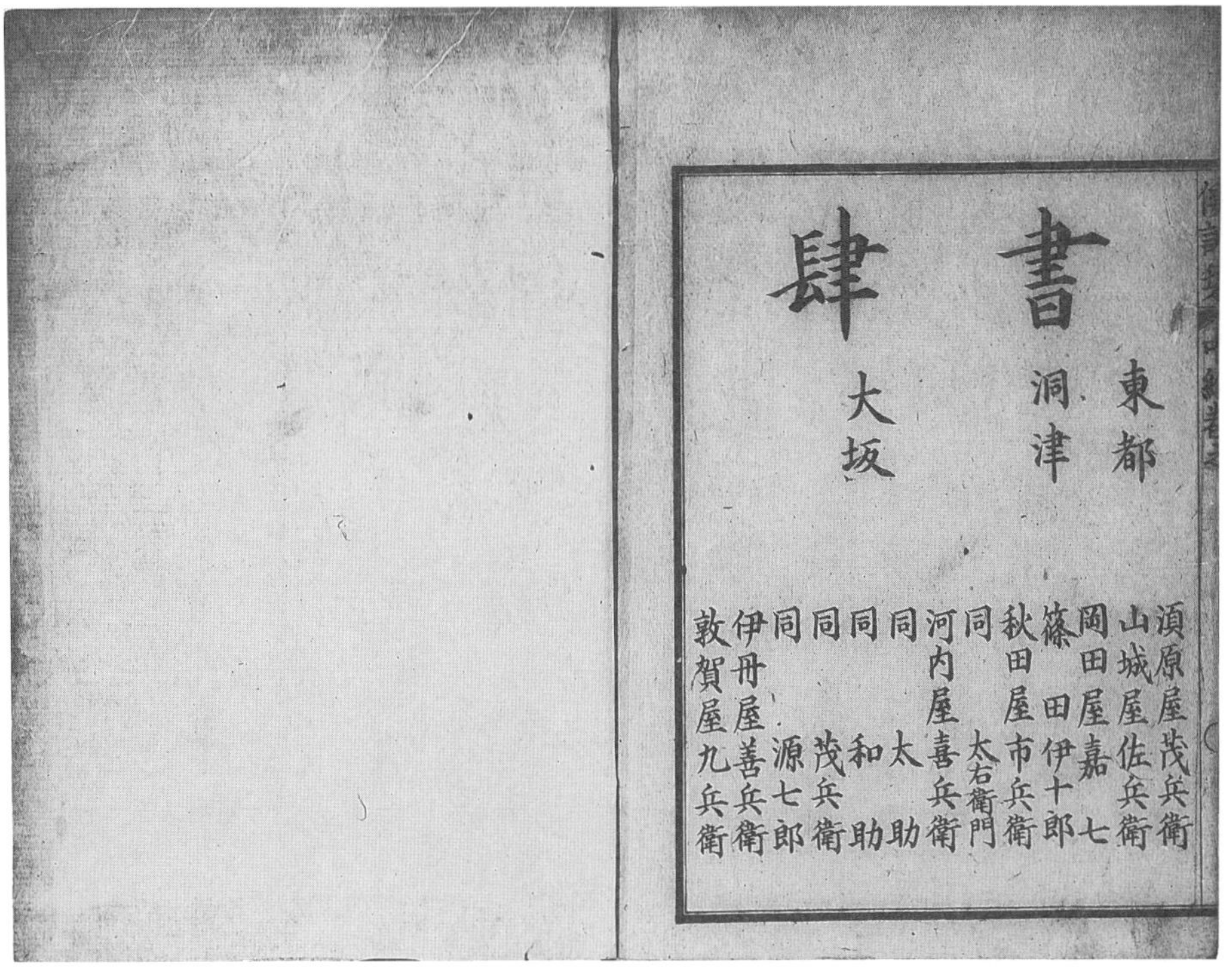

書肆
東都
須原屋茂兵衛
山城屋佐兵衛
岡田屋嘉七
洞津
篠田伊十郎
大坂
秋田屋市兵衛
同 太右衛門
河内屋喜兵衛
同 太助
同 和助
同 茂兵衛
同 源七郎
伊丹屋善兵衛
敦賀屋九兵衛

―― 中編第30巻末 ――

（国会図書館蔵本〈200―170〉に依る）

8

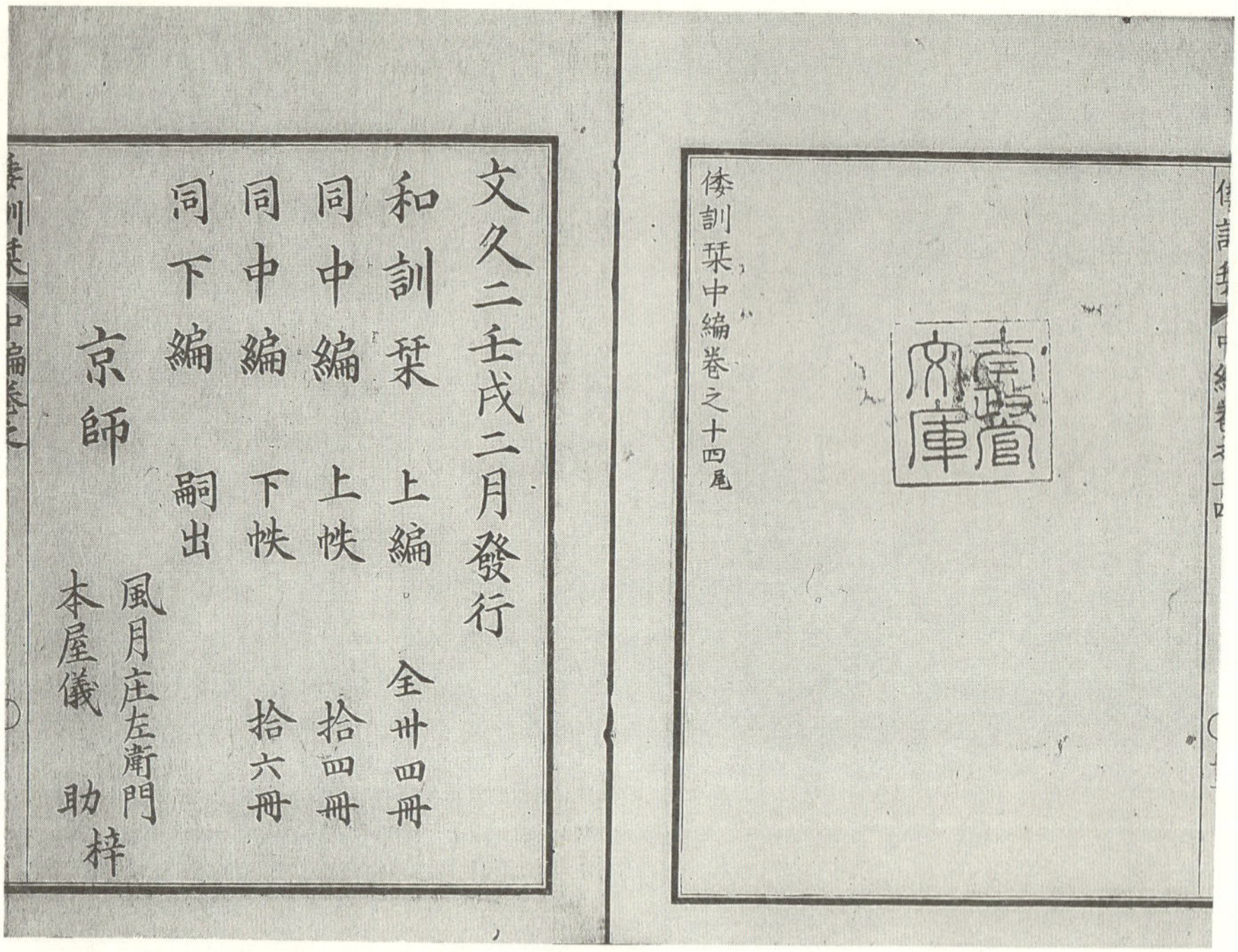

倭訓栞中編巻之十四尾

文久二壬戌二月發行
和訓栞 上編 全卅四冊
同 中編 上帙 拾四冊
同 中編 下帙 拾六冊
同 下編 嗣出
京師
風月庄左衛門
本屋儀助 梓

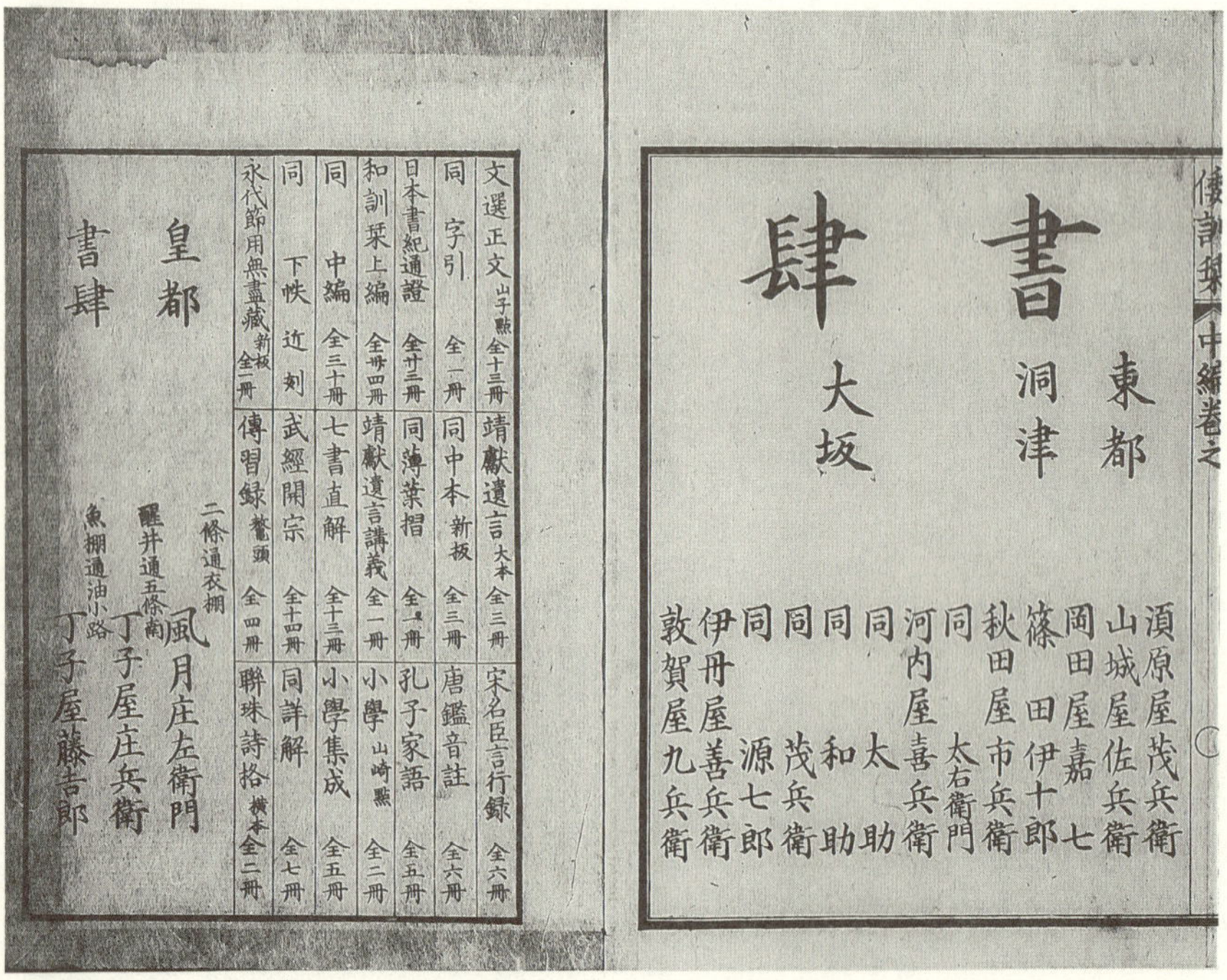

書肆
東都
須原屋茂兵衛
山城屋佐兵衛
岡田屋嘉七
洞津
篠田伊十郎
秋田屋市兵衛
大坂
河内屋喜兵衛
同 太右衛門
同 太助
同 和助
同 茂兵衛
同 源七郎
伊丹屋善兵衛
敦賀屋九兵衛

文選正文 山子點 全十三冊	靖獻遺言 大本 全三冊	宋名臣言行録 全六冊
同 字引 全一冊	同 中本 新板 全三冊	唐鑑音註 全六冊
日本書紀通證 全廿三冊	同 薄葉摺 全一冊	孔子家語 全五冊
和訓栞上編 全卅四冊	靖獻遺言講義 全一冊	小學 山崎點 全二冊
同 中編 全三十冊	七書直解 全十三冊	小學集成 全五冊
同 下帙 近刻	武經開宗 全十四冊	同詳解 全七冊
永代節用無盡藏 新板 全一冊	傳習録 鼇頭 全四冊	聯珠詩格 横本 全二冊

皇都
書肆
二條通衣棚 風月庄左衛門
醒井通五條南 丁子屋庄兵衛
魚棚通油小路 丁子屋藤吉郎

―― 中編第１４巻末 ――

（内閣文庫蔵本〈２６３－１１〉に依る）

9

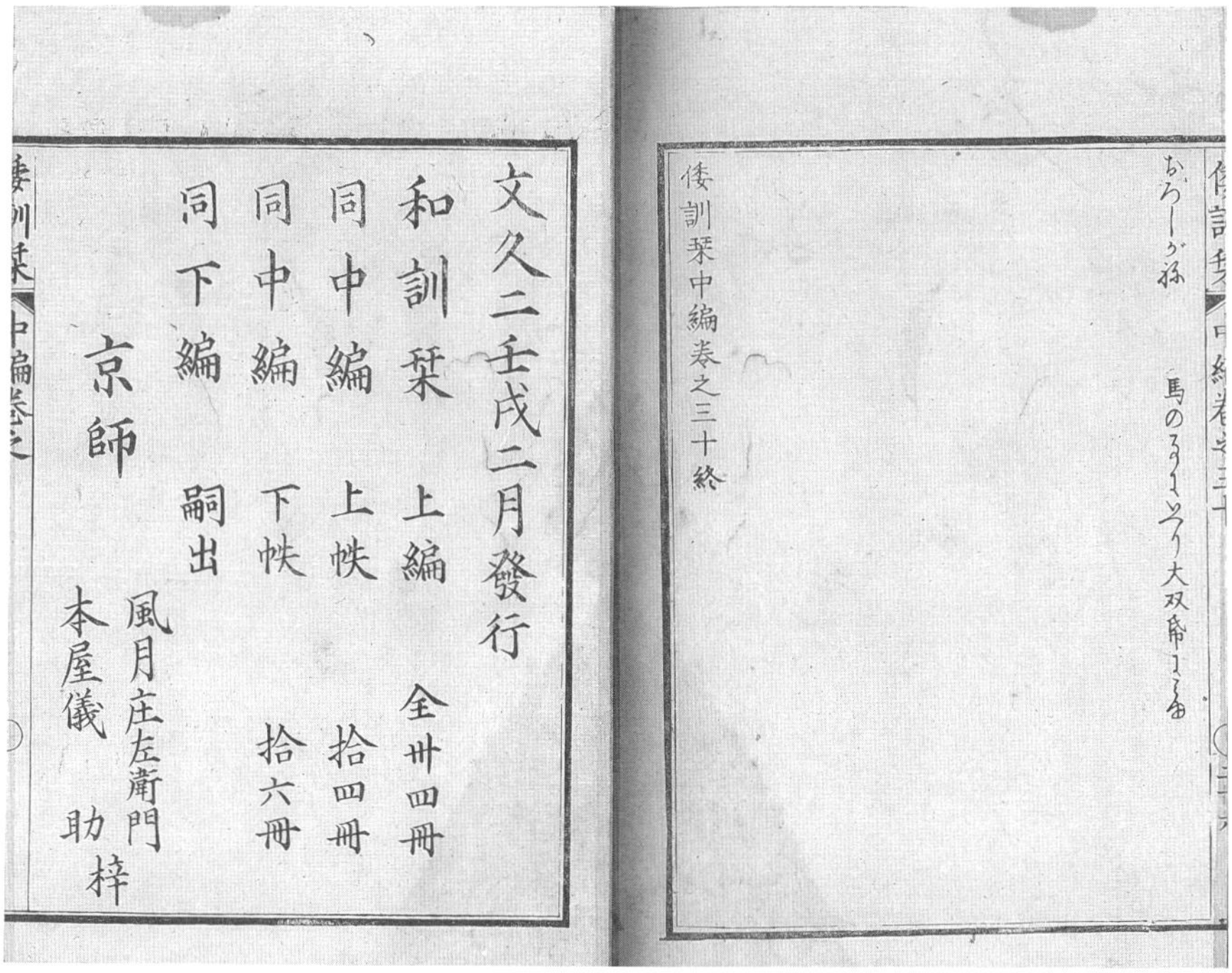

倭訓栞中編巻之三十終

文久二壬戌二月發行

和訓栞　上編　全卅四冊

同中編　上帙　拾四冊

同中編　下帙　拾六冊

同下編　嗣出

京師　風月庄左衛門
本屋儀助　梓

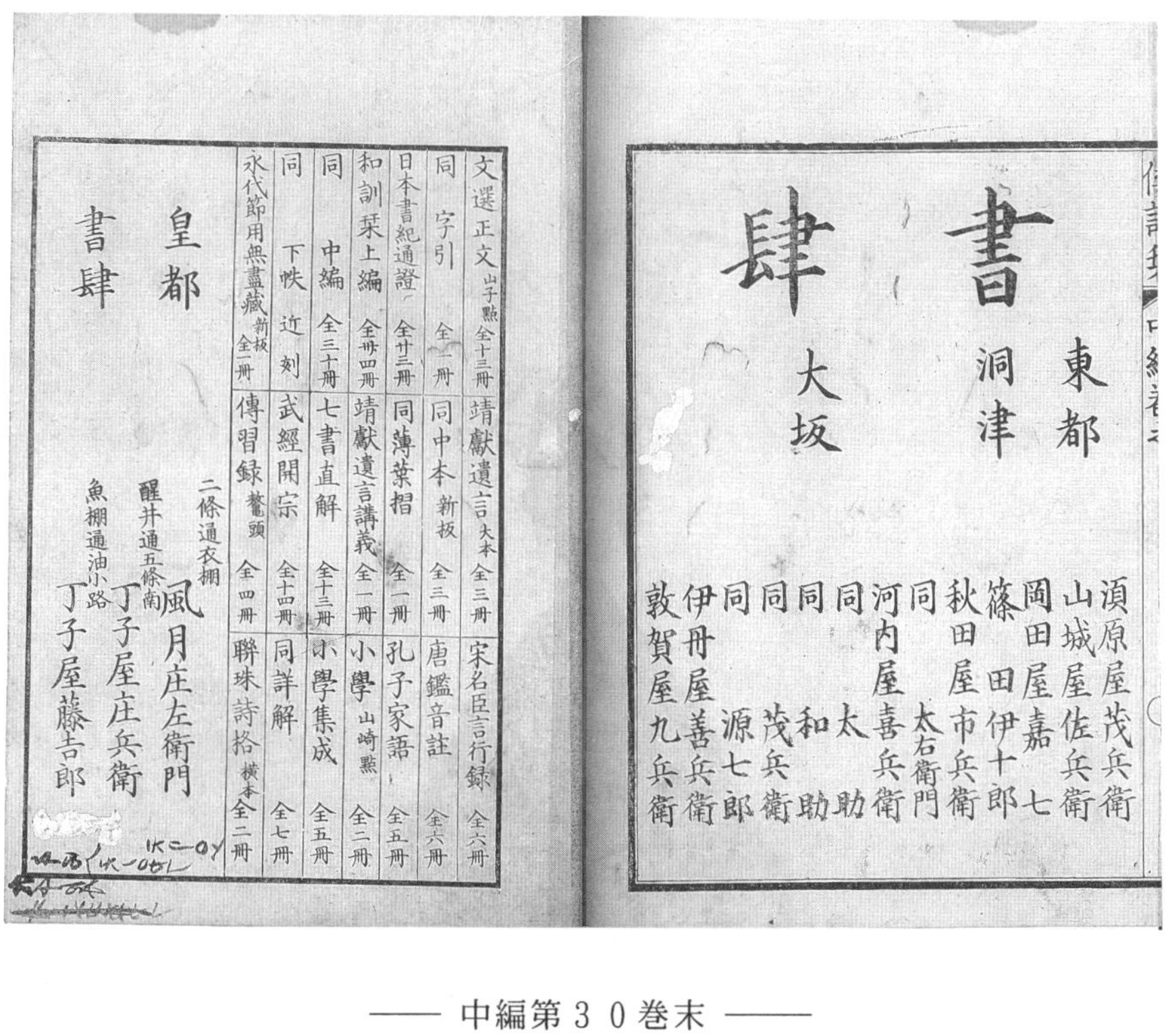

書肆

東都
洞津
大坂

須原屋茂兵衛
山城屋佐兵衛
岡田屋嘉七
篠田伊十郎
秋田屋市兵衛
同　太右衛門
河内屋喜兵衛
同　太助
同　和助
同　茂兵衛
同　源七郎
伊丹屋善兵衛
敦賀屋九兵衛

文選正文 山子點 全十三冊	靖獻遺言 大本 全三冊	宋名臣言行録 全六冊
同 字引 全一冊	同中本 新板 全三冊	唐鑑音註 全六冊
日本書紀通證 全廿三冊	同薄葉摺 全一冊	孔子家語 全五冊
和訓栞上編 全卅四冊	靖獻遺言講義 全一冊	小學 山崎點 全二冊
同 中編 全三十冊	七書直解 全十三冊	小學集成 全五冊
同 下帙 近刻	武經開宗 全十四冊	同詳解 全七冊
永代節用無盡蔵 新板 全一冊	傳習録 鼇頭 全四冊	聯珠詩格 横本 全二冊

皇都
書肆
二條通衣棚　風月庄左衛門
醒井通五條南　丁子屋庄兵衛
魚棚通油小路　丁子屋藤吉郎

—— 中編第３０巻末 ——

（拙蔵本に依る）

10

〔明治三年版〕

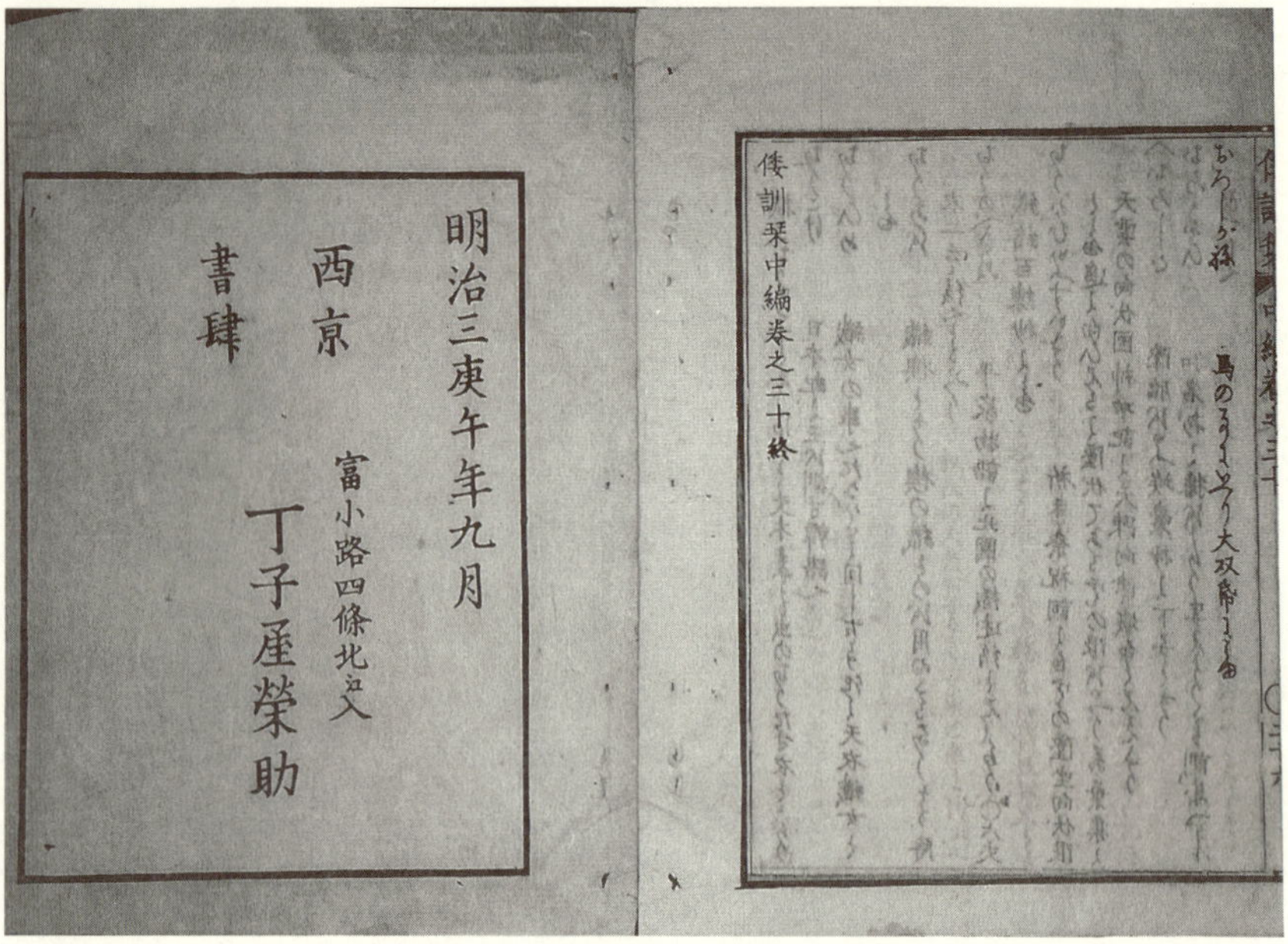
明治三庚午年九月

西京　富小路四條北ゑ入

書肆　丁子屋榮助

倭訓栞中編巻之三十終

—— 中編第３０巻末 ——

（太宰府天満宮蔵本〈４２９〉に依る）

11

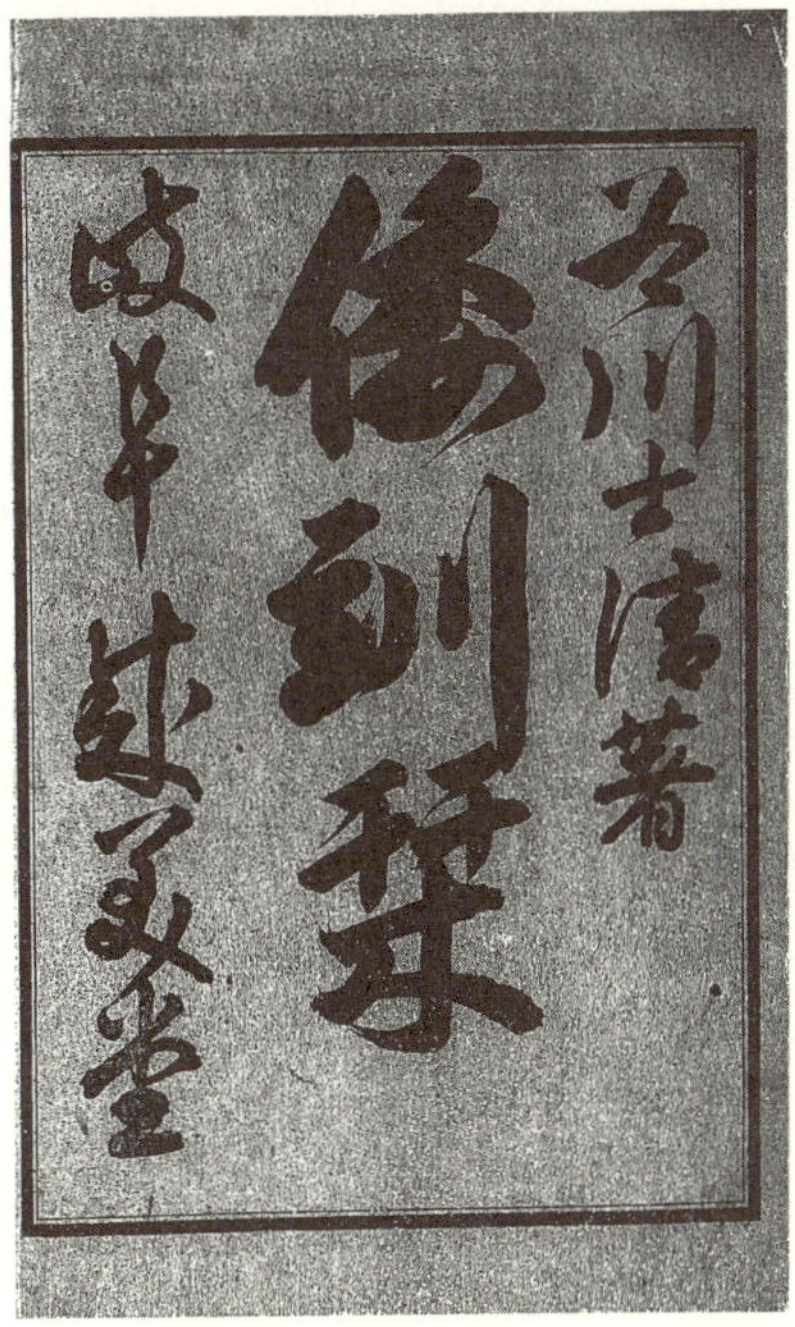

—— 前編第１巻見返し ——

12

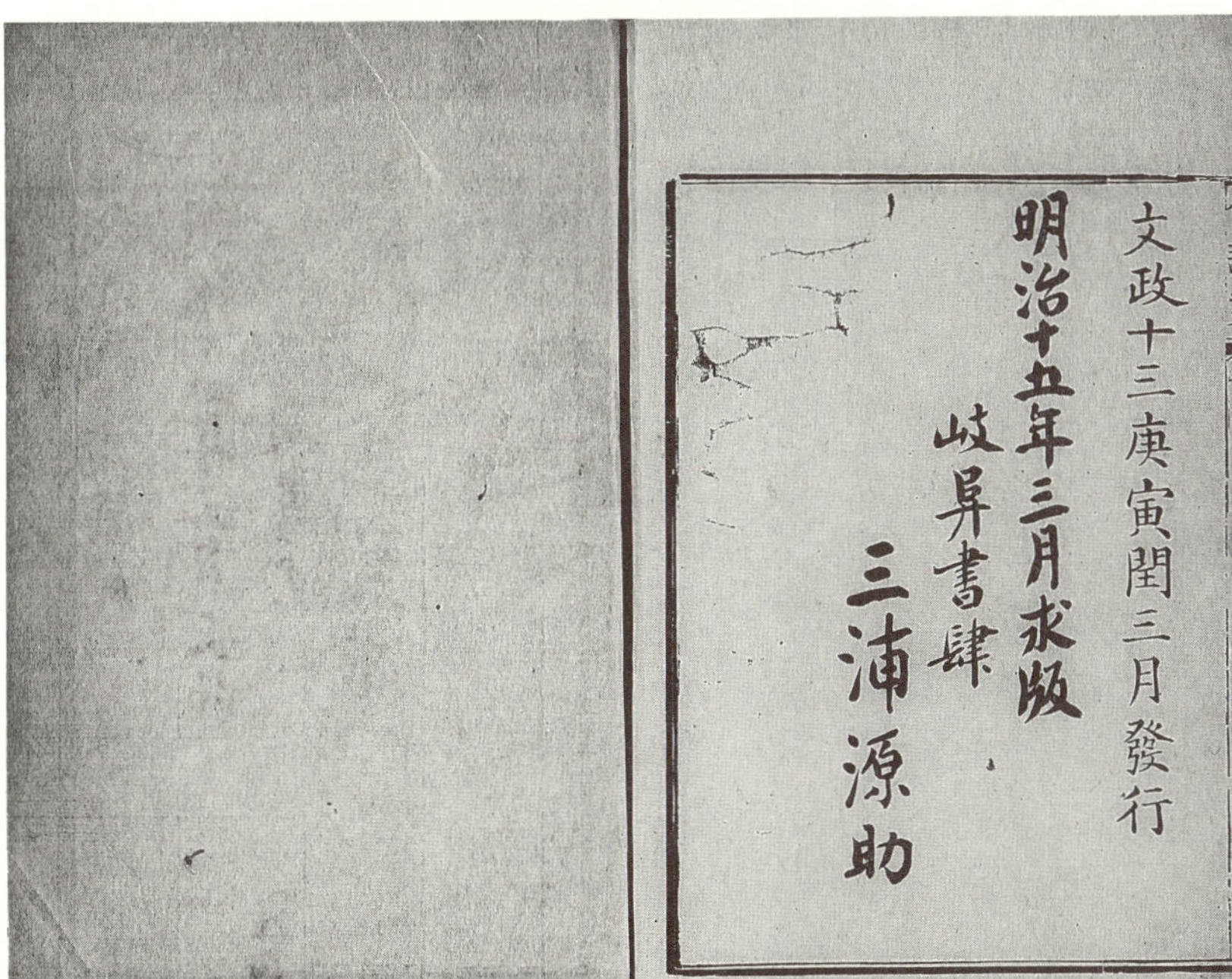

—— 前編第４５巻末 ——

13

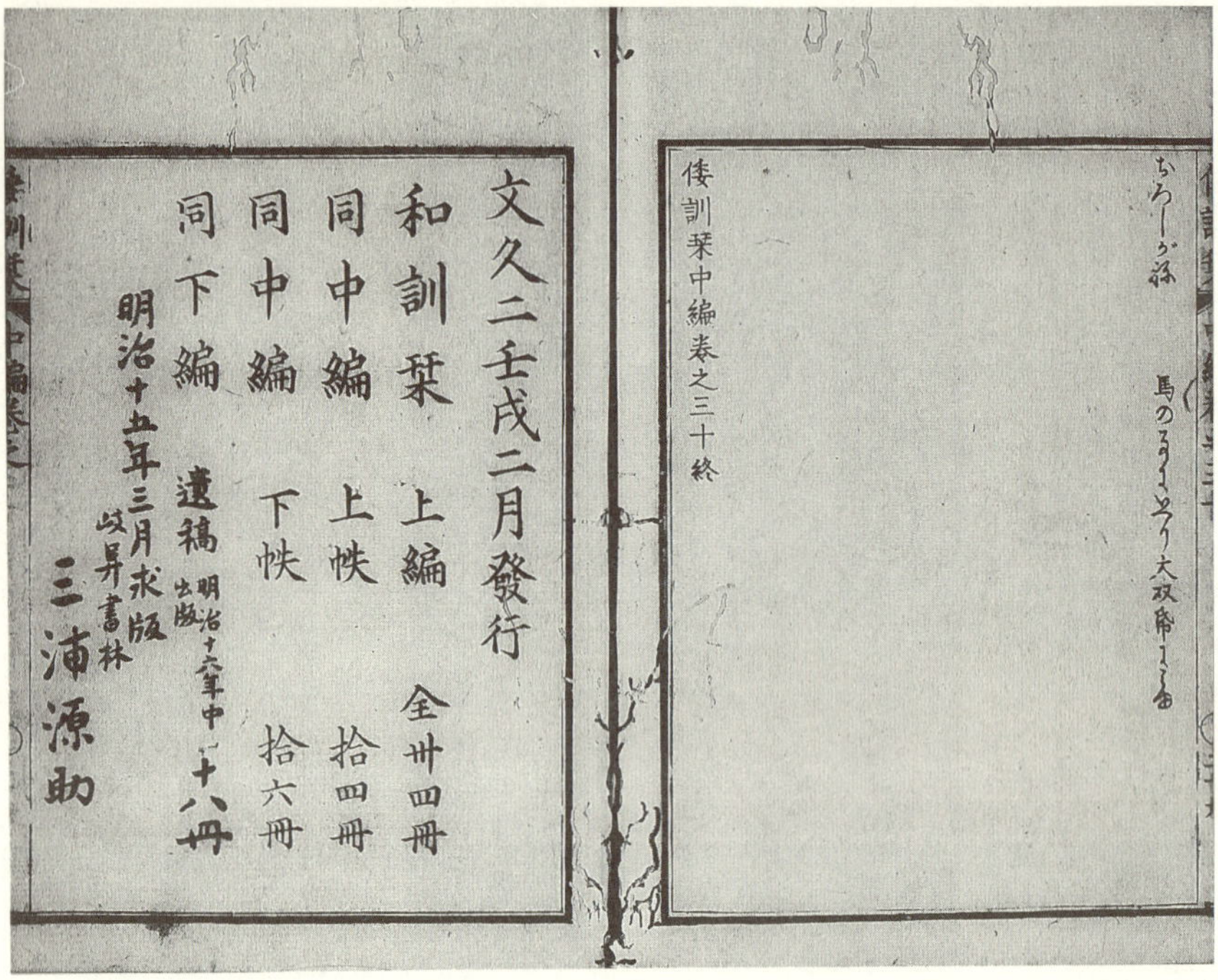
倭訓栞中編巻之三十終

文久二壬戌二月發行
和訓栞 上編 全卅四冊
同 中編 上帙 拾四冊
同 中編 下帙 拾六冊
同 下編 遺稿 出版 明治十六年中 十八冊
明治十五年三月求版
岐阜書林 三浦源助

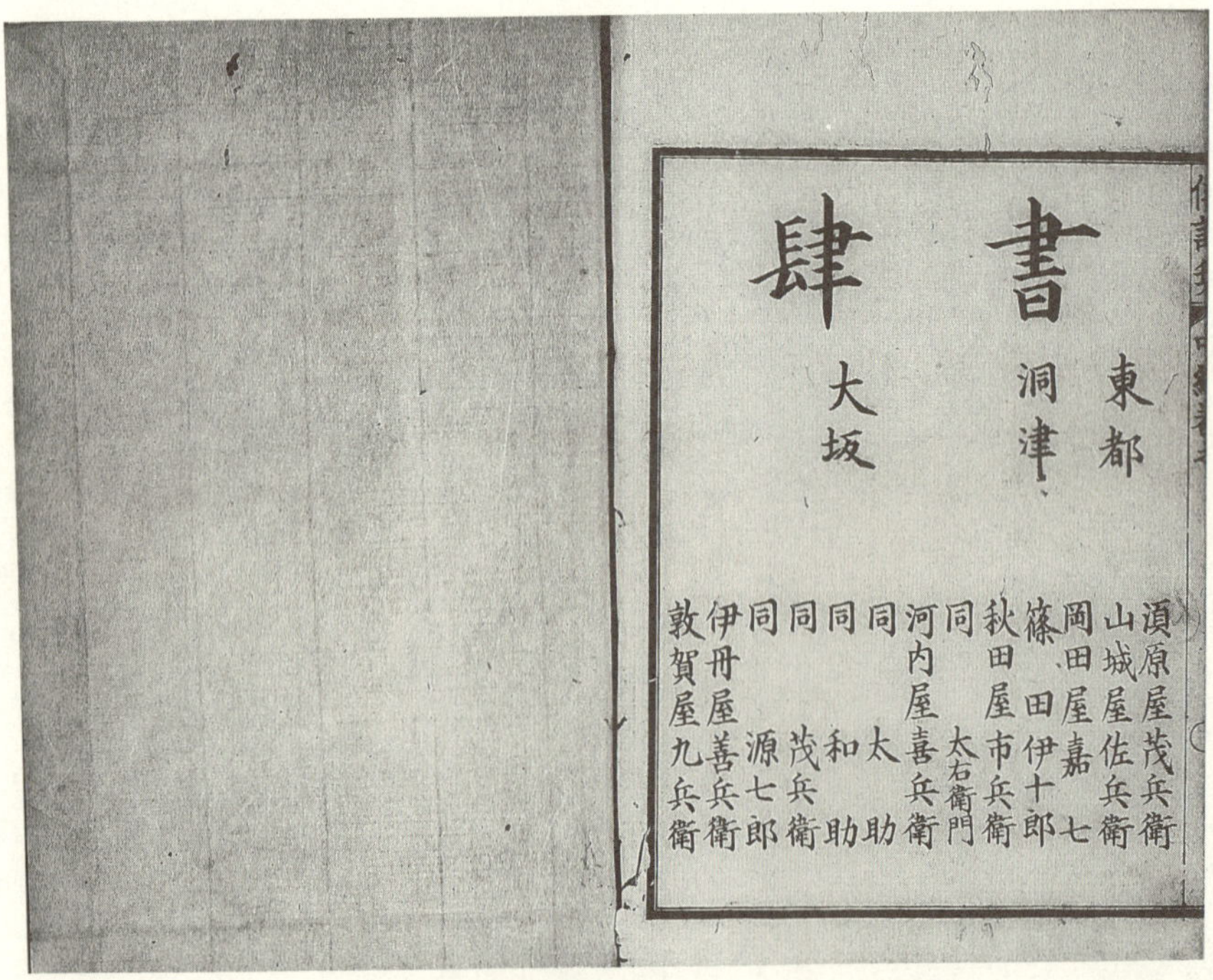
書肆

東都
須原屋茂兵衛
山城屋佐兵衛
岡田屋嘉七

洞津
篠田伊十郎

大坂
秋田屋市兵衛
同 太右衛門
河内屋喜兵衛
同 太助
同 和助
同 茂兵衛
同 源七郎
伊丹屋善兵衛
敦賀屋九兵衛

—— 中編第３０巻末 ——

（以上内閣文庫蔵本〈２０８—２２〉に依る）

14

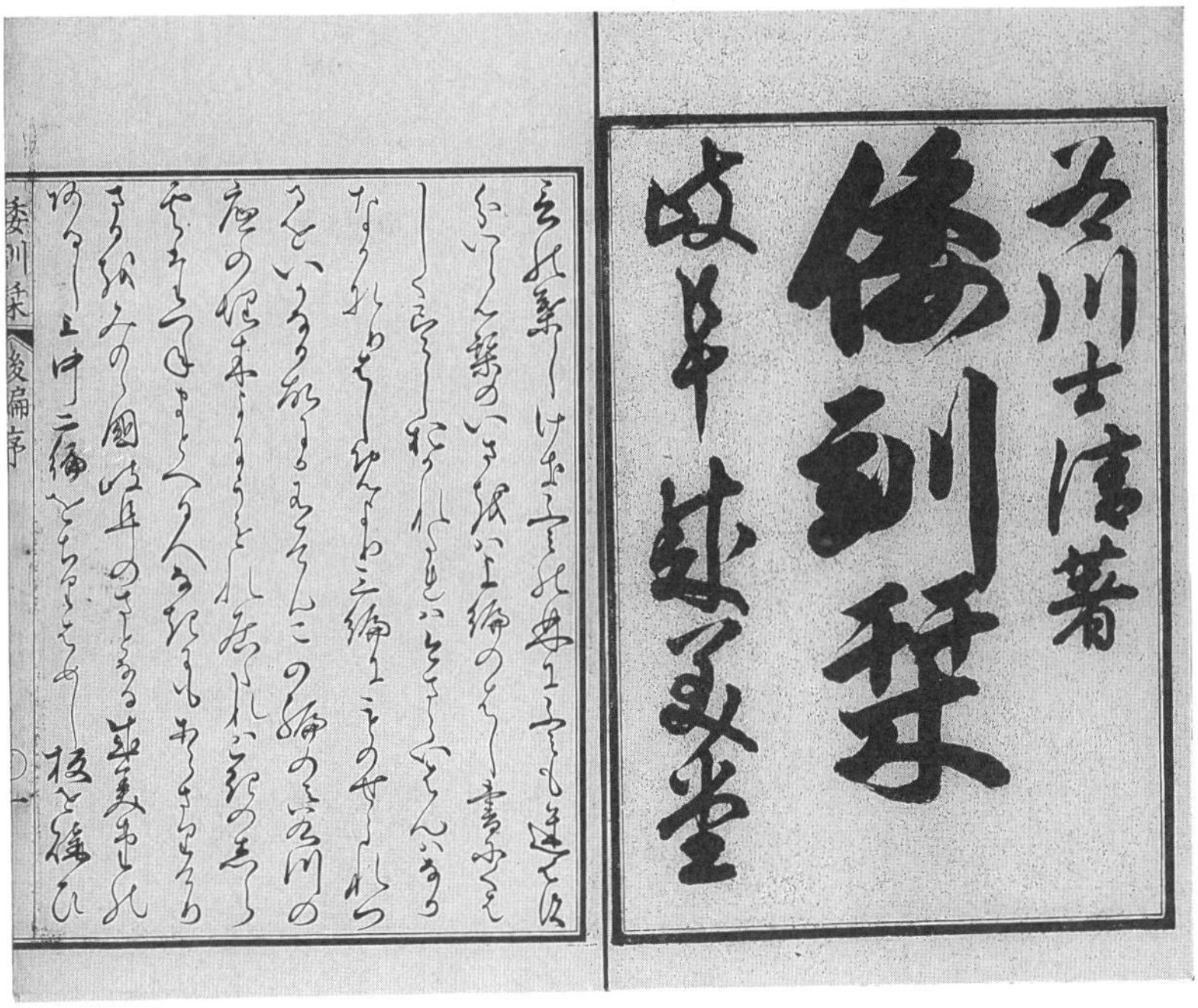

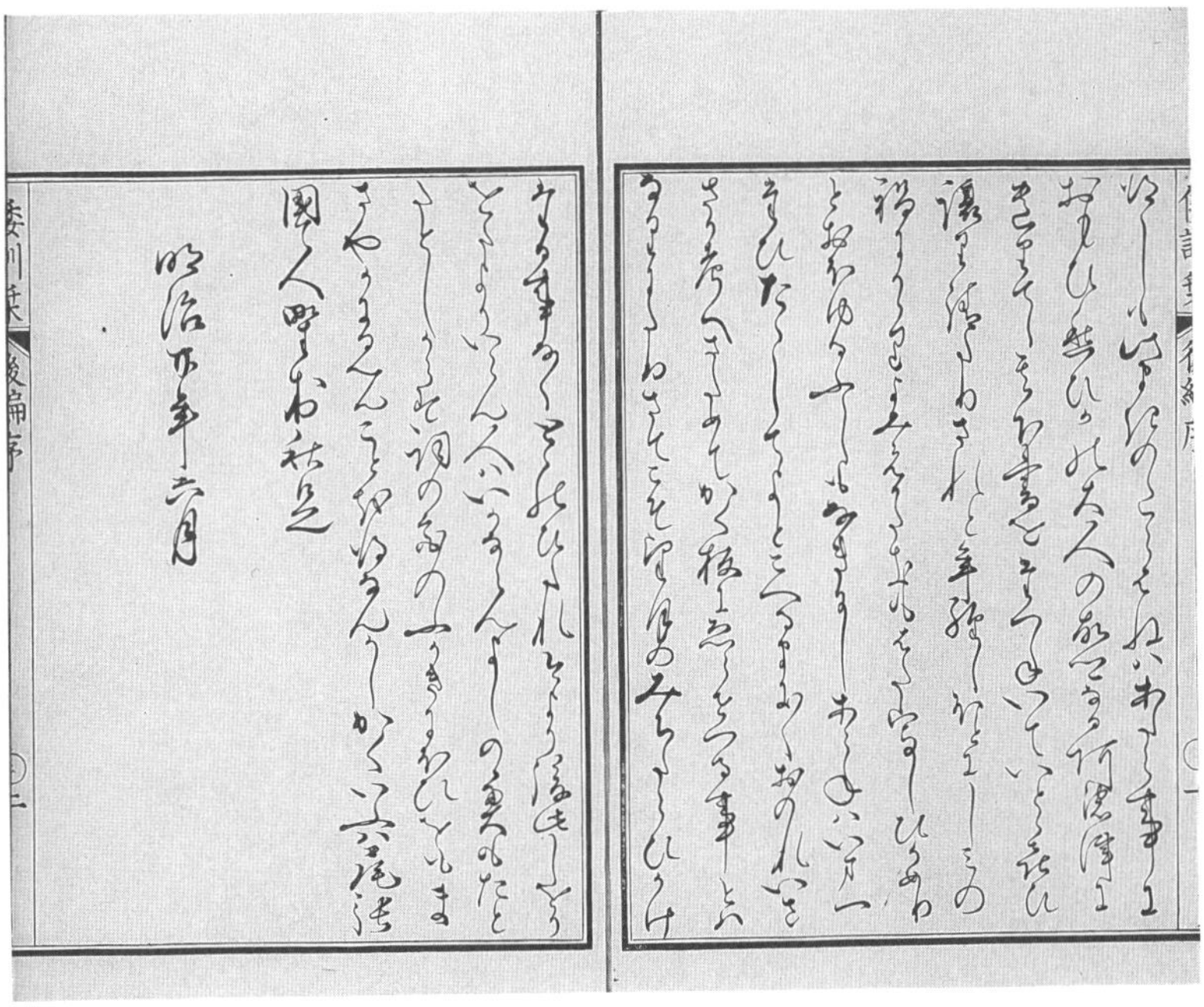

―― 後編第１巻見返し・序 ――

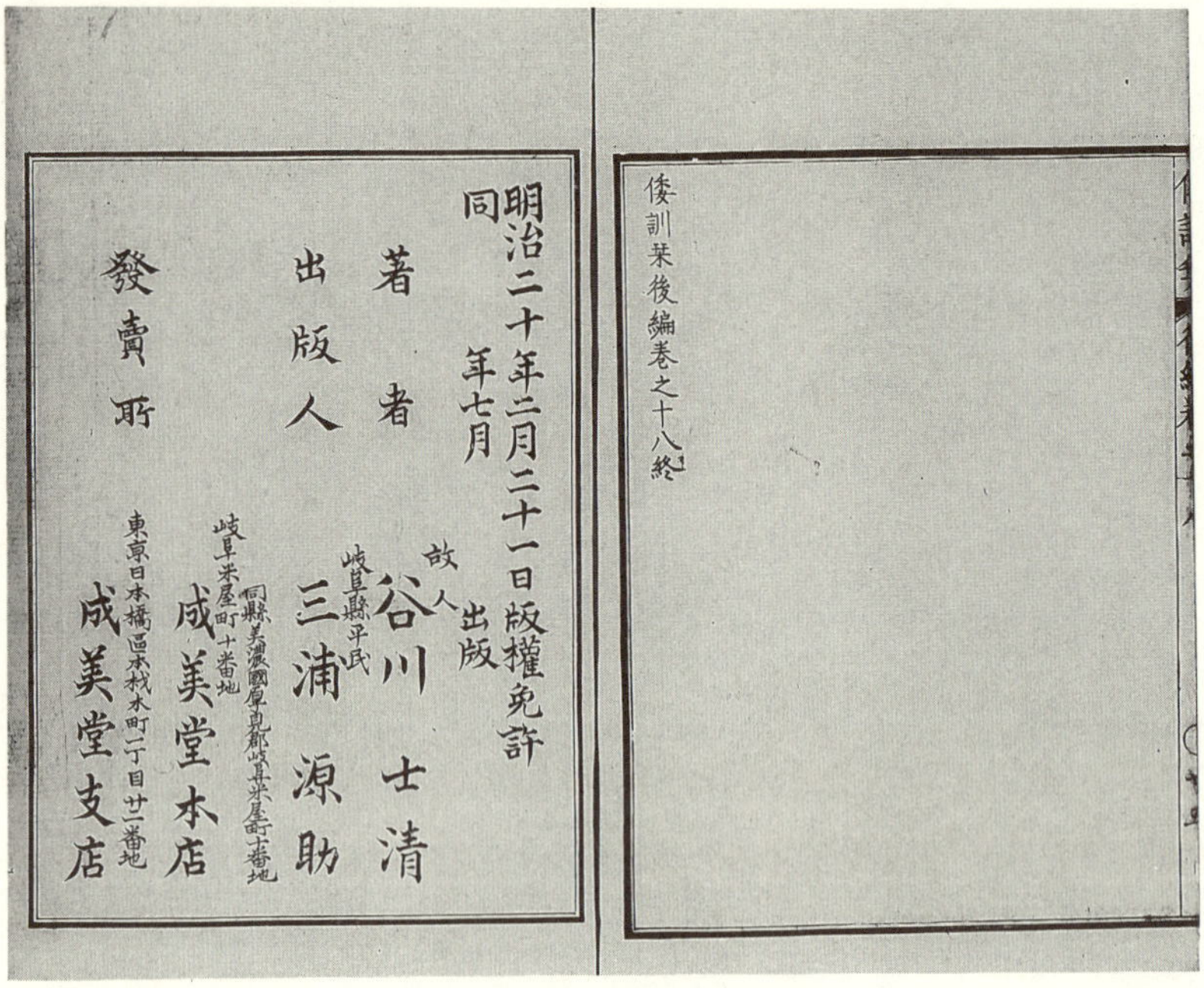

倭訓栞後編巻之十八終

明治二十年二月二十一日版權免許

同　　年七月　　出版

著　者　故人　谷川士清

出版人　岐阜縣平民　三浦源助　同縣美濃國厚見郡岐阜米屋町十番地

發賣所　岐阜米屋町十番地　成美堂本店

東京日本橋區本材木町一丁目廿一番地　成美堂支店

—— 後編第１８巻末 ——

（以上内閣文庫蔵本〈２０８－２１〉に依る）

あとがき

私の勤務する大学の図書館に『定家卿鷹三百首（注）』が蔵せられていて、これを翻刻しながら鷹詞について調査していこうとお仲間二人とはじめたのが本研究のきっかけとなった。

予備知識のなかった私にとって、それは暗中摸索に近く、『日本国語大辞典』を引きながらの作業が暫く続いたが、そんな中で『日本国語大辞典』に引用された『和訓栞』と『定家卿鷹三百首（注）』との一致に気がついた。『和訓栞』は出典名を記さないものであるという先入主が幸いしたのか、ならばよし調べてみようということになって始めたのがこういう形になった次第である。書名に「鷹詞より見たる」と角書してすべてにわたっていないのは、この範囲にとどまらざるを得なかった私の不勉強の為せる結果であるが、しかし範囲を限定することで、却って典拠を探しあてることができたとも思っている。

ところで、『和訓栞』に関しては、父、三澤光博もホフマンの研究に関連して絶えず机の傍らに置いては何かしら調べていた。いつだったか忘れたが、手持ちの『和訓栞』がボロボロになって使用に耐えられないから至急送るようにと電話を受けたことがあった。研究内容は異なるものの、斯うして今、同じものを対象にしていることに、いわく言い難い不思議な縁を感じるのは、必ずしも私の感傷の為せるわざというばかりではなかろう。

そこで、父の七回忌を前に、せめて資料篇だけでも公表したいというおもいからここに一冊にまとめてみることにした。意を尽くしたものからは遠く及ぶべくもないが、幾らかなりとも斯学に供することができたならばと思う。

なお、本書出版に際しては多くの図書館を利用させていただいた。特に、宮内庁書陵部・国立国会図書館・内閣文庫からは御所蔵書の掲載許可を頂戴することができた。記して御礼申し上げる次第である。

平成九年　十月　二十二日

三澤　成博

自費出版から三年を経て、漸く見直しの作業を終了することができた。それにしても、依然として典拠の定まらない項目を残してしまったことが悔やまれる。後日を期したいと思う。

本書刊行に際し、改めた点を以下に記しておく。

一　見出し項目の変更

⑴　「めりかふ・ゆわう（硫黄）・れだま」の三項目を削除し、「をのうへ」（二九四番）と差替える。

⑵　「かたうづら・とび・ねとり・ひおとし」の四項目を新たに加える（典拠部末「追加」）。

二　増補

⑴　第四章・第五章（研究篇）

⑵　索引ほか

なお最後になったが、此度出版の機会を与えてくださった汲古書院の石坂叡志氏、何かと御厄介になった小林詔子氏に対し、深甚なる謝意を表する次第である。

平成十三年　一月　十日

三澤　成博

本書と既発表論文との関係

第Ⅰ部　研究篇

第一章　　未発表

第二章　整版本『和訓栞』と翻刻本『和訓栞』
――鷹詞及び鷹に関する項目よりの考察――　『和洋国文研究』31号（1996）を訂正増補。

第三章　『和訓栞』の版種小考――『和洋国文研究』30号（1995）の前半部を全面改稿。

第四章　『和訓栞』所収の下学集について――日大『語文』100輯（1997）を一部改稿。

第五章　『和訓栞』所収の和名抄について　未発表

第六章　『和訓栞』の版種小考――『和洋国文研究』30号（1995）の後半部を訂正増補。

第Ⅱ部　資料篇

第一章　典拠部　未発表

第二章　校合部　未発表

第三章　翻刻部

(1)　対校『鷹三百首』――遠藤和夫・塚本宏氏との共編。『和洋女子大学紀要』文系編。35集（1995）を改訂。

(2)　未発表

(3)　未発表

典拠部索引　未発表

鷹歌各句索引　未発表

鷹歌各句索引

凡 例

(1) 本索引は翻刻部所収の鷹歌三種（『定家卿鷹三百首（注）』・『西園寺鷹百首（注）』<本文は整版本、歌番号は写本に依った。なお、写本注文中にある整版本18番歌は、※を付して「18ノマエ」と注記し、写本にのみ存する33番歌を加えた>・『龍山公鷹百首』をそれぞれの句から引けるように現代仮名遣いの５０音順にしたがって排列し、該当の鷹歌（「定」・「西」・「龍」の略称を使用）と歌番号を示したものである。

(2) 表記に当たっては以下の方針を採用した。

① 原本の表記をそのまま示した（但し本索引では「は・ハ」、「み・ミ」の区別はせずに「は・み」に統一し、また踊り字の使用は避けた）が、検索の便宜のために現代仮名遣いと一致しない箇所や漢字にはその下にカタカナで読みを明らかにした。

② 原本には振り仮名を付した箇所が若干存するが、上記との区別はしなかった。

③ 掲出の表記と異なる場合は〈 〉の中にそれを示し、また判読しやすいように相当の漢字を括弧を付してできるだけ当てた。

④ 濁点が原本に存する場合はそれを記し、無くともそれが予想される場合は該字の下にカタカナで示した。

⑤ 異本（原本イ）には☆印を記し、該当箇所を下線で示した。なお、同一表記で他の読みが想定される場合には⇨を示した。

（あ）

句	読み	歌番号
あひあはせ（相合）	イ ワ	定310・龍52
間なるらん	アイダ	定284
あひとり（相取）したる	イ ド	龍47
あふことり（合虎鳥）する	ウ	龍49
青薬	アオグスリ	定339
青さしは（差羽）	アオ バ	定290・西96
＜あを差羽＞	オ サシバ	龍22
あをしろほうしろ	オ ジ ジ	龍77
青鷹を ⇨ 「青鷹を」	アオタカ / オオタカ	
あをつはかせ（羽風）に	オ ゼ	龍46
あを（青）とつて	オ	龍98
青觜の	アオハシ	定109
青觜のね（根）に	アオハシ	定167
あをり（障泥）かけにも	オ ガ	龍56
あかき（赤）をは	バ	龍74
あかく（赤）成行	ナリユク	定309
あかけ（網懸）に野され（晒）	ガ ノ ザ	龍72
あかけ（網懸）の鷹の	ガ タカ	西22
あかけ（網懸）より	ガ	定157
あか（赤）鷹の	タカ	定309
あかなくに		西31
赤符紫鶴	アカフ シ ボ	龍78
あかふ（赤符）なるらん		定39
あか（赤）符の中に	フ ウチ	龍74
あから（上）さりせは	ガ ザ バ	西96
あから（上）さるらん	ガ ザ	定165
あかる（上）鶉や	ガ ウズラ	定302
あかる（上）木鳥そ	ガ コトリ（キドリ）ゾ	龍81
あかる（上）巣このり	ガ スゴ	龍68
あかる（上）はし（箸）鷹	ガ タカ	龍15
秋風に	アキカゼ	西68
秋そ悲しき	アキゾ カナ	定66
秋近き	アキチカ	定53
秋近く	アキチカ	定96
秋になりつつ	アキ	定59
秋の朝野の	アキ アサノ	西99
秋のかりかね（雁）	アキ ガ	定85
秋のくる（来）	アキ	定68
秋のこ（来）し	アキ	定64
秋の小鷹	アキ コ タカ	西69
秋のしらつゆ（白露）	アキ	定346
秋のすこのり（巣兄鷂）	アキ ゴ	西76
秋の鷹人	アキ タカビト	定340
秋の田に	アキ タ	定79
秋の野に	アキ ノ	定86・定317
秋の野の	アキ ノ	定61
		定76・定77・定300・定308
		定312・定313・定328・定331
＜秋ののの＞	アキ	定97・定339
秋のはつたか（初鷹）	アキ	定67
秋の日のかけ（陰）	アキ ヒ ゲ	定78
秋の日は	アキ ヒワ	定84
秋の三か月	アキ ミ ツキ	定335
秋のむら（村）雨	アキ サメ	定320
秋の山かけ（影）	アキ ヤマ ゲ	定93・定327
秋の山かせ（風）	アキ ヤマ ゼ	定75
秋の山路の	アキ ヤマジ	定330
秋の山へ（邊）の	アキ ヤマベ	定92
秋の若鷹	アキ ワカタカ	定70
秋やくる（来）らん	アキ	定44
秋山の	アキヤマ	定73・定88
秋より先に	アキ サキ	定44
秋より須磨の	アキ スマ	定326
秋よりも	アキ	定98
秋は来にけり	アキワ キ	定294

秋はけに …… 西74
秋を待てや …… 定57
あくよしもなく …… 西22
明るまて …… 定147
あけすて（捨）て …… 定351
明行月に …… 定20
あけ（上）られて行 …… 定145
朝あけ（明）の …… 西93
朝草の …… 西95
あさ（朝）ことに …… 龍84
あさ（浅）澤水に …… 龍45
朝霜はらふ（払） …… 西77
朝すへ（据）に …… 定148・定257
朝鷹かり（狩）の …… 定18
朝鷹に …… 定10
＜あさ鷹に＞ 龍100
朝鷹を …… 定17
朝なき（凪）に …… 定5・定6
朝日さす …… 定324
朝待出る …… 定113
朝夕鷹の …… 定45
朝夕たて（立）ぬ ……
あさるふもと（麓）の …… 西1
あしを（足緒）さす（差）てふ …… 定194
あしを（足緒）をさし（差）て …… 龍95
あし垣の …… 定284
足革さし（差）て …… 定63
足革つめて …… 定304
あしかはひき（足革引）の …… 龍59
足革を …… 定158
あしき（悪）もなとか …… 定303
あしく（悪）引なは …… 定115
足とり（鳥）に …… 定210
足鳥になる …… 龍13
あし（足）にあるらん …… 定127
足の三つある …… 定178
足引の …… 定116
＜あし引の＞ 定19
足ふみ（踏）に …… 龍59
足ふみ（踏）よくも …… 定138
足ふみ（踏）をしる …… 定107
足もや鷹の …… 定253
梓　弓 …… 定36
あたため（暖）て …… 定31
あたため（暖）なから …… 定32
あたり（当）落し …… 西84
あたり（当）おとして …… 定119・龍71
あたり近くは …… 定140
あたり（辺）なるらん …… 定4
あたり（辺）にかくる …… 定105
あつめ（集）たり …… 龍72
あておとさ（当落）れて …… 龍45
あておとし（当落）たる …… 龍47
跡にもつな（繋）く …… 定200
後には犬の …… 定110
あとの隼 …… 龍47
跡や見ゆらん …… 定1
跡をけち（消）て …… 西3
跡をさし（差）羽の …… 龍21
あまおほひ（雨覆） …… 定326
あまたききす（雉子）の …… 龍14
あはれがひ（飼）して …… 定143
あまたたひ …… 定166
あまた疲の …… 西92
あまた鳥屋 …… 定70
＜あまた鳥や＞ 西25
あまた鳥屋ふむ（踏） …… 定210
あまたより …… 定139
天津かり（雁） …… 龍47
＜あまつかり＞ 龍49
天　河 …… 定60
蜑のさへつる（囀） …… 定24
あまるはし鷹 …… 龍67
網さし（差）て …… 定295
雨すくる（過） …… 定174
天　下 …… 定269
雨はれ（晴）て …… 定78
あやかりて …… 定245
あやめもしら（知）ぬ …… 定49
あらひ（洗）てそかふ（飼） …… 定100
あらひ（洗）てそみる …… 定234
新犬に …… 定229
あら犬の …… 定95・定221
あらくまつみ（荒熊雀鷂） …… 定296
あらしかし …… 西4・西39
あら鷹に …… 定101
＜荒鷹に＞ 定142
＜あらたかに＞ 定106・定344
新鷹の …… 定138
＜荒鷹の＞ 定144・定211
＜あら鷹の＞ 定75
定100・定104・定108・定115
定117・定119・定236・定284
定297・西90
＜あらたかの＞ 定103・定112
定124・定249・定274・定302
定332・龍20
あらたか（鷹）も …… 龍64
あら鷹や …… 定12
定111・定146・定276
あら鷹を …… 定19
定121・定134
＜あらたかを＞ 定110・龍93・定102
あら玉の …… 定1・定271
霰の手まき …… 西66
霰ふる（降） …… 定266・定268
＜あられふる＞ 定265・定220
あられふる（霰降）なり …… 定219
あらはなる …… 龍83・龍86
あらはにみゆる（見） …… 西50
あらはめて …… 西90
有てか鷹を …… 定33
ありもやすると …… 定132
有やらん …… 西72

あは（合）すれは …… 龍11・龍67
合せつや …… 西98
あはせ（合）つる …… 定85・定180
合せつる哉 …… 定299
あはせ（合）てしかな …… 定293
あはせ（合）てやみん …… 龍41
あはせ（合）なむ …… 龍80
あはせ（合）みん …… 龍48
あは（合）ぬはやふさ（隼） …… 龍48
あはれがい　⇨　「あばれがい」
あはれ（哀）さよ …… 西8
哀なり …… 西35
あはれ（哀）なりける …… 龍81
哀にそある …… 西18
あはれ（哀）鵙尾に …… 龍19

（い）

いひ（言）て出つる …… 定315
いひ（言）はそめ（初）ける …… 龍74
いふ（言）へかるらん …… 定130
家つとにせん …… 西28
いかてか鳥の …… 西50
いか（如何）ならん …… 龍33
いかに（如何）して …… 定121
定160・定230・定341
いかにしてかは …… 定171・定314
いかに（如何）してまし …… 龍42
いかに（如何）するらん …… 西90
いかにとそおも（思）ふ …… 定130
いか計 …… 定249
いかり（怒）てはみる …… 西85
息づかひ哉 …… 定279
いぎれや鷹の …… 定127
いき（息）をつくらん …… 定221
いく里人に …… 定248
いけ（生）鳥にする …… 定322
生鳥や …… 定311
いけふくろ（生袋）かな …… 定307
いけるをはな（放）つ …… 定307
石打よりは …… 定103
石をとる（取）らん …… 定55
いつかた（何方）に …… 西3
いつちぬすたつ（盗立） …… 龍8
出るかり（狩）人 …… 定10・定174
出るたかかひ（鷹飼） …… 定5
＜いつるたかかひ＞ …… 定20
いつれ（出）はくるる（暮） …… 定78
いつれ（何）を鷹の …… 定49
いせお（伊勢男）の鷹に …… 定259
いそく（急）狩人 …… 西46
磯山の …… 定164
いたくみせ（見）ねは …… 定253
一羽あるかと …… 定326
一羽も去年の …… 定63
いつとしもなき …… 定84
いつの御代より …… 定82
いつもたつ（立） …… 定196
いつよりかさて …… 定144
偽　をする …… 定315
出入て …… 定193
射て落す也 …… 西48
出山に …… 西81
糸やかけまし …… 定306
糸をみせ（見）たる …… 定122
ゐ（居）なからそみる（見） …… 西67
いなは（稲葉）におつる（落） …… 龍38
稲葉もそよと …… 定96
古しへの …… 定287
犬をふ（追）鷹を …… 定199
犬飼の …… 定23
定152・西47・西85
犬かいつけて　☆ …… 西56
いぬかひ（犬飼）はかり …… 龍55
犬かひ（飼）は …… 西49
犬かみ（噛）すさふ …… 定177
犬さへもまた（又） …… 西10
犬せむる（攻） …… 西24
犬たにもなし …… 西20
犬つなく（繋） …… 西88
犬にかけたる …… 龍25
犬のあたる（当）を …… 定73
犬のあたれ（当）は …… 定304
犬の跡より …… 定208
犬の打かひ（飼） …… 定226
犬のかしら（頭）に …… 西27・龍75
いぬ（犬）のかみ（噛）ふり …… 龍92
犬のこえ（越）行 …… 定280
犬の鈴 …… 西97
犬の鈴をと（音） …… 定151
＜犬のすす音＞ …… 定200
犬の長やり（遣） …… 定84
犬のはさむ（挟）も …… 定166
犬の振舞 …… 西53
犬もひかせで …… 定202・定313
犬やをす（押）らん …… 定210
犬やよく（避）らむ …… 龍60
犬やり（遣）の …… 定156
犬よひつけ（呼付）て …… 西56
犬はあやなし …… 龍82
犬をいる（入）也 …… 定196
犬をかは（飼）まし …… 龍7
犬をそ入る …… 定204
犬を見て …… 定185
犬をやとら（取）む …… 龍85
犬をわするる（忘） …… 定292
命なるらん …… 定297・定311
＜いのちなるらん＞ …… 定37
いのち（命）のかれ（逃）て …… 龍43
今いくか …… 定33
いま（今）いく年か …… 定161
今たにも …… 定70
今一より（寄）と …… 定298
いむ（忌）とこそきけ（聞） …… 龍33
伊与路行 …… 定303

いら（入）ぬ山とは …… 定74
いられはせねと …… 定157
いり（入）あひて …… 龍31
入草に …… 定135・西38
入草にても …… 定276
入草の …… 定165
入ていらぬや …… 定334
いり（入）て見ゆれと …… 定71
いるる（入）より …… 定59
いれ（入）そ煩ふ …… 西44
色々に …… 定234
色は黄にみゆ（見） …… 定9

（う）

うかれてのみそ …… 西2
うけをひ（追）て行 …… 定139
うけをふ（追）鷹の …… 龍53
兎の頭 …… 西11
うしろ（後）より …… 定149
うつもれ（埋）ぬ …… 定238
薄雪や …… 定237
うつら（鶉）取らん …… 定314
鶉のおち（落）の …… 西72
鶉のかしら（頭） …… 定308
鶉の床は …… 西31
うつらふ（鶉符）のたか …… 定312
鶉むれたつ（群立） …… 西71
鶉をも …… 定329
うする（失）ともなし …… 龍61
打せつるかな …… 定298
うた（宇多）の狩は（場）の …… 西59
宇多の枯野の …… 西62
宇多ののみ野に☆ …… 西51
うちいれ（入）て …… 龍13
打がひ（飼）飼て …… 定223
うちがひ（打飼）袋 …… 定156
<打かひ袋> …… 西47
うちかひ（打飼）もなし …… 定156
打かけ（掛）に …… 西49
うちかさなり（打重）て …… 龍52
打からせ共 …… 定8
打たてて …… 西51
打つけに …… 西30
打ならひ（並）たる …… 定291
打のけて …… 定95
打まはし …… 定302
打まはしつつ …… 西81
打よりて …… 定132
うつほ木に巣を …… 定296
うつ羽さき（先） …… 定335
うは玉の …… 定250
うはら（茨）からたち …… 西44
産すへ（居）を …… 定99
うふ（産）たつる …… 龍94
馬のうへ（上）より …… 龍62
生れ来ぬらん …… 定32
生れくる（来） …… 定35
梅につけ（付）つつ …… 定38
梅のはなけ（花毛）の …… 定4
梅の花毛や …… 龍2
浦嶋か …… 定162
うららかにある …… 定12
うれへ（愁）の毛 …… 龍35
うれしさ（嬉）よ …… 西32
上毛下毛を …… 西79

（え）

ゑから（餌殻）成らん …… 定184
ゑから（餌殻）をは …… 定337
餌恋する …… 定179
ゑしみ（餌染）する …… 定167
え（餌）そひききらぬ …… 西5
枝につけ（付）まし …… 定271
枝にや鷹の …… 定150
ゑつさい（雀鷂）の …… 定314
餌包に …… 定147
餌鳴して …… 龍44
えならぬ物は …… 龍44
餌に包てや …… 定164
餌にはかは（飼）まし …… 定162
榎の木の枝に …… 定256
ゑのこ犬かな …… 定81
餌のなけれはや …… 定147
餌袋に …… 定334
西17・西※（18ノマエ）・西28
<餌ふくろに> …… 西11・龍33
餌袋よりや …… 定301
餌ふたふ（太）になれ …… 定305
ゑ（餌）をうとむとや …… 定79
餌をたにも …… 定279
餌をつくりつつ …… 定45
餌をはをす（食）らん …… 定341
餌をもうち（嘔） …… 定144

（お）

をひおとす（追落） …… 龍32
追さまに …… 西71
<をひさまに> …… 定137
をひ（追）羽のかろく（軽） …… 龍68
をひはむる …… 龍29
追そあやうき（危） …… 龍52
大緒あしかは（足革） …… 定206
大緒小緒 …… 定215
大緒さす也 …… 定149
大緒とき（解） …… 西46
大緒なからや …… 定195
大緒なるらん …… 定116
大緒計そ …… 定158
大緒をとき（解）つつ …… 龍63
大たかの …… 定207
おほそら（大空）に …… 龍19・龍37
おふだか（大鷹）の …… 定71
青鷹を …… 定240
大は（羽）かむ（噛） …… 龍65

おほ（大）羽とへはや …… 定71
大羽なるらん …… 定242
大宮人や …… 定231
おかけ見ましや …… 西93
岡のへ（邊）の …… 龍18
岡のへ（邊）のくれ（暮） …… 龍13
をかや（小萱）玉萩 …… 西74
をかんとすれは …… 定125
をきゑ（招餌）かと …… 定267
をき（招）餌ささ（差）ては …… 龍33
をき（招）餌なるらん …… 定334
をきゑ（招餌）にささ（差）ん …… 定227
をきゑ（招餌）に付て …… 定118
をきゑ（招餌）もささ（差）て …… 西※（18ノマエ）
をき（招）餌をすりて …… 定350
をきかひ（招飼）て …… 定198
をきかふ（招飼）に …… 龍44
をきこほす …… 定253
をき（招）しことをも …… 定117
おきつな出そ …… 定225
置てまし …… 定258
をき（招）取て …… 定204
翁さひたる …… 定232
をき（喚）縄を …… 定110
をき（置）もせし …… 定140
おく（奥）へかみ入 …… 定185
おく（奥）床しきや …… 定284
をくるる（遅）鷹や …… 定310
をくれ（遅）先たつ …… 定213
をける遠目の …… 定37
おこゑ（声）を聞て …… 定267
おこゑ（声）をも …… 定101
尾さきはたして …… 定144
尾さきをめくる …… 定152
をささはら（小笹原） …… 龍31
おさまる御代の …… 定333
をしへ（教）草とる（取） …… 定280
をしつけて行 …… 定186
をしなへて …… 西59
をし残す餌を …… 定141
おしむ（惜）あか鷹 …… 龍75
をしやあけまし …… 定108
をすけ（尾末毛）より猶 …… 定129
をそく（遅）も鷹を …… 定299
尾そそりをする …… 龍84
おその子の犬 …… 定212
おそろしけ（恐）にも …… 定155
小田のかりつめ …… 西71
小田のすすき（薄）の …… 龍86
小田のほたての …… 定83
落かかり …… 西87
落草衣 …… 定122
落草に …… 定166
定217・定268
落草の …… 定86・定207
落草や …… 龍28
落草を …… 定186
落くる物か …… 西61
おち（落）にき（来）てこそ …… 定76
落にけり …… 定187
おち（落）にゆか（行）ても …… 定69
をち（落）にゆか（行）てや …… 定124
おち（落）にゆく（行）なり …… 龍55
落に行らん …… 定222
<落にゆくらん> …… 定176
<をちにゆくらん> …… 定71
落ぬへき …… 定191
おちはかり …… 龍7
おちはまり …… 定81
落はまる …… 龍83
落ふし（伏）を …… 西53
落ては …… 定202
落見よと …… 定180
おち（落）もあれとも …… 定336
落は犬 …… 定170
落を見ましや …… 西96
をつきつ（追切）て …… 定334
尾綱あれはや …… 定175
おつれ（落）は犬に …… 龍81
男　山 …… 定176・定307
をと（音）さはかしく …… 定26
音にや鳥の …… 定191
をと（音）のみそ …… 西40
お（雄）鳥つなき（繋）て …… 定128
おな（同）し秋 …… 定305
おなし（同）色なる …… 西96
同し草たつ（立） …… 定283
同し忍ふの …… 定338
おなし（同）日の …… 定18
尾にさす鈴を …… 定230
尾上こす（越） …… 定222
尾上のたか（鷹）の …… 龍54
尾上の雪の …… 定236
尾上まて …… 定181
をのか上に …… 西72
をのかすまきや …… 定15
をのか羽ならぬ …… 定237
尾の下に …… 西91
をのつから …… 定270
をのれとよはく …… 定99
お（尾）花かもとの …… 西29
お（尾）花すり毛や …… 定58
お（尾）花の波の …… 定312・定335
<おはなのなみの> …… 西68
お（尾）花の波を …… 定97
尾花も見ゆる …… 定44
尾羽をききいと …… 定160
尾羽をはいして …… 定249
おほえ（覚）てみゆる（見） …… 龍92
おほえ（覚）はかりの …… 龍28
覚　計を …… 西54
おほえ（覚）行 …… 龍75
女郎花 …… 定317・西74
おもひ（思）出しつ …… 定61

おもひ（思）おもひに …… 西58
おもひ（思）絶ぬる …… 西8
思ひ妻とや …… 定251
思ひわか（分）ねは …… 西57
おもふ（思）には …… 西33
面かはりぬる …… 西36
おもきらひ（面嫌）する …… 定264
面白の羽や …… 西100
おもほえぬ暮 …… 龍24
おもほゆる哉 …… 西19
小山田の …… 定96・定348
親をとる …… 定262
おろさ（降）て過ぬ …… 定46
おろす（降）巣鷹の …… 龍95
尾やいたさ（出）まし …… 定53
尾をつかせ（継）しと …… 定114

（か）

かひ（甲斐）そなき …… 龍70
かひところ（飼所） …… 龍99
かひ（飼）もせむ …… 龍36
かふ（飼）鷹や …… 定250
帰さ夜になる …… 定151
かへ（帰）さ夜ふくる …… 定309
かへし（返）つるかな …… 西※（18ノマエ）
かへり（帰）こそすれ …… 定31
かへりさすなり …… 定112
帰りし鳥の …… 定294
帰りてそすむ（栖） …… 定34
帰りにけらし …… 定25
かへる（帰）岡への …… 定90
帰るかりは（狩場）の …… 西28
帰るかり（狩）人 …… 定38・定199
＜かへるかり人＞ …… 定330
かへる（孵）子の …… 定32
帰るさくらき（桜木） …… 定172
帰るさに …… 定195・定227
帰るさの …… 西52
帰る鷹飼 ☆ …… 西14
帰る鷹かり（狩） …… 西14
かへる（帰）麓の …… 龍43
帰る道より …… 定134
帰る山路の …… 定282
かほる（薫）とみるや …… 定4
かほ（貌）はつみ（雀鷂）かほ …… 龍98
かかみ（鏡）なるらむ …… 龍18
＜鏡なるらん＞ …… 定47
鏡の影も …… 定261
柿のもとつ葉 …… 定352
柿のもとなる …… 定89
かくやあらまし …… 定120
書やをかまし …… 定318
かくる巣に …… 定28
かくれはや …… 定296
かけ鶉 …… 定292
西68・西75・西95
かけをくれ（駆遅）てや …… 定176
かけおつ（懸落）る …… 龍40
懸落し …… 定2
＜かけおとし＞ …… 定126
かけおとし（懸落）たる …… 龍90
かけ（懸）て見えつつ …… 定30
かけ（懸）て見すらん …… 定48
かけ（駆）ても駒を …… 西70
かけ（駆）てゆくらん …… 定269
かけ（懸）ぬものかは …… 定329
かげ（陰）の毛よりは …… 定216
かけ（懸）はつし …… 龍91
懸はつしつる …… 定345
かけほくらかし …… 龍91
風さき（先）に …… 定306
かさす袖より …… 西29
風なかれ（流）する …… 定225
重ても …… 定219
笠の上に …… 西79
かさむけ（風向）の毛を …… 龍34
かしこき御代も …… 定286
数ならぬ …… 定263
霞たつ（立） …… 定289
霞つつ …… 定14
かすみ（霞）のうちに …… 龍4
霞のうちの …… 西93
霞のほら毛 …… 定20
霞や鳥の …… 定37
風かけて …… 定212
かたいりなるは …… 龍97
片鶉 …… 定300・定345
＜かたうつら＞ …… 龍86
かた（片）鶉かな …… 定322
かたかへり（片鴘） …… 定66
かた（片）毛の鷹に …… 定94
かた（肩）にかけつる …… 定346
かた（交）野に出る …… 定60・定228
かたの（交野）の狩の …… 西12
かたの（交野）の狩は（場） …… 西14
かたののきんや（禁野） …… 西41
かた（交）野の原の …… 西21・西36
かたの（交野）のみ野に …… 西51
かた野のみのの …… 定220・西81
＜かたののみのの＞ …… 定281
かた（交）野より …… 定307
かたみにをける …… 定251
かたむね（片胸）を …… 定314
かたむれは …… 西83
かためさるらん …… 定276
片藪に …… 西26
片山里の …… 定131
かた（方）をしら（知）ねは …… 龍80
かた（方）を忘す …… 定64
肩をわり …… 龍46
かつをしし（鰹肉）まて …… 龍50
かつをしし（鰹肉）をや …… 定162
門田の澤に …… 定324
かなくり落し …… 西83

かなくりおとす ……… 定75
かねつけ（漿付）毛 ……… 龍51
かね（漿）付の毛は ……… 定201
鎌倉の里 ……… 定34
かまはやふさ（鎌隼）や ……… 定65
かみ（嚙）すさむ ……… 西10
かみ（嚙）捨て ……… 龍82
かみ（嚙）つる犬や ……… 定181
髪なれや ……… 定3
かみにかめ ……… 西30
神の贄鷹 ……… 西39
神のみかり（御狩）の ……… 定269
神祭つつ ……… 西79
神祭なり ☆……… 西79
神代よりもや ……… 定287
かむ犬の ……… 龍5
鴨居の鷹の ……… 龍90
<かもゐの鷹の> 定109
鴨の木の ……… 定150
かやくきを ……… 定328
からくつわ（唐轡） ……… 定83
から（唐）国よりや ……… 定343
烏なく（鳴） ……… 定131
烏のき（来）てや ……… 定351
烏　府の ……… 定178
から（唐）人の ……… 定251
からむはし鷹 ……… 龍27
狩いり（入）て ……… 龍57
狩かへる ……… 西81
狩くらし（暮） ……… 定224
<かり暮し> 定309
<かりくらし> 定282
狩くらし（暮）つつ ……… 定91・西51
狩くれ（暮）ぬ ……… 西22
狩声の ……… 西97
狩声のする ……… 西41
狩こゑ（声）を ……… 西85
狩衣 ……… 西16
<狩ころも> 龍14
<かりころも> 龍22
<かり衣> 定11・定209
定281・定340・定346・西73
西76・龍12・龍21・龍70
かり衣かな ……… 定241
<かりころもかな> 定243
かり（狩）杖なら（鳴）す ……… 西35
狩杖の ……… 定192
かり（狩）杖ほうし（帽子） ……… 西49
かりつめのたか（鷹） ……… 定96
かり（刈）てふく（葺） ……… 定65
かりて行らん ……… 定224
かりとく鷹の ……… 定158
狩に出て ……… 西18
かり（狩）に出ぬと ……… 西6
かりにゆふてふ ……… 定189
かり（仮）のうき世に ……… 西3
かりのこす（狩残） 龍38
狩の鳥 ……… 西9
かり（狩）の御鷹を ……… 西66
かりは（狩場）なりけり ……… 定292
狩は（場）の小野の ……… 定196
<かりはのをのの> 定265
かりは（狩場）の鷹の ……… 西40
狩は（場）の鷹も ……… 西43
かりは（狩場）の外に ……… 定145
かりははて（狩場果）なき ……… 定7
狩人の ……… 定155
定171・定184・定190・定203
定238・定273・定280・定348
西7・龍82
<かり人の> 定127・定151
定191・定232・定234・定310
狩人や ……… 定274
かり（狩）人を ……… 定60
かり（狩）廻す ……… 西48
かり（狩）行末の ……… 定66
狩ゆけ（行）と ……… 西39
かり（狩）侘ぬ ……… 西20
かりをこそとれ ……… 龍46
かる（刈）てふ稲の ……… 定79
かれかはき（枯乾）たる ……… 西17
枯野にひらむ ……… 定329
かれ（枯）野の中に ……… 龍83
かろ（軽）く見えつつ ……… 西47
河岸に ……… 定80
河内女の ……… 定293
川のほとりの ……… 定150
川舟の ……… 定228
かはりけり ……… 定98
かはりてや ……… 西64
かはり行へき ……… 定39
かはる見ところ（所） ……… 龍36
かはるらし ……… 定244
かは（飼）ん丸はし ……… 龍95

（き）

きか（利）ねはや ……… 定119
聞すへ（据）てをく ……… 定6
ききすへ（聞据）鳥の ☆……… 龍8
ききすへ（聞据）鳥や ……… 龍8
ききす（雉子）たつ（立）也 ……… 龍30
ききす（雉子）鳴也 ……… 西52
<ききすなくなり> 定16・定17
雉子なるらん ……… 定23
ききす（雉子）もや ……… 龍13
ききす（雉子）やたたき ……… 龍15
聞ふせてけり ……… 西77
聞まかひぬる ……… 西69
聞も定めす ……… 西94
聞程に ……… 西88
きぐろふ（黄黒符）のたか ……… 定317
聞ゆるは ……… 定69
木しけき秋の ……… 定72
雉たつ山の ……… 定11

雉のかくれ（隠）も ……… 西35
きせ（着）ても出る ……… 定272
木鳥～ ⇨ 「木鳥～」
木にあかる（上）らん ……… 定350
昨日けふ（今日） ……… 定248
昨日といひ（言） ……… 西22
昨日のまし（増）餌 ……… 定275
木のもと近く ⇨ 「木のもと近く」
吉備津御神の ……… 定288
君か為なる ……… 西63
君しらす（不知）とや ……… 定239
君にも有哉 ……… 定270
けふ（今日）ことに ……… 龍24
けふのかりは（狩場）そ ……… 西65
けふ（今日）の狩は（場）の ……… 西79
けふ（今日）のより数 ……… 定166
今日もさなから ……… 西22
＜けふもさなから＞ ……… 定91
今日もまた ……… 定278
霧こめて ……… 定67
きはりなは ……… 龍95

（く）

水鶏飛する ……… 西92
くゐなとひ（水鶏飛）にも ……… 龍12
水鶏とひ（飛）の ……… 定277
くくりもそする ……… 定51
草かくる（隠）らん ……… 西50
くさ（草）かくれ（隠） ……… 龍40
草かくれ（隠）つつ ……… 定182
草数とれ（取）は ……… 西87
草数をとる（取） ……… 定126
草かりの ……… 定198
草飛犬の ……… 定146
草とり（取）に ……… 西69・龍54
草とる（取）をと（音）は ……… 西78
草とる（取）鷹に ……… 西45・龍13
草取鷹の ……… 定2
＜草とる鷹の＞ ……… 西42
＜草とるたかの＞ ……… 龍31
草とる（取）鳥や ……… 龍71
草にとり入 ……… 定290
草にはむ（食）らん ……… 定83
草にふす（伏）らむ ……… 龍10
草に見ふする ……… 定300・西7
草にもふさ（伏）す ……… 西24
草のしけみ（茂）を ……… 定77
草ふかく（深） ……… 定346
草枕 ……… 西65
草もゆるかぬ ……… 定347
草やうつ（打）らん ……… 龍56
草はあれとも ……… 定191
草分衣 ……… 定320
葛はかま（袴） ……… 定76
薬かひ（飼） ……… 定255
薬かひ（飼）てや ……… 定258
薬かふ（飼）らん ……… 定41・定274
くたら野の ……… 定235
くたりけ（毛）になる ……… 定279
くたりに鳥そ ……… 西87
くた（管）を入たる ……… 定116
口餌あきつつ ……… 定347
口餌にやすく ……… 定171
口餌ひかする ……… 定223
口餌ひかせつ ……… 定316
口餌ひかせて ……… 定211
口餌ひき ……… 定168・定338
口餌ひくには ……… 定273
口餌ひくらん ……… 定163
口餌見せてや ……… 定101
觜～ ⇨ 「觜～」
口分に ……… 定194
くつろけは ……… 龍64
くつ（沓）を結ひて ……… 定207
＜くつをむすひて＞ ……… 龍37
くひ（頸）のあたりの ……… 定120
組鷹は ……… 定80
雲の梯 ……… 定67
雲井をかける ……… 龍44
くもてわかれ（蜘蛛手分） ……… 龍98
くもる（曇）らし ……… 定247
くらゐ（位）の毛をや ……… 定54
闇き所に ……… 定102
くらし（暮）つつ ……… 定134
暮る日に ……… 定316
＜くるる日に＞ ……… 龍43
くるる（暮）まて ……… 龍79
暮てや雉の ……… 定27
暮てや鷹を ……… 定18
暮て行 ……… 定215・定271
暮ぬと帰る ……… 定198
暮ぬとて ……… 定149・定173
＜くれぬとて＞ ……… 定301
暮ぬへし ……… 定84
くれ（暮）ぬれは ……… 龍66
くれ（暮）のさひしさ ……… 定131
くれは鳥 ……… 定49
黒符黄黒符 ……… 龍78
黒府成らん ……… 定296
＜くろふなるらん＞ ……… 定201
黒府の鷹や ……… 定178
くはせ（食）して ……… 西45

（け）

けさ（今朝）のあさすへ（据） ……… 定109
今朝見れは ……… 定275
けさ（今朝）もいれ（入）つつ ……… 定254
けさ（今朝）はうつらん ……… 定141
けちかへぬ ……… 龍96
毛なしはき ……… 定63
けに面白き ……… 定213
けにけにと ……… 西19
けにはす（巣）鷹そ ……… 定157
毛のためならぬ ……… 定57

毛花ちら（散）して …… 定331
毛をかへ（替）は …… 定39
毛をむしらする …… 定163
毛を分て …… 定254

（こ）

こひ（恋）てふ事の …… 定252
木居つたひ（伝） …… 龍75
木ゐ（居）取かぬる …… 定152
木ゐ（居）とる雉の …… 定81
木居とる鷹の …… 定 1
木ゐ（居）とる鷹を …… 定204
木ゐ（居）にあかり（上）て …… 定250
木ゐ（居）にあけ（上）つる …… 定126
木居にかかれる …… 定26
木居ふるまひ（振舞）を …… 龍61
木ゐ（居）丸や …… 定217
木ゐ（居）やとる（取）らん …… 定69
木居より出て …… 龍17
<木居よりいてて> …… 龍27
木ゐ（居）はされとも …… 定165
木ゐ（居）を取らん …… 定119・定268
<木ゐをとるらん> …… 定124・定145
木ゐ（居）をなみ …… 西 2
かふて符鷹や …… 定339
声するほと（程）に …… 定341
声立て …… 定16
越て行 …… 定208
声とよむなり …… 西88
声にてしるし …… 定179
こゑ（声）にてそしる …… 定73
こえ（越）ぬらむ …… 龍15
声や待らん …… 西34
こえ（越）行鳥に …… 龍52
氷ける …… 西80
氷しぬ …… 西82
木かくれ（隠）に …… 定132
木かくれ（隠）ふか（深）き …… 龍89
漕よは（弱）り …… 定225
こくひ（小頸）まはりの …… 定254
こくひ（小頸）をつきて …… 龍46・龍93
こけら（柿）毛を …… 定218
心ちして …… 定125
心あらは …… 定262
心得てする …… 定183
心得てせよ …… 定99
心をく（置）らん …… 定146
心ききてや …… 定55
心さきたつ（先立） …… 定229
心つくしの …… 西13
心なく …… 西94
心なくても …… 定13
心ならざる …… 定233
心には …… 定71
心のうちを …… 西33
心もしら（知）ぬ …… 西26
心やすく（安）も …… 定43
心ゆるす（許）な …… 定118
心よは（弱）さよ …… 西 5
こころ（心）をそへ（添）て …… 龍36
こころ（心）をそへよ（添） …… 龍39
腰にさし（差）ては …… 定168
こし（腰）は見えつつ …… 定99
梢をたかみ（高） …… 定46
<こすゑをたかみ> …… 龍79
梢を近み …… 定105
こすゑ（梢）をはらふ（払） …… 龍88
去年の赤府の …… 定94
こそ（去年）のわかたか …… 定266
去年よりは …… 定66
こたふる（答）はかり …… 西84
小鷹犬かな …… 定291
小鷹狩 …… 定326
定333・西31
<小鷹かり> …… 西29・西67・西99
小鷹取かふ（飼） …… 定307
小鷹のとり（鳥）の …… 龍29
小鷹人 …… 定304
今年初て …… 西32
こと鷹を …… 定130
事のうれしさ（嬉） …… 定135
事のくやしさ（悔） …… 定159
詞　成らん …… 定190
事もやあると …… 定117
木とり（鳥）そといふ（言） …… 西88
小鳥とる（取） …… 定327
小鳥をつくる …… 定318
木鳥をは …… 西48
籠には入らん …… 定249
こぬけする …… 定30
此秋の …… 定74
此柿木を …… 定214
此里の …… 定179
木下麦の …… 定292
木下かり（狩）は …… 定73
この鷹の …… 定123
木葉かへり（復）の …… 定313
此御代よりや …… 定194
木のもと近く …… 定233
このり（兄鷂）なるらん …… 定348
こほしさき（拳先） …… 定115
駒打はやめ …… 西46
こま（駒）打まはし …… 定300
駒打よせ（寄）て …… 定196・定319
駒つなく（繋） …… 定83
駒に付つつ …… 定291
駒のつまつく（躓） …… 定195
駒ののり（糊）毛も …… 定238
駒をかくらん …… 定175
駒をならふる（並） …… 西27
駒をはやむる（早） …… 定310・西37
こめ（米）山の …… 西12
こもづち（薦槌）ききの …… 定133
こもつちこえ（越）の …… 龍29・西100

- 小山かへり（鵃）…… 龍73
- 小山かへり（鵃）の …… 定19
- これ山すみは …… 定303
- これをいふ（言）なり …… 龍65
- ころとりをして …… 龍48
- 子はあまた …… 定25

（さ）

- さか跡に …… 定221
- さかとりにかむ（噛）…… 龍96
- さかな（肴）にせしは …… 西11
- 肴や鷹の …… 定184
- 鷺毛くくいけ（毛）…… 龍76
- 先出す・おとす ⇨ 「先出す・おとす」
- さき（先）鷹の …… 龍47
- さき（先）たてて …… 定97
- 先はみゆ（見）らん …… 定216
- 桜かり（狩）する …… 定22
- 酒をすすむる …… 定184
- さ（狭）衣の毛を …… 定219
- ささ衣 …… 定220
- ささ竹の …… 定231
- さしゑ（指餌）をしてや …… 定142
- さし落す …… 定272
- さしてけり …… 定206
- さして用なき …… 西17
- さしときぬとや …… 定332
- さしとく鷹の …… 定301
- さしは（差羽）なるらん …… 定339
- さしも見えねと …… 定242
- さす（差）へを（経緒）の …… 定298
- させ（差）るゑ（餌）袋 …… 定117
- さたまれ（定）る …… 龍26
- さ（五）月毛は …… 定49
- さてもや人の …… 定52
- さてはうつら（鶉）符 …… 龍78
- 里近き …… 定136
- 里つかれ（疲）…… 定169
- 里の犬にも …… 定169
- 里よりみ（見）つつ …… 定174
- さのみはいかか …… 西16
- さのみはと …… 定151
- さはき（捌）たてやる …… 龍7・龍92
- さはき（捌）とらふる …… 定95
- さはき（捌）なしにや …… 龍6
- さはき（捌）にやせん …… 定110
- さほひめかへり（佐保姫鵃）…… 龍73
- さほ（佐保）姫の …… 定3・定38
- ＜さほひめの＞ …… 龍51
- 寒き狩は（場）の …… 西19
- さむき（寒）事 …… 西10
- さむけれ（寒）は …… 定272
- さもあらて …… 定305

（し）

- 椎の木ゐ（居）たに …… 西13
- しほしほと …… 定320
- しほるる袖は …… 西99
- しほ（塩）をかふ（飼）らん …… 定164
- 鴫を付らん …… 定352
- 鴫を付けん ☆ …… 定352
- 時雨ふる（降）…… 定92
- 時雨行 …… 定330
- しけき（繁）すてかい（捨飼）…… 定25
- しけき（繁）にしるし …… 定74
- しけき（繁）の（野）山の …… 龍32
- 茂りあひ（合）て …… 西44
- しけ（茂）る木の …… 龍16
- しし（肉）あひちかふ …… 定344
- ししたかく（肉高）…… 定157
- ししたかに（肉高）…… 龍53
- ししたかみ（肉高）…… 定125
- 肉たかふ（高）なる …… 定275
- 肉むくるとて …… 定100
- しし（肉）もひき（引）…… 定106
- 肉も日も …… 定350
- しし（肉）はいかにと …… 定211
- しし（肉）を引つる …… 定143
- 肉をひく（引）らん …… 定218
- しつか（静）になりて …… 西97
- したひ（慕）てや …… 定64
- した（下）手より …… 西86
- 下はふ（這）鶉 …… 西70
- しため（下目）にそなる …… 龍35
- した（舌）も白鷹 …… 龍77
- 下行水の …… 定50
- したりを（尾）の …… 西23
- したるかるらん …… 定273
- しつるしるしに …… 定156
- しつるははきに …… 定155
- してし哉 …… 定138
- しとと（鵐）尾ましる …… 龍76
- しとと（鵐）こあかり …… 西28
- しとと（鵐）なき（鳴）…… 龍39
- しぬ（死）れはしなぬ …… 定311
- しの（篠）吹すさふ …… 定231
- しのふのおこゑ（声）…… 定69
- しのふ（忍）の山の …… 定58
- しのふ（忍）水 …… 定89
- 忍ふ山 …… 定213
- 柴打からす …… 定265
- しはし（暫）かは（飼）まし …… 定142
- しはし（暫）草どる（取）…… 定328
- しはし（暫）小鳥の …… 定297
- しはし（暫）過すも …… 西21
- しはし（暫）つなか（繋）ん …… 定342
- しはしは（暫暫）も …… 西1
- しはし（暫）や鳥の …… 定221
- しは（芝）ふみ（踏）落る …… 西95
- 霜かれ（枯）に …… 西50
- 霜さやく …… 定329
- 霜さゆる（冴）…… 定90
- 霜分る …… 西62
- ち（地）山はわかき（若）…… 龍7

浄土なるらん　定68
しら（白）尾つか（継）すは　西93
しら（白）尾の鷹そ　龍3
しら（白）尾はかりや　定282
しら（白）鷺の　龍45
しらせ（知）初けん　定101
白鷹の子の　定28
しらぬり（白塗）の鈴　定235
しら（知）ぬわかたか（若鷹）　定220
白府なるらん　定237
＜しらふなるらん＞　定289
しらふ（白府）にきれる　定192
白府になれと　定245
しら（白）符ましら（真白）符　龍77
虱の薬　定254
しらみやすらん　定139
白雪を　定243
しら（知）れぬる哉　西42
しるへなりける　西40
しるへはかりに　龍16
しるへはかりの　龍89
白く見ゆらん　定129

（す）

すへ（据）あくる　定77
すへ鷹人の　定74
すへ（据）たる鷹そ　西85
末つき鷹や　定21
すへ（据）て見る　定102
すへ（据）て行　定17
すへ（据）ならふ（並）　定107
すゑ（据）なれぬ　龍59
すゑ（末）の毛たつる（立）　定111
すゑの（末野）のはら（原）に　龍93
末野を分る　西73
すへも定めす　西66
すへ行たか（鷹）や　定348
すへ（据）られやせん　定138
巣おととひにし　龍94
巣おろし（下）の　定62
巣かへり毛　龍94
すかくりけ（毛）　定120
すかた（姿）なるらん　定123
姿にしるる　西49
すかのとや（鳥屋）なる　定47
杉たてる　定105
過ぬ也　定161
過行を　定295
すくな（少）かるらん　定349
巣子の中にも　龍94
巣子のはやふさ（隼）　龍44
少あれとも　定258
すこし（少）持つる　定147
巣兄鵰を　定294
すすか（鈴鹿）の関を　定208
すすか（鈴鹿）山　定259
すすけもそする　定140
鈴子さし（差）　龍8
鈴させ（差）る　定248
すすし（生絹）の袋　定114
鈴そ知する　西78
鈴付に　定114
鈴なら柴の　定241
鈴ならす（鳴）　西27
鈴ならす（鳴）らん　定111
鈴の音　龍25
＜鈴のをと＞　龍89
すす（鈴）の音かな　定207
鈴のをと（音）に　龍10
すすのこ（鈴子）さし（差）て　定10
すす（鈴）のなる（鳴）にも　西42
鈴の目させる（差）　龍5
すす（鈴）はかり　龍6
すす（鈴）はしらせ（走）て　龍54
すす（鈴）舟よする（寄）　定24
鈴虫のこゑ（声）　西69
すすめ（雀）鷹こそ　定305
鈴もち（持）や　定88
鈴やなる（鳴）らん　定290
鈴をさし（差）　定211・龍63
鈴をさし（差）けん　定287
鈴をさし（差）つる　定163
鈴をさす（差）　定9
鈴を付つつ　定149
すす（鈴）をならさ（鳴）て　定333
すす（鈴）を袋に　定59
すそこ（裳濃）のさし（差）羽　龍22
巣鷹巣まはり（廻）　龍72
すたかとや（巣鷹鳥屋）　龍61
巣鷹なるらん　定58
捨る狩人　定177
すて（捨）子のかいこ　定31
捨つつあか（上）る　定183
捨てけり　定226
巣ふし（臥）つる　定25
巣臥て鳥の　龍34
巣ふす（臥）らし　定30
すへりゆふ　定142
巣まさりにゑ（餌）を　定48
須磨の雨かせ　定278
須磨の浦に　定24
須磨の浦ふね（舟）　定225
須磨の山　定187
巣まはり（廻）のたか（鷹）　定46
角の柱に　西64
摺初けん　定343
するほともなし　定136
すわのみかり（諏訪御狩）に　定62
諏訪の御代より　定288
す（巣）をとり（取）になと　定32

（せ）

せし程に　定299
せまち（背待）町かた（像）　龍76

（そ）

そかひに鷹そ　西86
底清み　定216
そことと（鳥）立も　西59
そことなく　龍89
そこに見えつつ　定228
そそろうつ（鳩打）らん　定147
そそろ（鳩）もしける　定106
袖しみこほ（氷）る　定241
袖にもゆき（雪）の　龍3
袖吹かへす　西68
袖よりすく（過）る　定320
岨の高木に　西84
そはみ（欹見）鷹　西19
そはみ（欹見）てゐ（居）たる　定255
空とる（取）鷹を　西37
空にして　西83
空にも鳥を　定269
空には鈴の　西40
空よりも　龍71
空を見るらん　定181
それ共見えす　定246

（た）

大をや犬と　定130
たへかねて（堪兼）　西87・龍81
鷹あひ（間）は　龍58
鷹あかり（上）つつ　西84
手かへり（帰）にける　龍3
たかへる（手帰）鷹の　定334
手帰る迄も　西25
鷹をき（招）取て　定151
鷹おこす（起）也　定63
鷹かひ（飼）帰る　定224
鷹飼の　定37
定228・定277
＜たかかひの＞　定243
鷹かひ（飼）の山　定238
鷹かり（狩）も　西8
鷹さし取て　西48
鷹すへ（据）す共　西74
鷹そあやうき（危）　定255
鷹そゐあかる　西97
鷹そかしこき（賢）　定183
たか（鷹）そらすらん　定231
鷹たぬき　定107
たか（鷹）つかふ（使）　西21
鷹つのる也　定98
鷹とてせむる（攻）　西24
鷹と成にし　定287
鷹とはふ（飛）　龍23
鷹とりかは（取飼）ぬ　定226
鷹なふり（攤）　定168
鷹にあはせ（合）ん　龍83
鷹にかふ（飼）ゑ（餌）を　定50
鷹にかふ（飼）らん　定79・定89
鷹にかかるを　定95
鷹にさし（差）　龍25
鷹に鈴さし（差）　西46
鷹にとら（取）るる　龍86
鷹に鳥をや　定83
鷹に羽虫の　定41
鷹により　龍76
鷹のありとは　定179
鷹のいきけの　定258
鷹のゐる（居）　定233
＜たかのゐる＞　定285
鷹のをひ（追）鳥　龍38
鷹のをひ（追）羽に　定186
鷹の追羽や　龍66
鷹のをきこゑ（喚声）　龍89
たか（鷹）の尾すけ（末毛）の　龍36
鷹の尾の　☆　西16
鷹の尾の名の　定270
鷹の巣まさり（勝）　定35
鷹のかしこさ（賢）　龍49・龍88
鷹のかり（狩）杖　定154
鷹の草取　定265
鷹の毛あしさ　定264
鷹の毛の　定122・西16
鷹の心の　定137
たかのしやうそく（装束）　定113
たか（鷹）のしらみ（虱）を　定234
鷹のしるしに　定290
たか（鷹）の巣しるし　定105
たか（鷹）のすすこゑ（鈴声）　龍26
鷹のそはなる　西4
鷹の手ふるひ（振）　定148
鷹の鳥や（屋）なる　定52
鷹の鳥　西92
＜鷹のとり＞　龍37
＜たかのとり＞　龍32
鷹の鳥鳥　龍62
鷹の名の　定26
鷹のならひは　龍69
鷹のにくさに　定316
鷹の羽かきは　西55
鷹のはかせ（羽風）も　龍2
鷹の羽くらへ　定11
鷹のは（羽）もろさ　定188
鷹のはやるを　定197
たか（鷹）のひし（菱）毛も　定203
鷹のふせきぬ（偃衣）　定272
鷹の符に　龍78
鷹のふるまひ（振舞）　西23
西38・龍57
鷹のふるまひ（振舞）☆　西55
鷹の府を　定251
鷹のみさこ（鴡鳩）羽　定187
鷹のみたつ（立）る　西15
たか（鷹）のみたれ（乱）符　定338
鷹の目をはむ（喰）　定9
鷹の行鳥　定209

たか（鷹）の行(ユク) 定169
＜たかのゆく＞ 定229
鷹(タカ)のより（寄）数(カズ) 定324
鷹(タカ)の鷲毛(ワシゲ)の 定235
たかは(バ)かり（鷹秤） 定176
鷹放(タカハナ)すらん 定195
鷹(タカ)はやみ（早見）ぬと 西88
鷹人(タカビト)の 定78
定173・定227・定275・定315
西34・龍56
鷹一(タカヒト)もと（聯）に 定206
鷹人(タカヒト)や 定313
鷹(タカ)まち（待）かけて 龍11
鷹(タカ)もき(ギ)初(ソメ)て 定330
鷹(タカ)もくさ（草） 龍65
鷹(タカ)やあは(ワ)（合）せん 龍16
鷹(タカ)や追(オウ)らむ(ン) 龍14
＜鷹(タカ)やを(オ)ふ(ウ)らん＞ 定97
鷹(タカ)やかは(ワ)（飼）まし 西82
鷹(タカ)やしら（知）まし 定262
鷹(タカ)や野(ノ)もり（守）の 龍18
鷹(タカ)やまさら（勝）ん 龍94
たか（鷹）やまつ（待）らん 定308
鷹(タカ)やまは(ワ)まし 定14
鷹(タカ)や行(ユク)らん 定152
鷹山(タカヤマ)に 西１
鷹山(タカヤマ)を 龍52
鷹(タカ)より後(アト)に 定180
鷹(タカ)よりも猶(ナオ) 定263
鷹は(タカワ)ありけん 定286
鷹は(タカワ)木居(コイ) 西53
鷹は(タカワ)鳥屋(トヤ) 定59
鷹は(タカワ)はや（早） 定161
鷹は(タカワ)むこ（婿）鳥(ドリ) 定170
鷹は(タカワ)もし 定139
鷹(タカ)を合(アワセ)て 西56
鷹(タカ)をすへ(エ)（据）つつ 定７
たか（鷹）を尋(タズヌ)る 定131
鷹(タカ)をみ（見）しかと 定248
たけ（丈）によるらん 定192
たすけ（助）は(ワ)人(ヒト)の 西16
たつ(ズ)ね（尋）かね（兼）けり 龍54
たつ(ズ)ね（尋）行(ユク)らん 定248
たた(ダ)さき（徒前）の 定123
たた(ダ)（正）しくも 龍92
只(タダ)すがけする 定276
たた（立）ぬにうつる 西73
たた（立）ぬ日(ヒ)は(ワ) 龍34
たた（立）ぬ間(マ)に 西70
たた(ダ)一(ヒト)より（寄）と 定17・定78
たた(ダ)一(ヒト)より（寄）に 定84・西32
たたみ（畳）のうらに 定255
たち（立）かは(ワ)りけり 龍32
たち（立）て行(ユク) 龍69
たちて行(ユク)○○〔２字分欠〕 定214
たちのほ(ボ)る（立上） 龍67
たちのほ(ボ)る（立上）鳥(トリ)を 龍58
立(タチ)はしり（走）つつ 定125
たちまふ(ウ)（立舞）鷹(タカ)の 龍19
たちもとを(オ)るる 西75
たちゆく（立行）を 龍57
たつ（立）うつ(ズ)ら（鶉）かな 龍23
たつ（立）そら（空）もなき 龍87
立空(タツソラ)もなし　☆ 西24
立(タツ)としもなし 西24
立鳥(タツトリ)に 定136
たつ（立）鳥(トリ)の 龍12
たつ（立）鳥(トリ)を 西45
たつる（立）かり（狩）人(ビト) 定300
たつる（立）はし鷹(タカ) 龍34
たつる（立）ものから 龍35
たつやま（立山）は(ワ) 龍14
立(タツ)るは(ワ)鷹(タカ)や 定218
たて（立）てまねは(バ)や 西63
たて（立）なか(ガ)ら 定182
たて（立）は(バ)鷹(タカ) 龍81
たで（蓼）符(フ)の鷹(タカ)の 定343
たて（立）るうつ(ズ)ら（鶉）に 龍21
たて（立）る薄(ススキ)の 西72
たて（立）んとや 西41
たとふ(ウ)るに 龍97
たなさき（手先）の 西64
手(タ)なれ（馴）の鷹(タカ)や 定273
谷川(タニガワ)の 定212
谷川(タニガワ)の水(ミズ) 西80
谷こ(タニゴ)し（越）に 西56
谷(タニ)ふかみ（深） 西44
谷水(タニミズ)もなく 西82
谷(タニ)よりも 定185
狸(タヌキ)のあふ(ブ)ら（油） 定107
たのますよ 西23
田面(タノモ)のしろの 龍49
田面(タノモ)の鳥(トリ)に 定80
田面(タノモ)はるかに 西67
手(タ)走(バシリ)て 西66
手(タ)放(バナシ)かくる 龍26
手(タ)放(バナシ)に 龍30
手(タ)は(バ)なし（放）ぬれは(バ) 西71
手(タ)は(バ)なし（放）の 龍18
手(タ)は(バ)なし（放）の鷹(タカ) 龍39
手(タ)は(バ)なせ（放）は(バ) 龍62
手(タ)は(バ)なせ（放）る 龍４・龍21
手(タ)は(バ)なれしてける 定154
たひ(ビ)（度）にあやうく（危） 定188
たふ(ブ)るひ(イ)（手振）しつつ 定338
手(タ)ふ(ブ)るひ(イ)（振）を 定111
手(タ)ふ(ブ)るひ(イ)（振）をして 龍84
手(タ)まき（巻）なくても 定138
たまらす(ズ)さき（先）に 西95
たまらて(デ)あか(ガ)る（上） 定217
たまりもあへ(エ)す(ズ) 定268
たまれるを 定256
手(タ)向(ムキ)を(オ)き（置）て 西79
手(タ)むき（向）丸(マル(ロ))とは(ワ) 定121

たもろく見ゆる …… 西38
たらすかけ（不足懸）して …… 龍66
誰かこつほ（小壺）の …… 定256

（ち）

ちかく（近）とる山 …… 龍58
近く成らん …… 定15
近けれと …… 西14
ちか山あさる …… 定23・西20
力あれはや …… 定104
力　餌や …… 龍36
千とせ（年）の日次 …… 西63
ち（地）山は～ ⇨ 「ち（地）山は～」
勅ありて …… 定235

（つ）

つえ（杖）うち（打）ぬれは …… 龍82
杖なから …… 定172
つかひ（使）けん …… 定264
つかふ（使）たか山 …… 龍6
つかふ（使）時こそ …… 西33
つかふ（使）みさご（鵙鳩）羽 …… 龍90
つかふ（使）物なき …… 西8
つかふ（使）らし …… 定72
つかふ（使）らん …… 定214
つかふ（使）わかたか（若鷹） …… 西32
つかへ（番）つつ …… 定113
つかれ（疲）鷹 …… 西78
つかれ（疲）たる …… 龍85
つかれ（疲）つつ …… 定195・龍9
つかれ（疲）にあかる（上） …… 西48
つかれ（疲）に犬を …… 西44
つかれ（疲）に立る …… 西47
つかれ（疲）<u>にて</u>☆ …… 西78
つかれ（疲）にふさぬ …… 西9
つかれ（疲）には …… 西13
つかれ（疲）のかす（数）を …… 龍12
つかれ（疲）の鷹の …… 西2
つかれ（疲）の鳥の …… 定166
＜つかれのとりの＞ …… 龍61
つかれ（疲）のとり（鳥）や …… 龍10
疲の鳥は …… 西90
＜つかれの鳥は＞ …… 定182
つかれ（疲）の鳥を …… 定277・龍75
つかれはしり（疲走）の …… 定229
つかれ（疲）むこ（婿）鳥 …… 定283
つき（継）尾の鷹の …… 龍4
つき（継）尾もさそな …… 定8
つき（継）尾や鷹の …… 定289
つき（付）て行らん …… 定104
つき（継）はしめ（初）けん …… 定103
月日の末の …… 定215
つきまはすそら（空） …… 龍17
月をまち（待）つつ …… 定309
造田の …… 定127
つけなき（鳴）をして …… 龍30
つたかつら（蔦葛） …… 西70
土餌をは …… 定100
つつ（続）く藪原 …… 龍85
包餌にして …… 定274
馬鞭草 …… 定318
つなき（繋）置たる …… 定158
つなき（繋）つつ …… 定159
つなき（繋）てそをく …… 定102・定143
つなき（繋）てそみる（見） …… 定189
つなく（繋）筏の …… 定80
つなく（繋）小たか（鷹）の …… 定341
つなけ（繋）共 …… 定255
綱をさし（差） …… 定128
つはさ（翼）をたれて …… 西9
つはな（茅花）毛を …… 定42
つまあらそひ（妻争）と …… 定11
妻恋するや …… 定23
つましろに …… 龍77
つまや恨る …… 定16
つみかほ（雀鷂皃）のたか …… 定261
つみ（雀鷂）てふ鷹に …… 龍24
つみのわかたか …… 定328・西26
詰られて …… 西91
露そこほるる …… 西29
露散て …… 龍23
つゆ（露）ふかく（深）とも …… 西31
露分る …… 西99

（て）

手さき（先）の物を …… 定323
手習に …… 定55
手なれ（馴）～ ⇨ 「手なれ（馴）～」
手にすへ（据）て行 …… 西58
手に又おつる（落） …… 定142
手にもたまらぬ …… 定102
手引の糸の …… 定293
手袋　引て …… 定112
＜手ふくろひきて＞ …… 龍64
手まき～ ⇨ 「手まき～」
手もとにて …… 定345
手も羽もきくと …… 定209
出山にとり（鳥）の …… 龍57
手をかけづめ（懸爪）や …… 定321
手をかけは …… 定104
手をむなしくて …… 西14

（と）

鳥跡かな …… 龍92
とあと（鳥跡）をとめて …… 龍5
どうけ（胴気）有らん …… 定144
同母の ⇨ 「同母の」
どうやうた（打）まし …… 定115
遠きおのへ（尾上）に …… 定175
遠きかへさ（帰）に …… 定177
遠　野の …… 定21
遠く行らん …… 定351
遠くゆけ（行）はや …… 定249
遠立て行 …… 西95

遠はまり　定177・西78・西93
とを（遠）羽ひくらん　定191
遠はまりして　龍86
遠み（見）そつくる　西54
遠見鷹　西98
とをみたて（遠見立）つつ　西34
とをみ（遠見）はつれの　龍28
遠見よふ（呼）らん　定285
遠山毛　龍41
遠山毛なる　定 7
とを（遠）山たか（鷹）の　龍30
遠山鳥の　西23
＜とを山とりの＞　龍40
とをりつみ（通雀鷂）とや　定295
とかへる（鳥帰）鷹そ　龍 1
とかへる（鳥帰）山の　定36
とかしら（鳥頭）を　龍17
ときつるへを（経緒）を　定344
時ならぬ　定331
ときは（常磐）木に　定34
とこ（床）はなれ（離）ゆく　龍68
とさくり（鳥探）にこそ　定325
鳥呼の　西34
＜とさけひの＞　定74
とさけひ（鳥呼）を　龍16
としとし（年年）に　龍87
年年の　定239
年のこしは（小柴）の　定 1
としば（鳥柴）の雉を　定271
とじやくりに　定299
鳥立の霧の　定91
とつき（鳥付）の山に　龍26
とつ（取）鷹の　龍98
とつたて（取立）て行　龍80
十とせ（年）をも　定283
隣の方に　定179
とはへあかれは　定205
とはへ落たる　定108
とはへてはらふ　定243
とはへぬ時も　定111
とはへまはれる（廻）　定115
とひいつる（飛出）　龍20
とひいる（飛入）鷹に　西91
とひをくなめる　定133
とひ（鳶）尾をは　龍19
とひつかれ（飛疲）たる　龍11
飛なをり行　定325
とひより（飛寄）て　定276・定321
とふ（飛）そとは　定242
飛火の野守　定33
外架に鷹を　定159
とほこ（外架）につなく（繋）　定148
とほこ（外架）には　定158
外架の鷹に　龍84
とまりなき（泊鳴）する　定173
とまり（宿）山　定184
定189・定200・定232・西 6
とまり（宿）山哉　定233
とまる（泊）也　西65
とまれる犬は　龍 6
とめうしなへ（失）る　定93
灯を　定140
ともすれは
定167・定177・西43
ともに鳴府の　定324
鳥屋出る　定94
鳥屋出す　定82
鳥屋かひ（飼）も　定57
とやかへり（鳥屋帰）する　定260
とや（鳥屋）かす（数）を　龍42
とやきは（鳥屋際）近く　定29
とやきは（鳥屋際）までの　定39
鳥や（屋）くらけなる　定51
とや（鳥屋）鷹の　定54
鳥屋出しの　定63
鳥屋出の鷹の　龍59
鳥屋出の胸の　龍41
鳥屋に入たる　定43
鳥屋にいる（入）は　定41
とや（鳥屋）にいれ（入）まし　定33
鳥屋にをき（置）たる　定45
鳥屋の内なる　定42
とや（鳥屋）の内に　定44
とや（鳥屋）の内の　定58
鳥や（屋）の内より　定55・定56
鳥や（屋）の垣ほ（穂）の　定53
とや（鳥屋）へいれ（入）けり　龍100
鳥や（屋）まさり（勝）する　定66
＜とやまさりする＞　龍87
鳥屋より出す　定294
とや（鳥屋）をかひても　定120
鳥屋をかは（飼）まし　定161
十よりめは　定202
とら（取）れさらまし　定27
鳥あひの　定213
取出すらん　定301
とり（取）入鷹の　定346
とりいれ（取入）て　西28
鳥打立る　定127
鳥おつる（落）　龍54
鳥おとす（落）　龍27
取おとる（劣）らん　定303
とりかひ（取飼）いそく（急）　定274
とりかひ（取飼）兼て　定134
鳥（取）かひ（飼）せすは　西52
取かひ（飼）て　定199・定341
＜とりかひて＞　定316
鳥かひ（飼）なから　定266
取かひ（飼）ぬ　西32
取かふ（飼）池の　定203
取かふ（飼）鷹の　定149・定167
とりかへ（取替）て　龍88
とりかへ（取飼）は　定311
鳥がらみ（搦）より　定321

とりかは（取飼）ぬ …… 定117・龍35
取かはね共 …… 定257
鳥聞こめて …… 定5
とりしく鳥や …… 龍91
とりしく鳥を …… 龍60
鳥そ落ぬる …… 西91
鳥そはかなき …… 定173
鳥たて（立）は …… 龍55
鳥たふらかす …… 定190
取つなく（繋） …… 定188
とり（取）てあかふ（赤符）の …… 定89
取て落たる …… 定319
取ておつ（落）へき …… 定104
とりとらす …… 西55
鳥とりからす（取枯） …… 定153
鳥とる（取）鷹の …… 定86
鳥ならて　☆ …… 西4
鳥ならは …… 西4
鳥ならむ …… 龍28
鳥なれは …… 西24
鳥にをくるる（遅） …… 定222
鳥に重なる …… 定209
鳥にかさぬる（重） …… 定207
取ぬへき …… 西89
鳥の足にも …… 定236
鳥のあはれさ（哀） …… 龍87
＜とりのあはれさ＞ …… 龍31
鳥の落草 …… 定24
＜鳥のおち草＞ …… 龍25
鳥の思ひ子 …… 定262
鳥のくひ（頸） …… 西11
鳥の毛を …… 定75
鳥のすむ（棲）らん …… 定43
鳥の立らん …… 西64
鳥のひく（引） …… 定154
とりまたけして …… 龍14
取まはし …… 定308
鳥も金の …… 定9
とり（鳥）もさため（定）す …… 西13
鳥もぬかさて …… 定135
鳥もぬひ（縫）つつ …… 定122
鳥もはしり（走）て …… 龍65
鳥もはや …… 西38
鳥やかる（狩）らむ …… 龍63
鳥やかは（飼）まし …… 定227
とり（取）やかは（飼）まし …… 定245
＜とりやかはまし＞ …… 定62・龍50
鳥やたた（立）まし …… 定6
鳥や立らん …… 定180
＜鳥やたつらん＞ …… 定208
鳥や取らん …… 定178
鳥やひかまし …… 定36
鳥やみる（見）らん …… 龍93
鳥は有けり …… 西30
鳥は潮に …… 定187
鳥は餌かは（飼）し …… 定278
鳥はおち（落）にき …… 定317
とり（鳥）はかは（飼）まし …… 定18
鳥は取けれ …… 定76
とり（鳥）はしけみ（茂）に …… 龍85
鳥はしけ（茂）みの …… 西53
鳥はたつ（立）らん …… 定240
鳥はなくて …… 西15
鳥はにかさ（逃）し …… 西55
鳥ははや（早） …… 西54
とりわき（取分）てよき …… 定123
鳥を打らん …… 定128
鳥をかひ（飼）つつ …… 定336
鳥をかくらん …… 定331
鳥をさへ …… 定93
鳥をたつ（立）らん …… 定280
鳥をたつる（立）や …… 定212
鳥をつけまし …… 定150
鳥をつむるや …… 定242
鳥をとり（取）つつ …… 定77
鳥を取てや …… 定165
鳥をとる（取）らん …… 定21・定313
鳥をはそはに …… 西89
鳥を待らん …… 定250
とる（取）事は …… 西14
取へき鳥を …… 定139
とる（取）もとら（取）ぬも …… 西100
取物なしに …… 西15
とるををきゑ（招餌）に …… 定322
とれ（取）とそ思ふ …… 定260
とれ（取）るうさき（兎）の …… 龍99
とれ（取）る杣木の …… 定218
とろ（泥）板の …… 定45

（な）

鳴鳥きき（聞）て …… 龍100
鳴鳥を …… 定10
猶いはせ野に …… 定180
猶かひ（飼）残す …… 定314
猶風さむみ（寒） …… 定219
猶かりゆか（狩行）ん …… 西31
猶残すらん …… 定54
なをのこり（猶残）ける …… 西65
なを（猶）まつはへて …… 西81
猶も聞らん …… 定321
猶もさしば（差羽）の …… 定306
猶もとび（鳶）尾の …… 定14
なを（猶）もなま（生）鷹 …… 定118
猶も見わか（分）ぬ …… 定247
永き日も …… 定27
長きを過る …… 定21
長さや人の …… 定192
長肉になる …… 定278
＜なかししになる＞ …… 龍50
なか空に …… 龍68
長月までの …… 定87
長長しけなる …… 西23
中に羽かせ（風）や …… 龍69
長やり（遣）て行 …… 西85

なかやる（長遣）ままに …… 西97
なかるる（流）上を …… 定212
永をひしつる …… 定13
鳴ききす（雉子）哉 …… 龍43
鳴鳥～ ⇨ 「鳴鳥～」
なくる（投）とそみる（見）…… 龍37
なけちかへ（違）しと …… 定299
名残成らん …… 定94
名残の毛花 …… 西83
名さへなつかし …… 西12
なしてみまほし …… 龍19
梨やかは（飼）まし …… 定259
夏飼の …… 定42
＜夏かひの＞ 定45・定47・定51
夏かひ（飼）も …… 定87
なつ（夏）くれ（来）は …… 龍100
名つけ（付）そめ（初）けん …… 定121
夏ふかみ（深） …… 定50・定52
夏山に …… 定43
なとなかる（無）らん …… 定28
七かへりなる …… 定162
七十あまり …… 定349
七嶺の鈴 …… 定2
名にしおは（負）は …… 定258
何とあれはや …… 定121
なに（何）とかふ（飼）らん …… 定275
何とかは（飼）まし …… 定106
名にめてて …… 龍2
名にやきか（聞）まし …… 定215
名にやたつ（立）らむ …… 龍73
何ゆへに …… 西43
難波江の …… 定194
なま（生）鷹を …… 定126
波に影ある …… 定187
ならさ（鳴）さるらん …… 定230
ならさ（鳴）ぬは …… 定22
ならひ（並）てそゐる（居）…… 定80
ならふ（並）木鳥の …… 定181
ならふ（並）物なき …… 西4
ならへ（並）つつ …… 西89
なりておち（落）けり …… 龍12
成にけらしな …… 定96
成ぬらん …… 定112
なりもならすも …… 定259
なる鷹の …… 定29
なる橘の …… 定286
馴しかひあれ …… 西25
縄やささ（差）まし …… 定236

（に）

贄鷹や …… 定269・定288
にほふ（匂）らむ …… 龍2
にかさ（逃）さりつる …… 定93
肉～ ⇨ 「肉～」
にこのりとた（誰）か …… 龍74
西風に …… 定143
錦のぼうし（帽子） …… 定234
にしき（錦）成らん …… 定88
にし（西）へゆく（行）らん …… 定64
西もや鷹の …… 定68
庭たつ犬そ …… 龍96

（ぬ）

ぬひ（縫）て入つつ …… 定114
ぬくちかひては …… 定98
主しら（知）ぬ …… 西60
ぬす（盗）立ぬらん …… 西38
ぬす（盗）立鳥に …… 西98
ぬす（盗）立鳥も …… 定186
ぬす（盗）立鳥を …… 定217・定220
盗みはみ（食）する …… 定230
＜ぬすみはみする＞ 定13・龍40
ぬるで（白膠木）をたるる …… 定232
ぬれ（濡）つつそゆく（行） …… 定92

（ね）

ねくら（塒）の雪を …… 定56
ねすを（根助緒）すすもち …… 定113
ねふ（眠）たかりつる …… 定109
ねりひはり（練雲雀）… 定293・龍68

（の）

のかれえ（逃得）ぬ …… 西35
軒は（羽）打つる …… 定124
軒は（羽）うつ（打） …… 西※（18ノマエ）
軒は（羽）うつ（打）みゆ …… 龍70
のき（軒）羽うつ（打）らん …… 龍71
野きは（際）より …… 龍58
野心もなく …… 定12
野ことに出る …… 定340
残りつつ …… 定266
のこる（残）かと …… 龍3
残る羽や …… 定94
残るらし …… 定154
野され（晒）若鷹 …… 西58・西60
のちこをつける …… 龍31
野すへ（据）するにも …… 定347
のそかへて …… 西57
後には犬の ⇨ 「後には犬の」
後　世の …… 定261
長閑にてらす（照） …… 定14
野どる（取）鷺もや …… 定129
野にも山にも …… 定17
のびやらじ …… 定186
＜のひやらし＞ 西92
野邊の犬かひ（飼） …… 龍28
野へ（邊）の色色 …… 西74
野邊のをちかた …… 龍21
野へ（邊）の狩人 …… 定95
＜野へのかり人＞ 定170・定198・定229・西27・西37
野邊のききす（雉子）そ …… 龍11
野へ（邊）の草より …… 定136
野へ（邊）の薄の …… 定306

野邊のはる（春）草 …… 龍22
野へ（邊）の真萩の …… 西76
のへ（野邊）行あと（跡）も …… 龍96
野守の鏡 …… 定247
＜野守のかかみ＞ 定216
野守のしら（知）ぬ …… 定47
勅ありて ⇨「勅ありて」
のり（糊）毛より …… 龍95
のりまはし …… 龍62
野分吹から …… 定90

（は）

はいたか〜 ⇨「はしたか〜」参照
はいたかつきと …… 定327
はい鷹の …… 定321・定337
＜はいたかの＞ 定319・定325
定335
はいたか文を …… 定318
はふ（食）鳥も …… 西47
はふ（食）鳥を …… 定174・西7
羽かひ（易）てはなつ（放）…… 定34
羽かせ（風）に野邊の …… 龍23
羽風身にしむ …… 龍59
羽かせ（風）も袖に …… 龍20
はかなくて …… 定260
萩か枝や …… 定297
萩か花すり …… 西73・西99
羽きき（利）はよりて …… 定329
萩すすき（薄）…… 定318
萩にそへ（添）てや …… 定352
萩をかくせる（隠）…… 定76
羽くせ成らん …… 定253
はけ敷も …… 西61
羽さき（先）をたれて …… 西92
はさまれやせん …… 定169
觜すらせつつ …… 西45
はしたか〜 ⇨「はいたか〜」参照
はし鷹つきも …… 西20
箸鷹に …… 定143・定245
＜はし鷹に＞ 定114・定175
定223・龍87
＜羽師鷹に＞ 定163
箸鷹の …… 定4
定22・定24・定34・定40・定56
定69・定82・定99・定153・定164
定182・定242・定252・定260
＜鷂の＞ 定27・定282
定322・定336
＜箸たかの＞ 定15・定36
＜はし鷹の＞ 定16・定44
定72・定129・定133・定172
定181・定192・定239・定241
定244・定254・西5・西25
西33・西73・西100・龍10
龍17・龍60・龍71・龍73
龍79・龍91・龍99
＜はしたかの＞ 定81・定91
定92・定193・定205・定208
定210・定216・定219・定225
定237・定256・龍42
はしたか（箸鷹）のかみ …… 定247
箸鷹の毛を …… 定61
箸鷹や …… 定13
＜はし鷹や＞ 定222・定280
＜はしたかや＞ 定214
はしたか（箸鷹）よ …… 西13
鷂を …… 定43
＜はし鷹を＞ 龍63
觜爪つくる …… 定100
初成らん …… 定252
走かさなる（重）…… 定210
はしり（走）て草に …… 龍9
はしり（走）のひぬる …… 西90
はしり（走）行 …… 龍5
はしる（走）兎を …… 定97
はしる（走）狩人 …… 西56
觜をすらする …… 定168
觜をする …… 定338
はし（觜）を取つつ …… 定108
櫨の立枝の …… 定323
羽杖つく程 …… 定141
羽杖をつきて …… 西19
初鷹場 …… 定87
はつといふ（言）…… 定178
初鳥や出しの …… 定62
はつ（初）鳥かり（狩）に …… 龍41
鴿となり …… 定287
羽とひ（飛）所や …… 定123
羽とび（飛）の鷹や …… 定345
鳩やかひ（飼）たる …… 定176
鼻気かと …… 定257
鼻気には …… 定259
はなし（放）つる哉 …… 定323
放してそやる …… 定197
花薄 …… 西62
はなち（放）やり …… 西57
はなつ（放）かりは（狩場）の …… 定311
鼻付かぬる …… 西53
＜鼻つけかぬる＞ 定81
花にすりとる …… 西76
はな（花）の色そふ …… 定317
花紫の …… 定206
ははかるかた（方）も …… 西39
ははき前かけ …… 西49
ははき前かわ ☆ …… 西49
母鷹の …… 定31・定48・定201
羽ふくあはれさ（哀）…… 龍45
羽ほとには手の …… 定119
はまりにつかす …… 西91
羽むけあやなし …… 龍53
はや（早）をき（招）たつる …… 定110
はや（早）をし（惜）かぬる …… 定279
林まて …… 定131
はやたか〜 ⇨「はい（し）たか〜」参照

はや鷹の　定349・定351
＜はやたかの＞　定350
羽やつかふらん　定133・龍29
羽や取分て　定201
隼　に　龍45
隼　の　定129・定130
＜はやふさの＞　龍46
隼　を　定85
はやま（端山）の木居を　龍88
はやれは鷹を　西57
はらふ（払）ともなし　龍20
同母の　定32
針をたて　定122
はるか（遙）なれ共　龍58
はる（春）さむき（寒）山　龍2
春さむみ（寒）　龍3
春雨そふる（降）　定3
春のくれゆく（暮行）　定19
はる（春）の鷹かり（狩）　龍5
春の野に　定23
　西96・龍34
春の野の　定9
　定15・定18・定290
春野の雪の　定6
春の野よりも　定42
春の日の　定12
　定13・定14・定21・龍50
春の日も　定7
春ふかき（深）　定33・定292
春ふかみ（深）　定26・定29
春待て　定8
春まては　定40
春や桜の　定271
春山に　定294
春山の　定5・定20
春よりも　定35
晴る日をまつ（待）　定193
春は色色の　龍73
春はは（羽）つよく（強）　定36
羽をかかせつる　定159
羽をたれて行　西87
羽をはいは（言）まし　定239

（ひ）

日影さす　定6
日影の毛さへ　定92
日かけ（影）の羽をは　定172
引うはひ（奪）　定253
引きるへを（経緒）の　定332
ひき（引）鳥見せて　定51
引こし（越）て　西54
引こす（越）鳥の　定137
ひき（引）鳥やせん　龍79
引縄の　定291
ひく（引）鳥の　龍88
ひくとり（引鳥）を　龍53
ひく（引）よしも哉　定87
ひこ（彦）星ともや　定60
久かたの　西37
ひさし（久）かりけり　西21
久しかるらん　定288
ひしめかは　龍39
ひしやく（杓）花なる　定53
ひすひ（翡翠）のたつる　定3
ひたい（額）の毛　西15
ひたひ（額）の毛をは　定182
日たけぬと　西46
ひたし（浸）てそをく（置）　定50
飛騨人の　定218
左羽右羽　定72
ひたり（左）山　龍56
日次の御かり（狩）　定82
人さへたか（鷹）の　定77
人にかはるな　定107
人のしわさに　定31
人のみる（見）らん　定332
人の別や　定252
一ひろ（尋）たにも　西75
一もちり　西100
人もとかめ（咎）ぬ　西39
一もとり　定133
人も見よ　西6
人やみる（見）らん　定22・龍53
人よはふ（呼）也　西98
一より（寄）鷹を　定293
一より（寄）と　定315
一より（寄）に　定170・西71
一より（寄）も　龍24
ひとり（一人）つれなき　定153
人をたすけ（助）し　定270
人をまねく（招）は　西72
日なみ（次）のにゑ（贄）を　西41
日なれはや　定41
ひねり（撚）に成ぬ　定308
ひねり（撚）ぬく也　定319
ひはり（雲雀）鷹　定347
日の本の　定28
雲雀たつ（立）　西76
隙なくもゑ（餌）を　定30
ひまもなみにや　定128
氷室山　西67
＜ひむろ山＞　定50
日もくれはとり　龍51
日も高く　定336
日やかはりけん　定35
ひる（蛭）やとら（取）まし　定257
ひる（蛭）わたりつる　西80
日をかさね（重）ても　龍70
日をたかみ（高）　定298
火をたきて　定233
日をつぎて　定190

（ふ）

笛のねとり（宿鳥）に　定198

ふかかや（深萱）に …… 西75
深谷のききす（雉子）…… 龍67
吹たて（立）て行 …… 定75
吹てこそ見れ …… 定211
吹て見れは …… 定344
吹風も …… 定333
藤くろ（黒）府 …… 定289
ふし柴の …… 定201
武士〜 ⇨ 「武士〜」
蘭 …… 定340
藤符のたか（鷹）や …… 定331
ふす（伏）とり（鳥）を …… 龍9
ふすま（襖）も見えぬ …… 定160
ふせ田を見つる …… 定284
ふたつ（二）鷹 …… 龍48
二なけれは …… 定68
二の鷹の …… 定215
二つもきつる …… 定170
二基まてそ …… 定85
ふふき（吹雪）には …… 西66
ふまへ（踏）よと …… 龍55
ふませ（踏）てつかふ …… 西25・龍42
ふませ（踏）て見はや …… 定70
ふみあかり（踏上）行 …… 定185
ふみちらし（踏散）…… 定56
ふもと（麓）の原の …… 西67
冬枯の …… 西51
冬草に …… 定8
冬田のかり（狩）に …… 龍48
冬の野され（晒）や …… 定268
冬の夜すから …… 定200
冬やまつ（待）らん …… 定56
冬山に …… 定153
冬山の …… 定240・西61
ふりすてかたき（振捨難）…… 龍25
ふる（古）犬は …… 定183
古をき（招）餌 …… 西17
古河のへ（野邊）の …… 定85
ふる（古）雉子哉 …… 定29
ふるぎ（古着）なりとも …… 西16
ふるき（古）松皮 …… 定155
故郷の …… 定352
ふるつかれ（古疲）…… 龍7
古とひににる（似）…… 定70
古鳥屋に …… 定162
ふる（降）程は …… 定246
振舞は …… 西42
ふる（古）山かへり …… 定283・西89

（へ）

へを（経緒）ささ（差）む …… 西26
へを（経緒）じりをたに …… 定298
へをだけ（経緒竹）までも …… 定302
へをつつ（経緒筒）を …… 定301
へを（経緒）引かくる …… 定297
へを（経緒）やまかまし …… 定333
へを（経緒）はひかせす …… 西75
へしりうたれぬ …… 西5
へにつけそしと …… 龍99

（ほ）

ほうしやうの毛の …… 定27
ほこゐ（架居）に見ゆる …… 定205
ほこゐる（架居）鷹を …… 定189
ほこ（架）となるらん …… 定281
ほこ（架）布の …… 定108
架羽つかひ（使）て …… 定222
ほこ（架）羽をつきて …… 龍15
桙はやりする …… 定188
ほころひぬらし …… 定340
ほしゑ（干餌）かふ（飼）らん …… 定52
ほそく（細）出るや …… 定335
ほときかね（兼）…… 龍60
程なれや …… 定116
定163・定223
程ふれ（経）は …… 龍97
穂に出る …… 西29
ほのかになりぬ …… 西62
ほのかにみえ（見）て …… 龍51
ほのほのと …… 定20
ほのみゆる（見）なり …… 龍4
ほやの薄の …… 定65
ほろおひ（母衣帯）の毛や …… 定48
ほろろ打ける …… 定16

（ま）

まひも落へき …… 定351
まへうしろ（前後）…… 龍74
まかひにき …… 定246
真金ふく …… 定288
真葛葉の …… 定90
枕より …… 定200
ましゑ（増餌）をけふは …… 定106
真柴なら柴 …… 西51
＜真柴ならしは＞ …… 西77
真柴をならす（鳴）…… 西94
ましらふ（真白符）のたか …… 定246
まじろ（眉白）の鷹の …… 西※（18ノマエ）
西36・龍51
まじろ（眉白）の雪は …… 龍20
先出すらん …… 定57
先おとす（落）らん …… 定49
まつ（先）犬とり（取）て …… 龍80
ますかきの羽に …… 龍38
ますかきの羽を …… 定214
ますかき羽 …… 西12
まつかりくち（狩口）を …… 龍55
また（又）あら鷹の …… 定125・龍70
また（又）あらはむる …… 龍57
又あはせ（合）なん …… 西52
また（又）犬いらぬ ☆ …… 西78
また（又）犬いれ（入）ぬ …… 西78
また餌もかは（飼）す …… 定193
又かひ（飼）あくる …… 定342

又返す也 …… 西70
また風さむき（寒）…… 定5
またかみ（嚙）分ぬ …… 定221
また枯残る …… 定339
また聞なれぬ …… 定101
また寒からぬ …… 定327
また霜かれ（枯）ぬ …… 定86・定328
又すみ（澄）て …… 定205
又そかり（狩）行 …… 西45
また高しとや …… 定350
又取のこす（残）…… 定29
また（又）なく（鳴）鳥は …… 西94
又もとら（取）ぬか …… 定86
又やささ（差）まし …… 定344
又やたつ（立）らん …… 定277
また（待）れし物を …… 定59
又は紅葉符 …… 龍78
待かけて …… 龍26
松かえ（枝）に …… 西63
松かえ（枝）や …… 定38
松陰の …… 定159
松風そふく（吹）…… 定26
松に木居とる（取）…… 定240
松の色かな …… 定153
松の下かり（狩）…… 定126
松原の毛の …… 定266
まて（待）ともいら（入）す …… 定295
まののかり（狩）人 …… 西68
まひさしあれて …… 龍98
守りたてたる …… 定35
真山にかり（狩）て …… 龍56
まゆのはつ雪 …… 定232
丸にむちうつ（鞭打）…… 龍99
丸をかふ（飼）らん …… 定171
丸をくままし …… 龍91
まろばかし …… 定236
まはりとり …… 西86
まはれ共 …… 定118

（み）

みうしなひ（見失）てや …… 龍17
見えつるは …… 定54・定155
見えてけり …… 定261
見えぬ鷹をく（招）…… 定132
見えぬをわさる …… 定67
みえ（見）ねとも …… 定73
見えもこそすれ …… 定137
見え分す …… 西59
御狩にあへる …… 定239
御狩の野邊の …… 龍1
御狩野の …… 定320
みかり（御狩）野は …… 西50
みかりは（御狩場）に …… 西36
御狩は（場）の …… 定270
<みかりはの> …… 定146・定204
定197・定226
<御かりはの> …… 定206
御狩は（場）も …… 西63
御狩人 …… 西58
右にすへ（据）つつ …… 定244
御こし（輿）の前に …… 西64
みさこ（鵙鳩）羽つかふ（使）…… 定164
みさ山に …… 定65
見し面かけ（影）も …… 定98
みしかき（短）を …… 定332
見しならし …… 定283
三嶋江の …… 定303
水浅み …… 定52
水餌かふ（飼）…… 定109
見すへたる也 …… 龍9
見すへ鳥 …… 定197
水かかみ（鏡）…… 定203
水かかみ（鏡）かな …… 定205
水かげ（影）の毛の …… 定228
水きは（際）や …… 定47
水といふ（言）らん …… 定256
水鳥を …… 龍90
水にうつろふ（映）…… 龍18
水吹て …… 定148
水ふけ（吹）は …… 龍84
水をあひ（浴）てや …… 定103
水をつけ（付）つつ …… 定167
身せせりしつつ …… 定148
みそ打まはす …… 定348
見初つる哉 …… 定42
御鷹かり（狩）…… 西77
御鷹なるらん …… 定65
見立ても …… 定46
道芝の …… 定265
道そかけぬる …… 西1
みちのく（陸奥）の …… 定58
三椚 …… 定281
三の毛や …… 定349
みつもの（三物）たつと …… 龍65
見つるあら鷹の …… 定257
身とそ捨えぬ …… 西17
見鳥する …… 龍30
見鳥せは …… 龍80
みとり（緑）の鷹の …… 定88
みとり（緑）をそふる（添）…… 龍22
みとる（見鳥）か何そ …… 西57
身なからも …… 西18
水無瀬川 …… 定224
みな（水無）月の …… 定347
みなと川 …… 龍90
南へ鳥の …… 定87
身には降つつ …… 西83
見ぬ程は …… 定37
嶺きりを …… 西55
みね（嶺）たかみ（高）…… 龍15
峯つつき（続）…… 西56
嶺とふ（飛）たか（鷹）の …… 西12
峯のあさ（晨）風 …… 西61
峯より落に …… 西98

みね（嶺）わたす …… 龍38
身の毛を詰て …… 定267
身のわひしさは …… 西4
身ふるひ（震）をする …… 西10
みみ（耳）かたき（難） …… 定263
耳かたき（難）をは …… 龍42
耳安く …… 定118
都 人の …… 定286
み山嵐の …… 定272
深山木の …… 定105
＜み山木の＞ …… 定46・定296
み山の鷹の …… 定25
み山の鷹は …… 定30
御幸せし …… 龍1
御幸ふりぬる …… 定235
見ゆる尾だたみ（畳） …… 定326
見ゆる哉 …… 定11・定209
＜みゆる哉＞ …… 定188・定327
みゆる（見）くくい（鵠）毛 …… 龍64
見ゆるなりけり …… 定203
みより（身寄）たたさき …… 定244
みより（身寄）のかたの …… 定243
見るへかりける …… 定60
見るへかるらん …… 定295
身を置かぬる …… 定263
身をかくさ（隠）まし …… 西3
身をしれ（知）は …… 西9
身をはなけか（嘆）て …… 定260
身をやうれふる（愁） …… 西15

（む）

むかひの岡に …… 西34
むかひの嶺を …… 西54
むかし（昔）餌に …… 定286
むかし（昔）なりけり …… 西11
むかし（昔）にも …… 龍1
むかし（昔）も鷹に …… 龍33
むかふかけして …… 龍67
むことり（婿鳥）よめとり …… 龍32
武蔵野に …… 定7
武蔵野の …… 定291
むしりて鷹の …… 龍40
むすふ（掬）へき …… 西82
むすほ（結）ほる共 …… 西26
鞭かとそみる（見） …… 定168
胸のむらこに …… 定54
むはらくろ …… 龍29
むへもなま（生）鷹 …… 龍97
無山ふみ（踏） …… 龍43
む山ふみ（踏）つつ …… 定227
むら（群）草に …… 定319
むら（村）雨に …… 定61
むら（村）雨の空 …… 定193
村時雨 …… 西21
むれ（群）てゐる …… 龍49

（め）

めさし（目刺）の鈴を …… 定22
目そとまりぬる …… 西60
目つきうつら（鶉）や …… 龍83
女鳥すきする …… 龍69
＜女鳥つきする＞ …… 定15
女鳥つき（付）には …… 西43
女鳥取てふ …… 定337
めとり（女鳥）なからも …… 定202
めとり（女鳥）をそかふ（飼） …… 定40
目に懸て …… 西37
目にみ（見）ねと …… 西42
目に見ねは …… 西20
目の前近き …… 定261

（も）

もきかへて …… 定322
もきたててさへ …… 定146
もきたてぬれは …… 定19
もきつる物を …… 定40
もく鷹の …… 定171
もくと知て …… 定273
もし向鷹の …… 定140
もちりてこゆる（越） …… 西55
鵙のゐる（居） …… 定323
もたせもそする …… 定337
もちあかりする …… 定336
もち鷹の …… 定160
もちわけをする …… 定316
もとをし（旋子）を …… 定343
もとをれて …… 西27
本のつかれに …… 定199
もとより羽 …… 定325
もとわし入て …… 定264
物ありに …… 定196
物香して …… 龍96
物数を …… 定156
物近く …… 定304
物なしてふや …… 定190
物なしてふは …… 西7
武士の …… 定48
ものもなしとは …… 龍9
もみいれ（入）しさへ …… 龍97
紅葉する …… 定89・定343
紅葉のをれる …… 定88
紅葉ふ（符）の …… 定330
もみ雀 …… 定79
百敷の …… 西41
百にかきれる（限） …… 定312
ももにしたるき …… 定157
百羽かき …… 定324
洩さしと …… 龍27
洩さぬ小鳥 …… 龍24
杜に烏を …… 定285
杜の下かけ …… 定132
もり（杜）のめくり …… 龍27
もろうつら（諸鶉）かな …… 定315
もろ（諸）餌かけ …… 定342

諸餌に飼て …… 定342
もろかたかへり …… 定161・龍72
諸口の …… 龍6
もろこし（唐）の …… 定252
もろこし（唐）人は …… 定244

（や）

八重羽野に …… 定91
やかた（屋形）尾に …… 龍76
屋かた（形）尾のたか（鷹） …… 定90
やかて（頓）犬こそ …… 西30
頓てかひ（飼）つつ …… 定202
やかて（頓）かたむる …… 定135
やかて（頓）取らん …… 定217
やかて（頓）成にき …… 西18
頓て見ゆらん …… 定12
やけ野の原の …… 定289
安く取らん …… 定160
やすく（安）成らん …… 西43
やすむ（休）犬飼 …… 定223
痩鷹の …… 定279
痩鷹や …… 定141
＜やせ鷹や＞ …… 定145
やせたか（痩鷹）を …… 定342
宿のけふり（煙）を …… 西6
柳の水の …… 定3
藪を叩て …… 定277
やまあひ（山間）に …… 龍8
山あしを（足緒）さす（差） …… 定116
やまおち（山落）したる …… 龍82
山おち（落）しつる …… 定226
山かへり（鵤） …… 定230 西58・西60・龍72
山かへり（鵤）かな …… 定213
山かへり（鵤）すれ …… 西33
山かへり（鵤）せす …… 西18
山陰の …… 定124 定150・定175
山風に …… 定145 定231・西94
山かたつき（片就）て …… 定154
山かり（狩）のこゑ（声） …… 西62
山川に …… 定103
山きは（際）に …… 龍11
山口しるく …… 西30
山口まつり（祭） …… 定136
山里の …… 定4
山路を帰る …… 定173
山たかみ（高） …… 定67
山ちかき（近） …… 定165
山てふ山に …… 定28
山鳥の …… 定128
やま（山）にゐかかる …… 龍66
山にかさみて …… 龍63
山のあはひは …… 龍16
山のした（下）陰 …… 定172
＜山の下かけ＞ …… 定204
山のした（下）草 …… 定72
山の下柴 …… 西35
山の鷹人 …… 定185
山のは（端）を …… 定137
山のふもと（麓）の …… 定169 定174・定197
山ひこ（彦）も …… 西84
山松に …… 定152
山をつけつつ …… 定337
やらて取らん …… 定302

（ゆ）

夕かほ（顔）の …… 定53
夕暮に …… 西80
夕され（去）は …… 西69
夕霜に …… 西52
夕日影 …… 定306
夕の鷹は …… 定64
ゆふへ（夕）の鳥の …… 西65
ゆふへ（夕）はいとと …… 龍35
弓影みて …… 定323
雪かとも …… 龍4
雪消で …… 定1
雪しろ（白）の …… 龍77
雪すり（摺）に …… 定241
雪立ましる（混） …… 定61
雪と見つつや …… 定240
雪にたまらぬ …… 西61
雪の曙 …… 西59
雪の梯 ☆ …… 定67
雪のかりは（狩場）の …… 西80
雪のききす（雉子）の …… 西3
雪のしらふ（白符）の …… 定238
雪の晴てや …… 定246
雪の日の …… 定247
雪のふる（降） …… 西40
雪深き …… 西36
雪をうすみ …… 定2
雪をくたき（砕）て …… 定245・西82
行あふみち（道）に …… 西60
行鳥このむ（好） …… 西89
行てくむ（組）らん …… 定310
行まはり …… 龍85
行そはむ（食）なり …… 定304
弓よといひ（言）て …… 定285

（よ）

宵のま（間）に …… 西77
八日薬師の …… 定41
よこさまに立 …… 西86
よこさまにたてて☆ …… 西86
よしあしの …… 定68
夜すへ（据）いく夜に …… 定112
夜すへ（据）をそする …… 定134
よせ（寄）しとや …… 定285
よつ（四）毛のまはり …… 龍64
四毛まはりの …… 定237

世《ヨ》につかふ《ウ》へ《ベ》き …… 西1
世《ヨ》につたふ《ウ》（伝）らん …… 定251
世《ヨ》にともすなる …… 定82
世《ヨ》にも住哉《スムカナ》 …… 定263
世《ヨ》には《ワ》立《タチ》まふ《ウ》 …… 西2
世《ヨ》には《ワ》走《ワシ》りぬ …… 西9
世中は《ヨノナカワ》 …… 西5
夜《ヨ》の程《ホド》の …… 定189
よひ《ビ》（呼）かけに …… 龍61
よめ（嫁）鳥《ドリ》を …… 定199
終夜《ヨモスガラ》 …… 定113
世世《ヨヨ》にたえ（絶）せぬ …… 龍1
より（寄）数見《カズミ》えて …… 定38
より（寄）数《カズ》よりも …… 定349
より（寄）かす《ズ》（数）を …… 定312
より（寄）て空《ソラ》と《ド》る（取） …… 西86
より（寄）て取《トル》らん …… 定345
夜《ヨル》とる（取）水《ミズ》を …… 定250
より羽《ハ》ちかつ《ヅ》く近付） …… 龍37
夜聞《ヨルキキ》ふする …… 定10
夜《ヨル》も見《ミ》ゆらん …… 定282
夜《ヨル》もや舟《フネ》の …… 定224
よは《ワ》から（弱）し《ジ》 …… 龍66・龍69

（ら）

蘭《ラン》 ⇨ 「蘭《フジバカマ》」
らむ《ン》と《ド》り（乱取）をする …… 龍62

（り）

（る）

（れ）

（ろ）

（わ）

わか《ガ》（我）家《イエ》のうち …… 西7
若木《ワカギ》やたか（鷹）の …… 定281
若鷹《ワカタカ》に …… 定51
若鷹《ワカタカ》の …… 定57
定120・定135・定278・定352
＜わか鷹《タカ》の＞ …… 龍41
若鷹《ワカタカ》や …… 定39・定267
わか（若）鷹《タカ》は《ワ》 …… 龍50
若鷹《ワカタカ》を …… 定93
＜若《ワカ》たかを＞ …… 定62
若菜《ワカナ》つむ（摘）野《ノ》に …… 定2
我身《ワガミ》今《イマ》 …… 西2
我身《ワガミ》ひとり（一人）は《ワ》 …… 西8
脇《ワキ》をみる（見）らん …… 定267
わくる（分）たもと（袂）に …… 龍23
わけいれ（分入）は《バ》 …… 龍93
分《ワケ》ぐひ《イ》（食）を …… 定183
わけく《グ》ひ《イ》（分食）をする …… 龍60
わけのほ《ボ》り（分上）たる …… 龍8
鷲《ワシ》か《ガ》ほ《オ》（貌）のたか（鷹） …… 定8
鷲《ワシ》なき餌《エ》なき …… 龍39
鷲《ワシ》のつらさ（辛）に …… 定262
わすれか《ガ》ひ《イ》（忘飼）して …… 龍100
忘れか《ガ》ひ《イ》（飼）には《ワ》 …… 定40
わたら（渡）さ《ザ》りせは《バ》 …… 龍79
渡《ワタ》り初《ソメ》けん …… 定194
わたる（渡）このり（兄鷂）は《ワ》 …… 定305
侘人《ワビビト》や …… 定264
我《ワレ》と入《イリ》ぬれ …… 定325
我《ワレ》にや似《ニ》たる …… 西10

典拠部索引

凡 例

(1) 本索引は典拠部所収の３０２項目（追加４、差替え１。☆印）を現代仮名遣いの５０音順にしたがって排列し直したものである。仮名遣いや清濁の違いなど、所謂表記上の差が認められることによる（同一の場合は「同」とした）もので、破線右に示したものが第Ⅱ部資料篇に掲載（典拠部）した表記（但し、内容の重複を避けるために立てた「……… を見よ。」は、索引中の表記）である。

(2) 検索の便宜を図る意味から索引見出し語が存する項目や、相互に関連している項目を矢印を付して示すことにした。

　また、すべてではないが該当の語（語句）の意味が判るように〔＝　　〕を設けて注記した（詳細については第Ⅱ部資料篇所収の各項目を参照していただきたい）。なお、※印を付した語（語句）は３０２項目以外の言葉からでも所収の項目が引けるように項目内容から適宜抽出したものである（『和訓栞』記載以外の、典拠部掲出の資料も含む）。

（あ行）

※あいあわせ〔＝相合せ。隼を二もと＜＝二羽＞合わせる「二つ鷹」の事で、「合わす」とは獲物に向かって放つ事を言う〕…………「あわす」を見よ。

※あおぐすり〔＝青薬。鷹の薬で、薬師草という草を採んで餌に混ぜて与えれば鷹は疲れないとある〕
→　やくしさう（薬師草）

※あおいふ〔＝青い符。「たでふ」＜蓼符＞の事を言う〕
→　たでふ（蓼文・蓼符）

※青竹をぬるめる…………「しのふきすさむ」を見よ。

※青さしば〔＝青差羽。差羽の一つ。うしろが青いのを言う〕
→　さしば（差羽）

あおり〔＝障泥。「あおりがけ」とは山の裏表を一度に狩る事を言う〕……… あふり（障泥）

※あおりがけ…………………「あおり・まやま」を見よ。

※赤い毛を出す……………「ひすいの毛」を見よ。

※あがけ（網懸）…………「あがけの鷹」を見よ。

あがけの鷹〔＝網懸の鷹。網を仕掛けて＜或は黐を用いて＞捕えた、その年生まれの若鷹を言う。成長過程で言えば、「巣鷹」＜＝雛＞→「巣回り」＜＝巣立ちした鷹＞以後、「野晒＜のざれ＞の鷹」以前の、自分で餌を捕れるようになった七月末より冬の月に至るまでに捕った若鷹の事で、単に「あがけ」＜網懸＞とも言う。「巣鷹」はこれの対語〕
……………… あがけのたか（網懸の鷹）

※あかたか〔＝赤鷹。符の赤い鷹の事。網懸、即ち若鷹の時の毛を言う〕　→　あかふのたか（赤文の鷹）

※赤さしば〔＝赤差羽。差羽の一つ。うしろが赤いのを言う〕
→　さしば（差羽）

※あかふ〔＝赤文。符の赤い鷹の事。「もみじふ」＜紅葉符＞とも言う。若鷹の時の毛〕
→　あかふのたか（赤文の鷹）
もみちふ（紅葉符）・わかたか（若鷹・黄鷹）

あかふの鷹〔＝赤文の鷹。符の赤い鷹の事を言う〕
……………… あかふのたか（赤文の鷹）

※秋過ぎて冬捕る鷹〔＝「野晒＜のざれ＞の鷹」の事を言う〕
………………「のざれの鷹」を見よ。

※あこめ〔＝柏・赤目。上古の名鷹＜一條帝の鷹＞の一つに挙げられている〕　→　たか（鷹）

※あさかぜ〔＝晨風。隼の異名〕　→　はやぶさ（隼・鶻）

あしお〔＝攣・紲・足緒。足革＜＝鷹の足に付ける、犬の首輪に当たる具＞の事。これに「おおお」＜大緒＞や「おきなわ」、また「へお・へまき」などを付ける。なお、鷹の足緒を「くくり」と言うともある〕
……………… あしを（攣・紲・足緒）
→　くゝる・きづな（攣・紲・木綱）
………………「おおお」を見よ。
………………「おきなわ」を見よ。
………………「へお・へまき」を見よ。

※あしかわ〔＝足革。鷹の足に付ける、犬の首輪に当たる革製の具を言う。これに「大緒」や「おきなわ」＜招索・喚縄・忍縄＞を付ける。「足緒」とも言う〕
→　あしを（攣・紲・足緒）・ゐぎれ
にへたか（贄鷹）
※足革大緒の間の金具 ……「もとおり」を見よ。
※足革をさす〔＝「さす」とは付ける事を言う。「けなしはぎ」＜無毛脛＞に付ける〕
……「けなしはぎ・さす」を見よ。
※足どり〔＝足鳥。鷹に追われて疲れてしまい、走るばかりで飛び上がることのできない鳥の事を言う〕
→　くさとるたか（草取る鷹）
※あたまの毛 ……「こけらげ」を見よ。
あてぐさ〔＝あて草。鳥の落ちた所の草を言う〕
…… あてくさ（あて草）
→　おちくさ（落草）
あまおおいの毛〔＝雨覆の毛。鷹の「弱腰」に生えている毛の事を言う。なお、「雨覆」とは上の羽の事。十二枚を一枚に畳んだような体とある。「五月雨の毛」はこれの対語〕
…… あまおほひのけ（雨覆の毛）
……「さつきげ」を見よ。
※網で捕る ……「あがけの鷹」を見よ。
※あらいえ〔＝洗餌。「土餌」の事。「水餌」とも言う〕
→　つちゑ（土餌）
あらしば（嵐羽）…… あらしハ（嵐羽）
あらたか〔＝荒鷹。捕えたばかりの、まだ人に馴れていない鷹の事で、「よすえ」＜＝夜据。鷹をなつけるために夜連れ出す事。明るい所では飛んで胸・胴などを打つからとある＞などで馴らす〕
…… 同（荒鷹）
あわす〔＝翕・合。鷹を獲物に向かって放つ事を言う〕
…… あはす（翕・合）
→　たかへるたか（手帰る鷹）・とかへるたか
※家に帰り餌をやる ……「ねとりがい」を見よ。
いきげ〔＝胴気＜どうけ＞が有って、いきり＜＝熱があり＞煩う鷹を言う〕…… いきけ
※いきり煩う ……「いきげ」を見よ。

いぎれ〔＝足革＜皮＞の下の切れた所を言う〕
…… ゐぎれ
※いけもぎ〔＝鷹の捕った鳥を活鳥にする事を言う〕
→　もぎとり
いしうち〔＝石打。鷹の尾羽の名。中央の尾羽である「うわお」＜上尾＞に対し、その外側にある五枚の羽＜＝左右ともにある、石打《大小二種》→なら柴→なら尾→助け尾の事＞のうち、外側、右端から言えば一番目の羽＜＝小石打＞と二番目の羽＜＝大石打＞の事を言う。「下の尾」とも言う〕
…… 同（石打）
※一度に狩る ……「あおり」を見よ。
いちもつ〔＝逸物。優れた鷹の事を言う。とつ鷹・鶉府の鷹〕
…… 同（逸物）
→　あがけのたか（網懸の鷹）・うづら
とつたつる・はつ・ますかき・もぐ
ゆきずり（雪摺）
※一文字に上がり飛び越す
……「ほこは」を見よ。
※一文字に飛ぶ ……「ますかき」を見よ。
※一歳の鷹〔＝黄鷹。「若鷹」の事を言う〕
……「たか・わか鷹」を見よ。
※犬飼のぼうし ……「ぼうし」を見よ。
※犬ざくり　→　とさぐり（鳥探）
※犬が鳥を知る ……「つなぐ」を見よ。
※犬の食物 ……「うちがい」を見よ。
いりくさ〔＝入草。鷹が草の中へ鳥を追い入れる＜込む＞事を言う〕…… 同（入草）
※磐手の野守〔＝上古の名鷹＜天智天皇の鷹＞の一つに挙げられている〕……「たか」を見よ。
※上みぬ鷲 ……「わし」を見よ。
※うきよ毛〔＝浮世毛。背の脇にある毛の事。「かねつけ＜漿付＞の毛」とも「しるし＜印＞の毛」とも言う〕
……「かねつけの毛」を見よ。
※うけがい・――の毛〔＝受飼＜――の毛＞。「下頤＜したおとがい＞の毛」の事。「陰の毛・山陰の毛」とも言う〕
……「かげの毛」を見よ。

うさぎ〔=兎。大鷹の捕る獲物の一つ。鷹狩<山鷹狩>では雉を捕り、小鷹狩では鶉・雲雀を捕るとある〕

…………同（兎）

→　こたかゞり（小鷹狩）・たかの（鷹野）

※失う・失せる…………「そらす」を見よ。

※うしろにある毛…………「よつげ」を見よ。

※うす紅梅の鷹〔=「紫鴾<しお・しぼ>」の事を言う〕

…………「しぼ」を見よ。

うずら…………うづら（鶉）

→　かりつめ

※うずら・ひばり〔=小鷹狩で捕る獲物。山鷹狩では雉を捕る〕

→　こたかゞり（小鷹狩）・たかの（鷹野）

※うずらふの鷹〔=鶉府の鷹。逸物の鷹。小鷹〕　→　うづら

うちがい〔=打飼。犬の食物の事で、その入れ物を「打飼袋」と言う。飯に小糠を混ぜて餅のように作るとある〕

…………うちかひ（打飼）

→　ゑぶくろ（餌袋）

※うちづめ（打爪）…………「とりからみ」を見よ。

※打飼袋…………「うちがい」を見よ。

うつ〔=打。鷹が餌を吐き出す事を言う〕

…………同（打）

→　そゝろ（䳄）

※うつ羽さき〔=「燧羽<火打羽>」の事を言う〕

…………「ひうちば」を見よ。

うぶすえ〔=産居。餌を取り飼わない<=与えない>事を言う〕

…………うぶすゑ（産居）

※馬ざくり　→　とさぐり（鳥探）

うめのはなげ〔=梅の花毛。鷹の目の前にある毛の事を言う〕

…………むめのはなげ（梅の花毛）

※うらき（末木）…………「たかほこ」を見よ。

うらしま〔=浦島。古い鷹の事を言う〕

…………同（浦島）

うれえの毛〔=愁の毛。「額<=鶺のきわの毛の細かい所>の毛」を言う。鷹が煩う時にこれを立てる〕

…………うれへのけ（愁の毛）

※うわ尾〔=上尾。鷹の中央にある二枚の尾羽の名。この羽に鈴を付けることから「鈴持」・「鈴付き」・「鈴掛け」などの名がある〕　→　すゝもち（鈴持）

※うわ毛　→　さつきげ（五月毛）・すゝもち（鈴持）

※えいえい…………「けいけい」を見よ。

※餌を吐く…………「うつ・そそろ」を見よ。

※餌を飼う板…………「どろいた」を見よ。

えがら〔=餌殻。餌として与える鳥の骸の事を言う〕

…………ゑがう（「う」は「ら」の誤り）

えづつみ〔=餌包。餌を胸に持つ所の事で、そこの毛を「胸袋の毛」とも「えがくし<餌蔵>の毛」とも言う〕

…………ゑづゝみ（餌包）

→　くらゐのけ（位の毛）

えっさい〔=雀鷂。「つみ」<雀鷂>の雄を言う。小鷹に属す〕

…………えつさい（雀鷂）

→　このはがへり（木葉復）・つみ（雀鷂）

※榎の木の股にたまる水…………「こつぼ」を見よ。

えぶくろ〔=餌袋。鷹や犬の餌を入れる袋を言う。なお、「餌袋を付ける」事を「餌袋を差す」と言う〕

…………ゑぶくろ（餌袋）

→　うちがひ（打飼）・さす（差）・をきゑ（招餌）

えぼし…………同（烏帽子）

※餌持の毛…………「くらいの毛」を見よ。

えり〔=「峯」の事を言う〕

…………同

※老いた鷹の体…………「ぬりで」を見よ。

おいば〔=追羽。鷹が鳥を捕ろうと追い行く羽の姿を言う〕

…………おひは（追羽）

※奥州鷹の巣〔=「奥の巣」の事を言う〕

→　すだかどや（巣鷹鳥屋）

※尾裏厠門に掛かる毛〔=「狭衣の毛」の事を言う〕

…………「さごろも」を見よ。

おおお〔=大緒。足革<足緒とも言う>に付ける絹製の紐<=引き綱>で、鷹を架に繋いだり拳上に据える場合に用いる。これに対し、訓練用、実戦用の長めの紐を「おきなわ」<大鷹の用語で、長さは四十尋>、「へお」<小鷹の用語で、長さは二十尋>と言う〕

…………おほを（大緒）

※大緒の長さ〔=大鷹は一丈一尺。小鷹・隼は一丈。「鶴」<はいたか>は八尺とある〕　→　おほを（大緒）

※大黒符…………「くろふ」を見よ。

※おおた（だ）か〔＝大鷹。青鷹・白鷹。三歳の鷹の事。俗に雌鷹・女鷹＜＝だい《弟・弟鷹》＞を言う。白鷹は「しらたか」とも〕　→　あかふのたか（赤文の鷹）
うさぎ（兎）・そらとる（空取）・たか（鷹）

※大鳥　…………………「わし」を見よ。

おきえ〔＝招餌。鷹を《拳上に》招き寄せる＜または呼返す＞ための餌を言う。雉を用い、なければ鷺・烏・小鴨・鳩などもよいとある。なお、餌袋に招餌を入れる事を「さす」＜差す＞と言う〕…………をきゑ（招餌）

おきかう〔＝招飼。鷹を手放して餌を見せて呼び立てる＜＝おき立てる＞事で、「おく」＜招＞とは鷹を呼ぶ事を言う〕……………をきかふ（招飼）

※おき＜招＞取る…………「おく」を見よ。

おきなわ〔＝招索・喚縄・忍縄。鷹の足に付ける紐。「大緒」が架に鷹を繋ぐ紐であるのに対し、それよりは長めの訓練用、実戦用の紐＜＝引き綱＞で、「尾＜緒＞綱」とも言う。大鷹は「おきなわ」、小鷹は「へを・へまき」と、呼び名が異なる〕
…………………をきなハ（招索・喚縄・忍縄）
→　さす・へを（韝・緻・経緒）・へまき（韝・緻）

※おきなわの長さ〔＝四十尋。「経緒」は二十尋＜当流は二十一尋＞を用いるとある〕
→　へを（韝・緻・経緒）
をきなハ（招索・喚縄・忍縄）

おく〔＝招く。鷹を呼ぶ事を言う。なお、「おきえ」＜招餌＞によって鷹を拳上に返らせる事、鷹が手に渡る事を「渡る」または「おき取る・さし取る」と言う〕
…………………をく（招く）

※奥の巣〔＝「奥州鷹の巣」の事を言う〕
→　すだかどや（巣鷹鳥屋）

おしえぐさ〔＝教え草。追い落とした鳥が草深くて鷹師に判らない時、鷹がその場所を教える事を言う〕
…………………をしへぐさ（教え草）

おすけ〔＝尾末毛。尾の下にある三種の毛＜＝尾末毛・狭衣の毛・乱糸＞の一つで、鷹の尾の裏にある白い毛とも、「乱糸」＜みだれいと＞と言うともある〕
…………………をすけ（尾末毛）
→　さごろも（狭衣）

※尾ぞそり　…………………「そそり」を見よ。

※おだか〔＝男鷹。「しょう」＜兄鷹＞の事で、女鷹は「だい」＜弟・弟鷹＞と言う。「兄鷹」は「弟鷹」より小さい〕
→　せう（兄鷹）・たか（鷹）

おちくさ〔＝落草。鷹に追われて鳥が草むらに落ちる事。また、鷹が鳥を追い落とした所＜草むら＞を言う〕
…………………同（落草）

※落ちた所の草……………「あてぐさ」を見よ。

おちふし〔＝落伏。鷹に追われて草に落ちて鳥が動かずに伏せている事を言う〕……………同（落伏）

※おづな〔＝尾綱・緒綱。「へお」また「おきなわ」の事を言う〕
…………………「おきなわ・へお」を見よ。

※おとがい（頤）…………「かげの毛」を見よ。

※おとこ（男）鷹…………「おだか」を見よ。

おとす〔＝落す。鷹を黐＜もち＞で捕える事を言う〕
…………………同（落す）

※おなわ〔＝苧縄。麻糸を搓って作った縄の事。「山足緒」として用いられる〕　→　あしを（攣・紲・足緒）

☆おのうえ〔＝八鵰の一つ。灰色で羽の端が黒く全身采麗であると言う〕……………をのうへ

※尾の先の白い所…………「ひしゃくはな」を見よ。

※尾の裏の白い毛…………「おすけ」を見よ。

おのたすけ〔＝尾の助。「助け尾」＜＝鷹の尾羽の名＞の別称〕
…………………をのたすけ（尾の助）
…………………「たすけ尾」を見よ。

※尾の半ば黒〔＝「すそごの差羽」の事を言う〕
→　さしば（差羽）

※尾花〔＝「身なし羽」の事で、鷹の腹にある毛を言う〕
→　みなしば（身なし羽）

※尾花毛〔＝「狭衣の毛」の事を言う〕
…………………「さごろも」を見よ。

おばなずりの鷹〔＝尾花ずりの鷹。尾花のように「のり毛」の落ちた後の毛を言う〕
…………………をはなすりのたか（尾花ずりの鷹）

おぶくろ〔＝尾袋。尾を損なわないようにするために鷹の尾を入れる袋を言う。すずし＜生絹＞を用いることから「すずしの袋」とも言う〕
…………………をぶくろ（尾袋）

おぶさのすず …………… をぶさのすゞ（尾総の鈴）

※おぼえ〔=覚え。落草<=鷹に追われて草むらに落ちた鳥>を鷹がはっきりとは見据えない事を言う〕

→　おぼえぐさ（覚え草）

おぼえぐさ〔=覚え草。鷹に追われた鳥、即ち落草があのあたりに落ちたと思う所、草むらを言う〕

…………… 同（覚え草）

おもいご …………… おもひご（思い子）

おもしる …………… 同（面知る）

※おんな（女）鷹 ………… 「おおだか・めだか」を見よ。

（か行）

※貝を恐れる …………… 「わし」を見よ。

※かいつぶり …………… 「つぶり」を見よ。

かえりさす〔=鷹の眠る時の様子をあらわしたもので、鷹が顔を後ろへさし入れる事を言う〕

…………… かへりさす

かえる〔=鵧。鷹の毛が替わる事を言う〕

…………… かへる（鵧）

かき …………… 同（柿）

※かけうずら〔=鷹狩の一つ。馬を使って鳥を飛び立たせ、鷹を合わせて<鳥に向かって放ち>捕える事を言う〕

→　うづら（鶉）

かげの毛〔=陰の毛。鷹の「したおとがい<下頤>の毛」を言う。頤の所を「受飼」<うけがい>と言うことから「受飼の毛」とも言い、また「背下」<はしした>を「山陰」と言うことから「山陰の毛」とも言う〕

…………… かげのけ（陰の毛）

※籠 …………… 「ふせご」を見よ。

かざきり〔=翢・風切。翮<=翼>上の短羽の事。棺門の毛の名も有る〕

…………… 同（風切）

かざながれ〔=風流。鷹が風に吹かれて脇へ流れそれる事を言う〕 ……… かさながれ（風流）

かざむけの毛〔=風向の毛。鷹のうしろかまちに白い毛の交じる所にある毛を言う。腹を立てる時にこの毛を立てるとある〕

…………… かざむけのけ（風向の毛）

※柏〔=「架」<ほこ。=鷹が止まる木>として用いられる〕

→　たかほこ（鷹架）

☆かたうずら〔=片鶉。雌雄離れている秋の鶉を言う。これに対し、春の鶉は雌雄共に居ることから「もろうずら」<諸鶉>と言う〕

…………… かたうづら（片鶉）

かたか（が）えり〔=撫鷹・鵧鷹・片鵧。二歳の鷹の事。「ひととや」<一鳥屋>（経た鷹）とも言う〕

…………… かたがへり（撫鷹・鵧鷹・片鵧）

→　たか（鷹）・とや（鳥屋）

※かたの（交野）〔=禁野を代表する地名の一つ〕

→　ひなみ（日次）

※かたむね（片胸）……… 「とりかう」を見よ。

かねつけの毛〔=漿<歯黒>付の毛。背の脇にある毛の事。「うきよげ」<浮世毛>とも「しるし<印>の毛」とも言う〕

…………… かねつけのけ（漿<歯黒>付の毛）

※樺を細にして差す〔=鈴の子の事。「鈴の目差す」とも言う〕

…………… 「鈴の子」を見よ。

※鎌はやぶさ〔=鎌隼。爪、鎌のごとき故名付けられたとも、羽先に爪を持ち、それで鳥を切る故に名付けられたとも言う。昔、諏訪の贄鷹に用いられた〕

→　はやぶさ（隼・鶻）

かもい〔=鴨居。鷹が尾をそらして体をまるくしている事を言う。また、「かもい<鴨居>の鷹」とは鴨の居ずまいの様に立ちのびず横ざまに見える鷹を言うともある〕

…………… かもゐ（鴨居）

※かもいの鷹 …………… 「かもい」を見よ。

からくつわ〔=唐轡。「甲州山中鷹」の別称〕

…………… 同（唐轡）

※からすふの鷹〔=烏符の鷹。希有の鷹で、三足の雉を捕るほどの逸物<いちもつ>とある〕

→　はつ

※からひばり〔=から雲雀。雲雀の一つ。尾羽がそろい、四季に限らず飛ぶ雲雀を言う〕

→　ねりひばり（練雲雀）

※からほじろ〔=から頬白。雲雀の一つ。尾羽をかため、毛を替えない雲雀を言う〕　→　ねりひばり（練雲雀）

※からまく〔=韓纆・韓巻。上古の名鷹<後一條帝の鷹>の一つに挙げられている〕　→　たか（鷹）

※からまくら〔=樊籠。雨・風の時に鷹を入れる籠。板で作る。竹製のものは「ふせご」<臥籠>と言う〕
→　ふせご（臥籠）

かり〔=狩。鷹を用いて狩りをする事を言う〕
………… 同（狩）
→　こたかゞり（小鷹狩）・とがり（鳥狩）

かりくら〔=狩倉。狩場の事を言う。鹿・猪を狩る山ともある〕
………… 同（狩倉）

かりづえ〔=狩杖。鷹狩りの際に、鳥を狩り立てる時に用いる杖。先に股がある<これを「草押」と言う>。長さは鷹匠は笠の端通りにくらべて切り、犬飼は目の通りにくらべて切る、とある<或は「我が身の乳通りに切る」という説もある>。「大払い杖」とも言い、主に桜の木を用いるとある〕
………… かりづゑ（狩杖）

かりつめ〔=稲を刈って、少しばかり刈り残した後に鶉が多く集まって来てその稲を食べる事を「かりつめの鶉」と言う。小鷹の言葉とある〕
………… 同
→　うづら（鶉）

かりのつかい〔=狩の使。鷹狩の使いの事を言う〕
………… かりのつかひ（狩の使）

※狩り場　………… 「かりくら」を見よ。

かりばのとり〔=狩場の鳥。雉の事を言う〕
………… 同（狩場の鳥）

※河原ひばり〔=河原雲雀。雲雀の一つ。鶴に付いて鷹をなぶりたがることから「はいたかつき」とも言う。「羽のききたる鳥の故」とある〕
………… 「ひばり」を見よ。

※きぎす〔=雉子。雉に同じ〕………… 「雉」を見よ。

ききすえどり〔=聞据鳥。野山にて雉の鳴く場所をよく聞きおいて翌朝早く鷹を狩り立て合わせる事。また、野山にて雉の鳴くのをよく聞いて、雉に知られぬように鈴に「鈴の子」を付けて鈴が鳴らないようにして鷹を合わせる事にも言う〕
………… きゝすゑとり（聞据鳥）

※雉〔=「鷹の鳥・狩場の鳥」とも、単に「鳥」とも言う。鷹の獲物の代表である〕　→　かりばのとり（狩場の鳥）
たかの（鷹野）・たかのとり（鷹の鳥）・とがひ（鳥飼）
とり（鳥）・まとり（真鳥）・をきゑ（招餌）

※木草をたたく ………… 「こしばをならす」を見よ。

きずな〔=攣・紲・木綱。犬用の綱を言う。山椒の木で作るのが良いとされ、鎖に代用されるとある〕
………… きづな（攣・紲・木綱）
→　あしを（攣・紲・足緒）・くさり（鉇）

※きとり〔=木鳥。鷹に追われて仕方なく木に上がった雉の事。「ことり」とも言う〕　→　ことり（木鳥）

※木の下狩り ………… 「このしたがり」を見よ。

きみしらず〔=君不知。両翼の裏にある羽を言う。羽裏の「かたがえり」<撫鷹・鵧鷹・片鵧>に二枚ずつある。継尾として、また楊弓の箭羽として用いられる〕
………… きみしらす（君不知）
→　つきを（継尾）
………… 「しらお」を見よ。

※きりつぼの水 ………… 「こつぼ」を見よ。

きりやどまり〔=鷹に追われて弱った鳥を「疲れの鳥」と言い、その鳥を「捨てる」<=追わない>事を言う〕
………… 同

※きんや（禁野）〔=天皇の御狩場を言う〕　→　ひなみ（日次）

くいな　………… くひな（水鶏）

※くいなだつ〔=水鶏立。鳥が鷹に追われて疲れ、羽音も立てずによわよわと飛び立つ様<「少しずつ鳥の立つ様」とも>を言う。「くいな飛び」に同じ〕
→　くひな（水鶏）

※くいな飛び〔=水鶏飛。鳥がくたびれて、水鶏のように首を長くしてよわよわと飛ぶ姿<「少しずつ鳥の飛び上がる様」とも>を言う。「くいなだつ」に同じ〕
→　くひな（水鶏）

※くき　………… 「ひしゃくはな」を見よ。

※くぐい毛〔=鵠毛。鷹の尾の名。胸毛の白いのを言う。また、これを「さぎげ」<鷺毛>とも言う〕
→　くらゐのけ（位の毛）・ゑづゝみ（餌包）

くくる〔=鷹の「足緒」の事を「くくり」と言うとある〕
………… くゝる

※公家の言葉　→　はらとり・やりたつる（やり立る）

※くさおし〔＝草押。「狩杖」の先の股の事を言う〕

……………「かりづえ」を見よ。

くさどる鷹〔＝草取る鷹。「くさどる」とは鷹が草むらの中に隠れている鳥を捕る事。また、鳥を追い落とし、草を摑んで飛び立たせないようにする事を言う〕

……………くさとるたか（草取る鷹）

※草の中へ鳥を追い入れる〔＝「入草」の事を言う〕

……………「いりくさ」を見よ。

くさり〔＝鉇。犬の鎖を言う〕

……………同（鉇）

→　きづな（攣・紲・木綱）

※くそとび　……………「とび」を見よ。

※くだのお〔＝管の緒。足緒<＝鷹の足に付ける、犬の首輪に当たる具>の一つである「山足緒」<＝苧縄で作った足緒>の事。「とがりお」<尖條>とも言う〕

→　あしを（攣・紲・足緒）

※くたびれる　→　つかれ（疲れ）

くち〔＝倶知。鷹の事を言う百済語。今は「まい」を用いるとある〕……………同（倶知）

くちえ〔＝口餌・志餌。鷹を飼い馴らすために少しずつ与える餌の事。これを与える<＝飼う>事を「口餌ひく」と言う〕……………くちゑ（口餌・志餌）

※くちばしの脇の毛〔＝「かねつけ<漿付>の毛」を言う〕

……………「かねつけの毛」を見よ。

※くつろぐ　……………「ひすいの毛」を見よ。

くつをむすぶ〔＝沓を結ぶ。鷹が空中で雉を捕って落ちる様を譬えて言ったもの〕

……………同（沓を結ぶ）

※くつわの音……………「ひょうし」を見よ。

くまたか〔＝角鷹・鵰。鷹の一種。大きくて猛く、熊鷲とも言われた。矢に言う「鷹の羽」はこれを用いて作る〕

……………同（角鷹・鵰）

→　たかのは（鷹の羽）

くらいの毛〔＝位の毛。餌を持ってふくらんだ胸のあたりの毛の事。「餌持ちの毛」とも言う〕

……………くらゐのけ（位の毛）

→　ゑづゝみ（餌包）

くろふ〔＝黒符・黒文。符の種類の一つ。なお、「おおくろふ」<大黒符>とは「尾助先まで符を切り詰め」たもの、「ふじくろふ」<藤黒符>とは「巻たるように横へ切た」符の事で、「つみ」<雀鷂>にあるとある〕

……………同（黒符・黒文）

→　つみ（雀鷂）・はつ・ふぢふ（藤文・藤符）

けいけい〔＝「勢子」が発する声の様をあらわしたもの〕

……………同

……………「せこごえ」を見よ。

けなしはぎ〔＝無毛脛。鷹の脚の、毛のない所を言う。ここに足革を付ける<＝さす>〕

……………同（無毛脛・无毛脛）

※毛の替わる……………「かえる」を見よ。

※毛の散る　……………「けばな」を見よ。

けばな〔＝毛花。鷹が捕えた鳥の毛が散る事。また、鷹が毛を取り散らす事を「毛花を散らす」と言い、その様が花が散るようであることから「花を取る」とも言う〕

……………同（毛花）

→　はなをとる（花を取る）

※こあがり〔＝「しとと（ど）」<鵐>のように少しずつ上がる鳥の事を言う〕

→　くひな（水鶏）・しとゝどり（鵐鳥）

こい〔＝木居。鷹が木に止まって居る事を言う。なお、土に居るのを「つちこい」<土木居>と言う〕

……………こゐ（木居）

※こい鳥〔＝木居鳥。鷹の異名〕　→　こゐ（木居）

※こいまる〔＝木居丸。鳥を飛び立たせない逸物の鷹を言う〕

→　ぬすだつとり（盗立つ鳥）

※こうしゅうだか（甲州鷹）………「からくつわ」を見よ。

こけらげ〔＝柿毛。鷹が煩う時に立てる頭の毛<或は鷹が病のために煩い、頸の肉が落ちる事を「病顕」と言うが、この所の毛を立てる事>を言う。したがって、常にはなく、病を生じた時に立てる毛とある〕

……………同（柿毛）

→　そばみだか（欹見鷹）

こしばをならす〔＝小柴を鳴らす。草木をたたく事を言う。鳥を追い出すために行う〕

……………同（小柴を鳴らす）

※小鷹〔＝「このり」＜兄鷂＞以下の小型の鷹を言う。はいたか＜鷂＞・つみ＜雀鷂＞・えっさい＜雀䳄＞・さしば＜差羽＞などがこれに入る〕
→　こたかゞり（小鷹狩）・えつさい（雀䳄）
かりつめ・そらとる（空取）・つみ（雀鷂）
はしたか（鷂・箸鷹）・へを（鱍・繳・経緒）

小鷹がり〔＝小鷹狩。狩の一つで秋の狩を言う。雲雀・鶉を獲物にする〕…………こたかゞり（小鷹狩）
→　かり（狩）・たかの（鷹野）・ひねり（捫）
…………………「鷹狩」を見よ。

こつぼ〔＝小壺。「小壺の水」とは榎の木の股や梨木の株、竹の「とぐい」＜＝先の尖った切株＞などにたまった水の事。鷹の病＜胴気や羽虫など＞の薬として用いられる。「きりつぼの水」とも言う〕
…………………こつぽ（「ぽ」は「ぼ」の誤り）

※小壺の水　…………………「こつぼ」を見よ。

※琴の尾〔＝鷹の尾羽の名。「鳴尾」とも「背待尾」とも言う〕
…………………「ならお」を見よ。

ことり〔＝木鳥。鷹に追われて仕方なく木に上がった雉の事。「きとり」とも言う〕…………同（木鳥）

※小鳥　…………………「わし」を見よ。

※小鳥じめ〔＝小鳥卜。「ぬくめどり」＜温鳥＞の事を言う〕
…………………「ぬくめどり」を見よ。

※こぬか〔＝小糠。打飼＜＝犬の食物＞として飯に混ぜる〕
→　うちがひ（打飼）

※このしたがり〔＝木の下狩。狩の場で鳥を駆り立てる「せこ」＜勢子＞の事。「下狩衆」とも言う〕
…………………「せこ・したがり」を見よ。

このしたやみ……………同

このはがえり〔＝木葉復。「つみ」＜雀鷂＞・「えっさい」＜雀䳄＞のうち、小さい物を言う。また小鷹の羽づかいを言うともある〕
…………………このはがへり（木葉復）

※このり〔＝兄鷂。「はしたか」＜鷂・箸鷹＞の雄を言う。小鷹の中では大きく、「はしたか」とほぼ同じとある〕
→　こたかゞり（小鷹狩）・はし鷹（鷂・箸鷹）

※このり（兄鷂）以下〔＝「小鷹」の事を言う〕
→　こたかゞり（小鷹狩）・はしたか（鷂・箸鷹）

※このり（兄鷂）の雌〔＝「はし鷹・はい鷹」の事を言う。小鷹に属す〕　→　はし鷹（鷂・箸鷹）

こもつ（づ）ちごえ〔＝薦槌越。薦を編む槌のように羽を互い違いに休めないで鳥を捕る羽づかい。また、峰を鷹と鳥とが薦を編む槌のようにこなたかなたへ飛び越える様を言う〕
…………………こもづちごえ（薦槌越）

※薦を編む　…………………「こもつちごえ」を見よ。

※小山がえり〔＝小山鴘。「通りつみ」＜＝節分過ぎて春捕えた鷹。二歳の若鷹＞の事を言う。鴡の子をおとりにして捕るとある。「さほ姫がえり」とも言う〕
→　つみ（雀鷂）・やまかへり（撫鷹・山鴘）
…………………「とおりつみ」を見よ。

ころどり〔＝鷹が面々に一羽ずつ雁を捕える事を言う〕
…………………同

※子を飼う〔＝鷹の雛を養い、育てる事を言う〕
…………………「すたか＜巣鷹＞」を見よ。

（さ行）

さかばかく〔＝逆羽搔く。逆羽とはよじれて逆立った羽の事。それを搔くことを言う〕
…………………同（逆羽搔く）

※さかふ〔＝逆文。鷹の羽、即ち箭の羽の名を言う〕
→　たかのは（鷹の羽）

※さぎげ〔＝鷺毛。鷹の尾の名。胸毛の白いのを言う。「くぐいげ」＜鵠毛＞とも言う〕　→　てふくろ（手袋）
くらゐのけ（位の毛）・ゑづゝみ（餌包）

※先に股のある杖〔＝狩杖＜鳥を狩りたてる時に用いる杖＞の事。「大払い杖」とも言う。主に桜の木を用いるとある。「股」のある所を「くさおし」＜草押＞と言う〕
…………………「かりづえ・くさおし」を見よ。

さごろも〔＝狭衣。「狭衣の毛」とは尾の下にある三種の毛＜＝狭衣の毛・尾すけ・乱糸＞の一つを言う。「尾裏厠門に掛かる毛」と言い、「びれん＜尾連＞の毛」とも「おばな＜尾花＞毛」・「みのさき＜蓑先＞」とも言う〕……………同（狭衣）

※狭衣の毛　…………………「さごろも」を見よ。

ささいべ〔＝「はやぶさ＜隼＞相伝の家」の事を言う〕
………………さゝいべ
※さし取る〔＝さし取る。鷹を拳上に返らせる事を言う。「おき取る」とも言う〕…………「おく」を見よ。
さしば〔＝差羽。隼に似て小さく、ために「小隼」とも書く。異朝＜朝鮮＞より来て小鳥をよく捕るとある。「青差羽・赤差羽・すそご差羽」などがある〕
………………同（差羽）
→　そらす
さす〔＝差す。「付ける」事を言う。鷹詞では鈴や経緒・餌袋を付ける事を「鈴・経緒・餌袋を差す」と言う。また、餌袋に「おきえ」＜招餌＞を入れる事にも言う。犬には「鈴をかくる」と言う〕
………………同（差す）
→　すゞ（鈴）・へを（経緒）
ゑぶくろ（餌袋）・をきゑ（招餌）
さつきげ〔＝五月毛。「ほろ」＜母衣＞の所の輪毛の上に出る毛の事。「五月雨の毛」とも言う。「あまおおい＜雨覆＞の毛」はこれの対語〕
………………同（五月毛）
………………「あまおおいの毛」を見よ。
※さばき（捌）………………「さばく」を見よ。
さばく〔＝「さばき」＜捌＞とは犬の引縄の事で、犬を繋ぐ綱を言う。「やりなわ」＜遣索・遣縄＞とも言う。藤を切って作るが、藤は「山緒」にも「ぶち」＜鞭・策＞にも用いられる。→「山緒」・「ぶち」を参照〕
………………同
※さほ姫〔＝春、網で捕った若鷹を言う〕
→　やまかへり（撫鷹・山鵤）
※さほ姫がえり〔＝佐保姫鵤。節分過ぎてうち落とした春の荒鷹の事。「小山がえり」とも言う。二歳の若鷹〕
→　やまかへり（撫鷹・山鵤）
※さみだれ（五月雨）の毛
………………「さつきげ」を見よ。
※さもと〔＝麓の事。「野ぎわ」また「たもと」とも言う〕
→　たもと
※さやま（左山）…………「ひだりやま」を見よ。
※山椒の木　………………「きづな」を見よ。

※三歳の鷹〔＝大鷹＜＝青鷹・白鷹＞を言う。また、「二鳥屋」とも「もろがえり」＜再鵤・諸鵤＞とも言う〕
→　かたがへり（撫鷹・鵤鷹・片鵤）
たか（鷹）・もろがへり（再鵤・諸鵤）
※じいじいと鳴く…………「のじこ」を見よ。
※椎の木居〔＝「柴の木居」とも言う。なお、「木居」とは木に居る鷹の事である〕　→　こゐ（木居）
※しえ（志餌）……………「くちえ」を見よ。
しお　………………しを（紫鶹・紫鷹）
………………「しぼ」を見よ。
※しし（肉）をひく………「ひく」を見よ。
※したおとがいの毛（下顋の毛）
………………「かげのけ」を見よ。
※したがり〔＝下狩。狩の場で鳥を駆り立て、飛び立たせる事。また、その者＜「木の下狩・下狩衆・勢子」＞を言う〕　→　このしたやみ・せこ（勢子）
※したゆくみず〔＝下行水。「氷室山」＜＝「むしとや」《蒸鳥屋》＞の中へ樋を通して水を入れる事を言う〕
→　ひむろやま（氷室山）
しだるし〔＝「しだるき」とは鷹のなつき過ぎた様を言う。単に鷹が人になつく事は「たなれ」＜手馴れ＞と言う〕
………………したるし
→　「たなれ」を見よ。
※四月八日・七月十四日　→　はし鷹
しとと（ど）どり〔＝鵐鳥。鳥の名〕………しとゝどり（鵐鳥）
※しとと（ど）啼き〔＝鷹が「しとと」＜鵐＞のようにちりちりと鳴く様を言う〕　→　しとゝどり（鵐鳥）
しのぎ〔＝「しのぎ羽」とは鷹の羽で作った上箭の事を言う〕
………………同
※しのぎ羽　………………「しのぎ」を見よ。
しのふきすさむ〔＝篠吹すさむ。青竹を温めて切口から出る息＜蒸気＞で鷹の羽のゆがみを直す事を言う〕
………………同（篠吹すさむ）
しのぶの鷹〔＝信夫の鷹。陸奥信夫地方より出る鷹を言う〕
………………しのぶのたか（信夫の鷹）
しのぶみず〔＝しのぶ水。人の小便に餌を浸して与える事を言う。鷹のすかし薬に用いられる〕
………………しのぶみづ（しのぶ水）

※柴の木居〔＝「椎の木居」とも言う〕　→　こゐ（木居）
※柴に鳥を付ける …………「としば」を見よ。
※しぼ〔＝紫鷂・紫鷹。白鷹が年を経てうす紅梅になった物、または「はしたか」＜鷂＞のうち、符の赤いのを言う〕
→　しを（紫鷂・紫鷹）
※しゅくしんのは〔＝粛慎の羽。箭に用いられる「くまたか」＜角鷹＞の羽の別称。「鷹の羽」とも言う〕
→　たかのは（鷹の羽）
※順に狩る　………………「まやま」を見よ。
しょう〔＝兄鷹。「雄鷹・男鷹」の事を言う。これに対し「雌鷹・女鷹」を「大鷹」・「だい」＜弟・弟鷹＞と言う〕
……………… せう（兄鷹）
→　くつをむすぶ（沓を結ぶ）・たか（鷹）
※小便に餌を浸す …………「しのぶみず」を見よ。
※精霊（生霊）の箸を松明にする …………「はし鷹」を見よ。
※徐君が鏡　→　のもりのかゝみ（野守の鏡）
しらお〔＝白尾。鷹の尾に付ける白い羽。くぐい＜鵠＞・鶴の「君不知」＜＝両翼の裏にある羽＞を用いて継ぐ。継がれた鷹を「白尾の鷹」と言う。春継ぐとある〕
……………… しらを（白尾）
→　つきを（継尾）
※しらたか〔＝白鷹。大鷹の事で、「しらたか」とも言う〕
→　たか（鷹）
しらぬりのすず〔＝白塗の鈴。銀で塗られた鷹の鈴を言う〕
……………… しらぬりのすゞ（白塗の鈴）
しらふの鷹〔＝白文の鷹。白い斑のある鷹の事。「ましらふ＜真白文＞の鷹」とも言う。なお、「まじろ」は真白の意ではなく、眉の毛の白い鷹の事を言う〕
……………… しらふのたか（白文の鷹）
→　ましらふのたか（真白文の鷹）・まじろ（眉白）
※虱を洗う ………………「にしきのぼうし」を見よ。
※しるしの毛〔＝印の毛。背の脇にある毛の事。「かねつけ＜漿《歯黒》付＞の毛」とも「浮世毛」とも言う〕
………………「かねつけの毛」を見よ。
しるしのすず〔＝しるしの鈴。鷹に付ける鈴の事を言う〕
……………… しるしのすゞ（しるしの鈴）
※白い羽毛　………………「つばな・のりげ」を見よ。
※白い下毛の落ちる ………「ねぐらの雪」を見よ。

※しろしょう〔＝白兄鷹。上古の名鷹＜延喜帝の鷹＞の一つに挙げられている〕　→　たか（鷹）
※じんとうひばり〔＝じんとう雲雀。雲雀の一種。「毛をかたのごとくして、後に尾を一度に落とす」雲雀を言うとある〕………「ねりひばり」を見よ。
すう〔＝据。鷹を止まらせる事。また、拳に乗せる事を言う。「鷹を据える」などと用いる〕………… 同（据）
※すえつき鷹〔＝「待かけ」の事。田舎では「待鷹」と言う〕
………………「まちだか」を見よ。
※据える　………………「すう」を見よ。
すおろし〔＝巣下。巣から鷹の雛を捕る事を言う。巣鷹として飼うためと、諏訪明神に備える贄鷹用のために行う〕
……………… 同（巣下）
→　にへたか（贄鷹）・すどり（巣取）
………………「すたか＜巣鷹＞」を見よ。
すず〔＝鈴。鈴音によって鷹の居場所を知るために付ける。鷹に鈴を付ける事を「鈴を差す」と言う〕
……………… すゞ（鈴）
→　さす（差す）
鈴いた〔＝鈴板。鷹の尾に付ける、鈴を支える板の事。「鈴ふだ＜札＞」とも言う〕　→　すゝもち（鈴持）
………………「ねずお」を見よ。
※鈴かくし〔＝鈴蔵。鷹の上尾の上にある小羽の事を言う〕
→　すゝもち（鈴持）
※鈴かけ〔＝鈴掛。「鈴持＜もち＞」とも「鈴付」とも言う〕
………………「すずもち」を見よ。
※すずしの袋〔＝生絹の袋。「尾袋」の事を言う〕
→　をぶくろ（尾袋）
※鈴つき〔＝鈴付。「鈴持」とも「鈴掛＜かけ＞」とも言う〕
………………「すずもち」を見よ。
すずねさす ……………… すゞねさす（「ね」は「こ」の誤り）
※鈴の子〔＝すずこ＜鈴子＞とも「目差しの鈴」とも言う。雉などの獲物に知らせないように鈴の目につつじの枝などを差し入れて鈴の鳴らぬようにする事で、そのようにする事を「鈴＜の＞子差す」と言う。犬の場合は「鈴の目差す」とも「鈴おと」とも言う。春の朝鷹狩に限るとある〕　→　すゞねさす（「ね」は「こ」の誤り）
きゝすゑとり（聞据鳥）

※鈴の目差す ……………………「鈴の子」を見よ。

※鈴ふだ ……………………「鈴いた」を見よ。

※すずみだか〔＝すずみ鷹。「つみ」＜雀鷂＞の別称〕
……………………「つみ」を見よ。

すずもち〔＝鈴持。鷹の中央にある二枚の尾羽で、「うわお」＜上尾＞の事を言う。「鈴持」とはこの羽に鈴を付けることから名付けられたもの。「鈴付＜つき＞」とも「鈴掛＜かけ＞」とも言う〕
……………………すゝもち（鈴持）

※鈴をさす・付ける ………「すず」を見よ。

※鈴をつなぐ ……………………「ねずお」を見よ。

※すそごの差羽〔＝裳濃の差羽。差羽の一つ。尾の先が半分黒い物を言う〕 → さしば（差羽）

※すたか〔＝巣鷹。まだ雛のうちに巣よりおろし、餌を与えて育てた鷹の事。「若草」とも言う。「あがけ」＜網懸＞はこれの対語〕
→ すだかどや（巣鷹鳥）・わかくさ（若草）
わかたか（若鷹・黄鷹）
……………………「あがけの鷹」を見よ。

すたかとや ……………………すだかどや（巣鷹鳥屋）
→ わかたか（若鷹・黄鷹）

※すてる〔＝捨てる。鷹が弱った、疲れの鳥を捨てる＜＝追わない事を言う〕 → きりやどまり

すどり〔＝巣取。巣より雛を捕る事。また、その雛を養う事を言う〕
……………………同（巣取）
→ すおろし（巣下）

※すまさり〔＝巣勝。巣の中でよい鷹＜＝雛＞を言う〕
→ ほろは（保侶羽）

すまわり〔＝巣廻。七月半ばまでに捕った、その年生まれの若鷹の事で、「巣鷹」＜＝雛＞以後「網懸」＜＝自分で餌が捕れるようになった、七月末より冬の月に至までに捕った若鷹＞以前の、巣立ちはしたが餌はまだ親から貰っている鷹の事＜「親に餌を飼はれて巣にあるを云」とある＞を言う〕
……………………すまハり（巣廻）
……………………「のざれの鷹」を見よ。

※巣より雛を捕る …………「すどり」を見よ。

※諏訪（諏訪明神） → すおろし（巣下）・にへたか（贄鷹）

せこ〔＝勢子。狩の場で鳥を駆り立てる者。山を狩る者。なお、鷹狩の者たちを「下狩衆」と言い、「下狩」とも「木の下狩」とも言う〕
……………………同（勢子）

※せこごえ〔＝勢子声。勢子が鳥を駆り立てる時に発する「けいけいほうほう。えいえいほうほう」などの掛け声を言う〕 → けいけい

※せなお〔＝背尾。鷹の尾羽の名。「ならしば」の「たなさき」＜＝徒前。鷹の左側の事＞での名とある。「みせ尾」とも言う〕……「ならしば」を見よ。

※背中の総名〔＝「ふすま」＜襖＞の事を言う〕
→ ふすま（襖）

※背待尾〔＝鷹の尾羽の名。「ならお」＜鳴尾＞とも「琴の尾」とも言う〕 → やかたを（屋像尾・屋形尾）
……………………「ならお」を見よ。

そしく〔＝峯より少し下る事を言う〕
……………………同

そそり〔＝「尾ぞそり」とは鷹が尾を横にゆるゆると振る事を言う。「たぶるい」＜＝手振。身震いをする事＞の時などに見られる〕
……………………そゝり

そそろ〔＝嗉。鷹が餌の鳥を食べ終わって、その皮毛を丸い形にして吐き出したもの。「そそろ打つ」とはそのような鳥の骨や毛などを朝吐き出す事を言う〕
……………………そゝろ（嗉）

※そそろ打つ ……………………「そそろ」を見よ。

※そばみ ……………………「そばみだか」を見よ。

そばみだか〔＝欹見鷹。病を起こし煩い痩せた鷹を言う。また、そうした鷹に薬を与える事にも言う。これは「そばみ」と言う薬を与える説に基づく〕
……………………同（欹見鷹）

そらく〔＝「そらす」と同じとある〕
……………………同
……………………「そらす」を見よ。

そらす〔＝鷹を逃がしてしまう事を言う。「手に据えたる鷹をそら＜逸＞す」などと用いる〕
……………………同

そらどる〔＝空取。空捕。鷹が空中で鳥を捕る事を言う〕

……………… そらとる（空取。空捕）

（た行）

※だい〔＝大鷹・弟・弟鷹。「雌鷹・女鷹」の事を言う。これに対し、「雄鷹・男鷹」を「しょう」＜兄鷹」と言う〕

→　せう（兄鷹）・たか（鷹）

※たお〔＝田緒。「田物」＜＝たもの。鴨・雁・鷺などの水鳥の事＞を括る紐を言う。これに対し、雉を始めとして山鳥を括る紐を「山緒」と言う。「田緒」は縄、「山緒」は藤で掛けるとある〕　→　たかのとり（鷹の鳥）

たか〔＝鷹〕……………… 同（鷹）

→　くち（倶知）

ならしば（馴し羽・鳴羽・なら柴）

※たがえる〔＝手帰る。鷹が手、即ち拳上に帰る事を言う〕

……………… 「たがえる鷹」を見よ。

たがえる鷹〔＝手帰る鷹。獲物に向かって放った鷹が手に帰る事を言う。「とがえる」意に誤用された〕

……………… たかへるたか（手帰る鷹）

たかがい〔＝鷹飼。鷹匠の事を言う〕

……………… たかゞひ（鷹飼）

※鷹狩〔＝野の狩＜＝田猟＞を「鷹野」、山の狩＜＝山狩＞を「山鷹狩」と言い、また「小鷹狩」がある。山鷹狩は雉を捕り、小鷹狩は鶉・雲雀を捕るといった差がある。「鷹とがり＜鳥狩＞」とも言う〕

→　かりのつかひ（狩の使）・こたかゞり（小鷹狩）

たかの（鷹野）・とだち（鳥立）・まやま（真山）

※鷹匠〔＝鷹飼の事を言う〕　→　たかゞひ（鷹飼）

たかだぬき〔＝韝。鷹手貫。「えがけ」の事を言う。鷹を腕に止まらせるためにはめる革製の手袋。左手に付ける。「たぬき」＜手貫＞とも言う。公家方ではこれを「たまき」＜手巻＞と言うとある〕

……………… 同（韝）

→　たぬき（手貫）・たまき（手巻）

※鷹司の下手〔＝「彦星」の事を言う〕

……………… 「ひこぼし」を見よ。

※鷹とがり〔＝鷹鳥狩。鷹狩の事を言う〕

→　とがり（鳥狩）

たかなぶり〔＝鷹攤。鷹の鞭を言う。「よすえ」＜＝夜据。鷹をなつけるために夜連れ出す事＞に鷹をなぶって寝させないようにする道具。「ぶち」＜鞭・策＞よりは長い。「竹さお」とも言う。鷹の羽を整えるためにも用いる〕

……………… 同（鷹攤）

→　ひさごばな（瓠花）・ぶち（鞭・策）

たかの〔＝鷹野。田猟＜＝でんりょう。野の鷹狩＞の事を言う。これに対し、山で狩をする事を「山鷹狩」と言う〕

……………… 同（鷹野）

※鷹のうしろの毛 ………… 「ふすま」を見よ。

※鷹の大きくなる ………… 「つのる」を見よ。

たかのおとし〔＝鷹の落し。鷹が落とした鳥の事で、希有の事の譬えに使われるとある〕

……………… 同（鷹の落し）

※鷹の尾の裏にある白い毛〔＝「おすけ」＜尾末毛＞の事を言う〕

……………… 「おすけ」を見よ。

※鷹の尾の先の白い所〔＝「ひしゃくはな」＜杓花＞の事を言う〕

……………… 「ひしゃくはな」を見よ。

※鷹の学習 ……………… 「はづかい」を見よ。

※鷹のくつろぐ ……………… 「ひすい」を見よ。

※鷹の毛の替わる ………… 「かえる」を見よ。

※鷹のしたおとがいの毛〔＝鷹の下頤の毛。「かげ＜陰＞の毛」の事を言う〕

……………… 「かげの毛」を見よ。

※鷹の虱を洗う ……………… 「にしきのぼうし」を見よ。

※鷹の止まり木〔＝「ほこ」＜架＞の事を言う〕

→　たかほこ（鷹架）

たかのとり〔鷹の鳥。雉を指す。単に「鳥」とも言う〕

……………… 同（鷹の鳥）

→　とり（鳥）

※鷹の鳥かけ様〔＝「田緒」＜＝鴨・雁などの水鳥、即ち「田物」を括る紐＞は縄、「山緒」＜＝雉を括る紐＞は藤を用いるとある〕

→　たかのとり（鷹の鳥）

※鷹のなつく ……………… 「たなれ」を見よ。

※鷹のなつかない ………… 「のごころ」を見よ。

※鷹の覗く ……………… 「のぞかえて」を見よ。

たかのは〔＝鷹の羽。箭に言う場合は「くまたか」＜角鷹＞の羽の事を言う。「粛慎の羽」とも言う〕
……………… 同（鷹の羽）
→　くまたか（角鷹・鵰）

※鷹の鞭〔＝「たかなぶり」＜鷹攤＞とも、単に「ぶち」＜鞭・策＞とも言う〕
→　たかなぶり（鷹攤）・ひさごばな（瓠花）

※鷹の目の前の毛〔＝「梅の花毛」の事を言う〕
……………… 「うめのはなげ」を見よ。

※鷹の腹病　……………… 「たけ」を見よ。

※鷹の病　→　うれへのけ（愁の毛）・こけらげ（柿毛）
そばみだか（欹見鷹）・たけ
はなむし（鼻虫）

※鷹のゆがけ〔＝「ゆがけ」＜＝えがけ＞の事。「たかだぬき」＜韝＞とも言う〕
……………… 「たかだぬき」を見よ。

たかばかり〔＝鷹秤。親鷹が巣から一尺或は一尺二寸離れて雛を養う事を言う〕
……………… 同（鷹秤）
→　はとのかひ（鳩のかひ）

たかほこ〔＝鷹架。鷹の架。鷹の止まり木を言う。四季により桜、楓、松などの木が用いられる。単に「架」とも言う。また、「ならえ鷹」と「蒼鷹」＜＝おおだか。三歳の鷹＞は「本木」＜＝根本＞、「しょう」＜兄鷹＞は「うら＜末＞木」＜＝梢＞を用いるとある〕
……………… 同（鷹架）

たかゆく〔＝高往。鷹が高く飛ぶ事を言う〕
……………… 同（高往）

たかようじ〔＝鷹楊枝。鷹に水を吹く時に用いる道具。手一束にするとある〕
……………… たかやうじ（鷹楊枝）

※鷹をつなぐ〔＝鷹をつなぐには「大緒」を用いる〕
……………… 「おおお」を見よ。

※鷹を招き寄せる餌 ……… 「おきえ」を見よ。

※鷹を呼ぶ　……………… 「おく」を見よ。

たけ　……………… 同

※竹で管を入れる　→　おほを（大緒）

※竹の切株　……………… 「こつぼ」を見よ。

※たすけ尾〔＝助尾。鷹の尾羽の名。中央の尾羽である「うわお」＜上尾＞に対して、その外側にある五枚の羽＜左右ともにある、石打《大小二種》→なら柴→なら尾→助け尾の事＞の一枚で、外側、右端から言えば五枚目の羽に当たる「上尾」の下にある羽の事を言う。「ちからお」＜力尾＞とも言う〕
→　をのたすけ（尾の助）

※たださき　……………… 「たなさき」を見よ。

たでふ〔＝蓼文・蓼符。「青い符」の事を言う〕
……………… 同（蓼文・蓼符）

たとおり〔＝田とおり。幾鳥屋しても鳥を捕らない鷹の事。「とやがえり」＜鳥屋鴘＞とも言う〕
……………… たとほり（田とほり）
→　とや（鳥屋）

たなさき〔＝手先。鷹の左側または左の羽の事。「たださき」（徒前）とも言う。「身寄り」はこれの対語〕
……………… 同（掌前）

たなれ〔＝手馴。鷹が人になつく事を言う。「野心」はこれの対語。なお、鷹のなつき過ぎた様を「しだるし」と言う〕 ……………… 同（手馴）
……………… 「しだるし」を見よ。

たぬき〔＝手貫。「えがけ」の事。「たかだぬき」＜韝＞とも言う。公家方では「たまき」＜手巻＞と言うとある〕
……………… 同（手貫）
……………… 「たかだぬき」を見よ。

たばなす〔＝手放す。飼い馴らした鷹を初めて合わせる＜＝獲物に向かって放つ＞事。また、あら鷹を初めて合わせる事にも言う。「たばなち」とも言う〕
……………… たばなす（手放す）

※たばなち（手放）……… 「たばなす」を見よ。

たぶるい〔＝手振・体振。鷹が身震いする事を言う〕
……………… たぶるひ（手振・体振）

たまき〔＝手巻。「えがけ」の事。鷹を腕に止まらせるためにはめる革製の手袋。左手につける。また、大鷹の足の指に差す道具にも言う。公家方の言葉とある。「たかだぬき＜韝＞」とも「たぬき」＜手貫＞とも言う〕
……………… 同（手巻）
→　たかだぬき（韝）・たぬき（手貫）

たむきまる〔＝手向丸。諏訪の明神の贄鷹にされる鷹の異名〕
……………… たむきまろ（手向丸）
→ はやぶさ（隼・鶻）

たもぎ〔＝手持木。「鳥柴付」＜＝としばつけ。鷹の捕った鳥を柴に付ける＞の事。「たもんぎ」とも「たもん柴」とも言う。なお、鷹狩りで鳥と言えば雉を指す〕
……………… 同（手持木）
→ としば（鳥柴）

たもと〔＝山のふもと＜麓＞の事。「野ぎわ・さもと」とも言うとある〕……… 同

※たもの〔＝田物。鴨・雁・鷺などの水鳥を言う。「山物」はこれの対語〕……………「たお・山緒」を見よ。

たもろし〔＝手脆。「手もろき」とは盗み立った＜＝密かに逃げる事＞鳥を鷹がかなたこなたに飛んで尋ねる事を言う〕………… 同（手脆）
→ ぬすだつとり（盗立つ鳥）

※たもんぎ・たもん柴 ……「たもぎ」を見よ。

※短羽 ……………………「かざきり」を見よ。

※ちから尾〔＝力尾。「たすけ尾」の事を言う〕
……………………「たすけ尾」を見よ。

※ちから草〔＝力草。鷹が捕えた鳥を飛び立たせないようにするために片方の足でつかむ草の事を言う〕
→ くさとるたか

※ちりちりと鳴く …………「しとと啼き」を見よ。

※散らす ………………「けばな」を見よ。

つかれ〔＝疲れ。鷹に追われてくたびれる事（鳥）を言う〕
……………… 同（疲れ）

※疲れ打つ〔＝鷹が駈け出す鳥を取り外し取り外しするのを、また立って合わせる＜＝鳥に向かって放つ＞事を言う〕
→ つかれ（疲れ）

※疲れの鳥〔＝鷹に追われて弱った鳥の事を言う〕
………………「きりやどまり」を見よ。

※疲れ走り〔＝勢子のうち、達者な者十人ほどを鷹の行先に犬よりも早く走らせる事を言う〕 → つかれ（疲れ）

※疲れをいただきあぐる〔＝鷹が鳥の下を飛ぶ事を言う〕
→ つかれ（疲れ）

※疲れをかつしく〔＝鷹が鳥の上を飛ぶ事。「羽おもてを飛ぶ」とも言う〕 → つかれ（疲れ）

※疲れを見する〔＝落草＜＝鷹に追われて鳥が草に落ちる事＞の場所を見覚える事を言う〕 → つかれ（疲れ）

つぎお〔＝継尾。鷹の尾を継ぐ事を言う〕
……………… つきを（継尾）
→ きみしらす（君不知）・しらを（白尾）

※付ける〔＝「差す」事を言う〕……………「さす」を見よ。

つちえ〔＝土餌。「洗餌」＜或は「水餌」＞の事を言う。なお、鷹を太らせないために土をつけて与える餌とも言う〕
……………… つちゑ（土餌）

※つちこい〔＝土木居。鷹が土に居る事を言う〕

つなぐ〔＝「犬つなぐ」とは犬が鳥あると知る姿を言う〕
……………… 同

つのる〔＝鷹が大きくなる事を言う〕…………… 同

※つばさ ………………「はがい」を見よ。

つばな〔＝茅花。「ほろ毛」＜母衣毛。背の毛＞の脇に出る白い毛の事を言う〕………… つバな（茅花）

つぶり〔＝鷂子。「はいたか」＜鷂＞に属す〕
……………… 同（鷂子）
→ はしたか（鷂・箸鷹）

つまあらそい〔＝妻諍。鷂は兄鷂を追い、弟鷹は兄鷹を追う事とも、また雌が羽の強い雄を選んで羽くらべをする事とも言う〕……… つまあらそひ（妻諍）

つみ〔＝雀鷂。「えっさい」＜雀鷂＞の雌を言う。「すずみだか」また「雲雀鷹」はこれの別称〕
……………… 同（雀鷂）
→ えつさい（雀鷂）・このはがへり（木葉復）
ふぢふ（藤文・藤符）・ねりひばり（練雲雀）

※つみ貌の鷹〔＝目あい、背が根へさしよっている美しい鷹の事を言う〕 → つみ（雀鷂）

※爪 ………………「とりからみ」を見よ。

※爪まで白い ……………「ゆきじろの鷹」を見よ。

※てなれ（手馴）…………「たなれ」を見よ。

※手引きの糸〔＝「へお・へまき」＜＝韝・緻。鷹の足に付ける紐＞の事を言う。まだ馴れない新鳥に付けて遠く飛ばせないようにするための紐であることから斯く言う。「手引き綱」とも言う〕
→ へを（韝・緻・経緒）・へまき（韝・緻）

※手引き綱 ………………「手引きの糸」を見よ。

てぶくろ（手袋）……… てふくろ（手袋）

※手袋ひき〔＝手袋引。鷹が足を腹に引っ付けて居る事を言う〕
→ てふくろ（手袋）

※てぶるい（手振）………「たぶるい」を見よ。

※出羽〔＝鷹の産地の一つ。平鹿の鷹を産す〕
→ ひらか（平鹿・平賀）

※てまき（手巻）…………「たまき」を見よ。

※でんりょう〔＝田猟。鷹狩の一つ。野の鷹狩の事を言う。なお、山狩は「山鷹狩」と言う〕 → たかの（鷹野）

とあと（鳥跡）………… 同（鳥跡）

※どうけ〔＝胴気。鷹の病の名〕…………「いきげ」を見よ。

※どうけの薬〔＝胴気の薬。鷹の病に用いる〕
→ こつぼ（小壺）・はむし（羽虫）

※当歳＜年＞の鷹 → あがけのたか（網懸の鷹）
わかたか（若鷹・黄鷹）

※遠ばまり〔＝「はまる」とは鳥が草に落ちて隠れて居る事を言う。故に遠い所の草に鳥が落ちて隠れて居る事を言うが、また遠く追いつめる事を言うともある〕
→ はまる

※遠山おち〔＝遠山落。鳥や鷹の古毛が落ち残っている事を言う〕
→ とほやまずり（遠山ずり）

※遠山毛〔＝毛を替えた中に若鷹の毛を所々に残している事を言う。「身毛」とも「松原の毛」とも言う〕
→ とほやまずり（遠山ずり）
まつはらのけ（松原の毛）

とおやまずり………… とほやまずり（遠山ずり）

※とおりつみ〔＝通り雀鷂。春捕る鷹の事を言う。「小山がえり」とも言う。鵙の子をおとりにして捕る〕
→ つみ（雀鷂）

とがい〔＝鳥飼。鷹が鳥を捕った時に褒美として与える餌を言う。餌を多く与える事から、「ましえ」＜増餌＞とも「ましかい」＜増飼＞とも言う〕
……………… とがひ（鳥飼）

とがえる鷹〔＝鳥帰る鷹。鷹が毛を替えて鳥屋より出る事を言う。なお、合わせた鷹が飛び帰る意の例もあるが、これは「たがえる」＜手帰る＞である〕
……………… とかへるたか（鳥帰る鷹）
→ かへる（鵆）・たかへるたか（手帰る鷹）

とがり〔＝鳥狩。「鷹鳥狩」とは鷹狩の事を言う〕
……………… 同（鳥狩）

※とがりお〔＝尖條。足緒の一つである「山足緒」＜＝苧縄で作った足緒＞の事。「くだ＜管＞の緒」とも言う〕
→ あしを（韘・紲・足緒）

※とがり矢〔＝尖矢・鋒矢。山鳥の尾と鷹の羽を用いて四つだてに矧ぐとある〕 → とがり（鳥狩）

とさぐり〔＝鳥探。雪の中を雉が餌を求めて探し歩く事を言う〕
……………… 同（鳥探）

とさけび〔＝鳥呼。狩場にて鳥の立つの見て、下狩の者たちが追出すために鳥よ鳥よと三度高声に叫ぶ事を言う〕
……………… 同（鳥呼）

※年老いた鷹〔＝「古山がえり・古鳥屋鷹」の事を言う。→「古い鷹」を参照〕 → やまかへり（撫鷹・山鵆）

※年老いた鷹の体…………「ぬりで」を見よ。

としば〔＝鳥柴。鷹の捕った鳥を付ける木の事。柴に限らず、梅・桜・松・楓などいろいろに付けるが、何れも「としば」または「とりしば」と言う〕
……………… 同（鳥柴）

※鳥柴付け〔＝鷹の捕った鳥を木に付ける事。「たもぎ・たもんぎ」とも「たもん柴」とも言う。鳥とは雉を指す〕
→ たもぎ（手持木）・としば（鳥柴）

とだち〔＝鳥立。鷹狩で鳥が飛び立つ時に言う〕
……………… 同（鳥立）

※とつ鷹〔＝取鷹。鳥をよく捕る、逸物の鷹を言う〕
→ とつたつる

とつたつる〔＝鷹が雉の居る所を見て捕えようとする時に、雉に外されて取り固めることができず、そのまま雉の跡を追って行く事を言う〕
……………… 同

とばい〔＝悍。鷹の騒ぐ事を言う〕…………… とばひ（悍）

☆とび〔＝鳶。くそとびと言い、馬糞鷹とも言う〕
……………… 同（鳶）

※とぼこ ………………「とぼこのたか」を見よ。

とぼこの鷹〔＝外架の鷹。「とぼこ」とは野山など、外にしつらえた架の事。「のぼこ」＜野架＞とも言う〕
……………… とほこのたか（外架の鷹）

※止まり木 ………………「たかほこ」を見よ。

とまりやま〔＝宿山。狩りをしてそのまま泊まる事を言う〕

………………同（宿山）

とや〔＝鳥屋。鷹部屋、「ねぐら」を言う。また、そこで毛が抜け替わることから、鷹が毛を替える事＜＝夏の末より毛が落ちて冬になって新毛が生え整う＞にも言う〕

………………同（鳥屋）

→　かたがへり（撫鷹・鴘鷹・片鴘）

※とやがえり〔＝鳥屋帰。鳥屋鴘。幾鳥屋しても鳥を捕らない鷹の事。「田とおり」とも言う。また、鳥屋にて毛の白く替わる事にも言う〕

→　とや（鳥屋）・たとほり（田とほり）

※とやぎわ〔＝鳥屋際。鷹の羽の抜け替わる、夏の近くになる事を言う〕　→　とや（鳥屋）

※とや鷹〔＝鳥屋鷹。鳥屋籠り＜＝羽の抜け替わる夏の間、鷹が鳥屋に籠る事＞している鷹の事で、「ねぐら鷹」とも言う〕　→　ねぐら（塒）

※とやまさり〔＝鳥屋勝。鳥屋籠り以後、より一層勢いの増した鷹を言う〕　→　とや（鳥屋）

とやまち〔＝鳥屋待。鷹を八・九月頃、おとりを使って捕る事を言う〕…………同（鳥屋待）

※とよひら〔＝豊平。検校の名。『古今著聞集』に見える〕

→　たか（鷹）

とり〔＝鳥。雉の事。「鷹の鳥」とも「真鳥」とも言う〕

………………同（鳥）

→　たかのとり（鷹の鳥）・まとり（真鳥）

とりいかだ〔＝鳥筏。鷹が鴨などを捕って、その捕った鳥に乗って居る様を喩えて言ったもの〕

………………とりいかた（鳥筏）

とりおどし〔＝鳥怖。鳥を脅すための道具を言う〕

………………同（鳥怖）

※とりかう〔＝取飼。鷹の捕った雉の左の胸をたくさん与える事を言う〕　→　とや（鳥屋）

とりか（が）らみ〔＝鳥搦。鷹の長い爪の事で、人の指で言えば中指に当たる。なお、「うちづめ」＜打爪＞は人指し指に当たる〕

………………とりからみ（鳥搦）

※とりしば　………………「としば」を見よ。

※鳥の上を飛ぶ………………「疲れをかつしく」を見よ。

※鳥の草に落ちる…………「遠ばまり・はまる」を見よ。

※鳥の下を飛ぶ……………「疲れをいただきあぐる」を見よ。

※鳥を付ける木……………「としば」を見よ。

※鳥をよく捕る……………「とつ鷹」を見よ。

どろいた〔＝泥板。鳥屋の中に置いて餌をのせ、与える板の事。「ひたす」とも言う〕

………………とろいた（泥板）

（な行）

ないとりがり〔＝鳴鳥狩。「ないとがり」とも言う〕

………………同（鳴鳥狩）

………………「ねとり狩り」を見よ。

※長い爪　………………「とりからみ」を見よ。

※なかぐろ〔＝中黒。箭羽の種類。羽の潔白にして中間が黒文になっている物を言う〕

→　まば（真羽）

※なかじろ〔＝中白。箭羽の種類。羽の上下に黒斑文があって中間が白い物を言う。「切り符」とも言う〕

→　まば（真羽）

※ながやり〔＝長遣。犬飼が犬に向かって声を長くして呼びかける事を言う〕　→　うづら（鶉）

※なつかない鷹……………「のごころ」を見よ。

※なつく鷹　………………「たなれ」を見よ。

※なつき過ぎる鷹　→　したるし・のきハうつ（軒羽打）

ならお〔＝鳴尾。鷹の尾羽の名。中央の尾羽である「上尾」＜うわお＞に対し、その外側にある五枚の羽（左右ともにある、石打＜大小二種＞→なら柴→なら尾→助け尾の事）の一枚で、外側、右端から言えば四番目の羽の事を言う。「背待尾」とも「琴の尾」とも言う〕

………………ならを（鳴尾）

ならしば〔＝馴し羽・鳴羽・なら柴。鷹の尾羽の名。中央の尾羽である「うわお」＜上尾＞に対し、その外側にある五枚の羽＜＝左右ともにある、石打《大小二種》→なら柴→なら尾→助け尾の事＞の一枚で、外側、右端から言えば三番目の羽を言う。即ち「石打」のの上にある羽の事で、「たださき」では「せなお」＜背尾＞とも「見せ尾」とも言う〕

………………同（馴し羽・鳴羽・なら柴）

※なら柴鳥〔=鷹の異名〕
→　ならしば（馴し羽・鳴羽・なら柴）
ならす〔=馴す。鷹を飼い馴らす事を言う〕
………………同（馴す）
※なれない鷹………………「あらたか」を見よ。
にえ鷹〔=贄鷹。神＜諏訪大明神＞に備える鷹を言う〕
………………にへたか（贄鷹）
※贄鷹に備える………………「にえ鷹」を見よ。
→　すおろし（巣下）
※二歳の鷹〔=「かたがえり」＜撫鷹・鴘鷹・片鴘＞とも「一鳥屋」とも言う〕
→　かたがへり（撫鷹・鴘鷹・片鴘）・たか（鷹）
※錦装束〔=紫革の装束をしている事。「紅葉装束」とも言う〕
→　すゝもち（鈴持）
にしきのぼうし〔=錦の帽子。色のよい紅葉を取って置いて、それで鷹の虱を洗う事を言う〕
………………同（錦の帽子）
→　えぼし（烏帽子）
※ぬいあげ（縫上）の毛
………………「ゆきずり」を見よ。
ぬくめどり〔=寒い夜、鷹が捕えた鳥で足を温め、翌朝これを放して、その日はその鳥の方向へは行かない事を言う。「ことりじめ」＜小鳥卜＞とも言う〕
………………同（温鳥）
ぬすだつとり〔=盗立つ鳥。草むらなどに隠れている鳥が人に判らないように密かに飛び立つ事。「盗み立つ鳥」とも言う〕
………………同（盗立つ鳥）
ぬすはむ〔=盗食む。捕った鳥を鷹が持ち帰らないで、その場で食べてしまう事。「盗みはむ」とも言う〕
………………同（盗食む）
※盗み食う………………「ぬすはむ」を見よ。
ぬりで〔=年老いた鷹の一つに、「ぬるで」＜白膠木＞の漆をたれて羽を継ぐ事がある〕
………………同
※ぬるでの漆………………「ぬりで」を見よ。
ねぐら〔=塒。鷹の寝る鳥屋の事を言う〕
………………同（塒）
※ねぐら鷹〔=塒鷹。鳥屋籠り＜=羽の抜け替わる夏の間、鷹が鳥屋に籠る事＞している鷹の事。「とや＜鳥屋＞鷹」とも言う〕　→　ねぐら（塒）
………………「とや鷹」を見よ。
※ねぐらの雪〔=塒の雪。鳥屋に白い下毛の落ちている様を言う〕
→　ねぐら（塒）・わたげ（綿毛）
ねずお〔=音助緒。鈴をつなぐ、鈴通しの緒＜=紐。或は皮を用いたか＞で、「鈴板」の本にある〕
………………ねずを（音助緒）
ねづ〔=根津。鷹の事によく通じた者。根津流〕
………………同（根津）
☆ねとり　………………同（宿鳥）
………………「ねとり狩り」を見よ。

ねとりがい〔=宿鳥飼。野ではやらず、家に帰ってから餌を与える事を言う〕………ねとりがひ（宿鳥飼）
→　をきかふ（招飼）
☆ねとり狩り〔=宿鳥狩。早朝の狩の事で、まだ臥し（寝）ている鳥を狩る事を言う〕　→　ねとり（宿鳥）
※眠る時の仕種………………「かえりさす」を見よ。
※ねりしとど〔=ねりしとど。八月にかかり頬白が毛をする事。「ねり頬白」とも言う〕
→　ねりひばり（練雲雀）
ないとりがり（鳴鳥狩）
ねりひばり〔=練雲雀。六月土用より七月盆の前後頃までの、毛の落ちた＜抜け替わった＞雲雀の事を言う〕
………………同（練雲雀）
→　ひばり（雲雀）
※ねりほじろ〔=ねり頬白。八月にかかり頬白が毛を落とす事。「ねりしとど」とも言う〕
→　ねりひばり（練雲雀）
のきばうつ〔=軒羽打。契丹国では「放し飼いの鷹」を言い、日本では「なつき過ぎた鷹」を言うとある。また、飼主にそむいて飛び去る意にも使われ、なお他にも説がある〕
………………のきハうつ（軒羽打）
→　したるし
※のぎわ〔=野際。山の麓を言う。「さもと」とも「たもと」とも言う〕　→　たもと

のごころ〔=野心。鷹のなつかない事を言う。「たなれ」<手馴>はこれの対語〕
………… のごゝろ（野心）
………… 「たなれ」を見よ。

※のざれ〔=野晒・野褊。「野晒の鷹」の略で、翌年の三月以前に捕った、「網懸」以後の若鷹を言う。なお、「野褊」の方は野山に居て多く年を取り、毛を換えた古鷹の事を言うか〕 → わかたか（若鷹・黄鷹）
やまかへり（撫鷹・山鵃）
………… 「のざれの鷹」を見よ。

のざれの鷹〔=野晒の鷹。秋過ぎて冬捕った鷹の事で、その年生まれの若鷹であるが、「網懸」<=自分で餌の捕れるようになった、七月末より冬の月に至るまでに捕った若鷹>より以後の段階であるため「養うには馴れ難い」とある〕
………… のざれのたか（野晒の鷹）

のじこ〔=鷹に捕えられて鳥がじいじいと鳴く声の事を「のじこ付く」と言う〕
………… のぢこ

のせ〔=鶺鴒。他の鷹に比べて鳥を捕らないことから、今では飼わないとある。「はいたか」<鷂>に属す〕
………… 同（鶺鴒）

のぞかえて〔=鳥が立つかと鷹が覗く事を言う〕
………… のぞかへて

※野の水に映る → のもりのかゝみ（野守の鏡）

※のぼこ（野架）………… 「とぼこの鷹」を見よ。

のもりのかがみ〔=野守の鏡。野にある水に影の映る事を言う〕
………… のもりのかゝみ（野守の鏡）

のりげ〔=糊毛。幼い時の白い綿のような毛の事を言う〕
………… 同（糊毛）
………… 「わたげ」を見よ。

（は行）

※はいたか〔=鷂。「このり」<兄鷂>の雌で、「はし鷹」に同じ。鷹に似ているが小さい。小鷹に属す〕
→ はしたか（鷂・箸鷹）・つぶり（鷂子）
のせ（鶺鴒）

※はいたかつき………… 「河原ひばり」を見よ。

※はいたか（鷂）の雄〔=「このり」<兄鷂>の事を言う。小鷹に属す〕 → こたかゞり（小鷹狩）
はしたか（鷂・箸鷹）

※羽裏のかたがえり ………… 「きみしらず」を見よ。

※羽うらの毛 ………… 「ひかげの毛」を見よ。

※羽おもてを飛ぶ〔=鷹が鳥の上を飛ぶ事。「疲れをかつしく」とも言う〕 → つかれ（疲れ）

はがい〔=翼。鳥の翼・羽の事で、この翼を雄鳥は右より左を掩い、雌鳥は左より右を掩うとある〕
………… はがひ（翼）
………… 「ひかげの毛」を見よ。

※はがい（翼）の惣名………… 「ひかげの毛」を見よ。

※はかぜ（羽風）………… 「はづえ」を見よ。

※吐き出す → そゝろ（嗵）・うつ（打）

※はぎ（脛）を隠す………… 「ふじばかま」を見よ。

※羽くらべ → はならし（羽鳴らし）・つまあらそひ（妻諍）

※はしだい〔=鶚。禁野に居た三足・八重羽の雉の化鳥を捕った鷹の事を言う〕 → はし鷹（鷂・箸鷹）

はし鷹〔=鷂・箸鷹。「このり」<兄鷂>の雌を言う。鷹に似ているが小さい。小鷹に属す。「はし鷹」の謂われについては、この鷹が羽師国<或は波斯国>の産であるからとする説、八月十四日の精霊の箸を松明にして夜出すことからとする説など、幾つかある。「はい鷹」とも「はや鷹」とも言う〕
………… はしたか（鷂・箸鷹）
→ たぶるひ（手ぶるひ）

※はしたかつき〔=鷹を使う体を言うとある〕
→ はしたか（鷂・箸鷹）

※初めて合わす ………… 「たばなす」を見よ。

※馬上より鶉を捕る ………… 「ひねり」を見よ。

はちくま〔=蜂鵰・八鵰。「鵰」<くまたか>に属す。謂われについては、この鷹が蜂を好んで食すからと言う説、羽の文<符>が八文字だからと言う説などがある〕
………… 同（蜂鵰・八鵰）

※八文字の符 ………… 「はちくま」を見よ。

※蜂を好む ………… 「はちくま」を見よ。

はつ〔=足の三つある雉の事を言う〕
………… 同

はづえ〔＝羽杖。鷹が羽を拡げて鷹匠の拳を押さえる事。支えにするために行う。「はかぜ」＜羽風＞とも言う〕
……………… はつゑ（羽杖）

※羽杖つく〔＝羽杖付く。鷹が羽を前へ拡げて羽先を下に付けておく事を言う〕 → はつゑ（羽杖）

はづかい〔＝習。『礼記』に鷹が学習する事を言うとある〕
……………… はづかひ（習）

はつとがり〔＝初鳥狩・始鷹狩。鳥屋を出て、秋、初めて鷹を山へあげて狩りをする事。「はつとりがり」とも言う〕………… 同（初鳥狩・始鷹狩）

はとのかい〔＝鳩のかい。「鳩の秤の故事より歟」とある〕
……………… はとのかひ（鳩のかい）
→ たかばかり（鷹秤）

※鳩の秤 ……………… 「はとのかい」を見よ。

はとび〔＝羽飛。羽の早い事をほめたもので、羽の一段早い鷹の事を言う。「はとびの鷹」とも言う〕
……………… はとひ（羽飛）

※はとや〔＝鳩屋。上古の名鷹＜一條帝の鷹＞の一つに挙げられている。如何なる鷹も捕えられなかった七峰を飛ぶ金鳥、八重羽の雉を捕まえたとある〕
→ たか（鷹）・やへはの（八重羽の）

はなむし〔＝鼻虫。鷹の病の名。鼻中に蛭を生ずる病を言う〕
……………… 同（鼻虫）

はならし〔＝羽鳴。雌鷹に雄鷹の勢いを知らせるために羽くらべをする事を言う〕
……………… 同（羽鳴）

はなをとる〔＝花を取る。毛を取り散らす事。「毛花を散らす」とも言う。なお、「花を振る舞う」とはつむべき所を鷹がつめたるを言う褒美の詞とある〕
……………… 同（花を取る）
→ けばな（毛花）

※はなをふるまう ………… 「はなをとる」を見よ。

※羽の歪みを直す → しのふきすさむ（しの吹きすさむ）

はまる〔＝鳥が草に落ちて隠れて居る事を言う〕
……………… 同
……………… 「遠ばまり」を見よ。

はむし〔＝羽虫。羽の落ちる鷹の病を言う〕
……………… 同（羽虫）

※はむしの薬〔＝羽虫の薬。「こつぼの水」または「きりつぼの水」の事で、胴気の薬としても用いられる〕
→ はむし（羽虫）
……………… 「こつぼ」を見よ。

※はや鷹 ……………… 「はし鷹」を見よ。

はやぶさ〔＝隼・鶻。「あさかぜ」＜晨風＞の異名を持つ。鎌隼が知られている。→「鎌はやぶさ」を参照〕
……………… 同（隼・鶻）
→ そらす

※はやぶさ相伝 ……………… 「ささいべ」を見よ。

※隼の異名 ……………… 「はやぶさ」を見よ。

はらとり〔＝はみ出た鳥の事を言う公家の言葉。これに対し、「はんどり」は武家の言葉と言う〕
……………… 同

※腹の毛 → まつはらのけ（松原の毛）
みなしば（身なし羽）

※腹を立てる時の毛 ……… 「かざむけの毛」を見よ。

※春のあら鷹 ……………… 「さほ姫がえり・やまがえり」を見よ。

※はんどり〔＝はみ出た鳥の事を言う武家の言葉。これに対し、「はらとり」は公家の言葉と言う〕 → はらとり

ひうちば〔＝燧羽・火打羽。「羽節」＜＝羽本の事＞先の三つを重ねた小羽。「うつ羽さき」とも言う〕
……………… 同（燧羽・火打羽）

☆ひおとし〔＝火落とし。「火落としの鷹」とはつつじの花を束ねて隼の巣に落とせば、火に似ているのに驚いて立つとある〕…………… 同（火落とし）

※ひおとしの鷹 ……………… 「ひおとし」を見よ。

ひかげの毛〔＝日影の毛。羽うらの毛の事を言う。また、「はがい」＜翼＞の総名とも言う〕
……………… 同（日影の毛）

※ひきなわ〔＝引縄。犬の「やり縄」の事を言う〕
……………… 「さばく」を見よ。

※ひく〔＝飼う＜与える＞事を言う。「口餌ひく」などと使う。なお、鷹が痩せる事を「しし＜肉＞をひく」、その逆を「しし＜肉＞の高し」と言う〕
→ くちゑ（口餌・志餌）

ひこぼし〔＝彦星。「鷹司の下手」の事を言う〕
……………… 同（彦星）

ひさごばな〔＝瓠花。「たかぶち」<鷹鞭>のうち、一寸または五分の長さの鞭を言う〕………… 同（瓠花）

ひしゃくはな〔＝杓花・杓華。尾羽の先の白い所を言う。なお、尾羽の軸を「くき」と言う〕
………………… ひしやくはな（杓花・杓華）

ひすい ………………… 同（翡翠）

※ひすいの毛〔＝翡翠の毛。鷹がくつろぐ時に肩から出る赤い毛の事を言う〕 → ひすい（翡翠）

※ひたいの毛〔＝額の毛。「愁の毛」の事を言う〕
………………… 「うれえの毛」を見よ。

※ひたす ………………… 「どろいた」を見よ。

※左の羽 ………………… 「たなさき」を見よ。

※ひだりやま〔＝左山。左へ狩る事を言う。「まやま」<真山>はこれの対語で、左より右に順に狩る事を言う〕
………………… 「あおり・まやま」を見よ。

※左より右を掩う ………… 「はがい」を見よ。

※左に据える → たなさき（掌前）

※ひつぎのにえ〔＝日次の贄。六斎日を除いて毎日内裏へ「鷹の鳥」<＝雉>を奉る事を言う〕
→ ひなみ（日次）

※ひととや〔＝一鳥屋。二歳の鷹の事。「かたがえり」<撫鷹・鵤鷹・片鵤>とも言う〕
→ かたがへり（撫鷹・片鵤）

※ひともと・ひとより ………… 「もと・より」を見よ。

ひなみ ………………… 同（日次）

ひねり〔＝拈。馬上より鶉を引掛けて捕る道具を言う。竹を用い、その長さは人の丈によるとある。腰にさす〕
………………… 同（拈）

ひばり ………………… 同（雲雀）
→ じんとうひばり・ねりひばり（練雲雀）

※雲雀鷹〔＝雲雀の毛が生え替わる五〜七月頃に雲雀を捕る、つみ・小鷹の事を言う〕 → ねりひばり（練雲雀）

ひむろやま〔＝氷室山。四方を土で塗りかため、下に樋を通し<これを「したゆくみず<下行水>」と言う>、一方に口を開けた鷹のねぐらの事を言う。「むしとや」<蒸鳥屋>は別称〕
………………… 同（氷室山）

※病顕 ………………… 「こけらげ」を見よ。

ひょうし ………………… ひやふし（拍子）

ひらが ………………… ひらか（平鹿・平賀）

ひらむ〔＝鶉が地について低く行く事を言う〕
………………… 同

ふ〔＝文・符・生。羽の斑の事を言う〕
………………… 同（文・生・符）

※武家の言葉 → はらとり・やりたつる（やり立る）

※藤〔＝藤の蔓は「鞭」や「山緒」などを作るのに使用される〕
→ さばく・ぶち（鞭・策）

※藤黒符 ………………… 「くろふ」を見よ。

※藤衣〔＝鷹の後ろの毛の名を言う〕
………………… 「ふぢばかま」を見よ。

※藤沢〔＝上古の名鷹<後一條帝の鷹>の一つに挙げられている〕
→ たか（鷹）

※藤の花〔＝上古の名鷹<後一條帝の鷹>の一つに挙げられている〕 → たか（鷹）

ふじばかま〔＝藤袴。鷹が野に入って脛を隠す事。また、鷹の股の毛を言い、その後ろの毛を「藤衣」と言う〕
………………… ふぢばかま（藤袴）
→ つみ（雀鷂）

ふじふ〔＝藤文・藤符。符の一つ。小鷹に用いる〕
………………… ふぢふ（藤文・藤符）
………………… 「くろふ」を見よ。

ふすま〔＝襖。鷹の後ろの毛の総てを言う。「よろい毛」とも言う〕………… 同（襖）

ふせぎぬ〔＝偃衣・臥衣。鷹衣の事で、鷹に着せて寒さを防ぐ衣を言う〕………… 同（偃衣・臥衣）
→ おとす（落す）

ふせご〔＝臥籠。雨・風の時鷹を入れる籠。竹で作る。これに対し、板で作るのを「からまくら」<樊籠>と言う〕
………………… 同（臥籠）
………………… 「からまくら」を見よ。

※二つ鷹 ………………… 「あいあわせ」を見よ。

※ふたとや〔＝二鳥屋。三歳の鷹の事。「もろがえり」<両鵤・諸鵤>とも言う〕
→ かたがへり（撫鷹・鵤鷹・片鵤）
もろがへり（両鵤・諸鵤）

※ふたふたする ………… 「ほこはやり」を見よ。

ぶち〔＝鞭・策。鷹の鞭を「ぶち」と言う。「たかなぶり」＜鷹攤・攤策＞よりは短い。藤の蔓で作る〕
……………… 同（鞭・策）
……………… 「たかなぶり」を見よ。

※ふてた貌 ……………… 「鷲がお」を見よ。

※符の白い鷹 ……………… 「しらふの鷹」を見よ。

※ふもと〔＝麓。「たもと」と言うとあるが、また「野ぎわ・ささもと」ともある〕………… 「たもと」を見よ。

※古い鷹〔→「年老いた鷹」を参照〕 → うらしま（浦島）
のざれのたか（野晒の鷹）・やまかへり（撫鷹・山鵤）

※ふるきぎす〔＝古雉子。夏まで捕り残された雉を言う〕
→ とや（鳥屋）

※古やまがえり〔＝十年も経った年老いた鷹の事。「古鳥屋鷹」とも言う〕 → やまかへり（撫鷹・山鵤）

へお〔＝鞶・繳・経緒。鷹の足に付ける紐。「大緒」に対し、訓練用、実戦用の紐＜＝引き綱＞で、「尾綱・緒綱」とも言う。小鷹に言うのに対し、大鷹は「おきなわ」＜招索・喚縄・忍縄＞と言う。「へまき」＜鞶・繳＞の俗称ともある〕……… へを（鞶・繳・経緒）
→ へまき（鞶・繳）
をきなハ（招索・喚縄・忍縄）
……………… 「おおお」を見よ。

※へお・へまきの長さ〔＝二十尋＜当流は二十一尋＞にし、「おき縄」は四十尋にするとある〕
→ へを（鞶・繳・経緒）

へくそかずら ………… へくそかづら（馬鞭草）

へまき〔＝鞶・繳。「へお」の事を言う。鷹の足に付ける紐。「大緒」に対し、訓練用、実戦用の紐＜＝引き綱＞で、「尾綱・緒綱」とも言う。小鷹に言うのに対し、大鷹は「おきなわ」＜招索・喚縄・忍縄＞と言う〕
……………… 同（鞶・繳）
→ へを（鞶・繳・経緒）
……………… 「へお・おきなわ」を見よ。

ぼうし〔＝帽子。鷹飼・犬飼の装束として、ともに帽子を着ける。但し、鷹飼の帽子は「錦の帽子」、犬飼の帽子は「松皮帽子」と言うように、呼び名を異にする〕
……………… 同（帽子）
→ えぼし（烏帽子）

※放鷹の初め → たかのとり（鷹の鳥）

※鳳輦の柱 → たなさき（掌前）・のきハうつ（軒羽打）

ほぐす ……………… 同

※ほこ〔＝架。鷹の止まり木を言う。「鷹架」とも言う〕
……………… 「たかほこ」を見よ。
→ とほこのたか（外架の鷹）

ほこい〔＝矛居・架居。鷹が止まり、木の上で反り返っている様を言ったもの〕
……………… ほこゐ（矛居・架居）

ほこぎぬ〔＝架衣。架に繋いだ鷹が後ろへくぐらないように掛けた布の事。「ほこだれ」＜架垂＞とも言う〕
……………… 同（架衣）

※ほこだれ（架垂）……… 「ほこぎぬ」を見よ。

※ほこの木 ……………… 「たかほこ・ほこ」を見よ。

ほこば〔＝矛羽・架羽。一文字に上がり飛び越す羽を言う〕
……………… ほこは（矛羽）

ほこはやり〔＝桙はやり。架に繋ごうとする時に鷹が早くふたふたする事を言う〕
……………… 同（桙はやり）

ほなる〔＝山の半分である事を言う〕
……………… 同

ほらげ〔＝洞毛。四毛の脇にある毛の事を言う〕
……………… ほらけ（洞毛）
→ よつげ（四毛）

※ほろ〔＝母衣。背の毛の事を「ほろ毛」＜母衣毛＞と言い、また背の膨んでいるのを「ほろなり＜母衣形＞」とも「ほろおび」＜母衣帯＞とも言う。「よろい毛」はこれの対語〕 → ほろは（母衣羽）

※ほろおび（母衣帯）
……………… 「ほろ」を見よ。

※ほろ毛（母衣毛）……… 「ほろ」を見よ。

※母衣の脇に出る白い毛
……………… 「つばな」を見よ。

ほろは（母衣羽）……… 同（母衣羽）

（ま行）

※まい〔＝鷹の事を韓国語で「まい」と言う。昔は「くち」＜百済語＞と言った〕 → くち（倶知）

※まぐそ鷹〔＝馬糞鷹。鳶の別称。「くそとび」とも言う〕
…………「とび」を見よ。

※ましえ（増餌）…………「とがい」を見よ。

※ましかい（増飼）…………「とがい」を見よ。

ましらふの鷹〔＝真白文の鷹。白い斑のある鷹の事。「しらふ＜白文＞の鷹」とも言う。なお、「まじろ」は眉の白い鷹の事で、白い鷹の意ではない。→「まじろ」を参照〕
…………ましらふのたか（真白文の鷹）
→　しらふのたか（白文の鷹）

まじろ〔＝眉白。眉毛の白い鷹の事で、白い斑のある鷹は「白文の鷹」、「真白文の鷹」と言う。→「しらふの鷹」・「ましらふの鷹」を参照〕
…………ましろ（眉白）

ますかき〔＝「ますかきの羽」とは鷹を合わせるとそのまま一文字に向かいの山に飛んで鳥を捕るような逸物＜いちもつ＞の鷹の事を言う〕
…………同

※ますかきの羽…………「ますかき」を見よ。

※股の毛　…………「ふじばかま」を見よ。

※まちかけ　…………「まちだか」を見よ。

※町かたお〔＝町像尾。田の町のように横ざまに切る事を言う〕
→　やかたお（屋像尾・屋形尾）

まちだか〔＝待鷹。「まちかけ」の事で、鳥の立ち行くべき山に鷹を待たせておき、鳥がくたびれて弱った時分に鷹を合わせる事を言う。「すえ＜末＞つき鷹」とも言う。「待鷹」は田舎で言う語とある〕
…………同（待鷹）

※松皮帽子〔＝「犬飼の帽子」の事を言う〕
→　ぼうし（帽子）

まつばらの毛〔＝松原の毛。腹の毛の総てを言う〕
…………まつはらのけ（松原の毛）

※まとわる　…………「もとほる」を見よ。

まとり〔＝真鳥。雉を言う。単に鳥とも言う。なお、箭の羽に言う「真鳥羽」とは鷲の羽の事である〕
…………同（真鳥）

まば〔＝真羽。鷲の羽の事を言う〕
…………同（真羽）

まやま〔＝真山。左より右に順に狩る事を言う。右山とは言わないとある。「ひだりやま」＜左山＞はこれの対語〕
…………同（真山）
…………「あおり・まやま」を見よ。

※眉毛の白い鷹…………「まじろ」を見よ。

※見失う　…………「みふるすくさ」を見よ。

※右の羽　…………「みより」を見よ。

※右にすえる　→　たなさき（掌前）

※みぎやま（右山）…………「まやま」を見よ。

※右より左を掩う…………「はがい」を見よ。

※みけ（身毛）…………「遠山毛」を見よ。

みさご〔＝鶚・魚鷹・雎鳩。上古の名鷹＜一條帝の鷹＞の一つに挙げられている。尾の白いのを「白鶚」と言う〕
…………同（鶚・魚鷹・雎鳩）

※みさご羽〔＝魚を捕るみさごの事。また、鳥の落ちた所に鷹が入っても鳥を捕らずにただ羽を震わせて居る様を言うともある〕　→　みさご（鶚・魚鷹・雎鳩）

※みさご腹　→　たか（鷹）

みずかげの毛〔＝水影の毛。鷹の肘の内にある毛の事を言う〕
…………みづかげのけ（水影の毛）

※みせ尾　→　ならしば（馴し羽・鳴羽・なら柴）

※みだれいと〔＝乱糸。尾の下にある三種の毛＜＝乱糸・尾末毛・狭衣毛＞の一つで、白い毛の事を言う〕
…………「おすけ・さごろも」を見よ。

※三つ足　…………「からすふの鷹」を見よ。

みてだか〔＝御手鷹の事を言う〕
…………同（御手鷹）

※みとや〔＝三鳥屋。四歳の鷹の事。「もろかたがえり」＜諸方鵊＞とも言う〕
→　かたがへり（撫鷹・鵊鷹・片鵊）

みなしば〔＝身なし羽。鷹の腹にある毛の事。「尾花」とも言う〕
…………同（身なし羽）

※峯　…………「えり」を見よ。

※峯より下　…………「そしく」を見よ。

※みのさき〔＝蓑先。「狭衣の毛」の事を言う〕
…………「さごろも」を見よ。

※身震い　…………「たぶるい」を見よ。

みふるすくさ〔＝見ふるす草。落草<＝鷹に追われて鳥が草に落ちる事>を見失う事を言う〕
……………同（見ふるす草）

※みより〔＝身寄・右寄。鷹の右側または右の羽を言う。「たなさき・たださき」<手前・徒前>はこれの対語〕
→ みよりのつばさ（身寄の翼）

みよりのつばさ〔＝身（右）寄の翼。鷹の右の羽の事を言う〕
……………同（身寄の翼）

むこどり〔＝聟鳥。犬が雌鳥をはさむのに驚いて雄鳥が飛び立つのを鷹が捕る事。「よめ鳥」とも言う〕
……………同（聟鳥）

※むしとや〔＝蒸鳥屋。「氷室山」の事を言う〕
……………「ひむろやま」を見よ。

※むち（鞭）……………「たかなぶり・ぶち」を見よ。

※むなしく帰る……………「むやま」を見よ。

むやま〔＝無山。「無山ふむ」とは鷹狩で獲物を一羽も捕らずに空しく帰る事を言う〕
……………同（無山）

※無山ふむ……………「むやま」を見よ。

※紫色の装束〔＝諏訪の贄鷹にかぎり「紫色の装束」を付けるとある〕 → にへたか（贄鷹）

※めざしの鈴〔＝目差しの鈴。「鈴の子」の別称。鈴の目に木などを差すことから名付けられた〕
……………「鈴の子」を見よ。

※めだか〔＝女鷹。「だい」<弟・弟鷹>の事で、男鷹は「しょう」<兄鷹>と言う。「兄鷹」は「弟鷹」より小さい〕
→ せう（兄鷹）・たか（鷹）

※めどり（雌鳥）……………「めどりづき」を見よ。

めどりづき〔＝女鳥付。春は雉の雌鳥は味がよいために、また子を産んで羽が弱くなっていて簡単に捕ることができるために鷹が付く事を言う〕
……………めとりづき（女鳥付）

※目の前にある毛〔＝「梅の花毛」の事を言う〕
……………「うめのはなげ」を見よ。

もぎたつ〔＝「もぎたつる」とは餌を取り飼わない事を言う〕
……………同

もぎとり〔＝鷹が捕えた鳥の事を言う〕
……………同

もぐ〔＝「逸物」<いちもつ。優れた鷹>の鷹が木に居る鳥を捕る事を言う〕
……………同

※もじれた羽〔＝「さかば」<逆羽>の事を言う〕
……………「さかば・さかばかく」を見よ。

※黐（もち）で捕る……………「おとす・あがけの鷹」を見よ。

もと〔＝聯・居・連。鷹を数える時に使う〕
……………同（聯・居・連）

もとおり〔＝旋子・天助。足革と大緒の間に付ける金具の事。「もとおし」とも言う〕
……………もとほり（旋子・天助）

もとおる〔＝まとわる事を言う〕
……………もとほる

※もとおし……………「もとおり」を見よ。

※もと木（本木）……………「たかほこ」を見よ。

もとくさ〔＝本草。「本草へ帰る」とは鷹が駈けた跡に鳥が帰る事を言う〕
……………同（本草）

※もとくさへ帰る……………「もとくさ」を見よ。

※もみじ装束〔＝紅葉装束。紫革で装束付けたもので、「錦装束」とも言う〕 → すゝもち（鈴持）

もみじふ〔＝紅葉符。「赤符」の事を言う〕
……………もみちふ（紅葉符）
……………「あかふ」を見よ。

※もろうずら〔＝諸鶉。春の鶉の事を言う。これに対し、秋の鶉を「かたうずら」<片鶉>と言う〕
……………「かたうずら」を見よ。

もろがえり〔＝両鵢・諸鵢。三歳の鷹の事。「ふたとや」<二鳥屋>（経た鷹）とも言う〕
……………もろがへり（両鵢・諸鵢）
→ かたがへり（撫鷹・鵢鷹・片鵢）・たか（鷹）

※もろかたがえり〔＝両片鵢。四歳の鷹の事。「みとや」<三鳥屋>（経た鷹）とも言う〕
→ たか（鷹）・もろがへり（両鵢・諸鵢）

※もろもろがえり〔＝両々鵢。四歳以後の鷹の事を言う〕
→ たか（鷹）・もろがへり（両鵢・諸鵢）

（や行）

やえばの〔＝八重羽の雉を言う。一條帝の時、禁野に居たと言う七峰を飛ぶことのできた金鳥の事を言う〕
……………… やへはの（八重羽の）
→　はつ
……………… 「はとや」を見よ。

やかたお〔＝屋像尾・屋形尾。屋形とは屋のむね<棟>のようにさがり符に切った物、或は矢の羽のように本の方へ符の切れた物を言う〕
……………… やかたを（屋像尾・屋形尾）

※やきたつる ……………… 「やりたつる」を見よ。

やくしそう〔＝薬師草。鷹の薬で「青薬」の事を言う。薬師草を揉んで餌に混ぜて与えれば鷹は疲れないとある〕
……………… やくしさう（薬師草）

※痩せる〔＝鷹が痩せる事を「肉<しし>を引く」と言う。「肉<しし>の高し」はこれの対語〕
……………… 「そばみだか」を見よ。
……………… 「ひく」を見よ。

やまあい〔＝山間の事を言う〕
……………… やまあひ（山間）

※山足緒〔＝おなわ<苧縄>で作った「足緒」<＝鷹の足に付ける、犬の首輪に当たる具>の事。「くだ<管>の緒」とも「とがりお」<尖條>とも言う〕
→　あしを（攣・紲・足緒）

やまお〔＝山緒。鷹の捕えた雉<また山鳥も含む>を括る紐を言う。これに対し、「たもの」<＝田物。鴨・雁・鷺などの水鳥を言う>を括る紐を「田緒」と言う。「山緒」は藤、「田緒」は縄で掛けるとある〕
→　さばく・たかのとり（鷹の鳥）

※山大緒〔＝足緒<紐>の一つ。「竹で管を入れる」とある〕
→　おほを（大緒）

※やまが〔＝山家・山峨。上古の名鷹<後一條帝の鷹>の一つに挙げられている〕　→　たか（鷹）

やまがえり〔＝撫鷹・山鴘。山で毛を替えた、一年経った鷹の事を言う〕
……………… やまかへり（撫鷹・山鴘）

※山陰の毛〔＝觜下の毛の事。「したおとがい<下頤>の毛」とも「うけがい<受飼>の毛・陰の毛」とも言う〕
……………… 「かげの毛」を見よ。

やまかたつきて〔＝山片就・山形尽。山のそばを言うか。或は暮れたために山の形が見えなくなってしまった事を言うか〕
……………… 同（山片就・山形尽）

※山鷹狩〔＝山狩の事を言う。これに対し、野の狩<＝田猟>を「鷹野」と言う〕
→　たかの（鷹野）

※山の裏表を一度に狩る
……………… 「あおり」を見よ。

※山の神を祭る　→　かりばのとり（狩場の鳥）

※山の半分 ……………… 「ほなる」を見よ。

※山を狩る ……………… 「せこ」を見よ。

やりたつる〔＝やり立る。木居の下に居る鳥を追い立てる事を言う。公家の言葉であり、これに対する武家の言葉は「やきたつる」と言う〕
……………… 同（やり立る）

※やり縄（遣索）………… 「さばく」を見よ。
→　うづら（鶉）・さばく

ゆきじろの鷹〔＝雪白の鷹。爪まで白い鷹を言う。なお、「ましろの鷹」は眉毛の白い鷹であって、真白の意<しらふのたか・ましらふのたか>ではない〕
……………… ゆきじろのたか（雪白の鷹）
→　ましらふのたか（真白文の鷹）・ましろ（眉白）

ゆきずり〔＝雪摺。雪のように白い「ぬいあげ<縫上>の毛」の事を言う。「ぬいあげの毛」とは「小臂」<こひじ。股の下>の折れ曲る所の毛。「雪踏」とも「雪押し」とも言う〕
……………… 同（雪摺）

※ゆきずりの鷹〔＝雪摺の鷹。尾羽も雪にすりからした鷹を言う。逸物の鷹の故である〕
→　ゆきずり（雪摺）

※雪を散らす ……………… 「わたげ」を見よ。
→　ゆきずり（雪摺）

※ゆるゆると振る ………… 「そそり」を見よ。

※よすえ〔＝夜居・夜据。鷹をなつけるために夜連れだす事<明るい所では飛んで胸・胴などを打つとある>を言う〕
→　よすゆ（「ゆ」は「ゑ」の誤り）
……………… 「あらたか」を見よ。

よたか〔＝佐鵈・夜鷹。夜、宿禽を驚かして捕食する。木兎＜みみずく＞に似ているとある〕
…………同（佐鵈・夜鷹）

よつげ〔＝四毛。うしろにある毛の事を言う〕
…………同（四毛）

※四毛の脇にある毛
…………「ほらげ」を見よ。

※四毛を割る〔＝鷹が煩う時に四毛を動かす事を言う〕
→　よつげ（四毛）

※四つだてに剝ぐ　→　とがり（鳥狩）

※呼ぶ　〔＝鷹を呼ぶ場合は「おく」＜招く＞と言う。この他、「おき取る」・「さし取る」の言い方もある〕
…………「おく」を見よ。

※よめ鳥〔＝嫁鳥。「聟鳥」＜むこどり＞の事を言う〕
…………「むこどり」を見よ。

より〔＝寄。「ひと寄」とは一度、または「ひと合わせ」の事を言う〕
…………同（寄）

※よろい毛　→　つばな（茅花）・ほろは（母衣羽）

※四歳の鷹〔＝「もろかたがえり」＜両片鴘＞とも「三鳥屋」とも言う〕
→　もろがへり（両鴘・諸鴘）
かたがへり（撫鷹・鴘鷹・片鴘）
たか（鷹）

※四歳以後の鷹〔＝「もろもろがえり＜両々鴘＞の鷹」の事を言う〕
→　もろがへり（両鴘・諸鴘）
かたがへり（撫鷹・鴘鷹・片鴘）
たか（鷹）

（ら行）

※らんし（乱糸）…………「みだれいと」を見よ。

※六斎日　…………「ひつぎのにえ」を見よ。

（わ行）

わかくさ〔＝「巣鷹」の事で、鷹の雛の事を言う〕
…………同（若草）

わか鷹〔＝若鷹。当歳＜当年・一歳＞の鷹の事。若鷹は胸の毛が黄色であることから「黄鷹」とも書く。若鷹は符が赤いとある〕
…………わかたか（若鷹・黄鷹）
→　あがけのたか（網懸の鷹）
あかふのたか（赤文の鷹）
すだかどや（巣鷹鳥屋）・すまハり（巣廻）
たか（鷹）

わし〔＝鷲。大鳥、小鳥の二類に分けられる。大鳥は尾十四枚＜又は十三枚以上＞、小鳥は尾十二枚＜又はそれ以下＞とある。敵に襲われる心配のないことから、鷲を「上見ぬ鷲」とも言う。なお、鷲の羽を真羽・真鳥羽＜箭＞と言う〕
…………同（鷲）

※鷲の羽　→　まとり（真鳥）・まば（真羽）

※鷲がお〔＝鷲貌。鷹の、ふてた様な貌の事を言う〕
→　わし（鷲）

※煩う鷹　→　いきけ・うれへのけ（愁への毛）
そばみだか（欹見鷹）

※煩う時に立てる　→　うれへのけ（愁への毛）
こけらげ（柿毛）
…………「四毛＜よつげ＞を割る」を見よ。

わたげ〔＝綿毛。鳥の幼毛、即ち鷹で言えば「のり毛」に当たるものであるが、鳥屋の内に落ちた毛が雪を散らしたようにある事にも用いる〕
…………同（綿毛）
→　ねぐら（塒）・のりげ（糊毛）
…………「のりげ」を見よ。

著者略歴

三澤　成博（みさわ　しげひろ）

昭和25年５月14日、静岡県三島市に生まれる。

昭和49年３月日本大学文理学部国文学科卒。昭和51年３月日本大学大学院文学研究科国文学専攻修士課程修了。昭和54年３月同博士後期課程満期退学。現在は和洋女子大学短期大学部日本文学科助教授。

著書：『版本　和訓栞』（共編。大空社、平成10年）、『古辞書影印文献　第７輯　永正元年版聚分韻略　付載主要伝本和訓対照一覧』（共編著。港の人、平成12年）

現住所：〒176-0004　東京都練馬区小竹町２－47－２

鷹詞より見たる『和訓栞』の研究

平成十三年四月十三日　発行

編著者　三澤成博

発行者　石坂叡志

印刷　㈱栄光

発行所　㈱汲古書院

一〇二-〇〇七二　東京都千代田区飯田橋二－五－四

電話　〇三（三二六五）九七六四

FAX　〇三（三二二二）一八四五

ISBN4-7629-3440-2　C3081

KYUKO-SHOIN, Co.,Ltd. Tokyo